U0485027

时代出版传媒股份有限公司
安徽文艺出版社

绽放的荣光 （上册）
74位中国作家创作历程全记录

绽放的荣光

ZHANFANG DE RONGGUANG

74位中国作家创作历程全记录

（上册）

文艺报社 ◎ 主编

时代出版传媒股份有限公司
安徽文艺出版社

图书在版编目（CIP）数据

绽放的荣光：74位中国作家创作历程全记录/文艺报社主编. —合肥：安徽文艺出版社，2018.9

（新力量文丛）

ISBN 978-7-5396-6471-2

Ⅰ.①绽… Ⅱ.①文… Ⅲ.①作家－生平事迹－中国－现代②文艺评论－中国－当代－文集 Ⅳ.①K825.6 ②I206.7-53

中国版本图书馆CIP数据核字（2018）第208892号

出 版 人：朱寒冬		责任编辑：朱寒冬	刘姗姗	
特约编辑：李晓晨		装帧设计：张诚鑫	王曦月	

出版发行：时代出版传媒股份有限公司　　www.press-mart.com
　　　　　安徽文艺出版社　　www.awpub.com
地　　址：合肥市翡翠路1118号　　邮政编码：230071
营 销 部：(0551)63533889
印　　制：安徽联众印刷有限公司　　(0551)65661327

开本：710×1010　1/16　印张：58.25　字数：600千字
版次：2018年9月第1版　2018年9月第1次印刷
定价：168.00元(上、下册)

(如发现印装质量问题，影响阅读，请与出版社联系调换)

版权所有，侵权必究

《大师与经典》
《翻译之技与翻译之道》
《当代世界艺术空间》
《文学世界的激情与梦想》
《文学生长的力量》
《聚焦文学新力量》
《绽放的荣光》
《文学新活力》

贾平凹

宁肯

张洁　　　　　　　刘亮程

徐则臣　　　　　　戴来

计文君　　　　　　哨兵

张楚　　　　　　　阿拉提·阿斯木

蒋峰　　　　　　　格日勒其木格·黑鹤

范稳　　　　　　　刘东

邵丽　　　　　　　鲍十

高凯　　　　　　　东君

颜歌　　　　　　　王凯

邱华栋　　　　　　胡学文

龙仁青　　　　　　亚楠

钟求是　　　　　　朱文颖

弋舟　　　　　　　张悦然

玉松　　　　　　　晓航

许春樵　　　　　　吴君

　　　　　　　　　习习

　　　　　　　　　武歆

　　　　　　　　　张宏杰

　　　　　　　　　哲贵

　　　　　　　　　曹多勇

目　录

翌　平
作家自述	武术的联想／翌　平 [2]
文友印象	武者翌平／黑　鹤 [5]
评家观点	翌平：追求崇高,憧憬辽阔／徐　鲁 [8]

宁　肯
作家自述	"涉及"现实的文学／宁　肯 [15]
文友印象	我们的兄长／杨怡芬 [18]
评家观点	别样的小说实践——宁肯小说的现代品格／鲁太光 [21]

张　洁
作家自述	一个小声音／张　洁 [27]
文友印象	关于大森林的梦／薛　毅 [30]
评家观点	张洁：从"写"开始／聂　梦 [33]

徐则臣
作家自述	小说的边界和故事的黄昏／徐则臣 [40]
文友印象	一起穿过中关村／【美】艾瑞克 [43]
评家观点	徐则臣小说论／陈　涛 [46]

计文君

作家自述　经验的容器／计文君［53］

文友印象　时刻准备着／李佩甫［55］

评家观点　计文君："脱域"而去与回望内心／郭　艳［57］

张　楚

作家自述　风行水上／张　楚［64］

文友印象　一根粗大的神经末梢／田　耳［67］

评家观点　作为美学空间的小城镇——对张楚小说的一种解读／饶　翔［70］

蒋　峰

作家自述　永远不要从开头写起／蒋　峰［76］

文友印象　我身边的两个蒋峰／马中才［79］

评家观点　悬念跌宕：蒋峰的小说王国／谭　杰［82］

范　稳

作家自述　另一间书房／范　稳［88］

文友印象　描绘蕴涵史诗梦想的大地／邱华栋［91］

评家观点　俯瞰大地的飞翔——读范稳的"藏地三部曲"／孙吉民［94］

邰　筐

作家自述　诗话／邰　筐［100］

文友印象　说邰筐／李　洱［104］

评家观点　风吹过城市，也吹来震惊——论邰筐"城市"视域的诗／霍俊明［107］

高　凯

作家自述　掌上的陇东／高　凯［114］

文友印象　高凯的三重影像／叶　舟［117］

评家观点　民间化的中国乡土叙事——高凯及其诗歌创作／雪　潇［119］

颜　歌

作家自述　可是我哪里都不想去／颜　歌［126］

文友印象　好一朵红色大丽花／走　走［129］

评家观点　青春歌行：回望与告别——略论颜歌／李蔚超［131］

邱华栋

作家自述　出发／邱华栋［138］

文友印象　前行者邱华栋／刘震云［141］

评家观点　左手写当下，右手写历史／宋　强［144］

龙仁青

作家自述 文学:故乡抑或神灵 /龙仁青[151]

文友印象 写龙仁青,也是写我自己 /阿 来[154]

评家观点 面对"现代",他选择了什么——评龙仁青的短篇小说 /孟繁华[158]

钟求是

作家自述 在孤独中回望 /钟求是[164]

文友印象 求是实事 /乔 叶[167]

评家观点 从时空上追寻文学的踪迹——读钟求是的小说 /贺绍俊[170]

弋 舟

作家自述 虚构时刻 /弋 舟[178]

文友印象 完美主义者的悲凉和先锋者的慨然从容 /张 楚[181]

评家观点 我们时代的精神病症——对弋舟近期中篇小说的一种理解 /王春林[184]

王 松

作家自述 佯谬,或者宿命 /王 松[190]

文友印象 如火的王松 /关仁山[193]

评家观点 王松:"有故事的人" /李云雷[196]

许春樵

作家自述 坐在小说对面 /许春樵〔203〕

文友印象 学者气质的小说家 /王达敏〔206〕

评家观点 许春樵小说的"深度模式" /方维保〔209〕

刘亮程

作家自述 文学是做梦的学问 /刘亮程〔216〕

文友印象 用笔种着自己的地 /董立勃〔220〕

评家观点 飞翔的村庄——从刘亮程《一个人的村庄》到《凿空》 /刘予儿〔222〕

戴 来

作家自述 做爱做的事,玩好玩的人 /戴 来〔229〕

文友印象 戴来的重点 /金仁顺〔231〕

评家观点 想象有意思的故事——戴来小说论 /张俊平〔233〕

哨 兵

作家自述 安命立身 /哨 兵〔240〕

文友印象 诗坛独行侠 世俗冒犯者 /川 鄂〔243〕

评家观点 从"江湖志"到"清水堡"——哨兵的"洪湖"和"地方性知识" /霍俊明〔246〕

阿拉提·阿斯木

作家自述　在为小说劳作的时间里 /阿拉提·阿斯木 [253]

文友印象　时间等来了阿拉提 /何　英 [257]

评家观点　阿拉提·阿斯木小说的喜乐精神与丑角形象 /赵兴红 [260]

格日勒其木格·黑鹤

作家自述　去看风——在呼伦贝尔 /格日勒其木格·黑鹤 [266]

文友印象　或许，会成为一个传奇 /彭学军 [270]

评家观点　标签与阐释——格日勒其木格·黑鹤动物小说略论 /聂　梦 [273]

刘　东

作家自述　儿童文学中的人性表达 /刘　东 [278]

文友印象　我家有位作家刘东 /红　梅 [281]

评家观点　刘东的儿童文学创作：对成长的想象与发掘 /李东华 [284]

鲍　十

作家自述　写我想写的，写我能写的 /鲍　十 [290]

文友印象　世界在动，鲍十不动 /钟求是 [293]

评家观点　抱朴守拙的智慧逻辑 /王永盛 [296]

东　君

作家自述　小说是什么／东　君［303］

文友印象　一个"与古为徒"的人／李晓君［306］

评家观点　东君小说的追求／陈　涛［309］

王　凯

作家自述　喧嚣的沙漠／王　凯［315］

文友印象　"愚兄"王凯／吕　铮［318］

评家观点　八分之一的火候——从王凯的军旅小说谈起／赵　飞［321］

胡学文

作家自述　文学的恩赐／胡学文［328］

文友印象　胡学文的眼睛／乔　叶［332］

评家观点　胡学文：寻找对抗现实的力量／桫　椤［335］

亚　楠

作家自述　静夜思／亚　楠［341］

文友印象　你一定要见亚楠／远　人［343］

评家观点　亚楠：与冰山对望的诗人／黄永健［347］

朱文颖

作家自述　单薄的"品位"是无力的 / 朱文颖 [353]

文友印象　智慧而勤奋的朱文颖 / 艾　玛 [356]

评家观点　朱文颖和她的南方精神传奇 / 郭　艳 [358]

张悦然

作家自述　关于茴香的一则启事 / 张悦然 [365]

文友印象　请不要远离文学 / 霍　艳 [367]

评家观点　从小资产阶级梦中惊醒 / 杨庆祥 [370]

晓　航

作家自述　通过文字寻找意义，挑战无意义 / 晓　航 [376]

文友印象　关于晓航的那些事 / 宁小龄 [379]

评家观点　神圣与世俗的疯狂——城市文学视域中的晓航 / 李蔚超 [382]

吴　君

作家自述　我的深圳地理 / 吴　君 [389]

文友印象　顽强书写外省人的心灵史 / 冉正万 [391]

评家观点　吴君的深圳想象和移民书写 / 谭　杰 [394]

习 习

作家自述　渐渐地,愈加繁盛／习　习〔400〕

文友印象　一辈子的习习／弋　舟〔403〕

评家观点　逆风中的习习／蒋　蓝〔406〕

武 歆

作家自述　很旧的闲话／武　歆〔412〕

文友印象　喊武歆／雷平阳〔414〕

评家观点　历史迷踪与岁月"潜写"——武歆的近期小说观察／黄桂元〔416〕

张宏杰

作家自述　我的文学青年生涯／张宏杰〔423〕

文友印象　张宏杰的马,张宏杰的国／庞余亮〔426〕

评家观点　张宏杰:站在散文的悬崖边上跳舞／王　冰〔430〕

哲 贵

作家自述　一意孤行的理由／哲　贵〔437〕

文友印象　在哀牢山上想起哲贵／雷平阳〔440〕

评家观点　信河街上的"反谱系"写作——评哲贵的"信河街系列"小说／孟繁华〔442〕

曹多勇

作家自述　静听淮河的述说／曹多勇［448］

文友印象　把小说当成本分／路文彬［451］

评家观点　底层乡土经验的诗意表达——曹多勇"大河湾"系列小说印象／刘军茹［453］

翌平 / 鲁迅文学院第六届高研班学员。著有长篇小说《少年摔跤王》《早安,跆拳道》等,短篇小说集《穿透云霞的小号》《十大金作家作品集——翌平篇》等,童话集《骑狼的小兔》《小鼹鼠的火车》《小狗布丁》等,长篇童话系列《克隆世界》《网络大劫难》等,翻译 100 多种外文童话。曾获全国优秀儿童文学奖、北京市建国 60 周年文学作品优秀奖、冰心儿童文学奖、金近文学奖等。

作家自述

武术的联想
翟 平

我从小喜欢武术,是金庸武侠小说的拥趸。后来有个偶然的机会,接触到许许多多的武术家,像许多武术迷一样,一个问题一直困扰着我:哪个门派最厉害?

这个问题很难找到答案,如果你去问一位武术老师,他多半会侃侃而谈半天,然后告诉你,最厉害的是本门,最能战的武术家是某位师爷。这让痴迷求解的人更感一头雾水。后来我有幸接触一种新型的格斗比赛——综合格斗技。这种近乎原始搏斗的比赛让我大开了眼界。说起来很简单,这个格斗比赛的宗旨是,不用嘴说谁最强,比比看;比武须通过艰苦和系统的训练,忌讳光说不练;一个选手应根据自己的需求,请不同的老师,完善自己各方面的武术技巧,比如说:摔跤、打拳和踢腿,然后将这些技巧融合在一起。这样大幅度提高了选手的综合技能,让选手更全面、全能。后来我们的训练小组确实按照这些西方式的理念做了些尝试,效果相当惊人。在真实的比武中,这让许多习武多年的"武林高手"真形毕现。回想起来,它的成功应归功于系统的优势,在融合各种武技时,训练者需要动脑筋对老师传授的技巧进行筛选,不同的格斗技巧要求不同,有时候训练方式甚至南辕北辙、彼此抵触。这就要求训练者能够做出判断、进行取舍,消化某些技能,结合自己的特点,将新的技术融合成一个整体,这种综合的训练方式宣告了门派的终结和动态训练体系的诞生。

这一经历让我受益良多,"综合"的方法提供了一种能够动态完善自身的捷径,提供了一种审视传统和向不同学科求教的方法,它让我开始反思一个问题:众多的武术流派,都有过辉煌的历史,如果仔细探究代表人物的显赫经历,会发现大师们在其鼎盛的时候,无一例外地采用了"综合"的研习方式。令人遗憾的是,一旦功成名就开宗立派,这样的研习传统就中断了,后辈会沉醉在先人的成就中不求进取,门派自然就衰败下来。同样的道理,打造并保持一种不断吸收新鲜内容的交流机制,不仅对喜欢武术的人有益,对写作者来说也同样重要,这样的学习应该是终生的,不进则退。

作品是伴随着作者阅历的丰富和学识的增长而进步的。村上春树讲过:作者应该精心呵护自身天生的、有限的才华,不可以随意浪费。像他这样的作者还会如此谦虚,对于多数搞创作的人来说更是如此。我并不觉得天赋能够决定一个人的写作成就。阅历和学识就像写作者的两只脚,再加上头脑里的灵感,漫长的创作之旅就开始了,一双交替迈出的脚印会清晰地留在地面上。再有天赋的作家,他最擅长讲述的也只是生活中自己最熟识的那些内容,这些资源很容易枯竭,只有不断汲取养分才能保持创作水准。学习的方式应该是"综合"的,古典、浪漫、现实主义、现代主义的、东方主义的和后殖民等等文学理论及经典作品,都可以通过直觉吸收并消化。

作者至少应该参加一项体育运动,与它终生为伴。我非常喜欢村上春树讲述跑马拉松的经历。他的文字很简单、轻快,不同的人阅读后,往往会加入自己的理解,赋予更复杂的意义。实际上,热衷体育锻炼的人读到这些文字,会有切身感受。将人体的智力和体能,有计划、有控制地一点点释放,达到生理极限时面临的恐惧和退缩,挺过极限最终抵达终点时的喜悦,这些具体而真实的感受,只有亲身参与过的人才会感觉到。我喜欢村上春树描写的这些长跑中的独到细节,用身体的疲惫滤除思考中杂乱的成分,让思维变得透明、清澈,达到身心合一,书写简单、直接的文字,用直觉表达想法,每个作者都渴望能做到。写作何尝不是长跑,不是一种给你带来恐惧伴随着诱惑的智力运动呢?

去过河西走廊的人都会感慨一望无际的沙漠。如果在玉门关站上几小时,人身上的水分就能被蒸发掉。身处这样极端的生存环境中,才能够感受到中华先人穿越死亡大漠,征服这片疆域的强悍。纵观历史,写作的人是一个势单力微的群体,对变幻莫测的世界往往无能为力。但他们精神独立,感性而敏锐,拥有自己独特的洞察力。怀揣着某种敬畏和悲悯,会全身心去关注生命。

儿童文学的作者更应该是这样的。儿童电影《潘神的迷宫》中,小女孩奥菲莉亚始终相信心中的童话,即使面临生活中真实的残酷和生命的威胁,始终认定自己是来自另一个世界的公主,坚信这个美丽的梦幻。孩子特有的纯真,促使她决意将襁褓中的小弟弟带离这个邪恶的世界,即使在生命的最终时刻也没有放弃。另一部感人的伊朗儿童电影《小鞋子》,也同样讲述儿童美好的天性。围绕一双丢失的鞋子,阿里和妹妹决心不给身负重压的大人添麻烦,单纯和善良的孩子们,一次次地努力找回那双丢失的小鞋子。在这样的影片中,观众可以无时无刻不感受到创作者的注视,这目光中饱含着真诚、怜爱和关怀。其实儿童文学不应该仅仅是一种脱离现实,营造出的美好幻景,那些能触及人的内心、对儿童天生的纯真在极端的现实环境中迸发生命光亮的注视,同样是精彩的。像韩国导演李沧东讲述他的电影时表达的那样:电影应该"给观众一个人生经历痛苦之后的答案"。李沧东总能以一种文学作者特有的敏感,揭示普通人内心的苦涩纠结,一点点地剥离表皮,展现人性的孱弱和被剥夺、被粉碎时的疼痛,这种疼痛的意义在于,让读者感受到在灰色现实中,人们依旧拥有信念和无法剥夺的美丽,这样的美丽,也恰恰是儿童文学应该触及和关注的内容之一。优秀的儿童文学作品,不应该仅限于那些让儿童无困难阅读的快乐文字,也不只是虚构想象出来给儿童带来心灵慰藉的美好世界。它们多样、丰富,发自内心又抵达内心,怀揣真诚和真实,唤起心灵回响,关注儿童的心灵困苦和生存境遇,既是诗意的,也是美丽的。

文友印象

武者翌平

黑　鹤

如果我记得没错,第一次见到翌平是在全国优秀儿童文学奖的一次颁奖晚会上。

在颁奖之前,进行了一次非常漫长的彩排,从上午 10 点一直持续到晚上。领奖过程并没有多少时间,但那是整个颁奖晚会的一部分,而彩排就是一遍遍地演练。所以,更多的时间我们这些准备领奖的作家就是在后台,一遍遍地观看所有的节目,以至于到后来已经跟其中一些表演节目的孩子混得很熟。让我印象非常深刻的是,后来因为等待得过于无聊,彭学军和汤素兰在百无聊赖之中索性伴着前台的音乐开始翩翩起舞。

那次漫长的等待让我和翌平有了交流的机会。

最初的话题是关于网络上盛传的一段关于黑市拳的文章。我曾经短暂地练过一段时间散打,其实只是周末去过几次,那套特制的道服都没有来得及从训练馆取回做个纪念。

因为对于散打搏击只是一知半解,所以我对关于黑市拳的那段文章深信不疑,相信那种魔鬼式的训练最终一定能够获得圣斗士星矢般的打斗能力。

但翌平在随后的时间里仅仅以浅显的解答,就让我刚刚通过传说与神话建立起来的有关搏击的知识体系迅速土崩瓦解。他的论述旁征博引,有理有据,确实让我哑口无言,也让我迅速地意识到那曾经在网上流传好久的关于黑市拳的神话原来确实是神话,自己训练 100 年也达不到那样的效果。

当时,我也意识到,只有对搏击相当了解的人,才能够做出如此判断。

在此之前,我仅仅注意到总是蓄着简洁短发的翌平与常人相比,体形匀称、目光闪亮,在不经意间会显现出某种似乎久经训练的敏捷。我想,那应该是经常进行身体柔韧和力量训练的人才能具有的素质吧。

也就是从那时开始,我了解到作家翌平的另一个身份,多年的武术爱好者、WTF 跆拳道二段,并多年练习 MMA(综合格斗技)。了解到这些我也就释然了,显然这种业余爱好为他的写作带来了重要的影响,在他已经出版的三部长篇小说中,有两部(《少年摔跤王》《早安,跆拳道》)与此有关。

后来,作为中国少年儿童出版社的获奖青年作家,我和翌平一起去过俄罗斯旅游,其中有一件事让人印象深刻。在游览莫斯科红场时,其中一项是参观列宁地宫。在走向地宫的过程中,翌平不断地提到关于列宁的一些话题,而对于那些我是一无所知的,我知道,他是非常期待这次地宫之旅的。我们被分排到漫长的等待队伍之中,我已经出了地宫绕了一圈回来,隔着警戒带看到翌平有些失落地站在另一侧。我询问了一下才知道,他因为忘记寄存相机(在地宫里是不允许拍照的),在进地宫时未能进入。而时间已不允许他再出去寄存相机,结果他失去了瞻仰列宁遗体的机会——至少这次俄罗斯之行是这样。我看着站在人群中的他,他再次回头望向地宫的入口,从他的神情中我可以感受到那种似乎已经主宰他的遗憾。我还清楚地记得他站在那里黯然神伤的样子,他就像一个被拒绝加入游戏的孩子,远远地看着自己的伙伴在那里高声欢笑,却不能置身其中。那时候,我真希望自己能够为他创造一个进入地宫的机会。但现实就是现实,也就是在那一刻,我意识到童话的伟大。在童话的世界里,一切不可能都将成为可能,时间会静止,世界会停滞,翌平可以毫无阻碍地进入地宫。

还不得不提到一个巨大的遗憾。大概是在 2008 年,一个出版社邀请几位男性作家到东南沿海旅行,为了创作一套可以送给男孩看的书,我和翌平皆在其中。但我由于种种原因最终未能成行。可以想象,若能成行,那将是一次快乐的旅程,也许在旅程之中我可以和翌平学习到更多关于搏击的知识。后来,参加的作家出版了一套以独角兽命名的丛书。儿童文学评论家余雷曾经这样评价那套丛书:"或许正是期望用这一称谓表现出的非凡、阳刚、力量、独特等内涵彰显出版人对当下儿童文学创作与出版的理解。"

其实,翌平除了儿童文学作家之外尚有另一个身份,就是童书翻译,他在儿童文学创作之余,已经翻译了《一个孩子的诗园》《布朗家的天才宝宝》《布朗家的超级明星》《威廉先生的圣诞树》《小熊维尼》和《中英双语图画书》等 100 多种外文图书,译作等身了。

搏击选手和翻译,那是翌平令人艳羡的作家之外的身份。在诸多的儿童文学作家中,翌平的存在代表着一种与众不同的生活方式和公众印象之外的独特气质。

在我们的时代,儿童文学需要像翌平这样"非凡、阳刚、力量、独特"的作家。

评家观点

翌平:追求崇高,憧憬辽阔
徐 鲁

翌平是新世纪以来活跃在儿童文学领域的实力派青年作家。他为人严谨创作勤奋,不事张扬却水静流深,在中短篇小说、长篇小说、科幻文学、童话、儿童文学翻译等方面,取得了不俗的成绩,显示了一位稳健和成熟的儿童文学作家全方位的实力。

曹文轩在翌平作品研讨会上曾说:"阅读翌平的作品感受到一种震撼。翌平的文字展现了当下儿童文学一种新的角度,新的走向,新的境界,让人产生一种新的感受。他的文字是独特的。他的视角是男性的,开阔雄浑。主题多围绕惩恶扬善,作品在不露痕迹的叙述里,塑造了与潮流相对的形象。"这评析受到广泛关注。我尝试从多方面对翌平的创作进行简易评述。

短篇小说:发现成长的真谛与浪漫

翌平在创作上付出心血最多、用力甚勤的文体,是短篇小说。实际上,他最为人称道、也最能代表他的儿童文学高度和深度的作品,也是一系列中短篇小说。他出版的短篇小说集有《猫王》《翌平作品精选》《穿透云霞的小号》《燃烧的云彩》等。出现在翌平笔下的青涩少年,大都是在弱势、挫折、逆境、失败,乃至殷红的血迹和咸涩的眼泪中,渐渐变得独立和强大。这些少年在与所处的社会、家庭环境的种种矛盾冲突中,完成了各自最严峻的"成年礼"。

《猫王》是一篇写得相当漂亮的小说。无论是故事立意和主人公性格的刻画,还是小说的结构形式、叙述方式和语言风格,都是十分用心和精巧的,这是我看到的最好的少年题材短篇小说之一。小说里4个亲密无间、几乎形影不离的少年伙伴,在人们匆匆忙忙的生活节奏中,尤其是在大人们的忽略或呵斥声中不知不觉地成长着。当他们与"猫王"一次次交锋,当他们不再用幼稚和恶作剧的目光,而是怀着一种敬意来看待那只永不屈服的"猫王"的时候,他们悄悄在长大。从这篇作品里可以感受到,翌平书写的是最真实的"男孩记忆"和"男孩体验",而且以温暖、明亮和催人向上的精神力量感动人的内心。

《飘扬的红领巾》是另一篇被评论家称道的短篇作品。这篇作品格调崇高,人物形象鲜活有力,故事结构自然严密,语言也十分精致生动。小说里的少年"哥哥",一次次用最直接的"挫折"和"失败"展开痛苦的磨炼,让弟弟渐渐地从弱小变得坚强,由自卑走向自信。本来想当海军战士的哥哥,最终却在北方边境一次扑灭森林大火的战斗中牺牲了。但是哥哥留给"我"的那种勇往直前、永不言败的英雄气概,却成了伴"我"一生的精神力量。小说极力张扬一种久违了的、崇高向上的英雄主义精神,书写了一种属于男子汉的自立自信、坚忍不拔的阳刚气质,以及敢于担当、孤筏重洋的英雄梦想。

《穿透云霞的小号》写3个热爱音乐的少年,有一天离开熙攘的城市,站在白雪皑皑的长城烽火台上,向着远方的群山和辽阔的天空,吹响了他们心爱的小号。少年的号声或低沉,或嘹亮,或清澈,但都发自青翠和茁壮的生命,在群山之巅吹奏得那么激情澎湃。这篇小说就像少年们灿烂的号音一样,唤醒了我们对大地的热爱、对生命的敬畏、对远方未来的憧憬,也唤醒了我们曾经有过的英雄梦想。

翌平的小说大都讲述弱小、单纯和无助的生命如何一步步变得坚强、丰富和拥有尊严与自信的故事,是引领着正在成长的少年们去追慕高远、走向开阔和博大的"少年人格教育小说"。翌平在致力于故事的好看、人物个性的展现、细节的真实生动时,努力申述对生命的尊重,对生命价值和人格道德深刻的思考与张扬,致力于带给小读者以心灵的感动、真善美的润泽和成长的启迪。愉悦和精彩的故事,也许只是小说里甜润可口的"果肉",而蕴含在故事深处的人格理念,却是一颗颗坚实的果核和种子。翌平对中短篇小说的美学奥秘、艺术技巧的掌控能力,随着他诸多少年形象的塑造和完成,渐渐变得运转自如、举重若轻。

长篇小说:重塑一代少年的英雄品格

在致力于短篇小说创作的同时,翌平近几年来潜心创作了多部长篇小说,如

《少年摔跤王》《早安,跆拳道》《冬日里的小号》等。这些长篇小说有一个共同的主题:少年英雄主义。这些小说也充分展示了翌平在重塑一代少年的英雄品格,弘扬一种敢于进取、敢于担当的"男儿精神"上的美学追求。

《少年摔跤王》写的是一个名叫缸子的乡村少年,有一天,他怀揣着那本令他着迷的《京城史话》来到北京,找到了那个令他向往的"善扑营摔跤馆"。小说讲述了这名乡村少年经过摔打磨炼,成长为"少年摔跤王",最后成为一名特种兵战士的故事。这是一部重塑少年英雄品格的作品,重寻少年英雄梦想、重塑少年英雄品格的大主题,贯穿在整个故事里,其间许多密集的细节,又在不断地传达着诸如坚毅、勇敢、尊严、自立、隐忍和团队精神等道德感与正义感。在小说里,"神扑崔三"的故事就像一面镜子,让少年照出了自己的影子。小说无论是立意、取材和故事的完整,尤其是叙事技巧,都显示了一种大气、稳健和从容不迫的气度。这部作品因此获得了第八届全国优秀儿童文学奖。

《早安,跆拳道》承续了《少年摔跤王》的主题和风格,把故事背景放在跆拳道练习场上,张扬了一种爱国爱人、克己忍耐、坚忍不拔、百折不挠的"跆拳道精神"。这种精神,其实也是一种英雄品格,一种关乎勇气、尊严、正义、坚韧、自立和团队精神等等人格素质的"男儿精神"。小说通过对林安等几位少年跆拳道拳手的成长之路的讲述和不屈不挠的性格刻画,使读者明白,一个跆拳道选手,"无论遇到什么样的挫折,永不放弃,这才是跆拳道的精神"。

翌平在《冬天里的小号》里描写渴望成功的少年时,说过这样一句话:"吹号的人应该经常去辽阔的地方,不能总在城市里这样狭小的空间里吹奏,否则,吹奏久了人会丧失激情。"其实这也可以作为对每一位儿童文学作家的警醒:如果我们的创作总是在一个狭小的空间里写来写去,最终会失去某种灿烂蓬勃的东西,无法达到一种辽阔的新视野。

科幻小说:思考人类未来的命运

翌平近两年最引人注目的作品是《燃烧的云彩》和《燃烧的星球》这两部科幻小说。前者是短篇集,后者是长篇。

生物技术、电子智能、虚拟空间、太空开发、未来战争、种族霸权、"云"模块……是全世界科幻作家关注的题材,翌平的科幻作品里也涉及了它们。然而,它所关注的是对"人"的钟爱,是对"生命"的关切,是对整个人类命运将往何处去的忧虑与猜想。这些小说追寻和想象了人类未来科学发展的种种可能,进而勾画了人类将面临的各种生活和命运遭际,呈现了人类生存的孤独和尴尬,当然,还有那永不泯灭的"浪漫"。

最好的科幻文学,都是振聋发聩的"警示文学"和"醒世寓言",是对人类和宇宙未来的不确定性做出最科学和最理性的预警。也因此,优秀的科幻文学比一般的文学更具有一种属于全人类的大忧患和大悲悯意识。《燃烧的云彩》里的每一篇小说,我都从中感到了这样一种情怀。例如《生命的狙击》这篇小说,就向我们提出了一个十分严峻的问题:人类最终会不会被自己所创造的超能智慧所控制、所胁迫?在未来世界里,人类的思维在高智能科技面前,会不会失去最终的话语权和掌控能力?小说的寓意是深刻的:人类绝不能被蔓延无度的科学主义冲昏头脑,必须守护和保持着作为"人"的生命的尊严。

《燃烧的星球》让我们重新获得一种《小王子》般的辽阔和苍茫的空间感。茫茫空天,战机呼啸。来来往往的飞船和太空车多如过江之鲫。地球空天军和月军对垒。小说里的空天英雄,可谓中国版的"正义联盟"和"复仇者联盟"。小说中出场的正反面人物众多,这些人物或为地球上的科学家,或为人类飞天英雄,或为身负拯救使命的电子战士,或为第一次出征月球的正义少年,或为妄图成为太空霸主的战争狂人。作家在安排和调动如此众多的人物时,显示了一种架构大作品的能力。这部作品似乎也在向目前科幻界的一个提法致敬:"只有核心强大,才能突破边界。"

童话:在寻美、求真、向善的路上

翌平最早引起儿童文学界和小读者瞩目的作品就是童话。迄今已出版了长篇童话《寻找七彩旋律》《迷糊蛋与蹦蹦猪》等童话系列,以及短篇童话集《骑狼的小兔》《种太阳花的小猪》等。其中短篇童话集《骑狼的小兔》应算是翌平童话的"代表作"。

翌平童话的总体基调是充满了爱心、快乐、清澈和光亮的。他擅长写一些轻松、愉悦和诙谐风格的"小喜剧"。他的童话主角以小动物居多。绿色的山野和大森林,仿佛是一个大剧院,所有的小动物是舞台上的主角和配角。演绎的都是寻美、求真、向善的故事。或者说,他的童话所追求的,都是爱的主题。《骑狼的小兔》写一只名叫"小灰"的瞎眼小兔,在去外婆家的路上,因为掉队迷了路,找不到自己的妈妈了。结果,骑在了灰狼妈妈的背上。她的纯真、善良和信任,让丢失了孩子的母狼也不忍心伤害她。最终,盲眼小兔平安回到了妈妈身边。作家将母性提升到大爱的高度来展现,感人至深。

美好的童话,会带给读者感动、希望和信心。他的短篇童话虽然短小,但都充满美妙的想象力。他也喜欢在一些童话里融入富有当下儿童特点的时尚元素。譬如,"舞双节棍的小猴""练习瑜伽的小松鼠"。最重要的是他的童话中流淌着温馨、清澈与柔和的深情,就像《不同肤色的熊》那颗友善的心;像《学武的刺猬》里的那种"认识你自己"的启迪;像《小狗与向日葵》里,阳光献给勇敢的小狗那层"金色的丝被"。

长篇童话《寻找七彩旋律》,似乎并没有引起评论家太多的关注。这是一部《尼尔斯骑鹅旅行记》式的作品。翌平在这部童话里设置了两条完整的叙事路线,比较明显的那条线索是:作为"鹿角族"后裔的小男孩楚楚,他要去寻找传说中的七彩"乐仙"。因为只有当七位乐仙相聚在一起时,古老的鹿角族就复活了。另一条隐藏的线索是:童话家试图通过楚楚的寻找与发现,将古老而广袤的华夏大地上不同的地域风貌展现在小读者面前。两条叙述线索,时而分开,时而交错,直到幻想中的八月十五夜晚,小男孩的使命完成,整个故事也圆满结束,一个幅员辽阔的民族大家庭"花好月圆"的和谐主题,如海上生明月一样,光华灼灼、一片澄澈。

翻译作品:追寻儿童文学经典的光芒

在中国儿童文学界,新一代"专业"的文学翻译者,几乎是凤毛麟角,翌平是其中的佼佼者。他的专业原本就是英语翻译。但这些年来,他在儿童文学译作上的成就,被他的原创作品"遮蔽"了,以至于许多读者并不知道,他的译作数量,其实远远超过他的创作。迄今为止,翌平已经翻译了斯蒂文森的儿童诗经典《一个孩子的诗园》,米尔恩的童话经典《小熊维尼》,美国培生英语教育集团出版的上百种儿童阅读"桥梁书",以及来自欧美的《布朗家的天才宝宝》《布朗家的超级明星》《威廉先生的圣诞树》等十几种英文版、法文版图画书。除了英语专业，翌平近年还在北大研究生部主修了外国文学课程，并选修法语。这些域外的经典不仅润泽着翌平的文学翻译，无疑也会映照着他的创作。我想，中国的儿童文学界也许不会再有第二位像任溶溶先生那样的翻译与创作堪为双璧的全能大师，但是对翌平这样的后起之秀，我们仍然可以怀有更大的期待。

综观翌平的创作，他进鲁迅文学院学习以后，开始进入一个新的阶段。几年时间，他先后获得多种奖项，说明了读者对他的喜爱，但他不满足不止步，努力追求新的高度。相信他不会辜负大家的期望。

宁肯

宁肯 / 鲁迅文学院第十三届高研班学员。1982年发表诗歌处女作《积雪之梦》,"新散文"代表作家之一。代表作为《天湖》《藏歌》,长篇系列散文《沉默的彼岸》。出版有长篇小说《蒙面之城》《沉默之门》《环形山》《天·藏》,散文集《说吧,西藏》《我的二十世纪》《大师的慈悲》。曾获第七届鲁迅文学奖、老舍文学奖、施耐庵长篇小说奖、《当代》2001年文学拉力赛总冠军、第七届北京文学艺术奖以及美国纽曼华语文学奖。

作家自述

"涉及"现实的文学

宁　肯

最近一两年一直在想,是否存在通俗的现实?如果存在,意味着什么?2010年写完《天·藏》我就在考虑写作转型的问题,比如回到现实。问题是难道过去我没有写现实吗?我一直在写,可为什么又觉得没写?是什么让我觉得没写?显然,这里存在着两种现实:我写的现实和我没写的现实,我没写的现实否定了我写的现实。那么我没写的现实是什么呢?是贪腐、权力、性贿赂、动辄拥有几十套住房、一桩桩挑战我们神经的权钱大戏,是地沟油、有毒食品、暴力拆迁、三聚氰胺、PM2.5,比美国大片还惊险的出逃。这样的现实,在我们的视听中旋转起来,每个人都被裹挟其中;这样的现实在很大程度上否定了我们的日常生活、我们的内心生活,否定了细腻的感情、心理活动,进而否定了写作。因为这样的现实就好像一个黑猩猩,我本来是说书人,但"鸠占鹊巢",它占了我的位置。这样的现实比我讲述我的小说精彩得多,它引起了所有人的注意、所有人的目光,以至我们的现实感已不是来自我们自身而是来自上述令我们愤怒又迷惘的那样的现实。我们自身的现实无足轻重,甚至称不上现实,我们写的东西也不是现实的,是微不足道的,甚至连我自己也认为自己没有写现实。

同时文学也常常被指责没有面对那样的现实,一些官场文学触及了一些贪腐、权钱,但又评价不高。当人们谈论文学的缺席的时候,事先没把官场文学算在内。好吧,就说纯文学——纯文学为什么没面对那样的现实?或者说纯文学作家为什么没有面对?一种说法是文学应该同现实保持距离,还有人说反映这些问题应是新闻的责任不是文学的责任,这都有道理,但并不能免除社会对文学的指责与作家本身的焦虑。显而易见,回避已使文学变得看起来十分无能。道义可以商量,责任可以免谈,但无能让我有点受不了。无论出于何种原因——姑且认为是忍无可忍——余华的《第七天》冲上去了,我觉得这是个好兆头,余华不是小角色,具有标志性,但遗憾的是读者仍不满意,甚至眼很毒,戏称《第七天》为"新闻串烧",学术一点可称为"现实串烧"。然而,实事求是地说,余华是做出了认真而严肃的努力的,也有部分成功的经验,比如用死后的视角看待现实(注意,我们这里谈的现实均指上述罗列的社会现实),比如一定程度将现实陌生化。但为什么还是"串烧"?这真让人丧气。以余华这种高手,甚至高手中的高手,到底什么地方出了问题?好像卡在了什么地方。什么地方呢?我不能说我想清了这个问题,我前面提到两种现实:我写的现实和我没写的现实,我想前者可以概括为个人化的现实,后者或许可以命名为公共现实——但我更愿称为通俗的现实。

"通俗",百度上解释为"普通的,普遍的,被大众所关注的、广泛理解的"。同时,文学是反映现实的——这种观念无论在读者还是在作家那儿都非常牢固。在纯文学语境中,小说不能写得太通俗是常识,通俗小说不被纯文学认可的原因也在这里。但如果现实本身就很通俗,那么以反映现实为己任的小说怎么可能不"通俗"?不"串烧"?就算实现了一定程度的陌生化,但文学反映现实的总体观念没变,技巧再高明,也不过是高明地把现实"串"起来完成了对现实的反映,与通俗的现实区别不大。读者其实很聪明,读者要的是区别而不是"串"起来展示。区别,是,区别,这是问题的关键所在。

如何区别?观念不改变,怎么区别也无济于事。"文学反映现实","文学不反映现实",这是两个截然不同的判断,两种认识有根本性的区别。要想区别,不在这里找很难找到,在这里找到了区别,才可能给读者区别。显而易见,现在我同意第二种判断,即:文学不反映现实。这看起来有点大逆不道,逃脱文学的基本责任。事实不是这样,不反映不等于不涉及现实,而我要说的最重要的东西就是:"涉及"二字。文学不反映现实但勇于涉及现实才可能摆脱"反映"的通俗现实的陷阱,以及与之相关的反映论的陷阱。现实不是文学的本体,对现实的超越才是文学的本体,这个本体恰是读者所要的"区别"。

对于通俗的现实,回避不可取,反映亦不可取,唯有"涉及"或许是文学的"窄门"。"涉及"免除了回避,同时,也是一种超越性的反映现实的方式。但不是本体性的反映,是顺带的反映,也就是说:在反映之上还有一种东西。那东西是什么呢?我想《百年孤独》知道,《铁皮鼓》知道,《平原烈火》知道,《魔山》知道,《酒吧长谈》知道。说到略萨的《酒吧长谈》,我想起2010年他在中国社会科学院讲演时说过的一句话,我觉得可以从旁注释"涉及",他说:文学不为政治服务,但要让政治为文学服务。这话当时我听了很震动,这话也可以这么说:文学不为现实服务,但现实要为文学服务。文学是本体,现实是手段。当然,这远不是问题的结束,事实上仅仅是问题的开始。现实与主体的关系还要复杂得多,具体而微得多,涉及方方面面,有些只有上帝知道。我也在面对"通俗的现实",我正在进行的新长篇《三个三重奏》涉及了非常通俗的"双规",但我时时都在提醒自己,我写的不是现实中的"双规",我要尽可能地写得不像,我反映的不是"双规",而是让它为我所用,表达我想表达的东西,为此我把地点放在了798那样的环境中,环境是超现实的,审讯也是。在面对通俗现实上我认为用得着齐白石的一句话叫:学我者生,像我者死。

文友印象

我们的兄长
杨怡芬

　　对于我来说,"宁肯"首先是同学之名,然后,才是一个副词。"宁肯",是宁肯自个儿选的笔名,这会儿,我对着这两字发呆半天,才恍然大悟:"宁肯"是"宁"的一种解释!宁肯,他取了自己的名字,却又像没有取,只是老实地守住本姓而已。蓦然想到,他的小说文本,也和这名字一般,看着高蹈玄奥,但也许他想要的却是"接地气"的实在。

　　走神片刻,还是回来说宁肯其人吧。2010年,从初春到仲夏,我和宁肯在一个教室里听课,临结业时,又同台演出话剧《雷雨外传》,说起来,无非4个月的时空交集,此后,他居京城,我住海隅,江湖相望,淡淡然如君子交,所以,我开始担心,我的印象记,可会失真?

　　那时,鲁院还在八里庄南里的旧址。春天里,院中花木葱茏,尤其是楼前一树梧桐,开得热热闹闹;我们一班人,以院为家,洗出衣服就在院中绳上晾晒,端的是寻常居家日子,当然也是热闹的。宁肯家在北京,他就走读,只在这花树下匆匆来去。第一个月,我们这班人都很矜持,据说有老师笑我们说是史上最闷的一个高研班,我们自己也着急,想着该怎么破这个闷局。于是,就有自发的各种沙龙出来。有一回,宁肯在沙龙上向我们介绍了一本蓝棣之先生的《现代文学经典:症候式分析》,他的推荐真诚中肯,说道:"做梦、创作、神经病这三个方面,从我们自己的直接经验来说,也有很多相同、相通的地方,似乎常常互相转化:梦者在梦醒之后,迅速地变成一个清醒的合理的人,一个心智健全的人因精神生活中的均衡有所改变而变成一个神经病者。精神分析既然可以用来分析精神现象,当然也就可以用来对同为精神现象的文学进行症候批评。"那段时间,我自己也正对荣格感兴趣,于是,就想找这书来看。在网上搜寻不得,就向宁肯借,似乎怕他不肯,我又保证说会很快看完,马上归还。这个也是以己度人,因为自己就是不大肯借出书的人。宁肯不像我那么小气,很快就把书借给了我。那本书,我做了9页满满当当的读书笔记,对我的小说写作,很有帮助。有一天,李浩到鲁院来,我们一起聊天,才知道他们俩见面不易,就用E-mail来讨论小说,把信写得长如大文章。他们聊天也还是说小说,会意处,宁肯笑声爽朗,李浩笑容蕴藉,让人觉得,小说这东西,实在是人生最令人心醉神迷之物。这个阶段的宁肯同学,更像是我们的老师。

一些改变,是从外出社会实践开始的吧。那些天,宁肯和大家同行同止。在火车站时,受不了候车厅的闷热,我们索性在广场上席地而坐,宁肯也在其中,路灯昏黄,星月在天,我们东拉西扯,说说笑笑,如晒谷场上乘凉的农人,轻松惬意。可惜到上海之后,我开小差回了舟山探家,错过了和大家同游江南的精彩,听说宁肯和赵瑜他们在西湖边三叠唱和,很是潇洒。宁肯一定爱上了荷叶田田的西湖了吧。今年《江南》杂志做了宁肯的小说专辑,看到消息时,我一想,宁肯和江南又结缘了啊。

慢慢地,宁肯融入了我们这个集体,因为他年龄比我们略大几岁,大家都尊他为兄。突然有一天,他又变成了"老爷"。那是我们的毕业演出,于东田导演,盛可以策划,在一周的时间里排出话剧《雷雨外传》全本,以此剧作为毕业演出的背景戏,戏外有同学们的歌舞,并置两舞台,既亲密,又疏离。宁肯演"老爷"周朴园。时间紧,连我这个"画外音"也有压力,第一主角"老爷"的压力可想而知。宁肯坐在那里认真过台词、对戏,稳稳当当的样子,让人放心。北京的大热天,天地间如熔炉,我尽量待在空调房间里不出门,宁肯却是顶着烈日来来去去,那段日子,好像他家里还有病人要照顾,"内忧外患"够他煎熬。但他从没有在我们面前表现出一丝的不耐烦,忘词了,弄错场景了,他还羞赧地朝东田笑——他服我们的导演。最难得的是,他居然容忍导演和策划在戏里拿他的新书《天·藏》开玩笑,剧中核心情节周朴园逼迫繁漪喝药的剧情已被"搞"成逼迫看《天·藏》,拿他的新书开涮倒也罢了,还要他本人来涮自己,亏他有这个雅量——真如戏中台词"控制、冷静、矜持"!开演那天,平常上课的教室变成了小剧场,《鲁十三〈雷雨外传〉首演暨结业联欢》蓝色会标悬于黑板上方,演员头像、集体合影都在上面;幻灯片滚动播放,画面是我们班的各种活动场面,每个人都能看到4个月中的自己。宁肯那天的表演超乎寻常的好,他入戏了,真实和虚幻,已经模糊了界限。整个演出很成功,宁肯为此自豪不已。这个自豪,是他把自己深深嵌入"鲁十三"并把自己作为"中流砥柱"之后的自豪,所以,才有长篇散文《鲁院之维》,才有毕业典礼时让全班人泪落如雨的发言,他说:"这4个月,在我的人生旅程中,是一段溢出的、飞来的时光。它刚飞来时让我稍稍有些不适,不知在这段时光的设置中该如何摆放自己,感到游离,甚至疏离,但不知不觉,这段时光逐渐深入了我,把我变成它的一部分。"

2010年7月北京别后,9月我们在上海重见,送别同学于东田。8月27日,东田突然弃世,让我们悲痛难言。由班主任发起,我们每个人都表达点心意——我们不知道怎么做才好,这样表达一下,也许能让我们心里好受一些。宁肯的北京账户就成了大家的账户,那些天里,核对账户、记录名册,这样的俗务,宁肯自觉承担了。在上海,告别式后,我们无语坐在茶楼里,他和肖睿在9月的太阳底下跑去邮局,把我们的心意汇给东田父母。赵瑜曾说,他收到宁肯报噩耗的电话时,宁肯的声音是颤抖的。那么,我暗暗揣想,忙着这些俗务,也许,能减轻点他的悲伤?

此刻,我随手翻着《天·藏》——宁肯给班上的每个同学都送了一本,刚巧看到这一行:"什么是真实地发生?真实的边界在哪里?"这会儿,我也这样问自己。在"鲁院"之维里,如师如兄的宁肯真实地存在过,我看到了,我记下来。

评家观点

别样的小说实践
——宁肯小说的现代品格
鲁太光

几年前,德国汉学家顾彬对中国当代文学发出了极其严厉的批评,这一批评,又被媒体断章取义为"中国当代文学垃圾论",因而,在中国当代文学研究界引发了一场争论。从根本上看,顾彬所提,既关涉小说的艺术可能,更关涉小说的精神可能。更进一步说,顾彬提出的是:在当下语境中,作家如何在作品与世界间立足的问题。

之所以旧事重提,是因为最近阅读发现,顾彬所提问题,在中国当下小说创作中并非没有好的范例——宁肯的小说就是很好的明证。阅读中,笔者有时会情不自禁地想:宁肯的小说,在多个维度上解决了当下小说写作的困境,创造了别样的现代小说文本,值得尊敬。

小说首先是语言的艺术。在阅读中,我们首当其冲面对的,是小说的语言,而对我们的阅读产生直接或首要影响的,也是语言。在现代社会速度或数量几乎决定一切的前提下,即使在所谓的"纯文学"中,也很少有作家对语言倾注大量精力,更谈不上倾心于语言的文学化和艺术性,倾心于语言的时代感和及物性,因而,语言问题几乎成为当下文学创作中的一大问题。坦白地讲,就整体而言,在这个问题上,中国当代小说创作可谓乏善可陈。

然而,这还只是态度问题、表层问题,也是相对容易解决的问题。实际上,更为严重的,是认识问题,是作家对语言本质的认识问题,是作家对语言的提炼问题,是语言与时代的关系问题,即:语言现代性的问题。

我们的世界是一个高度物质化的世界,现代世界的这一"物化"特征投射到文学创作中,就产生了语言的同质化问题,产生了语言的粗鄙化问题。在这一整体语境中,许多作家放弃了写作的难度,顺现代潮流而下,使创作成为时代的附庸,使语言成为时代的点缀,也使自己成为时代的奴仆。

自然,在这样的困境中,也有不少作家认识到了语言的重要性,并做出了多种尝试,但在空前强大的现代语境中,这些尝试却收效甚微。为了抗拒现代世界的粗鄙化倾向,一些作家向传统回归;为了抗拒现代世界的同质化倾向,一些作家追求语言的个性化或地方化;为了抗拒现代世界的固化倾向,一些作家向内转,追求语言的内在化……在这个问题上,宁肯的文学实践极富启示意义。

径直突入现代生活的核心

纵观宁肯的小说创作,可以发现一个现象:在当下作家中,他不仅是现代体验极其深刻的作家之一,也是现代知识极为丰富的作家之一,因而,他对"现代性的后果"之认识,也极为深刻。正是这种现代体验的深刻性和现代知识的丰富性,为宁肯的写作提供了准确的坐标,使他做出了令人赞叹的选择:在现代大潮中,他不仅没有像大多数作家那样随波逐流,而且也没有选择我们上文所述的抗拒或逃避之路,而是直面现代生活,径直突入现代生活的核心,在与现代生活的深度接触中突围而出,创造了一种既是现代的又是反现代的小说文本。这首先表现在其小说的语言艺术上。

新世纪以来,宁肯最为瞩目的创作成果无疑是其长篇小说。我仔细阅读了其《蒙面之城》《沉默之门》《天·藏》三部长篇,深深地为其对语言的敬畏、对语言的提炼、对语言的创造所折服。在很多人甚至连一段话都无法静下心来打磨的当下,宁肯却反其道而行之,对每一部长篇小说的语言都字斟句酌,我们可以说其每一部长篇小说都是一卷长诗,一卷洋溢着或幽微或盛大,或朦胧或准确,或敦厚或犀利的语言光泽的"现代启示诗"。在宁肯那里,语言当然不仅仅是一个态度问题,而且更是一个认识问题,甚至是一个哲学——语言哲学问题。换言之,宁肯诗一般的小说语言,既是他对现代生活的呈现,也是他对现代生活的抗拒,还是他对现代生活的超越。这既体现在其小说中的每一个词语、每一句话、每一个段落中,更体现在其小说语言的整体结构中。

就宁肯小说创作整体而言,毫无疑问,《蒙面之城》使他收获了读者众多的赞誉,初步奠定了他在小说界的地位。但就创作本身而言,这时,其独特的艺术品格正在萌发之中,尚未真正形成,有时甚至稍显稚嫩,但到了《沉默之门》,其独特的艺术品格已经得以完整呈现。

《沉默之门》是呈现现代生活压抑人、异化人的小说——跟许多作家不同，宁肯的每一部长篇小说，几乎都直面现代主题，而非回避。仅就小说文本而言，这"现代生活"既指涉革命年代——对倪老头的经历以及倪老头的经历对"我"的影响的描写就是这一年代的缩影，但在更宽广的范围内，这"现代生活"所指涉的，应该是"新时期"，尤其是20世纪80年代末期以降高度物质化、欲望化、消费主义主导的"市场化"时代——关于这一点，作家不仅在小说中以主人公李慢先后供职的两家报社解体的时间予以暗示，更以李慢第一次失业后找工作的荒诞经历进行全面铺陈。按照世俗的也是通常的叙述，这一"市场化"时代是中国历史上难得的黄金时代，对这样的时代的文学呈现，即使不用诗的语言，至少也应使用平实、朴素、稳健的叙述。然而，《沉默之门》中关于这一时代，作者使用的是灰色的、暗淡的语言，使用的是愤怒的、反讽的语言，使用的是急促的、憋闷的语言。而李慢因为与唐滴的爱情遭遇中断而住进精神病院后，作者对这一非正常的人类居住环境大量使用"正常"的语言，使用安静的、透明的、清晰的、稳定的语言，到该章结尾时，更是使用大量诗意的、抒情的、哲思的语言，特别是李慢和杜眉医生在干河上看到静卧的羊群的段落，那无边的诗意建构了一个诗意无边的世界。事实上，到这里，作者潜藏在语言背后的主体意识已经水落石出。简言之，作者通过对语言"常识"的颠覆，颠覆了人们习以为常的生活"常识"，让人们在这种"反常"的刺激下冷静、停顿，得以静观。从这个意义上说，小说第四章《南城》中李慢在《眼镜报》的荒诞经历已非必要，而作者之所以在故事"结束"后再次设置这一灰色场景，不过是为了在重复中提醒我们：到底怎样的生活才是"正常"的呢？

"慢速度"的叙事节奏

与语言紧密相关的是小说的形式问题，即结构问题，或者说，叙事节奏问题。在这个问题上，我们仍然可以发现宁肯的独到之处。

现代社会是物质社会，这个物质社会的一个重要标志就是高速前进，而这个社会上的许多问题，就是因为这速度带来的，而且，这样的问题，正越来越多、越来越频繁地爆发。面对这不断"加速"的社会，我们的文学该如何面对？这是一个无法回避也不容回避的问题。

就我的阅读经验而言,大多数写作不是选择与这个社会"同步""前进",就是选择"加速度",甚至选择"超速度"。而宁肯,再次反其道而行之,在其写作实践中,逐渐选择了一条"减速度"乃至"去速度"的途径,这主要体现在作者的叙述形式或叙事节奏上。在其成名作《蒙面之城》中,这种"减速"的倾向还不明显,或者说,作者在主观意识上想要减速,想要抗拒不断加速的社会——马格之所以踏上永不回头的流浪之途,表面上看,是出于对"我是谁"的追问,而实质上,又何尝不是出于对速度——在小说中,表现为各种各样的"成功"——的恐惧和抗拒呢?又何尝不是出于对一种"慢"的生活状态——在小说中,表现为非功利化或去功利化——的向往和选择呢?不过,主观愿望是一回事,真正的艺术表达则是另一回事。实际上,在《蒙面之城》中,作者对"慢"的生活状态的表达采用的其实是一种"快"的叙述节奏——马格以梦为马的流浪或追寻之旅,在很多时候依靠的是通俗文学的叙述,小说的情感和精神进程是依靠异域风情、依靠猎奇、依靠奇观得以支撑和推进的,尤其是小说结尾,尽管作者依靠一场突发事件——深圳大学的秘密演出和警察的强力介入——化险为夷,避免了马格无可避免地走向成功,但实际上,如果从深层次看,马格还是未能"免俗"——他离开弹孔乐队,再次"出走",投身妓女的怀抱,难道不也是以其另类成功为背景吗?

这一意愿与实践相背离的情况,在《沉默之门》中得到了完美的翻转。在某种意义上,我们可以说,推动作家写作《沉默之门》的动力跟《蒙面之城》没什么本质区别,仍然是为了表达"慢"的思想。但这时,"知"已与"行"合一,小说的叙事形式也因此成了有意味的形式:小说第一章"长街"无疑是"快"的,是"加速"的,该章最后,李慢推销《北京餐馆指南》的行动与呼喊是那样急促、疯狂,以致让人产生窒息的感觉——这无疑是现代社会的一个绝妙的隐喻。然而到了第二章《唐漓》中,小说的叙述节奏却突然"慢"了下来,"慢"得舒缓,"慢"得忧伤,"慢"得别致……我们可以把这里的"慢"视为对第一章的"快"的缓解——小说精神层面上的缓解。然而,就在第二章最后两页中,小说却一反常态,在李慢和唐漓舒缓诗意的爱欲故事中,突然插入一段冰冷、激进、疯狂的文字,将小说的叙事速度推至极限,将主人公李慢推入"疯狂"之境。这似乎仍然是一个隐喻,隐喻现代社会中"慢"的奢侈。为了缓解这短短千余字造成的极端的速度,第三章

《医生》再次回归无边无际的"慢"之中,在这样的"慢"中,生命的意义再次浮现……小说中这种"快"与"慢"的交织产生了难以言表的叙事效果:使"快"的更"快","慢"的更"慢";使"正常"的变得"反常",使"反常"的变得"正常";使"现实"化为"幻象",使"幻象"化为"现实"……

在《天·藏》中,宁肯对艺术形式的操练,对叙事节奏的把握,对"慢"的表述,达到了炉火纯青的地步——在一部长达 20 多万字的长篇小说中,作者不仅过滤了几乎所有故事性的文字,而且几乎过滤了所有叙述性的文字,只留下大段大段的沉思和对话。尽管如此,作者似乎还嫌叙述不够"慢",又在小说中穿插了众多溢出的情节,甚至把学术论文中常用的"尾注"移植到小说中来。而且,细心的读者还会发现,越到小说后面,"尾注"越长,甚至成为独立的章节,使小说的叙述更加枝蔓丛生……

至此,讨论已经离开"形式"切入"内容",也就是说,作家之所以不断地放缓叙述节奏,不断地延宕小说情节,并非为形式而形式,而是有其深刻的艺术思考。用作家自己的话来说,写作《天·藏》的艺术旨归是为了呈现人的存在,而非为了讲述一个故事。实际上,这是贯穿宁肯长篇小说的共同主题,只不过在《天·藏》中,这一主题得到了更加淋漓的呈现而已。只有从这个角度出发,我们才能意识到小说结构的几组人物关系的多义性与丰富性:马丁格与其怀疑论哲学家父亲、与静思者王摩诘之间产生了一种静修与思辨的张力;在王摩诘与维格、与于右燕之间,形成了一种沉沦与上升的张力;在维格与王摩诘、与诗人、与登山教练、与母亲、与马丁格之间更是形成了多重张力——爱与欲、内与外、前世与今生、敞开与囚禁……不仅如此,就是在小说主人公自身之中,也存在着多种张力。

在这种充满张力的关系中,在这种关系的交织中,存在的多元性逐渐摆脱现实的控制凸显出来,而人存在的多种可能性也因此得以摆脱物欲的控制凸显出来,生活也再次以开放的姿态呈现在人们面前。

这,正是我们这个时代匮乏的文学品质。

这,正是我们这个时代呼唤的文学品质。

张洁 / 鲁迅文学院第六届高研班学员。著有小说、散文、评论、童话等,出版图书《有笑的日子很美》《特丽莎嬷嬷》《天堂加油站》,张洁美文《爸爸的灯塔》《大地的孩子》《金色水滴》等。翻译儿童图书《米奇的奇妙世界》、米尔恩诗集《现在我们六岁》等。曾获宋庆龄儿童文学奖新人奖、冰心儿童图书奖大奖、冰心儿童文学新作奖大奖、陈伯吹儿童文学奖、"上海文化新人"称号等。

作家自述

一个小声音
张 洁

走在路上。

发呆的时候。

跟人说着话。

置身书架的气息。

有个细微的声音会在心底冷不丁地呼唤。

——似乎遥远,又很清晰。

写作对于我来说就是这个小声音,就是心的轻微和明朗、舞蹈和歌唱,是它的飞扬和肃静,是它带我在大地上游荡,飘浮过云海,停靠于树叶和水面……跟小草低语,与七星瓢虫一同漫游,踩着女巫的长发去夜空拜访星星,在荒原邂逅小王子,又在里昂,在圣埃克絮佩里跟小王子坐在大石碑上吹风的那个街口,与他们失之交臂。

睁大眼睛望着世界。

不知不觉地读。

不知不觉地写。

不知不觉地想。

少女明净的双眸在我眼前晃动,我的脑海里千回百转着她们的秀发、小羞涩和坦诚。

忘不了那个还没能说话的幼童,在他想见的人要离开时挣扎着猛然咧开嘴巴号啕大哭。

风呼呼吹过。风说着什么呢?风说了什么?大人说:"风哪里会说话。"三岁的娃娃说:"风,来我家!我给你开消防车,给你吃饼干。"

一个老老的奶奶,她的肚子里到底装着多少故事呢?她真的认识提着一只麻布口袋的老太太吗?麻布口袋真的装再多东西都永远装不满吗?

睁大眼睛望着世界。

不知不觉地行走。

不知不觉地停顿。

不知不觉地出神。

水母一个个浮涌到木桥的水下。日出的红晕映染着玻璃窗,玻璃将光折射到水母的水中。水在我眼睛里。我在水里,还有木桥。

虽然觉得自己离写作人的身份遥远,但是庆幸世界上有写作这样一件事情。

还记得一同长大的女孩说:你一定要写。永远沉稳的声音停息在我耳畔,她的目光沉入我眼底,还有她和他们:我们的时光。

记得跟女伴像读书时候的小女生那样一起缩在老木楼梯拐角,交换看彼此的文稿,热切地说喜欢的,坦诚地说不认同的。

记得女伴挺着大肚子把自己的第一本书的校样塞到我面前,让我帮忙检阅。于是一个人埋头苦干,另一个人在一旁吃吃喝喝。吃喝的人突然扑哧一笑,大叫一声:"小瘦子!"突然她说,"他(她)在动。他(她)踢我。"她捧住肚子,又让小瘦子把手按在她的大肚子上。两人一同神往地希望快点看到那个小生命。

记得因为一本书的礼物,本没什么交集的人,依然说不了太多话语,心已倏然冲到了前方,望得见对面的脸庞。也因为书这样一份礼物,距离越来越遥远,似乎已成陌路的人,照旧轻轻地在记忆里存着暖意和祝福。

望着世界。也望望自己的心。

不知不觉地欢欣跳跃。

不知不觉地怅然若失。

不知不觉地安之若素。

文学里。写作中。我心底生出身处教堂的感觉。我不是教徒,但我相信良善、光明、信守和坚毅,相信一切的这些、这些的一切都是共同的,是共通的。

每次读完书,都不由自主地看天空和大地,忍不住对天空和大地轻叹:多么好啊!觉得自己可以飞起来,想像风一样拂过万物,跟一个谁小小捣蛋一下。

我沉在这个世界里。

我知道有时世界有残缺、有不完美,但它同时依然有圆满、有许多好,值得我爱,值得伸开双臂将自己融化在里面。

听见心脏跳动的声音。母亲挺过怀孕的负担和分娩的痛楚,将婴孩带到了大地上。一个生命,你来了,是要获得快乐同时给予周遭快乐。每个人都是舞者,世界的舞者,自己的舞者。

望着世界。跟随心去到目光抵达的空间。

不知不觉地想。

不知不觉地写。

不知不觉地读。

越来越不觉得是在写。因为不知不觉地做,就用一个孩童的面目,而每当做着这样一件事的时候,我已经消融。

皱皱眉头,有一点点苦恼,感觉没有创作谈可以谈。

觉得说的话就在写成的东西里了。

我的话,我的心,在文字里。

——我在字里吧,也许前世就是一个小小的字,每个人都是一个字,随你自己愿意想大想小,想重想轻,想黑想白想红想蓝……想迷彩、斑斓以及所有的一切。

谢谢让我写的字印刷出来的人。谢谢你读我的文字。

文友印象

关于大森林的梦
薛　毅

我曾经是张洁大学最后一年的班主任。

6年后,张洁捧来一大沓稿子,说她的散文集要出版了,请我写序。我问她何以选中我,她拿出我以前给她写的毕业留言,说是因为这留言:

> 很久没有见到像你这样的笑,像你这样的哭,像你这样的没有逗号地说话,然后呼啦换一口气再叨叨叨地讲下去,两眼望着天花板,活脱脱一个小学生背书的模样。你使我发现了一个我已陌生很久的纯洁、善意、童稚的世界的存在。很抱歉,我始终把你当作一个小孩子。而你就是我已陌生很久的那个世界的小公主,我这样想。
>
> 感谢你使我看到那个世界的存在。

我笑了。6年过去了,张洁留给我的印象仍是6年前的样子。

那时,一个老师指着旁边的女孩向我介绍说:"这就是张洁。"女孩穿着一身白,留着笔直下垂的长发,向我笑笑,笑得很谦和。我脱口而出:"怎么像个初中生一样?"女孩又抱歉似的笑笑。她大概已听惯了人家的这种评价。"听说你喜欢写一点散文?"我问。女孩微微点头,轻轻地说声"嗯"。后来我才知道,张洁那时的散文在校园里已小有名气。

我在初中时听过一个广播剧,讲述音乐家格里格在林边遇见一个守林人的女儿,女孩在唱着格里格谱写的歌曲。我现在脑子里还清晰地回旋着女孩稚气的歌声。第一次见到张洁,总觉得有点像我想象中的那个女孩的样子,尽管张洁显得文弱得多。

中文系的毕业班有一个传统,在离开母校前要在礼堂演一次戏,以示告别。八七级的戏由张洁编写。张洁用散文诗朗诵串联了一首首歌曲和几个舞蹈,名为《起飞的小小鸟》。那时,小鸟成了张洁的外号,她也很忙碌地飞来飞去。我有点担心这出稚气十足的戏,效果会怎样。这出戏由毕业班自导、自演,观众也大多是毕业班的。离开母校前,大学生们的心情非常复杂,对过去的依恋、告别前的失落、对未来的恐慌等等掺杂在一起,大学生有时会用极端的方式表达或发泄他们的情感。更未料想,刚开演,音响设备、舞台灯光都出了问题,并且电线突然短路,整个礼堂顿时一片漆黑,大学生们似乎找到了发泄口,起劲地笑着、拍着,台上台下全乱了。我坐在一边,忧心忡忡。但台上的演员坚持在临时拉接的白炽灯光照下把戏演完,每一个演员都非常认真,朗诵词在重复着:"永远带着大森林里的露珠。"我渐渐有些感动。相信被感动的不是我一个人,因为台下尽管声音不断,却没有人离开座位。

"永远带着大森林里的露珠",多好!我想不到我以前并不关心的、很天真的童话般的语言会使我陶醉。真的,张洁的文字并不深刻,我感动的是它们的浅,像小鸟的叫唤,像孩童的眼睛。张洁有一个执着的梦,一个关于大森林的梦,我又一次想起格里格与守林人女儿的故事,那个广播剧说,10年以后,格里格谱了一首钢琴曲献给已经长成大姑娘的守林人的女儿。那曲子,轻盈和谐,一尘不染。后来,我的一个朋友在见过张洁后与我畅谈童话故事。我由衷地赞叹他所说的图景:全世界的孩子手拉着手,围着大海跳舞……

演出结束前,张洁与她的朋友们登台谢幕,灯光下的张洁眼圈红红的,像受了惊吓的小鸟。

> 母亲啊!
> 天上的风雨来了,
> 鸟儿躲到它的巢里;
> 心中的风雨来了,
> 我只能躲到你的怀里。

冰心的诗是受惊吓的小鸟与孩子的栖身地。张洁也执着地追寻她的大森林的梦。她大概受过许多惊吓,每一次都会使她更强烈地等待那一片没有烟火的和平天地。我担心这样的一份执着大概无助于她闯荡社会。我想使她明白,梦与现实并不一样,人得靠自己构筑境地。我希望她快点长大,以便能更坚强地生活。但说实话,我又担心她长大,长大后变成什么样?会像"大人"那样:虚伪?奉承别人?会严肃得不近人情……但她总得长大。总得告别缠绵、忧伤。

后来,后来的事我后来才知道,她经受了一些生活的考验,一直在现实与梦中穿行。她又生了一场大病,几乎窥见死亡。这之间当然会有许许多多的事情磨炼着她。眼前的张洁,依然文弱,依然有抱歉似的笑,但整个的心理状态非常宁静,她的整个心胸宽宽的,平静地领受着现实的一切。"生活很复杂,但我可以用简单的方式对待生活。我喜欢用单纯的方式过单纯而又丰富的生活。"她轻轻地说,语调依然似从前,但孩子是不会有这种彻悟的。张洁的散文仍然吟唱着大森林里的诗,但她尽可能使她的诗里有忍耐、宽容的底色。

我等待着张洁吟唱出她生命中最辉煌的乐章,那时,张洁可能会意识到,生活就是小鸟梦里寻找千百度的大森林。我记得那个广播剧中,格里格重复地感叹:"啊,生活,生活。"伴随着这感叹的是如瀑布般倾泻的交响乐。那时,像《音乐之声》所唱的那样,"群山溢满音乐的回响"。

评家观点

张洁:从"写"开始
聂 梦

20多年来,张洁不止一次地提到,"写"对她而言的重要意义。

就像有些人离不开旅行、散步、喝茶一样,写是张洁生活的一部分。这种特殊的表达方式,帮助习惯于沉默的她把心中的话传递出来,与周围的人与事、叶子与木桥密谈。

从写开始,她走进文学,伸出手与稚嫩的年轻的掌心相印合,将对童年、对成长、对整个生命的光影与色泽的全部体悟藏进文字里。在明净的小世界中,看万物生长,看星星透亮。

少女·成长

"我仿佛身不由己。走在路上,坐在车上,眼前翻腾的都是笔下的女孩们。那是一些我永远无法忘怀的时光。每道光的折射与影的辉映下,闪动的都是女孩们看似细若游丝却张力无穷的气息。"张洁这样形容自己的写作对象。在她身上,在她的小说、散文里,随处可见难以割舍的少女情怀。年少时,张洁曾深深沉浸在秦文君和陈丹燕的作品中。当其他大学生热衷于创作只有自己看得懂的诗歌和爱情故事的时候,张洁开始了为少女读者而进行的写作,并选择当时并不热门的陈丹燕的少女小说作为毕业论文的研究方向。

张洁笔下的少女各式各样——有的骑在"镇边村"的老银杏上嘻嘻哈哈地唱着歌(《秘密领地》中的紫燕);有的怯怯地问好友:"如果我是一只狐狸,或者兔子,或者小鬼,你会跟我一起玩吗?"(《我的同学格丽》中的小缦);有的厌倦了平淡的生活,想象自己出车祸或者爸爸妈妈离婚(《做回坏小孩》中的乖小人);有的被后座的男生在衣服上画了粉笔印子正泪眼汪汪(《乘着歌声的翅膀》中的凌宛儿);有的在心里默默期待兄长一般的实习老师对自己说一声:"嗨,小女孩。"(《幽秘花期》中的杨晓阳)——但她们大多分享着同一个特征:走不进轰轰烈烈的喧嚷里。

如同作者在《秋日最明亮的一缕光芒》中的自我形容那样,不能做发光的路灯,便沉默地享有安宁的夜景。这些女孩话不多,总是笑眯眯的,不习惯也不善于表达感情。她们独立地安静地做着该做的事情,不惊扰任何一个人,有时也会陷入感情与理智的旋涡,但更看重的是埋藏在心底的隽永回味和怜惜。作者在熟知并热爱的女生世界里充分伸展着个体生命的感触,每一个枝蔓都指向真实、细微和完好,丰盈其中的人性的善与美奠定了作品洁净的基调。

成长,对于绝大多数人而言,是一个神秘、无可解释、又充满期待与痛苦的过程。作为物质的身体,在这一阶段有着无穷无尽的意味,与之同步的心理裂变,蛮横地将我们拖离绝对安全的领地。一场春雨过后,原本平静的心田变得生机勃勃且杂乱无章,生长出的各式各样叫不上名来的东西互相排斥、扭打、争夺着。其间,总有一股新鲜向上的力量,尽管在冲决中伤痕累累,终将带领我们走向开阔,走向诗意,走向阳光。

张洁曾表示,通过写,她得以流连在感动与顿悟编织的梦的世界里,翻阅自己的成长痕迹。作者视野中的成长,借助纸张上少女们的际遇具象起来,成长的语境因此变得更加可感可触。首先是身体的微妙变化。《神秘园之歌》里,女孩水草无法直视身体的异样,体内有什么在生根发芽,她想大声喊出来,但同时又被这"可耻"的念头拨弄得愈发混乱烦躁:"我害怕,我要自己沉默。"

外部世界对心灵的冲击,及其所带来的困惑与伤痛,是张洁在作品中着意表现的。作者对于片段化、甚至碎片式的情感体验有着高度的敏感,她将许许多多特殊的情境不加铺垫、没有预告地放置在人物面前,怀着极大的同情,平静而温和地描绘出成长历程中人生轨迹被改写之痛。父母离异,家人遭遇横祸,在与老师、同伴、异性的交往中被误解、被嫉妒、被伤害……女孩们幼年时丢失玩偶的伤心泪水逐渐被怀疑、孤独、迷茫、无助乃至绝望所取代,这些心事和情绪枝枝蔓蔓在灵魂深处,没有头绪,无从驱逐。然而,伤痛的源头不只是家庭和学校。她们当中的一些人跟随夏莲子(《夏莲子的世界》)、久天和紫燕(《秘密领地》),离开从小生活的乡村,来到魔宫般的城市,成为异乡人。挥手告别爷爷奶奶和伙伴,女孩来到满是蜈蚣、飞蛾和蜘蛛网的地下室。在种种际遇中,死亡带来的阵痛最为刺眼。一个人的出行突然从天而降,欣欣被获许独自搭乘火车去看望外公,一路上的喜悦期待,心里不停翻腾的快乐的泡泡,都没能改变这次旅途的终点——小卫兵无法守护上将,没有告别,永远都不能再见(《旅途》)。陪爸爸在医院加班,亲眼见到对面楼上一个轻飘如衣服般的人纵身一跃,自此,我的房间、我的脑海里,轻飘飘的"衣服"如影随形。珠珠表妹、好友丹和我爱的阿沐,他们的死亡都与我有关吗?我是死亡的制造者吗?

张洁的好在于,她不允许伤痛无限放大,不接受心灵磨损后的无奈与握手言和。风暴终究会过去。在她看来,成长是一个寻找自己、确认自己的过程,不是抛弃、流逝而是累积、沉淀。无数珍贵的、完好的、华美的、丑陋的、稚气的、细微的、耻辱的影子,都堆积在时间之河里,任由自然界处置。疾病是她作品中一个最经常出现的意象,几乎所有的女孩都不同程度地经历着呕吐、高烧、晕厥、幻觉、失忆、失语……从文本角度来看,这是人物心灵遭受巨大冲击后,在身体上的疼痛映射。与此同时,肉体的逃离也暗中帮助女孩们获得了精神上的疏离与安全感。她们躲入病中思考,直到有勇气面对难题,病症才会消失。这不禁让人联想起原始仪式中"死亡/再生"的原型,少年们通过仪式象征性地死去,重新降生到成年人的世界中,仪式过后,一种具有更大权力并承担更多责任的生活正式开启。

在张洁这里,女孩们骨骼拔节,病愈意味着新生。

散文步调与节制的美

2007 年,长篇小说《敲门的女孩子》再版,张洁大学时代的导师梅子涵在书后文章中称这是一部"散文小说"。2011 年,明天出版社将张洁多年来创作的部分作品结集出版(包括《月光之舞》《爸爸的灯塔》《美丽的约定》《穿越童年的影子》等),丛书定名为"张洁美文",其中"美文"二字显然也是经过考量的——不是小说,又不同于散文。这些命名与判断,无一不指向作者在文体形式上不曾间断的探索与实践。

张洁参加鲁院高研班学习期间,曾在研讨会上谈到文体试验的问题。她很欣赏上海作家张秋生创作的"小巴掌"童话,将诗歌、童话、散文熔为一炉,深受读者的喜爱。张洁坦言，从 1997 年开始，她便尝试把小说、诗歌、舞台剧等一些手法分别融入少女散文的写作中。她认为，原始的内驱力与经验世界是切入文学本质的基石，充分调动自身的爱好与内源特质，有助于丰富体裁的表现力和厚度。

在众多文体中，散文是张洁文学写作的入口，也是她文学经验最丰饶、情感凝结最浓郁的地带。这种安静、温柔的表现形式，无比贴合作者的心性与才情，纵容她长久地浸淫在执着得近乎执拗的审美追求里，只写自己的心情、记忆和眼中的风景。纵观作者所有作品，纯粹意义上的散文在数量上并不占优势，反倒是长长短短的类似于《敲门的女孩子》那样的"散文小说"得到了作者和读者更多的青睐。如何对这类作品在体裁上进行明确定位，我们姑且放在一边。可以肯定的是，在它们身上，集中体现着作者在文体融合方面所做的尝试与努力——从散文出发，到散文为止，同时也凸显了张洁文学写作区别于其他作家的特殊的美学风格。

用散文的步调讲述故事，描绘成长，容易使作品根茎纹络清晰，获得一种节制的美感。成长的病痛与狰狞的、满是鲜血的绝境隔绝开来，过分的行动让位于含蓄的、极富分寸感的心理活动。没有奔跑或呐喊，没有激烈的冲突，有的只是挣扎过后的沉静与内敛，温和与流畅。包裹着爱与痛惜的心事和情绪，在平淡舒缓的语调中静静地开放于生命深处，随后默默消解。讲述中，作者舍弃明晰的含义所指和情感蕴涵，将判断解释的权利交给读者，其中模糊的韵味与内在的张力，更为整个作品涂上充满诗意的釉彩。

《星星居住的地方》即是很好的例子。从记事开始，小西跟随妈妈一次又一次地搬家，紧紧跟随小西从一个地方到另一个地方的，是一些古怪的声音：你妈妈是不是真正结过婚？她是不是你的亲妈妈？你是领养的小孩吧？你妈妈嫁不出去啊……小西完全不明白这些，她只相信妈妈的话，再搬下去，就能到达星星居住的地方。终于，在生日那天，妈妈拿出一份特别的礼物——小西真正的爸爸妈妈的照片。他们在地震中为了保护女儿离开了这个世界。妈妈作为她生母的大学好友，坚持把小西留在身边，刚刚领过结婚证的丈夫也因此离开了她。收下礼物，小西的心散落了一地。生活仍旧按照原有的轨迹运行，只是房间里多了一个上锁的抽屉。整个故事并不复杂，作者也没有过分地设置悬念，一切就那样自然而然地发生了。结尾处,小西内心涌动的暗流最终藏在了湖面之下。通过大叫大笑,向妈妈表明心意与爱意,委婉羞涩中透出无尽的可爱。阴霾也许还在,但阳光已经毫不吝惜地洒了进来。

自画像及其背后

我们每个人都在心里绘着一幅"自我"肖像,画画停停,有意识无意识、不间断地画下去,希望有一天非常圆满地画好它。这一定是每个人一生中最精心、最倾注的作品。

那些少女身上波澜不惊的脾气秉性,那些对成长中困惑伤痛的克制抚慰,那些行文时疏落有致的节奏和美感,彼此间似乎有着内在的一致性。作者笔下的人物和她们的人生选择,时而游走于真实与想象之间,理想主义的色彩浓重。那么,具有一致性的因素何以自如地连缀在一起,理想如何与现实衔接而不流于虚妄,这些答案,或许都可以从作者的自画像中找到。

说起张洁,所有人都会用到"安静"这个词——与现在的年月不相符合的安静。梅子涵说,她是属于那种一见着就会被别人喜欢、接触多了仍旧会喜欢的人。她的心中永远住着一位少女,透明、纯净、一尘不染。一切关于她的快乐和哀伤都是温和的、淡淡的,她看待世界的眼光也总是和煦的、通透的。在这样的状态下,环视少女实质就是在勾勒一幅自我的肖像。这种描摹抒写完全摒弃了模仿、扮演与屈就,只在顾盼跃动间,便轻轻带出各式各样的心灵感觉和千姿百态的成长事实。值得注意的是,张洁性情的纯净并不意味着拒绝长大或者无视世界的复杂深厚。多年来折返于梦境与现实之间的人生经历,让她的笔触充满了砥砺之后的平和与体恤。隔着长长短短的时光栅栏深情凝望,其间的指引与疗救显得愈发珍贵。

除此之外,这幅自画像还折射出了关于儿童文学一系列的美学思考。张洁的写作实践,始终以探究、发现、了解和热爱儿童为前提。她在作品中展示出的对成长的思索、对艺术形式的追求、对美学风格的坚守,充分满足了"儿童反儿童化"的审美需求。在人物塑造以及通过文字与读者对话交流的过程中,充分重视他们的主体地位,挖掘儿童读者模仿成人与成人世界的种种表现,在不同层面满足他们"向上"的心理视角,以及体验社会总态的心理需要。这种将儿童放在整个生命进程里考量、让儿童文学在时间长河中接受洗礼的姿态,对于矫正儿童文学领域片面追求一切从儿童出发的褊狭的儿童本位观,打破儿童文学的美学思考的封闭状态,有着积极的意义。

徐则臣 / 鲁迅文学院第十五届高研班学员。供职于人民文学杂志社。著有长篇小说《耶路撒冷》《午夜之门》《夜火车》，小说集《跑步穿过中关村》《天上人间》《居延》《古斯特城堡》，散文随笔集《把大师挂在嘴上》《到世界去》等。曾获第六届鲁迅文学奖、春天文学奖、西湖·中国新锐文学奖、华语文学传媒大奖·2007年度最具潜力新人奖、庄重文文学奖、小说月报百花奖等。

作家自述

小说的边界和故事的黄昏
徐则臣

小说需要故事,这谁都知道;但是在今天,小说里的故事应该是什么样子,讨论这问题的人似乎不多。故事还能是什么样子?某日,在一大学做讲座,中文系的学生站起来反驳:故事就是故事,今天的故事和昨天的有区别吗?我说,故事本身也许没有区别,但小说里的故事有区别。在今天,如果你想让小说有效地建立与我们身处的当下时代的联系,那你就得重新考虑小说中的故事的形态,乃至它的定义。

——我说的是传统意义上的小说的故事。在那些小说中,故事有着起承转合的完整结构,有着无懈可击的强硬的逻辑链条,因果井然;在那些小说中,小说家们用故事提供给我们的线性逻辑去解释世界:世界就是这样的,有必然的开始,有必然的过程,有必然的结束。一个完美的、闭合的、可以让一切自圆其说的故事与结构。

果真如此吗?以我对这个世界的理解,它的辽阔与复杂,它的坚硬的偶然性和我们无力追根溯源的变异,早已经凶悍地溢出我们既有的逻辑框架。当我们以为一个光滑、秩序的故事足以揭示万物真相的时候,被我们拒于小说之外的无数不可知的偶然性和旁逸斜出的东西,正从容地排列组合成一个更为广大和真实的世界,它们同时也在构成我们丰富复杂、不曾被逻辑照亮的那部分情感与内心。那么,这更为广博的世界与内心,如何及物地进入小说?

——要借助故事。什么样的故事?我也不清楚,但我以为,它必定要能容纳更多的暧昧与偶然性,它必定有一个无法光滑、明亮的带毛边的外表;它要不畏变形与非常态,它努力抵达的应该是世界的真相,并为此不惜冒犯我们常规的审美与接受习惯,而非只求一个精致、完美、"合阐释"的"故事"外壳,将自己打磨干净削足以适履。它要尽力还原为一个接近世界真相的样貌。

在这个意义上,我对传统的故事整一性的小说心存怀疑。用显见的、可知的逻辑呈现世界的同时,也是在简化和遮蔽世界与人心的复杂性;应该有一种新的"故事",新的对故事的认知,并将这认知践行于我们的小说创作——唯此,也许更能帮助小说家逼近和发现我们习焉不察和依然身处幽暗的那个世界。也正是在这个意义上,传统的故事的黄昏也许应该来临:讲述什么样的故事,如何讲述这些故事,小说家们当多思而慎行。

对故事的理解变了,对小说的理解肯定也将随之改变,至少小说将不再只有我们习以为常的几种款式。但人的接受和审美的心理如此顽固,任何与既定审美模式不合的小说形态都可能让我们不舒服:它们可能"不像"小说。而我们习惯于认定只有"像"小说的那些小说才是小说。事实如此:那些循规蹈矩地把故事讲完、看着心里踏实的小说,我们会慷慨地给它盖一个质检过关的戳,认定它"经典"、"现实主义";那些从整一性故事中游离出去的小说,那些逻辑链条含含混混、草蛇灰线的小说,我们往往顾左右而言他——传统意义上的故事的形态及其完成度,成为我们判定小说及其完成度乃至优劣的至高标准。

但是现在,如果你认同"故事"在今天应该有一个新的定义,那你就得让自己做好尝试和接受陌生的"冒犯"的准备:小说的确可能有另外一些面孔,而这些面孔可能与我们躬逢其盛的时代有出人意料的契合。假如此推论成立,那小说的边界或将得到新的拓展。

如果我的判断不算太悲观,也许可以如是说:小说的边界在近年的中国当代文学中并未得到充分的拓展。把我们的文学与20年前做一比较,我们对世界的认识、对故事的理解、对小说这一文体的艺术实践,发生了多少根本性的变化?除了技术玩得更溜了(这也只局限在少数有追求的作家;大部分作家,包括名家,其实是越写越糙,越写越懈怠),在产量加速度膨胀的文学泡沫经济下,很难看到多少质的精进,也很难看到小说这一文体在当代文学中有多大"世界意义上的"发展。我们基本上还在20年前对世界、对故事和小说的认识的惯性里写作。

有识之士大约要严正反驳:文学乃天长地久的事业,艺术精神普世而通约,区区20年就要改天换地,"大跃进"吗?要真能在小说这一文体中实现认识论和实践论上的"大跃进",那真是再好不过了,就怕大干快上的结果又是弄出一堆陈旧的复制品。文学的确可能是几十年如一日的事业,是需要沉淀的慢的艺术,但在瞬息万变、一日百年的时代,在世道人心急剧变化的这20年中,在小说文体中找不到几处与这个足可以改变世界观的时代相契合的努力,似乎也很难说得过去。

有人笑出了声:明白了,煞有介事白活一通,捡的不过是后现代的牙慧;所谓偶然性、去逻辑化、反秩序、去整一性云云,半个世纪前就被洋人们玩腻了。惭愧,对后现代我知之甚少,不清楚半个世纪前他们图谋文学变革的初衷,但即以皮毛之管窥,我敬重他们志于推动哲学和文学艺术进展的立论与实践,也敬重他们遗惠至今的诸多文学作品。单以美国作家论,在今天我阅读巴塞尔姆、约翰·巴斯、唐·德里罗、托马斯·品钦、E. L. 多克托罗时,依然为他们努力深味时代之精神并潜心践行于自我的文学表达而心动。相对于墨守成规成就的所谓"完美"之作,我更愿意看见那些听从内心、敢于破釜沉舟的"残缺""冒犯"之作。

当然,他们眼中的世界终究非我眼中的世界,他们理解的小说也未必符合我所理解的小说。关于"黄昏"与"边界",只是我对世界以及作为面对世界的方式之一的小说的一己陋见;在生活、思考和新长篇《耶路撒冷》的漫长写作中,我感受到了,我说出来,如此而已。在《耶路撒冷》中,我看见了"黄昏",也曾深陷"边界"的困扰。

文友印象

一起穿过中关村

【美】艾瑞克

我记得第一次接触徐则臣的作品,是在 2009 年法兰克福书展前夕。那年中国是主宾国,一大批中国作家受邀参加。去书展之前,有一位作家(可能是徐星?)跟我说,有个年轻作家你要关注一下,写现实主义写得非常好。他把徐则臣的《跑步穿过中关村》给了我,是 PDF 文件,算是盗版吧。在飞机上我就看了大半。他说得没错,徐则臣的现实主义确实很好。那是一种直接现实主义,这样的风格我在中国当代文学中见的不多。从第一个句子起,读者便进入主人公的身体里,看到他所看见的,体验到他所感知的。这个故事节奏很好,句子很干净,没有不必要的华彩,感人,却不留操控的痕迹——这正是在欧美最容易被接受的写作风格。

那次书展的一个则臣演讲的活动上,我举手提问,为什么《跑步穿过中关村》的结尾来得这样突然,似乎一下子把几个人物的问题都解决了,这样的设计让读者莫名其妙。徐则臣回答,我希望,小说结束是另一个小说的开始。他说,他不会把所有问题都完美解决,只会制造更多的问题。这个答案很有趣,使我对进一步阅读他的作品产生了更大的兴趣。活动结束后,我们相约一起去酒吧——虽然这是我们第一次见面,也算是一见如故。在酒吧,我们东西南北地瞎聊,聊德国的啤酒有多好喝,抱怨德国餐馆上菜有多慢,也谈中国的文学写作。那次会面,我对他说,我喜欢他的《跑步穿过中关村》,这部小说有没有英译本,是否可以由我译成英文。则臣欣然应允。

其实,我还算是一位谨慎的译者,接触一位作家,喜欢他的作品,动了翻译的念头,沉淀一阵子,才会着手翻译。得到徐则臣的许可之后,我向美国艺术基金会(NEA)正式提交了翻译徐则臣《跑步穿过中关村》的申请,获得了基金会的赞助之后,我就真正开始了这部小说的翻译。后来,徐则臣也曾表示困惑:为什么要从《跑步穿过中关村》开始?为什么要从这部在他看来尚未成熟的作品开始翻译?我想,原因在于我对这部作品有信心,我相信它对任何人都具有吸引力——无论他是否了解中国,是否在意这里发生的一切。对于北京街道上的生活,读者或许一无所知,但这个故事可以引导他们。首先,你感受到北京的风吹过你的脸庞,你看到一场沙尘暴如何将整个城市改变模样。然后你进入北京底层群体的生活:无家可归、吃了上顿没下顿是何种滋味;北京"地下世界"的边边角角是何等景象;警察与碟贩之间的谈话又如何敲击着你的耳膜。接下来,再深入一些:一个年轻人,他坚信北京是通往成功的唯一途径,回到乡村便意味着失败;一个女孩,担忧着她的未来,向往着拥有自己的家庭。这个故事带给你无比亲切的真实感。我曾经在中央民族大学读书,比邻中关村,则臣小说里所写的中关村,就是我生活过的地方,小说里的人物,就是我在中关村随处可见的人,那个跑步的敦煌似乎每天从我身边经过,和我一起穿过中关村。

这故事也许浅显简短,但非常动人。翻译《跑步穿过中关村》的过程很不轻松,遇到了各种各样的问题,但是最大的困难,是这篇小说的对话翻译。《跑步穿过中关村》差不多是由对话组成的一篇小说,人物脱口而出的北京话,调侃、损人的话,外地人装模作样学的北京腔调,特别生动,这是最让我着迷的地方。要为这些对话找到有说服力的英文表达,我还颇费了一番脑筋。

徐则臣的《跑步穿过中关村》翻译成英文后,受到了一些好评。今年上半年,美国两家出版社主动联系我,要求出版这部小说的英译本,对于一家一向谨慎的出版社来说,能够主动要求出版一位年轻的中国作家的作品,已经是对徐则臣和他的《跑步穿过中关村》的肯定。在给我的信件中,两家出版社的编辑赞美这部小说出色地描述了中国社会的现实面貌,故事、人物、语言给人留下了深刻的印象。明年春天,《跑步穿过中关村》将在美国出版。的确。徐则臣和美国20世纪70年代出生的作家不太一样。美国30岁上下的作家很多毕业于大学的写作专业,他们学院出身,写作技巧娴熟,作品里有很多小聪明小幽默,冷嘲热讽,亮点很多,但可能血肉不足,大概是与生活环境有关吧。相比之下,徐则臣的作品有分量,不乏勇气和责任心,关注社会却举重若轻。和很多中国优秀的"70后"作家一样,徐则臣从二十几岁开始写作到现在,认真对待,不断精益求精,向前推动自己,这很值得尊敬。

已读过《跑步穿过中关村》这部小说的欧美读者,现在也许可以阅读徐则臣的最新小说《耶路撒冷》了。写这本书的徐则臣更加自信,叙事上层次感更强,语言成熟老到了很多。欧美读者也许已经做好准备,窥视中国"70后"一代的思想,看到一幅更精致、更全面的"70后"生活肖像。读者终究需要被一步步地引导,才能走进那些他们不熟悉的世界中去。而在到达更深入、更微妙的意境之前,在到达更完整的社会画幅之前,最好的开头永远是简单的,是故事。我们期待徐则臣。

评家观点

徐则臣小说论

陈 涛

徐则臣的为人与写作姿态都很低调,却是我们谈及青年作家时绕不过去的存在。10多年来的勤奋思考与写作,为他赢得了一批又一批的赞赏与肯定。迄今为止,徐则臣已发表、出版长篇小说4部,中短篇小说近80篇,结集7部,随笔集3部,许多作品获得了重要的文学奖项,还有一些被译成德、韩、英、荷、日、法、意等国文字。同时,关于他作品的评论文章也数量可观,多角度提供了或同或异的阐释与解读。

从徐则臣早期的作品《忆秦娥》《花街》《啊,北京》等一路读下来,直到近两年的《古斯特城堡》《河盗》《如果大雪封门》《六耳猕猴》等作品,会产生几个比较强烈的感受。首先他的作品大多维系在一个比较高的水准之上。即使是初期的作品就已经宣示着他是一个"长成"了的作家,毫无青涩与稚嫩之感。其次,徐则臣作品的气质始终是沉稳的,内敛的,朴素的,不疾不徐,静水流深。再次,徐则臣在创作的过程中,充分挖掘自身的生活资源。不管是年少故乡的生活,还是长大后离开家乡读书的生活,以及做教师与出国做驻校作家的经历,都在他的作品中有不同程度的反映。在这些不同题材的作品中,我们体悟到乡情、成长、漂泊、城与人的角逐等等。

城市异乡者的思索与追问

我们习惯性地将徐则臣的作品分为"京漂""花街""谜团"三个系列。《啊,北京》《跑步穿过中关村》《西夏》《天上人间》等作品都属于"京漂"系列。与徐则臣一样,我不喜欢"京漂"这个命名,更不认同"底层文学"的说法。徐则臣在面对《南方都市报》的访谈中,曾经这样说过:"我从来没有刻意要去写'底层',

也不认同'底层文学'这一说法。我也不觉得写他们就是写底层,我只想写一写我认识的和熟悉的朋友,他们碰巧游走在北京的边缘,碰巧在干不那么伟大和体面的事业,碰巧生活在暗地。他们从事何种职业对我来说其实不重要,我只关心他们的生活和精神状态。"

我认为,相对于"京漂"与"底层"而言,将徐则臣这类作品中的人物用"城市异乡者"来概括似乎更合适一些。徐则臣笔下的人物,如边红旗、王一丁、敦煌、旷山、夏小容、周子平、周子午,从家乡来到北京,他们努力奋斗打拼,希望能在北京有属于自己的立足之地,但是结局大多黯淡,令人心酸。在这些人物之中,只有王一丁的结局是温暖的,充满希望的,但是也只有他所从事的职业(书店老板)是比较正当合法的。除此之外的人员,均为贩卖假证件、盗版光盘的人员,所以他们都没有脱离被法律制裁的命运。对他们而言,北京这座城市既代表了光明的未来,又是横亘在他们通向光明之途的万丈深沟,使得他们始终无法摆脱异乡者的烙印。徐则臣在这些作品之中,不断地追问或许是身在北京的异乡者苦苦思索的一个问题:我们抛弃家乡安宁的生活,来到这个遍布荆棘的城市,究竟为的是什么?

徐则臣为当下文学提供的这类人物形象,是少有人能这么专注而又充满深情地描写的,但意义又不仅仅局限于此。丁帆在《"城市异乡者"的梦想与现实》中这样写道:"凡是触及这一题材作家就会用自上而下的同情与怜悯、悲愤与控诉、人性与道德的情感标尺来掌控他们笔下的人物和事件,流露出一个作家必须坚守的良知和批判态度。"这固然重要,但是如果总是采取自上而下的眼光,则实在不可取。当徐则臣面对他笔下的人物时,他的态度是尊重的,眼光与视角是平视的,满怀体恤与悲悯,叙说他们的辛酸痛楚与挣扎向往,有时也会直接化身为其中一员,引领读者切身感受他们的心路历程。

从边红旗到王一丁,从夏小容到西夏,从敦煌、旷山到周子平、周子午,这一系列人物身上都具备自然的品性。

自然,即自然而然,各安其位,浑然天成。人物,并不是他试图去表现、批判、反抗外在的附庸,而是深入到人物的内心深处,洞悉人物的魂灵,与人物一起同呼吸共命运。人与人之间的关系,在困境之中与面临抉择的时候,也都是合乎自身性格与处事逻辑的。于是,在当下描写此类人物的作品中,徐则臣的"城市异乡者"系列便显得独特而又可贵。

　　同时,徐则臣致力于在作品之中营造一个真善美的世界。虽说作品中的许多人物谈不上崇高,也谈不上多么正派,但他们的为人处事始终有一条底线。这条底线就是善良、勇敢、柔软、忠诚、诚信以及爱等等人类所应该具备的美德。而一旦越过了这条底线,后果就是严重的,甚至不可挽回。可以说,徐则臣是将自己的价值观念与人生准则一点一滴地渗进作品的人物里,引领读者去体悟,并从中获取这样那样的人生感慨。

"花街"系列与"京漂"系列

　　作为不同系列的作品,除去一以贯之的水准与气质相似之外,除去作品始终含蕴、坚持的美德之外,背后有怎样的细密联系,从而凸显一份共同的特质。这或许是大家评论徐则臣的作品时面临的一个问题,这也是一个比较难于回答的问题。但可以肯定的是徐则臣在创作中不墨守成规,较少重复自己,体现出把握不同生活的能力。

　　徐则臣的创作最初是从"花街"系列开始的,这些作品主要有《忆秦娥》《花街》《最后一个猎人》《梅雨》《河盗》《人间烟火》《水边书》等。许多人会误认"花街"为徐则臣的家乡,实则非然,这只是他依托自己工作过的地方凭空建造出来的沿河街道。从2002年开始,直到今天,徐则臣一直在维护它、扩建它。许多优秀的作家在自己的文学版图上都拥有属于自己的故乡,它可以是现实存在,也可以隐藏于精神的深处,对徐则臣来讲,"花街"明显属于后者。

　　邵燕君在《徐步向前——徐则臣小说简论》中对"花街"系列提出了自己的意见:她认为"它是一个纯粹的想象力的操练场"。她建议徐则臣将着力点放在"京漂"系列,"应该走将想象与深切经验相结合的路子,而把'花街'系列作为一种练笔"。这些观点有一定的合理性,也略有偏颇之处。

　　如果试图将"花街"系列当作练笔,那就大大降低甚至忽略了其对于徐则臣的重要性与意义了。在我看来,"花街"更像一个载体。它担负着徐则臣看待并表达他对世界与人生思索的重任。它不仅是纯粹的想象力的操练场,还渗进了徐则臣童年、少年、青年的生活阅历。于时间,"花街"不是静止的;于空间,"花街"也不是固定的。它是一条街道,却也会如同人生一样,有属于自身的运行轨迹。同时,对徐则臣来讲,"花街"既可沉浸其内,又可游离其外,从而达到在此在彼的双重辉映与观照。

徐则臣也曾谈及他的"花街"。他说,"我觉得'花街'很大,因为它是虚构出来的,可以无限延伸,直到能够容纳整个世界,我可以把一条街弄成整个世界。"徐则臣谈到他笔下的北京时说,"而北京,我恰恰觉得它小,尽管方圆巨大、人口密集,因为它硬邦邦地在那里,我不能随便改变首都的尺寸,它的空间说到底是有限的。"从这段话可以看出徐则臣的写作野心,也可以看出他对于"花街"的坚守与希望。我认为,北京与"花街"并不是孤立的两个所在,更不是彼此的对立面,我期待着徐则臣能寻觅一条隐秘的通道将二者关联。

因为"花街"描写了乡村、乡人与水,所以有评论者指出仿佛看到了沈从文的影子。当我阅读其中带有童年视角、有关成长的作品时,也联想到了曹文轩的作品。徐则臣的"花街"很丰富,他依托"花街"进行了多种探索。《忆秦娥》与《花街》讲述的故事在本质上有相似之处,前者是侄子与婶婶之间深埋心底几十年的彼此暗恋,后者是名为老默的修鞋工对已嫁作他人妇的昔日情人几十年的守候。感情在漫长岁月中的坚持,迸发出巨大的力量。《河盗》与《最后一个猎人》中,探讨的是人在一个封闭的空间之中长期形成的生活习惯被外来力量打破、从而不得不去改变之后的状况。《梅雨》《镜子与刀》《九年》则是关于成长的叙事。

在上述作品中,我们可以看到徐则臣的不同侧面。他一会儿沉郁、平稳,一会儿又欢快、明亮。但不管怎样,当徐则臣将自己的笔触伸到"花街",就有了一种如鱼得水的感觉。这些作品氤氲着水汽,纯正的乡野味道密布其上。在上述作品之中,《梅雨》《镜子与刀》都非常精致,《梅雨》讲述了一个少年对陌生成年女子的朦胧情感,徐则臣将少年的心理与情绪把握得细致,达到了入微的程度。《镜子与刀》中将穆鱼与九果两个小孩子分别通过镜子与刀片折射阳光来进行交流的场面写得惟妙惟肖,不仅有极强的画面感,我们甚至可以听到声音透出来。《九年》是关于成长,关于复仇的故事。徐则臣还有一篇名为《露天电影》的作品,也谈及了复仇这一主题。大学教授秦山原回到自己当年放露天电影的小乡村,不曾想等待他的却是一场迟来的审判。由此我们也可以看出,所有的罪恶都会得到审判,是徐则臣始终坚持的观点。

"我们不就是这样活着吗?"

在"花街"系列的作品中有一篇值得重视的作品,也是较少被注意的一个作品,即中篇小说《人间烟火》。徐则臣在这里面写出了"花街"的"人间"与"烟火",读来令人百感交集。年轻的苏绣参加集体劳动,结果稀里糊涂地被当时的领导郑启良欺辱,怀孕后不得不自己去做手术,结果受凉导致身体受损。后来陈洗河入赘苏家,两人始终无法生育,在苏绣多次寻医未果后,两人决定努力赚钱领养一个孩子。起初他们抱养了一个女儿招娣,后来又碰巧用较少的钱抱养了一个体弱多病的男婴,起名冠军。在夫妇俩的精心照料下,这两个孩子成长得很好。不幸的是,冠军在6岁那年淹死了,再后来外出打工的女儿又未婚先孕,接二连三的打击令辛苦一辈子的苏绣与陈洗河心痛不已。小说的结尾处,男方因为得知招娣生下了男婴,决定迎娶她。而苏绣与陈洗河坚持向对方要了3万元的彩礼,他们要用其中的两万送给招娣的亲生父母,不让他们带走招娣。剩下的钱留给招娣,担心她在婆家不受待见。因为,劳苦一辈子的他们,家里实在没几个钱了。

从这个作品里,我看到了一群被侮辱被损害的老实巴交、勤劳淳朴善良的乡人,看到了乡野的魅性及影响,看到了郑启良先是因贪污被革职后瘫痪而得到报应,看到了苏绣为要孩子四处寻医而又不得不每次都要与郑启良同船共行的无奈,看到了苏绣、陈洗河拼命追求幸福但又最终失去的苦痛,看到了命运在招娣与苏绣这对母女身上是怎样的巧合、轮回。我看到了许多,而这些最终全都汇聚到一个词:活着。所以,从这个角度来讲,苏绣与陈洗河就不仅仅是他们夫妇俩,他们还可以是"花街"系列中的许多人,譬如《忆秦娥》中的汝方与秦娥,是《花街》中的老默与麻婆,是《最后一个猎人》中的杜老枪,是《九年》中的栋梁、东东、小满,是《河盗》中的李木石等等。如果不局限于"花街"系列,也可以是敦煌、夏小容、边红旗、周子平等等,或者也是我们每一个人。我们不就是这样活着吗?怀揣着一个个美好的愿景,走向那些躲不开的侮辱、伤害,默默走着,直到终点。

  作为一个优秀的青年作家,徐则臣已经在中短篇小说领域证实了自己的实力,接下来就是在长篇小说方面彻底释放才情的时候了。唯其如此,他才能成为我们谈论青年作家时绕不过去的巨大存在。所以,我对他的长篇小说《耶路撒冷》充满期待。

计文君 /鲁迅文学院第十三届高研班学员。现供职于中国现代文学馆。出版有小说集《天河》《剔红》《帅旦》《此岸芦苇》等。曾获人民文学奖、杜甫文学奖、中国作家鄂尔多斯文学奖、人民文学中篇小说年度金奖等。

作家自述

经验的容器
计文君

小说是用虚构的容器盛放真实的经验。

我从2000年开始写小说,至今为止几乎全部的作品,都与那个叫"钧州"的地方有关。那是一个中原腹地上的小城,有着悠远的历史,也有着和中国其他城市一样的现代、当代命运。我故事中的人物,在那里生活、出发、远离,或者从异乡归来……我现实中的故乡是河南许昌,读过《三国演义》的人大概知道它的位置。然而钧州并不是许昌,当然不只因为我无中生有地给了它一条白沙河,甚至也不是许昌的象征、比喻或者变形,它只是我的文学之乡——盛放自我经验的容器。

也许最初并不自觉,多少有些有样学样的成分,不知道有多少写作者移山填海地给自己创作了这样一个文学之乡。从索隐的角度来考察与写作者真实故乡的关系,有趣味,却无意义。作为经验容器的文学之乡,固然有些质素来自写作者真实生命经历中地理、文化意义上的故乡,但更为本质的来源,是这一写作者在人类漫长叙事谱系中选择的位置。

一个作家能拥有什么样的容器盛放自己的生命经验,多半由不得自己做主。正所谓一方水土养一方人,又所谓个体永远是时代的人质,一个写作者天生禀赋的文化气质和历史际遇决定了他所能持有的容器。这么说,似乎取消了作家的主体性,很多作家的文学之乡都是他(她)主动建构出来的,而非从命运那里被动领受来的,也就是说,很多作家的容器是自己烧造的,而非被赠予的。只是,这样的主观性和能动性,其本质上的影响力非常有限。

这样的有限性之中,却又蕴含着某种无限性。沈从文的容器宛若一尊绿琉璃,从湘西或者像湘西一样美丽淳朴的自然中国乡村来到都市的现代作家,不只沈从文一个，但也不是人人都带着一尊绿琉璃。20世纪50年代出生的山东作家，也没有人手一只莫言那样的红陶酒坛。作为个体的写作者，既在被动地领受着现实之乡、历史之乡，也在主动地建构着文学之乡，如琢如磨，至于最后能不能成器，成什么样的器，充满了偶然。无论后来的文学史和批评家从这种种偶然中分析出多少论据充分的必然来，对于写作者个体来说，烧造、获得这个容器的过程，依然是充满命运感和未知数的冒险，类似钧瓷中的窑变。

作为20世纪70年代出生的写作者，我非常艳羡前辈作家拥有的斑斓有效的"宝器"，也有大手笔已然将自己的文学之乡幻化成了钟鼎一样的"礼器""国器"。羡慕只是羡慕，作家和作品都只能领受自己的命运。我不大愿意夸张所谓一代人的艰难——每一代人都有每一代人的艰难，具体内容不同而已。

我时常发现自己的容器千疮百孔，用我的钧州来盛放从动荡繁复的现实世界领受的生命经验，如同以手掬水，满满地捧起来，往往只剩下湿漉漉的两手遗憾，显得徒劳且无效。我不知道这样的无效性与无力感，是不是具有普遍性，就我非常有限的观察和了解，似乎并不是我个人的困难。

对前辈有效的容器，对我辈未必有效，这是基本的清醒。如果今天你还想仿效沈从文打造琉璃尊，最大的可能性是收获廉价、浅薄的塑料瓶，说不定还是没底儿的。我陷在自己的困难中，有时会产生一种可怕的想法，也许我虚构的文学之乡再也无法让人满意地安放真实了……我在最近的一篇小说《无家别》里，借主人公的口，说了这样一番话：

祖父的故事是史诗，按照历史的逻辑，有着诗性的悲剧结局；祖母的故事是传奇，按照生活的逻辑，绚烂繁华终归于惨淡艰难；父亲母亲的故事是现实主义小说，无论他们的人生际遇还是人生选择，就连他们最后的去世，都意义鲜明，深刻动人，总有些什么让你仇恨、热爱、赞美、叹息、感动……而我的故事，却是一堆前言不搭后语的段子，禁不起追问，莫名其妙，悲哀也变成了可笑……

如果无立足之地的失乡已是命中注定，那么与其捧着千疮百孔、无法盛放真实经验的旧容器悲哀，不如索性撒手，在碎片中，我们将拥有一种不器之器，也未可知……

文友印象

时刻准备着
李佩甫

早年,计文君是我见过的、唯一背着两手走路的姑娘。

人秀秀的,静静的,却背着手走路。

曾记得,那次见面是在我的家乡许昌,在一个家乡文联举办的创作会议上。散会后,大家都在路上走着,说说笑笑的。唯有文君,一个人背着手走在后面,慢悠悠的,很有心思的样子。落日下,那份沉静和孤独给我留下了深刻印象——这也是我对她的第一印象。

在我的家乡许昌,有一古塔,号曰:文峰塔。也仿佛记得,在那次会议上,我和家乡的作者一起在古塔前照过相。此后就想一向以低调著称的许昌人,也曾如此"狂傲"? 也许,依仗的是汉魏古都的那一点名分吧? 还有那曹操酒醉后题书的"春龃楼"(春秋楼)? 有"老骥伏枥,志在千里",醉也醉得大气了。

可文君那时还很年轻,一个小姑娘,也刚刚工作不久(好像在银行里数钱?),哪儿来的这么一份从容?

此后她调到许昌市文联工作。在一些会议上也有过几次接触,仍是静静的,还显得稍稍有些腼腆,话不多似的。走路的时候,仍是背着手,偶尔会有一跳。

后来再见面,熟一些,就见她笑了。高兴的时候,笑逐颜开。我突然发现,她一点也不阴郁,很明朗。大笑时,咯咯的,还很幽默呢。那时候我才知道,这个背着手走路的姑娘,很不一般。她一边做着文联的工作、一边办着一份刊物、同时还报考了河南大学的现代文学硕士,在河南大学读书。她在河南大学读书期间,一边应付考试,一边写作,文学的火花一闪一闪的。更让人吃惊的是,她读完了硕士,又接着去读中国艺术研究院的文艺学博士。

如果把人生比成一座舞台,那么,在序幕拉开之前,她已默默地做好了准备。

可以说,她一直默默地在做着"功课"。在出场前,她为她人生的文学之路做好了最充分的铺垫。尤其是她读文艺学博士,研究《红楼梦》,这可是一些"老学究"们在做的事情啊。她哪儿来的这份耐性?

想一想,这么一个小女子,她要干什么呢?

此后,就有作品陆续发表出来。先是一篇一篇的,像是打冷枪,带哨儿音的那种,尔后就是集束手榴弹了……如《飞在空中的红鲫鱼》《水流向下》《天河》《鹿皮靴子》,接着是《想给你的那座花园》《此岸芦苇》《剔红》《白头吟》《开片》《窑变》《七寸》等等。这就像是一夜之间,花就开了,灿烂无比!叫你吃惊的是,你弄不清花的准备期。它怎么说开就开了呢?

我个人以为,文君的文字是有静气的。我想,这与见识有关,有见识才有静气(也许,她有一个很不一般的童年?)。这就像是一双明亮的、洞察一切的眼睛,却又揣着一颗沧桑的、万般包容的心。她趴在窗口处,静静地去看一个纷纷扰扰的世界。来则来了,往则往了,生生死死、情仇恩怨,都在她的眼里。当她把这一切见诸文字的时候,在明亮里就有了一种岁月的沧桑感。是不是呢?

文君的文字是有诗意的。那诗意包裹着五味杂陈的苦意,你得慢慢品。品的时候,就有一种女性的柔情慢慢地从文字里溢出来。文君文字的诗意是含在情韵之中的,是含在一个个表现女性的细节和话语中的,是细微处见力量。这种诗意弥漫在小说的行文之中,一笔一笔的,是冲着高贵而去的,像是要化开那人生的苦意。是不是呢?

文君更善于在纷乱中构造她的诗化建筑。这也许与她苦读《红楼梦》有关?她的文本很有些"大观园"意识或是伍尔夫那种。哪怕是一个小小的短篇小说,她的开篇也是与众不同的。她总是在不经意间下笔,就像是建一座花园或亭台楼阁,她先是开扇一很小的"门",当你走进去的时候,不经意间却又峰回路转,走着走着,就有神奇出现了,一处一处,美不胜收,气象万千。是不是呢?

当然,文君现在已经是文坛的一棵树了。写下以上的话,只是期望她越走越好,长成一棵参天大树。家乡人在看着她呢。

评家观点

计文君:"脱域"而去与回望内心

郭 艳

计文君的文字有着冷眼与热心之间的纠结,她的小说世界充斥着女性成长与世俗生存之间的张力,她的人物顾盼之际腾挪于乡土与都市之间。文字偶或透出的《红楼梦》式对白以及张爱玲式的爱欲纠缠,而这恰恰是计文君长发飘飘之余露怯的成分,那种不经意中的模仿无法真正获得自己声音的某种暗示。当计文君找到自己重心的时候,这些露怯的成分才会渐渐退去,从而完成一个作家的真正成熟。

红楼与张氏影子里的现代女性

谈论计文君之前,有必要谈谈《红楼梦》与张爱玲。计文君的文字明明骨子里是现代知识女性眼中的人伦日常,中原女子心性中的人生百态,如何就局限在一红楼一张看之中?《红楼梦》的人物和文字无疑属于一个烂熟的文化,曹氏字里行间透露出的青春气质和凄美绚烂恰恰是与古旧传统异质的部分,由此才有曹氏红楼对于现当代的文学意义。张爱玲《传奇》的封面是一个现代人从栏杆外窥视,偷看在深宅大院里幽幽弄骨牌的晚清少妇。实际上张爱玲的一生就是这个画面的一个绝妙注解,与她旷世才情匹配的是一个天翻地覆的时代,时间与空间都是无从把握的荒凉与颓败。张爱玲登堂入室的结果是更长时间的幽居闺阁,无论是在世界的哪个角落,张氏最终选择了幽居独处,乃至最后逼仄到触目的张看。张爱玲是独异的,不仅因为才情,还因为家族时代赋予了她一种没落贵族华美与凄凉的底蕴,她的俗人俗事也就沾上了前朝旧影的古旧与华丽,即便是曹七巧这种顶俗气的市井妇人,那份侵入骨髓并与隐忍掺杂的残酷,也在大家族的金钱欲望争夺中显示出几分沉稳中的阴鸷之美。

古典与现代的经典之作无疑如细瓷器般发着属于他们那个时代幽深的光芒，或阔大辽远或温润晶莹或炫目刺心，让我们无言或者过多言说。其实计文君笔下的女子如果说和张氏与红楼有些联系，便是她笔下的女子有着一个旧家大院和某种大家闺秀的典雅气韵，生计的艰难和生存的痛苦消解在对于人性幽深处的探寻中。在计文君的世界里，不会再有张爱玲的白流苏和范柳原，同样也难觅大观园里群芳的影子，即便是有着几分似曾相识的心性、做派与心机，那也是中国女子几千年根深蒂固集体心理积淀的映射。一代有一代的文学，计文君的女性从传统中出走，她们的出走有别于历代闺阁女子从婚姻家庭的出走。这是一种没有归途亦没有结局的出走，无论是围城内外，现代性侵入的中国社会和世态人心不再安稳。

因为时代物质日渐丰裕，精神状态更加多元，尽管生存的逼压和历史情境的压抑依然存在，计文君一代女性中的一部分终于可以从社会生存逼压、政治历史情境压抑中渐次突围，她笔下的女性大多愿意且能够关注内心，长于对自我心智的审视与观察，且这种审视与观察带着现代性自身的内省和反思，由此红楼与张氏影子里伫立的是一个个回望内心精神状况的现代女性。

孱弱而顽强的女性心智成长

当下中国女性心智的现代成长尽管幼稚孱弱，然而无疑延续了现代文学女性形象系列。当下女性的人生注定不会如《流言》封面中的女子一般在厅堂之外徘徊，她们以现代女性的身份最为直接地进入各个层面的生存，脱去了没落贵族那点古雅、优裕、散漫与不通生机的糊涂，这里的女子是市井生活中的历练者，也是中国传统到现代转型中的亲历者。殷彤就是当下许多女孩子的翻版，地位卑下的母亲，都市求学的痛苦经历……这些都没有阻止她"健康成长"，并在自己的青少年时代一直保持着亢奋的人生之战，因而也成功脱离了自己原有的阶层，在一个几乎和男性相当的智力层面生活着。但是伴随着成长的是精神性病症和痛苦。大观园中的女子和张爱玲笔下的众多女性，她们的命运无疑是被高门大院深锁的痛苦，众多女性无疑都是被启蒙的对象，她们的心智并未成长就夭折在古旧的家族中。我们在欣赏钗黛古典意蕴的同时，不要忘了冰雪聪明如钗黛者也依然是生存在前现代古旧的黑暗中。现代人所具有的秉性气质在某种程度上是古典时代的承继更是颠覆,无论何种面目,他们都具有现时代的精神气质。尽管当下进行时的写作与经典人物的距离是遥远的,这不代表现代人物的品貌风度和学识见解就一定输于古代经典中的人物。除却被过分物欲化之外,当下中国女性已经更为执着于自己身心的内省与发现。

计文君笔下的众多女子都试图成长自己的心性,在日常生存的挣扎中时时不忘内省自己的心智。她们之中有的不乏古典余韵,有的在都市追逐欲望却茫然无措,有的深陷金钱与情感纠葛且时时与身边的男人们相互渔猎。由此,计文君笔下无论哪类女子,最重要的战争不在物质生存、历史时代与家族制度之间展开,她们无休止地和自己作战,而战场往往是——婚姻家庭,其所要争夺的不是物欲化的婚姻,而是铺排在婚姻内外的欲望与情感,在百转千回中成就自己平庸的现代人生。计文君的小说看上去貌似寻常故事,又时时出人意表,往往在不经意处见出匠心与深意。她笔下的女性之所以独特,在于日常世俗生存层面的叙事,却义无反顾地要表达女性与自身抗争的纠结。

《天河》中秋小兰在台上台下都不算是真正的角儿,却恰恰代表了一代从艺者茫然的心态和无法确证自我的尴尬。《天河》无疑让我们倾听了秋小兰被强势的社会历史文化所压抑的丝缕心经,其情可堪,其状可怜。秋依兰的强势尖利与破败不堪的婚姻在秋小兰的柔弱无能中被消解于无形。无论是世俗的名利还是内心幽深处的暗疾,在混沌状态的秋小兰这里都化成了模糊不清的意识和无法言说的情绪。秋小兰始终无法找到自我的状态正是现代人最经典的"我是谁"的提问。但是秋小兰的这种疑惑依然是不自觉和模糊的,因此就带有更多的不确定性,比如她的逃离、模仿、依赖又厌烦秋依兰和秋依兰所代表的价值观念和人生方式。在这个文本中,天河本身就是一个意蕴多向的隐喻,天河的两边孰优孰劣?单纯良善者无法勘透人世,阅历人情世情者的老练世故却又沾染了太多的烟火气。秋依兰有韩月辈承其衣钵,而秋小兰辈只能在无人的舞台上倾听自己心性成熟的成长之音。秋依兰们坚定且强悍的人生已经不再具有某种普适性,秋小兰们茫然的无措和软弱恰恰是这个时代最尖锐的声音。

天河时期,计文君笔下的秋小兰在自己狭窄的戏台上,扮着旦角,咿咿呀呀地唱着,人生之域局限在弹丸之地。到了《剔红》《开片》,她笔下是一批从自己乡土和出生地"脱域"而去的女性。秋染和殷彤是典型的从乡镇奔赴城市的现代女性,其身世经历和才情都带着十足的现实感,中国现代化过程中,这种女性比比皆是,向着现代都市进发的过程中,脱离乡土就是生存的目标和人生的理想,路在脚下身体在路上而心却不知在何方。乡土的小镇作为故乡仅仅和有限的亲人和情感相联系。在计文君笔下,这类脱域的女性依然会在灯红酒绿的都市回味着旧家大院的古雅与清凉。于是另一类有着古典标准的女性自然就成了某种精神救赎的象征,小娴和殷彤母亲的温良恭俭与隐忍淡然就具有某种定海神针般的效力,成了医治都市病与精神亢奋症的良医。逃离乡土生存环境之后,依然需要传统文化精神来给现代精神病症清凉解毒,这无疑是计文君小说中非常突出的特质。她笔下不乏各类高智商的人精,例如苏戈、江天和崔琳之流,也不乏像余萍这样的庸俗脂粉,更有着秋染、殷彤这样锦心绣口的文艺女,但是无论怎样的算计和乖张做派,到了小娴和殷彤母亲这里都化成了一缕俗气的烟云,大家都去静观一个女人一饮一食的淡定自然,那份来自生活历练的从容与坚定,识得一箪食一瓢饮乐在其中的境界,才是红尘中的伟丈夫,俗世中的真君子。当然,这种回乡的精神救赎其有效性值得怀疑,这种隐士般的女性即便真的存在,也无法真正完成对于他者的精神救赎,毕竟现代性就是一个不断质疑自我的过程,在路上的孤独感和被异化感如影随形,回归传统价值的守望依然带着乌托邦的虚幻。由此,在《剔红》和《开片》中,回归与精神救赎之后的毅然直面生存是计文君的过人之处,在传统精神价值体系之外去看剔红与开片,又在现代性的病症中回首剔红与开片的深厚意蕴,由此,才有秋染与江天相互间的轻微和解,才有苏戈"只有梅花是故人"的惋惜,殷彤还能在喧嚣的北京城听见冬夜落雪折枝的声音。

自觉写作与叙事试验

计文君是个非常自觉的写作者,每一个小说文本都精心设计故事、结构、人物和意象,她更是在犄角旮旯里随处藏着自己的机心与才情。在我的阅读感受中,《白头吟》和《阳羡鹅笼》无疑可以互文,《白头吟》中依次出场的人物,就像从鹅笼中各个人物嘴中吐出,在一个个屏风后面上演着属于自己的人生悲喜剧。《白头吟》相对的是《长门怨》,有怨有吟,这篇小说中才情与心性在文字的包裹中依稀还见得到爱情两个字。然而当下在一片婚外情、小三登堂入室的世风之中,就连影视作品都打起了婚姻保卫战。而我们的很多小说文本却以审美价值的名义沉溺于欲望化表达,往往认为小说一旦涉及婚姻价值就容易落入道德评判,从而有悖文学性表达。计文君的《白头吟》做了很好的尝试。这个文本无疑是对于当下婚姻价值失范的某种考察,"怨"字意味深长,有爱情有期待才有失望之后的"怨",这个文本既是女性视角,又不乏理性的智识判断。《白头吟》中谈芳的婚姻危机是暗线,谈芳尽管眼神幽怨,依然祈望婚姻的圆满,守望着最原初的"执子之手,与子偕老"的婚姻。这条暗线衬托着周家纷乱复杂的人际关系与混乱的情感状态,反而显示出谈芳夫妇对于婚姻家庭更为理性的认知和维护。《白头吟》无疑是作者精心设计的一个故事,"白头吟"是烂俗的婚外情的暗示,然而正是因为有着谈芳对于丈夫艳遇的隐忍,才得以见到人生更多的真相。从婚外情的意乱情迷到人情世故的变换,再到家庭亲情的冷漠怪诞,"白头吟"进而被赋予了多层的意指。

《阳羡鹅笼》是一篇有意进行叙事游戏的文本,这篇小说用"阳羡鹅笼"铺排起兴,展开的是人性在古今之际的变与未变,只是古代叙事中依然用"幻术"为题来表明小说乃虚构谐谑之作,而计文君的文字显然是现实摹写,各种人物都带着热乎乎的现实气息,直指当下生存情境。这个短篇是一种全知全能视点下的叙事实验,作者在实验文体的同时,也尝试用温和平静的语调叙述现代人彼此之间的欺骗、隔膜、伤害以及和爱欲相关的彼此偎依的一丝暖意。在计文君的这个文本中,第三人称的主人公大多在非我与自我本心之间徘徊,生活层面日常的琐碎的温暖与善意竟然成为烛照内心的一缕亮色,这对于西方现代主义来说是匪夷所思的,也颇具反讽意味。然而,这些却显示出中国人伦纲常强大的包容和化解能力。一切个人化的私密的乃至于情欲化的方式,最终都会消融于日常强大的事务性的惯性生存之中。中国人往往在丢失自我的状态中,达到某种所谓道德或者情感的安全、安稳乃至和谐的状态,这正是中国文化迥异于西方的所在。

计文君的小说文本试验性很强,独具匠心也时时显出斧凿的痕迹。但是从她执着悍然的文学实验中,依然能够看到计文君对于超越自身写作的真诚尝试和努力。计文君前期小说中,女性视角观照下的人性更多阴冷抑郁的气质,小说在解构婚姻的同时,也往往刻意呈现出女性孤绝的精神境况,比如《七寸》中俗气孱弱且善良无辜的宋小雅,还有宋小雅市井悍妇般的母亲,从某种程度上,这些特质从一开篇就暗示了宋小雅一类人物不幸的婚姻结局,这些人物和故事影影绰绰能见到张氏的阴影在小脚与旗袍间徘徊。然而计文君的《天河》又是一种截然不同的格调气质,那种模糊不清的"我是谁"的呼喊,的确让人怦然心动。然而,《天河》却无法满足计文君对于当下女性葱郁心智的发现和思考,由此才会有着回眸传统剔红与开片的尝试。《剔红》和《开片》在意象选择和文化内蕴的设置方面有独到之处,体现出作者女性智性写作的倾向。《阳羡鹅笼》典型的互文性和对于古今人性的揣度都见出作者的见识与勇气。《白头吟》无疑寄托了计文君更为现实感的写作理念,从女性一己之怨痛中走出,反观芸芸众生相的欲念与情感,试图勾勒出当下婚姻家庭多层面多视点的真实状态。从《白头吟》开始,计文君找到了自己叙事的腔调,在很大程度上找到了属于自己内心的声音,从而完成了自身从红楼张氏影子中抽身而出的努力。当然,这个作品还不算浑然天成。但是在物质主义的当下,人们面对的是物欲汹汹的豪车美女,《白头吟》在当下是被嘲弄解构的对象,因而这篇小说中对于人性温厚处的触摸显得稀缺而珍贵。

  对于已经完成几次精神蜕变的计文君来说,世界很大,小说很大,自我很小,人性很宽厚。今后,更加期待她在小说之外看世界,在人性的宽厚中见真我。

张楚

张楚 / 鲁迅文学院第十五届高研班学员。著有小说集《樱桃记》《七根孔雀羽毛》《夜是怎样黑下来的》。曾获第六届鲁迅文学奖、2004年"人民文学短篇小说奖"、《中国作家》"大红鹰文学奖"、林斤澜短篇小说奖、《北京文学·中篇小说月报》奖,被《人民文学》和《南方文坛》评为"2012年度青年作家"。

作家自述

风行水上

张 楚

如果不是一个喜新厌旧的人,在一个地方住上10年之久,那么,此地的风景与人物,无论小酒馆还是老电影院,朋友还是敌人,都会让你留恋不舍,让你在春夜想起这些身外的世界,多少有些沉迷;而另外一些人,在一个城市居住超过半载,便会开始坐卧不安,渴望着潜逃或分离的日子快些到来,在踏上火车眺望故居之地时,内心荡漾着憧憬与甜美的忧伤。在他们看来,没有达到的城市,永远是美好的城市,下一步才能踏上的土地,永远是芬芳的土地。

我在这个小镇上待的时间不长也不短,抽离在外求学的日子,我一直蜗居在这里。对于这个一马平川的小镇,年轻时我谈不上喜欢,也谈不上厌倦。偶尔让我心里有些恐惧的,便是害怕哪天再次发生地震。我并不是个杞人忧天的人,然而我还是经常这样想着。当然,想想而已,更多时候,我被我身边的人——我的亲人、我的朋友、我的同事,以及我身边的事——我的事、他人的事,包围着,充塞着,让我无暇去思考更多。记得多年前写的一篇小说里,那个老想逃离故乡的男孩说,那些他无法摆脱的人与事,即是他的天堂与地狱。那么,对于我这一叶小小浮萍而言,那些水生植物、那些芦苇、蚊子、蜻蜓、蝌蚪、蛇,甚至那些水上的波纹,也正是我生活的全部秘密和福祉。我无法离开他们,我唯有接纳他们。对我来说,我已经居住的水塘,也许就是最适合我的水塘。

应该是这样的。在小镇上,每天都会听到新的故事与谣言,见到似曾熟悉的新朋或旧友。对我而言,他们是我生活中的一部分,也是我小说中的一部分。《曲别针》里的故事是一个商人讲给我的,我又讲给好友李修文,他说,他会把它写成一篇小说。后来他终归没写,于是我写了。《七根孔雀羽毛》里的故事是听酒友所述,他对这个事件的注意力主要集中在一个细节,那就是案件如何被侦破的:凶手之一是个17岁男孩,行凶后外逃到外婆家。外婆家住在一个繁华小镇,每当有警笛拉响,他都会从睡梦中惊醒,感觉有人用手死死掐住他的喉咙,让他不能呼吸和说话,为了避免精神分裂,他只得去派出所投案自首。《在云落》里"和慧"的原型是我妹妹,这个小说最初的本意是写一篇献给妹妹的诗篇,而"我"的原型则是导演朋友张赞波。这是个豁达又容易愤怒的理想主义者,对于我在小说里用了他的纪录片名字并编派他匪夷所思的爱情故事,他毫无怨言并为我提供了必要的专业知识。在这里我一定要向他表示敬意。

此类事件在小镇上真实地发生过、存在过,除了故事主人公的命运有所不同,大家皆平安无事——油盐酱醋在继续,欲望在继续,阴谋在继续,而阳光与春色,也将继续。这多好。

有时候想,这样一辈子也不错。当然,更多的时候是不满。我总是幻想能去当一名专业作家。那样的话我将有充足的时间去读我想读的书、去看我想看的电影,去接送儿子上学放学,去构思我臆想中的伟大的长篇小说。我再也不用写到凌晨两三点,7点钟还要爬起来拖着疲惫的身躯上班(出去开笔会请假,要缜密思考理由和措辞,并让领导感受到诚意和歉意);参加团县委的创建全国卫生城活动(我被委派为小组长,带着几个散兵游勇拎着水桶和钢刷去清理电线杆上的小广告);参加各类形式主义的培训并会后要上报活动总结(我会从网络上搜索一堆八股文套用,既乏味又荒唐)。我已深深厌倦了这些。是的,深深厌倦了这些。有时候我甚至想,无论哪个省,只要肯让我去专业写作,无论离家上万里还是条件多恶劣,我都会义无反顾地选择背井离乡。这么想时总有些悲壮意味。我知道,这所谓的"悲壮"是可耻的。我已不是20多岁、了无牵挂的单身文艺青年。儿子再过两年,个头都快赶上我了。

还好,我尚有无数个夜晚。尤其得了胃病后,我很少参加酒局,夜晚以另外一种深情、宁谧甚至是陌生的姿态出现在我生活中。这时我通常会感受到一种人到中年的澄明和快慰。深夜读书,无论是普鲁斯特还是托尔斯泰,索尔·贝娄还是伯尔,纪德还是雷蒙·费德曼,他们的文字散发出的诱人香气,常常让我忘记了自己是一叶无根浮萍,让我忘记了白日的委屈、无奈、疲惫。相反,我好像成了一个善于思考的人,正在星空下,仰望着星斗运行的轨迹,并且,因双眼所窥视到的和双耳所倾听到的,感到了一些格外的恐惧和幸福。

尤瑟纳尔在她的《一弹解千愁》结尾处,厚道而不无揶揄地说:"男人总是上女人的圈套。"那么,在此套用一下,我想说的是:"敏感善良的人,总是上文字的圈套。"应该是这样吧。风行水上,只有那些触觉敏锐的人,才能捕捉到水纹滋生的秘密,才能看得清水纹消失的痕迹,并且,把这些瞬息的感受,用文字悄悄记录和涂改,并因了这记录和涂改,诞生出更多的失望和喜悦、卑微和虔诚。

文友印象

一根粗大的神经末梢

田 耳

我还记得当年读《曲别针》后内心不可思议的迷惘，一晃10年，迷惘仍旧。我怀疑这篇小说有意无意中契合了"70后"一代人隐秘的心绪：青春未开场就已落幕、生不逢时、欲说还休……我觉得写好小说不是讲故事，而是激发出一种情绪，久久不会消退。那时我刚开始写小说，基本未得发表，这篇小说助我明确了最初的写作抱负：写小说，把自己的情绪度让给那些无辜的阅读者，我没义务逗他们开心，但有权利让他们莫名地进入我掌控的情绪范畴，同悲同怨，同一脚迈入虚有之境。

有没有这种可能？但《曲别针》分明昭示了这种可能。

当年李敬泽在《南方周末》开辟的《每周阅读观止》设一个小标题专推此篇：你一定要看《曲别针》！在他开专栏的整个时期，以这种语气推介具体篇什，仅此一次。据此我知道张楚在这短篇中传递的情绪，不单是同代人，而是可以"逆袭"上一代。那时我刚开始摸着写小说的乐趣，《曲别针》自然成了范文。依照《曲别针》给我的启悟，我拿捏出一篇《弯刀》。我跟一些文友坦陈，这是模仿自张楚的《曲别针》，他们都说完全看不出来。和张楚相识、相熟以后，我也没好意思把这次"偷师"的经历说给他听。

这几年，陆续看到张楚出的小说集子若干，我很奇怪，他为何不以"曲别针"为书名。后来才读到张楚早几年的访谈，此兄极警惕《曲别针》一篇造成的影响，会对他整体创作有覆盖作用。他甚至有些埋怨，读者都拿《曲别针》和他说事，而忽略了此后更悉心更专注的创作。他有这心态，我不禁暗笑。一些隐秘的心思，彼此都有，只是此兄不惮于说出。他希望自己整体创作留予读者的印象，是一片森林，而并非一丛灌木中高拔而出几棵钻天杨。

与张楚接触是在当年红火一阵的"新小说论坛",2003 至 2006 年,因《曲别针》的影响,张楚已然成论坛"大 V",仅有的几次露脸发帖,都引发一长串跟帖。有一次他发帖送书,跟帖前 10 名获赠小说集《樱桃记》。我总是慢人一步,看见此帖再跟,前 50 名都轮不到,于是发去一条私信:我是你粉丝,能否加塞? 他也不知道我是谁,我也不好抱有希望。很快收到书,正待窃喜,同时又在揣测,以张楚的心性,此次送出的书大概远不止 10 本。

　　与张楚接触至今已有七八年,其实见面非常稀少,掐掐指头只四次:两次开青创会、两次论坛。但在自己感觉中,倒像与张楚时常见面。可能是有限的交流中,开心的情绪一直弥漫于日常生活。见面总是不停地喝酒,那种恍惚可能抻长了在一起的时间。第一面是上次青创会,报到当天张楚就约了饭局,一进去好多人,自然喝了不少。我记得自己到前台付了账,事后张楚说他早就结了单。2009 年一次论坛恰好在凤凰召开,湖南的作家和省外作家、评论家各半。那次得以集中招待各路文友,相处甚欢。这两次相聚,张楚给我留下一个印象:他类似于徐志摩那样的召集人,有他在,各路朋友都能撑成一桌,酒必喝至酣畅。他与人自来熟,开朗善饮,似乎也千杯不醉;不像我,没酒量徒逞酒胆。

　　后来听张楚说,他所交的文友主要有两拨,鲁院有一拨同学,还有一拨就是那次论坛结识的湘浙文友。这个我很意外,我以为那两次见面,见到他饮酒的畅快,便是他日常状态,其实不然。他予人的阳光与开朗,可能是表相,我越来越相信,他几乎所有篇什里蕴蓄的那种忧郁,他字里行间无处不在的怅惘,才是更真实的一面。文字,总是一个写作者最难以掩饰的性情。后来我在他的一则创作谈里读到,他也担心长期困守闭塞的县城,走不出去,终了此生。2010 年上海作协出了一套"翼文库",首辑里我和张楚又撞面了,除了自己那本,我还要主编张楚的《刹那记》。在后记里,他谈的正是对当下生活的无所适从,唯有写作让他找回心安。"而你知道,心安对于一个没有宗教信仰的人来说,是件多么奢侈的事。"读到这句,心有戚戚。我们不落生于信仰之土,内心却有强大的皈依之愿,找来找去赖上了写作,倾情于文字。我们是夹缝中的一代,不咸不淡活至这个年岁,要说自己也有灵肉沧桑,老一辈人一准喷饭。但在当下,一个人想长期保持内心的温润,不想随着人流一同伪装得冷峻强悍,又是如何的不容易?

　　张楚出手不多,作品主要见于《收获》和《人民文学》——可能只有写作者,才明了这意味什么。他是为数不多的不依赖故事的小说家,在他小说里也有故事,但故事往往只是深藏的背景,只是一个容器,容纳他发达的感觉在其中肆意生长。他的结尾不是故事的结局,总也影影绰绰,镜花水月般地戏弄着读者。你揣测着结局和真相,心头骤多般般滋味,纵是揣不明白,也不觉枉然。多年下来还能继续读他,就在于他文字里对某些稍纵即逝的情绪精准无比的描摹,看似毛毛糙糙地摆在段落里,一瞥之后泛起寒光。所谓一针见血,很多时候并不是高声大叫或者唐突冒犯,它就是见人之所不见,举重若轻地道破。他时常附体于笔下各个人物,这无疑是他写作的乐趣所在,他能适应各色人等的状态,能随时附体,又能及时抽身而去,让笔下人物分享了他的体温。不疯魔不入戏,入戏后才有的那种表义精准,给予读者的快感,所在皆是,淋漓尽致。张楚的小说,于此有了鲜明印记,时髦说法正是"辨识度"。

他的想象力附着于感觉之后,随时处于蓄势待发状态,不在整体,而在细部,在一个个习焉不察的瞬间。所以,他的小说看似贴地而行,却时不时凌空高蹈,犹如高音歌手将真声假声任意转换,收放自如,不着痕迹。张楚的小说的确不需要故事,你只需顺着他文字往下走,各种感官便会不可思议地张开,以至于偶有悬念清晰、线索粗大的篇什(如《地下室》),卒读全文我反而预期落空,无所适从。这么多年,他在低产稳产中显示个人风范,文字气味如此稳固,偶尔读到游离于他的谱系,如《夏朗的望远镜》,我分明感到格格不入。最新发表的《在云落》,依然地好,依然强有力地嵌在他写作谱系当中,但我要说,我没有意外。一直读他小说,喜爱之余,也陷入一种两难之境:没有意外不爽,有了意外又不适。这正是我隐隐的担心。张楚的写作,走的是"窄而深"的路线,犹如挖井,但易被读者当成以不变应万变。这种写作,犹如刀尖上行走,逼着人深入,再深入……这种写作,也将反作用于作者,进一步渲染他忧郁怅惘的情绪。

前不久又是青创会,又见了面,张楚肠胃不听使唤,罢了酒。但酒局仍是他邀约,桌上看别人喝酒,解自己的馋虫。这让我有些难过。我知道酒之于他,意味着什么。作家其实就是造物者延伸于人世间的神经末梢,但作为具体的人,他又不愿只是作为神经末梢一味地去感受,借一点酒,回复肉身,倚靠酒力,酣然入眠……此兄正是体量最粗大、触须最繁茂的那根末梢,但他如今不能喝酒了。如果要我汇报这次青创会最大的感受,若允许畅言无忌,我只能说,呃,张楚不喝酒了!

评家观点

作为美学空间的小城镇
——对张楚小说的一种解读

饶 翔

小说家张楚的另一重身份,是一个名叫张小伟的公务员,用他自己的话说,"我的生活是我的本名,而我的小说就是我的笔名","公务员张楚是我的物质生活,小说家张楚是我的精神生活"。现实中的张楚,在唐山一个叫滦南的小县城过着平淡安稳的生活;而在小说王国中,张楚是那个"讲故事的人",是一个讲"小城故事"的人,间或,也进入自己的"小城故事"中充当某个角色。

迄今为止,张楚几乎所有小说的叙事空间都是小城镇,具体说来,是中国北方的小城镇,在作者笔下,它们往往被命名为"桃源县"或"桃源镇"。张楚的"桃源"并无鲜明的个性标识,它灰扑扑,乱糟糟,粗俗、浮夸、暧昧、无聊,带有过渡时期的普遍特征,甚至可以说,它是转型期中国广泛性的生存空间。

批评家张旭东在他论述贾樟柯电影的文章《消逝的诗学》中说:"'县城'作为一种社会图景的特异性,不仅是它就社会经济和地理的意义上说无处不在……也在于它很少被电影和文学所表征。"在他看来,县城与乡村世界与现代大都市均保持着距离。受此启发,评论家张莉在《意外社会事件与我们的精神疑难》一文中分析了近年包括张楚在内的一批"70后"作家如何从意外社会事件入手,对城镇生活进行重写。"通过重建'城镇中国'风景,他们试图重建作者与社会现实之间的关系。"张莉还具体分析了张楚的小城镇叙事,认为与常见的"归去来"模式迥异,张楚书写的是这个时代最普泛的小城镇中的"人"。

张楚等"70后"作家对于经典的小城镇文学叙事的改写,首先在于创作主体态度的改变,它既不是一种带有启蒙批判眼光的"归去来"之旅,也不是立志走出小城的个人奋斗史,甚至也不是关于童年、成长岁月的乡愁记忆,它所聚焦的是此时此地的"此在"。对张楚这个一直生活在滦南倴城的小镇青年而言,尤其如此——小城镇是他的生活场域,是他的小说叙事空间,而更为重要的是,他凭借其突出的文学才华将其变成了一个独特的美学空间。

生命的残酷与温暖

从表面的生存景观看,张楚笔下的小城镇似乎呼应着我们对此的基本想象:一个与"高端大气上档次""低调奢华有内涵"等等无缘的、乱象丛生的所在,行走其间的,或是"土豪"暴发户、财路不明的生意人,或是沉迷酒色、不思进取的公务人员,身份暧昧的"服务业"从业者……而更多的则是面目模糊、无多少个性可言的小城镇居民,有些甚至还生存堪忧。张楚书写的是小城镇的芸芸众生,是普通人在日常生活中所遭遇到的种种尴尬、困厄甚至苦难,以及他们面对这一切时的心理反应、现实选择与伦理担当。

《旅行》中,年迈的"爷爷""奶奶"踏上了去十里铺"看海"的旅途,一路上相濡以沫的温暖甜蜜,甚或撒娇怄气,不属于他们年龄的小儿女之态,暗暗烘托着他们晚年失去大女儿、白发人送黑发人的悲痛苍凉;《长发》中,王小丽为是否卖掉一头长发给未婚夫买辆摩托车而犹豫不决,在未婚夫家门口被未婚夫的前妻羞辱后,倒使她痛下决心忍心卖发,却不幸被买发人凌辱;《穿睡衣跑步的女人》中,生育了 5 个女孩的马小莉为了逃避生育,在再度怀孕之后做出了一个匪夷所思的决定:每日清晨穿着睡衣跑步锻炼以期流产未果,却在孩子孕育成熟、母爱爆发之际被计生人员强行流产;《悯事记》中,女警官王姐与农村老太太老鸦头有着相似的悲惨人生,王姐对老鸦头不幸命运的感同身受,成为她断案的关键,将老鸦头排除出杀人疑犯行列,是她对自我与他人的双重救赎;《细嗓门》中女屠夫不堪丈夫的家暴与荒淫,将其杀死后,在被捕前来到闺密所在的城市,试图帮助其挽回婚姻……这些小城镇中的小人物形色各异,他们低调隐忍地生存,绝不煽情,他们保持着做人的尊严与气节,时而闪现出人性的光辉。

当张楚将人性之光投射到这些小人物身上时,他的眼光是平视的,他与他们站在一起,借用李勇对乔叶《盖楼记》的评论,那是"卑微者对于卑微的坦承"。在直面小镇的生老病死,在逼近每个人物的生命创伤、内心之痛时,他的目光又满含悲悯。张楚的小说中反复出现一个夭折的女孩:《安葬蔷薇》《U 型公路》《曲别针》《大象》《在云落》……这大概是作者难以愈合的一道伤口(在一次访谈中,张楚曾说起他被白血病夺去生命的堂妹),反复书写既是一种纪念,又可视为一种文学的疗伤行为。如果联系到 30 多年前的唐山大地震,那么可以说,张楚对于死亡的"偏爱"其来有自——他所生活的城镇笼罩在历史浩劫的阴影里。《大象》中,作者安排痛失爱女的夫妇与企图救助他们女儿的小伙伴相遇于地震纪念碑广场,或许有其象征意义。死亡以其残酷映衬着生命本身的脆弱,而张楚在对死亡的反复书写中隐含悲悯,使其小说在忧伤又残酷的气息中平添了几许温暖。

坚硬与柔软

张楚广受好评的短篇《樱桃记》讲述了一个少女的成长史:右手只长了三根手指头的粗笨的丑姑娘樱桃,在追赶她的心上人的途中,忍受着少女的初潮之痛,那是"她从未体验过"的成长之痛。张楚对于女性的细致刻画往往会让人联想到善写女性的苏童、毕飞宇等人,而我以为,张楚写得更好的是一类男性形象,这其中有他对于人(男人)的独到理解。

张楚小城镇叙事中的男主人公往往有着一种相似的气质,他们是《曲别针》中的志国、《疼》中的马可、《七根孔雀羽毛》中的宗建明、《U 型公路》中的"我"……这些道德上颇为暧昧、内心甚至有些龌龊的人物,难以轻易判定。

10 年前发表在《收获》上的短篇小说《曲别针》,使小说家张楚为文学界所知。尽管此前他已经坚持写作数年,但直到此时,张楚才算真正确立自身的风格,开辟了独特的写作疆域——这是一名作家成熟的标志。在这篇小说中,作者塑造了一个"奇异"的人物,他既是小老板又是诗人,既是残暴的凶手又是慈爱的父亲。小说以一个雪夜的遭遇,写尽了这个人物内心的柔软、痛楚、分裂、纠结、麻木与绝望。细致入微的观察,从容有度的叙事,对氛围的精心营造,对意象的敏锐捕捉……而更为重要的是,作者以极强的内力逼近了人性的脆弱与坚韧、黑洞与光亮。一如故事开展的背景——雪夜,黑与白、明与暗之间的苍茫天地,是作者致力勘探的残酷而又诗意的生存景观。

《疼》中的马可与《七根孔雀羽毛》中的宗建明都是吃女人软饭的男人。在相对封闭狭小的生存空间内,这些人物涌动着迷茫与焦躁不安的情绪,他们没有明确的生活方向,却为了某个愿望而陷入近于疯狂的执拗。

几篇小说以"意外社会事件"提供了对于当下"城镇中国"社会现状的某些认识,事件中活跃着的各色人等携带着各自的身份信息和社会密码。生活于此时此地的张楚从街头巷闻中得知了这些意外事件,但他显然无意于将之炮制成一个个耸人听闻的猎奇故事,在将之美学化的过程中,张楚表现出他卓越的小说家才华。

"何意百炼钢,化为绕指柔",人物内心的坚硬与柔软交汇于曲别针这一意象,当志国想要用曲别针捏出罹患绝症的爱女拉拉的面颊,他亲吻曲别针如亲吻拉拉的面颊;当马可怀抱被意外捅死、血流不止的杨玉英,不断回想起杨玉英对他母爱般的温存体贴,他的"疼"与她的"疼"、他的泪与她的泪混在一起,难分彼此;当宗建明把玩那七根孔雀羽毛时,儿子小虎的那一声声记忆中的深情呼唤,令他心尖发颤……在这些令人心酸眼亮的瞬间,张楚的小说呈现出深刻而丰富的人性内涵。

不仅是《曲别针》中为了女儿的治疗费用甘愿付出一切代价的志国;《刹那记》中沉默寡言,但对继女樱桃温柔细致,在家庭遭遇麻烦时挺身而出,不惜自断手指,在沉默中爆发出惊人力量的鞋匠;《梁夏》中遭受委屈诬陷,在众人的不解和白眼中,不懈上访告状,申诉自己遭受了性骚扰的"奇男子"梁夏……这些男性在粗犷中暗藏着温柔,在温柔中交织着绵韧,在绵韧中又蕴蓄着力量,他们或许代表着作者对于男性的审美理想。

大地与星空之间

张楚小说艺术的一个重要的特点是对于"意象"的苦心经营。从这些具有象征意味的意象,可以看出张楚对于先锋小说的学习模仿,在他早期一些略显晦涩的小说,如《蜂房》《U形公路》《献给安达的吻》中,这种模仿的痕迹更为明显。而渐渐成熟的意象创造则成为张楚小城镇叙事的鲜明的美学标识。

这也使我们想起他的文学前辈、同样出自燕赵之地的作家铁凝。《哦,香雪》中令香雪魂牵梦萦的那只铅笔盒,代表了她对于知识与文明的向往,也寄寓了一个时代的精神追求。而张楚的小说"物象"则承载着人物对小城镇琐碎、沉闷、滞重的现实生活的精神超越:《曲别针》中志国想要用来捏出女儿面颊的曲别针,《樱桃记》中樱桃准备赠送给心上人的《巴黎交通地图》,《七根孔雀羽毛》

中被"我"视若珍宝的那七根廉价的羽毛,《细嗓门》中林红路途迢迢带给岑红的亲手栽种的蔷薇……这些意象在小城镇的物质生活之外,增添了精神的维度,使封闭的空间得以敞开,也使张楚的小城镇叙事变得诗意盎然。

《夏朗的望远镜》中,一边是夏朗站在阳台上通过天文望远镜观测浩渺宇宙的兴趣爱好,一边是以岳父为代表的俗世生活对于这"多余无用"的兴趣爱好的压抑与剥夺。夏朗的生命意志、精神向往,对未知世界探索的热情,在日复一日的打磨中逐渐消泯。他不再观测星空,也不再参加"被外星人劫持者论坛"网友聚会,并在片刻的挣扎后拒绝了自称来自外星的女人陈贵芬见面道别的请求。而偶然得知陈桂芬被外星人劫走的故事后,在受震动之余,夏朗一度被关闭的精神之门又被重新推开了。陈桂芬真的来自外星吗?无法证实,却也无法证伪。因为在有限的已知世界之外,还有更广袤无垠的未知世界,等待人们去探索,去发现。一如《关于雪的部分说法》,关于大千世界,我们可获知的永远只是"部分说法",那个在表哥的说法中"根本没出过国,别说澳大利亚了,除了蓝城他就去过佳木斯"的同性恋男孩颜路,却给"我"寄来了一张与男友在澳洲海边的合影。关于他人的生命,我们到底知道多少?这或许便是张楚在他的小说中探索的问题。

小说结尾,夏朗准备翻出他闲置已久的天文望远镜,他要重新勘探星空。而小说的作者张楚则一直在用他的文学"望远镜"观察世相,勘探人生。这位已近不惑之年的"70后"作家,对人性的秘密依然保有高度的疑惑与好奇。身在小城镇,胸怀大世界。他以一种向下扎根的理想主义,在脚踏实地与仰望星空之间,建构起他的"小城文学",成为中国文坛不可忽视的一个存在。

蒋峰 / 鲁迅文学院第七届高研班学员。出版有短篇小说集《我打电话的地方》,长篇小说《维以不永伤》《一,二,滑向铁轨的时光》《淡蓝时光》《恋爱宝典》和《为他准备的谋杀》,作品集《才华是通行证》等。曾获第四届新概念作文大赛一等奖、2011年《人民文学》年度最佳短篇小说奖。

作家自述

永远不要从开头写起

蒋　峰

我中短篇写得不多,10多年下来还不到10篇,从阅读到写作,我一直觉得,短篇小说更像是一首诗,它是某个 idea 的延伸,读起来感觉很好、很美、很短暂,可它就是一个点子。不夸张地说,杂志选题会,你旁听一个下午,起码有5个可以转换成短篇小说的核心表达。我长期以为,这是微电影和电影的关系。

再一个原因,难以启齿,但是众所周知,即使最完美的短篇小说,也只是个作品,你没有办法将它像长篇那样变为商品,得到利润。发表一篇短篇小说,从文学刊物领取千字一二百元的稿费,要是精益求精,创作周期再长一点,这点微薄的稿费恐怕连烟钱、房钱都抵不上,更不要说吃饭开销了。我充分怀疑契诃夫这样的大师,写了700多个短篇,一生是怎么过来的。我猜有4件事是他每天要做的,吃饭、睡觉、找朋友借钱,最后才是安心写今天的小说。

最后一点,这也是我最恐惧的部分——估计写过小说的朋友都有过相同的体验——我有开头选择恐惧症。一个故事从哪句话下手,从人物的哪个状态,高位俯拍还是低位仰拍? 这些都会令我焦虑。文学很糟糕,也很奇妙,一个故事讲起来,它从1开始,也不会到99结束。常常是,你面对一张白纸构思,无数开头在眼前闪现,你脑子里只想着4个字——怎样都行。但并不是真的怎样都行,不同的开头会引领截然不同的方向,你总要盘算几天、甚至几十天,哪一个更美妙些。我说文学糟糕,是因为这种情况在你硬着头皮写下去之后,还会反复发作。写了一个星期,你会考虑这样开头也许没那么完美,于是换一张纸,重来。

每一部作品,长篇及短篇,开始阶段我都会写上5个10000多字的开头,仔细想想哪条路更适合我走下去。筹备阶段同样艰辛,写长篇肯定会划算一些。好比面前有5条路,你都试过了,找了一条不堵车、不绕道的最佳选择,但你仅仅是从三元桥到四元桥那么远。那么,我为什么不能去远一点?我去顺义,我去天津,我穿过东北,借道俄罗斯,去找北极熊好不好?

我22岁之前写了一些短篇,很多是随性之作,现在看着都会面红耳赤。可能是太随性了,像是在星巴克朋友迟到,WIFI又不灵,于是打开文档写了个短篇。所以,那时候的短篇就是一个idea的延伸阅读。

比如《死在六点前》,女人的丈夫清晨6点要被枪决,熟识的狱警说不方便进去,但是西面墙头有个豁口能趴墙看到。他陪她边走边聊,聊她丈夫昨晚的状态,聊她有没有做好以后生活的打算,最后,他敬礼说先回去了,领导上班查岗,你往前走走就见着了。她看看表,5点50,这时枪响了,连响3声,她疯狂地往前跑,明白狱警是骗她、安慰她呢,监狱怎么可能有豁口?

还有一个短篇叫《521,嘉年华》,是我出差失眠时写的。写一个手牌521号的客人在洗浴中心住好几年了,吃喝不愁,报上521手牌,随便点单消费。这是个bug,客人只有在穿衣出门时才结账,几年几十万,他知道他还不起了,出不了这扇门,唯一一点希望就是洗浴中心破产,或是碰上8级以上的地震——这当然没戏。他又害怕死在这儿,他把钟都摔停了,他不需要时间,他恐惧时间。结尾,我给了他点希望,没忍心让他死透。

在《冷年》中,大年三十,男人还要女人抱着女婴去饭馆乞讨,女人不干,说过年还得吃顿饺子呢,于是家暴发生了,女的被打出去,抱着孩子一路哭。夜里回来,男人包饺子呢,女人说,你是对的,今天聚餐的人出手就是阔绰,明儿还去。过年前他们给老家打电话拜年,换了一副样子,完全是都市摩登的年轻人啊。

《我打电话的地方》是处女作,我17岁时写的,小说是从卡佛那儿借的名字。其实当时我还没看过那篇小说,受毛姆的影响比较深。也是随性之作,上课没意思,写个故事玩。一个少年夜里碰上大雨,困在电话亭,琢磨着给前女友打个电话,东扯西贫。大半夜的那姑娘愿意跟他聊,估计是还惦记着他?打俩小时没钱了,雨还没停,出不去,就坐下来很平静地看雨,反正天快亮了(天啊,还有海明威的印记),太阳照常升起。

2005年以后我没写过一个短篇,2010年有次跟朋友吃饭,她劝我该写些短篇,说了一大堆苦口婆心对我好的话。那时我刚写完似推理小说的《为他准备的谋杀》没几天,我不认同她的意见,但我因此知道大多数作家都这么想,即使长篇著作等身,他们还是会骄傲自己的短篇作品,还是会以这个标准去衡量蒋峰的能力。回去我就开始做一个适合我的计划,我想我可以写一个长篇,围绕主人公的 30 年做 6 个中短篇,截取不同的故事类型,每篇小说里都会藏 6 个字——白色流淌一片。有点像小时候看的希瑞,每集结尾都有个小精灵跳出来说:"嗨,这集你看见我了吗?我在这儿呢!"

因为《人民文学》发表周期的问题,这两年我写得并不快,专心做编剧去了。现在已经写完了 4 章,三分之二,写一个要 20 天左右。反过来说,如果能写完就出版,我就没必要做这么复杂的计划了,直接写个长篇就好了嘛。

我能总结的写作秘诀并不多,照药方子抓药就不是文学了。有一句话我一直警惕,很适用——永远不要从故事开头写起。

这是我的写作圣经,也是我开头恐惧症的缘由。不是插叙倒叙那么简单直接,那些绕一圈还得从开头讲起。翻译成文学理论可能就是隐藏叙事,但是老隐藏容易自作聪明,读者会感觉被戏耍。找个节点讲,学会控制,别忍不住倒叙插叙,也别藏着掖着,隐藏的效果就出来了。

分享几个开头:

我去年 11 月特别想杀人,因为懦弱迟迟没能动手——《为他准备的谋杀》;你不是一直这样吗,只要是书就看不进去——《恋爱宝典》;起初是打奶的女人发现的——《维以不永伤》;嗨,这集看到我了吗,我在这儿呢!——下本书。

文友印象

我身边的两个蒋峰

马中才

　　蒋峰喜欢和我在一起,因为我长得比他胖。如果没有一个胖子在他身边,就显示不出他的瘦来。"现在的我把以前的我吃了。"这是蒋峰小说里的一句话,也是他生活中常说的一句话。从 2009 年到 2012 年,我和蒋峰在北京待了 3 年。其实应该更早一些,2007 年我们一起读鲁迅文学院的时候,他就提出了一个非常雄伟的计划:每天早上六点半起床去红领巾公园跑步!当时参与这个活动的还有李海洋。我们煞有介事地跑了 3 天,因为省登宇的到来使这个计划成了一纸空文。

　　没有什么比三缺一的时候来了个牌搭子更令人兴奋的了。比起跑步来说,蒋峰更热衷于打麻将。在北京蓟门里小区的一个棋牌室里,只要你看见一个头发蓬乱、衣衫褴褛、叼着一根细细的 ESSE 烟的男人,十有八九就是碰上蒋峰了。他从来不注意自己的形象,看上去永远像个落魄的艺术家,再加上他那蓬松而凌乱的卷发,我敢打赌,只要他往北京的任何一座天桥底下一坐,旁边再放上一个饭盒,不到 10 分钟他的饭盒里全是一元一元的零钱。2007 年中央电视台《艺术人生》的录影棚里,蒋峰作为"80 后"作家的代表人物被朱军邀请到舞台中央,不瞒您说,当时他穿的那件外套还是我借给他的,我是在动物园买的,结果他上台的时候我们都觉得他像个送外卖的小伙子。这萌发了我后来在北京开一家螺蛳粉店并经常穿着它去送外卖的想法。平时我们开什么研讨会或小组讨论会,蒋峰往往是最后一个到场的,经常是领导点到他的名字的时候:"蒋峰,蒋峰呢?"然后门被推开了,进来一个满脸无辜、蓬头垢面、穿着拖鞋的家伙,全场的人就会哄堂大笑,气氛也就活跃了起来。

　　蒋峰是个有趣的人,只要有他的地方就笑声不断,这一点尤其体现在麻将桌上,他经常一边跟我们讲故事一边跟我们讲牌道,还一边胡我们的牌。我至今还记得他在麻将室里讲过的那些故事,比如"讲呀讲呀讲故事,我家来了只兔子,我吃饭,它馋了,我的故事讲完了"。再比如"大雨哗哗下,北京来电话,叫我去当兵,我还没长大呀我还没长大"。还有就是当大家都紧张兮兮地怕放炮的时候,他突然来了一句"跑马的汉子哟你威武雄壮……"然后在大家哄笑的情况下有人轻轻地叫了一声"五万"。"不好意思,"蒋峰百忙不乱中紧紧地抓住那只五万,"我胡了,清一色豪华七对捉五魁"。后来我们严禁他在牌桌上唱"跑马的汉子",他却唱起了"我们的祖国是花园,花园里花朵真鲜艳……娃哈哈啊娃哈哈,我们的生活多愉快……"所以大家即使经常输钱也愿意陪蒋峰打麻将。当然,他也有输的时候,一旦他输了就故意一拍桌子,好像想起了什么非常重要的事情:"昨天谁说要吃麻小来着?谁说的?"结果本来不想请客的赢家只好硬着头皮请大家去簋街吃麻辣小龙虾。一只小龙虾5块钱,蒋峰一坐下,"先来100只,不够再加,我今天下午为了陪你们打麻将都没吃饭。对了,我女朋友也没吃,我打个电话叫她一起来。"当然不是对所有人都这样的,只有那些在北京有房有车的人赢了蒋峰才会如此豪爽。比如像他自己这样在北京靠写字为生的人赢了他就把大家带到寒风习习的大排档。"来四碗蛋炒饭,要大碗的!"蒋峰的牌品很好,好到一旦把人家的钱赢光了,总会给人家100块钱让人打车回去。我是受到这个恩惠最多的人。

所以我就搞不明白了,为什么蒋峰人这么好,还有那么多人喜欢叫他"贱人"。于是,"蒋贱人"就成了我们对他的昵称。虽然他嘴上不承认,其实他心里早就接受这个事实了。举证如下:有一次我们走在大街上,后面一对情侣在打情骂俏,女的被说得害羞了,娇滴滴地骂了男的一声"贱人",蒋峰马上神经反射地转头一看,还以为人家在叫他呢。

蒋峰喜欢吃辣,每次到我店里来吃螺蛳粉都嫌厨师给他加的辣椒不够,就自己跑到厨房去加辣椒,等他加完辣椒出来,小伙伴们都惊呆了,只见他的碗里堆满了各种好吃的,什么叉烧脆皮猪脚煎蛋一应俱全,于是坐在他对面的水格也看了我一眼说:"那个,才哥,我也想去厨房加点儿辣椒……"

蒋峰一般情况下不喝酒,一旦喝起酒来十有八九是要醉的。我印象中他醉过两次,一次还是我在鲁迅文学院的时候,我俩喝了24瓶燕京,我记得是在方庄桥旁边一个重庆辣妹子火锅店。他喝醉了也不闹事,就开始跟你吐老底,讲他是怎么爱上文学的,怎么被文学迷倒的,他从来不会在会议上或者茶余饭后跟你一本正经地谈论文学,他总是显得对文学不屑一顾。就像一个男人真正喜欢一个女人的时候,表面上对你爱理不理,内心早已被揉碎了。蒋峰只有在他喝高的时候,才能看出他对文学的痴迷,讲他如何瞒着家人早已辍学去写小说了,讲他虽然写了这么多年小说还是如此清贫,讲他在小说的阅读和创造中获得那种无法与人分享的欢乐与苦闷,讲他如何为了自己的文学梦想而辜负了父母朋友和恋人。

蒋峰有过不少恋人,他每交一个女朋友就会和她一起养一条狗,他总是很认真地对待每一段感情,他的狗有叫"豆豆"的,有叫"honey"的,有叫"大白"的,都是大型犬,分手的时候这些狗都送人了,还有几只拿到我店里养过。现在我所知道的那只叫"honey"的金毛还被他一个大学同学的母亲养着,非常高大英俊,温顺可人。蒋峰的内心其实是很重感情的,有一次恋爱对他的打击特别大,他的女朋友要结婚了,新郎却不是他,原因是他女朋友的父母发现了自己的女儿和一个外表邋遢、不务正业的男人在一起约会,然后硬生生地把他们的女儿拉了回去。那天晚上他喝醉了,人不能因为爱情而活,他说。其实一个人要有何等的自信才会如此忽略他的外在形象,才会如此敢于自嘲呀,只有那些心里有底气的人才不需要任何名牌去装饰他的外表,只有那些有远大梦想的人才不会在意他的今天。只有我知道,蒋峰是一个心中有梦的人,因为这个梦使得他沉重起来,当很多人放弃写作的时候,只有他还在熬夜……

这就是蒋峰,《维以不永伤》《淡蓝时光》《我打电话的地方》《恋爱宝典》《为他准备的谋杀》《白色流淌一片》的作者,"80后"小说家的代表人物,2012年《人民文学》年度小说家,我的鲁院同学,我的新概念师兄,他说:"也许我们的表达形式在改变,以前是示爱一年才上床,现在是上床一年才示爱,但要承认,爱的意义是一样的。有些感情不会因为时间而改变,这是人类共通的标签。诚如福克纳在1950年冬天所言——爱与荣誉,怜悯与自尊,同情与牺牲。正是我们拥有这些永恒的母题,才能从《少年维特的烦恼》,到《睡美人》,到《霍乱时期的爱情》,而且一定会继续下去。有些情感不变,所以它的载体——文学,将永不消亡。"

我相信蒋峰,因为他是一个永远在心里装着文学的人。

评家观点

悬念跌宕:蒋峰的小说王国
谭 杰

2002年的《萌芽》新概念作文大赛,成就了一批拥有文学梦想的"80后"青年,而它之于蒋峰的,或许仅仅是踏上文学之路的坚定的心。获奖之后的他曾表示:"我不希望被冠以新概念标签,将像印在我们头顶的烙印一样告诉人们,这是一群轻狂无知而又自以为是的孩子们;我不希望文学父辈将新概念看作是给一些表现欲旺盛的孩子们消遣的游戏,甚至是我们的后代也将我们视为无所事事而又不甘寂寞的典范。"可以看出,自踏上文学之路的那一刻起,他便有着强烈的文学责任感和使命感。时隔11年,蒋峰带给我们的远远不止他的文学天资和才华,与同时期的其他"80后"作家不同,他涉及青春的小说忧伤但不阴郁,书写社会的作品残酷却不流俗。他注重的不是个人感情的无聊宣泄,不是现实世俗的直白表露,而是通过不同写作技巧建构起作品内部丰赡的蕴藏。

不走寻常路的"80后"

从《维以不永伤》《我打电话的地方》《一,二,滑向铁轨的时光》《淡蓝时光》到《恋爱宝典》《为他准备的谋杀》《白色流淌一片》,不论长篇还是短制,蒋峰的作品都烙着鲜明独特的蒋峰印迹,他的文风保持一脉相承,写作技巧充满了变数,具有很高的辨识度。而他又不愿做类型小说的写作者,他的每一部作品都试图打破之前的自己,因此,从他的作品中,我们总能读到新意。

与同时期其他"80后"作家或幽诉青春,或强赋离愁别绪,或针砭时弊的写作有别,蒋峰并不追求感官的刺激和消费,自觉远离娱乐,拒绝无意义的写作,同时,又有别于主流文学或关注沉重的现实和社会责任,或投入历史洪流,他追求的是一种陌生化的写作,在这种写作中追寻文学的意义,诉说自我价值。而无论是对文学的理解,写作技巧的把握,还是对生活经验的呈现与思考,蒋峰都显现出超越其年龄的游刃有余。

从最开始,蒋峰便是不走寻常路的那一个。第一部作品——长篇小说《维以不永伤》集合了复杂多样的写作技巧,也奠定了蒋峰写作风格的主要基调。不管是如《维以不永伤》《为他准备的谋杀》这类,将小说世界构建得如同迷宫一般,悬念迭起,氤氲出一种神秘的氛围,还是像《恋爱宝典》幽默调侃爱情和文学两大严肃主题,他的作品总是显得饶有意味,具有很强的阅读吸引力。如果说写《维以不永伤》时,他在用力证明自己的文学功底和素养,在之后多年的时间和阅历的打磨下,无论是语言运用,还是写作技巧的处理,他都越来越娴熟自如。

蒋峰总是不断尝试和探索不同的写作方向和叙事方式,具有强烈而又鲜明的文体意识。他不懈追求创新写作主体和技艺。阅读蒋峰的作品可以看出,他的推理类小说写得得心应手。这与他的阅读习惯有关,他曾说自己可以很轻松地写类型小说,但是不想成为一个类型小说作家。于是,在他的笔下,魔幻现实、侦探推理、爱情都有涉及,并且有着不俗的处理方式。

文本悬疑片

蒋峰从不以故事的开端为叙述的切入口。他认为悬念最能吸引读者的阅读兴趣。他最具代表性的作品《维以不永伤》,从女人去打奶途中遇到的女尸写起,总体来说,全书4部,严丝合缝、逻辑清晰地交代了一个神秘的凶杀案,及其背后牵扯进来的十几个人物的爱恨、悲欢、离合,而这4部又可以分开独立成文,风格统一中暗藏着用心经营的变数。在故事的组织上毫不凝滞,其驾驭长篇小说的能力令人称奇。《我私人的林宝儿》中人物之间的很多故事采用倒叙手法,将一个爱情故事设置得悬念迭起。《恋爱宝典》中,作者甚至在开场之后便向读者交代了这部作品将要如何创作。《为他准备的谋杀》中,开篇一句"我去年11月特别想杀人,因为懦弱迟迟没有动手",将读者的阅读兴趣瞬间提升起来。

这种看似随意、实则精心设置的切入手法要求作家能够对自己创造的小说世界有强大的控制和把握能力。因此,他常常采用全知视角,如全能的上帝创造世界一般进行创作。有时从多个人物的视角之间交替切换,甚至与人物的灵魂进行对话,以达到对事件进行更加严密的呈现。《恋爱宝典》中,作者在"我"、

Tata,以及我所结交的"女友"之间随时转换视角。这种视角转换与电影里的蒙太奇相契合。在电影艺术手法里,蒙太奇拥有的操纵时空的能力,将电影艺术家心中最能阐明生活实质和故事情节、最能表现人物性格和人物关系的片段组合在一起,使其最大限度地提炼生活,获取感染力。在蒋峰的小说中,作者的客观叙述到人物内心的主观表现自由转换,人物经历的事态与内心自由转换,摒弃了大量琐碎的无关情节,使小说叙述的节奏得到了很好控制。而他又十分注重小说的内在逻辑和因果关联,尤其是在他的推理类型的小说中,继承了中国传统写作的手法"草蛇灰线,绵延千里"。

  蒋峰把握小说的自如程度不仅体现在视角转换,在平行时空多线索叙事和文本穿插叙事方面,也同样出色。《恋爱宝典》对爱和文学进行了戏谑而又严肃的探讨,使两个看似不相关的命题交织在一起。主线索描写了恋爱里的种种,副线则运用后现代笔法,将对话体、书信体、诗文拼贴等交织在一起,或从专业作家的角度探讨中外作家的文学观点与作品,或幽默调侃当下社会境况,揭示对文学和人生的深层思考。其中,复调叙事也是他熟谙的写作技巧。《为他准备的谋杀》看似有条不紊的情节交代的过程中,穿插着化学制剂的配方,使文本弥漫着浓重的火药味,似乎一触即发,渲染了主人公复仇的紧张气氛,整个小说的节奏也因此而有张有弛。

  人物是支撑蒋峰作品的重要因素。小说中的人物有些暗合了作家本人的成长轨迹,又或多或少拥有一种流浪者、逃亡者的气质。《维以不永伤》中的杜宇琪上了一年大学以后选择退学,寻找自己想要的生活,几乎是作家自己成长轨迹的翻版。《淡蓝时光》中的年轻画家李小天和《恋爱宝典》中的作家"我",在大小城市之间往返流连、漂泊不定,看似寻找爱情的旅途,同时也是心智不断成熟的路途。《白色流淌一片》写许佳明的一生,小说中的地理坐标从北京、上海,到海南、新疆,几乎遍布了整个中国。《为他准备的谋杀》中,孪生兄弟欧阳桐和欧阳楠,一个自小四处漂泊,铤而走险地过活,一个有着稳定职业和幸福的家庭,却在一夜之间丢掉了警察的工作,又收到了父母妻子葬身雪崩的噩耗,变得除了仇恨一无所有,走上了报仇之路。同时,蒋峰塑造的人物几乎没有无关紧要的,都是构成其小说情节的重要一环。《维以不永伤》的开篇,作家用很长的篇幅描写打奶的女人多年的生活习性,以及这一天的不寻常,而她今天的反常恰恰成了发现尸体的契机,她打奶的习惯也渲染了命案的离奇性;撕掉通缉令的女人将自己的丈夫推向了成为替死鬼的悬崖,也牵出了自家多年悬而未解的一段痛心往事,等等。但他很少倾注自己的感情在某个人物身上,而是以中立者的理性姿态,将笔下人物的境遇和灵魂进行雕刻和渲染。在一定程度上,这种处理方式让故事的展开和细节的衔接更加密合,更富有逻辑理性,同时,也巧妙地让笔下的众多人物形象丰腴鲜活,让读者可以更好地融入作家所创造的悲喜世界。

蒋氏幽默与痛创的小说世界

建构如此精密复杂的小说王国,鲜明而易辨识的语言必不可少。蒋峰很少使用无意义的形容词和定语从句,甚至偏爱口语化,让语言回归叙述本身。他的语言干练、流畅中夹杂幽默,极少使用矫情做作、晦涩难懂的词语,他的描写精准而又克制,给读者以巧妙的点拨,又留下丰富的想象空间。比如《我私人的林宝儿》中,开头"醒来的时候他想,这也许是生命中最美好的一天",与结尾最后一句话"快入睡的时候他想,这也许是生命中最悲伤的一天",最简单明了的两句话,却对照鲜明,内蕴的巨大张力让读者回味不已。而他作品的语言由幽默、调侃和反讽的表述进一步构成了独特魅力。钱锺书先生在《说笑》一文中提到,"真正的幽默是能反躬自笑的,它不但对于人生是幽默的看法,它对于幽默本身也是幽默的看法"。蒋峰的幽默通过主人公之间的对话和对待生活及现实的态度传达出来,看似荒诞不经,实则"是在用一种玩世不恭的态度来宣告自己的严肃,用自我的调侃以及生活中的恶俗来抗击这个恶俗的世界,在一次次夸张的自言自语与貌似无聊的举止中,昭示着自己内心深处的真挚情感"。

蒋峰的小说具有很强的阅读性,除了故事情节复杂曲折,叙事节奏明快,还在于他对待写作、对待自己笔下世界的态度是真诚而坦率的。尽管他很少在作品中表达个人尖锐、强烈的情绪和看法,也很少在人物身上做情感和道德的评判,他总是尽量隐蔽地呈现事件本身。但是,他对待自己创造的世界却是极其投入的。在写完《为他准备的谋杀》后,他曾这样说:"我努力写一本不可思议却又如此心痛的故事,以摆脱我长期以来的尴尬身份。所幸我仍没有失去情怀,我依然把我最真诚的那部分写出来,那些人物依然可让我在200多天里不断地痛哭或是大笑,直到二次修改还能让我掉出眼泪。"我想,作者建构这样复杂的故事情节,正是为了更加完整地向读者呈现他心中的人物和事件,毫无保留地表达自身感情。《手语者》中,作者透过许佳明在爱情、亲情中的挣扎和无助,呈现给读者一种不可抗的、强烈撕扯的痛感,给读者带来强烈的震撼感。

另外,与大部分"80后"作家的创作不同,蒋峰书写了一些当下社会的敏感话题,比如受贿、法制、公平、弱势群体等。《维以不永伤》中,谋杀案的源头是权钱交易的揭发。在《白色流淌一片》的几个篇章中,通过成长中的许佳明的视角,反映了中国社会转型时期的变迁,《花园酒店》讲述了残疾人及社会底层民众卑微的情感和生活状态,以及城市变迁带来的便利和隔膜,《于勒的后半生》书写了对公正的信仰,等等。显然,蒋峰并不致力于让作品变成反映社会弊端的镜子,并且这样的努力也没有多少现实意义。值得庆幸的,蒋峰用锋利的笔,如庖丁解牛一般游刃有余,不知不觉中便刮开人物内心和现实生活最隐秘的症结。

从青春期的拼贴书写,到对社会和人生的思考和挖掘,蒋峰一直在不懈努力地探索新的写作途径和主题,并且乐在其中。从文10多年,蒋峰不炒作名气,不消费噱头,他的名字几乎只与自己的作品和文学捆绑在一起。他志在写出最好看的华语小说,可以说,至少在推理类型小说方面,他付出的努力和达到的成绩是有目共睹的。当然,蒋峰的写作并非完美无缺,比如早期《维以不永伤》中的第三部中自我夸赞、推崇的部分,与整体风格和小说节奏不符,显得突兀而多余;《为他准备的谋杀》中某些细节还需要进一步推敲,结尾部分收得不够自如从容,等等。但瑕不掩瑜,在"80后"作家中,蒋峰是才华横溢的。他对文学作品的熟稔,对文学写作技巧的把握,对中西方文学的认知和评判,在其作品中都有所表露。也正因如此,相信他的写作还将会有更多的可能性。

范稳 / 鲁迅文学院第十一届高研班学员。1986年开始发表作品。现已发表各类文学作品近500万字，创作以中、长篇小说和文化散文为主。已出版中短篇小说集、文化大散文、报告文学、长篇小说15部，曾多次获国内文学奖项。近10年潜心西藏历史、文化、宗教、民族的研究和写作，曾多次游历西藏，并在藏区挂职体验生活，已有7部关于西藏题材的作品出版，并有作品被翻译到法、德、英等国。

作家自述

另一间书房
范 稳

大凡喜欢读书的人，都会在家中单辟一间为书房。我发现的一个现象是：在20来年前，去人家家里做客，主人引以为傲的是客厅里的彩电沙发等物什，而现在你去稍有文化的人家，主人一定会带你去参观他的书房。从地板到屋顶的成排书架，绝对是比彩电沙发更让人有精神上的富足感和人生的成就感——哪怕书架上一多半的书都从未翻阅过。我曾经到一个所谓的"土豪"家做客，人家的盥洗间都比我的卧室还大，客厅里还挖个水池养鱼。我一句话就把主人的威风扫了："怎么没有一间书房？"

不论你从事什么职业，不论你需要与否，书房已日益成为很多有品位的人生活中某个不可或缺的空间。我也喜欢带朋友到我的书房参观。不是为了"炫富"，只是为找到知音，找到自信，或者说，在我摆不出价值连城的古董供人赏玩，拿不出茅台、拉菲招待客人时，我就只有请尊贵的客人来到我的书房。请看那些高高在上、整齐排列的大师们，请看那些人类文明的足迹，请看我精神的富贵乡，请闻一闻人间最纯正弥久的香味——书香，最后，请看看我终日劳动的地方。我就是个在书房里耕作的劳动者，日出而作，日落而息，像一个在大地上挖地、播种、薅秧、施肥、浇灌、收割的农人一样。书房就是我赖以托身养家的三分肥沃土地。

我还有一间书房，只有少数人随我去参观过。因为它实在太大，实在太偏远。它不是地产商以房屋市场价格可以衡量的面积，也没有先贤们汗牛充栋的典籍可以填满的书架。它横亘于广袤的大地上，这间巨大的书房里陈列的是雪山、江河、峡谷、村庄、古道、稼穑、牛羊、飞禽走兽，以及各美其美的民族文化与历史。不错，这也是我的书房，也是许多喜欢流连其间，并深深爱上了它的丰沛博大的人共同的书房。它像是一座公共图书馆,又像是一间人生大课堂。每个出入其间的阅读者,都可以撷取自己感兴趣的文化滋养、知识力量;每个在这书房里深受教益的人,也都可以说:"这是我的书房。"

如果仅是以面积而论,就让我以小书房和大书房来暂且区别之。小书房最大不过几十到上百平方米,大书房动辄就上百万平方公里了。在小书房里阅读或写作,大体是闲适的,安详的,劳心不劳力的;而在大书房里阅读,大部分时间里扮演的是探险者和发现者的角色。和陌生的人们打交道,与奇异的民俗文化迎面相撞,在崎岖的古驿道上跌跌撞撞地寻找往昔马帮远走的背影,在静谧的村庄聆听老牧人讲述远古传说,在烈酒的驱赶下和民族兄弟一起歌唱,释放生命里沉寂已久的浪漫情怀,在藏传佛教寺庙里听高僧大德阐释生命的轮回,在教堂的钟声回荡中追寻天堂的光芒……还有就是,在这苍茫的大地上,独自体验到的人之渺小和心之辽远。

"读万卷书,行万里路"是古代先贤的教诲,谁都明白,但不是谁都愿意去践行。在家读书容易,出门行路则难。"欲渡黄河冰塞川,将登太行雪满山",是李白对行路难诗意的描述,但是李白周游了多少地方呢?可能现在我们很多读书人都没有比他走得更远。窃以为这个世界上最聪明的人,就是那种到了某个人迹罕至的地方后,历述其艰险万端,让你高山仰止(对他)望而却步(对其地),而最没有出息的人,就是只会读游记并永远在地图上旅行的人了。

于我而言,读书写作是一种恒定的人生态度,行走于大地是对这种态度的修正和补充。我时常在我的大书房里找到写作的真实意义。如果说灵感就像珍珠一样是难以寻觅到的东西,我的珍珠就散落在那些不为人知的村庄,大峡谷的深处,乃至雪山之巅,江河之源。我没有那种安坐小书房里就可以遨游宇宙、信手采来星星和月亮的写作能力,像博尔赫斯。他的精神力量的博大,内心世界的丰沛,感知事物的敏锐,我可能学到老都学不会;还有福克纳,他只写邮票大的故乡,但却建造了一个后人难以企及的文学殿堂。作家是分类型的,我倾向于向海明威这样的作家学习,他的书房可谓大矣,一会儿在西班牙战场,一会儿在非洲的大草原,一会儿又在加勒比海湾。这样大的书房真是令人羡慕。但我知道,不是人人都可拥有它,因为海明威只有一个。

但也不可妄自菲薄,每个人都有自己的大书房。李白有诗云:"黄河落天走东海,万里写入胸怀间。"我认为这不仅仅是一种诗意浪漫,而是一种写作姿态。黄河还在那里,东海也在那里,你走到了、看到了是一回事,你把它们纳入了胸怀,就是另一层境界了。

文友印象

描绘蕴涵史诗梦想的大地
邱华栋

在《百年孤独》当中,加西亚·马尔克斯讲述了200年来拉丁美洲的孤独与温柔,奋斗与挫折,甜蜜与神奇的历史和现实。不仅如此,《百年孤独》还树立了一个新的榜样,就是在今天这个消费、解构、碎片的时代,史诗并没有死去,它依旧是一些雄心勃勃的作家的梦想,同时也是读者内心热切期待的作品,关键是如何去发现本土的神奇、去创造小说本身的神奇。但是,这对所有作家都意味着难度、折磨、雄心和孤独的深重考验。

作家范稳历经10年创作出的长篇小说《水乳大地》《悲悯大地》和《大地雅歌》三部曲,再加上他后来出版的长篇小说《碧色寨》,共同构成了难得一见的本土出产的神奇文化小说。这是一套本土的地域文化小说,和早年那些模仿拉美魔幻现实主义的作家作品完全不一样,他的小说是在云南和西藏接壤的地方十分自然地生长出来的,作者根据那片神奇的土地上的历史和传说来写作,成就了一部部神奇的作品。于是,范稳写出了我们土地自己的神奇,写出了似乎在衰朽的小说新的生命复苏的迹象,也显示了范稳的雄心壮志和史诗梦想。

的确,在《水乳大地》这部长达38万字的小说中,蕴涵着范稳小说史诗的伟大梦想,超过百年以上的时间跨度的小说,一般总是被称为史诗。在这部小说当中,西藏和云南那些神奇的传说和在灵界和生界游走的灵魂完全是共生的,小说的主线是讲述藏传佛教、天主教和纳西人的东巴教在100年的时间里,彼此之间相当复杂的纠缠与争斗。小说当中,天主教企求上帝显灵,上帝果然显灵的神迹等比比皆是,尤其是天主教和藏传佛教百年争斗的场景,都充满了扣人心弦的描绘。这是一个举重若轻的写作过程,它确实超越了大部分当代人的经验。小说的结构相当考究,是一种向心的结构,从20世纪初开始,第二章则讲述20世纪末,然后是20世纪第一个10年和20世纪80年代,最后回到了西藏的一个新起点:20世纪50年代,在那个年代里,西藏和平解放,进入了新的历史时期。小说这种向心结构,似乎把复杂多变的历史本身有条不紊地梳理了,使那片神奇的土地成了可以被语言和记忆讲述的母体。在年轻作家趋向于一种时尚化写作的情况下,阅读和重视这部厚重博大的小说,可以让我们领悟到文学存在的原始原因和根本的理由。

范稳在推出长篇小说《水乳大地》3年之后,又出版了他的藏地三部曲中的《悲悯大地》和《大地雅歌》,继续着他对云贵高原和西藏地区的神奇描绘。可以说,《悲悯大地》《大地雅歌》与《水乳大地》有着血肉联系,而《悲悯大地》和《大地雅歌》的线条则相对单纯。

《悲悯大地》通过一个藏族青年成长的历程,讲述了一个人朝向神性世界奋进的艰难和百折不挠的精神状态。于是,在非常宏大的自然和人的想象力的背景下,善与恶、人与自然、人与人以及人性内部的挣扎,显现了一个复杂刚强的世界。小说的主线是讲述一个人寻找传说中三件宝物的历程,在几十年的时间里,个体生命被严酷的自然和复杂的精神环境所引导的纠缠与争斗,充满了扣人心弦的情节。小说的结构清晰,小标题是最好的提示,把复杂多变的历史本身给有条不紊地凝练了,使那片神奇的土地,变成了可以被语言和记忆讲述的母体。阅读和凝视这部厚重的小说,可以让我们领悟到文学为什么会存在的原始理由,那就是,记录并复活一个地区的文化记忆,并且呈现出一个地区的人的精神状况。

而在《大地雅歌》中,宗教的力量是大地上短暂停留者人类的精神主宰,在严酷的生存现实面前,人只有朝向比自己博大和精深的宗教神主,才可以获得神性的力量。但是,这个世界上,土神、原始神、外来的神,那么多的神有时候形成了一种对抗和排他的关系,当这种人神关系投射到大地上的社会关系,如宗族关系、血缘关系、村社关系、权力关系的时候,就演变出来无数的人物命运,这就是《大地雅歌》所要吟唱的,也是这部作品所投射出来的内在的神性和音乐性。接着,范稳又写了长篇小说《碧色寨》,在小说中继续他对地域文化的神奇书写,对人神共居社会的观察,让我们看到了他轻巧的一面、浑厚的一面,以及博大和亲切的一面。

从范稳的大地三部曲《水乳大地》《悲悯大地》《大地雅歌》到《碧色寨》,范稳的写作由宽阔走向了澄明,由史诗走向了地域文化小说的圆满确定。

我特别欣赏那些极具生长性的作家。范稳就是这样一个作家。我知道,范稳早年写过一些城市题材的小说,甚至还写了一部关于海瑞的传记小说,偶读不算成功,这说明,过去他一直在寻找着自己的写作资源和方向。每个作家其实都拥有自己独特的、别人根本无法替代的写作资源。范稳走过了一些弯路,但是,当他真正把目光投到云贵高原和西藏大地上的时候,他好像得到了某种天启,豁然开朗,他只是需要把那片土地上像果实一样悬挂的传说和本土民俗宗教文化,轻轻地用手摘下来结构起来就可以了。这是一个举重若轻的写作过程。根据他现在完成的这几部长篇小说,我可以说,范稳已经成为我们这个时代独特和优秀的小说家之一。

评家观点

俯瞰大地的飞翔
——读范稳的"藏地三部曲"

孙吉民

作为一个生活在边地且不算年轻的作家,范稳为文坛所关注,并被读者所了解,是从《水乳大地》问世时开始的。而后六七年间,顶着文化型作家的头冠,他用藏地文化与宗教又潜心编织了《悲悯大地》和《大地雅歌》两部巨著,从而完成了他独特的"藏地三部曲"的精心构筑。

在这三部曲中,面对藏地独有的文化、宗教与信仰,作者做了精心的设计与结构。《水乳大地》表现的是藏域多元文化的灿烂与丰厚,以及藏域文化、民族、信仰的砥砺与碰撞,坚守与交融;《悲悯大地》里作者用沉静的笔触描述了一个藏人成佛的艰难瑰丽的过程,诠释藏域宗教文化底蕴的同时,给人以巨大的震撼和叩问;在《大地雅歌》中,作者表达了信仰对一场凄美爱情的拯救以及对人生命运的改变,讴歌了爱情的守望与坚韧。共同的小说发生场域以及作者深植于小说中的悲悯情怀,还有笼罩在作品中浓重的宗教氛围,使得这三部小说获得了可以共同言说的质地。范稳曾说,这三部小说的创作是他在服从一种神秘的召唤,是神授的书写,或许,阅读之后我们真应把这三部小说视为一部让人叹为观止的"神曲"。

范稳为这部"神曲",花费了整整 10 年的时间,在这个快餐文化盛行、文学创作多数止于肤浅的年代,应该说这是一个奇迹。种种机缘让范稳无意中发现了藏域文化的宝库,但他没有轻率使用和挥霍,而是以虔诚的姿态,秉承"在大地上行走,在书房里阅读"的方式和信念,将自己深深融入藏域大地,倾心研究藏域文化和宗教经典,为建构自己的藏域小说王国做了最精心的储备。我们说,文学的厚重有多种途径,而范稳选择了放慢脚步、心怀敬畏以及奉献一颗虔诚的心,或许于他这是一种最好的途径,对其他作家而言又何尝不是呢?这是一种根植于大地根植于内心的书写。慢让写作从容而丰盈，心怀敬畏和虔诚使作品在精神维度上得到了无限地扩展，加之，范稳独有的写作才华和广博的文学修养，在思想意蕴之外，这三部小说显示出了强大的语言与结构张力。范稳以他诗意的叙述和空灵的笔法完成了史诗般的构建，20世纪藏域百年的沧桑历史，得到了紧张而舒缓的呈现，澜沧江峡谷神异幻化的自然、藏域神奇独特的社会存在以及宗教世界的卑俗与神圣等都得到了淋漓的书写。

根植于大地与内心的文学作品总是给人以独特的体验以及无限的回味和思索，让我们可以从中深刻体悟生活的艰险与瑰奇、生命的丰沛与安立。阅读范稳的"藏地三部曲"，于我，仿佛是一次俯瞰大地的飞翔，大地之上，生命之中无限丰赡的蕴藏在我们面前得以一一呈现。

藏域文化的瑰奇画卷

藏地，千百年来一直被一种神圣而又神秘的氛围所笼罩，接受着全世界范围内对其怀有向往之心人们的虔诚仰望。但，圣洁的雪山、湍急的河流、无处不在的神灵以及人人信教演绎了千百年的信仰传奇总是以一种遥远的想象存在于多数人的生活经验之外，人们总是愿意用原始与神秘给这片神奇的土地定义，以至于它很难能真正走入当代文学作品当中。

近来不少作家开始关注并热衷描绘这片神奇的土地，比如，何马创作了《藏地密码》，阿来奉献了《尘埃落定》，宁肯写就了《天葬》，他们分别从不同的角度揭开了藏地神秘的面纱，但其他更多的涉藏文学作品更热衷于探秘与猎奇，或者限于篇幅只能涉一隅而不及更多。而范稳以他宏大的观照、文化学者的深思写就的长达1000多万字的"藏地三部曲"无疑为我们打开了一幅藏域文化的瑰奇画卷。使得我们充分感到了我们所熟知的这个世界存在的巨大差异性、复杂性以及丰富性，也深刻地提示我们，人类的想象是有限的，总有人类想象无法到达的地方，于是生出了无穷的文学意味。

"藏地三部曲"的发生场域是多民族杂居、多宗教共存、多元文化共生的藏东澜沧江大峡谷，在这里，天上的神灵是飘逸潇洒的，峡谷里的江水是奔放不羁的，密林里的飞禽走兽是自由自在的。而人被高入云端的雪山、滚滚江水切割的深谷所困阻，命运被大地所主宰，从而形成了人人信教的独特地域文化。可以说没有宗教的依托,这里的人们就无法面对现实的生存困境,自己的灵魂就无法安放。无论是生活在这里信仰藏传佛教的藏族人,还是信仰东巴教的纳西人,以及那些皈依天主的基督徒们,宗教日日陪伴着他们的生活,更是他们生的基石、死的依靠。于是,寺院、教堂、神父、喇嘛、活佛等极具特色的文化符号构成了这幅瑰奇画卷的主轴。在浓厚的宗教氛围中诞生出无数神奇画卷:东巴、法师控制天气,驱动神灵和魔鬼相互斗法;苯师骑着法鼓在天空中自由地飞走;通灵的禽兽寄托着人的魂灵,和人自由地交谈;活佛在他族他教的转世,刚起的战争得到消弭;无数的灾难和悲剧都得到神奇的预言……所有这些,无论读者是否相信,但绝不是神话,只是这片神奇土地的日常生活,或许我们应该相信,它们是我们的普通经验难以企及的鲜活存在。

透过宗教氛围的面纱,"藏地三部曲"中,极具藏地特色的俗世生活也得到了清晰的呈现。火柴盒般的土掌房、煨桑的炊烟、熊熊的火塘、滚热的酥油茶、香甜的糌粑,共同构成了澜沧江峡谷两岸普通藏族人民淳朴安宁的日常生活画卷;而藏族的土司、纳西的头人,勇猛的康巴汉子,痴情的纳西女人,与生活在这片神奇土地上的其他人共同谱写了藏地一幕幕生动而瑰奇的历史波澜。此外,在"藏地三部曲"中,范稳还以他优美诗意的笔触倾情描绘了澜沧江峡谷两岸神奇壮美的自然:切割纵深的峡谷、奔腾咆哮的江水、雄伟神圣的雪山、碧绿无际的草原、湛蓝如洗的天空……阅读"藏地三部曲"就如打开一幅尘封千年的画卷,里面的瑰奇与丰赡,让我们只有无尽的慨叹……

信仰的张扬与礼赞

如果说一部文学作品的高度主要由它的精神维度所决定,那么"藏地三部曲"无疑是精神高蹈的小说。虽然,作品直接面对的就是信仰普照的土地与人们,离不开信仰的书写,但显然更重要的是,作者是怀有信仰的,在复杂的文字和故事的背后,作者的虔诚、敬畏与爱始终与执着的信仰相随相伴。于是,在"藏地三部曲"中,我们会看到信仰的肆意存在以及无所不能,无论是信仰对生命的拯救,还是对人生命运的改变,或者对一场凄美爱情的咏叹,阅读之后令人荡气回肠。刹那,或许我们应呼喊:唯有信仰才能让世界光灿,让爱情甜美而缠绵,让我们短暂的生命变得恒久而绵长。

在《水乳大地》和《悲悯大地》中,信仰更多体现为对宗教精神的坚守与拓展,从而形成一种超拔而坚韧的力量,小说所描述的历史就沿着这种坚韧的力量在澜沧江峡谷两岸近一个世纪的时空中艰难地前行。《水乳大地》中沙利士、杜郎迪以及巴勃神父带着基督的福音以及坚韧的基督精神,从遥远的欧洲来到神秘蛮荒的藏地,坚定的宗教意志让他们无惧传教所将面临的种种困境与灾难,甚至时刻面对的死亡威胁。为了基督事业,也为了心中笃信的天主,他们相继将生命留在了异域他乡。而在即将归国的一刻,沙利士的死更让人心生无限的感伤,一个异国的神父将自己的生命托付给了西藏以及在西藏的传教事业,这是何等的悲壮。对他的死,作者给予了深深的同情,小说中这样写道:外面的世界是如此的生动,而在昏暗的屋子里,他们看见沙利士神父没有倚靠在床头,而是两腿平伸横坐在床上,背抵着墙,枕头放在小腹处,面向西藏的方向,双眼微微闭上,一丝仁慈眷恋的目光还凝固在眼眶里,像圣婴纯洁的眸子。小说随即落下了大幕,但我们怎能不为沙利士神父坚毅的信仰唏嘘呢?

而《悲悯大地》如作者所言,就是一部藏人的成佛史,展现的是洛桑丹增由人到佛的苦难而坚忍的生命历程。由人至佛,一路之上,生的困顿死的威胁如影随形,前途漫漫,如果没有虔诚而惊人的信仰支撑,生命如何安放?在小说中,我们应能看到,信仰的力量是陪伴着洛桑丹增的虔诚一路生长的。为追求精神世界的极致,成为济世救人的活佛,求得佛法的三宝,即佛、法、僧,洛桑丹增及其一家人,付出了俗世意义上的惨重代价,自己的弟弟、妻子、女儿以及母亲相继为求证佛法献身。洛桑丹增历尽人世间的千辛万苦,最终断除了自己与俗世的种种羁绊,具备了无上的悲悯精神,实现了宗教意义上佛性对人性的拯救。最后,生命超越了肉身,在一场制止战争拯救众人的行动中获得了涅槃。故事充满了浓重的悲剧气氛,残酷的场面不时让人战栗,但我们也许更会面对洛桑丹增心中超拔坚韧的信仰喟然而叹。

《大地雅歌》中的信仰突出表现为对人类最质朴同时也是最高贵的情感——爱的坚守与捍卫。我们说上帝让人生而有罪,人类一路跋涉,将面临无穷的困境以及诸多看似无法逾越的鸿沟,人类将如何安度和跨越?虽然,上帝给了人类最好的武器——无私的爱,但人类如何去保有和捍卫?小说中,作者试图以一场凄美的爱情以及充满玄机的话语供人思考。从扎西嘉措、格桑多吉与央金玛之间的爱恨情仇到史蒂文、奥古斯都与玛利亚之间复杂的情感纠葛,这是一个需要不断跨越的艰难过程。他们的爱情首先跨越了巨大的宗教的鸿沟,从崇信藏传佛教到皈依天主教,其后跨越了台湾与大陆间宽阔的海峡,以致最后跨越了生死。如果说史蒂文经年对爱情的隔海守望足以让人震撼和感动,那么奥古斯都将自己的生命交与对玛利亚无私的爱,在苍凉的峡谷中向着无尽奔腾的江水飘落的一刻,我们就不仅有震撼和感动,而是油然生出一股神圣而崇高的敬意。

信仰是人类得以铿锵前行的基石,而当今的中国,唯物质唯经济的畸形发展,让我们看到的是精神家园的日益荒芜。于是,人们缺少敬畏,无人相信真爱,我们未来将走向何方?"藏地三部曲"让我们看到作者深远忧思的同时,也会让我们相信,它绝不是对这个时代信仰的祭祀和哀悼,而是对信仰满怀激情的张扬和礼赞。

"藏地三部曲"全部以大地为名,既预示着作品无边的厚重与丰赡,也充分显露了范稳的巨大野心,他要以大地为名来肆意挥洒超卓的写作才华,同时,更重要的是,他要充分表达俯瞰大地时一个思想者对人类以及生命最深邃悠远的思索。于是,"藏地三部曲"获得了在大地上坚实生长的力量,挖掘出大地丰富的蕴藏。或许,于这部"神曲",所有的评价和分析,甚至所有的阅读,都只能做到只涉一隅,它无穷的意味和蕴涵只能交与未来永不停息的时光……

邰筐 / 鲁迅文学院第十五届高研班学员。检察日报社《方圆》杂志首席记者,首都师范大学 2008 至 2009 年度驻校诗人。曾获第六届华文青年诗人奖、首届泰山文艺奖、第二届汉语诗歌双年奖等。著有诗集《凌晨三点的歌谣》《白头翁》,另著有诗合集多部。部分作品被译介到国外。

作家自述

诗　话
邰　筐

1

每个人心里都曾藏着一个远方;我们一生下来就开始了寻找。

为了走得更远些,我们会随身背一口汉语的水井,怀揣一些梦想的盘缠。我们走了那么远那么远的路,才发现远方依然那么遥远,连缪斯的影子也没瞧见。最初的豪情万丈一点一点地熄灭,在黑夜里,我们沮丧地唱:"我们一无所有,我们两手空空。"

2

其实一开始我们都是信的。我们都曾像仰望星空一样寻找缪斯女神的影子,在我们的心里,或许只有白天鹅那雪白的羽毛才能与之相匹配。后来,我们被现实教训得头破血流,在生活的泥淖一次次陷落,而诗歌也从一只优雅的天鹅变成了一只灰头土脸的土鸡。

我们因自身的庸俗而失去了信的力量。圈养在都市的人类,只有日历的更替,而缺少了对四季的感知,我们已经记不清有多少个夜晚不再抬头看星星了。但你抬不抬头,星空都在那儿,你信与不信,诗神依然住在天鹅的城堡。

3

也许,在这个世界上,任何怀揣梦想赶路的人都曾在寻找中彷徨过,但这不算什么,我们每个人都注定会成为一个失败者,不是败给了自己,就是败给了时光。

4

诗歌对于我们来说,也许从来就不是什么真理。

恰恰相反,它很可能就是一个谬论。它不是方程式,不是牛顿定律,不是万有引力,不是一成不变的答案。它很可能与常理背道而驰,是对惯性语言的出其不意。它不一定合理,但必须合情,必须从心灵的本源出发,必须经过情感的沉淀和日常经验的层层过滤。

好的诗歌永远是最后留下的那一部分;好的诗歌应该藏在泪水的后头,在生活的背面;好的诗歌是心灵最深处的那泓清澈的泉水。

5

诗人都有两个家,一个是他的出生之地,一个是他在自己的心里建造的精神家园。诗人的写作就是在这两个家之间来回奔跑,离不开,也回不去。

6

在城里生活的时间越长,心就走得越远;心走得越远,离开的渴望就会越来越强烈;我们似乎一开始就站在了一个悖论的诗歌立场上:肉体生活在城市,灵魂却好像一刻也没在这里待过,而是梦一般游荡在乡村;这个"乡村"也不是现在的乡村,而是深藏在我们童年和少年回忆里的,它的位置也许离心灵和天堂更近一些。

7

事情往往就是这样,只有那些在生活中顺应心灵的人才容易找到艺术的方向。写作不仅是反省和批判,更是自我净化和救赎的过程。在浮躁的生活中能抓住就抓住这眼前的一切吧!哪怕是在一个乌托邦里做着一个白日梦。

8

走在城市熙熙攘攘的人群里,我常常有不知身在何处的恍惚。红尘之中,大家都在忙忙碌碌,忙到浑浑噩噩,忙到无所事事。有时候,我看着大街上的车流飞奔,行人匆忙,像上足了发条的木偶。我就会突然矫情一下,也许诗意的消失恰恰是因为疯狂的速度。这时我就会在心里说,请慢一点,再慢一点……从这一点讲,诗歌恰恰需要从飞船火箭退回到毛驴。

9

这些年,对于诗歌的热爱就像藏在我身体里的偏头疼,它和我若即若离却又须臾没有离开;它让我既痛苦又快乐,就像毒瘾一般没法戒掉。

10

我只能说我们这一代在生活里陷得太深了。也许我们从来就不缺少直接来自生活的经验。我们小心地算计着人生的得与失,实际的,势力的,实用的,庸俗的。纯物质的社会重新把我们变回了一只只猴子,比猴子还精。

11

好诗像桃子,它的外在形式应是现代的丰富的新鲜的富有质感的;
好诗像核桃,剥开坚硬的壳之后,就会露出思想的核;
好诗像锥子,会毫不手软地扎进时代的腐肉里;
好诗像锤子,要具有刀削斧凿的力度;
好诗像沼气,它是化腐朽为神奇后的云蒸霞蔚;
好诗是一把万能钥匙,能打开所有心灵的锈锁,会让你找到与整个世界对话的通道。

12

不遁世归隐,不画饼充饥,我固执地以为我的"天堂"就在人间,清除完垃圾我就准备在原地设计盖房。这里头当然充满了我对我们所处的时代、我们深陷其中的城市文明的探询、发现和质疑。就像一个自己还没填饱肚子的穷汉反而担心人家的饭菜味道不佳一样,一开始就带着强烈的讽刺意味,使我置身于尴尬的立场,像大战风车的堂吉诃德,像滚石上山的西西弗斯。

13

古人说"文如其人"。但活出个真我多么不易啊,尤其在这个虚伪欺诈的社会。好多人写了一辈子诗,本质上却是个俗不可耐的奸商。人类诗意的栖居是多么难哪。精于算计设计,人生就如一个局一个套,对面相居不相识,窥视的猫眼,盯梢的摄像探头,除了自己还能相信谁呢?

面容上堆积着虚假的笑容,眼里却是无边的冷漠。每个人心上都好像生了一层厚厚的茧子,心里的冷啊才是一种彻骨的寒。

14

无限放大诗歌的功能只是诗人的一厢情愿;而所有的偏执和自以为是往往都起源于自视太高。两者的副作用基本是一样的。

15

诗歌就是现实的云霓,日常的奇迹。

16

写不写诗又有什么区别呢,只要你心里有爱。我们渴望真理,等待你的却极有可能是一个谬误。我们生下来走的就是一条寻找的路,寻找另一个自己,寻找你要找的人,迷途中你举起诗歌的灯盏,照亮的不过是自己的灵魂。

文友印象

说邰筐
李洱

小说家与诗人的关系很奇怪。

一般读者常常把他们放到一个锅里煮,但他们自己知道,他们是两种人。通常情况下,诗人觉得小说家废话连篇,一句话可以说完的事情,却非要唠叨个没完。他们觉得自己是在炼丹,小说家不过是在烧炭。而小说家对诗人却往往是尊重的。我知道有些小说家对诗歌的阅读量,超过了不少诗人对同行作品的阅读量。不过,对于诗人的处世方式,小说家又常常有点发怵:诗人说是炼丹,但却常常把自己给烧了,烧成了炭。要是你碰巧待在他的炼丹炉旁边,唉呀呀,那你很可能连炭都当不成了,直接变成灰了。

例子太多了,我就不列举了。

并非完全是出于明哲保身,实际上也是出于对诗人的尊重,我给自己订了一条规矩,那就是绝不写与诗人有关的文章。我当然也认识一些诗人,有的还算过往甚密,但我告诉自己,不是迫不得已,千万不要对诗人或者诗歌发言。我掐指算了一下,迄今为止,我只参加过两次与诗人有关的活动。一次是参加张枣随笔集的研讨,一次是参加与阿多尼斯的对话。张枣已经死了,活着的人好像还没有人愿意亲自跑一趟给他捎话,所以你即便说不到点子上,他也不会笑话你。阿多尼斯嘛,德高望重,听力好像也不是很好,又听不懂汉语,你说什么他都不会在意——哦,想起来,尽管如此,快轮到我发言时,我还是躲到厕所抽烟去了。

但是,例外的情况总还是有的。现在我就遇到了一个,那就是谈论诗人邰筐。

给诗人邰筐写印象记,我一点也没有顾虑。他知道我不懂诗,充其量只是一个诗歌粉丝,但还是愿意让我来写他,这说明什么?我想,这首先说明了他的自信,说明他知道自己经得起误读。一个经得起误读的诗人,才是大诗人啊。博尔赫斯有一句名言,伟大的作家都是经得起误读的。不管人们怎么误读托尔斯泰,托尔斯泰都是一个伟大作家。邰筐是不是能够排在当代最好的诗人的行列,我没有能力做出判断,但他敢把自己交给一个不懂诗的人来写,说明他已经具备了一个大诗人的自信。

我与邰筐的相识纯属偶然。几年前,我因家中有病人,急得上火。这时候朋友向我推荐了邰筐。邰筐当时已经出任方圆杂志社的首席记者。也就是说,我是先认识记者邰筐,后认识诗人邰筐的。这时候我才发现,我与邰筐有许多共同的朋友。在家人看病的过程中,我充分认识到邰筐的正直、善解人意和急公好义。我随后也知道,作为检察院系统的一个著名记者,他所面对的凶险非我们所能想象,不过他每次都能化险为夷。读到邰筐的诗,已经是后来的事了。不知道是不是因为先入为主的原因,我上来就喜欢上了他的诗。读他的诗歌,部分地修正了我对他的看法,因为诗歌中的邰筐是一个内心纤细的人,在他冷静的外表下,血液在沸腾,驿动的心无限敏感,又充满着男人的自尊。他有担当,也有隐忍。他的抒情是用反讽的形式表达出来的,或者说是通过反抒情的自我书写来达到抒情的效果。因为写诗他有过一些弥足珍贵的幸福瞬间,但又因为写诗,他又悲剧性体会到现实与理想之间存在的那个永远无法填满的鸿沟。

在接触到邰筐之前,我认识的诗人绝大多数都曾经是20世纪80年代的大学才子。直到今天,只要他们走在街上,我差不多还是一眼就能够认出他们与别人的不同,当然了,与20世纪80年代相比,他们的容貌和气质都有了很多变化,但那种变化也是大学才子的变化,你只要在其中加入必要的时代参数,都可算出他们会变成什么样子。坦率地说,我认识的诗人当中,像邰筐这样的诗人几乎绝无仅有。他是从田野中走出来的诗人,他不得不以旁观者的身份深入城市,在这个过程中他又比城市的原住民更深地介入城市。但在他的身上,你却没有看到一点被异化的征兆。日常生活中的邰筐,实在太正常了。如果用诗人的惯常标准来看,他正常得都有点反常了。比如,他永远是准时的,办事永远是靠谱的,为人处世永远是包容的。他怎么一点都不极端,一点都不作秀。他的朴素和谦恭,莫非就来自山东那片土地的滋养?

有一天,为理想谋也为稻粱谋的诗人邰筐,爬上国贸大厦的顶端眺望日落。

他看到夕阳像金色的大鸟,正向远处的群山栖落。接着他看到了什么?他看到了挤公共汽车的王羲之,看到了在药材批发市场忙碌的孙思邈,看到了在临沂小商品市场扫货的美国佬,最后他看到了在故乡家中招待客人吃饺子的妻子。这一刻,我认为,我好像读懂了邰筐。

评家观点

风吹过城市,也吹来震惊
——论邰筐"城市"视域的诗
霍俊明

今天,城市像是一个巨大的机器,它使人神经兴奋、官能膨胀,使人处于迷茫而不自知的境地。在全面城市化和城镇化的时代,诗人生活在雾霾笼罩的大大小小的城市、城镇和城乡接合部。但是多少年来成熟的"城市诗歌"仍然阙如。对于当代中国诗人而言,城市、广场、街道、厂区、农村、城乡接合部、"高尚"社区、私人会馆无不体现了空间以及建筑等的伦理功能。城市背景下的诗歌写作很容易走向两个极端,一个是插科打诨或者声色犬马,另一个则是走向逃避、自我沉溺甚至愤怒的批判。

心灵与农村的软　生存与城市的硬

1971年寒冷的正月,邰筐在山东临沂的古墩庄降生。当1979年父亲带回来的红色封皮的《毛泽东诗词》,被黑乎乎的小手和红通通的心灵所一起接受的时候,注定包括邰筐在内的"70后"一代诗人的命运是如此的坎坷跌宕。邰筐在1996年9月走完沂河整个流域的壮举,对其诗歌写作的帮助以及对文化地理学意义上的乡村和城市的重新确认都大有裨益。如果说当年的芒克、多多、根子、林莽等人是为白洋淀写诗,海子为麦地写诗,于坚为尚义街6号写诗,那么邰筐就是为临沂、沂河和曲柳河写诗,为他所熟知的这些事物再次命名。邰筐诗歌中的城市和事物更多浸染了深秋或寒冬的底色,他以平静、客观、朴素甚至谐趣来完成一次次的抒情和叙写。如果说优秀的诗人能为读者、批评者、诗人同行以及时代提供一张可供参照、分析、归纳的报告的话,邰筐就是这样一位诗人。

邰筐的诗与欺骗和短视绝缘,他的诗以特有的存在方式呈现了存在本身的谬误和紧张。工业文明狂飙突进,农耕情怀的全面陷落,"心灵与农村的软"与

"生存与城市的硬"就是如此充满悖论地进入了生活,进入了诗歌,也进入了疼痛。在邰筐的诗歌中,我们不仅可以清晰地厘定一个诗人的写作成长史,更能看到一代人尴尬的生活史与生存史。诗歌和生存、城市与乡村以空前的强度和紧张感笼罩在"70后"一代人身上,"2004年一天的晚上,我来到了临沂城里。沿着东起基督教堂西至本城监狱的平安路往西走,妄图路过苗庄小区时,到邰筐家里留宿一宿,和他谈一些生活上的琐事,以及具体生活之外的人生小计,实在无话可说了,甚或也说一些有关诗歌的话题"(江非:《记事》)。当谈论诗歌的时候越来越少,当谈论生活的时候越来越多,甚至沉重得连生活都不再谈论,这些在临沂城的某一个角落席地而坐的青年来看,似乎只有沉默和尴尬能够成为一代人的生存性格,甚至也可能正是一代人的集体宿命。

邰筐在经历20世纪90年代后期自觉的诗歌写作转换之后,他的诗歌视角更多地转向了城市。收入"21世纪文学之星丛书"的诗集《凌晨三点的歌谣》就是邰筐在农村与城市的尴尬交锋中疼痛而冷静的书写。邰筐在城市中唱出的是"凌晨三点的歌谣"。凌晨三点——黑夜不是黑夜,白天不是白天。这正是城市所天生具有的,它是如此的含混、暧昧、扭曲。而挥舞着扫帚的清洁工、诗人、歌厅小姐、餐馆的小伙计在"黎明前最后黑暗"的时候的短暂相聚和离散,正是都市令人惊悚而习以为常的生活场景。而出现在"肮脏的城市"里的一个一年四季扭秧歌的"女疯子"无疑成了城市履带上最容易被忽略却又最具戏剧性的存在:"这是四年前的事了/我每天回家的路上都会看到的一个场景/她似乎成了我生活的一个内容/如果哪天她没有出现,我总觉得少了点什么/甚至会有点惆怅和不安/她病了吗?还是离开了这座肮脏的城市/后来,她真的就消失了/好像从来都没出现过/每次经过那个路口/我都会不由自主地朝那儿/看上一眼"(《扭秧歌的女疯子》)。2001年冬天,青年诗人邰筐发出的慨叹是"没有你的城市多么空旷"。此时诗人还是为一个叫"二萍"的女子而在城市里感伤和落寞,而没过多久,连邰筐自己都没有预料到,在扩建、拆迁和夷平的过程中,他即将迎来另一个时代和城市生活——凌晨三点的时间过渡区域上净是那些失眠、劳累、游荡、困顿、卖身、行乞、发疯、发病的灰蒙蒙的"人民"。邰筐、江非、轩辕轼轲三个年轻人在一个个午夜徘徊游荡在临沂城里——精神的游荡者已经在中国本土诞生。

在被新时代无情抛弃和毁掉的空间,邰筐写出的诗句是"没有人住的院落多么荒凉"。这种看似日常化的现实感和怀旧精神正在成为当代中国诗人叙事的一种命运。我同意江非对邰筐诗歌的评价,"他正是直接以锋利的笔触,以囊括一切的胸怀切入了时代的正在'到来'的那一半工商业文明之下的城市化进程中的宏大历史场景,而爆发出了强大的诗歌威力,成为一个无愧于时代的诗人,一个以足够的诗歌力量回报时代的人"(《当一个人的诗歌与时代建立了肉贴肉的关系》)。

城市靠左　乡村靠右　"我"靠中间

2008年秋天,邰筐扛着一捆煎饼从山东临沂风尘仆仆赶到了北京。此时,山东平墩湖的诗人江非则举家来到了遥远海南的澄迈县城。我不知道这是不是一种巧合,还是印证了我在《尴尬的一代》中对"70后"一代人诗歌写作和生活状态的一句话——漂泊的异乡。似乎这一代人从一出生开始就不断追赶着时代这辆卡车后面翻滚的烟尘,试图在一个时代的尾声和另一个时代的序曲中存留生存的稳定和身份的确定。

但是事实却是这一代人不断地寻找、不断地错位,不断在苍茫的异乡路上承担现实生存和诗歌写作的尴尬与游离状态。城市生活正在扑面而来。可是当诗人再度转身,无比喧嚣的城市浮世绘竟然使人心惊肉跳。灵魂的惊悚和精神的迷醉状态以及身体感受力的日益损害和弱化都几乎前所未有。与此同时,面对着高耸强硬的城市景观,每个人都如此羞愧——羞愧于内心和生活的狭小支点在庞大的玻璃幕墙和高耸的城市面前的蒙羞和耻辱。诗人以冷峻的审视和知性的反讽以及人性的自审意识书写了寒冷、怪诞的城市化时代的寓言。而这些夹杂着真实与想象成分的白日梦所构成的寒冷、空虚、疼痛与黑暗似乎让我们对城市化的时代丧失了耐心与信心。

多年来,邰筐的记者身份以及行走状态使得他的诗歌更为直接,也更具有"白刀子进红刀子出"的凛冽和尖锐。而他在诗歌语言方式上却是冷静和平淡的。这种冷峻的语言与热切的介入感形成了撕裂般的对比和反差。邰筐的诗歌葆有了他对现场尤其是城市现代化场景的不断发现、发掘甚至质疑的立场。在《地铁上》《登香山》《致波德莱尔》《活着多么奢侈呀……》《西三环过街天桥》

《暮色里》等诗大抵都是对形形色色的城市样本的透析和检验。邰筐的诗歌,尤其是对城市怀有批判态度和重新发现的诗歌都印证了我对"70 后"一代人的整体印象——他们成了在乡村和城市之间的尴尬不已的徘徊者和漂泊者。无论是城市还是乡村都不能成为这一代人的最终归宿。所以,邰筐用诗歌发声,尽管这种发声一次次遭受到了时代强大的挑战。由此,"像一个人一样活着"甚至"像诗人一样活着"的吁求就不能不是艰难的。

邰筐诗歌的视点既有直接指向城市空间的,又有来自于内心渊薮深处的。而更为重要的还在于他并没有成为一个关于城市和时代的廉价的道德律令和伦理性写作者,而是发现了城市和存在表象背后的深层动因和晦暗的时代构造。而他持续性的质疑、诘问和反讽意识则使得他的诗歌带有同时代诗人中少有的发现性质素。当临沂、沂河、曲柳河、平安路、苗庄小区、金雀山车站、人民医院以及人民广场、尚都嘉年华、星光超市、发廊、亚马逊洗浴中心、洗脚屋、按摩房、凯旋门酒店一起进入一个诗人生活的时候,城市就成了一代人的讽刺剧和昏黄遗照中的乡土挽歌。

邰筐在天桥、地铁、车站、街头等这些标志性的城市公共空间里透析出残酷的真实和黑冷的本相。他在我们所熟悉的城市生活中完成了类似于剥洋葱的工作。在他剥开城市的表层和虚饰的时候,最终袒露给我们的是一个时代的痛,陌生的痛、异样的痛、麻木的痛、不知所措的痛。而"城市靠左""乡村靠右""我靠中间"正是一个清醒的观察者、测量者和诗歌写作者最为合宜的姿势。邰筐的敏识在于深深懂得诗歌写作绝不是用经验、道德和真诚能够完成的,所以他做到了冷静、客观、深入、持久而倔强的个性化的发声。邰筐所做过的工地钢筋工、推销员、小职员等近 20 个工种对他的人生历练和诗歌"知识"起到了不可替代的作用。

值得注意的是邰筐近期的诗作中时时出现一个"外省者"形象。他所承担的不只是一个城市化生活的尴尬寓言的发现,同时更为重要的是这个"外省者"的心态、视角能够更为有效地呈现城市生活中的"诗意"和"非诗意"地带。尤其是在《一个男人走着走着突然哭了起来》这首诗中,一个现实或想象中的城市"外乡人"感伤与哭泣正像当下时代的冷风景。这也是一个个作为城市生存者痛苦不已的灵魂史和精神见证,"他看上去和我一样/也是个外省男人/他孤单的身影/像一张移动的地图/他落寞的眼神/如两个漂泊的邮箱/他为什么哭呢/是不是和我一样/老家也有个四岁的女儿/是不是也刚刚接完/亲人的一个电话/或许他只是为越聚越重的暮色哭/为即将到来的漫长的黑夜哭/或许什么也不因为/他就是想大哭一场"。邰筐诗歌中的城市叙事具有大量的细节化特征,但是这些日常化的城市景观却在真实、客观、平静、朴素和谐谑的记录中呈现出寓言的性质和隐喻的特质。因为邰筐使诗歌真正地回到了生活和生存的冰点和沸点,从而在不断降临的寒冷与灼热中提前领受了一个时代的伤口或者一个时代不容辩白的剥夺。

清醒而沉痛的言说者

邰筐的很多诗作并不是现在流行的一般意义上的"底层写作",而是为这类题材的文本提供了丰富的精神元素以及经想象力提升的"现实感"。时下愈加流行的"打工诗歌"和"城市"写作中,不少作品题材雷同,毫无生命感,个人化的历史想象力缺失。这种看起来"真实"和"疼痛"的诗歌恰恰是缺乏真实体验、语言良知以及想象力的。换言之,这些诗歌文本不仅缺乏难度,而且缺乏"诚意"。吊诡的则是这些诗作中不断叠加的痛苦、泪水、死亡、病症。在阅读中,我越来越感觉到这些诗歌所处理的无论是个人经验还是"中国故事"都不是当下的。更多的诗人仍在自以为是又一厢情愿地凭借想象和伦理预设在写作。这些诗歌看起来无比真实但却充当了一个个粗鄙甚至蛮横的仿真器具。它们不仅达不到时下新闻和各种新媒体"直播"所造成的社会影响,而且就诗人能力、想象方式和修辞技艺而言,它们也大多为庸常之作。

我这样的说法最终只是想提醒当下的诗人们注意——越是流行的,越是有难度的。我不期望一拥而上的写作潮流,然而事实却是各种媒体和报刊尤其是"非虚构写作"已经大量充斥关于底层、打工、城中村、发廊女的苦难史和阶层控诉史。在社会学的层面我不否认自己是一个愤怒者,因为社会上存在那么多的虚假、不公、暴力和欲望。但是从诗歌自身而言我又是一个挑剔主义者,因为我们已经目睹了20世纪的种种运动,诗歌伤害的恰恰是自身。城市就像大雪背景下的那个锋利无比的打草机,撕碎了一个个曾经在农耕大地上生长的植物,也同时扑灭了内心的记忆灯盏。郊区、城乡接合部、城市里低矮的棚户区和高大的富人区都在呈现着无限加速的城市化和工业化进程中的现代病,其间诗人的乡愁意识、外省身份、异乡病和焦灼感都"时代性"和命运性地凸现出来。

"70后"一代人在面对乡村和城市时不是单纯的乡土主义者,更不是沉溺于城市之中的市侩,而是在乡村和城市的左右夹击中受到无穷无尽的挤迫。所以,邰筐的城市是黑色的,其发出的声调是反讽和严肃的夹杂。作为一个清醒而沉痛的城市和乡村的言说者,邰筐的诗歌意义在于他更为敏锐、更为深邃的诗歌写作意识和对时代的介入与冲撞。

邰筐等"70后"诗人对城市的抒写,无论是批判还是赞同,都是在乡土视野下完成的。所以,当城市化的进程无情而无可阻挡地推进,当黑色的时光在生命的躯体上留下越来越沉重的印痕,往日的乡土记忆就以空前的强度扩散、漫洇开来。而邰筐的城市诗正是在时间、历史、体验和想象力的共同观照下获得了直抵时代核心的力量。在突进的城市化和工业化景观中,一切都面目全非了,但是也有一些似乎从未改变。正如那只捞沙子的木船,日复一日重复着摆渡、装载的程序。城市里的阳光并不充足,雾霾重重。邰筐所能做的就是打开一个个潮湿、阴暗的地下室;城市里的冬天万物萧条,邰筐所能做的就是点亮内心的灯盏,在迷茫的风雪路上前行。

高凯 / 鲁迅文学院第六届高研班学员,甘肃省文学院院长。从事诗歌创作30余年,出版《想起那人》《心灵的乡村》《纸茫茫》和《乡愁时代》等多部诗集。曾获第五届全国优秀儿童文学奖、1983年《飞天》文学奖、甘肃省文艺突出贡献奖、第六届敦煌文艺奖一等奖、首届闻一多诗歌大奖、第二届《芳草》汉语诗歌双年十佳等。

作家自述

掌上的陇东
高　凯

　　陇东黄土高原,是地球上黄土沉积最厚的地方。这个地质上的世界之最,因为是生我养我的故乡而成为我根之所系的精神厚土。尽管诗歌的镢头至今掘出的可能只是一孔浅浅的窑洞,但却也使我苍凉的身心此生有了一个暖洋洋的安妥。

　　陇之东,古称北豳,《诗经》中吹动了几千年的豳风就来自这里。周祖于此教民稼穑,休养生息;先民肇始,天地苍黄,历史辽远,文化灿烂。因为这份自豪和骄傲,我一直把《诗经》当作自己诗歌的源头。守着地球上最厚的一块黄土写诗,不仅是我的姿态,而且是我的归宿。我甚至觉得,这块古老的黄土其实是地球上最大的一块坟茔,深埋着我们黄皮肤的先人,而我是后世一个忠诚的守墓人。

　　让我欣喜的是,在知天命之年,我经营了32年的诗垦地,仍然生机勃勃,诗意盎然。看来,到了本应该把一切都放下的年龄,仍有像诗歌这样一些东西还是放不下。其原因,一方面它已是生命的一部分,自己难以割舍,另一方面总是感到自己被黄土里一个招魂般的声音牵引着,不由自主。

　　由此我深信自己是一个宿命的写作者。为诗至此,如果还没有一点宿命感的话,那么我可能真的是一个形迹可疑的诗人!我曾经在一篇文章中说过"没有故乡的诗人是可疑的"。我之所以这样说,是因为我认为没有故乡的诗人的写作是没有来路和去路的写作,其诗歌的态度十分可疑!

　　我虽然离开陇东20年了,但陇东的万千气象一直起伏于我的内心深处,让我魂牵梦萦。此文的题目《掌上的陇东》,本是我1994年参加第十二届青春诗会发在《诗刊》当年12期上的组诗的标题,因为初衷未改,所以再次拿来这里点题。此前还有一大组《黄土里的陇东》发在《诗刊》上,此后标识"陇东"的诗就更多了。其中,组诗《陇东:遍地乡愁》2009年还获得了首届闻一多诗歌大奖,产生了较大影响。一些诗题虽未作此符号,但它们无疑也属于我的陇东。不仅如此,代表着我几个创作时期的《想起那人》《心灵的乡村》《纸茫茫》和《乡愁时代》等4部诗集,也都是我的"陇东诗"阶段性的成果汇总,彰显着我一贯的精神志向。

我之所以给我的诗歌标识"陇东"二字,无疑是对一种地域性写作的执着坚守和公开宣示。我一直坚信"越是地方的越是世界的"是一句久经考验的文化箴言。因此,在文学世界里,我一直痴迷于那种连续不断而又有普世意义的地方性风情画卷。沈从文的湘西、陈忠实的关中、贾平凹的商州、阎连科的豫西和莫言的高密等等,都给了我很多的启示和动力。他们共同的一点,都是通过取得写作的深度而后达到文学的高度和广度。大尺幅的小说都能如此,微雕的诗篇更应该对此有所建构。在现当代中国文坛,我追随的就是这样一些根深叶茂的乡土作家。

在我的理解中,所谓地域性写作,就是写作者长年累月在一块地方围绕一个大命题的挖掘,像一个足不出户的农民,面朝黄土背负青天地延续着自己的生命。对于我来说,因为首先需要的是一种深度,所以总是在陇东踏步摸索。而且,我最关切的是人的命运,乡土只是一个抓手;我也并非始终是一个路数,而是时常注意变换着姿势,悉心处理"挖什么"和"怎么挖"两者之间的美学关系,不断提醒自己思变创新,并竭力避免雷同别人或复制自己。我企图通过这样的挖掘,使自己真正在陇东乡土落地生根,进而绘出属于我的陇东生灵长卷。

我的诗歌是高天厚土陇东留在我身上的"胎记",它是我和故乡之间相知和相认的基因密码。我写给故乡的诗,当然不是直白浅薄的歌唱,而是发自灵魂深处的真诚吟诵。我因此很欣慰,一个被游子如此深深眷顾着的故乡,也应该是温暖和幸福的。

我们的时代,涛走云飞,日新月异。尤其在我们这样一个正在急剧变革的农业国度里,随着乡村的背影渐渐地远去,一个根性的诗人可能要比别人承受更多更大的阵痛。洋诗人里尔克好像说过:"诗人的天职是还乡。"果真如此,精神还乡则是一个诗人宏大而永恒的命题。我当下的乡愁写作,无疑就是对这一命题的践行。而且,我还企图以自己的乡愁写作为这个惆怅万般的时代命名。

言而总之,我半辈子把陇东捧在掌上放不下来,乃命运使然;怀乡病是一种幸福的疾病,其必将使我遭受不尽的精神煎熬而同时又享受不尽的心灵慰藉。

文友印象

高凯的三重影像
叶 舟

诗人那时还应是少年,因为诗歌,大家啸聚在晋西北的大山里,成为第十二届"青春诗会"的一员。20年前的记忆已经黑白参半,多数学员早就远离诗歌,泥牛入海,只有高凯、张执浩、池凌云和我这些小伙伴还在雨打风吹、宁死不屈地写着。时间剩下的是灰烬,但灰烬是热的。

在晋西北,我和高凯同住一个寝室。月黑风高之时,邹静之老师便和我们挤在房间里,一边吃烤玉米,一边喝酒,然后鬼哭狼嚎地大唱民歌。高凯不善唱歌,却趴在被窝里写诗,也许那些乡谣触动了他心中的什么。某天早起,高凯肃穆地对我讲,他要提前离会,因为,他想吃家乡的面食了。然后他走了,扔下了我这个甘肃小老乡。

后来我才明白,那是一张深刻的请假条,不容置疑。

高凯的家乡在甘肃庆阳合水县。——这里是黄土高原最高潮迭起的部分,曾经诞生过《诗经》、秦腔、皮影戏、道情和红色武装,也是五谷杂粮至为醇正的所在。高凯自小捧着这里的碗,吃着这里的饭,说着这里的话。事实上,高凯全部的诗歌作品,也来自这一碗皇天后土所赐的珍贵面食。

于是,风卷残云,捞面入肚,开始酝酿起满腹的乡愁。

这些年,高凯相继出版的诗集《纸茫茫》与《乡愁时代》等,便是他对家乡的礼赞和供养,更是他30年诗歌创作生涯的全部精华。他带着诗行和方言,只为了一次次"还乡"。他会唱歌的,只不过这歌声像农耕时代一样,已渐行渐远。

此去经年,高凯也早已离开了庆阳,在省城谋生。他也曾在诗歌中"反抗",也曾"革命",试图用语言融入这钢筋水泥、灯红酒绿的都市丛林,但蓦一回头,他才发现故乡并不遥远,故乡在望。恰是在这一阶段,高凯创作出了他最值得称颂的乡韵诗篇,也因此成了乡土诗歌的优秀代表诗人之一。

乡愁是一枚钉子,钉住了这个诗人。不仅过去,还有将来。

所以在我看来,乡愁同样也是一种革命,这是高凯诗歌实践中的一种真实写照。高凯从皇天后土的陇东一角起步,以诗为戟,逐渐廓清了他的艺术和生活的宽幅。他最初的作品描情状物,勾画简略,充斥着旧年的记忆、风土和故乡,一如他的钢笔画。此后,他不再满足于自己,他需要深度,于是他从乡土抒唱中跃升而出,抵达了乡愁的沉吟。说高凯的诗只是乡村的、地方的,乃是一种粗暴和简单。因为在他的作品中,生命的乡愁犹若一枚发光的徽章,质地精纯,无所不在。

就像高凯夫子自道的那样:"没有故乡的诗人是可疑的。"

院长的诗歌应该是汪洋恣肆的,也应该是劈头盖脸、蛮不讲理的,但在诗人高凯的身上,却呈现出了逻辑严密、井井有条的另一面。在甘肃,高凯是省文学院院长,更是一位文学活动的杰出组织者和策划者,干得风生水起,有口皆碑。

在他的主要创意下,这些年,"甘肃小说八骏""甘肃诗歌八骏""甘肃儿童文学八骏"的评选和推介引人注目,"文学陇军"走出西北,走向全国,已逐渐成为甘肃乃至中国文坛的一个品牌。

与此同时,由高凯主要策划并举办的各种文学论坛、笔会和朗诵会,以及各种文学丛书和典藏的出版发行,无不浸透着他的努力与汗水。在这一点上,甘肃的诗人和作家朋友们有目共睹,心悦诚服。

他亦是一个好父亲。一个冬夜,我和高凯办完公事,准备各自回家。他刚刚病愈出院,打算徒步走回郊外的家里去。忽然,他站在了水果摊前,目射金光,激动万分。他掏出钱夹子,31块,买了两只硕大的石榴,拎在了手里。我一脸纳闷。高凯却腼腆地说,榕儿最爱吃石榴了,这下真好。我说,那就多买几个嘛。高凯道,拎不动,路太远。

榕儿是个小美女,上初二,高凯的爱女,也是我的干女儿。

高凯说:"找了好几天啦,今天才买到。"

那天深夜,这个诗人怀揣着幸福,拎着两只火红色的石榴穿过了兰州城。——石榴是包藏秘密的。其中的一粒,一定来自爱。

评家观点

民间化的中国乡土叙事
——高凯及其诗歌创作

雪 潇

　　高凯的诗歌创作,起步于20世纪80年代初,引起评论界的关注,是20世纪90年代他的陇东乡土诗连续推出之后。10年生聚,2000年,高凯的代表作《村小:生字课》横空出世。这首后来被人们广为传诵的诗,凝聚着诗人敏锐的艺术感受力与出众的诗意捕捉力,也是他融入当时中国诗歌重返民间之潮的标志。近年来,面对高凯层出不穷的作品,已有不少的评论家给予高度评价。他们称赞高凯为"陇东风情的行吟者""黄土地上的歌者""西部乡土诗的代表诗人",认为他的诗歌"从心化出""诗风健朗淳朴,阳光幽默,乡土味与当代性结合得十分出色""是现代诗与先锋诗日益泛滥时期的另类和净界"等。

　　丁念保曾在《当代文坛》撰文《沿着乡土的道路进入诗歌——高凯诗歌简论》,对高凯诗歌的概括简明而扼要:"高凯诗歌之所以在这个污浊的时代获得了清新、在这个矫饰的时代获得了朴素、在这个虚假的时代获得了真实,第一因为高凯诗歌拥有陇东故乡这一生命的根基,其诗歌创作的题材、主题、意象、语言以及抒情方式,都根植于这一沃土;因为高凯诗歌既有童心,复有爱心,更有一颗淳朴睿智的诗心:烂熟于心而妙手偶得、时刻留意而捕捉机敏、心地真纯而文本简洁、深谙诗味而能屈能伸,当年那个'踩着诗歌的韵脚深入乡土'的诗人正在'沿着乡土的道路进入诗歌';高凯的诗歌气韵贯通、口吻平易朴素。诗中有气:真实生活的底气、用心感悟的灵气、鲜活跳动的生气。"

　　以诗集《心灵的乡村》为标志,高凯的早期诗歌主要以家乡陇东的风土人情为诗写的基本题材,表现为"风俗画的展现、乡情乡愁的吟唱、家园意识的追寻"三个主要层面。从诗集《纸茫茫》开始,高凯的创作虽然乡土依旧,但开始出现乡土以外的诗篇,"有对已逝的,与自己已了无关涉的乡村风物的追怀,有对当下的个人境况的自嘲与感伤,还有对一些世相情态的扫描"。到了最新出版的《乡愁时代》,高凯诗歌这一走出陇东的"大乡土"倾向更为明显,其中《拖拉机》《关于鞋匠》《大厦的出身》等,像是高凯的乡土大军中一支出征城市的小分队,表现出"乡土诗人在哪里乡土诗就在哪里"的艺术自信。高凯的诗歌虽然出现了上述新变,却并不影响我们对高凯诗歌总体风貌如下的判断:高凯通过对乡间故土俭朴生活的诗性描述,彰显出民间生活的圣洁,引领人们深入平凡的乡土并获得心灵的超然,在对村舍炊烟原汁原味的直面中得到天地自然风清月白的身心净化。

宏观诗人与诗境营造

高凯更多的时候是一个"宏观"的诗人,具有极强的整体把握能力。他的写作更多地呈现为一种意在笔先的特征。如《草莽童年》《村子的传说》等。意在笔先,所以结构紧凑运笔明快;运笔明快,却也一笔三折;一笔三折,却也意尽即止——诗歌到意思为止,始终表意清晰,有一种不枝不蔓的简约之美。他往往抓住事物的一两个或两三个特征即能成就诗章。如《打鼓》,高凯只是执其"空""响"二端,并不怎么苦思冥想,却仍诗意盎然。

作为一个优秀的诗人,高凯并不缺乏"远取譬"的能力,如《抚摸一把刀子》中:"就像从深沉的黑夜里/摸出一片月光一样 一把刀子/握在了我手里",看似天处飞来,实则当面拾得。再如《我的纽扣》:"太阳是我的第一颗纽扣/你能不能给我解开//月亮是我的第二颗纽扣/你能不能给我解开//那些数不清的星星是我下面的纽扣/你能不能给我解开/最后一颗纽扣就是我里面的心儿/你能不能给我解开"。这一组纽扣从小处着想却蔚为大观。但是,高凯的比喻之剑却并不轻易亮出。他的诗歌设喻常常是点到为止,似乎只求喻用而不求喻质,实则为追求整体的谐调而不求局部的精彩。如《山顶上的黑鹰》中,"黑鹰很久以前就把村子盯上了/居高临下,像天空的一团乌云",这样的比喻虽不卓异,但和语境的配合恰到好处。而且,高凯的诗歌意象往往并不密集,但由于大局在握,诗意却并不稀薄。

高凯诗歌是有着如上所述的"大局观",同时其对诗歌局部低调处理,这样使得诗歌具象的敞开力也应运而生。高凯的诗歌创作,往往用料不多却味道十足。如《村小:生字课》,全诗以一种句式而成"点",复以对此句式的重复运用而成"染"。再如《谜语里的老山羊》,围绕"白胡子老汉顺梁走/黑豆豆撒了二三斗"展开,从一个小小的谜语渲染出一首盎然的诗。再如《兔年的典故》,采用叙列二法,将兔的"典故"一一道来。这种诗歌生成看似乎率意,实则暗合法度,因为诗人善假于物、随体赋形。高凯有一种借用自然的造型与情景而营造其诗歌结构大模样的能力,这种因循自然的诗歌架构,让写作避免了苦心孤诣刻意营造,也让读者极易接受这些诗歌。之所以有人会认为高凯的诗歌都有一种歌唱性,正因为他捕捉到了那些来自乡村小学的常用语——花　花　花骨朵的花——是自带韵律的,而诗人无非是量材而用地顺从了这一韵律而已。

当然,言说高凯诗歌这种"一览无余"的宏观掌控性,还必须指出高凯诗歌其实耐人寻味的注重细节的语言炼金术。以《村小:生字课》为例,以一个句式简简单单大模大样而成诗,是其粗,但他能精心选定"蛋""花""黑""外"和"飞"这5个字,却是心细如发。再如《雪地上》之"乌鸦安窝的老槐树/弯着腰　背回一身厚厚的雪",那个"背回"的"回"字,真是妙不可言,境界全出。

还原事实与诚实品格

生活中的高凯大智若愚,诗歌中的高凯大巧若拙。高凯的好多诗歌直陈其事直取心性,呈现出一种鲜明的事实性与内蕴的张力。如《村小:生字课》《你真坏》《走亲戚》《站街女》等,全诗不用比喻或者少用比喻,基本上都是实话实说的实事。高凯这些"事实的诗",堪称对于坚"拒绝隐喻""回到事实"等理论不知不觉的响应,也再次证明了谢有顺的一个观点:看到比想到更困难(因而也更可贵)。换言之,认领一首天籁自足的诗,比创造一首挖空心思的诗,更困难,也更可贵。高凯的诗歌因此也具有了一种既能"证实"又能"证伪"、看似知性实为禅悟的特征。

高凯这种回到事实的诗,既对如白描这样的诗内功夫要求很高,同时也对像艺术发现力这样的诗外功夫要求更高,它要求一种诗歌的敏感状态,即时时张开着诗意捕捉的大网——有时候,我觉得高凯的这张网有些不太"环保"(网眼太小)。但是,高凯不把自己保持在这样一个诗歌的敏感状态,他又如何见别人所未见、言他人所未言——他如何说出真相?他的《羊皮筏子》云:"这应该是羊一生最生气的时候了/气鼓鼓的　集体被绑在一起//命都没了　一个个/还一起给谁生了一肚子闷气",句句切题、字字及物。高凯说出来了,我们感觉近在嘴边;他要是不说出来,还不是远在天边?高凯有诗《在家里拾到一根针》。一件针尖般大的小事,锐然挑动高凯诗思,"犹如在家里偶拾/遗失在苍茫里的一首小诗"。高凯的好多诗,都得来全不费功夫,似乎是"妙手偶得之"。读他的诗,我常常惭愧:就是不能先于他而把这简单的诗认领到自己名下。诗歌需要诗人发现它然后认领它。诗歌是一匹黑马,来到人间只是为了寻找自己的骑手。

　　高凯这种屡试不爽的事实捕捉能力让他敢于触碰那些看上去极为平常且熟悉不过的题材,并不怕弄不好会说出陈词滥调。诗人似乎窥破了一个艺术的秘密:人们因为熟视,人们一定无睹!于无声处听惊雷,于人们熟视无睹处发现诗意,这才是所谓"陌生化"的高级境界。他的诗歌也给了"艺高人胆大"一个别样的解释:艺高人胆大指的不是走险路,而是走平路。在险绝的地方平平常常地走,真不如在平路上非常地走!

　　当然,对一个优秀诗人来说,仅有如上敏锐的感受力是不够的,还得有深厚的动情力。高凯的诗歌创作,其动情力最为根基深厚的来源,就是他的内心一直葆有的纯真。有纯真的心地垫底,就有一股虎虎而无所惧的底气,所以,高凯的诗歌敢想(不怕其想之奇)、敢说(不怕其言之拙)、也敢于率性而幽默(不怕人们冥顽不悟),更敢于把诗写得简单明快——这是他特征性的话语方式——以至于有人视高凯为童诗作者并从中挖掘出不少天真的质素。人说高凯的诗歌大巧若拙,诚然。在拙的底色之上,高凯的诗歌确实是虽不刻意却匠心独运。但是,高凯之拙,拙自何来?回答是:高凯之拙,来自心地之纯真。于坚曾说"杰出的写作不是与想象力有关,而是与诚实有关",高凯正是中国当代一个诚实的诗人。

民间口语与乡土中国

　　高凯诗歌上述宏观掌控、回到事实等特点,连同他的乡土题材、亲情故事等内容,并及他的赤子真诚、故土情结等主题,让读者感受到一种不同于闪烁其词也不同于迷幻朦胧的亲和力,而他对民间口语坚定的使用,对民间口吻的熟稔所形成的独特语感,也是他的诗歌雅俗共赏的一个重要源由。

关于高凯诗歌民间口语化的特征,论者多有指陈,自是确凿无疑,比如"树梢梢上那几个酸杏不见啦/难道想不来咱肚子里有娃啦/当男人的要是在外面胡浪荡/当女人的就把他拴在裤带上"(《媳妇》)等等,无不是野风般清新,泥土般朴实。但是,当"擦去词语上的尘土"成为当代诗人一个伟大的使命,我们必须认识到:并不是回到方言土语就回到了语言的原初状态。方言土语当中仍然难免话语的蒙尘与遮蔽,同样需要一个澄明化的过程方可恢复其如初的诗性,在这一点上,高凯早有直觉,并能于自己的创作中实施去蔽除尘的努力。如他的《弹琴》,落笔即显机敏:"把所有的弦都绷紧/让自己的身心彻底放松",这不就是"弹琴"吗?熟悉而又陌生,这就是诗歌艺术重新命名的真义——也是乐趣。有"琴心"者,天下皆"琴",于是,"把一团旧棉花弹成新棉花/也是弹琴",于是"一切动人心弦的动作/都是弹琴",于是"弹琴的最高境界是对牛弹琴"。在这里,对牛弹琴,不再是一个成语,而是一个场景。不再是一种文化,而是一句诗。

高凯没有游离于民间口语之外,他是民间口语津津乐道的模仿者。这种所谓原创性的语言体验,对高凯而言可谓刻骨铭心血肉相连。高凯诗歌民间口语的原生态,首先表现为原生态的语词,如窑洞、碌碡、炊烟、磨道、崾岘、场院、喜鹊,但是更表现为原生态的语气和腔调——民间化口语的低缓叙述。如"忽闪忽闪的灯花是谁个剪的/一张一张的窗花就是谁个剪的"(《谁个剪的》)。高凯说自己"诗的意象、语言和节奏都是我的陇东特有的"。魂系乡土的高凯对民间口语那种隐忍、谦逊、徐缓的"节奏",确实保持了虽然姿态向下但是最为坚定的持守。当然,他这种生命呼吸般真诚的持守也得到了回报,《村小:生字课》是一首佳作,正得益于在民间化口语化的叙述中营造了一个典型乡土中国意境。

高凯诗歌自动承接了中国当代诗歌的题材日常化、形式自由化以及语言口语化,从《陇东:遍地乡愁》到他的《怀乡病》,高凯笔下的乡土已渐呈乡土之痛。他是沿着乡土的道路进入诗歌的,他渴望沿着诗歌的道路进入乡土——进入中国人的灵魂之家与精神之源。诗人的宿命是:永远回不到故乡,所以诗人似乎永远都是在精神的还乡途中流浪。诗歌之路是喃喃着自己的乡音,絮叨着自己的故土,而有日渐远离故乡的不归之旅。

高凯以其浑然质朴又幽默蕴藉的诗歌风格,诚实面对心灵的诗歌品质,民间化口语化的灵动方式记录了当下乡土中国的疼痛与乡愁。诗人在广袤的西部黄土地上行吟歌唱,以他独特的诗歌经验重新书写乡土中国的民间和民间意蕴。高凯的诗歌赋予了当代诗歌写作更为中国化的叙述视角和话语方式,在日渐凋敝的中国乡土抒情中,他和他的诗歌创作会日益显示出独特和重要的意义。

颜歌 / 鲁迅文学院第七届高研班学员。曾获《人民文学》"未来大家TOP20"及华语文学传媒大奖年度潜力新人奖等，曾于2011至2012年在美国杜克大学做访问学者。出版《五月女王》《桃乐镇的春天》《良辰》《我们家》等十几部作品集。作品发表在《收获》《人民文学》等杂志。

作家自述

可是我哪里都不想去
颜　歌

10年之间,成都已经算是一个城市,而我的家乡郫县还是一个只有四条街的小县城。从成都回郫县要去城西的长途车站赶车:一群人提着行李,提着编织袋袋,提着纸箱子,抱着箩筐,挤在候车点,不管刮风下雨出太阳,总之翘首以待;等上半个多小时才有一班车,还是辆破破烂烂的小中巴,然后所有的人就一拥而上,这个挤那个,推、拉,脚不沾地地跌进车里;坐不到位子的就拖出小板凳来坐在过道上,过道也满了,还可以在车门后面的台阶上再蹲两个,不管怎么说,能赶上这趟车就是谢天谢地——中巴载着这满满一车的人开出成都,从西二环开到西三环,顺着成灌公路往郫县开去。

一路上的风景可谓惨淡,树木都蒙着厚厚的灰尘,骑着嘉陵摩托或者电三轮的人时不时要从马路上横穿,有钢板厂、石料厂、木材厂,还有农田,往往在一个前不着村后不着店的地方,车上有人就要吼一声:"师傅!在这儿下车!"——车就停下来,这个人就拖着他的行李下车,消失在灰扑扑的马路上。

我不知道他们去了哪里,这些消失在半路的乘客成了我生活中的一个谜:从他们下车的地方,连接过去,是他们的房子,牲畜,妻子孩子,还有父母兄弟——好几年以后,在我开始写的"平乐镇"故事里,他们都成了我的父老乡亲。

我对我们的生活生来悲观。我所看见的世界就像10年前从成都回郫县的那条马路,肮脏、无序、混乱、尘土飞扬而令人窒息;公车上的人们像牲畜一样被圈在一起,接踵摩肩,呼吸着对方上一秒吐出的浊气——我相信这样的城乡接合部是我的伊甸园,而我充满喜悦地从这里翻找诗意。

2008年春节我写了《五月女王》,这是第一部彻头彻尾关于"平乐镇",也就是我的故乡郫县郫筒镇的长篇。我写了我长大的小镇,四条街,一个十字路口,梧桐树还有肥肠粉，还有我们镇上各种各样的人，从长辈嘴里听说的，小学同学的祖父母，甚至在马路上遇见过的——而当我回想着他们，描述着他们，把他们写在纸上的时候，我自己也变了。这些经年累月从书本上和课堂上得到的知识，那些因为想要成为"作家"而修养和学习的教育都脱落下来，我又成了一个野孩子：三天不打，上房揭瓦，在满街上跑来跑去。

我的父母用各种文学名著把我喂养长大，从学前班一路读到博士，所以我总是想变得更好、更漂亮、更文明、更进步——但我终于在这一天发现，自己所沉迷的原来是我们镇的肮脏、丑陋和粗俗，我想用世上所有的诗意和美好来描述它，来告诉所有人，这就是我所看到的世界，我深深地崇拜并热爱着它。

《我们家》是我最近的一个关于"平乐镇"的长篇。我写它写了断断续续的大半年。从23岁到26岁，从《五月女王》到《我们家》，我把"平乐镇"从南街写到了西街，从孩子写到了中年。《五月女王》是我对故乡的抒情诗，《我们家》则是一篇我要求自己完成的学术论文。我希望能通过写《我们家》来回答两个问题：第一是如何完成真正意义上的虚构；第二是如何更贴身地来处理日常的粗鲁。最后的结论是：我必须感谢"薛胜强"，我的主角，一个豆瓣厂老板，他用他的粗暴和愤怒、酣畅和蓬勃的情欲启发了我，矫正了我，指导着我去成为一个能真正有资格写城乡接合部的小说家。

另一方面，我对小说这件事也充满了悲观：我怀疑它是否有能力真正地反映芜杂的生活，我怀疑它对世界上的人是否有用，我怀疑它的出现和被阅读归根结底都是无聊的结果。换句话说，我无法对自己所从事的事业具有荣誉感，甚至使命感——十几岁的我们相信"才华"，相信我们在这个世界的存在是有意义的，但这些最终被证明只是儿童似的天真烂漫。

快要30岁的时候，或许我还可以是个年轻人，但我对小说的要求变少了。我不需要它表达图景，呈现意向，隐藏结构，更不用说传达什么道理——它只是一个陪我度日的小玩意儿——《我们家》就是这样的一个小玩意儿：它写了一家人的小故事，吵吵闹闹，磕磕绊绊，互相心里骂对方然后笑眯眯的。在题记中我写"这个故事有点慢，瞌睡前看一看"——也就是这个样子。

但是，和所有的中国人一样，我们生来都有历史的痛感和国家的命运感，总希望能一口气吐出黄河来。《我们家》里面的"豆瓣"，当然也就是我们郫县著名的"郫县豆瓣"。最开始,我爸爸知道我准备写一个关于"郫县豆瓣"的小说,对我说:"你应该写成一个史诗性的故事,讲讲郫县豆瓣的历史,写几个家族的几代纷争,要写出厚重感。"我说:"你这是要改编几十集的电视剧大戏啊!——你女儿我可没那本事。"

我是真的没那本事——我唯一的本事就是意识到自己没有那样的本事。于是本来可以改编历史大戏的"郫县豆瓣传奇"被我写成了一个豆瓣厂厂长在老母亲、老婆和二奶中间打转的尴尬故事,这对我爸爸那一代读书人来说可能是一个大好题材的浪费。

但我个人把它当成一种进步,当成我作为小说家的成长。就是说我成了一个大人,所以我开得起玩笑,掂得清自己的斤两,心甘情愿地小打小闹。比起二十五六万字的《五月女王》,《我们家》只有轻飘飘的 13 万字——因为我意识到自己还远远没有那个力量,我对我的"平乐镇"还是个门外汉,所以我写它的故事会越写越短,越写越小:从 20 多万到 10 多万,然后到几万;今年,我写的"平乐镇"都成了短篇。

是的,我并不相信自己的力量,也对小说的力量充满怀疑。对于我的故乡,我的"平乐镇",我了解得太少,想得太浅,能写出来的也就是一点点,好在我从来是个自得其乐的人,当个"小"作家对现在的我正是舒舒服服的事。

世上的故事总是讽刺。小时候我走在灰漆漆的郫县街上,总是想着要赶紧长大离开这里;十几年前老被人叫"少年作家",我也气急败坏地想写个巨著来证明自己的成熟——现在我走也不想走了,长大也不着急了,可能是脸皮厚了的缘故,有时候回郫县看我爸爸,走在街上,猛然一个大广告,说有个火腿肠要"走出中国,走向世界"——这对火腿肠或许是好事,可是我哪里都不想去。

文友印象

好一朵红色大丽花
走　走

　　某天,我读了一个颜歌的长篇《声音乐团》,强烈打动了我,那种冲击是缘于对她实验性炫技的赞叹。这个"80后"女生有太多可能性了,于是我把她列入了"不时询问创作情况"名单。约稿电话聊过几次后,上海人天生自觉的距离感到了她嘴里,变成"我想听你用清清淡淡的语气跟我说话"。是的,低语时的颜歌,私下里的颜歌,是很爱撒娇的女生。

　　她为那个长篇做宣传时来到了上海,我第一次见到她,就被她的大眼睛给震慑住了。饭局上她兵来将挡,喝酒喝得随性,那道放眼饭桌的目光强悍不羁,配上温柔甜美的嗓音,让人觉得是一个奇异的小宇宙在灼灼转动。当时我就想,假如她不炫技,贴着自己的生活写,会是怎样斑斓的色彩呢?

　　饭后我们去喝酒,喝的是啤酒,她老老实实坐在我对面,讲的却是八卦、荤段子。后来她喝高了,那时我觉得,她是个寂寞的小女孩,需要与人长谈,她会将自己的灵魂赤裸裸地展示出来。

　　后来,果然就有了《段逸兴的一家》。写这个小说的时候,颜歌一个人在美国读书,大概因为思乡,写起来就很放松,没有端着的技巧架子,所有四川生活的泼辣色彩,都囊括在那个长篇的字里行间,完全没有了女气,接地气接得活色生香,有一种纵横的光芒,我一路看一路笑,看完真想也来碗肥肠粉。她在私信里告诉我,"觉得这是我骨肉里想写的一种玩意儿,很畅快……越接近生活就越难以把握。过了显得油腻,不足又显得做作"。它最开始叫作《戴月行的一家》,戴月行是颜歌的本名。我一直只喜欢最初那个标题。

　　后来,后来。我们聊着聊着小说,就从编辑与作者的关系变成了文友的关系,她说,"有人遥遥地和自己一起写小说,就觉得充满力量"。

我们只见过一次面。

所以,关于颜歌,我还知道些什么呢?她只能晚上开工,会一直写到天快亮了,白天没法写东西;她不会开车;她喜欢旅行但不喜欢一个人旅行,觉得那样很孤单;旅行时不喜欢带电脑工作,会直到走前那一晚才拖拖拉拉收拾行李。基本上,除了写小说,她有非一般的拖延症;她的身体不太好,动不动感冒发烧,往往拼命冲刺完一个长篇后就会病倒,"写完人就傻了";她的博士论文写了整整17万字,写完"觉得人都苍老了"。主要是写对少数族裔方面的美国新生代作家文化研究,自称论文脑残儿童;写小说写不下去是常态,所以,遇到问题,卡住,她会看作是好事。"解决了问题就升级了……圣斗士……"每次写高兴了她会对自己说"稳住!稳住呀。嘻嘻"。写不出来的时候,她会自己一个人做一桌子菜,据说很好吃,或者打扫卫生……

我们只见过一次面,但我们聊过许多许多。

她是个作家,纯粹的作家。她永远不会从远处,从阳台上,观看人生的盛宴,这就是她对生活的态度。

所以,在我眼里,颜歌是一朵健硕粗粝的大丽花,红色的,花瓣上撒满红辣椒面儿,酣畅。远观,出一身热汗,近看,所有积郁都通畅。但在花儿自己,她会觉得,只有快乐以及写出好小说,才会带来平静。

评家观点

青春歌行:回望与告别
——略论颜歌

李蔚超

颜歌少年成名。从新概念作文大赛和《萌芽》杂志走出的少女颜歌,天然拥有旖旎多姿的想象力和踵事增华的语言风格,正如她的自白:"我父母都是中文系毕业的,从小我唯一的玩具就是他们的书,因此,很小的时候我就希望自己能够写作,能够当'作家',然后就顺理成章开始写,一边写,一边在大学里读文学,到现在 10 多年了,写作成了我的基本状态。"颜歌温和感性,敏悟而善思,有着良好的古典文化教养,她从走上创作之路伊始便有意经营克制的叙事策略,使其小说具有早熟的文学品格。2011 年留学美国的颜歌创作了长篇小说《段逸兴的一家》(单行本名为《我们家》)并发表于 2012 年第 5 期的《收获》杂志,这篇小说引起了评论界的关注,她也因此获得了第十一届华语文学传媒大奖年度新人奖。自《我们家》起,颜歌似乎可以去掉那些为了增强市场效应和夺人眼球而添加的定语,而只称"作家""作者",自《我们家》始,颜歌的写作正式归队。

青春魅影:异化与异类

2002 年颜歌在《萌芽》杂志上发表处女作《锦瑟》,在小说的开头,她让主人公锦瑟在鬼气森然的氛围中登场:

"我忘记了回家的路,在这条寒冷又肮脏的巷子里。只剩下茫茫无边的雾气,一片空白,我泪流满面,蹲在一只死去多时的老鼠旁边。这时候有人来拍我的肩膀,我转过头去,看到了一个女子模糊的脸庞,她穿着一件深红色的毛衣,对我微笑。她对我说,走吧,回家。她这样说,并且呵出美丽的白色雾气。她说走吧,回家。于是我跟着她走……"

这段文字不算出众,然而对照颜歌以后的写作,却显得颇具意味。来历不明的狐鬼精魅倏然出现在寂寞而迷茫的主人公身边,或互诉衷肠,或百无聊赖地相伴,寥遣孤寂而已。自此,那些来自另一个世界的幽灵鬼影便常常徘徊在颜歌的小说之中,它们飘忽游弋在我们的世界,但是只有主人公的眼睛才能捕捉得到它们的魅影。

在长篇小说《五月女王》中,幼年失母的袁青山时常看到一抹踟蹰徘徊的鬼影,来自这个暧昧不明之物的拥抱,成为孤独异常渴望母爱的孩子的唯一慰藉。在中篇小说《白马》中,颜歌设置了一个特殊的魅影——白马。这篇记录在小镇孤独生活和有着遗传性癔症的少女成长之殇的小说里,"我"所看到的尾随小镇众人的一匹匹白马,隐喻了现代人千疮百孔的灵魂或永不可知的人心。诚然,颜歌是以异化对抗异化的,飘忽的魅影是一种暧昧的效应,它们是支离破碎的世界在孤独而敏感的心灵里的投影,而在一个孩子内心的投映之下,人们看似熟悉并和谐的世事人情,如此疏离、冷漠而陌生了起来。

在颜歌的小说世界,虽没有森然鬼气和荧荧鬼火,但是叙事者带着异常敏达之心和冷静的眼睛观看这个惆怅寂寥的世界,那种荒烟弥漫、怅然若失的氛围每每挥之不去。颜歌早期创作的一系列中短篇小说《朔夷》《锦瑟》《飞鸟怅》和长篇《关河》等作品,大多敷衍旧事,阅人述事,洞若观火,在历史、传说与志怪之间驰骋想象力。今朝欢乐,明朝白骨,生命与历史的必然与偶然,不过是一线之隔。

长篇小说《异兽志》是颜歌经营异化叙事学的典范之作,这是一部依从"庄生迷蝶"的古老哲学命题敷衍铺陈而来的现代演义。颜歌虚构了一个人类与异兽杂居的世界——永安城,那里生活着九种拥有不同习性、生理特征和种群历史的兽,它们与人类发生了爱恨纠葛的故事。显然,兽的名称象征了它们所代表的某种人性特质:曰"舍身",象征人与人不可避免的内讧、自戕的阋墙之争;曰"穷途",象征人性的绝望与堕落;曰"喜乐",象征人之初的纯真与美好;曰"悲伤",却象征爱与美的极致之态……颜歌笔下的精魅与异兽绝非魑魅魍魉,它们不具备伤人的攻击力和惑人的歹心,它们因代表某种极致的精神与特质而易于"被侮辱与被损害",反而是屡遭常人庸众伤害的弱势者。《异兽志》接近尾声的一段文字是,"很小的时候,母亲对我讲过那个城市,是永安城中的每个孩子都会听到的。母亲说,你要乖,不要乱玩水,否则来归兽会把你带去亡灵的城市,它就在永安地下,无比旁道,永远找不到边界和出口,无论医院、教室、公安局,所有的建筑都是灰色,无论冰激凌、巧克力、饼干,所有的食物都索然无味,你一去那里,就再也回不来。"这既是母亲的枕边故事,也是关于这本小说关于"另一个世界"的寓言和谜底。

《五月女王》则是一篇异类少女的成长小说。袁青山人如其名,妙龄少女却长成一座巍巍青山。她是小镇的异类,身世暧昧。异类袁青山却成为了小镇的救星。在某个深夜,在小镇人们酣睡之时,袁青山用巍巍之躯堵住了即将崩溃的堤坝。小说的偶数章节,以类似奈保尔的《米格尔大街》的形式,用一位人物名字为题,描写了数年后叙述者"我"眼中的小镇众生相,"我"看到了一个个怪诞、孤僻而神秘的人物和他们的死亡,每一次死亡无不与袁青山有着秘不可宣的关联。

当然,《异兽志》一定不能算作成熟之作,人物塑造太易显出感伤的痕迹和倾向,《五月女王》的后半段蓦然将叙述焦点由袁青山转至妹妹袁清江,也影响了小说的叙事节奏和感觉,然而,颜歌用异类与异兽的故事,毕竟呈现出了一个"80后"女性所体察到的人心灵底层迷宫镜城式的景象。而多年前,那半明半暗的雾气之中,站在巷口,四下张望人间,望着精魅式的红衣女子走向自己的女孩,已然为女作家预习了创作的姿态。

新一代的成长小说:
少女成长与女性心理症候

颜歌的许多小说都可以归于书写成长的范畴之内。处于成长的正在进行时的颜歌,与同代作家一样,大多展示了带有自我标志的青春生命的片段化情景,是一次成长之路上述说、发泄和整装再出发。颜歌书写成长,讲述的是关于女性(或称少女)个体生命伤痛的故事,源自个人经验的切肤之痛成为作家的情感依据,所以她需要更大的书写勇气。

颜歌少年失恃,命运让一位敏瞻而多感的女作家过早地承受了"世界上最疼我的那个人去了"的哀痛。阅读颜歌的小说,一不小心便会撞到描述人物失母的情节时那起落沉浮的触目的疼痛。长篇小说《良辰》是颜歌写作生涯中十分重要的一个文本。它呈现了作者绚丽而感伤的文采,臆想审藏,情思流转,没有来路和出路的情节布局,汇集在叙事者天马行空拼贴图画式的呓语和幻想中,不确定的叙事氛围构成了《良辰》独特的诗意视景,因此成为颜歌作品中最"难读"的一部小说,"是一个思绪混乱,感觉却精准到位的文本"——郭艳对《良辰》的评价可能代表了很多读者的感受。《良辰》类同于那些颠覆经典叙述模式的影片,无所事事的少女与少年顾良城扮演了十个不同身份的角色,在相似的城市布景之下,出演了一连串相遇、相恋的故事。十个故事不妨看作青春与人生的不同向度。然而,颜歌在《良辰》的后记《年年月月》中,明明白白地告诉我们,"这本书,实际上,从头到尾,情人只是一个噱头,它是关于母亲的,关于那个最爱你的人,你最爱的人,离开了你的人,再也不回来的人。"因而,《良辰》中所写的爱,带着鲜亮而柔软的童真,不知所起而一往情深,痛的缠绵入髓,不知所踪。

母爱的匮乏使得父亲成为家庭唯一的支撑、核心,成为孩子在家庭中的关注焦点——"现在我只有我的父亲了"(《年年月月》),独特的家庭结构产生了颜歌小说中两种典型的心理情结,一是常见于西方小说的女性俄狄浦斯情结。这种因创伤、缺乏而产生的某种心理痼疾:永远迷恋着种种父亲形象,以其成为代偿;不断地在对具有类父形象的年长者与强有力的男性权威者的迷恋中,在寻找心理补偿的同时,下意识地强制重视被弃的创伤情境。于是在《五月女王》《白马》《声音乐团》中,我们可以看到含辛茹苦抚养女儿的父亲,幼年时父女之间温馨甜美的回忆,父亲对家庭的抛弃,以及女儿们对父亲挑选的再婚对象的排斥。一是女性自我成长镜像的消失,使得颜歌对母女和姐妹情谊的书写呈现一道曲折而清晰的轨迹。颜歌在另一部长篇小说《声音乐团》中,塑造了刘蓉蓉和母亲杨英这一对极端对立的母女关系。母女、姐妹之间的战争和自相戕害是一种典型女性文化的症候,一边是血缘、性别、命运间的深刻认同,一边是因性别命运的不公与绝望而拒绝认同的张力。总之,颜歌的少女成长故事中,始终在为自己构想或追寻一个小说世界的"家",从体验来自鬼魅精怪的母亲怀抱,到对一个理想的父亲的渴求,到她对姐妹情谊欲行还止的挣扎,到对英俊聪慧少年爱情的梦想。于是,她写出了《我们家》。

跨越代沟:我讲我的家族史

刻意标榜特定风格或素材,未必是一个好作家的所长或所欲。颜歌的小说由拟旧写到新鲜的当下,可见其写作兴趣的宽广。"在我的创作图景中,经常出现的地名有两个,一个是永安城,一个是平乐镇……我是说,我在写的是我的故乡,平乐镇,或者是郫县的郫筒镇,写城乡接合部,写在这个高速发展的社会中放置着工业城市排泄物的混浊、迷蒙、尴尬之地,写这里的父老乡亲,写他们琐碎的善良和懒散的邪恶。"(《相信并且敬畏》)颜歌的创作目标可谓明确,而一个以"平乐镇"为中心的文学故乡也日益清晰地呈现在读者面前。

剥除了仿古拟旧式的外衣,揣摩同代和上代人的心声的世故,以及一种宜嗔宜喜的风情,可为我们阅读和关注这位青年作家的起点。颜歌擅长说故事的能力在新作长篇小说《我们家》中得到证明,小说用"我"——平乐镇上一个家庭里的孩子段逸兴的视角和叙述口吻,讲述了她的爸爸、妈妈、奶奶、姑姑、伯伯的故事,为了给奶奶过寿而聚集在一起,而偏偏爸爸在与情人偷情时突发心脏病入院就诊,自此,所有家庭的矛盾、隐私和历史,随着家人重聚而逐渐重现天日。地道的川西方言恰如其分地点缀在人物的对白之中,读来谐趣丛生,加之小说自始至终充盈着对川系小吃色香味的酣畅淋漓地描写,饱满的通感使得《我们家》成为一部带着辛香麻辣川菜滋味的小说。

颜歌是一位富有耐心的小说家,她对小说形式创新的奇思,在业已问世的几部长篇小说中可见一斑。《异兽志》拥有人与兽两条不同又相关联的线索,看似并列的九个以兽为名的章节,却带着不断自我挖掘和解释的复杂结构。《五月女王》穿插讲述相隔数年的两个时间的故事。《声音乐团》是一个俄罗斯套盒似的复调式文本。《良辰》是两个主人公在不同背景下演绎的 10 个相似的故事。而在《我们家》里,叙述者"我"作为这个大家族孩子的身份,以及小说所有人物以家庭的伦理称谓被指认和叙述,这两个特点构成了这篇小说形式上最为奇特而引人入胜之处。颜歌最大限度地淡化了小说中爸爸、妈妈、奶奶、伯伯这些家庭人物的伦理负担,爸爸薛胜强是有着百年历史的家族企业豆瓣厂的厂长,他嫖妓、偷情、谎话连篇,过着花天酒地醉生梦死的日子。然而,爸爸又是一个精明、豪爽、孝顺、讲义气、有几分"瓜"的男人,他是今天中国经济社会中普通而颇具典型性的人物。薛胜强是颜歌塑造得最为成功的人物之一。颜歌又最大限度地强化了家族的称谓和人物的亲缘关系,她明里暗里地提示着我们,这些人都是从未露面的叙事者段逸兴的长辈,而"我"对你们的世界洞若观火。颜歌那些荤腥不忌的描写身体、性爱的语句,以"爸爸""我爸爸"为主语更增加了陌生化的张力。

  诚如颜歌的自述,这部小说在构思之初,具备将家族史与郫县豆瓣史掺杂一起,构建成一部宏大的史诗性作品的可能性。然而,颜歌没有选择前辈作家们常常使用的将家族史附会于国族历史的老路。她将家族的孩子段逸兴,在读者的期待中彻底隐去身影,仅仅作为叙述者语笑嫣然地讲述了家人和父老乡亲——那些大人们荒唐肆意的生活趣事与窘境,颜歌游走其间,带着莞尔又不无理解及同情的眼光看待一切,这种怡然轻松的叙述姿态,代表了颜歌对父辈们的理解、接受及包容之心。

  我们也欣喜地看到,《我们家》中的叙述者"我"虽然也是一个与颜歌年龄相仿的少女,然而叙述者在性格类型与感知方式上,与颜歌早期拟旧和成长系列小说已有所不同。颜歌没有放任自己成为文本世界中无法长大成人的"滞留的少女"(戴锦华语)。她日益成熟而冷静,将个体生命的痛楚更深入地内化到精神气质之中,而不再浮于文本的语言的表面和营造的氛围之中,小说的故事也不再囿于书写少女成长之殇的一隅。小说家颜歌从此告别了自己的青春时代。

邱华栋／鲁迅文学院第三届高研班学员。现任鲁迅文学院常务副院长。出版长篇小说10余部，有《夜晚的诺言》《白昼的躁动》《正午的供词》《长生》，"中国屏风"系列等。著有短篇小说集《社区人》《时装人》和《我在那年夏天的事》等。此外，还出版有中篇小说集、电影和建筑评论集、散文集、读书随笔集、游记、诗集等，结集为70多种单行本。多篇作品被翻译成日文、韩文、英文、德文、意大利文、法文、越南文。曾获第十届庄重文文学奖、《上海文学》小说奖、《山花》小说奖、《小说月报》百花奖优秀编辑奖、萧红小说奖、优秀责任编辑奖等。

作家自述

出　发
邱华栋

我的文学生涯开始于少年时期。1984年春,我买了一些文学杂志,有新疆昌吉州文联办的《博格达》,还有《人民文学》《青年文学》《文学青年》《青春》等,当时,我贪婪地闻着杂志的那种油墨的香气,感觉到那年的春天正在迅速地到来。而杂志上油墨的味道是那样好闻,那可是文学的味道啊,使我的内心激动无比。从此我就开始学习写小说了。对于新疆昌吉市,我有很多回忆,后来写了系列短篇小说《街上的血》。那是一本有18个关于青春蛮荒和死亡故事的短篇小说。小说的题记是:"在一个天山脚下的小城市里,一些人生活着。少年的他们在大地上留下的痕迹如同野草,就像是没有人看见草的生长,命运的苍茫和青春的荒芜,使意义匮乏和消失。唯有记忆使生命进入永恒。"

我记得,在20世纪80年代那10年间,中国诗坛的前沿阵地上涌现出一支浩浩荡荡、数量达上千万的中国诗歌少年先锋队。这些诗歌少先队员,凭借着对诗歌无比虔诚的热爱,以中学校园为展示才华的平台,写作诗歌、发表作品、创办报刊、组织诗会、自印诗集、组办社团,在校园内外掀起了一场中国自有新诗以来最辉煌、最壮观、最精彩、最隆重、声势浩大、轰轰烈烈的中学生校园诗歌运动。这场罕见的20世纪80年代中学生校园诗歌运动既是空前的,又是绝后的。当年参加这个诗歌运动的人,如今大都成为中国社会很多方面的中坚人物。

在中学的时候,十来岁的人刚开始进入青春期,每个人的青春期因为生理、心理的变化,非常敏感,所以写作对我来讲,首先是一种爱好和兴趣,一种倾诉的手段,当时我写了很多跟新疆有关的小说,比如我的一篇动物小说,讲一匹汗血马的故事,另外一个写的是一只银雕如何跟大自然搏斗。十来岁还写不了太深的东西。小说都发表在《语文报》《中学生文学》《少年文艺》《儿童文学》上。还写过武侠小说,那会儿把金庸的武侠小说看完了,模仿着写了一个武侠小说,十来万字,算是一个长篇,在中学的时候,就完成了。后来再看他的小说,就完全看不下去了。我还写过几百首诗,参加了当时的校园诗歌写作大潮。那会儿我每天写五六首,老师在上面讲课,我在下面写诗,搞得数学成绩很差。后来,我想可能有些人的思维就像我一样,是形象思维,想象力发达。

青春期写作是一种历练,很多人刚开始写作都会经历这个阶段,一开始是自发的状态,想写点表达内心的激情和对周围社会环境的看法。后来,我中学毕业的时候出了一本小说集,有十来万字,由四川少年儿童出版社出版,武汉大学特招了我。进了大学以后,我发现,大学的学生文学活动很多,我们学校有一个珞珈诗社和一个浪涛石文学社。武汉大学有一个有名的樱花诗会,有一条很漂亮的樱花大道,每年三四月份,开的全是樱花,我们就在樱花树下开诗歌朗诵会。我们组织了很多诗会,把武汉各个高校的校园诗人们弄到一起朗诵诗,然后评奖。我当时觉得课本非常老旧,没办法看,然后,我们就尽量读翻译过来的作品,到图书馆按照作家姓名的第一个字母,把大师们的东西读下来,比如这星期读海明威的短篇,七八十篇短篇全看完,然后回宿舍模仿海明威,写一篇短篇。下一星期读博尔赫斯,读完以后写一个短篇小说。后来,经过了两三年的历练,每个人都写了一大堆废稿子放在那儿,写作的基本技能就是这么模仿出来的,我慢慢地找到了一种文学的形式感,从一开始自发的状态,变成比较自觉的状态。

在大学学习期间,我写了很多诗歌,还写过一部长篇小说——写的是大学时代的生活。20世纪80年代末、90年代初的大学生活跟现在不太一样,现在更活跃一些,生活的内容也更丰富和复杂一些。这部小说叫《前面有什么》,我模仿了秘鲁作家巴尔加斯·略萨的结构现实主义。有五条线并行下去,广泛地展现社会的各个层面,我当时在大学里受它的影响特别大,我觉得,一个作家应该反映更广阔的时代和生活,而我当时正在经历大学的生活。我写完小说,把稿子寄给一个出版社,然后稿子就消失了,因为你没有名气,也没有人搭理你。

2003年,出版社搬家,一个编辑忽然发现一堆黄色的稿纸,署名是我,就给我打电话说,我发现了你的一部长篇小说手稿。我一下子想起来了我真写过这么一个长篇,大三的时候写完后就寄给了出版社,出版社往那儿一扔,不搭理我了。结果他现在要还给我。我一个朋友在另外一个出版社工作,他拿去看了,说,你这个写得不错呀,干脆我给你出了算了,于是就出来了。等于我21岁写的长篇小说,到30岁了才出来。

　　我是20世纪80年代那些校园诗人中间坚持下来的一个,因为我想做一棵写作的树。当年很多写作的朋友,他们如今成了公务员、传媒人、商人等各类从业者,都在社会上找到了自己的位置。但是,大家仍旧忘不了火热的文学的80年代,因为,我也是从那时出发的,从此,我就走上了文学的道路。

　　如今,我每天都忙于文学的编辑、活动、阅读和创作中,正在走向更加宽阔的地带,但是我无法忘记我最开始的出发点:在新疆的那个小城市,1984年春天,一个少年拿着一本本的文学杂志,将自己的鼻子深深地埋进了散发油墨味道的杂志里,贪婪地闻那文学充满了想象力的香甜的味道。

文友印象

前行者邱华栋

刘震云

邱华栋是我读书的指导老师。在当代中国作家中,像他那么博览群书和博览生活的人,特别是博览新书和博览新生活的人,还不多见。许多新书,我是从他手里接过来的;许多新生活,是从他那里听来的。我另有一个指导老师叫李敬泽。子曰:三人行必有我师。与他们三人行,我也变得新生和饱满起来。

于是,邱华栋的小说便与众不同。别的作家写的是"故"事,他写的是"新"事。20世纪90年代,他就能迅速把我们刚刚看见的生活,眼巴前发生的新事,迅速放到他的小说里。当代中国社会变化多端,充满了魔幻和拧巴,真相和虚假,残酷和喜剧。一杯浑水,澄清需要时间,但邱华栋等不得。也许,他要的就是浑浊和新生,新生的东西未必都好啊,这个好与不好的浑浊和新生,也许更加刺激,更加接近真实。这是邱华栋小说的特点。所以我说他是一个前行者。是一个喜欢新鲜和占先的前行者。

大概是1996年吧,我第一次读到的他的小说叫《城市战车》。小说中的一群人是流浪在北京的艺术家。流浪北京,当时是一种时髦。虽然过着朝不保夕的生活,但他们日常的生活和行为,和引车卖浆的芸芸众生绝然不同。但他们也是芸芸众生,无非是众生中新产生的一部分人罢了。在生活中,我也有这样的朋友。但是,我只了解他们生活的表面。读了《城市战车》,他们新的、不同的、剧烈的内心世界,还是让我震惊。更震惊的是,作者在一门心思关注新生活和新人类时,主要关注的是惨烈的一面。原来他也不是一个省油的灯。生活的变化是,十多年过去了,这群流浪北京的人,竟有一部分人脱离了流浪的阶层,摇身一变成了上流社会的人,少数人还成了亿万富翁,回头再看《城市战车》,就成了这些人的旧照片。2000年,我读了邱华栋的新作品《正午的供词》,写的又是前沿生活,影视界啊。这一洼浑水,邱华栋又下了脚。但这回他的主题大变,表面是写鱼龙混杂、物和欲横流的名利场,实际上是在写生和死。这个主题可有些经典。是跟邱华栋年龄的变大有关系吗?接着他在题材上也会返璞归真吗?接着我发现我错了,2002年,他的长篇小说《花儿,花》出版了,题材依然很前沿,写的是网络大潮,写的是媒体;媒体虽然旧,旧时代的中国就有"包打听",但网络是新的,视频是新的,媒体从来没有这么脏和这么虚假,也是新的。在新的背景下,邱华栋写了几个媒体人的婚姻变化。新旧交加,让人啼笑皆非。对了,看邱华栋的小说,常让人啼笑皆非,就是这个感觉。

邱华栋的小说还有一个特点,因为他博览群书,特爱在一本小说里,把庞杂的知识和他读这些知识的感受,一股脑捺到小说里。比如上面那三本小说,既有对美术和绘画的知识堆积,也有对电影知识的深入挖掘,还写了许多有关花的学问呢。是好事还是坏事?对想通过小说另学知识的人,起码是件好事吧。曹雪芹就这么干过,在书里写过药方和菜谱,邱华栋也可以这么干。只是不要以枝伤干啊。

到了他的长篇小说《教授》的时候,邱华栋依然是邱华栋,写的又是眼下最热门的一个词——"新阶层"。何谓新阶层?一是在过去的生活里没有出现过这种职业,这种职业造就了一种人;一是过去有这种职业,但从这种职业里产生了这种职业过去产生不了的人,都跟新的生活形态有关系。地产商人、白领、私家侦探、"小姐"和"妈咪",是从近些年的中国地缝里钻出来的;经济学家、人文学者、大学教授、律师等,过去也有,但不是这么个有法,今天,他们全都脱下了过去的外衣,换上了新的行头。教授现在还有一个名字叫什么?这本书告诉我们,叫"叫兽"。

"新阶层"会带来新内容。邱华栋不但写了玫瑰浴、皇帝按摩、玻璃鸟巢中的女人、私人事务调查所,写了师生恋、夜总会中的大学生、代人受孕等五光十色只有在当代的魔幻和拧巴的生活中才能出现的新的事物,更重要的是,他写出了这个时代平静的外表下,充满着血的气息、钱的气息、性的气息,及这个时代独有的混乱的气息。这是一个庞杂的时代。这是一本庞杂的小说。当然邱华栋还没忘了,他又塞进去许多他对当下问题,如社会问题、政治问题、经济问题、道德问题,包括对文学和《红楼梦》的思考和看法。比起他以前的小说,这本小说就更庞杂了。

这样说来,小说主人公的身份恰恰就不重要了。这本书的主人公是知识分子,是教授,是经济学家,是文学研究者。他们是知识分子,又不是,他们是知识分子中产生的"新阶层"。他们依靠知识(可不是文化,文化需要独特的见解)的卖弄,依靠帮闲帮权和帮钱,当然最终还是帮忙,开始过上了奢华的生活,少数人的生活。少数人的生活,都是前沿的生活。正因为他们活在生活的前沿,通过他们,我们就更加看清了这个时代的喧嚣和痛苦,热闹和寂寞,繁华和贫困,富足和匮乏,物质世界对心灵的煎熬和挤压。表面说的是欲望,是权力,是钱,是性,但人与人关系的内部,说的却是人和生活的剑拔弩张的关系。这种关系的剧烈冲突,却又总是以愉快的"兽的方式"去解决。喜剧吧? 当然,兽的方式,对于解决者总是愉快的。

从结构上讲,小说的叙述是复调的。通过一个文学教授的眼睛,来打量一个经济学教授的生活;通过一个经济学教授的婚姻变化,折射出当代社会的激烈变动。最大的变动是观念啊。这些混乱的庞杂的新的观念,破坏性地颠覆了旧生活,也歪歪扭扭建立了新生活。但是,这些混乱的庞杂的新的观念,除了刺杀的是光怪陆离的生活风景,还有拥有这些观念的他们自己。虽然他们生活在生活前沿和引导着生活,读了这本小说,我的结论是:他们不是我们的救世主,因为他们连自己都救不了。

这是一本值得深思的小说。

也是一本刺激和好读的小说。

当然,这本小说也有毛病。人犯毛病,一般都是老毛病。当然,毛病一般也是优点或特点。这本《教授》和邱华栋其他小说一样,内容也太庞杂了,信息也太密集了;查信息,我们不如上网。还有,往里边塞的各领域各学科的知识也太多了。如果为了授业解惑,不如给我们开一个讲座。更重要的是,前行是一件好事,但前行者也是吃亏的。因为许多新生的和前沿的事情,也许很快就被生活抛弃而变旧了。是不是有比事情新旧更重要的东西呢? 但这些还不是我要说的,我要说的是,小说就是小说,小说最终靠的,与事情的新旧无关,跟你发现的新旧有关;小说最终靠的,还是伟大的发现和想象力。

评家观点

左手写当下,右手写历史

宋 强

邱华栋现在的写作是左右开弓,既写当下题材的都市小说,也写历史小说。他新近出版了历史小说《长生》,描绘的是13世纪成吉思汗面见道长丘处机的故事。其实,大家最熟悉的,还是他那些关注当下生活的小说。他似乎对社会和人群有天然的敏感,不过,他希望自己不断地拓展写作范围,因为"中国正处于一个激烈变化的时代,新闻结束的地方,文学出发"。现在的邱华栋视野开阔,他看到的是全社会的东西。

比如,《社区人》系列是他完成的都市短篇小说系列,已发表60篇,这算是一部糖葫芦串成的小说。他把目标锁定在有固定职业、有房有车的中产阶层。如今,城市中产阶层迅速地扩大,但他们面临着许多问题,家长与孩子之间、夫妻之间、婆媳之间,虽然全是琐事,但反映的是当下中国人的生活状态。在今天的城市中,中产阶层正在改变社会的结构,同时,作为经济地位和社会地位都非常稳固的一个逐渐扩大的群体,他们的生活品位和生活乐趣也逐渐趋同,是引领城市消费和时尚的主体。他们往往选择环境和人文气氛都比较好的社区居住,并且正在形成中国独特的社区文化。但如果你剥开了生活的外衣,你会发现,每一个家庭都有自己的烦恼和伤心事,每一个人甚至都有自己的情感痛点,这个痛点是他们的隐疾与暗伤。

邱华栋的这个系列小说抓住了当今这个急剧转型的社会中勃勃兴起的新阶层生活中的问题与疼痛,揭示当代生活的真相,也表达了中产阶层的困境:他们想寻找到理想的生活,并努力地承担着生活赋予他们的一切考验。由此,他状写了他们生活中的各种问题:有白领女性因为一次车祸导致毁容从而改变了生活态度的;有面对自己未婚先孕的女儿的单身母亲;有参加马会的成员却被朋友偷窃了东西的收藏家；有几年之内把几百万财产都莫名其妙弄光的；有晚景凄凉的动画片配音演员的深刻夫妻感情；有打铁的艺术家的情感罪孽；有因为父爱缺失性格畸变导致人变为人熊的；有面对儿子青春期烦恼的父亲；有音乐家和他的懂音乐的狗的故事；有网络爱情的悲惨结局。很多小说都是来源于生活经验和他对生活的深入观察，这个系列小说是进入阅读他的都市题材小说的入门作品。

但我想重点谈谈他的长篇历史小说"中国屏风"系列。几年前，人民文学出版社推出了邱华栋的三部历史小说《贾奈达之城》《单筒望远镜》《骑飞鱼的人》，这几部长篇小说讲述的是外国人在近代中国发生的爱恨情仇。《单筒望远镜》讲述一个在中国出生的法国女孩，到山东寻找哥哥，经历了义和团的全过程，她拿着单筒望远镜打量那个时候的中国，看到一个腐朽的、摇摇欲坠的中国，同时，她还经历了刻骨铭心的爱情和死亡。

而《贾奈达之城》则是取材于真实的历史人物，书中的女主人公戴安娜·西普顿1946年至1948年随丈夫艾瑞克·西普顿翻越中亚群山，抵达中国新疆，在那里生活了两年。她把这段生活写成回忆录《古老的土地》在伦敦出版。

在邱华栋的这部小说中，对于外部世界自然景观的描述，是出神入化的部分。对于出生地新疆的回忆、热爱、留恋，使邱华栋对古老山川大地风貌反复吟诵，读后令我眼前长时间是一片炫目的洁白，几近于雪盲的效果。那是由冰川、冰谷、雪山、冰岩构成的世界。还有新疆中亚地带独有的炽热的阳光、肥美的草甸、枯黄的戈壁、怡人的绿洲，大地上的气味、颜色和声音……他对景物如此迷恋，不放过任何一处可能的铺陈、渲染，不放过任何一处细小的描绘，而且，最重要的是，他的内心里带着对万物至高无上的顶礼膜拜！在叙述一个外籍女人的心理活动时，写作者选取了独特的视点。因为出场人物少，人物关系相对简单，故事情节也相对单纯，无非是戴安娜跟其丈夫的登山活动以及领事馆里简单的日常生活，戴安娜跟年轻的柯尔克孜族向导赛麦台"发乎情，止乎礼"的爱情关系等等。因此，作者采取了电影的叙事手法，用景物的丰富来映照人物的内心活动。在描写人物活动时，作家既像一个导演又如同摄影师，不断调度着镜头，外景不断推移，场景从她儿时生活的印度（这里有毗湿奴教派的扎格纳特游车节，教徒恒河沐浴场面，丛林狩猎场景），延伸到她的家乡英国宁静的小镇，然后镜头推摇，依次摇过大坂，摇过南亚次大陆，摇过中亚腹地，来到喀什噶尔，来到新疆,来到作者最擅于描绘的地方,通过这些视觉画面的刺激,使得人物的内心世界变化,如同这里的景深一样显得富有层次、更加立体。同时,人物的往世前生的书写,给小说增加了神秘感和宗教氛围。作者让戴安娜的前生是一个新疆王朝的公主,而赛麦台的前生恰是公主的恋人,现实人物的虚拟之爱在前生得到肉体上的欢娱和满足。最后赛麦台为救戴安娜,被雪崩埋在冰缝里而死的情节,更是书中最动人的篇章。

中国步入全球化的历史也许是从1840年的鸦片战争以前就开始了。络绎不绝的外国人,那些传教士、商人、冒险家和旅行家,还有一些考古学家,纷纷来到中国,怀着各种各样的目的和对中国的想象,在中国经历了他们一生难忘的岁月。而他们眼中的近现代中国,到底是什么样子的呢?这些年,很多外国人在中国的回忆录、亲历记出版了不少,成为我们了解中西方交流史的重要资料。但是,从文学的角度来观察外国人,来抒写他们,却是少之又少。可喜的是,邱华栋的《贾奈达之城》《单筒望远镜》《骑飞鱼的人》《时间的囚徒》,就写的是近现代史中外国人在中国的生活经历。不难看出,他是非常有雄心的,这几部小说的主人公都是近代史上出现在中国的外国人,像镶嵌画一样展现在中国的屏风上,与中国发生了难忘的爱恨情仇。看来,邱华栋试图找到更高的坐标系,在全球化语境中,展示文明和文化间的冲突。

小说《骑飞鱼的人》的时间背景则远到了1860年,这是一个英国男人在战乱中寻找华裔女朋友黑玛丽的故事。《骑飞鱼的人》的情节主干取材于一个真实人物的经历。他叫林德利,曾经参加过英国海军,1859年来到香港,辞掉了海军的职务之后,来到了上海,后来又于1860年进入太平天国控制区。他认识了当时太平军的重要军事领袖忠王李秀成,得到了忠王的委任,成为太平军的战友,他和未婚妻玛丽,还有几个朋友一起参加了忠王组织和领导的多次战斗,而且相继失去了他们。1864年上半年,在太平天国运动即将覆灭的前夕,他离开了中国,回到了英国,他写了《太平天国革命亲历记》,这本书于1962年在王维周和王元化父子翻译下由中华书局上海编辑部出版。根据史料,邱华栋运用小说家的智慧,展开了无尽的想象,而且还有一种神奇的魔幻色彩:在小说中,英国人林德利骑着《山海经》中的几条飞鱼,分别出现在1860年以后中国很多历史事件的现场:英法联军焚烧圆明园、太平天国和清军的作战、李秀成被屠戮等,展现给我们无比宏阔的历史和战争场面。

"中国屏风"系列选择了近代中西交流史上最典型的三个事件。《单筒望远镜》把我们重新带入义和团运动的潮流之中，以一个法国女人阿苏尔在中国的经历再现了那场运动的复杂性；《骑飞鱼的人》则把太平天国的旌旗挂在了我们面前，在这场农民起义中，居然还有英国人林德利的参与，在他的眼中，太平军的英勇无畏和后来的腐化堕落各有呈现。《贾奈达之城》把英国人戴安娜·西普顿和丈夫艾瑞克在中国的历险翻了出来，还原了丰富的历史细节。

在小说中，作者也极力做到接近"西方人"的真实想法，对故事的设计、人物的刻画、叙述的技巧很是费了一番心思。如在《单筒望远镜》中，第一部分让主人公以写给夭折儿子书信的方式叙述，试图用书信这种方式得到读者的认同，对旧中国的脏乱、砍头等种种"恶俗"进行了奇观式的描写；第二部分是一个剧本，作者是英国人阿苏尔的钟情者普利南，作者格外用心地将剧本"作者：约翰·普利南"的字眼显著标明，试图营造一种虚构中的真实氛围，写到了义和团与传教士的激烈血腥的冲突；第三部分的叙述人又成了阿苏尔，借用的是回忆录的方式，将义和团进攻北京教堂、疯狂搜捕传教士写得格外传神，也写到了八国联军对义和团和平民的残忍杀戮，对宫殿奇珍异宝的大肆抢夺和破坏。作者在《骑飞鱼的人》后记里写到"恢复历史现场的话语，是小说家想象力展现的最佳场所"，他确实是在努力地"恢复历史现场"，其实，我们在阅读中看到的恰恰不是西方人的内心世界，而是一个中国作家对西方人的真实想象，作者在塑造每一个人物的时候，都运用了中国人的心理对其进行想象。

然而，画出"中国人眼中的西方人"或许是作者得到的意外之喜。近年来，萨义德的东方主义学说传到中国，很多学者纷纷以之为据，反对西方把中国作为一个"他者"来观看，激烈地批判西方文学中对中国丑恶的、充满偏见的"东方主义"的塑造，并连带着将国内的一些文学作品、电影批评一通，认为它们是在迎合西方人的想象，满足他们奇怪的东方趣味。人们在有点忘乎所以地批判东方主义的同时，似乎忘了另一件事：西方人不了解真实的中国，那中国人了解真实的西方吗？"西方"对我们来说是不是也是一个"他者"？如果没有"中国"作为参照，"西方"便不存在了。考察一下中国人心目中的西方人形象是非常必要，也是非常有趣的。那么，中国人眼中真实的西方人是什么样子的呢？

历史上的中国曾经长期闭关锁国，自给自足的文化使国人陶醉其中，以"世界中心"的文化姿态自居。近代以来，船坚炮利的外国人用强硬的方式打开了中国的大门，震醒了这头沉睡的"雄狮"，也打破了文化的僵滞状态。中国在一种非正常的状态下展开了与外国的交往，被欺负的屈辱感与对外国式强大的向往无奈地并存着，在很长一段时间里，外国人在中国人心中的形象是两极化的：要么是横行霸道的侵略者，要么是代表着文明、举止优雅的绅士。感情因素的参与使得理性认识的力量显得很微弱，这使中国人形成了一种固执的"偏见"。甚至到现在，这种"偏见"仍然深植在人们的无意识当中。当然，这种"偏见"在历史的发展中或许是不可避免的，是具有相当的合理性的，但"偏见"的存在影响了我们对外国的深入认识。在国际交往日益频繁的当下，在大多数中国人眼中，西方人到底是什么样子的？我们究竟应该如何理清内心的"偏见"，去认识一个真实的外国人？这一切或许都需要从晚清以降中外交往史中、从当下中国人心中去认真寻找"偏见"形成的根源和线索。邱华栋的"中国屏风"系列正是一次寻找的努力。

他更大的"野心"是，让我们深入西方人的内心深处，尽量真切地理解西方人的想法，与我们自己心中的西方人形象做一个巧妙的对比，以此使西方人的形象在我们自身的对话中得到更真实的映现。他用了一只历史的"单筒望远镜"，向西方人的内心望去，他看到的结果虽值得商讨，但他得到的却是一个中国作家心中真实的"西方"，我们也由此看到了他心中真实的"西方主义"。可以说，这些小说的确有着独特的审美经验和题材的特殊性，情节也很精彩，至少都是优美凄婉的爱情小说，其次，又达到了一种新历史主义小说的高度。而从西方人心理体验东方世界，从西方人的角度反观中国，邱华栋的这三部小说冲破了当代汉语小说视野狭窄的藩篱，将一个全新的东西方相遇的历史传奇带给了我们，使我们在历史惊人的一瞥中，看到了世界的真实裂缝。

可以说，从"中国屏风"开始，从前那个天才无畏的青年，结束了自己一段内心飘摇的历史，更加深沉、淡定，自然而又超然地走向了人生以及创作的新阶段。

据说，"中国屏风"的灵感来自邱华栋家的四扇屏风，"我经常坐在沙发上，打开这四扇屏风，凝视着上面那些穿越历史云雾的人物画像，感到一些神秘和沧桑。终于有一天，这些屏风给了我具体的灵感，我决定写这部小说"。他的第四扇"屏风"《时间的囚徒》也于2013年完成初稿,表现一个外国人在中国所经历的"右派"岁月。他说,等四本小说都出来摆在一起,就像中国屏风的四扇那样,自然天成。

龙仁青 / 鲁迅文学院第二十届高研班学员,青海省作协副主席。作品见之于《人民文学》《中国作家》《上海文学》《芳草》《章恰尔》等汉藏文刊物。出版小说集《光荣的草原》《锅庄》等,翻译出版《端智嘉经典小说选译》《居·格桑的诗》等。曾获中国汉语文学"女评委"大奖及《青海湖》文学奖、青海青年文学奖等。

作家自述

文学：故乡抑或神灵

龙仁青

那时候,仓央嘉措的诗歌还无人问津,他的名字和他的诗歌,或许只有藏学界或者藏传佛教界的少数人知道。而我有幸在那时候读到了他的诗,藏文原文,干净、简约的表述,与我当时接触到的藏文诗律学和辞藻学所提倡的对装饰性的强调大相径庭。或许就是这种不事雕饰的干净和简约吸引了我,我开始在有限的范围内搜罗他的诗歌,于是,我手中便有了青海人民出版社1980年版的《仓央嘉措情歌集》和西藏人民出版社1982年版的《仓央嘉措情歌研究资料汇编》。我痴迷、流连于他的诗歌之中,这两本书被我翻阅了不知多少次,每一张纸页上都浸润着我的汗渍我的气息。

而我在这里要说的,是我在阅读他的诗歌时的一个发现,抑或是一种感悟吧——那些直白得一如出自质朴的牧民之口的语言,却表达着诗人内心极端的纠结:精神与世俗、爱情与信仰,就那样交错于他的文字之中,那种撕心裂肺的痛、那种无可奈何的怨,使得书写着他的诗歌的那些纸页,似是浸泡在一种心绪之中,散发着一种隐忍的悲苦的光泽。在这一切的背后,却也隐藏着些许的甜美,那甜美来自诗人的故乡。当诗人那颗敏感多情的诗心在不断的纠结和错乱中,变得无着无落的时候,故乡便带着些微的水汽出现在他眼前。门隅,这样一个词汇也就会出现在他的诗歌里,似是镶嵌在他的诗歌中一枚温润的玉。我猜测,诗人每每写下这两个字,他的内心会有一种柔情渐次化开,慢慢地,让他暂时地忘却悲苦和烦恼,从那么多的纠结中走出来,喘一口气。门隅,这是诗人的故乡,意思是门巴人生活的地方,这位门巴族的少年,就这样让自己的故乡成为他内心中的一种温暖、一种慰藉。偶尔的,让自己的心超越了一切,在想象与怀念中,短暂地飞翔在自己故乡的上空。

或许,这是我对文学与故乡关系的最初的认知。

2006年,《芳草》杂志为我连续编发了两期作品特辑——对一个名不见经传的边地作家,拿出如此多的热情和页面刊发他的作品,这或许是少有的事。当时,刘老师要求我写一篇创作谈,这是我第一次写这样的文字。这篇创作谈的题目便是《文学:故乡的赞美诗》。在这篇文字里,我罗列了我的写作与故乡的种种关系,并想试图说明,赞美故乡,是我所认识到的文学的功能之一。我深知,这样的认识有失偏颇,但我宁愿坚持我的偏执和决绝。我至今深信,离开了故乡的写作,一如空中楼阁,那是无以为继的。

记得在这篇创作谈里,我引用了一首藏族牧歌:

> 世上恩重如山的,
> 是我可爱的羊儿。
> 它用皮毛温暖了我,
> 它用血肉喂养了我。
> 除了可爱的羊儿,
> 我还需要感激谁?
> 世上恩重如山的,
> 是我饱满的青稞。
> 它用糌粑强壮了我,
> 它用美酒沉醉了我。
> 除了饱满的青稞,
> 我还需要感激谁?

无论是忙碌于田野中的农夫,还是游牧于草原上的牧人,他们对故乡的认知真切而具象。正如这首朴素的牧歌所唱的那样,那羊儿,那青稞,对他们来说,有着父母般的恩泽。因此,我也相信,土地,以及土地上令我们的生命生长、延续的一切事物,都是故乡的同义词。而文学,便是怀抱着对生命的敬畏,以及因为拥有了生命而拥有了的生活、爱情、信仰的赞美和感恩,简言之,文学,就是写给故乡的赞美诗。

随着一个人的渐行渐远,故乡的外延也在不断扩大,从以前一个小小的村镇,一直到一个县、一个省,直至一个国。只要一个人走得够远,故乡的概念便会不断地扩展。而当故乡的概念扩展到国的时候,它又有了另一个同义词——祖国。

2013年,我去了北京,在鲁迅文学院学习。这是一个聆听、交流和表达的平台,是一个思考、学习、提升的平台。在这个平台上,我关于文学与故乡的认知,更加得以确认。我愈加相信,就作家个体而言,每一个作家都是他所在的地域的代言人,有责任为自己的故乡鼓与呼。这里所说的鼓与呼不仅仅是宣传意义上的,更重要的是文学意义上的。从故乡出发的文学创作一定是接地气的。我们有责任描摹我们客体的故乡,同时一个独属于个人的故乡,也会游离于具象的故乡之外,在与客体故乡的重合与碰撞中,呈现出我们文学故乡的面貌来。如此说来,文学也是我们的故乡本身。

这也从技术上体现了文学的另一功能——创作、想象、虚构。

但写作毕竟是个人的事情,除却这些关于文学与故乡的对应关系,以及纠结其中的悲欢喜乐。每每让文学直面自己内心的时候,却也发现文学之所以如此占据于心灵最温暖且最柔软的所在,令我们不舍的另一个原因是,它是对我们业已失去和错过的美好与快乐的一种虚拟的补偿。但这种补偿往往会陷入一种抵消和对抗之中,愈是想得到,却发现愈加渐行渐远,逼迫着我们不得不去洗涤心灵,净化自己,以更加真诚的态度去面对生活,面对爱情与信仰——面对真正的故乡,从而祈求文字的眷顾和恩惠。如此说来,文学其实也是自己的神灵吧。

文友印象

写龙仁青，也是写我自己
阿　来

　　动笔之前，我一直在回想，我跟这篇短文要写的这个人，第一次见面是在西宁还是在武汉。可以肯定的是，在这两个地方，我们都见过面。但先是在西宁，还是在武汉，记忆确实是模糊了。唯一可以肯定的，见面之前，已经听说过他，看过他的小说了。那是刘醒龙在其主持的《芳草》杂志上刊发了他一组短篇小说。我想，是这组用汉语写下的小说中的异质性——不只是异质性的生活，更是异质性的修辞与表达——打动了醒龙吧，所以，醒龙郑重其事地向我推荐。他说，这个人叫龙仁青，是你的同胞。

　　我对"同胞"一词是怀有警惕的。像我在自己的诗句中说过的一样，我是一个"血缘驳杂"的人，只是因为对一种文化的感情，也因为每个中国人都必须为自己选择一个族别这样一种特殊国情，我被认定为藏族。而在藏族这个族群中，一些人对我这种血统不纯正的人的加入，很多时候是不屑，更有时候是相当愤怒的。所以，对于哪些人我可以引为同胞，向来是小心谨慎的。但有人写出了有意思的小说，特别是尚未出名的人写出来的小说以某种异质性——文化上的和表达上的——对于汉语小说的表达空间有所拓展，我是很愿意拜读一番的。

　　很快，我就看到了龙仁青那组短篇小说。

　　至今还记得一篇叫作《光荣的草原》。可以说，那真是叫人耳目一新。在大多数只有人与人关系探询的汉语小说中，这篇小说却有那么多的自然的角色：青海湖、白蹄马、馒头花、芨芨草，甚至牧人的帐篷也是有表情、有动作的，既是小说的场景，也是在和主人公发生对话的小说中的角色。因此带有一股天真朴质的清新气息。王国维在《人间词话》中讨论纳兰性德为什么带给了汉语古典诗歌一股清新之气时，说其原因是："以自然之眼观物，以自然之舌言情。"而龙仁青的小说便带着这样自然天成的特点。从这个角度讲,我喜欢这样的小说,更喜欢这样的小说展示出一个小说家的特别的才能。

芳草杂志社在武汉。所以,我倾向于和龙仁青的第一次见面是在武汉。那是《芳草》杂志的一次颁奖会。长江高岸上的黄鹤楼下。我见到的他和读了小说后的想象不太相同。他身体强壮,面孔黝黑,模样敦厚,不像是一个内心敏感的人,穿着一件像"二战"时期美军军用夹克那样的近似军绿色的夹克——在我至今的印象中,除了夏天穿着一件短袖T恤外,他好像一直穿着这样的衣服。在那样一个场合中,他显得有些局促,不够自如。在那样一个场合中,我也只是适度表示了对他小说的赞赏,但没有以一个同族人的身份和他表示过多的亲密。相较于他长得相当藏族的身材与面貌,我自己都觉得自己像是一些人始终想要证明的那样,是一个冒牌货。

然后,但凡他有小说发表,我都会找来看看。再然后,就是一个夏天,在青海西宁见面。那天,我去看了一个藏药博物馆。这些年来,我自己除了青藏高原的人文观察之外,也在做些认识自然的努力。那次,我知道龙仁青除了有很好的汉语表达,还通晓藏文。除了在单位的本职工作,他用汉语写作,也在努力把一些用母语写作的藏族作家的小说翻译为汉语。之前,我曾想跟他谈,期待他的汉语的小说写作有更大的进展。但知道他同时还在做着那么多工作的时候,这个念头也就打消了。接下来的话题,就转移到我感兴趣的青藏高原的植物学。我在青藏高原观察与记录野生植物已有好些年了,常常在不同的地方,遇到人们把不同的花叫作格桑花。有些地方,格桑花是黄色的垂头菊;有些地方,是某种高山杜鹃;也有把高海拔之上的金露梅称为格桑花的……更有甚者,人们把传入青藏高原不过百年的波斯菊也叫作格桑花。那一次,龙仁青为我解答了这个疑问。他说,藏语中"格桑"是幸福的意思,在这个祈愿盛行的语境中,也是祈求或祝福之意,可以并不特指某种植物。这么轻易,他就解开了一个纠结我多年的疑问。记得当时我还特意发表一条微博。当然,我不会炫耀这是我自己的发现,我发布了龙仁青这个给了我新教益的朋友的大名。

以后,我一如既往关注他的写作,一如既往期待他在写作上有更长足的进展。见面却是有限,即便见着了,也只是在人多的场合,简单的问候,简单的闲聊,没有深入的交流。只是知道他,本职工作之外,还在认真地把汉语写作和藏文作品的汉译齐头并进着。这时,如果再向他说,多读一些有助于更深入认知我们身处其中的文化的书,多读一些有助于使我们的文学体认更精微、文学手段更丰富的书,就有些多余了。尽管,我希望他不要因过于深入自己热爱的文化与事业,而忽略了更丰富的精神与文化资源。

今年秋天,我在国外一所大学驻校写作。和那些对中国文学特别是中国的藏区文学有着许多似是而非看法的人们交流,我还以龙仁青为例,谈过青藏高原上的族群与文学实际的面貌。

也许这样的举动也构成了某种因缘,回国时刚下飞机,就接到龙仁青的邀请,希望我来为《文艺报》写一篇作家谈作家的短文章。当时,我耳边回响着刚在漫长的国际航班上读完的理查德·耶茨的短篇小说集《十一种孤独》中的一句话:"众所周知,作家写作家,很容易制造出最垃圾的文字。"但是,基于最初读他小说时的喜欢与更进一步的期待,我答应写这篇短文,并希望他再寄一些我读过的小说和未读过的小说给我。他立即就寄来了。更意外,他还特意附来一封信,对他的身份问题进行了一个特别的说明。在后殖民理论盛行的今天,在大大小小的民族主义高涨的今天,各种动机的身份甄别无处不在,而少有人意识到,这样的身份识别在某些时候,却在阻碍交流与认同——人与人的交流,族与族的交流,对更大的文化共同体的认同,对人类这个共同体的认同。

读完他的信,我对他在自己的写作之外,一直默默致力于藏文母语创作的汉译工作有了更深的理解。祝愿他在文学创作更加精进的同时,其译介工作也有更多正面的认知,更深度的文化间的交流,在消除隔阂与增进不同族群的相互理解方面,有更多的收获。借佛家的话,这或许是一桩更大的功德。

为此,我愿意把龙仁青给我对于他身份的特别说明抄在下面:

"想到您在为我写这篇文字的时候会提及我的民族,所以想给您说说我的族属问题。我父亲是青海河湟地区汉族人,母亲则是这一地区早在民国时已经完成汉化的藏族。他们于20世纪60年代中期因为生活原因去了青海湖畔的纯藏族地区讨生计,我就出生在那里。我放牧长大,从小会讲汉藏双语。我庆幸我在这样一个地区,这样一个家庭长大,这使得我从小就少有民族主义的狭隘、偏执和张扬,似乎生来就有一种人文情怀和人类视角,或许,这便是促使我去写作的最重要的原因之一。"

"青海民族众多,文化多元,我越来越欣喜地看到我的写作可能会展示出的一种可能性。这种可能性,不会受到我的族属的影响,我也不会站在任何一种族属的观念上去看待问题。所以,我更愿意把自己看成是一个在藏地生活的汉语写作者,而民族并不重要。"

这篇文章已经太长了,但我还想说:如果不是因为政策规定,需要一个人必须认定自己属于哪个民族,我也愿意自己是一个藏族人的同时,同时也是我血缘中所包含的另一个或更多的民族。用这所有血缘赋予我的多重的眼光来看待这个世界,拥抱这个世界。

读他这封短信,我感到和他文化的处境与感受如此相似,所以觉得,写他,也像在写我自己。

评家观点

面对"现代",他选择了什么
——评龙仁青的短篇小说

孟繁华

当下小说创作的全部困难,不止是作家如何面对读者的问题。事实上,无论作家是否自觉地意识到,客观上他都要面对自己与传统、与西方、与当下的对话关系。这种潜在的对话关系是一种规约,有能力回应这样规约关系的作家,才有可能在创作上游刃有余,找到属于自己的文学领地。如果是这样的话,龙仁青是这样的作家。龙仁青生于青海湖畔的纯藏族地区铁卜加草原。于是,他创作上的特点很容易让人与经验民族和出身联系起来。这是对的,丹纳在《艺术哲学》中早就论述过时代、种族、地理与艺术的关系。应该说,民族文化和边地环境,是龙仁青最初的文化记忆。任何一个作家的创作,都与他原初的文化记忆有关。因此,我们可以把龙仁青这样的出身和生活背景看作是他小说风格或特点的一个依据:他的小说简单清澈、阳光温暖。那里洋溢的草原气息随风飘荡,芬芳却也简约。但是,这只是事情的一个方面。在全球化的语境中,再也没有隐秘的角落,特别是对于作家而言。因此,对于小说呈现的特点和风格而言,既与作家的出身和生活背景有关,同时也是作家有意选择的结果。

面对"现代",龙仁青的小说选择了简约。龙仁青的小说无论情节还是人物都不复杂。但是,我们阅读时的心情却复杂无比。或者说,龙仁青在貌似简单的人物关系或人与世界的关系背后,隐含了他极为尖锐或敏锐的发现。他的小说一直有一个隐结构,这就是对"现代"的参照。"现代"是比较古代和传统的一个概念。"现代"意味着进步、发展甚至福祉。让所有的事物都进入"现代"是现代的诉求和目的。在世界的任何一个地方,"现代"几乎无处不在。比如《奥运消息》,似乎就是写一个名叫次洛的孩童由衷的欢乐——他意外地得到了一个望远镜。望远镜是一个"现代"的器物符号,它以不可思议的方式放大了外部世界,于是一切都变得奇妙无比,次洛的心情可想而知。但是,龙仁青的用意显然不止于此。他借助或"征用"了望远镜这个现代符号,表达的显然是另外的意思。我们注意到,小说开篇时,次洛起得很早,他要去牧羊,在他拿起望远镜之前,他先拿起了"乌尔恰"。"乌尔恰"是放牧用的抛石器。这个抛石器是草原文明的符号,尽管有了"现代"的望远镜,但望远镜"中看不中用",那个传统的抛石器才是次洛生活可靠的依据。两个器物的同时出现在小说中显然意味深长,这个表面上的"文化差异",是为更深层的文化差异做的铺垫。一天早上次洛通过望远镜发现了一张报纸,他追上了这张报纸时也同时抵达阿克普罗家的门口。次洛看到的报纸只是"一张大大的照片。照片上一个年轻的姑娘微笑着,一手拿着鲜花,一手还拿着一样圆圆的东西,那东西是用一条布带挂在脖子上的,就像此刻的次洛,把望远镜挂在脖子上"。次洛不懂汉语,是阿克普罗在县城工作的儿子万玛看到了一位上海姑娘陶璐娜获得了女子十米气手枪冠军,为中国奥运军团获得首枚金牌。万玛欢呼雀跃进了帐篷,手里拿着哈达奔向远方。而次洛不知发生了什么,留给他的只是"意外地睁大了眼睛"的错愕。这样一个足够重大的事件对次洛来说近在咫尺又远在天涯。作为器物的望远镜虽然足够现代,但现代却和次洛没有关系。这显然是一桩文化悲剧。这种文化差异性在龙仁青的小说中多有出现,比如歌手与录音机、摩托车与马等。在这些意象的对比中,现代与过去的紧张关系骤然凸显出来。这使龙仁青的小说在简单平和的叙事中,有一种高山凸起的千钧之力。

尽量简化的方式是龙仁青小说的基本方式之一。这种方式当然有现实依据,在地广人稀的草原上,简单的人际关系是生活的原色。但是如何在小说中完成这种关系的处理并不是一件简单的事情。《猎枪》只写了父子两个人,小说有这样一个细节:母亲披了一张羚羊皮,混在藏羚羊群中,试图活捉一只小藏羚羊,却遭到晚归的父亲的误杀。当孩子苦苦发现了猎枪,希望父亲带他去打狼时,父亲却将猎枪瞄准了兔子。苦苦难以理解父亲的举动,甚至非常愤怒。但孩子不知道的是,正是这把猎枪和狼的关系,隐藏着父亲最痛苦的记忆。《情歌手》中的歌手,自从父亲去世以后,他变得沉默寡言,从此就迷上了纯真质朴的情歌,并依此缓解他失去亲人的巨大隐痛,慰藉他心中的孤独。在一种极为简约的关系中,他的小说却流淌着一种令人心动、挥之不去的苦涩之情。那简单的生活里少有现代气息和元素,但也有现代生活稀缺的简约和单纯。简单的人际关系里,却有任何事物都不能换取的真情。比如父子、夫妻、母子的情感等,它是如此的感人而真挚。

面对"现代",龙仁青的小说选择了"过去"。龙仁青写草原、写藏地的小说之所以独特,与龙仁青小说选择的面对现实的情感方式有关。比如对"现代"的认识,在早期"底层写作"作家那里,更多的是对"现代"负面后果的痛切批判,于是小说大多是泪水涟涟苦难无边。这当然也是需要的。但是,作为文学作品,即便是批判显然也有多种方式可供选择。比如《失去家园》,写尽了草原深处的忧伤。

冬去春来,一年过去了。

农场的地里还是没有长出庄稼,远远望去,一块块切割得整齐的田地上,只有一些生命力顽强的野草在稀稀落落地生长着。开荒挖地时大量的草原植被被铲除,随着冬日劲风的来临,植被底下那一层黑土慢慢地被风干,日复一日,当黑土脱离了那些盘根错节的草根后,摇身一变,成了细细的沙土,并在风的簇拥下,开始向四周蔓延。仅仅一个冬天,以往被大片大片新开垦的土地围绕着的门仓农场,便被沙漠围了起来,让人以为是一座和某种人类文明一起被埋没在沙漠里的远古遗址。但人们根本没有从这种荒芜景象里得到某种教训和启示,他们抛弃了已经沙化了的土地,又拿着锄头和铁锨向别的处女地进发了。

"现代",常常是以不断牺牲传统的文化和自然领地为代价的。《失去家园》发现了"现代"这一问题,它的批判性显而易见。不同的是,龙仁青并没有做出一种激愤或激烈的姿态,他的批判隐含在另一种表达中:就在老刘失去心爱的二丫、肆意流窜的沙土将整个草原埋起来的讲述中,我们被深深地震撼了。还有什么比失去亲人和家园更让人痛切忧伤的呢?二丫临死之前只有一个愿望,这就是回到原来那个家,"看看长在地里的庄稼"。面对荒滩和沙漠,二丫没有画家的闲情逸致,她也不会欣赏这被扭曲的自然奇观。她心里只有家乡记忆中的庄稼,因为新开垦的农场根本就长不出庄稼。《人贩子》的故事很简单,一个地方的小学搞到一笔捐款,送来了一批桌椅板凳,本来每人有一张小桌子,不知道为什么却缺了一张,村长只好让已经分得小桌子的儿子把小桌子给了河对岸那个村民的儿子,于是,村长儿子每天去河对岸那张桌子上做作业,两个孩子也其乐融融。突然一天,洪水冲走了村长的孩子,他从桥上掉下去淹死了。孩子死后,悲痛不已的村长老婆埋怨村长,说他如果不把小桌子给了河对岸的人家,他们的孩子就会平安无事。村长尼玛于是决定为死去的孩子买一张小桌子,他要还给孩子一个愿望,也弥补自己心里的不安和缺憾。当尼玛来到城里看到身穿与自己孩子生前同样校服的孩子时,他突然想起了自己的儿子。他走到了一个孩子面前说:"你是我的儿子啊!"结果,在城里人惊恐的大呼小叫中,失去儿子的尼玛被当成了"人贩子",警察粗暴地带走了他。尼玛也是活在"过去"的人物,一旦走进"当下",尼玛的生活即刻幻灭了:没有人理解一个失去儿子的父亲心里的感受,"现代"就是如此的冷漠和惊慌失措。

面对"现代",龙仁青选择了"慢生活"。现代就是一日千里,现代就是速度。快,是现代最值得炫耀的事物之一。但是,面对现代的速度,龙仁青的小说却选择了"慢生活"。如上所述,龙仁青的小说关系极为简约,简约的关系与速度无关,有关的是作家的讲述能力。在龙仁青这里,他经常用大量的笔墨篇幅状写自然景物和风情风物。比如山河、草原、花草、帐篷,他不厌其烦。看起来似闲笔,其实是小说重要的组成部分。比如《情歌》:"层层叠叠的绿色像波浪一样翻滚着涌向远方,其间随意点缀着红的黄的蓝的白的野花。野花中最多的是那种叫馒头花的一簇簇白花,那一缕缕若有若无的淡淡芬芳就是从这花上散发出来的。草原上有牛羊群,有远远近近随意散落着的牧民的帐房。有一个关于帐房的谜语是这样说的:远看像牛粪,近看八条腿。很贴切,是个不错的谜语。"类似的文字在龙仁青的小说中比比皆是。这是一个非常传统的方法,叫作"景物描写",现在的小说很少看到景物描写,作家似乎都很急切地奔向主题。龙仁青不急不躁,他反而钟情于这个陈旧的方法,在景物状写中表达他对"慢生活"的意属和向往。对"慢生活"的理解和接受,才有可能使龙仁青的小说有散文化的倾向并富有诗意。比如他小说的题目《雪青色的洋卓花》《绛红色的山峦》《牧人次洋的夏天》等,如果说是散文的题目也完全可以。因此,表现在具体文字上,就无意识地接续了现代白话小说的抒情传统。这个抒情传统来自沈从文、孙犁、汪曾祺一脉。这一文学脉流在主流文学史的叙述中,一直不如对现实主义文学传统的评价。这与百年中国的历史处境有关,也与主流意识形态对文学功能的理解有关。20世纪80年代以后,这个传统被逐渐钩沉出来,其价值才得以在不断阐释中被发现。龙仁青显然与这个文学传统有关。但龙仁青的生活背景和文化记忆又决定了他接受的限度:他使用了抒情的形式,书写的却一定是自己的经验。

龙仁青在他的小说集《光荣的草原》后记中说:"我一直认为并坚信,作家首先要做的,就是净化和洗涤自己,使自己变得洁净、纯粹、甚至透明。作家的肉体和心灵因此要经受净化和洗涤过程中的磨难和疼痛,在一个作家的身上和心里,伤痕和孤独在所难免。"那么,如果是这样的话,我认为龙仁青的净化和洗涤自己的方式,就是不断地用简约、过去、前现代和对慢生活的接受来实现的。应该说,是现代复杂多变的生活,照亮或发现了草原和过去,是现代文明照亮或发现了龙仁青过去和记忆。有了现代,过去才有了诗意,就像城市的现代文明照亮了乡村文明一样。但是,过去或乡村是只能想象而不能经验的。用李敬泽的话说,文学的魅力就在于表达生活的"不可能性","不可能性"的诗意和理想化感动了我们,于是成了我们共同的想象。因此,龙仁青讲述这些故事,并不是要我们回到那种生活——那既不必要也不可能,而是希望我们能拥有憧憬、怀念那种生活状态的心境,并不是一味地前赴后继唯恐落于人后。读龙仁青的小说,特别容易想到席慕蓉的《父亲的草原母亲的河》,想起张承志某些作品的忧伤或愁绪。那里有赞美、有怀念,但更多的是一览无余的诚恳和眷恋。

钟求是 / 鲁迅文学院第三届高研班学员,现供职于江南杂志社。曾在《收获》《人民文学》《当代》《十月》等刊物发表小说多篇,出版小说集《零年代》《两个人的电影》《谢雨的大学》《给我一个借口》《我的逃亡日子》等。作品获《小说月报》百花奖、《中篇小说选刊》优秀中篇小说奖、《十月》文学奖、浙江省优秀文学作品奖等。

作家自述

在孤独中回望
钟求是

1984年夏天我大学毕业,像是进入了一个传说。我先到神秘的特殊单位报到,随后去一所刚开张的训练基地接受培训。我学习了各种专业科目,见到了中共情报史上的几位传奇人物,当然也听到了"站着进来,躺着出去"的训令。从这里出发,我在隐蔽领域一年一年地走着,一直干了15年。从年龄上说,这是掺着我青春精华的一段时光。15年后,我没有躺着出去,而是离开娘家似的走出去,改行做了作家。之后许多年,这段经历被扎紧了封口,我没有对此写一个字,即使在谍战小说风行的年份。这不仅是保密的缘故,也因为我还没准备好。

最近,我终于写了一个有关隐蔽单位的中篇小说。但从起笔始,我就没打算往谍战小说上倚靠。我对《人民文学》责编杨泥说:我不想凑流行写作的热闹,这篇小说不是间谍小说,我只是想讲述一个人的孤独故事。

现在想想,到目前为止我这一生只干了两件事情:一是对外情报工作,二是写小说。这两件事情虽然差着一丈远,但从基本技能上说,都是琢磨人的内心,都是在困局中设法走出好棋。更重要的是,两者均处于一种状态,即孤独。

情报工作的孤独在于自我隐蔽。在什么单位公干,做些什么事,接触哪些人,获取哪些成绩,都不能传达给亲友。在与工作对象相处时,外面的世界更是不能接通的。所有知道的事情都化为秘密,无声无息地滞留在心中。这样的内心,自然不可以启开门缝,也不可以被别人打探。

写小说的孤独在于游离当下。写作的时候,必须独自坐在桌前面对所有问题,包括故事的构建、语言的定调、叙述的弹力和意义的生长,没有一个人能真正帮得了你。更要紧的是,必须时时和作品中的人物待在一起,与他们一起经历痛苦和欢乐、死亡和新生。在这个时候,你就没法分出心力与周围的人混在一起,你与物状的现实是脱离的。

正是靠着孤独的接力,我打通了人生的两个阶段。同时,情报工作培养的开放视野、探究对手内心和绝不绕过困难点的态度,仍然能助推我在小说写作中发力。离开特殊岗位的14年中,我写下了不算多但也不算少的文字。如果盘点一下,这些文字大约码起了两类内容:一类是社会边缘人,一类是死亡与爱情。

我对边缘人的关注没有理由也没有计划,我只是听从内心的指引一路走去,然后遇到了一个接一个平淡又特别的人。《当代》青年编辑石一枫有一次跟我说,某天他参加一个活动与几位美国作家交流,其中一位说是擅长写边缘人,当时他脑子一闪想起了我,他认为我是擅长写边缘人的中国作家。我想了想,觉得石一枫说得对。这些年中,我写过背尸工、酒徒、聋哑人、残废卧床者、同性恋者、乳房切除女、自闭症孩子、抑郁症女人、口吃者、相貌丑陋少女、性物不举男、先天智障者、小偷、乞讨者等等,当然还有更多身份普通的小人物,他们本来散布在社会的各个角落,互不相干互不打量,现在却因为我的文字聚集在了一起。他们愿意跟我一块儿待着,是因为我视他们为平等的朋友,而且我在他们心里见到了正常的共性的情感。

对于死亡我并不迷恋,但生死乃常态世事,任何一个作家都不能轻易避开。我曾对一些作家朋友说,你去算一算自己到底写死了多少人,每回都是怎么个死法,也许会觉得有点意思。话这么说了,我自己从没有试过。每个死亡者奔向死亡,一定有自己的理由或逻辑,即使在文字中。把他们玩笑似的统计出来,说到底不是一件有趣的事情。关于爱情和爱情中的女人,我的生活资本并不充足,但我是个真诚和细心的叙述者。在此过程中,我表现出了足够的同情心。跟生活中许多女人一样,小说中的女人也不时遇到快活,但更多的是遇到烦心和苦难。她们常常要花很大的气力去抵挡世俗的进攻和时间的逼迫,她们常常一个人在作战,她们常常势单力薄。在这个时候,我毫不含糊地用文字支援了她们。

我要说,我所有的故事和故事中所有的人物都是在回望中诞生成长的。一部作品的写作,其实就是写作者以孤单之身踏上回故乡之路。这个故乡不仅是我曾生活过的小镇,也不仅是我曾工作过的城市,更是我曾经历过的年月。对一个作家而言,所有远去的日子都是故乡,往这故乡深处走进去,就能找到熟悉的气味、熟悉的情感和熟悉的朋友。我在孤独中一次次走向昔日的时光,一边东张西望一边复习生活，真的为自己赚回了岁月。

我赚回的岁月还可以匀给别人。这个别人可定义为一群人或者某个人。当某个人在下班时间离开堆满繁杂文件的办公室，去赴一个热闹且无主题的餐会，喝了一些酒，说了许多话，然后疲惫地回家进门，一个人坐到沙发上，这个时候他感到了孤独，前所未有的孤独。恰巧在此刻，他的目光碰到了茶几上的一本文学杂志。他伸手抓到眼前看起来，他的内心终于得到了安静，开始沿着文学搭建的道路一步一步走进往日时间，而且生出久违了的感动和欢快。此时，同样生出感动和欢快的一定还有另外一个人，就是以作者名字的形式坐在杂志纸页上的我。

文友印象

求是实事
乔　叶

想起钟求是,浮在我脑子里的第一个念头就是:我和他认识10年了,真快。余华曾经在一篇名为《关于时间的感受》的随笔里以颇有些撒娇的语气这样写道:"这是时间对我们的迫害,同样的距离,展望时是那么漫长,回忆时却如此短暂。"——我也是广大被迫害者中的一员。为了不让自己不爽,也为了让自己少发那些矫情的感叹,平时我有意回避这种被迫害的感觉。但是迫害就是迫害,不是你想回避就能回避得了啊。

2004年春天,我和钟求是相识于鲁迅文学院第三届高研班,在一起同学了四个半月。理论上是四个半月,除去节假日、课休和私人时间,我估计同学们实际上在一起也就两个月左右,尤其是男女生不在一个楼层,相处也就更少。不过我窃以为钟求是应是和我相处时间最长的几个男生之一,这么说的根据只有一个:我和他都常常待在电脑房里。那时候的鲁院还在东八里庄,最高层五楼除了大教室就是电脑室。我至今也不明白为什么不把电脑分配进每个人的宿舍而是集中在电脑房里,反正很多同学都有笔记本电脑,去电脑房的没有多少,寂静得很。我和钟求是常常一前一后坐着,啪啪啪地打着键盘,偶尔休息的时候,就说一会儿话。多半是我找他说话,他一直都很安静,话不多,和女同学的话就更少,我若不主动,他恐怕连一句话都没有。我那时候刚开始学写中短篇小说,特别喜欢兴致勃勃地和人讨论分析小说问题,逮住一个人就问啊说啊,很多同学都受过我的折磨,钟求是就是其中之一。但他从不嘲笑和敷衍我的幼稚懵懂,总是非常认真地解答,诚挚恳切,字斟句酌。不知道为什么,他的忠厚模样总会让我偶尔起一些小小的坏心,想要逗逗他,于是就故意挑一些古怪刁钻的问题和他理论,他回答吃力起来,不免有些磕磕巴巴,红头涨脸,其憨态可掬。末了往往是他淡淡一笑,不再说话。然后我们就继续坐在各自的电脑前,啪啪啪地打着键盘。电脑房里除了我们打键盘的声音就是灯管的滋滋声。——前两天整理书架,发现了他的小说集《我的逃亡日子》,打开签名页,原以为会是他的签名,没想到却是我的。我歪歪扭扭地写着:乔叶,2004年6月。想来肯定是我让他签他不肯,我就签上了自己的。真是无厘头得很。

2004年7月,高研班结业,他回温州,我回郑州。各居一州,杳无音讯。和钟求是再度联系是在两三年前,他出任《江南》副主编,而我的中篇小说《最慢的是活着》获得了《江南》主办的郁达夫小说奖。我前去领奖,和他自然相见甚欢。之后他又频频向我约稿,电话和短信里都称我为"乔妹",亲切非常。恰逢我也兼职《散文选刊》的副主编,选刊虽然比不上原创刊物辛苦,却也勉强和他算得上同道之谊,于是隔三岔五便互通消息。我要充满敬意地说:他实在是个非常尽职的编辑,一直尽心尽力地向我催稿。而我一直欠着他的稿债。很抱歉。

作家去做编辑,最让人担心的事就是耽误创作,好在他没有。《皈依》《右岸》《送话》《第二种诉说》……他的小说一部一部结结实实地呈现在众人的视野里。听闻他的第一个长篇小说《零年代》获得了"《当代》文学拉力赛"冠军,又听闻他近期获得《小说月报》百花奖、《十月》文学奖等,我真是非常非常为他高兴。借用他的小说《我的逃亡日子》里的一句话"在很多时候,我的力气总是小于愿望",我觉得,在很多时候,他得到的评价总是小于他的作品。好在文学的本质是长跑,而钟求是无疑是经得住长跑考验的人。

同学时候读求是的小说,觉得线条也许太过简白,稍显瘦硬,不过读他近年来的新作,这些感觉已经荡然无存。让我特别意外的一点,就是他特别懂女人。《零年代》里的林心,女人的好,女人的爱,女人的愁,女人的怨,女人的疼,女人的狠……他的笔触是那么妩媚、柔软、细腻和体贴,简直是顺着女人心里最微妙的褶皱在流动。《两个人的电影》里,昆生和若梅的情感那么丰满,那么湿润,那么恒久、倔强和纯净,那么旧又那么新,同时又那么撕心裂肺。还有《谢雨的大学》里的谢雨,她的故事如此难堪和决绝,让人心碎。而这心碎又是因了平常,因我们人人都是日子中的粉尘……看着看着,我就会倏尔一惊。同学时候的钟求是是那么淡静呆板,无甚意趣。这些小说却出卖了钟求是的底细:他原来是这样的。我忽然相信了他曾经是特工的传说。他用淡静呆板做掩护,稳稳地把自己潜伏在了生活中,又悄悄地把他发现的秘密一五一十地汇报给了他的小说——他的外在是一道坚实堤岸,严丝合缝地保护着他的内秀,在小说世界里开出一片缤纷烂漫的姹紫嫣红。小说让他深藏的风情有了摇曳的舞台,这个舞台上的所有剧目,他都是别无选择的导演。

当然,作为特工,因为知晓太多的残酷,他的小说便也常常展示出特工的残酷:《未完成的夏天》里大真在偷窥事件后的惨烈命运,《远离天堂的日子》里把醉酒的父亲钉在棺材里的孩子,还有那个尖刀般的短篇《残酷》,里面的凛凛寒光让我浑身发冷……读着这些残酷,我仿佛听见了钟求是的声声叹息:都是可怜的人啊,都是可怜的人。

作为一个看够了底牌的人,钟求是知道这个世界无论怎么抓都是一手烂牌。可是他小心翼翼满怀慈悲地打着手中的牌。他面带微笑,心含泪水,目光平和,下笔如针。

评家观点

从时空上追寻文学的踪迹
——读钟求是的小说

贺绍俊

钟求是曾说过他走上文学之路的缘由是一位同事的突然离世,使他对人生意义充满了疑义。他不断地追问人生意义,同时他又觉得只有小说才适合将他的追问表达出来,于是他就有了写小说的冲动,这就有了1993年他写的第一篇小说《诗人匈牙利之死》。这篇小说探讨的是死亡的不确定性。钟求是似乎从此就将自己的目光锁定在不确定性上,他寻找和追问这个世界的不确定性。从此,不确定性倒像是一个影子,伴随着钟求是的写作,也就是说不确定性几乎成了他判断世界的基本原则。因此他总是挑战常态,以一种逆反思维去重新认识人物和事物,由此我相信钟求是应该是一个怀疑主义者,他不会轻易相信任何一种真理和真相,这使他的小说始终与公共性和时尚性保持着游离的状态。于是他就看到了被时尚性所遮蔽、被公共性所忽略的东西。他就是以这些东西建构起了小说世界。

今天再来读他写于10年前的成名作《谢雨的大学》,仍然会感到其思想的冲击力,这种思想冲击力在当时还不容易被人们感受到,只是随着时间的发酵,作者对于现实的不确定性的发现才逐渐从故事的内核里突破出来。故事内容大致是:在20世纪80年代,参加边境战争的英雄战士单相思地爱上了曾经的邻居大学生谢雨,最终强暴了谢雨。谢雨虽然恨这个英雄战士,但她决定为牺牲在战场上的英雄战士生下孩子,最后她带着孩子隐匿在家乡。大学生活、英雄战士,应该是20世纪80年代文学中的主色调,但钟求是以一种反常态的方式涂抹了这些主色调。小说的反常态处理在当时引起反响。当年我读这篇小说,首先也是被这种反常态所吸引,但当时并没有太在意其思想的反思性。我以为,这篇小说是对20世纪80年代的英雄主义狂热所进行的反思,但这种反思并没有循着

20世纪90年代的文化思路,以二元对立的方式去对英雄主义进行颠覆式的否定,而是对英雄进行了重新阐释。这种重新阐释是在谢雨身上得以实现的。一方面钟求是对于现实中的英雄主义狂热很不信任,但他所不信任的并不是英雄主义本身,而是英雄主义的呈现方式。就如小说所表现的那样,对于周北极这个战士在战场上的行为,他仍然将其看成是英雄式的行为,但他嘲笑了人们为树立周北极这个英雄形象所做的举动。钟求是似乎担心读者不能从故事里领会到他的看法,因而要在故事的结尾加上一个"附录",他以作者回答记者提问的方式直接表达了他对80年代英雄主义的清算:"所谓的英雄就会被放大变形,成为政治的调味品。"但钟求是的另外一层深意使他非得加上这个看似多余的"附录",他要为谢雨安放一个去处。其实在谢雨身上,钟求是寄寓了自己对英雄的理解。他以为,真正支撑80年代精神的应该是谢雨这样的默默坚守自己原则行事的人,但这样的人物却被遗忘了,他要为20世纪80年代真正的英雄"表达一种歉意",这才是他写这篇小说的根本目的。

在钟求是的眼里,现实社会是充满着不确定性的,但仅仅用不确定性来描述钟求是并不全面。因为不确定性往往会带来相对主义的立场,尽管钟求是是一名怀疑主义者,但他绝对不是一名相对主义者,在他的文学世界里,有一些东西是他始终坚守的,他也许骨子里非常固执,从这一点来看,在他的不确定性背后又有着某些确定性的东西。这些确定性的东西在他的小说里便转化为一些固定的意象,这些固定的意象会时不时地在他的思绪里浮现出来,嵌入到他的故事情节里。在这篇文章里,我想专门拎出电影院和孩子这两个意象来谈,它们分别指涉了钟求是在空间和时间上的追求,由此,我们可以从时空上寻找到钟求是的文学踪迹。

空间感:电影院

在钟求是的小说里,电影院是一个非常关键的意象。在他的长篇小说《零年代》里,赵伏文与林心的恋爱就是在电影院里发展起来的。他们不约而同地来看一场白天的电影。当林心决定与赵伏文建立恋爱关系后,她提出的第一个要求就是给她一张电影票。大概在钟求是的想象里,电影院是一个适合传达爱情的中介处。最早演绎电影院爱情的小说大概是《给我一个借口》,吴起在咖啡馆里相亲,根本没有引起崔小忆的好感,接下来他约崔小忆看电影,黑暗的电影院里吴起放纵了自己的欲望,崔小忆也在黑暗中觉醒到"是该找个人嫁了"。后来钟求是又在电影院里酝酿了一场波澜壮阔的爱情,这就是中篇小说《两个人的电影》。昆生与邻居少妇若梅相互之间都有好感,相约一起去看一场电影,未承想这次看电影竟导致了昆生的3年监狱生活。出狱后,两人天各一方,却共同怀有一个看电影的情结,不约而同地在他们第一次看电影的日子去了同一个剧院看电影。从此他们相约每一年都要在这一天一起看一场电影。虽然每年只有这一天才会在一起,但因为有了这一天,他们的精神和情感才多了温暖和忧伤,多了期待和怀想。

钟求是有一支温润的笔,很适合书写美丽的爱情,他的小说多半都会涉及爱情和婚姻生活,但很少像《两个人的电影》这样写得如此的温柔和纯净。原因就在于,当钟求是把人物置于现实环境中时,爱情和婚姻生活就变得猥琐和龌龊,结局往往是惨烈的。如《雪房子》里,雪丹嫁给集丘,在昆城人看来应该是很美满的一对了,但婚后的雪丹并不快乐,最终她跳楼自杀了。在《一生有你》里,唐民与邱静的爱情不乏浪漫,但当一个智障的孩子出生以后,爱情的脆弱性马上就显露出来,唐民竟放弃父亲和丈夫的责任逃遁了;邱静后来与老克的关系则基本上是一种情欲的关系。而在《两个人的电影》里,钟求是将昆生和若梅的爱情设置在电影院里,就与现实完全隔绝,电影院成为他们两人的情感天地。走出电影院,他们也摆脱不了现实的烦恼、生活的芜杂。

解梦的书上说,梦见电影院是因为有了逃避现实的念头。这个解释似乎很吻合钟求是的实际。电影院是一个适宜将自己保护起来的空间,在这个空间里,自我不会受到别人的干扰。钟求是把自己的文学世界构建在电影院里,是因为他要从现实中逃离出来。钟求是曾写过一篇创作谈,题目就是《写作是一种逃离》。事实上他一直保持着逃离的姿态,因此不妨将他的小说都看成是他在自己的电影院里所进行的文学叙述。他的小说里经常会出现一些封闭性的空间,这些空间都可以看成是电影院的变形。如《最童话》里,李约的爱人左岚出车祸死去,李约为了与爱人延续爱情,便定期去拍下爱人的双胞胎姐妹右岚的照片,他就这样与影集里的爱人一起过日子。这分明是一个完全属于李约个人的电影院了。耐人寻味的是,爱人左岚的死也与电影院有关,她是在去电影院买票时被汽车撞死的。于是我为钟求是创造了一个新的词语：电影院式的观影叙述。电影院的黑暗和热闹为钟求是提供了叙述上的快感。人们坐在电影院的黑暗环境里观看电影，黑暗让观众超脱现实世界的一切，也可以暂时地忘却自己，全身心地进入屏幕上的世界里。电影院里的银幕是热闹的，仿佛是一个变幻万千的世界，但这个热闹与己无关。钟求是仿佛坐在电影院里观察现实，他藏在黑暗中，却让他的叙述对象处在强光的映照下。另外，电影院的观影叙述还是一种非现实的叙述。电影院造成一种与现实隔离的场景，坐在电影院里的观众都清楚银幕上的故事与自己身边的现实毫无关系。钟求是在叙述中正是要追求这样一种非现实的效果。

时间意识：孩子

钟求是所写的孩子也是值得讨论的一个意象。作家笔下的孩子往往融入了自我的童年记忆和经验，以此推衍到钟求是的小说中，就会发现，钟求是的童年记忆并不是美好的。他几乎没有写过可爱的孩子。他写的孩子要么淘气使坏，让人可气；要么身心不健康，让人可怜。《未完成的夏天》是一篇让人战栗的作品。一个正是青春绽放的女孩大真，因为一次窥视事件，以致精神崩溃，溺水而亡。在大真的悲剧过程中，始终有一个孩子在起作用。10岁的王红旗将五一爷引向那个罪孽的小洞，才有了大真的悲剧。钟求是有一股狠劲，敢于把孩子的坏作用推向极致。他写到一个细节，一群孩子当着大真的面，将一只小狗扔进水缸里，叫着"光身子洗澡"，正是这个细节让大真的精神彻底崩溃。钟求是对于孩子的狠劲在《远离天堂的日子》里得到充分的表现。在这篇写父子关系的小说里，十几岁的儿子竟然把父亲关进了棺材里。细细体味钟求是笔下的孩子，这些孩子实际上是他特意安排来给现实捣乱的。孩子说到底是天真无邪的，他们即使做了错事，也与大人做错事不一样，因为他们并没有邪恶的动机和目的。钟求是对于现实的失望折射到了孩子身上，从一定意义上说，他是把孩子看成上帝派来的使者，当然使者拿着的不是玫瑰，而是拿着蛇来诱惑人们。

反过来说，大人们觉得孩子干扰了他们的生活，因此对于孩子也是厌恶的。在钟求是的小说中，两代人的关系多半是冷漠、紧张，甚至是对立的。《你的影子无处不在》里，父亲杀死傻儿子，见梅要为弟弟报仇又杀死了自己的父亲。而负疚的见梅又千方百计地去寻找父亲移植到别人身上的心脏。在我所读过的关于血缘伦理的小说中,还没有像钟求是如此尖锐而险峻的处置方式。孩子的叙述中包含着时间意识,在钟求是的时间意识中,时间序列是断裂的,他以回望的姿态,对于时间的起点心向往之,因为现实是处在时间的现在时,他认为现实并没有循着时间的起点正常演绎过来。由时间序列的思考,自然就会引出血缘关系的问题,血缘的延续也就意味着时间的延续。既然时间序列是断裂的,那么就自然会带来血缘上的焦虑。钟求是在小说中多次写到血缘上的焦虑。如自己无法生育,要寻找代孕或者做试管婴儿手术,如要不要将非婚的孩子生出来,如能不能接受一个不完美的后代,等等。在长篇小说《零年代》里,钟求是集中表达了他对血缘的焦虑。林心这个纯情的女性,可以说就是被血缘的焦虑杀伐的。小说由血缘的焦虑还推衍出生命尊严和生命成长的主题。

对于一代人来说,时间的起点也就是生命诞生的那一刻。这大概就是钟求是为什么经常写到生命和生育的原因吧。《远离天堂的日子》若从钟求是的深层意识来追究的话,也许是一篇象征性的小说。孩子对于父辈的反叛也意味着对现实的不满。儿子把父亲关进了棺材,不就是象征着要把一个不能给人带来幸福的现实埋葬吗?儿子最后写了一篇作文,表达了他的愿望,一方面他不满现在的父亲,另一方面他怀念曾经对他好的以前的父亲。这种怀念既指涉时间,也指涉空间。在空间上,钟求是回到了他的电影院里。儿子在作文中写到,他最留恋的是小时候父亲带他去看电影,"一会儿看看银幕上的人,一会儿看看周围比我矮的人,心里很快乐"。这也说明,钟求是的时间意识与他的空间感是完全重叠的,无论是时间上还是空间上,钟求是都采取一种逃离的姿态,从时间上逃离现在时的现实,从空间上逃离物质化的现实。

钟求是笔下的现实是灰色的,阴郁的,沉重的,刺痛的。但他的小说并不是灰蒙蒙的基调。原因很简单,因为他无论是在空间上还是在时间上都确定了自己的制高点,他不会陷入灰色的现实之中。在他的制高点上,纯净的情感得到了最大的礼赞。钟求是非常善于写情感。他的叙述明显有两支笔。他写现实时十分冷峻,笔像一把锋利的刀,不动声色地划出血痕,因此会有评论家用残酷来形容钟求是的叙述。而他写美好情感时,他的笔变得格外温柔、细腻。如《两个人的电影》,小说充满了诗意,钟求是小心地从现实的芜杂中将诗意剥离出来,创造出一个"文学的现实"来,这是一种文学的审美,整篇小说非常干净,文字是干净的,情感是干净的,让读者阅读起来有一种清洁舒服的感受。如《右岸》,这是一篇写同性恋的小说,在钟求是眼里,人类的任何一种爱都是值得怜惜的。他认为那些女孩子们的同性恋"或者惊涛拍岸,或者小桥流水,说的都是一个女人滋润另一个女人的故事"。一个男性作家,把女性之间的爱理解成"一个女人滋润另一个女人","滋润"一词用的是那么的贴切,又是那么的透彻。

精神性则是钟求是的制高点的重要内涵。如《送话》就是从一个非常极端的处境去表现精神性的。小说写了女法警王琪第一次执行注射死刑的遭遇。她所处决的死刑犯叶枣在临终前向王琪提出了一个请求,请她给他的母亲送去一句话,"就说我对不起她",那时叶枣的母亲已经到灵云寺修行了。王琪开始并没有太在意死刑犯的请求,但她在以后的日子里感到心里有些"空",于是趁一次周末去寻访叶枣的母亲。虽然最终她没有见到叶枣的母亲,但她借一只放生的鸟儿,送出了她要捎给一位老人的话。她对鸟儿说,她要捎"对不起"这句话,不是为别人捎的,而是为自己捎的。与其说王琪是为自己说对不起,而不如说她是在为社会以及法律说对不起。因为她在与死刑犯叶枣的简短的接触中,发现他并不是天生就是恶的,他的内心深处还留着柔软的东西,可是我们的社会以及法律为什么不能阻止他朝着恶的方向走呢?而叶枣的母亲因为自己的儿子成了死刑犯,才躲进寺庙寻求心灵的抚慰,那么我们的社会为什么不能去抚慰一位老人受伤的心呢?这一切都指向了精神性的问题。我们从小说里读到了作者钟求是内心的愧疚,其实是作者在放飞一只鸟儿,鸟儿衔着作者的一声"对不起"飞向了蓝天。作者也许要说,文学应该给人们带来更多的精神抚慰,否则文学就对不起人类的明天。

逃离中的钟求是不是会感到孤独呢?他最新的一篇小说《我的对手》也许回答了这个问题,小说似乎是他的心灵自白,主人公的间谍身份也暗合了他早年的工作经历。小说最后就落在"孤独"这个词上。事实上,任何一个追问精神的作家,都应该有一种孤独感。但对于钟求是来说,难得的是,他即使孤独也不会后悔,因为他对自己的文学世界充满了自信心,他相信文学的力量。如同他的小说《雪是最白的纸片》,就是以文学的力量来构思的。春子是一个长得很丑的女子,但她爱写诗。虽然人们嘲笑一张没有诗意的脸怎么老跟诗纠缠在一起,但她相信自己的诗。有一天,她为冬生读诗,诗歌让冬生看见了最白的雪花和透明的诗句。"雪是最白的纸片……洁白的诗句很快会飘满你周围四处",这就是钟求是对于文学世界的想象。我也相信,钟求是所有的文字都将变成装点我们这个世界的雪花。

弋舟 / 鲁迅文学院第十四届高研班学员,有多部小说发表于文学刊物或被选刊转载并辑入年选,著有长篇小说《跛足之年》《蝌蚪》《战事》《春秋误》,中短篇小说集《我们的底牌》等。作品入选中国小说学会年度排行榜、当代中国文学最新作品排行榜。曾获第七届鲁迅文学奖,《小说选刊》年度奖,第二、第三、第四届黄河文学奖中短篇小说一等奖,第六、第七届敦煌文艺奖等。

作家自述

虚构时刻

弋 舟

总是无从回避,总是要反复回答——我们的写作与栖身之地的关系。

我的祖籍是江苏,父辈来到了西北,而我,比父亲往西北跑得更西北了一些。归纳一下的话,我们两代人的生命,便是一条离故土越来越远的轨迹。如果我们承认,当我们以一种地理意义上的版图来约定文学时,里面的确首先预判了某种必然的"故土原则",那么,一旦我被纳入这种约定,就必然感到莫名的尴尬——我没有故乡。因此,即便"身在西部的作家所创作的文学",这个"西部文学"中最被忽视,乃至只是为了概念的完备才勉为其难需要罗列进去的指标,将我的写作也一网打尽时,我依然会不由自主地想要与之分辩。这并不是委婉的抱怨,而是我所面临的问题,在表达之时,天然就会有这种"不甘于"的腔调。实际上,作为一个小说家,对此我非但不抱怨,在某种意义上,还充满了欣悦。一个没有故乡的人,被扔进"故乡言说"的强大语境里,这一点,在煎熬着我的同时,也恰恰助力在我具体的写作当中。

本雅明对于讲故事的人和小说家之间的差别做出过这样的区分:"讲故事的人取材于自己亲历或道听途说的经验,然后把这种经验转化为听故事人的经验。小说家则闭门独处,小说诞生于离群索居的个人……囿于生活之繁复丰盈而又要呈现这丰盈,小说显示了生命深刻的困惑。"我们今天所说的"西部文学",里面的确强烈地以"经验"作为基本指标,当理论以"西部作家身在西部"这一"经验"要求,来剖析西部文学的时候,必然更多地以一种"西部经验"来期待西部作家。这种期待即便不是赤裸裸的,起码也是潜在的。以"西部文学"这个今天似乎已经约定俗成的概念而论,它就是在说:西部作家务必去表达西部的山川风貌、世态炎凉。先不论这种要求是否蛮横,至少,它是将文学之事狭窄化了,而小说家,在本雅明那里,恰恰该是一位自觉地抵抗乃至瓦解这种"经验"的人——他从物理、地理意义上的现场退后,从理论的现场退后,将自己孤立于"故乡乃至理论的要求"之外,从而使自己成为一个"得不到别人的忠告,也不能向别人提出忠告的孤独的个人"。

理论试图最大限度地去涵盖研究对象;研究对象则努力最大限度地游离出去。这种博弈般的互动,如果促发出良性的力量,那么双方均可因此收获体面的教养。只有动力与反动力之间有效地作用于对方,才是积极的、可堪期待的态势。在这个意义上,身在西部的作家对于"西部文学"的"反动",张弛之间,此起彼伏,也许恰恰才是双方的福音。可是,"反动"何其难。尤其在创作基本上被评论任意涂抹与褒奖的语境中,西部作家想要焕发出"反动"的勇气,的确尤为艰难。这种艰难,其一,源自理论的强悍,其二,当然源自被评论者的孱弱。这种孱弱更大的根源在于,被评论者首先尝到了被涂抹的甜头。西部作家在"西部文学"的理论要求下,配合这种理论的趣味乃至利益,养成自己的趣味乃至分享利益,足以使其丧失"反动"的动力,与理论达成某种共谋与依附的关系。

在这一点上,我自认,我这位没有故乡的"西部作家",恰恰因此被迫得以维护住了一个小说家应有的立场和自我期许。即便我有志于书写"西部经验",我也会被自己的情感阻拦;如果让我貌似热情地去描摹符合"西部文学"所预期的"西部经验",我只会感到羞愧。因为,我真的并不具备这个理论所要求的那种内在的"故乡情感"。这种羞愧必然使得我丧失一个西部作家显而易见的那种利益优势,丧失那种相对容易的叙述策略,但是,它在让我焦灼的同时,必定又敦促我走向那条本雅明所说的"小说的诞生地是离群索居的个人"之路。

我的长篇小说《蝌蚪》肇始于兰州作家习习的一篇散文,她在那篇散文的开头写道:十里店经常会有陌生的面孔出现。因为是熟稔的老友,我跟习习说:这个开头,可以拉开架势,就此写出一部长篇小说。此言于我,确有恳切的一面。十里店经常会有陌生的面孔出现——首先,从小说的方法论上讲,这句话千真万确,够得上是一个好的起势;其次,就这句话的内在况味而言,它还在一瞬间唤起了我那似是而非的乡愁。习习是土生土长的兰州人,在她的笔下,"十里店"是一个地理意义上的实指。现在我想,当日我信口开河,不过是因了一个"寄居者"、一个写小说的家伙,对于习习拥有这种地理意义上的实指,并可借此言说,而产生出羡慕嫉妒恨。"十里店"对于习习而言,可以视为故乡一般的立足点,起码,在那块地图上找得到的巴掌之地生活战斗过后,她储备了来日写作的一小部分资源,并且能够以一种"真"的、"散文式"的、符合"西部文学"规则的态度来还原过往的经验。而这些,对于我却是宿命一般的阙如。不是说我从来御风而行,不曾落脚于某块"十里店";也不是说我胆敢轻视散文这一文体,认为其"真"可疑;更不是说"西部文学"完全大而无当。是说,这世界之所以千姿百态乃至千奇百怪,恰是因为大部分逻辑针对某些具体而微的生命时,往往便骇然失效,而这失效的一刻,辩难迎面,小说捕捉起来却最为合宜。

我的每一天都是在西部、在某块实在的"十里店"度过的(事实上,我一度栖身的那座学院,便与习习的"十里店"近在咫尺),但无论幸与不幸,在"西部""十里店"或者"故乡"这个逻辑命题上,我就是被扔进了"具体而微的生命"中的一个。我没有故乡,不断被放逐与自我放逐。这就是我一切怕和爱的根源。我想说的是,"没有故乡",毕生面对的大多是逻辑失效的那一刻,才是我在西部选择了小说这门艺术的根本动因。

我常常以己度人,认为小说家每一笔动人的书写,大约都该源于自己的"没有"和"失效"。因为"没有",所以虚构,因为"没有",所以矜重地自欺欺人,以此让盼望炽烈和成为可能;同样,因为经年在"失效"的逻辑面前肃立,小说家才动手在自己的作品中再造另外的逻辑,以此给自己一个"有效"的立场,让自己不再显得那么勉强和荒唐。写作部分地满足了我对于自己阙如的"故乡"的杜撰,当我以小说的方式勾勒出一个个"十里店"这样的空间时,我便充分感受到了唯有写作之事才能给予我的那种象征性的慰藉。于是,小说的逻辑建立起来了,徜徉其间,我宛如回到了故乡,觉得自己就是一个合理的人,一个不尴尬,跟谁都能交代得过去的人。

我在《蝌蚪》的第一句中如是写道:"十里店被山环抱着……"拉出山来壮胆,我不过是想显得更加理直气壮,想将一切泡影写得更具说服力;不过是想把饼画得更可充饥。因为我从来知道并且信赖,艺术所能给予人的安慰,正是在这样的虚构时刻。

文友印象

完美主义者的悲凉和先锋者的慨然从容

张 楚

如果没有记错,我们第一次喝酒是2010年春。北方最艳丽的季节,弋舟在鲁迅文学院读书。那是我第一次见到他——穿件灰色对襟中式上衣,丰神俊朗,看起来像位沉默的太极拳高手。一同前往的荣书买了两瓶牛栏山二锅头。我向来只喝啤酒。弋舟就拿了两个酒杯,不慌不忙倒了杯二锅头,又倒了杯燕京啤酒。那是顿多么让人难以忘怀的午餐。这个长相单薄、名唤弋舟的兰州人,跟我灌一杯啤酒,再跟荣书酌口白酒,或刚同荣书喝了口白酒,又向我颔首举起硕大的玻璃杯……这是个酒桌上不喜欢噪舌的人。他端起酒杯安然地看着你,然后一饮而尽。

那是荣书多年来唯一的一次醉酒,在鲁院漫长的午后昏睡成为他日后时常困惑的事件之一。以他平日的酒量断然不会如此轻易醉倒。那么唯一的可能性就是,弋舟类似表演性质的喝酒方式让荣书,或是让在座的诸位都被催眠了……

那天晚上继续喝酒,隐约记得还有刘庆邦老师,建东、东篱、魏微、周晓枫等诸友。弋舟稳稳地坐在那里,目光清澈,气定神闲,丝毫没有晌午的醉意。他也不怎么说话,偶尔说一句,不枝不蔓,得体得很。

第二次喝酒是他鲁院毕业前夕,来我居住的县城看我。他抵达时已是下午,我和荣书点的菜都凉了。荣书当然是迫不及待想见弋舟。这个善良的小说家老想跟弋舟好好比试一番。在他人生旅途中为数不多的北京之行计他懊悔不已。我记得那天弋舟很不在状态,半斤白酒下肚就满脸臊红,眼神隐隐有些呆滞。也许是无趣的旅途让他疲劳,甚而有点忧伤,在喝酒的某个空隙,他会久久凝视着你,仿佛在走神,又仿佛是妄图窥视你灵魂中最不经意的斑点。当一帮人晃荡着前往宾馆时,冬日的暖阳懒散地打在他眼皮上,竟让我有种莫名感伤。我想,我们离这么远,也许,这辈子再也看不到他了。

那天晚上,我们在"老家炖鱼"吃大锅炖黑鱼。弋舟似乎还没缓过劲,刚喝了杯啤酒就吐了。我劝他别喝了,他无所谓地摆摆手。他的动作有种大刀阔斧的决绝。我们只好再次把他的酒杯斟满。这时我发现,弋舟的身上有种无辜、甚至是安然的气质。他坐在那里,无欲无求的样子,仿佛一个混沌的婴儿在凝望着陌生庞杂的世界。他不知道有什么在等待着他,所以他的眼睛里没有恐惧,也没有憧憬。

那次离别后,很长一段时间没再见过他,只是偶尔在 QQ 上,他喝醉了跟我神聊两句,然后午夜游神般消失不见。有一次他打电话给我,醉醺醺地说在跟广东来的马拉喝酒。他的声音在电话里是那种播音员般的字正腔圆,在我听来,仿佛带着一丝兰州牛肉拉面的味道——而兰州在我的记忆中,就是由弋舟以及一帮像弋舟一样喜欢喝酒的艺术家勾勒而成。

多年前我偶然路经兰州,发现这座城市跟我想象中迥异。那是座属于火星的奇妙城市,每天黄昏都有大批退休的老人在黄河边唱秦腔,热闹得犹如熙攘的集市。而夜晚的酒吧,那些弹着吉他唱着民谣、发型奇特的歌手们,犹如一群深海里的鱼。这座城市粗粝、丰饶、怪异而迷人,像宫崎骏电影里的异域,魂魄与幽灵漫步,生者与死者同眠。而所有门户网站上关于它的新闻都是负面的、惊悚的,充满了大卫·林奇电影里的疯狂和神经质的想象力:垃圾场发现若干煮熟的死婴;某村盗窃偷卖死者器官成风;新婚之夜新郎发觉新娘是男人……诸如此类不一而足。在我潜意识里,弋舟不属于这座城市。他高蹈优雅,迷惘又自知,老让我想起在江南杏花春雨里买醉的唐朝诗人。

是的,这个骨子里其实是诗人的小说家,他所有的作品都如是精粹,充斥着执拗的、形而上的思考与诘问。在读了诸多粗鄙的当代小说之后,读他的作品会让人对这个时代的写作者仍保持必要的敬意。他小说里的人物是荒世里最卑微的那撮:少年杀人犯、贪婪的娼妇、气味寡淡的思春老人、为男人吞噬巨款的银行女职员、第一次出卖他人的少年"犹大"……他们犹如身中魔咒的废人,连抗争都命中注定如此荒谬滑稽。

《谁是拉飞驰》里的单亲少年,杀了黑帮老大"拉飞驰"后,并没如母亲希冀那般去寻找早已消失的父亲,而是莫名其妙地继续在街头闲逛,甚至去跟警察询问谁是"拉飞驰",最后被一帮自称"拉飞驰"的人打劫杀死。这种怪诞的、神经质的行为在弋舟雅致的叙述过程中爆发出一种惊人的破坏力;《黄金》里的毛萍,对黄金有着病态的热爱,从一个懵懂纯洁的少女变成人尽可夫的荡妇,在堕落过程中她一直处于一种令人惧怕的自我麻痹中,仿佛她的灵魂被撒旦触摸后只剩下了那两个散发着光芒的汉字;《我主持圆通寺的一个下午》,则以回溯的方式解读了一个少年的性心理历程,与《锦瑟》里老人们的忏悔相较,这一篇的自我救赎更具真诚的意味……而近期的作品《等深》《而黑夜已至》中,弋舟将当代人的精神症候举重若轻地进行了解剖,手法之老辣、鞭挞之深刻,足以震撼我们日渐麻木的灵魂——如若我们尚有灵魂。

　　读弋舟的小说,我既嫉妒又哀伤。我完全不知道他将把人物带向何方,或隐约知道人物去何方,却不晓得以何种姿态摆渡。但无论他将畸零者逼迫向哪里,我都知道,绝不是那个叫"天堂"的神祇。而弋舟在小说里对小说技艺和小说语言近乎苛刻的追求和实验,既带有某种完美主义者的悲凉,也带有某种先锋者的慨然从容。我想,其实,这个叫弋舟的忧伤的小说家,是个真正骄傲的男人。

　　最近这几年中,常在各种场合见到弋舟。他仍是副安然的样子。我不知道他在兰州是否也如此,在日常的、庸常的生活场景中也保持着一份从容。也许,他在那个叫兰州的地方过得很安逸,也许,他在那个叫兰州的地方过得很糟糕。可无论怎样,我都盼望着下次来滦南时,他仍能不慌不忙斟杯白酒,再慢慢倒杯啤酒,然后抬起他诗人的头颅,用纯净的眼神扫我们一眼,什么都不说,犹如这个世界上所有的谶语,天生散发着先验主义的神秘、无安与优雅。

评家观点

我们时代的精神病症
——对弋舟近期中篇小说的一种理解

王春林

作为正在日益引起文坛关注的"70后"作家中有代表性的一位,曾经是"甘肃八骏"之一的弋舟,其小说创作在近几年的确称得上是风生水起,渐入佳境。弋舟的小说写作起始于2000年。虽然只有短短的10多年,但弋舟却已经有数量众多的小说作品问世。其中,既有长篇小说《跛足之年》《战事》《春秋误》《蝌蚪》等,也有大量的中短篇小说。被收入"21世纪文学之星丛书"(2010年卷)的中短篇小说集《我们的底牌》,可以说是弋舟小说创作走向成熟的标志。此后,弋舟便有一系列中篇小说相继在各大重要的文学期刊发表。这些作品不仅被各家选刊纷纷选载,而且更是引起了批评界的强烈兴趣。

从小说文体的角度来看,尽管弋舟对于长中短篇各文体均有尝试,而且也取得了不同程度的成功,但相对而言,弋舟操控最为成熟的一种文体,恐怕还算中篇小说。尤其是自打2011年以来,诸如《怀雨人》《年轻人》《李选的踟蹰》《等深》《而黑夜已至》《被赞美》等这样一些中篇小说,不仅在弋舟自己的写作历程中具有思想艺术标高的意味,而且将其置于中国文学现场,与同时代其他作家的创作情况进行比较,也都是不容忽视的优秀作品。

就在我准备提笔撰写这篇文章时,读到了贾平凹关于小说写作与时代关系的一段论述。贾平凹强调,写好当下这个时代是中国作家的基本责任:"作家的作品应该在中国文化的背景下写出时代的气息。""必须写出时代背景下的国情、民情和事情。这样的故事才是中国故事。"同时,贾平凹还说明了怎样才能够写出时代感来:"以前我以为天就是云层,但坐了飞机之后我才发现云上才是阳光。就好像我们的生活与文学艺术的关系。""我们的生活都在云朵之下,这是不能改变的事实,所以应该把这片云写饱满,才能够看到阳光。"贾平凹极富说服力地诠释了作家与时代之间的紧密关系。而弋舟,则正是"70后"一代作家中极其善于洞悉并捕捉时代表情的一位。他近几年一系列中篇小说的思想艺术价值,就突出地体现为对于当下时代国人普遍精神病症的敏锐发现与精准书写上。

敏感的读者不难发现,在《等深》的叙事话语中,"时代"是一个不断被提及的关键词。比如,"我一直坐在宾馆的大堂里。行李员推着堆满行李的拖车从我眼前经过;风尘仆仆的客人从我眼前经过;一望而知的偷情男女从我眼前经过。在巨型枝形吊灯的普照下,我仿佛目睹了这个时代所有的世相。"再比如,"她反复在说着'这个时代',那么,这是个怎样的时代呢?是的,这是一个我们在大学时无法想象的时代。"同许多青年作家一样,弋舟更热衷于采用第一人称的叙事方式。在这部同样采用第一人称叙事方式的小说中,叙述者对于"时代"的反复谈论,所透露出的一个重要信息就是,对于当下时代国人一种普遍精神病象的艺术勘探与捕捉,正完全可以被看作是弋舟一种自觉的理性意识。《等深》本身,就是这样的一部小说。作家借助于一个优秀学生出走失踪的故事,撕开了一道裂口,从而巧妙地切入了时代精神的深处。叙述者"我"名叫刘晓东,是一名大学教授。"我"的前女友茉莉品学兼优的儿子周翔忽然失踪,由此而牵引出的,是3年前周翔父亲周又坚的突然失踪。前后不过3年时间,父子俩为什么会双双失踪?这两次失踪之间有什么内在的联系吗?依循着这样的疑问线索,作家抽丝剥茧地揭示出了事实的真相。却原来,这些都与茉莉情感的乱象密切相关。一波三折的故事背后,弋舟的真正着眼点,其实是主人公茉莉以及叙述者"我"的情感精神乱象。实际上,不只是茉莉和"我",郭总的状况也同样如此。把所有的这一切归结在一起,弋舟那样一种尖锐洞穿时代精神病症的写作意图,自然也就凸显无疑了。无论如何都不能被忽略的,是没有进入故事前台的茉莉失踪丈夫周又坚的存在。关于周又坚,茉莉对"我"说:"整个时代变了,根本没有了他发言的余地。以前他对着世界咆哮,还算是一种宣泄式的自我救治,但是,当这条通道被封死后,他就只能安静地与世界对峙着,彻底成为一个异己分子,一个格格不入、被世界遗弃的病人。"

具有强烈反讽意味的是,茉莉自己深陷道德精神的乱象中难以自拔,但在她的眼里,反倒是自己那位没有能够与时俱进、与时代格格不入的丈夫才是"病人"。这就不能不让我们联想到"有病的人看了不卫生"那句俗话。从根本上说,周又坚这一象征性人物的存在,对于弋舟思想意旨的传达是非常必要的。周又坚的对照性存在,一方面凸显出的,是茉莉们精神沉沦的触目惊心,另一方面,则是弋舟自己对于当下时代精神沉沦现实的批判与反思立场。

弋舟近期的中篇小说,多把自己的关注视野投向现时代都市人复杂迷乱的婚姻情感状况。但作家的主旨却没有落在此种状态的呈现上,穿透婚姻情感的表象而直抵精神深处的痼疾,才是弋舟的写作动机。《李选的踟蹰》中的李选是一位单身女性,曾经远嫁韩国,与丈夫离异后回到国内,一个人带着年幼的孩子谋生过活。尽管谈不上什么感情,但她却半无奈半自愿地与公司的老板张立均保持着某种暧昧的关系。就在这个时候,27年前的小学同学、画家曾铖,意外地闯入了她的情感世界之中。虽然两人都是单身,但或许是因为曾经沧海难为水的缘故,相处过程中自我总是包裹得太紧,总是在互相试探。到最后,面对着那场不期而至的车祸,曾铖做出的是一种退缩回避的选择。此种退缩回避,显然应该被看作是他对情感问题的现实态度。他们两位的情感纠结之外,不容忽视的,还有那深夜里的神秘短信。那短信到底意味着张立均的情有独钟?抑或他身边另有别的女性存在?尽管小说题名为"李选的踟蹰",但实际上内心处于"踟蹰"状态的,绝不仅只是李选。就此而言,那首诗中那颗"悬空太久,孤单,痛"的心,自然也就是属于他们三个人的。说到底,小说透过表层的婚恋故事,其最终的表现指向,是现代人一种普遍的精神悬空迷茫状态。

如同茉莉、李选一样,《被赞美》中关键性的纽带人物,仍然是身为女性的汤瑾诗。离异后单身、身边围绕着三位男性的汤瑾诗,情感状况同样复杂迷乱。小说的值得肯定处,在于一种深切的精神分析况味的艺术传达。四位主要人物中,除了局长周瑶石处理得多少有点程式化之外,另外三位的精神状态皆颇堪玩味。首先是汤瑾诗。在已经拥有周瑶石和康至两位男性之后,依然对自己的童年玩伴仝小乙持有强烈兴趣,盖在于情感处于空缺状态的她,渴望某种"被赞美"的填充。小说的标题显然由此而来。但在内心深处,业已根本上丧失了爱的能力的她,并不可能真正地爱上仝小乙。但对于仝小乙来说,一旦爱了,就会全身心地投入其中而心无旁骛。仝小乙能够把童年时的那块碎瓷片一直保存到现在,所充分说明的,也正是这一点。其中,某种精神分析意味的存在,也是非常明显的。然而,不能忽略的,却是仝小乙对于汤瑾诗提出过的"你不爱我,为什么要和我睡觉"这样一个问题。假若仝小乙有权利如此诘问汤瑾诗,那么,我们能否把同样的诘问送给仝小乙自己呢？他如果不爱艾小娥,那又为什么还要和她睡觉,和她维持婚姻的形式呢？自然,同样陷入一种精神泥淖难以自控的,还有康至。康至之所以热衷于和汤瑾诗在办公室发生身体关系,原因在于前妻给他留下了难以弥合的精神创伤。尽管康至迷恋汤瑾诗的身体,但他的内心却是非常冷漠的。与仝小乙事发之后,汤瑾诗期待获得来自他的严厉拷问,但他却毫无所动。此种冷漠,自然也应被视为一种现代人的精神病症。

相比较而言,《怀雨人》与《而黑夜已至》两篇,虽然不能说已经彻底远离了男女之间的情感纠葛,但叙事重心有所偏移却是确凿无疑的事情。其中,《怀雨人》一篇的意义尤其不容忽略。正是从这一篇作品开始,弋舟的小说写作逐渐地在前期艺术尝试和探索的基础上,真正找到了自己。从此时开始,弋舟的笔触更犀利地切入时代的深处,形成了独有的思想艺术个性。《怀雨人》最主要的思想艺术价值,乃体现为弋舟关于"雨人"潘侯这一特别形象的发现与深度塑造。对于这一形象,批评家张艳梅有着深刻的洞见:"在正常人的眼里,潘侯是个白痴,换个角度看,这个内心非常敏感丰富的'雨人',他关闭了一扇门,却从来没有失去内心的自由,他在以自己的方式反抗对抗自己不喜欢的生活和世界。他存在的哲学意义,不在于流畅背诵唐代帝王,也不在于滔滔不绝说出小数点后上万位数字,而是他以拒绝和对抗的方式,以他特有的单纯和执着,让我们这些活得游刃有余的人感到羞耻。小说结尾,浪迹在尘世的那个高大的身影,依然可能在每一株大树,每一堵高墙对面伤痕累累,可是,他是属于他自己的。"在"雨人"潘侯形象的映照之下,包括叙述者李林在内的我们这些所谓正常人的精神沉沦,显然是一种无法被否认的事实。

多少带有一点互文意味的是,《而黑夜已至》中的叙述者"我",如同《等深》一样,也叫刘晓东,同样是一所大学里的教授。通过前后时隔多年的两次车祸,弋舟的笔触依然指向了现代都市人群严重倾斜着的精神世界。弋舟对于城市人精神症候的捕捉表达,集中体现在他笔下的几个人物身上。首先是拥有几个亿资产的企业老总宋朗。尽管身拥巨额财富,但宋朗却长期被抑郁症所困扰。不仅如此,因为当年曾经亲手制造过一场致死人命的车祸,而且自己还逃脱了罪责惩罚,宋朗一直被某种强烈的罪感缠绕着。其次是艺术家郭劲涛。身为艺术学院院长的艺术家郭劲涛,也曾经是一位抑郁症患者。他的抑郁症,后来通过电疗方式得到了有效的控制。当然,更重要的,却是身兼叙述者功能的刘晓东。刘晓东同样是一位抑郁症患者,因为母亲去世时,自己躺在儿子小提琴老师的床上,所以他一直被一种罪恶感缠绕。刘晓东总是被一种莫名的忧郁情绪所袭扰。正因如此,他养成了拍立交桥照片发微博的强迫性习惯,坚持同一角度,坚持同一时间段,坚持只配上同样的一句话:而黑夜已至。小说的标题,显然由此而来。小说中的出场人物并不多,弋舟之所以把其中的三位人物都处理成抑郁症患者,自然有一种突出的象征意味。那就是当下时代都市人群所普遍罹患的精神病症。

弋舟毫无疑问是一位有着突出艺术天赋的艺术感极好的作家。倘若追溯弋舟小说的来路,依稀可以辨得出的,乃是前辈作家郁达夫的身影。细细捡拾弋舟近期中篇小说中的那些人物,皆属于现代感强烈的精神病态人物。山西作家毛守仁长篇小说《北腔》中描写祁掌柜唱戏时有一段话:"这个腔新奇、俏丽,拖腔上高出半个字,似跑调却没跑出去,没跑调又在边缘滑。就像刀尖儿划着肉皮儿走,险则险,却又诱人。"阅读弋舟的小说,在很多时候所唤起的,也正是这样一种"刀尖儿划着肉皮儿走"的感觉。拥有了如此的艺术能力,只要弋舟的小说写作能够与时代建立更加紧密的关系,思想艺术视野能够更加开阔,那么,他取得更高创作成就是可以预期的。

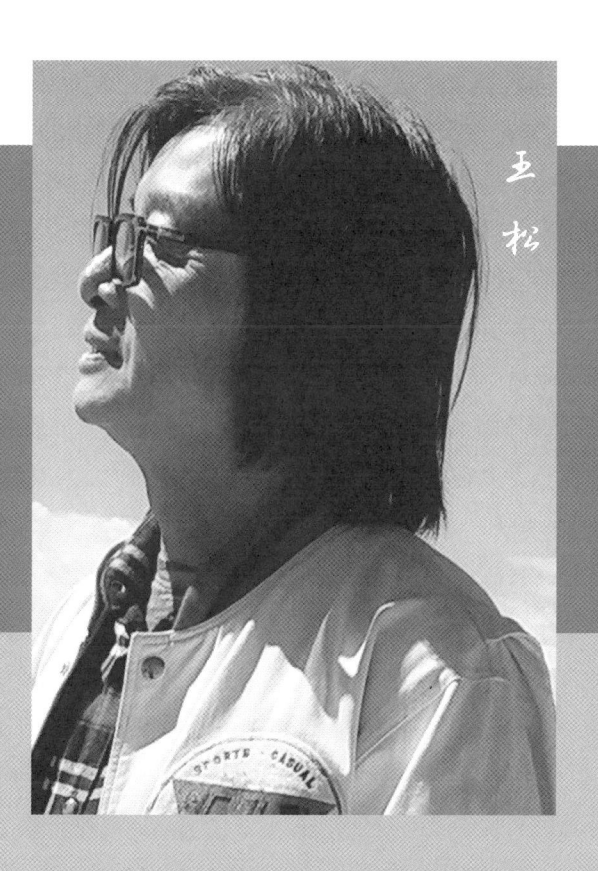

王松 / 鲁迅文学院首届高研班学员,现任天津市作协副主席。曾在国内各文学期刊发表大量长、中、短篇小说,作品被广泛转载、选载。出版中篇小说集《阳光如烟》《双驴记》《猪头琴》等多种,《王松作品集》(四卷),另著有长篇小说多部。曾获多种文学奖项。

作家自述

佯谬,或者宿命

王　松

　　直到若干年前,我仍然坚持认为,当年读大学时选择了数学是一个错误。尤其在我从事文学写作这一行之后,在文学道路上走得越远,回过头去看一看,就越觉得当年学数学是一件很荒谬的事。我一向是一个很珍惜时间的人,从不荒废光阴,一下拿出4年时间去学习与文学毫不相干的莫名其妙的数学,每每想起这件事就觉得很心疼。毕竟,人在一生中做事的有效时间不会有太多的4年。但后来有一天,我突然不再这样看了。我发现,原来我一直误解了数学。我在大学的4年真的是白白浪费了,用了如此长时间,竟还没有搞懂数学的实质最起码是什么东西。这也就解开了一个始终缠绕我的问题。我一直想不明白的是,为什么许多自然科学家,尤其是数学家,他们都是出色的哲学家。由此,我对伽利略、帕斯卡、笛卡尔、莱布尼茨和毕达哥拉斯等等这些科学巨匠又重新充满了敬意。

　　我真正发现数学与文学竟然殊途同归,是因为一件偶然的事,这件事我在后面还会提到。也正是从这件事开始,我不仅释然,甚至还有些庆幸。我这时才意识到,且不说我的大学4年把数学学成个什么样子,至少我得到了一种独特的思考问题的方式,掌握了一种不同的观照生活的角度。仅从这个意义上说,花4年的时间成本也是值得的。

　　是的,其实数学在不知不觉中早已植入我的文学写作基因。我正是发现了自己的这种"转基因写作",也才省悟,我当年毕业走出大学校门时说过的一句话是完全错误的。我那时说,这4年大学生活就像是4年刑期,我现在终于刑满释放了,我以后再也不想摆弄这该死的数学了。人无论在什么时候,都不要说绝对的话。当年我在农村插队,考上大学临走时曾说,我把这一辈子应该吃的玉米面都已经吃完了,以后永远不会再吃了。可是现在,我每天的晚饭必须要有两个玉米面窝头,一碗玉米粥。数学也同样如此。我发现,我这些年兜了一个很大的圈,现在竟然又回来了。当然,这时的数学之于我与玉米面已经完全是两回事。

一切都是从我偶遇大学时的一个老师开始的。这个老师姓洪。在我的记忆中,对这个洪老师的印象并不好。他这一次见了我开玩笑问,你现在的"鲁棒性"如何了,是不是还像过去?"鲁棒性"是数学的一门学科"运筹学与控制论"中的一个概念,指的是一个系统在被外界扰动下保持原有特性的能力。我当年在学校时,这个姓洪的老师就经常揶揄我,说我"鲁棒性"太差,太容易受到外界什么事的诱惑。但这一次,他的这一句"鲁棒性如何"却让我突然想到另一个问题。一篇小说本身就可以视为一个系统,那么在叙述的过程中,"鲁棒性"也就同样尤为重要,甚至可以说,一篇小说的"鲁棒性"如何决定着它的成功与否。而我一直刻意追求的,尽管没有清晰地意识到,其实也正是让自己的小说具有这种"鲁棒性"。也就在这一刻,我才突然省悟,尽管我这些年在主观上已经远离数学,而实际上我的思维方式以及对小说在叙述层面上的追求,却已经是被数学格式化的。比如拓扑学,不知不觉中为我在小说叙事空间的开拓与结构方面提供了无限的可能。而模糊数学则有更深远的意味。如果用模糊数学的观点,我们在描述一个事物时,它逼近真相的程度,也就是所谓的"隶属度"越高,也就越接近真实。当隶属度达到百分之百,这个描述也就完全是事实了。当然,这样的描述也就完全没有了文学的空间。从这个意义上说,隶属度所体现的这个"值"才是最有魅力的。所谓的模糊性,也就是隶属度的值,才正是文学如礼花般绽放的地方。

数学原来是如此的博大。这些年,我竟仍然身在其中。

我这一次遇到的这个姓洪的老师,当年在学校读书时,我曾视他为仇敌。因为他一贯看我不顺眼。他觉得我的眼镜片还不够厚,我走路的样子还不够驼背,去食堂打饭的路上还不能皱着眉头思考数学方面的问题。而更为恶劣的是,在一次期末考试时,我考了59分,就是这洪老师,他明明可以网开一面,却串通他的助教故意让我补考,害得我一个暑假都心神不定。但让我没有想到的是,若干年后,又是这个洪老师,当他把当年的"鲁棒性"重新给我,却让我一下顿悟了。这个洪老师虽然不是上帝,可他当年为我关上一扇门,这一次却为我打开了一扇窗,而且让我一下从这扇窗子飞出去。也正是这个洪老师,曾在课堂上对我们讲过这样一句意味深长的话。他说,数学绝不是"算数"的学问,只有当你为生活中一件具体的事建起数学模型,才会真正理解数学的真谛。

时至今日,我才理解了他的这句话。

我经常这样想,我并不是一个善于逻辑思维的人,那么当年,当我发现自己为了尽快离开农村而盲目选择了数学是一个错误,从此在大学里不务正业,由此渐渐对数学深恶痛绝,而且越来越发现,自己的形象思维能力要远远大于逻辑思维能力,那么一旦从事了文学写作这一行,而且干起了所谓的专业,就应该永远与数学无缘。事实上也似乎的确如此。此前的若干年,在我书房的书架上已经找不到任何一本数学方面的书籍。但这几年,数学却又重新充斥了我的大脑,几乎在我的写作中无所不在。更有甚者,我对一些极为抽象的数学命题又重新发生了兴趣,而这些莫名其妙的命题当年我就是想破脑袋也想不出个所以然。

这似乎是一个佯谬。如同我当年的插队。

应该说,我插队的经历是一段伤心的记忆。已经过去这些年,一些当时的人和屈辱的事至今想起来心里仍觉隐隐作痛。我人生中最美好的几年都扔在了那个荒芜得连草都不长的大洼地里,况且在那里的时间比读大学要短。但我觉得,这短短几年虽是一种"真空",而这真空里却包含了无穷无尽的东西。它所给我的思想与精神,远远要大于4年的大学生活。这是我插队时没有想到的,也是一个看似浅显简单,却一直让我没有想透的问题。不过有一点可以肯定,如果用模糊数学的观点,温情、冷漠、缅怀、声讨,对于这段历史的"隶属度"都是小于"1"的。而这个隶属度,也恰恰是我对这段经历书写的空间。

人的一生中充满佯谬。

但是,佯谬的佯谬,或许就是一种宿命。比如我绝没有想到,在若干年前的那一天竟会偶遇这个大学时的洪老师。他当初对我是那样看不惯,而我又如此视他为仇敌,我们在他当时所教的"运筹学与控制论"这门课上简直可以说是不共戴天。可是,谁又会料到,我们多年以后在街上相遇,他又是以他"运筹学与控制论"中的一个"鲁棒性"点醒了我,从此让我生出翅膀,成为一个在数学与文学之间飞来飞去的人。2013年的教师节这天,我特意给这位洪老师打了一个电话。我在电话里由衷地说,老师,节日快乐。

文友印象

如火的王松

关仁山

有人说，王松没有情趣。我却感觉，王松有大情趣。这种感觉来自他本人，也来自他的作品。

天人合一，美美与共，这似乎是高远的追求。在我与王松兄的交往中，真正感受到了这种深邃与高远。我与王松是鲁迅文学院的"首届中青年作家高级研讨班"同学。2002年底，临毕业时，学校制作了一本通讯录，每位作家都在属于自己的那一页写一句话，以表心迹。我当时写的是："以文会友"，记得王松写的是："写小说，听音乐，听相声。"时至今日，我仍觉得这几句话最能表达他的心境与生存状态。小说对于一个小说家来说意义如何，这不言而喻，而音乐又可以使我们闻到每个时期的气息。相声，则提供了一种生活态度。王松说过，相声其实并不只是让人发笑，这里边还有更深远的境界。

我有的时候想，王松小说的冷幽默，是来自相声吗？那么他小说中的魔幻、残酷、深刻与离奇又是来自哪里呢？有人说，缺少幽默感、对流行的思想不敏感和媚俗，是文学的三大敌人。王松的小说始终对这三种情况保持警惕。他最大限度地让自己在读者和批评家那里变得陌生。

记得我第一次见到王松，是在北京。他中等个头，睿智的眼睛，头发略长，颇有艺术气质，像一个画家。听说，他还当过电视导演。他适度、温和、严谨、儒雅，眉宇间透着一种勤勉和真诚，操一口标准的普通话。他的话很少，不会客套，说话几乎不用形容词，偶尔一两句玩笑话，会逗得大家捧腹大笑。当时，我们没怎么深谈。过了几年，我到鲁院上学，再次见到王松就感到分外亲热。听说他刚得过一场大病，脸上多了几分沧桑，但仍能感受到他的铮铮硬骨。有时我们在他的房间聊得很晚，而且总能找到彼此感兴趣的话题。那时我感觉，他这辈子就是为文学而来的,这很令人敬佩。当时班里的同学都说,王松最勤奋,达到惊人的程度。他每天4点起来跑步,天不亮就写作了,几乎不到食堂吃早饭。有一天早晨,我陪他出去跑步。他步态从容、坚定,根本不像大病刚愈的样子。

王松属火命。他的艺术之火也在静静地燃烧,温暖着这个世界。我经常在想,这是涅槃之火啊,必然会锻造飞翔的灵魂。的确,他的艺术发现、想象力和创造力,由此也就都有了原动力。

我们毕业不久,天津就把第二届中青年文学创作大奖的桂冠戴在了王松的头上。在才俊林立、强手辈出的当下小说界,王松是一位实力派作家。这些年来,全国各种小说排行榜常有王松的中短篇小说作品。王松对小说叙事的深度探索屡见成效。我喜爱他的小说《红汞》,喜爱《双驴记》,也喜爱他的《红风筝》。从中篇小说《红汞》开始,王松把"知识分子"和"问题少年"放在"一分为二"的对立面上考察他们的生存与对抗。有一次,我问他,《红汞》与《红风筝》是否有关联?他点点头说,它们是出自同一块小说酵母。这个词语,让我感到格外新奇。而更让我感兴趣的是,王松的这块"小说酵母"究竟是怎样形成的?看得出来,凭他的才气和勤奋,发酵的东西充满着智慧与思辨,所以才比烈酒更香,更醇。

王松是我的挚友,也是我创作上的导师。我在乡村小说中试验"魔幻"的时候,曾经有些心虚,他是坚定的支持者。没有自觉的文学,人将是孤寂的。我是个过分依赖现实生活的作家,一直坚持现实主义写作。后来,我不满足,怀疑自我表达的意义。该从哪里突围?作家张爱玲曾说,好的作品还在于描写人生的飞扬。这对我很有启发。但是到底如何飞扬起来,还有很多操作上的障碍。我把这个困惑说给了王松。我认为王松是一个思考型的作家,他能说出文学的真问题,有真知灼见。王松对我说:"你的作品太接地气了,这当然是难得的好事,但同时还要想办法让故事飞翔起来。"于是,我们探讨魔幻、隐喻等表现手法。

我们聊天的时候,我观察他。他总是长长的头发一甩一甩,好像就是在飞扬。其实,这也就显示了叙事人对故事表象的一种超越精神。

这对我的启发很大,也使我受到鼓舞和激励。

王松平时很低调,不事张扬。他在文学上的雄心,是凭借不断的写作积累而凸显。他有一个嗜好,喜欢在书房里养花。他的书房到处都是花草。但他更热爱写作。他把自己的血肉和灵魂都搬到作品里去了。《作家通讯》的主编高伟对我说,王松是他认识的创作上最高产的作家之一。这的确是一个事实。而如此之大的创作量,王松却并没有显露出内存不足,也没有一点的苍白感。用王松自己的话说,他一直在补充着能量。王松参加中国作协"走进红色岁月"采风和到公安部深入生活回来,创作了大量与之相关的小说作品。用他的话说,他是用小说的形式把采风和深入生活的收获记录下来,使之成为"小说酵母"。将来有一天,这些酵母就又会生成全新的小说。

前年夏天,王松去内蒙古采风。回来后得了一场重病,住院昏迷很多天,与死神擦肩而过。我很惦念他,也很感动。可以说,他的作品是用命换来的。他出院后,我看到他。他身体虚弱,面色苍白,但眼神与目光仍是执着而明亮,话语也还是那样的智慧而幽默。这才是属于王松式的幽默。但这种独特的幽默,并没有稀释王松在文学上的执着叙述。

王松的心是沉静的。他的心静到一定程度,文学奇迹就发生了。作家面对当下现实遇到巨大困难,往往无力认知、把握极为复杂的现象和经验。文学要求我们沉下心来,艰苦地认知、体验和思考。王松的小说有效地提供了生命体验中的怀疑精神、多元精神和求真意志,以此来拯救卑微的个体生命的尊严。在他的小说作品中,这样的艺术氛围,深刻、剔透、从容、跳跃、诗意,也恰恰代表了他的文学精神。

我最后要说的是,王松的创作依旧面临着如何走进现实的问题。在王松的小说酵母里,世界需要当作一个整体来打量。不是姿态,而是抱负。

如火的王松,既然有这种能量,就继续燃烧吧。

评家观点

王松：“有故事的人”
李云雷

动物的"发现"

我最初读到王松的小说是《双驴记》，这篇小说读来令人惊艳。小说的故事很简单，只是写一个知青和两头驴的故事，但作者写来却细节扎实、情绪饱满，小说主人公马杰与黑六、黑七两头驴的对峙既合情合理，却又惊心动魄，但细一想，又有些夸张、变形、黑色幽默。小说中的驴被作者赋予了部分人性，有一点情感与复仇心，仅这一点，就让小说超越了传统现实主义的路数，而呈现了一个颠倒而富于魅力的世界。小说的故事线很单纯，但一点点蕴积着力量，直到最后以惊人的形式爆发出来，以一个瑰丽而荒诞的结尾作结。在这篇小说中，我们看到了作者的耐心，也看到了他的细致，看到了他的控制力，也看到了他的想象力。但是这篇小说的价值不仅仅在于故事，在故事之外，它也为我们打开了一个想象与思考的空间，在最初阅读的震惊体验之后，我们必然会追问：事情为什么会这样？小说为什么这样写？如果说前一个问题指向的是小说的内容——对人性与特定年代的审视与拷问，那么后面的问题则指向了小说在艺术上的新异——它为我们提供了哪些新的美学要素？

如果我们在知青文学的脉络中考察，可以发现《双驴记》确实与此前的知青文学有着较大的差异。小说呈现的是另外一个艺术世界，作者所关注的重点不是知青的人生命运问题，也不是知青与当地村民的关系（像以前知青文学大多所表现的那样），而是知青与乡村中的动物之间的矛盾。在这里，虽然折射了那个特定年代的社会意识，但小说侧重的却是人与动物之间微妙而有趣的关系，知青的身份只是强化了两者关系的陌生感——他不像村民那样熟悉乡村中的牲畜,因而充满了错位与戏剧性。

《双驴记》已经偏离了知青文学中常见的主题、题材和美学趣味,而重建了一种观察知青生活的新视角,它所呈现出来的也是一个新异的世界。以这样的方式讲述知青的故事,既与讲述故事的年代相关,也与王松的美学追求有关。《双驴记》发表于 2006 年,此时距知青上山下乡运动已有近 40 年,离知青返城也有近 30 年。经过这么长时间的距离回望,人们可以不必再纠结于知青的命运及其与村民的关系,而可以一种更加从容的态度面对曾经的历史,在这个意义上,《双驴记》关注人与动物的关系,可以说是一种审美上的超越。另一方面,改革开放以来我国的现代化与城市化,也使人与自然关系的重要性日益突显,人与自然的关系重新进入人们的思考视野。《双驴记》讲述一个知青与两头驴斗智斗勇的故事,其现实性的意义也在于将人与动物的关系带入到当下的语境中,而不只是讲述一个"过去"的故事。

与《双驴记》相似的,还有《哭麦》《猪头琴》等小说。《哭麦》讲述了一只羊变成狼的故事,《猪头琴》则讲述了一头猪在死后,猪头被制作为琴,仍然为主人复仇的故事。王松在写作中将现实性与可能性巧妙地编织在一起,写出了一种以现实细节为基础的神奇故事,将现实中的不可能转化为了艺术上的可能。比如在《哭麦》中,那头羊吃田鼠是它后来变成狼的开始,作者在这里以扎实的细节,描述了它怎样突破了草食动物的自然限制;而在《双驴记》中,黑七那似有若无的笑纹也令人印象深刻,"它的脸已明显的胖起来,因此这些鱼尾纹看上去也就更像了一种很怪异的笑纹"。在这里,笑纹的现实基础是鱼尾纹,又因为黑七胖了而更加明显,但是从"鱼尾纹"到"笑纹"却是一个飞跃,如果说前者是一个自然现象,后者则包含了更多主观的、情感的内容。在这里,作者也赋予了黑七超越动物本能的灵性。《猪头琴》也是同样,当小说中的猪头琴摆脱主人的控制自行演奏出乐曲时,已经超出了现实主义。但小说却在其延长线上编织出更精彩的故事,这些故事既荒诞又深刻,充满了传奇色彩。在这些作品中,我们可以看到王松小说中魔幻现实主义的因素,也可以看到《聊斋志异》等志怪小说传统的影响,但王松将这些要素融合到知青生活的描述中,形成了自己的风格。

数学与技艺之美

在王松的小说中,还有另一种类型的小说也是独一无二的,那就是以《秋鸣山》《甲鱼的荣誉》《红莓花儿开》为代表的注重技术描写的小说。《秋鸣山》《甲鱼的荣誉》同样描写知青生活,但与《双驴记》等小说描述人与动物的关系不同,它们描述的是技术工种。《秋鸣山》讲述的是制造火药的故事,小说中围绕一只夜壶的归属,知青之间以及知青与乡村干部的矛盾,发生了数起神秘的火药爆炸案,火药的制作及其技术便成了故事进展的重要因素。《甲鱼的荣誉》的主人公贾余则是一个技术精湛的木匠,他的整个人生也因为喜爱木工手艺而发生了数次戏剧性的逆转:他帮老师打家具却不通世故地收钱,被老师免于照顾去当了知青;到村中因木工手艺受到重视,可以不必下地干活,却也因此得罪了村里的两个木匠和马连长;他为杨书记父亲的棺木雕花,受到杨书记及其女儿的喜爱,在帮杨书记新房雕门窗时与其女儿相爱,意外地被"选调"回城;但很快恢复了高考,不少知青考上了大学,由于他是选调回城的,只能在学校的木工组做木匠;在一次校园活动中,他制作的宫灯及其图案,让美国外教莫妮卡极为喜爱,于是发生了一场轰动全市的跨国恋爱,贾余也由此前往美国……在这篇小说中,贾余的一生与他的木工手艺紧紧联系在一起,在很多关键的时刻是由其决定的,同样是知青,他也与其他知青的命运不同。小说中对手工技艺的出色描写,既显示了作者的审美趣味,又透过技艺写出了人物的命运。多年以后,贾余和莫妮卡再次回到插队的乡村,已是物是人非,又是多年以后,贾余从美国回来后,甚至已经认不出曾一起插队的"我"了。

王松对技术的重视与描写,显示了一种独特的美学趣味,这与他的教育背景有关,王松在大学里读的是数学系,这为他提供了一种与人文学科不同的新视野,王松在小说中也融入了数学的观念及对技术的兴趣。在小说《到威尼斯人去》中,他甚至直接探讨了赌博中的概率问题;在《红莓花儿开》中,我们也可以看到两个孩子华大傻、华二傻对技术的痴迷,他们在与老师的对峙中,在好奇心的驱使下,不断投入新的发明创造,甚至为此付出惨痛代价也在所不惜。小说中华大傻为他发明的"动力地排车"而丧失了生命,他的弟弟华二傻却并未放弃,而是前赴后继,投入了新的发明之中,最后在一场证明电流可以引爆雷管的实验中受了重伤。应该指出,在我国小说中,重视技术描写的并不多,在新中国成立后的一些工业题材小说中,会有关于技术革新的场景与情节,但并不构成作品的主体内容,20世纪90年代以后,钟道新在小说中融入了一些技术分析的内容,王小波也在《青铜时代》等作品中展开了技术幻想,但王松小说的独特之处,在于他并不为技术而技术,而是将技术与小说的人物、情节与场景有机地结合在了一起。

就《红莓花儿开》来说,还有一点值得一说,我们可以发现在结构上它与《双驴记》有相似之处,同样是双方的对峙,同样是叙事重心的转移(从黑六到黑七,从华大傻到华二傻),同样是华彩的结尾段落,但不同的是,《双驴记》是从马杰的视角展开的,而《红莓花儿开》则是从华大傻、华二傻的角度讲述的,这两篇小说的结构都单纯、简洁而有力,而如果对照来读,则有一种对称之美。

勘探人性的"异化"

王松小说的另一个特点是对人性异化的勘探,这不限于"文革"与知青生活,在历史题材的小说中,王松同样在勘探着人性的变异。小说《叛徒》写的是一个游击队女战士周云是否是叛徒的故事,她被认为出卖了游击队的行踪致使17人遇害,"我"(李祥生)为此采访了与此事相关的诸多人等,在一种罗生门式的各自表述中拼凑出了"真相",但此时真相已经失去了意义,当年杀害游击队员的国军将领后来投诚,已成为我军高级将领,而游击队员周云仍被关在狱中,历史在这里显现出其诡秘无情的一面。在王松的中篇小说中,这篇小说的结构是最为复杂的,小说的主体内容是一位名叫李祥生的警察向"我"讲述的,而在主体内容中,李祥生则以第一人称"我"的视角展开叙述,其主要内容是他私下调查周云事件的过程,在这样一种双重性的结构与视角之下,小说以侦探小说的形式深入历史与人物内心的深处,试图回到历史现场,找出"谁是叛徒"。而在故事的进展中,则充满波折,当事人出于历史与现实的原因,或者回避关键的细节,或者制造迷雾,让调查一波三折,当"我"(李祥生)费尽周折,终于探知真相时,却突然感到了茫然与不知所措,这是一种深深的历史虚无感。但在小说的结尾处,李祥生告诉"我"周云已经去世,终年95岁,"他从衣兜里拿出一朵白色的纸花。这朵纸花很小,却白得耀眼"。可以说这朵小白花照亮了全篇,让我们在历史虚无中看到了一丝微茫的亮光。

《红风筝》同样写的是"叛徒",但描述的是另外一种异化,小说讲述了学校里两位老师大摩登和祁老师处于敌对状态,在她们的剧烈斗争中,"我"和周围的小伙伴逐渐分化、背叛的故事。小说以侦探小说的方式讲述,我们站在祁老师及其儿子祁卫东一边,不断给大摩登制造麻烦,但每次事过之后,大摩登很快就知道了真相,我们开始怀疑内部出现了奸细,与祁卫东一起制作风筝的郭明被怀疑,离开了我们,他一个人放风筝挂到高压线上被电死了,但是此后,我们报复大摩登的事情,仍是很快就被她知道了……在小说的结尾,作者写道:"初中毕业时,我顺利地入了团。但并没宣誓,大摩登拍拍我的肩膀,讳莫如深地一笑说,放心吧,已经装进你的档案了……其实,我最不敢见的是郭明。"在这里,我们可以看到,小说中的叛徒不是别人,而正是"我",这样的逆转令人震惊,其中折射出的人性深度也令人深思。联系小说前面的蛛丝马迹,我们可以发现"我"是叛徒是可信的;但另一方面,既然"我"是一个不可信任的叙述者,那么前面所有的叙述是否仍然可信?即使前面的叙述是可信的,而"我"不可信任,他的讲述是否有更深层次的动因?——小说在多个层次上为我们打开了思考的空间,也展现了叙事的魅力。

《红风筝》《红莓花儿开》与《红汞》等构成了王松小说中的"红"字系列,这些小说写的不是知青生活,而是知青的前史——"文革"中的少年。在这些作品中,我们可以看到少年在"文革"中经历了怎样的内心风暴,人性在特殊的环境中发生了怎样的扭曲与异化。在《红莓花儿开》中,这一异化的力量来自教师控制学生的欲望,在《红汞》中则是另一番情形,小说中的贫穷少年二百二,父亲被吴教授、陈医生与商店里小夜叉捉弄,气急之下心脏病突发猝死,他心怀仇恨,伺机报复,不仅制造事故,惩罚小夜叉,更在"文革"时利用机会加强了对吴教授的批判力度,最后还制造了一起爆炸案,将已把女儿嫁给他的陈医生一家全部炸死了,在这里,我们可以看到,幼年时埋藏在心中的仇恨种子对他造成了怎样的扭曲,又具有多么大的破坏力量。

在《事迹》中,王松将小说的笔触伸向了一个时代的文化与现实逻辑,知青高林深受英雄主义文化的影响,渴望成为万人瞩目的英雄,这一情结成为支配他日常生活的逻辑,但也逐渐扭曲了他的生活,最后他死在了可能是自己制造的失火事件中,成为保护集体财产的"英雄"。在描述现实生活的《到威尼斯人去》中,罗非从基建处副处长到处长,经历了官场文化的洗礼,而《斯宾诺莎为什么会哭》,则讲述了大学教师陆其与安警官之间不同个性、职业之间的冲撞与微妙纠缠。

2012年夏天,我在山东济南第一次见到王松,那天晚上聚餐时,他和刘强等师友唱起了样板戏,那是属于他们青春的旋律,也是他们的历史,而我们则是没有历史的一代。在那个时刻,我突然意识到王松是一个"有故事的人",他在小说中已经讲述了他们这一代人的故事,也创造了新的故事讲法,这是让我们感到羡慕的。

许春樵 / 鲁迅文学院首届高研班学员。现为安徽省文学院专业作家、副院长。著有长篇小说《放下武器》《男人立正》《酒楼》《屋顶上空的爱情》，中短篇小说集《谜语》《一网无鱼》《城里的月光》等。有五部小说被改编成影视作品，小说曾获安徽文学奖、上海文学奖、《小说月报》百花奖、《当代》小说拉力赛冠军等。

作家自述

坐在小说对面
许春樵

所有的文字都是为小说准备的

刚认字的时候,"文革"如火如荼,乡下能见到的文字,都在标语口号上。年龄太小,看不懂,就觉得将字印在旗子上、刷在土墙上、写在红布上,很无聊,没意思。一度我对认字很抗拒,不愿上学,因为字繁衍不出让人心动的景象。

大概是在小学三年级的时候,我读到了第一本小说《鲁滨孙漂流记》,鲁滨孙流落荒岛26年的传奇经历让我整整一个夏天处于梦游状态,我一心想着如何从家门口的那条小河出发一直漂流到鲁滨孙的岛上去。从此我对文字就充满了敬意。那一年,我9岁。

此后到处找小说看,可它们全都被作为"毒草"查禁了。陆续看了一些《三侠五义》《水浒传》《敌后武工队》之类的小说,读一本小说,能兴奋好几个月,并且认定了文字唯一的用处就是写小说,如果文字不用来写小说,这个世界是不需要文字的。

上了公社的中学,主要是"批林批孔"和"反潮流",都没兴趣。学校的图书室封死了,我们几个胆大包天的小伙伴在月黑风高的夜里,撬开窗子,翻进去,偷出了诸如《敌后武工队》《吕梁英雄传》《三家巷》《卓娅和舒拉的故事》《三国演义》等许多"毒草",轮流看完后,再偷偷地放回去。

弗洛伊德认为"童年经验"影响一个人一生的价值观与道德观。我童年记忆中对于文字的功能定位就是:写小说。

而且我也很盲目地认定,我之所以认字,就是为了将来写小说。

所有的经历都与小说有关

为了有小说读,我考大学填的志愿全是中文系。我在中文系4年,除了上课,几乎所有时间都用来读小说,觉得只有读上小说,那才是人过的日子。研究生的攻读方向是"文学批评学",平时也是以读小说和分析小说为主。这就是说,我从认识字的少年时代起,几乎就没离开过小说。我发觉自己离开了小说就好像失去了活着的理由。

为了生计,我当过教师,做过报社的编辑、记者、出版社副社长,惭愧的是,没有一个职业能让我激情澎湃和全力以赴,因为脑子里装的全是小说,我在各种非小说的会场和酒桌上总是麻木不仁浑浑噩噩,像是一名被抓的壮丁或一个伪军,既没有职业热情,也没有职业成就感。折腾了四五年,我终于调到了安徽省文学院做了一名专业作家,与小说再续前缘,一种简单而朴素的生活宁静而温暖。

我出生于农家,自小跟土地和庄稼朝夕相处,背景性的缺陷注定了我缺少安全感并与当下的现实生活貌合神离、相互拒绝。坦率地说,我写小说除了热爱和痴迷,还有就是害怕受到现实的伤害,是对当下生活的逃避;与其说是我选择了小说,还不如说是我逃到了小说中避难。写小说实证了"只有在审美活动中,人才是自由的"(席勒)。

从事专业创作10多年来,我对小说充满了感激和感恩,我没觉得我为小说做出了什么贡献,反而是小说拯救了我。

所有的写作都有着救世的妄想

写小说的人基本上都是敏感而脆弱的人,是"杞人忧天"的人,还想充当"替天行道"的人。我们这一代写小说的人是读着传统经典长大的,是在"文章经国之大业,不朽之盛事"的感召下拿起笔的,文学传统以及与时代和社会的一以贯之的深度纠缠决定了我的小说写作始终流露出"救世的妄想"。这在长篇小说《放下武器》《男人立正》《酒楼》以及中篇小说《生活不可告人》《来宝和他的外乡女人》中似乎表现得更为迫切。

之所以叫"救世的妄想",一是因为文学的力量还不足以扭转乾坤,二是如果当一个时代到了"作假无愧,作恶无罪"的地步时,反价值的价值化、非道德的道德化，并已经形成一个社会的集体无意识，那么，小说中的"救世"只能是徒劳的，但写作的意义在于，尽管徒劳，可我们从没放弃。

写小说的目的就是在现实的根基上，建造一个与现实完全不同的世界，这个完全不同的世界是一个道德苏醒、灵魂获救、人性向善的世界。如今我们都被扔在了水里，我们和小说中的人物都需要上岸。

所有的小说都需要技术支持

小说写作中，技术不是万能的，但没有技术是万万不能的。

再高的立意，再伟大深刻的思想，没有技术支持，那都是空的。从中学到大学，老师分析文学作品和评价文学作品时，都是把主题、立意、思想当作最高标准，而根本没有意识到是文学的技术才得以让主题和立意存活下来。

20世纪西方文论的实质是形式主义文论，说白了就是技术批评，主要研究"文学之所以成为文学"的依据、途径、方法和道路。告诉你"写什么"，你写出来的不一定就是文学，告诉你精彩的内容和深刻的思想与立意，写出来的同样有可能是苍白而空洞的作品，一个好的素材、好的立意，在不同的人那里，写出来的面貌完全不一样，作品的高下取决于"怎么写"了，而不是"写什么"了，即取决于技术的高低。

小说的一些基本技术不可颠覆，如故事、人物、情节、细节、结构、节奏、气韵如何生成与把握，再比如长篇小说的结构通常是复式结构，但复式结构的几条线之间如何构成戏剧性关系，这里面就大有文章，还有情节关系、人物关系的戏剧性设计都直接决定着主体结构是否牢固、合理与有效。小说的戏剧性设计的模式和类型，小说的支线次要人物在和主线情节主要人物纠缠中的叙事控制，小说的细节选择与对话质量的提升，都有其体系性和规律性的技术纵深。

小说写作中的一些技术几乎就是老生常谈，但最基本的技术往往却是难度最大的技术，比如一个好故事、一个好结构、一个好人物，就这三个技术，够我们一生去奋斗。

文友印象

学者气质的小说家
王达敏

许春樵,"60后"作家,当过高中语文教师、报社编辑记者、出版社副社长,1991年开始写小说并发表作品,1997年进入安徽省文联成为专业作家。至今已出版《放下武器》《男人立正》《酒楼》《屋顶上空的爱情》等长篇小说,发表《季节的景象》《找人》《天灾》《谜语》《一网无鱼》《知识分子》等几十部中短篇小说。

说许春樵是小说家,这是在陈述一个事实。其实,这句话后面还跟着一句话,即许春樵若不当作家,他能做什么?准确地说,许春樵若不写小说,他最适合做什么?

打电话问潘小平,她说,春樵如果不写小说,做文学评论很好。春樵做过几年出版社副社长,我便问,他做行政怎么样?她说,他不太适合做行政,他活在"自我世界"里,说话做事总是由着性子来,当官会把秩序弄乱。一边听小平说道,一边在脑子里过印象,想想,是那么回事。转而又打电话问赵昂,据说春樵从出版社调省文联任专业作家之前,与赵昂有过一次彻夜不眠的谈话,赵昂对他毅然决然地离开官场而回到文学队伍予以高度评价,他给出的理由是"春樵不属于官场"。现如今,这句话已广为流传,言下之意,春樵不适合官场,当作家最好。话可以这么说,但他那时所在的出版社哪是什么官场,充其量是一个文化制作兼及文化管理的机构,离真正的官场还远着呢!春樵当年选择文学为终生事业,一半是情非得已,一半是投己所好。赵昂接我的话便说,春樵若不当作家,教师最适合他,当然是大学教师。

之所以求证潘、赵二君,一是因为他们三人是密友,彼此知根知底;二是想印证我对春樵其人其作的把握是否在理且符合事实。潘、赵二君给出的答案极合我意,我以为,1997年春樵若不进入文联做专业作家而选择高校研究中国现当代文学或文艺学,兼及当代文学评论,一准会成为这两个行当里的优秀学者,其成就不会低于他如今的小说创作。其理由有三:一是春樵做文学研究乃科班出身,在上大学中文系和读文艺学研究生期间,他对中外文学,特别是对领跑八九十年代中国文学创作及其研究的西方现代主义、后现代主义的文学理论,有过系统深入的研究,善用现代思想打通传统与现实的联系,敏锐地发现当下中国社会从深处发出的声音,其文学研究的才能早在小说创作之前就显现出来了。二是他有五六年的教学经历和六七年的文学创作经历,无论当大学教师,还是做学术研究和文学评论,这些资源都能够使他胜人一筹。近十多年,他在小说创作之余写过一些文学评论,其眼光之独到、论述之深刻、述学之纯正,均有过人之处。三是他看重学问、尊重学问,深知学问乃一切之根本,故而从未停止过学养的增进。治学为文,这一条最重要。春樵的小说创作之所以能够后来居上尽显才华,实是内功涵化之结果。

学问善人,成就了春樵"作家学者化"的本色。他的长处是能够很好地将学识及理论化为思想,化为审美化的表达,渗透到思维、形象、叙述和语言之中,使其成为文学创作中具有超越性的力量。春樵 1991 年步入文坛,此时文学大潮开始退潮,文学与政治热恋、彼此借力的时代告一段落,他错过了大好时光。80 年代是一篇作品或一篇文章可以让人一夜成名的时代,春樵 20 世纪 90 年代创作的《天灾》《找人》《谜语》《过客》等小说若发表在 80 年代,一准也会让他以其扬名。他有这个实力,且具备了足够的自信。他一气贯通地写了 10 年中短篇小说,先入先锋小说之道——先锋小说潮流在 80 年代后期匆匆崛起又匆匆落幕,春樵此时不合时宜地入于此道,既是自信之所致,又是文学观念之使然。他深知文学的先锋意识和先锋观念是一种可贵的极具探索性和创造性的精神品质,而 80 年代的先锋小说主要突显的则是实验性质的技术先锋、形式嫁接的先锋。如果说他开笔之初的几篇小说难免暴露出明显的技术痕迹,那么,待他将先锋观念和先锋思想注入现实叙事中之后,其小说便为先锋小说和新写实小说开出了新境,也为自家的创作开出了一条通途。

从 80 年代起步的小说家,其中多数作家先以中短篇小说成名,后继之以长篇小说而显其实力;又多数作家是中篇小说胜于长篇小说。近 30 多年来的小说创作,中篇小说水平整体优于长篇小说,已成共识。90 年代后期以来,长篇小说每年几千部,可优秀之作极少,能够产生世界影响的力作屈指可数。春樵想在长篇小说创作方面有所作为,并对其做过专门研究,深知中国作家的长篇小说创作的症结之所在。他的第一部长篇小说《放下武器》出版于 2003 年,一看到它,我私下窃喜。春樵的中篇小说有口皆碑,但读过《放下武器》后,你会发现他之前的中短篇小说创作,似乎是专为他的长篇小说创作做准备的。他的另一部长篇小说代表作《男人立正》在荒诞现实与生存伦理中复活了纯美的人道主义精神,自然也是一部好小说,但我依然偏爱前者。它在一种司空见惯的庸常的政治现实中发现了一个天大的秘密:道德的个人与不道德的社会之间构成的悖论关系;个人的道德在集体中常常难以实现,而集体要求的道德表现在个体身上往往以牺牲个人的道德为代价,集体的力量将不道德合法化、制度化,直接导致了道德分辨的模糊和人性的裂变。遗憾的是,这一深刻意蕴之密码至今仍未被全部析出,甚至还有论者纯粹从反腐小说的视角来解读它。

春樵的小说创作已经在不少方面形成了自己的鲜明特色,目前处于创作的高峰状态。这是一个浮躁喧嚣、粗制滥造且诱惑多多的时代,春樵若能在博取西学之时,兼采中学之长,且心系创作一途,才情与心力并作,必成大气候。

评家观点

许春樵小说的"深度模式"
方维保

当代小说创作中祛深度化,在后现代文化的背景下,似乎已非常流行。但许春樵的小说创作,自始至终坚持着一种现实主义的深度模式。这种深度模式,既是一种价值意义的追求,也是一种叙述中的意义深刻性的建构。

揭示当代权力文化的真相

许春樵的一系列小说都展现了由官场和城市所构成的当代权力文化的真相,以及这种文化中的人性。

官场是当代最具有权力特色的符号。许春樵创作了为数不少的官场小说,入木三分地刻画了官场话语的分裂性和自私的本质。在系列短篇《我的亲戚们坐在椅子上》中,作者以喜剧的笔调叙述了"我的亲戚"——表哥、舅舅、姑父等的官场经验和官场智慧。而《天灾》则讲述了动听的政治口号对于人民生活真实状况的掩盖。"大跃进"末期的皖东人民一边在饥饿和死亡线上挣扎,另一边还要不断地从公社拉回写满"大好形势"的报纸、还要在墙上刷着动听的标语。许春樵用反讽的手法,揭示了官场的权力运作机制,它的奇特智慧也揭露了它的虚伪和自私的本质,它的荒诞性。

许春樵同时也写出了官场中人性的尴尬。《缴枪不杀》讲述了一个默默无闻的县图书馆管理员因发表了一篇小文章而被调进官场以后的种种遭遇,他不但处处碰壁,还卷入了权力的旋涡,不明不白地充当权力斗争的工具,最后身败名裂。而长篇小说《放下武器》则从人性的层面揭示了身在官场中的官员,尽管本性善良,但为官场的恶习所裹挟,最终不得不随波逐流。作者通过旁观者"我"的讲述,对舅舅被枪毙的下场,表达了巨大的悲悯。

与当下流行的愤青式的官场小说不同,许春樵的官场叙事更多一些冷静,多一些冷嘲热讽。在他的笔下,官场显然是象征了一种异化的力量,它如同一个吞噬生命而又充满诱惑的巨大旋涡。

异化人性的不仅只是官场,还有城市和金钱物欲。《礼拜》和《知识分子》都讲述了金钱和城市对于底层小知识分子人格尊严的伤害。知识分子作为城市的客居者,他们是物质的匮乏者,因而在城市处处遭到白眼、嘲笑和戏弄,他们知识分子高贵的精神被浅薄、庸俗和无情的城市摧毁。在许春樵笔下,城市是令人恐惧的巨大异化怪兽。在《天灾》中,"我"妻子和她的那个把自己送上德国人床铺的女朋友、《季节的景象》中的阿康也都是这样的城市中人物。城市中的他们对拥有物欲的自信,几乎达到了"不可一世"的地步。许春樵对于这些物质主义的人物,往往忍不住以作者的身份,切入叙述流程,对这些人物进行道德主义的谴责。而他的长篇小说《酒楼》更是讲述了一个有理想的知识分子在城市物欲的压迫之下,走向精神扭曲的故事。

面对着道德堕落、人性扭曲的城市,许春樵自始至终保持着反抗的姿态。他的小说总有一个自叙性的角色"我"。"我"作为一个旁观者、一个"乡下人",他面对城市的喧嚣和势利有一种惶恐感,但作为一个城市的常住的"客人",虽然"我"像"我母亲"一样可能被送到疯人院,但是"我"却始终对城市和它所象征着的权力,保持着清醒的批判者的优越感,一种高贵的知识分子的精神姿态。他对于官场和城市,有着不屈的抗争的意志,他不但要拒绝它的诱惑,还要洞穿它的真相。

处于当代权力文化压迫之下的,是处于底层的人们。虽然有相当数量的小说是写官场和城市物质男女的人性异化的,但关于他们的叙述不是许春樵小说的主要倾向,他的叙事重点在于底层社会及其苦难人生。

下层社会普通百姓,他们处于不得不"挺下去"甚至是"挺不下去"的苦境之中。《请调报告》中的中学教师向序和他的同事们热爱自己的"教育事业",但近乎食不果腹、居无片瓦的生活,把他们逼向死亡,逼向功名利禄的官场。《找人》中酱油厂看门人老景为儿子上大学"找人"。在与各色官僚们打交道的过程中,平民老景收获到的仅仅只有更多的蔑视和愚弄。而长篇小说《男人立正》则几乎可以称为是一部底层社会的苦难之书。作家将所有人生的不幸,都放到了陈道生这个下岗工人的躯体之上,生活的重压一直伴随着他走向生命的终点。

许春樵小说以现实主义的笔法,尽情展现了底层社会不堪的生活状态和挣扎的心灵状态。这些小说洋溢着深切的人性关怀和现实关怀。正是这一点使许春樵的小说与旁观主义的"冷血"和"犬儒"显示了绝大的区别。

许春樵的独异之处还在于,他在展示底层社会苦难的同时,还写出了他们灿烂的美德:他(她)们在苦难中,依然保持一颗善良的心;在困窘之中,依然恪守着诚信的做人原则;在自己无助的同时,依然对他人葆有同情心;在人生的低谷处,依然向往自尊自立的生活。《找人》中老实巴交的县城工人老景的儿子考大学上了线,于是所有的人都来为他出主意;当老景为儿子考大学到省城找人受人捉弄,钱财被骗、被抢之时,却受到毒品贩子曹清、魏兴的帮助。《跟踪》中的孙小果忠于诺言,虽然受到威胁也不改变初衷。当他作为私家侦探被人打得鼻青脸肿的时候,他的朋友三豹子和旧情人妓女田月不但没有抛弃他,而是给予了他极大的安慰。相形之下富人的堕落狡诈及人情的淡漠和底层百姓之间的相互扶持就更显得黑白分明。许春樵写出底层社会温暖的群性,一种在受难中相濡以沫彼此支撑的温暖的人性。

这种底层的美德在长篇小说《男人立正》和《屋顶上空的爱情》中被推到了极致。《男人立正》的主人公陈道生,用其一生的苦难,来兑现他对于乡邻的承诺。当他终于还完所有的债务之后,他的生命也在苦难中走向了终点。《屋顶上空的爱情》的主人公郑凡,为了兑现对女友的承诺,虽九死而不悔。历经苦难而不改良善之心的下岗工人和小知识分子,几乎是用生命写就了一部有关底层人民的伟大的道德史诗。

许春樵从人出发,深刻地揭示了"两个世界"各自的状貌,以及"人"的生活状态和精神状态;作家虽然也展示这两个世界之间的联系,但更主要的,他是以一颗悲悯之心,去观照他们的生存。所以,从整体来看,许春樵是一个现实主义者,但是同时,他又是一个道德理想主义者。道德救赎的理想,使得他的相当一部分小说都呈现出神性的光辉。

追求小说的立体结构

许春樵早期的小说受到过20世纪80年代现代主义风潮的影响,这主要表现在其对于结构立体性的追求。在立体的结构中,展现了他对于世界的深度观照。

从结构上来说,许春樵的小说呈现出多层次性。《推敲房间》同时叙述的故事有三个:一个杏和霍之间的虐待和反虐待的故事;一个是普和媛住进青岩宾馆的故事;再一个是发生在宾馆中的捉奸的故事。他吸收了现代主义的叙述方法,在并列平行的叙述中充分显示多声部的复调魅力。而《天灾》的结构层次则更为复杂:从大的结构有两层,即"我"母亲见到掉落的饭粒子就发"神经"——现实部分;"三年自然灾害"中"我"父亲与"我"皖东故乡的人们为"米"而或死或亡的故事——历史部分。同时在大的故事中又包含着次一层次的复式结构,在有关现在时的"我"母亲的故事中,是母亲的发神经和妻子及其女朋友的奢侈;在有关"我"父亲的故事中,更是同样包含着数个平行的故事:老人们在阳光明媚和饥饿之中编织着绳网。这是一个具有象征意义的典型的马尔克斯式的对裹尸布的叙述。父亲对粮食的关注和故乡人们的死亡;三是土高炉、报纸和标语所暗示的政治高压和愚弄。这众多的线索相互交织形成互补、映照和对比,使结构本身就显示出暗寓和象征的艺术功能,那些作者在现实或从艺术的角度不便表达的意念,都在这富有张力的结构中得到多层次地展示。

许春樵的早期小说的结构立体性还体现为一种扑朔迷离、出人意料的情节设计。《推敲房间》中大部分内容都在叙述两个似乎毫不相干的故事,霍的强奸保姆和虐待妻子,普和媛住进宾馆以后所遭遇的审查和反审查,但在结尾的时候,两故事就在即将结束的一刹那却峰回路转,出人意料地合到了一起:那个负责捉奸的保安部经理原来就是虐待妻子的霍。但这一切又是合情合理的,因为霍对妻子的性虐待和在单位对宾客的性审查是处于同样的性变态心理。《悬空飞行》写报社记者肖来到南方一座城市开会,却着迷般地在这座城市漫无目标地寻找失踪的情人柯曼。结果,以寻找为线索,却离要寻找的目标越来越远。到底要寻找什么?

当多种线索中的某一条线索出现断裂或迷失了走向的时候,故事很快就会出现现代主义的结构迷宫的特征。从读者的好奇心来说,搞清楚这一点是重要的,不为别的,只因为它是个秘密,而所有的秘密都有诱导人探索的欲望。而从作品来说,这样的"谜语"不仅能起到吸引读者的作用,更重要的是它为读者留下了广阔的想象的空间。许春樵通过对于人物的飘忽不定的身份和行踪的设计,通过对于线索的遮掩,使得小说叙述自始至终处于一种侦探的追踪的趣味和历史不确定性的哲学把握之中。

戏剧遮掩法和巧合的运用,使得许春樵早期的小说充满了戏剧性,而且在戏剧性的叙述之上建构了他的深度模式。在《过客》中,围绕着主人公马五爷的真实人性,作家对其身上的种种政治身份进行了层层剥离:马五爷杀死日本人不是为了爱国,而是为了打赌。他反对八路军不是因为卖国,而是因为八路军杀了他的叔叔。尽管后来国民党把他当作汉奸,共产党把他当作抗日英雄,但那都不是真实的马五爷。真实的马五爷是生活在概念之外的人。这部小说是在对人进行还原,也是在对"历史"进行还原,当然也是哲学层面上的对既定"成见"的还原。在一系列戏剧性的隐秘的曲折还原中,许春樵在人性的意义上建构了自己的历史观。

尽管早期的小说有着现代主义的叙述先锋性,强调元叙事的故事本能,但许春樵在总体上并不是一个现代主义的小说家。他的现实主义的理性精神,往往使他对故事本能地有所节制,在情节结构上则显示出清晰的叙述性和古典主义的"佳构剧"的特点。而且,这种特征越到后来越明显。

许春樵对于故事的完整性有着深度的迷恋。他早期的短篇小说尽管故事线索纷繁,但他一定会给故事找到一个最后的汇合点。写实性的短篇《找人》其线索非常明晰。主要有两条:一是与主人公老景的命运紧密结合的主干情节,一是通过主人公的双眼所展示的喧嚣混乱的世界。后者为前者提供了丰厚的社会背景材料,而两者的相合则共同烘托出一个社会的悲剧。正是通过酱油厂看门人老景为考高分的儿子上大学托人过程中的所见所闻,呈现了上层社会的丑恶与下层社会的苦难。具有先锋性的短篇《跟踪》也有着比较明晰的线索:孙小果对张思凡的跟踪、张思凡对孙小果的反跟踪、孙小果和林小玲、田月、三豹子等人的交往,这故事的众多头绪在最后都集中到饭店中两桌人的酒席中加以揭示。小说是情节性的,情节绵密,一环紧扣一环,充满了曲折和戏剧性。

许春樵对于现实主义完整性和清晰性的追求,在后来的长篇小说创作中显示得极为明显。《放下武器》《男人立正》《酒楼》《屋顶上空的爱情》等长篇,都可以说是人物小说。《放下武器》以干部郑天良为叙述的中心,讲述了一个穷苦出身的农家子弟在进入官场以后一步步走向堕落直至被枪毙的过程。长篇《酒楼》从发明家齐立言的落魄开始,经历他的奋斗,最后写到了他的成功。这是一个完整的奋斗者的故事。

《男人立正》之后的长篇小说创作,作家往往借助一个"故事结",比如说借钱还钱,家族纠葛,或者爱情承诺,演绎一个或几个特定人物的生命历程。对这些"事"的叙述,往往带有纪实的特点,也具有琐碎的特点,但作者通过特定"事"的清晰的完整的叙述,展现了人物坚韧的人生意志和强大的道德力量的存在。貌似冷静的写实的背后,是强烈的现实批判和深刻的人性思考。

刘亮程／新疆人，鲁迅文学院第三届中青年作家高研班学员。著有诗集《晒晒黄沙梁的太阳》，散文集《一个人的村庄》《在新疆》及长篇小说《虚土》《凿空》，有多篇文章入选中学、大学语文课本。

作家自述

文学是做梦的学问
刘亮程

　　文学是一门做梦的学问。我很小的时候,一定通过做梦学会了文学。我相信那些刚学会写字便开始文学写作的天才作家,都是早早地接受了梦的教育。梦是一所学校。

　　据说孩子一出生就会做梦,甚至在母腹中便做了无数的梦。在我不会说话走路的幼年,一个一个的梦,在小小的头脑里发生。我最早开始做的一件事情,应该是做梦。不知道那些梦从哪来,谁给了我。也很难知道一个婴儿梦中的情景,他还没学会说话,却已经在做梦了。梦中是否说了话?那些梦话又是怎样的一种语言?

　　据说平常人能记住7岁时的梦。作家可记住3到5岁时的梦。有天赋的作家能记得自己的出生。极具天赋的作家甚至能记住在母腹里的情景。那像梦一样的胎儿生活,如果真记住得了,该多有意思。

　　梦是一种学习。很早的时候,我一定通过梦熟悉了生活。或者,梦给我做出了一种生活。作家是在暗夜里独自长成的一种人,接受夜和梦的教育。夜夜必修的功课是做梦。

　　我早期的诗和散文,一直在努力地写出梦境。作文如做梦。在犹如做梦的写作状态中,文字的意味向虚幻、恍惚和不可捉摸的真实飘移,我时而入梦,时而醒来说梦。梦和黑夜的氛围缠绕不散。我沉迷于这样的幻想。写作亦如暗夜中打捞,沉入遗忘的事物被唤醒。

　　梦是我的文学启蒙老师。我一定向梦学习了许多,只是我浑然不知。

　　做梦似乎是天生的,不需要向谁学习。我的写作,却一直在向梦学习。

　　我很早懂得隐喻、夸张、跳跃、倒叙、插叙、独白这些作文手法。后来,我写作多年,才意识到,这些在文学写作中常用的手法,在梦中随处可见。做梦用的手法跟作文一模一样。

隐喻作为一种文学手法,很可能是作家从梦中学来的。所有的梦都有隐喻性、多解性。早晨醒来回想梦,一如阅读深奥晦涩的文学。梦充满隐喻,令人费解。人相信梦的暗示,千方求解,并大致找到梦隐喻的规律,比如梦见小孩是遇到小人,梦见火要发财,梦见飞是长个子,等等。一些复杂的梦需要专门的人解读,回想梦的过程是文学欣赏的过程。破译梦便上升到文学研究了。

梦的多义性是文学的重要特征。我写一个句子时,希望语言的意义朝无数个方向延伸,在它的主指之外有无限的旁指,延伸向远方。这也是梦的特征。

梦呓、梦话也叫胡话。说胡话。一个已经睡着不该说话的人说的话。突兀的一两句。没前没后。自言自语。他对着梦说话,我们看不见他的梦。

最好的文学语言是梦语言。

梦呓被多少文学家借鉴发展为超现实的语言叙述方式。

梦是夸张的。梦的夸张体现在敏感。一只蚊子飞过耳旁,梦会夸张成一架飞机。一个关于飞机的梦,就这样从一只蚊子飞过耳旁开始了。许多宏大的文学作品可能起源于一个小小的诱因。

梦中的故事常常跳跃,一念间从一个场景跳到另一场景。有时似乎跳跃得跑题了,醒来一想,此梦的主题恰好在离题万里的细节上。

有些梦是倒叙,先有果,后有因,故事逆着时间朝前发生。我突然回到了童年。回到童年的梦都是倒叙。梦应用倒叙非常顺便。因为梦里的时间是一种可以悬置、翻转、倒退、仰俯、伸缩自如的文学时间。

插叙是梦中惯用的手法,一个平铺直叙的梦,常有莫名其妙的故事插入。有时中途插入的故事成了梦的主题,旁枝长成主干。好像也没什么不合理。梦自有合理性。

伏笔更是被梦用到极致。经常在一个新梦里感觉到熟悉的气息,仿佛先前经历,或许这事在旧时的梦里开了头,略微显露了一下,此梦牵出彼梦的头绪来,甚至几十年前埋的伏笔,都牵连出来。

不知道人一生的梦是否在完成着一个巨大的梦。就像作家耗尽毕生写一部巨著。如果是的话,童年的梦、胎儿时的梦、中年老年的梦,便都连接起来了。那将是一个多么大的梦的巨作。梦有压缩性,几十年的时间,可以压缩到瞬间。据说生命终结时,人一生的故事在脑海中梦一般回放。这是生命程序中最美妙的一瞬,一部人生巨作已然结尾,前呼后应地做一次回味。这个始于梦终于梦的做梦动物,中间那一阵子时梦时醒的人世生活,是多么令自己回味。当消失的一切全部回来,那压缩在短短瞬间里的整个此生,已经到达了彼世。

作家干的是装订梦境的活,在梦中学会各种各样的文学表达,把各种各样的梦变成文字。许多作家天生会写作,几乎不怎么经过向别的作家学习的过程,梦早已教会他所有的文学写作方法。进入写作时,真实世界隐退了,虚构世界梦一般浮现。文字活跃起来,文字在捕捉,在塑造编造这个世界。唯一存在的是文字。一个文字中的世界和现实的关系,就是一场梦的关系,也是此生彼世的关系。

文学是梦学。

《一个人的村庄》是我一个人的无边白日梦,那个无所事事游逛在乡村的闲人,是我在梦里找到的一个人物。我很早注意到,在梦里我比在梦外悠闲,我背着手,看着一些事情发生,我像个局外人。我塑造了一个自己,照着他的样子生活,想事情。我将他带到童年,让他从我的小时候开始,看见我的童年梦。写作之初,我并不完全知道这场写作的意义。我只清楚,回忆和做梦一样,纯属虚构。

写作就是对生活中那些根本没有过的事情的真切回忆。

我无知地知道这些写作规则。不然我不会从童年写起。我的童年遇到了不幸。父亲在我8岁时死去,那是"文革"后期,母亲带着5个孩子艰苦度日,我是家里的老二,我大哥那时12岁,最小的妹妹不满1岁。这样的童年谁愿意回忆?可是,《一个人的村庄》里看不到这些苦难,《虚土》中也看不到。当我在写作中回到小时候的村庄,这些苦难被我忘记了,我写了这个村庄的草木和动物,写了风、夜晚、月光和梦,写我一个人的孤独和快乐、希望和失望,还有无边无际的冥想。当那本书完成时,我发现我的童年被我成功地修改了,我把那个8岁丧父的自己从童年的苦海中救了出来,我给自己创造了一个童年。我感谢我的文字,它拯救了我。

《虚土》是我的另一场梦。在那个叫虚土庄的地方,梦把天空顶高,把大地变得更加辽阔。每个人都活在别人不知道的梦里。梦是我不知道的另一种生活。梦乡是我遗忘的故乡。照耀着梦的是无边的星光月光。

《虚土》里那个5岁的孩子,一直在一个未醒来的梦里,怀疑自己是否出生,或者已经出生却从未长大。长大的全是别人。我的生活早已被别人过掉,废墟一样弃在荒野。我又在过着谁的生活?在那个漫长的梦里,一个人的百年岁月开花了。

梦是我们经历的另一部分现实,人一生中一半时间在睡觉做梦,但我们不承认梦,主观地让梦变虚了。

写作是一个被梦教会又反过来寻梦的过程。我在《虚土》和《一个人的村庄》里,找寻那个童年的自己。我找到了他,他改变了我。

到《凿空》时,我被一个地方的现实撞醒,写了这本书。好在这里的生活,本来就有一种不用刻意营造的魔幻味道。一个地方的真实生活,也许在别处的人看来,就是荒诞的梦。《凿空》是一部醒来的书,写一个聋子耳朵里的声音世界。全是过去的声音。那个孤独的倾听者,耳朵闭住,眼睛张开,清醒地看着这个在母腹中曾经听到的外面世界。这是一种梦魇的状态,在我早年的许多梦里,我被魇住,张大嘴使劲喊,喊不出来。《凿空》里的那个聋子把那个世界的声音都说出来了。

梦启迪了文学,文学又教会更多的人做梦。优秀的文学都是一场梦。人们遗忘的梦、习以为常却从未说出的梦、未做过的梦,呈现在文学中。文学艺术是造梦术。写作是一件繁复却有意思的修梦工程。用现实材料,修复破损的梦。又用梦中材料,修复破损的现实,不厌其烦地把现实带进梦境,又把梦带回现实。

那个在母腹中偷听人世做了无数梦的未来人,是一个作家原型。作家孤独如母腹中的孩子。

文友印象

用笔种着自己的地

董立勃

在新疆这块土地上成长起来的作家不少,刘亮程是其中很突出的一个。据说喜欢刘亮程作品的人,遍布全国各地。一个人写到了这个份上,实在不太容易。而对刘亮程来说,似乎更不容易。倒不是说刘亮程是从农村走出来的——中国的作家大部分的成长背景,都和一块乡土有关。但这些作家多半是在离开了农村,生活环境发生了很大改变后,才真正走上了文学道路。而刘亮程不太一样,虽然上过一个农机学校,但命运并没有因此改变,20岁时还是回到了乡里当了农机员。直到他的《一个人的村庄》引起了轰动,他的农民身份也没有改变。虽然后来他成了专业作家,用他的话说,过上了他早已经梦想的生活,"做一个闲人,想写点什么,就写点什么,想干点什么,就干点什么",但他似乎从来没有兴趣把自己归到知识分子一类,还是说自己是用笔在纸上种地的农民,并且还是个很勤快的农民。

的确,这些年他差不多每年都会有一部新著出版,并且每一部作品都会在文字与内容上有新鲜的创造。最近,他还在北京举行了五卷本自选集的首发式和研讨会。这不免让一些当年一块儿出道、至今依然寂寞的文友有些羡慕嫉妒恨,只是这个恨不是恨刘亮程,而是恨自己没有他那样的才气和运气。运气这事不太好说,但才气表现在每一个人身上,确实是不太一样的,这个不一样往往会对一个人的命运起到决定性作用。和许多文学青年一样,刘亮程的写作也是从诗歌开始的。但不一样的是,他的诗写的是具体的事物,写的是村庄是麦子是玉米,是土墙是渠道,是狗和驴还有鸡,全是一个农民眼睛里的东西,鲜活得可以用手摸得到它们的形体,用鼻子嗅得到它们的气味。不过,那个时候,诗歌的时代已经过去。刘亮程表现出了一个农民的智慧,既然打下的粮食不好卖,那就换一个样子吧。于是他开始写散文了。他的散文其实就是把分行的诗歌合并成了一段段的叙述,只是在这种合并过程中,刘亮程赋予那些村庄里的事物更加饱满丰富的形态和具有深层寓意的内核。一股裹挟着新鲜乡土气息的塞外之风,吹进了中国文坛。而这时有些得意的刘亮程却没有沉醉,他还要播种一些叫小说的作物。于是刘亮程去讲故事了,还是散文里的事物和人物,还是他的言说方式,却有了另外一种精彩。

这实在有些了不起。就在一块土地上,不管别人在种什么,不管市场行情是什么,我只种我的庄稼。从来不慌,从来不乱,从来不急,天旱一点,风沙大一点,也从来不抱怨。像一个老实的农民,等待一个个节气的到来。他似乎早就明白了,不管这个世界如何变化,粮食永远都是需要的。所以刘亮程慢慢地,却是很坚决地走着他的路。这让有些人看不惯,说他的题材内容有些重复,写作方式有些单一,主题不够宏大深刻。但刘亮程对此很淡定,问过他是不是想过改变,他说,从来没有过。问他为什么,他说,我要是改变了,就不是我了。确实,很少会有一个作家像刘亮程一样,不管是写诗,还是写散文、写小说,都是一直围绕着同样的人和事和物。就如同一辈子靠着一块麦田过活的农民,大约是一个人在原野里待久了,见了人不太会主动打招呼。

他还把自己当一个农民,可人家早就把他当"文豪"了。他不认识人家,人家都认识他。人家把他当熟人,可他见了人家不点一下头,不笑一下,人家就说他摆名人架子。我和他在一个单位工作了这些年,了解他,也给他提过醒。他无奈地说,我只会当农民,不会当名人。不过,不会当名人的刘亮程,还是真的发挥了一个名人的作用。生养他的沙湾县,他每年要去许多次,并为家乡的发展做了许多事情。有些文学写作者找他求教,他总是尽全力帮助。很多场合中,说自己是农民的刘亮程,其实很像文人,很有个性,不管谈什么问题从来不随声附和。像他的作品一样,具有鲜明的刘氏风格。可骨子里,农民的本色,刘亮程没有丢。他常给我说,有什么事需要我做的,尽管安排。也确实有一些事,需要他出面。只要给他说了,他总是能认真地去做好。作为一个作家,刘亮程无疑是出色的。同样,作为一个人,刘亮程也是优秀的。新疆这片土地,需要这样的作家和人。

评家观点

飞翔的村庄
——从刘亮程《一个人的村庄》到《凿空》
刘予儿

即便文学某种纯粹的品质被喧嚣掩盖,再过50年,读者依然可以认为刘亮程的《一个人的村庄》和其后的散文化小说《虚土》这两部书,对未来的启发依旧存在。

《一个人的村庄》的微妙之处是一切都太旧了,作品里的内容全是那些旧得永远不会消失的事物;同时又太超前了,因为作家前所未有地对世界内部进行观察和描述。这样的矛盾奇异地组合在一起,也像是中国式魔幻现实主义的一次旅行。

《一个人的村庄》是否能幸运地历经时间的考验而获得文学史的肯定,现在还无法判断。这本不厚的书在近20年的时间里不断再版,足证读者没有削减对这部书的兴趣。刘亮程改变了概念化的乡土文学写作模式,他不刻意参照乡土文学的经验,他的野生经验完全属于自己,新鲜而野蛮。刘亮程的村庄是一个艺术化的意象乡村,也是一个乡间隐士的自问自答。一个夜行在大地上的潜伏者,用他老到的经验和童真的视界打开了一扇从未被打开的门。《一个人的村庄》没有属于20世纪末的鲜明的时代属性,刘亮程奉献给我们的是完全陌生的阅读体验。

在不变中演进的哲思

远离时代的喧嚣,刘亮程再度回到黄沙梁的家乡。村子早已变得空荡,而一个人的诗意,已经变为逝去的生活的象征。村里的人们看待这个曾经在村中游荡的人的目光亲切而遥远。于是人们首先在现实中,而不是在作品中,发现文学孤独的本性丝毫未曾改变。

那时刘亮程的诗歌已经十分老练。那是另一种老练,不是精致的、玻璃吐丝式的语言和姿态,而是一种像苍凉的潮水在夜晚经过似的沧桑感。从1981年到1993年,诗集《晒晒黄沙梁的太阳》汇集了作家少年和青年时期对生命的警觉、对文学主题的平等意识的初次体尝。他隐藏在自己的乡村里,同时以谦卑的态度接近大地上的万物。谦卑的态度似乎给了他一种不断向内开凿的兴趣与能力。日后,当刘亮程来到位于乡村东面的城市,从诗歌到散文,他抛弃了左顾右盼,作家的知觉以一种迅疾的方式延伸开来。在一个人的村庄里,一个无所事事的闲人发现了这个世界许多人没有发现的秘密,发现了人们以生活的荒芜和陈旧之名不屑于发现的秘密。这个闲人深含黑色幽默的宇宙精神,带着以不变应万变的审美意味。就是这样随常的惊鸿一瞥,再熟稔不过的卑微的生命却被如此重视。

刘亮程用一种前所未有的方式,唤醒了我们柔软的触觉,让我们看到显微镜下被放大的存在。因为所有的风都向内刮,一种被清亮的溪水冲刷过的意识流,如此结实。时间从未过去,一切正等待安然的新的开始。刘亮程作品的哲学意味就是在不变中的演进,在不变中的实现。

在作者的"黄沙梁"和其后的虚土庄,他不写春种秋收,不写家族式的乡村社会,不写惯常的乡村习俗,作品里几乎没有什么具体的现实事件,不是笨重的乡村,不是纠结在文明的旋涡和批判中的乡村,不是自认彷徨负载乡愁的乡村。作家从来没有这种选择上的犹疑和纠结,他毫不迟疑。作家的审美先于他的角色到来,并以"我"的中心意识的独立姿态,打破了散文通常模糊的面貌,完成了对乡村故土的全面认领。于是,当现实的队伍改变方向时,这样一种认领让他从一个乡村的后退者变成了世界的前行者。

从某种角度来说,散文集《一个人的村庄》是对诗歌的继续,作家在独立走向的这条根系营造的小径上沉迷徘徊。他还原了乡村内部的生活,那就是亘古不变的心灵的存在。而这存在因乡村境遇千百年来的"游离状态",一直是被忽略的。读者很容易被这个遥远的诗意村庄吸引。刘亮程的写作拓展了中国当代散文的道路,他赋予散文语言充满张力的灵魂,开拓了散文文体的表现空间。

刘亮程的散文中没有恢宏叙事和阔大主题,甚至没有一篇可剥离的篇幅较长的散文,更多的是片段的合奏和细节的伸张。作家在克制之中寻找着没有标记的素材,这似乎是生活隐忍的相对论,但是作者又与世俗合作得如此之好,几乎看不出改变自己的痕迹,而那些改变的痕迹被无关宏旨的水流冲刷,被惯性掩盖,终于可以在作品中得以释放。

散文《虚土》出版时,最初被定义为一部小说,这违背了作者的初衷。这部完稿于2005年的长篇散文或者说散文化小说,是一部作家"自我精神建筑"的长诗。和《一个人的村庄》相比,《虚土》更接近作家的心灵史。《虚土》讲述了一种似梦似幻的秘境,在这个秘境中,每一寸的衰老都是共有的,每一颗心灵的温度也是共有的,人人都是他人的现实。在虚土庄中,当夜晚覆盖最后一座村庄,这个永远停留在5岁的男孩"我",经过村庄被尘土和月光覆盖的道路,推开每一家的院门,发现自己的生活已早早被别人过掉。这个游戏周而复始。那个5岁的男孩是这个村庄也是这个世界的守夜人。这种在现实中进行的实验,像一场永远不会醒来的长梦,没有结尾。《虚土》的写作早有预谋,作家确认成长的方式在其中也更加明确。主人公的心灵绽放在被净化的死亡和梦幻中,在瞭望生命的诗意中飞翔。死亡脱离了恐惧,脱离了一种世俗的规定,具有了美学的信仰和安慰。

"我"和一切平等同在

此后10年,刘亮程开始小心翼翼靠近小说的样式,《凿空》的视野已经走出了个人的乡村,向更宽泛的现实延伸。这部作家的第一部实验性小说荣获《亚洲周刊》2010年度十大长篇小说奖,获奖评语为:这部小说描写了罕见的中国式的孤独。

"凿空"具有沸点之前最完美的意象。当我们离开阿不旦村四面八方的空洞,那热切而永不相遇的空洞,那好像被蛀空的森林的空洞。那不断凿空的声音,那地上地下心灵相隔的孤独的声音还震响在我们的耳膜中。"凿空"是对现实隐忧的预言。城市作为新的素材,并未融合于作家的写作,而只是乡村走出心灵叙述的一个背影。这部小说的叙述路径和无法轻易复制的风格,使由经验建立起来的客观世界难以提供借鉴。经验常常会导致集体性的轻慢。这种由急切带来的危险的轻慢,适用于书中涉及的现实问题。我们现在看到的文集中的《凿空》已经不是初版时的面貌了,过于迂缓的小说节奏和繁复的主题,已被作家再次整饬。

从一个人的村庄开始凿空万物,这个向倾颓的世界内部打开的切口,形成了一种独有的自我意识的气流。十几年间,作家没有间断在故乡的行走。在小说《凿空》和《虚土》之间,《在新疆》渐渐成形。这部28万字的散文集,是对作家所言"故乡无传奇"的一种距离上最好的解读,既不飞翔也不匍匐,甚至有意规避了激情。这是一次没有异质感的回归。

作家所处的地理环境,是在一个宽阔得逼仄和丰富得绝望的空间内。中亚地理和文化的神奇,容纳了这种奇妙的对比。刘亮程极少去批评这个世界。即便是在《凿空》中,这种批评也不激烈。他教我们脱离通常的惯性去认识世界。作家尝试建立一种新的道德,让我们能够理性看待身处的境遇。

刘亮程在他的文学作品中建立了一个新的认知体系。这个认知体系是刘亮程"文学之眼"的重要成就。这个认知体系不同于来自书本的知识体系,而具有神智学和自然人类学的特点。想要了解、认识一种事物,除了通常的手段,还要用舌头、用痛觉、用身体的欢乐、用闭上眼睛的冥想,调动整个的"我",才能摒弃偏见接近本真。

这种超乎一般的知觉状态与物体的实在直接相通,当把握到这种实在时,人们就会洞察到具备性灵的一切自然万物的内在的奥秘。作家的知觉与独特性,再一次告诉我们感觉和独一的个性一样,是无法像知识一样公平获得的。在刘亮程的乡村自然体系中,每一样事物都独具慧心,同样我们也被这个地球上其他动物植物观察、猜想和窥探。狗的想法、驴眼中的世界、人与物体的换位,让人类不再孤独地活在这个世上。这种尝试只在东西方古典神话中呓语般闪过。这种视角像一簇火焰,也许是能让我们围坐取暖的最后一盆炉火,使人类心灵的烙印有迹可循。重要的是,刘亮程将之完整地建构为一种个人的体系,并运化得不着痕迹。人并不高贵于任何生命,也不卑贱于任何生命。自然不是象征体,也不是隐喻物。因为作家就是这样看世间万物的。万物愉悦的同在,既不期待也不要求。作家的平静和平等意识更多的是一种本色,这种视角使一个人的村庄变成了全人类的精神故乡。

在这个由意识和模式建立起来的认识体系中,时光是唯一隐藏起来的宏大的主题。倒悬式的写作方式、回溯式的笔法体验、互换式的拟人想象比比皆是。

"我和一切生命"完整地同在,我即一切,一切即我。生命是在完成一场死亡的仪式,生和死在荒野的两端,不断回望、靠近。作家给予我们的经验是人类经验中可贵的一部分,久违的一部分。那是一个无论身在何方,无论世界如何异化,都可以植根大地、朝上仰望的乡村。在这样一种永恒可靠的生命尊严中,读者的心灵得以安放。

在经验与局限中飞翔

就刘亮程的文学实验来说,没有任何旁证是可靠的,作家的暗示便是他无所不在的呈现。他映照事物的天赋,使他完全可以抛弃一般的解释,不屑于停留于事物的固有品质。他不喜锐利,但锐利以另一种方式呈现;他不喜欢夸张,但创新和变异以一种不动声色的方式隐隐存在。他摈弃形容词,追求从头至尾语境和谐的统一和迷幻的色彩。在同时代的作家中,这种天生的禀赋和操控的能力,是刘亮程不会被抄袭和模仿的界标。

语言是文学选择性的存在,却是唯一的存在。因为这一切都由作家独一的思想和意识决定。刘亮程的语言,从散文到小说,总是能带给读者惊喜,从实指到虚指,既素净空灵,又出其不意,没有任何消解前的杂质。用他自己的话说,每一个句子都有无数个远方。在他的笔下,匍匐在大地上的事物被写得飞起来。这种鲜明的个人语言的模式,生成为刘亮程文学风格和语境,在转向小说样式时,似乎遭遇了一种经验性的矛盾和困难。

有人说刘亮程是个怀旧的作家,是对一切陈旧的东西或者即将被改变的东西唱挽歌的人。这样一种误解会埋没其作品的真正价值。这正回应了我在文章开头所说的,太新了——作家的创新意义——是对世界的解构方法。刘亮程重新用文学的眼光分解了现实,在残垣断壁的素材中,复原了一个静止下来的世界。他懂得在生活的内部找寻它,又能够操控它。人们需要这样的真实,或者说,这样一种全新的认识和领会。拨开浮土,在陈旧的光阴的容器中,那些我们熟悉的事物,现出了我们从未发现的新,一种耀眼的内在的真实,一种流淌过心灵的真实。人们从中照见了自己。

更多的人相信农耕文明对刘亮程的影响,但忽略了游牧文化在其作品中的作用,这种影响被表面的节奏隐藏了。假若说,农耕文化的田园气息是显性的话,游牧文化的影响更像是远处的山脊。但古老的万物有灵的思想,在作家的作品中有了变化和充实,那就是万物同在的悲悯与欢欣。这种宽容的暖意——用天真之眼——结出的这颗果实,已不是未经尘埃的净白纷纷下,而是饱经风霜的体谅和欢喜。这是作家的灵魂信仰。正是这一点,让古老的乡村有了灵,有了承载大地、向天空飞翔的能力。

无论如何,刘亮程的五卷本文集将是一次新的开始。读者期待作家在下一部作品中,再克制下灵感的释放,毕竟找寻自我是我们这个时代最伟大的灵性。我们只有同时拥有这样两只翅膀,才会飞翔起来。

戴来 / 鲁迅文学院首届高研班学员。曾在《人民文学》《收获》《钟山》等刊发表长、中、短篇小说200余万字,作品入选多种选刊选本,部分被译成英、法、德、日、俄等文字介绍到国外。曾获2002年首届春天文学奖、《人民文学》年度短篇奖、第十一届庄重文文学奖等奖项。代表作有《茄子》《准备好了吗》《亮了一下》《向黄昏》等。

作家自述

做爱做的事,玩好玩的人
戴　来

写短篇始终能给我带来莫大的快乐和成就感,尽管有时过程中也会有类似于便秘的痛苦,但当终于完成,终于可以从坐久了的那个地方站起来,这时所获得的满足绝对大于从便秘中解脱出来的轻松感。尤其是当写着写着,故事的走向完全脱离了我最初的想法,擅自奔跑了起来,我跟在它后面,气喘吁吁,然后我又超过了它,看到了更多可选择的方向和奔跑的可能性。我时不时回头瞟它一眼,或者故意停下来让它跑到我的前头,它跑啊跑,我也跑啊跑。我们交替领跑,这里面有斗智斗勇的游戏的快乐。

比较而言,写中长篇就是一件体力活儿,需要作者长时间保持充沛的体力和饱满的叙事热情。我书桌前的那张椅子差不多是我使用得最多的一件家具,我坐在上面,可大多数时候并不是在写东西。我每天都会找借口玩一会儿再玩一会儿,直到实在不好意思玩了才打开文档。而当我玩的时候,我很清楚文档里有个相濡以沫了很久的家伙在等着我,看我如何编排接下去的情节,看自己的命运如何在我笔下起承转合。

很多时候,写作的乐趣和痛苦都来自和自己较劲。然而长时间地坐在那儿,实在是一件比较枯燥的事情。要是这个时候,刚好接到我父亲的电话,我会感到绝望,因为他老人家的电话如果不是第一句就问,"你是不是在写作",那么最后一句肯定会说,"不要浪费时间,好好写作"。他就像是一个时刻关心着地里收成的地主,看不得我懈怠偷懒。尽管他不和我住在一起,但我总觉得下一秒钟他就会门也不敲地闯进来,就像多年前他经常做的那样,而每当这时候,我总是在干着一件和学习无关的什么事。

我装模作样地坐在书桌前,面前摊着一本书,心里盘算着明天放学后找个什么由头去看场电影,或者干点有趣的事。这样的场景无数次出现在我的梦里,最后无一例外地被我父亲的怒喝声打断:你在干什么?

平时我跟外界联系不多,这和性格有关,也有能力的问题。我总是对自己说,属于你的早晚都会属于你,不属于你的就算暂时属于你了也终有一天会离你而去。所以属于自己的东西假使有一天离开了我,我会因为不曾为此做过努力而安慰自己:现在看来,这本就不属于你。

时至今日,我依然会因为新鲜的有趣的玩意儿而毫不犹豫地把正在进行中的写作搁在一边,依然没有改掉当学生时历任班主任评语中的缺点,自由散漫,依然坚持写我想写的,做爱做的事,玩好玩的人,依然认为天大的事,抵不过自己喜欢。

看样子我要把这写成一篇检讨书,那么我再加上一条,我还是个懒散的人,很少参加剧烈运动。最剧烈的一次是从苏州跑到了河南,这之后我喘了好几年,才算调整好了呼吸。后来在北京以学习的名义时断时续地待过一年半载,现在想想都觉得累。

其实日复一日的庸常的不动声色的生活特别适合我。似乎这样的生活能把时间拉长,在机械而单调的线形的生活中,欢乐和痛苦都变得迟钝模糊,有难度和强度的运动就放到文字里去完成吧。我喜欢过轻车熟路的生活,不用与陌生人、陌生的生活程序打交道,太多的生活上的改变会让我不安。我时常会有生活在自己的生活之外的感觉,这是我的生活,但跟我关系不大。我尊重这种感受,同时也知道这是有问题的。

我知道这又是一篇谈了跟没谈一样的创作谈,因为创作本身实在没什么好谈的。对于写作者来说,他已经在写的过程中尽力呈现了自己想要表达的,余下的是读者和评论者的事了。

文友印象

戴来的重点

金仁顺

想来想去,戴来没有重点。如果一定要有一个,她的重点是,老是抓不住重点。

戴来写作最旺盛的创作期,是在她怀孕以及带小宝宝的那几年。通常女人们在这个阶段,会完全放弃外部世界,腌渍在日常事务中,抓狂和抑郁变成情绪主调。戴来显然不是个通常的人,她在家长里短柴米油盐奶瓶尿布中间游刃有余,把日常生活烹制得有滋有味儿,调理得井井有条,还能行云流水般地写小说,长、中、短篇,既有质量又有数量,文袖一时间舞得风生水起,让文坛前辈后辈都对她寄予厚望。几年之后,孩子上幼儿园上小学进而初中高中,戴来有了大把时间,却没有花在电脑上大展宏图,勾画她的文学世界。她把双手揣进兜里,闲似庭前老树,淡成天上云朵,不疾不徐,不愠不喜。这期间她参加了鲁迅文学院和上海作协的作家高研班,高研的结果是,写得越来越少了。

没重点的一个重要理由是没野心。戴来的写作任性随意,小说题目通常起得稀里哗啦,《亮了一下》《甲乙丙丁》《对面有人》《给我手纸》,别人没嫌弃呢,她自己还就不耐烦了,耍起性子来,《要么进来,要么出去》《别敲门,我不在》《把门关上》,虽然不耐烦,但她也知道,写作无论怎么样,已经是一种宿命,所以,"《我们都是有病的人》",得"《将日子折腾到底》",还得"《练习生活练习爱》"。

作家戴来最让人赞赏的部分,是她有本事把日常生活中的汤汤水水料理得妥妥帖帖。在一般女作家孤芳自赏、支离破碎的生存层面里,戴来是华丽丽的,自由由的,筋道道的,她对日常生活的融入是彻底的,不留后路的;她沉浸,却形散而神不散。她的随和闲适中间,有骨有刺,轮廓分明,毕竟,她不只是戴来,她还是作家戴来。戴来把生活中的纠结、失望、无奈,以及爱情、温情、亲情放进了小说里面,编织着家长里短、儿女情长或者情短的故事,她的小说很少关乎自己的痛痒,她没有诉说自己不幸的习惯。她倒是总有份温存的心思替别人担忧,在她落笔之处,那些细密微小的起伏,那些波澜壮阔的心思,都是为人代言。不知道是不是为了强调这种疏离,她摈弃了女性作家天然的洞彻幽微的优势,经常以男性身份出现在小说里面。这种性别视角的切换,体现了戴来对这个世界的看法,她不偏不倚,不动声色,不以物喜,亦不以己悲。

戴来是这么样冷静,这么样散淡,她才懒得费神去找中心思想呢,无论生活还是写作。她的中心思想永远在当下,在此处,那些她想看到的人,就是重要的人,那些她想听到的声音,才是天籁。她的独立、思辨、立场、态度被穗丝和叶片层层包裹着,很容易被熟视无睹——这种效果是她想要的,她不喜欢被人了解——但总有那么几个人,知道在那些裹藏之下,籽粒玲珑,饱满多浆。

说来说去,仿佛戴来是个思想家。她当然有思想,她的思想是居家的,家居的;而她的家和居,有着魔法属性,忽大忽小,宽起来可以跑马,窄起来可能就一根绳子粗细。她把文学营盘随手放在了家和居里,要么进来,要么出去。

戴来是决绝的,也是随遇而安的。就像她讲的段子,一个男人穷困潦倒,连女人都没有,无奈去算命求示。算命先生说,你前半生诸事不顺。那男人非常期待地问,那后来呢?算命先生说:后来,你就习惯了。在文学圈里,戴来段子多是著名的,她的段子颇少吊诡,但常现奇思。去年的一次笔会,她很认真地问我,有个好消息和坏消息,你想先听哪个?我说,先听坏的吧。她说,以后我们只能吃狗屎了。她的表情相当严肃,接着用安慰的口吻说,好消息是,狗屎到处都是。即使讲段子,戴来也不是那种重点的、热点的、中心的,她是查漏补缺的、平易近人的,又是言之有物的。事实上,能把日常生活写好的作家殊为难得,不光要有沙里淘金的本事,更要有于腐朽处种出蘑菇的能耐。蘑菇还要看着堪比花朵,吃起来味美多汁。

作家当然是要靠作品说话,作品是重点,但作家的姿态也是重要的,而且正在变得越来越重要。戴来的作品和姿态,对于文坛都是个惊喜。这个让人找不到重点的人,对于自我、他人、文学,恰恰是重点本身。

评家观点

想象有意思的故事
——戴来小说论

张俊平

作为活跃于当下文坛的 70 后作家之一，戴来以其独特的小说风格备受读者和批评家的青睐。超性别叙事、边缘化写作、日常生活的极致性表达等等语汇在判断戴来的小说时具备公认的、标签性的意义。戴来小说显著的辨识度来源于戴来对自我写作清醒的认识，她是一位有着高度写作自觉的作家。

戴来谈及自己的创作时，"想象"和"有意思"几乎是念兹在兹的两个词。回避纯粹的自身经验的写作，走出一己有限的视野，放纵想象力的翅膀，营造无限大的虚构的空间，对于戴来而言，似乎既有挑战性，又有无穷的乐趣。同时，在小说的价值判断上，戴来认为好的小说应该"有意思，这是一个大前提，必须是有意思，大家都知道，日常生活是没有意思的，问题在于你怎么把日常生活中有意思的东西发掘出来，写出来"。在小说中表达有意思的感觉，传达有情趣的意绪，在戴来的小说观念里同样占据着重要的位置。

相对于戴来深居简出的写作状态，惯于重复"庸常的不动声色的生活"，她的小说呈现出来的人物繁杂、变化多端、深度呈现以及富有戏剧性的情节等等"有意思"的现象与前者构成了巧妙的矛盾。我们一面迷惑于这种矛盾，一面会惊讶于戴来超凡的想象力和对世态人心洞烛幽微的能力。从某种意义上说，现实生活中的安于现状与小说世界里"不安分"的"折腾"之间的张力构成了戴来小说独特魅力的根源，并且集中体现为基于想象的建构和对意蕴与趣味的追求。

基于想象的建构

在戴来的小说里，作家的个体生存经验和人生经历常常处在被忽视的地位。戴来津津乐道的是未被经历的或者将要发生的可能性，对可能性的迷恋是戴来创作的原初动力。所以无论是男性视角还是超性别叙事,对于戴来而言,很大程度上只具有工具性的意义,即男性视角为戴来提供了发掘生活中更大可能性的便利条件,这有点类似于中国古代哲学中"道"与"器"的关系。戴来不止一次地强调对可能性的想象在自己创作中的价值,"走出自己有限的视野和经验,会看到更广阔的空间,发现更多的写作可能性","异性的世界给我的写作带来了更大的空间和可能性,这也让写作变成一件有意思的事","生活中的可能性,可能会发生的事,将要发生的事,这给了我写作的冲动"。所以亲历的固定了的生存经验、生活方式和思维定式,在戴来那里被果断地舍弃了。

那么,生活在"庸常的""轻车熟路的"惯性生活中的戴来是如何在想象与生活的诸多可能性之间建立联系的呢?戴来自称小说中的人物基本是虚构的,既完全不是生活当中的,甚至也不是经验当中的;而我们读戴来的小说时也常常会有如是的感觉,即故事的情节经常被夸大到极致,夸大到令人怀疑的地步。比如《没法说》中的父亲,年轻的时候无意中撞见妻子与邻居小刘的"暧昧"关系,此后数十年一直为头顶上想象中的"绿帽子"所困扰。在一次酒后居然莫名其妙地割掉了如今已是风烛残年的老刘的命根子。再比如《搞错了》中的老马,年轻时妻子刘蓝香的一次出轨,从此将老马送上了"文学创作"的道路。而老马数十年如一日的所谓写作其实都在探讨一个问题:一对不相干的男女是怎么搞到一块儿的。这样的情节设计在常人看来未免有些"惊世骇俗",至少是不可思议。而这正是戴来想要表现的"可能性"。我们不禁要问,这样的"可能性"在多大程度上是可能的呢?

其实,"老马"也好,"父亲"也好,他们"疯狂"的举动背后是他们脆弱的精神支柱所承载的传统伦理道德和贞洁观念的重压。戴来只不过是把对这种精神压力的敏锐感觉置于尖锐的现实情境之中,让它产生震慑人心的力量。或者我们可以说,在戴来的小说里,除了虚构的人物和夸张的情节,只有对世态人心的敏锐感觉才是真实的。而这种敏锐的感知能力正是连接戴来的想象和生活的可能性之间的桥梁。鉴于生活中和视野里实实在在的人物反而无法进入戴来的小说,我们不妨把戴来的小说创作称为"无原型"写作。对于戴来而言,写作不亚于一个创造的过程,故事中的每一个人物都有着内在的生命,写作者不过是循着人物内心的走向,使其呈现出生命可能的轨迹。故事的结局具有多种的可能性,而每一种可能性都是合理的。这种写作的模式一方面显示了戴来在塑造人物、把握对象上的无比自信,另一方面也让读者见证了她洞烛人心幽暗的非凡能力。

相对于以生存经验的积累作为小说创作的源泉,同时相对于女性作家以"私人写作"或者"身体写作"独擅胜场,戴来的小说显然更关注生活在社会边缘的平凡人物的内心世界。在戴来的眼中,大千世界,芸芸众生,生活中的来来往往难免遮蔽人们的本来面貌,唯有内心世界的丘壑最能反映人的本质,透视人性的弱点。而在把握人的内心世界方面的敏锐感觉和独到眼光,为戴来提供了"凭空想象"的资本。

在刻画人物内心方面,小说《茄子》是难得的佳作。彩扩店老板老孙是婚姻生活中的失败者,妻子抛夫弃子跟了别人。夜深人静的时候,老孙以偷偷洗印的一大包中年妇女的照片慰藉乏味孤寂的生活。儿子小龙怯懦的性格中隐藏着不安分的因子,对唾手可得的爱情熟视无睹,却沉迷于对不可能实现的爱情的幻想。父子二人同时对"小三"身份的年轻女孩产生了强烈的兴趣,却是出于完全不同的动机:父亲试图通过对他人婚外恋情的破坏达到惩罚婚姻生活中非道德者的目的;儿子怀着拯救"迷途少女"的心态实现爱情缺失者对爱情消费者的报复,结果是赔了夫人又折兵。父子二人隐秘的内心世界几乎是在一系列无意识的行动当中一步一步暴露在读者的眼前,两人在等待女孩来店里取照片时的那段对话更是精彩绝伦。在这篇小说中,不仅鳏夫孤寂难耐的心理和青年争强好胜的不安分心态得到了极好的呈现,作为生活中共同的失败者、落魄者,父子二人对现实的不满和对生活中优胜者的敌视心态也淋漓尽致地呈现给了读者。尽管小说的人物、情节完全出于虚构,这篇小说所传达的真实的心理感受和人性的真相让我们丝毫不会怀疑它的价值。

所以,对人物内心世界和心理走向的准确把握是戴来小说想象的根基,而这种准确把握的能力应该是源于戴来面对生活时的冷静和理性的思考。如此,戴来的小说呈现出一种综合性的审美特质:它是虚构的,也是真实的;它是想象的,也是扎实的;它是感性的,也是理性的。

值得一提的是,在戴来凭借想象建构的小说世界里,呈现出明显的互文性。一方面,戴来热衷于塑造生活在社会边缘的自由写作者形象,他们不仅具有相似的身份,也具有相似的生活遭际和心理状态,他们大多是游离于生活之外的落拓者,身不由己地被现实生活裹挟着前行,他们背负着家庭和生活的重担,却无力做出改变,只能一步步地向生活妥协。另一方面,同一人物穿插出现在不同的小说文本中,比如《要么进来,要么出去》《还不到时候》《对面有人》等中的安天就是如此,使得不同的文本相互参照,彼此牵连,形成一个潜力无限的开放网络,大大延伸了揭示生活的层次,拓展了表现生活的广度。这种特质使得戴来的小说呈现出整体性的特征,凸显出一个有抱负的小说家的眼光。

对意蕴与趣味的追求

戴来用想象建构起小说的世界,在这个世界里面兴致盎然地处理陌生化的题材,创造生活之外的人物,传达可能性的经验,乐此不疲地享受着自由支配的特权。写作对于戴来,是一件创造性的劳动,创造经验之外的主观世界,让写作成为一件有意思的事情。

生活本身对于戴来而言,不仅没有意思,而且常常是严酷的,甚至是残酷的。戴来的写作自觉地规避生活,规避自我生存经验,在很大程度上与她对生活的认识有关。戴来自觉地把生活与写作两分,生活是生活,写作是写作,或者干脆说戴来生活在生活之外的写作当中。然而戴来的可贵之处在于她并不是超然生活之外的旁观者,而是时刻调动着对生活、对生命敏感的神经,不动声色地感知、捕捉、挖掘、呈现。所以,戴来是悲悯的,也是冷静的。

戴来的发掘生活中"有意思的东西"最显著地表现在她善于书写人生的尴尬和生活的缺陷。戴来的小说既没有宏大的叙事,也不刻意追求作品内部意义的建构,只是静静地呈现生命的无奈和对于芸芸众生的悲悯情绪。戴来笔下的人物大多具有一种"神经质"的精神气质,他们身不由己地怀疑一切:爱情、婚姻、友谊,甚至亲情,他们被自己假想的不确定性折磨得精疲力竭,却始终没办法走出生活的梦魇。小说《搞错了》为我们提供了三对人物关系:老马和妻子刘蓝香,殷天泽和妻子马昕,身患绝症的男子和他的妻子。老马崇拜作为作家的女婿殷天泽,而他自己对文学的痴迷却源于他对妻子刘蓝香出轨的怀疑,并因此白白浪费了生活中大部分的光阴。殷天泽把小说拿给妻子看,却被马昕对号入座地认为他精神出轨,在无休止的无谓的争吵中,他们原本就不稳固的婚姻生活岌岌可危。身患绝症的男子在巨大的打击面前,对妻子的感情变得犹疑不定。从某种意义说,他们都是生活中的不幸者,亲情、爱情甚至经不起微不足道的生活琐屑的考验,更遑论挫折与不幸的打击了。小说弥散着一股浓浓的失落感和虚无感,这是戴来小说常有的气息。爱情和婚姻问题是戴来在小说中经常探讨的话题,对于此,戴来有一个基本的经验,即爱情是有保质期的,婚姻是需要妥协的。在戴来的小说中,我们既看不到甜蜜的爱情,也看不到稳定持久的婚姻,有的只是猜忌、妥协、将就和纯粹对欲望的渴求。

总的来看,戴来笔下的人物是边缘人,也是失败者,他们有反抗平凡命运的念头,却往往像火星一样一闪即逝。生活中的挫折磨平了他们的棱角,在与生活的对阵中他们节节败退,最终成为命运的俘虏,在被强加的境遇中苟且偷生。对这类人生存境况和心理状态的审视和观照成为戴来意义发掘的渊薮,也是小说写作的价值所在。戴来坦陈:"在我看来,生活经常是严酷的,甚至是残酷的。很多时候,你以为你在把握着生活,其实生活一直在掌控着你,面对我们无从把握的生活,我们只能不断地'练习'生活,修炼自己。"我们有理由相信,在戴来的眼中,生活具有悲观主义的底色,人类在与生活的抗争中呈现出来的迷惘的精神面貌和灰色的内心世界正是戴来认为"有意思"的地方,而戴来通过小说所传达的理性的怅惘和悲悯的情绪也是戴来追求的意蕴所在。

在小说中,戴来喜欢"用'轻'的形式来表现'重'的东西",这种"轻"的形式具有多重内涵。戴来小说的语言一向是冷静的、懒散的,带有不紧不慢的调侃的意味,情节越是夸张到极致,她的语言越是冷静得不可思议,有时甚至是残忍的,就像是在讲述一个跟自己毫不相关的故事而且从中感到快意。戴来的小说经常具有戏剧性的转折,在让人猝不及防的时候,把主人公无情地置于极端尴尬的地位。《亮了一下》中的夫妻俩貌似和谐地生活在一起,其实都是婚姻爱情的背叛者。丈夫在一次偷完情回来的时候正好撞上了正在安排和情人幽会的妻子。《我看到了什么》中的安天在一次精神出轨后,回家看到了妻子与别人在床上偷欢的情景。小说在戏剧性的转折之后戛然而止,形成富有高潮意味的结局,以这种戏谑的方式带给读者饱含悲剧性的幽默感受,具有强烈的后现代色彩。戴来的小说在标题的设计上也颇有新意,小说都是在写好之后选取小说中某人说过的一句有意思的话或者一个词作为标题,这种看似轻松随意的做法使小说呈现出一种混沌的状态，在小说的标题和内容之间产生了巨大的言说空间，许多小说的标题因此产生了超越文本意义的意味，使得戴来的小说在一定程度上具有了寓言式的色彩。

哨兵/鲁迅文学院第十五届高研班学员。曾参加第十八届青春诗会、第六届青创会。曾获《人民文学》新浪潮诗歌奖、《芳草》第二届汉语诗歌双年十佳、第四届《长江文艺》完美(中国)诗歌奖、《中国作家》郭沫若诗歌奖优秀奖等。出版诗集《江湖志》《清水堡》。

作家自述

安命立身
哨 兵

前段时日整理诗集，翻到《岛》等篇章时，竟然不忍卒读。我不知道别的诗人捡拾自己时是否也会如此。这不是自恋，也不是浅薄的泛情和滥情，是来自语词背后巨大的黑洞，吸纳和攫住了我。这怪力不单单发自诗句和文字，也发乎与诗歌浑然一体的命运、生存、焦虑和离合悲辛。我只是疑惑，这些年来，我诗写的对象，为什么总是"李少雷、张小武和张圣元"们，我关切的群体，为什么总是失乡人、赌棍、鳏夫……仿佛我也是与他们勾肩搭背的某一个，早就弄丢了命运的桡桨，靠不上湖岸，也绕不出接天的浅滩，就那么被困在洪湖。

好吧，说湖。

在当下，就算再宅之人，而且，远趴在这个星球的背面，也只需轻点鼠标或指头，就可将洪湖摸得门儿清。这湖，是淡水湖，论浩大位居荆楚第一、中国第七……这只是地理学或动植物学里的知识，离诗，隔着十万八千里。事实是，这种地理意义上的浩大，占有写作资源的多寡，与写作者精神向度的高远，并不构成因果。比如，诗坛不乏出身外交领域的大师，得周游世界之便等同怀抱地球仪写作的诗人，如圣琼·佩斯、米沃什等。但也不乏终老于小村小城某地的诗歌巨匠，如弗罗斯特、狄金森、特朗斯特罗姆等。借唐人元稹在《思归乐》里的诗句"我虽失乡去，我无失乡情"，就能厘清大师巨匠们的文学成就。此"乡"所指故土，能指语言、精神和灵魂的归宿。照此理解，《思归乐》比之千百年后风靡中国诗坛的理论，所谓"语言之花"、所谓"诗人的天职是返乡"，如有可能，已然作古的马拉美和海德格尔，理应在另一个世界中，膜拜中国诗人元稹为诗歌哲学的祖师爷了。

所以逮着《思归乐》不撒手，实因此诗与我脚踩之"乡"有勾连。为人为诗至今未有定位的元稹,戴罪被召回长安罚俸途中,夜宿驿站与宦官们争抢上厅,却惹来横祸,被宦官举马鞭打破脸面,鲜血四溅。后曲曲折折地禀奏皇帝老儿,又影影绰绰地陈表男人的屈辱、悲愤,却只换来"元稹轻树威,失宪臣体"的圣旨和更大的屈辱,被谪贬江陵。想想,在盛唐,在崇诗为尚的国度,一个齐名"元白"的大诗人,连不男不女之徒,也可如此不屑、如此欺凌……罢了,一个诗人,该担当多少命运的吊诡和波折,才可能抵达诗,向无定论,不说为妙。

接着说湖。

问题是,打我出生,这湖,就充满悖论。那首经典民谣,言之凿凿,其实子虚乌有,却被影视媒体过度渲染、传唱至遍布华人的每个角落。世人皆认为,这湖,就是天堂了。天堂者,幸福也,捕野鸭、摘莲蓬、打鱼米,就是。何其荒谬!想想,这湖,在荆楚某角,屈原以一己之力缔造的楚文化传统,已压得我辈写作者喘不过气来,而现实的"正确"语境,却也逼得人无路可逃。面对世界,面对"道"与"志"早已建起文学传统的殿堂,作为后学者的我,试图发出自己的声音,"载"和"言",作为写诗人必备的语言工具和手艺,就显得尤为紧要。所以,在《天堂歌》《关于彭霸天》等诗歌里,我选择反讽、冒犯、质疑、去蔽……来还原一草一木的真实、一村一寨的真实、一水一人的真实。这需要我动用所有的生活和语言经验,在传统和现实间开凿某条通道。这种劳动在我的理解里,就是创造。诗歌的价值和诗性全都裹挟其中,类同《挖藕诗》中所写,让语词复活又成为这个世界的"葬词",创造出新的言说方式。我并不知道这条诗歌通道在哪里。但肯定与我的经历、生命状态、故土、方言、家学、见过的洪湖人密不可分。

而面对这样一座湖,一座由江苏、安徽等7省18个县的渔民与原住民混杂的洪湖,作为一个从20世纪90年代初期才开始真正意义上写作的汉语诗人,我深感各种先锋的诗学理论和所谓的国际化文学视野,并不能解决我在洪湖遭遇的汉语困境。与其追索世界地图的经纬线,亦步亦趋地写作,还不如我返还出生地,与"李少雷、张小武和张圣元"们一道,在渔村与荒野间称兄道弟,在失败与虚无中、在所谓诗意生活的对立面推杯换盏,寻找自己的语言。这不是诗歌策略,也不是乡土偏方,更不是写作技巧与方法论,而是我全部的人生观、世界观和价值观。如此,我才可能找到诗性和诗意,在洪湖,先安命、后立身。如《座船》所述:

……而关于洪湖与外省渔民的空白
我不知道该从哪里谈起。要是我也能忍受
这些:漂泊,孤独……我肯定选择
不做人,做座船
或洪湖的隐士,被世界遗忘
却已安命立身

　　　　　　　　　　　　　　——《座船》

文友印象

诗坛独行侠　世俗冒犯者
川　鄂

虽然写过一些诗论,但我算不上诗评家。我的鲁院同学、四川作协的评论家杨青,对诗歌的感觉很好,她多次对我说湖北诗人中她最看好哨兵。因为佩服杨青的文学感觉,所以我欣赏杨青欣赏的诗人,杨青使哨兵在我心中加了不少分。

依稀记得认识哨兵,是刘醒龙引荐的,但时间地点接头暗号我都模糊了。我长他近10岁,他叫我"川鄂老师"而非"刘老师",不那么正儿八经,尊重中有亲切,但还是尊敬多于亲近。我多次要他改口称"川鄂兄",如古代文人常常称呼的那样,于是他就把两个称呼叠加起来:"川鄂老师、川鄂兄",累赘啰唆,叫我奈何不得。所以每次见面后我就琢磨:个子瘦高,算是个帅哥,但又不修边幅;诗写得别致高妙,但形象气质并不儒雅,甚至有几分侠邪之气;谈锋虽健,却免不了脏词助兴;一副好口才,讲故事生动有趣有意味,却从不写小说。这家伙是个什么样的人呢?

观其人读其诗,"诗坛独行侠、世俗冒犯者",是我到目前为止所能想到的给诗人哨兵的最合适的定位。

台湾作家张大春在《小说稗类》中直言宣称:小说是一种"冒犯的力量",小说在冒犯了正确知识、正统知识、真实知识以后,还可能冒犯道德、人伦和风俗。不知邱华栋是否受到张大春的启悟,邱华栋有专文论哨兵的"坏"和冒犯如何成就了哨兵诗歌的高贵品质。很遗憾我不是第一个指出哨兵诗歌具有"冒犯"特质的人,真的很遗憾,但还是不愿绕来绕去用别的词来概括他的诗作。哨兵诗歌的力量来自敢于冒犯的精神气度。冒犯经验现实主义的湖北文学传统、冒犯地域文化的种种限制、冒犯先验的种种关于外部世界的定论、冒犯中老年知名作家的权威。哨兵是湖北诗坛特立独行的冒犯者,除了冒犯,还是冒犯。没有冒犯,就没有诗人哨兵。

当代中国诗坛地域书写的普遍症结是:太黏附于现实、太黏附于乡村、太黏附于个体经验,或者太黏附于既定历史结论,乡恋情结太重。哨兵的诗歌创作几乎都围绕着他早年的居住地洪湖展开,他也是一个有着强烈地域意识的诗人。如果止于爱和赞美,哨兵只是新世纪湖北众多乡土诗人中的一个。他的写作的独特性在于:超越了赞美家乡赞美地方文化的一般模式,用以洪湖为叙述主体的地方志写作来展开对历史陈见和破碎生活的思考、怀疑和审问,他的诗直指地方的生活、风物、习俗、传统中那些因习以为常而不为人知的盲点和黑洞,并通过对地方的人和景的描述和审视,反思个人与人群、地方与中国的种种病相,从而成了一个现代派诗人,而非单纯的体制性批判的现实主义乡土诗人和单纯赞美的浪漫主义乡土诗人。

"在洪湖,写诗比庸医/更可耻。无论我/多么热爱,也不可能/把那些渔村,书写成/县人民医院,更不可能/把那个临盆的难产儿,书写成/顺利降生"(《命运》)。这首诗是哨兵冒犯姿态的表白,被很多人激赏。他喜欢把生活的真实场景植入诗歌,以期产生荒诞的效果,并超越现实。在中国现代史上,洪湖一直笼罩着艳丽耀眼的红色,红色甚至是此前关于洪湖的历史书写和文艺虚构中唯一的色彩。哨兵作为一个现代诗人的先锋、另类,即在于他书写了一个多色彩的洪湖、灰色调的洪湖、破碎的洪湖。哨兵的地方志抒写,突破了"地方赞美诗"的陈旧模式,为绵延不绝而方兴未艾的区域性写作提升了难度,立下了高标。

"即使严冬不散/我也不怕 我将借用一盏渔火/依次照亮事物黑暗的秘密"(《颂歌》)。"照亮事物黑暗的秘密"是诗人哨兵的使命。洞见黑暗,是大智慧,照亮秘密,直陈痛楚,则需要冒犯的勇气。他长于用大量别致精妙的细节碎片,简洁、准确地表达独特的生活体验,捣毁虚幻的历史光环,揭示被遮蔽的生存本质,展现形迹可疑者的可疑之处。"在不为人知处设问,对公共认知质疑,在习以为常处反驳,直逼盲区,照亮黑暗。"哨兵的诗歌语言脱离了人云亦云的常态,摆脱"程序化的言语方式",使他的语言颇具侵略性。当然,对"像野草一样的"底层这一类人,诗人并不轻易冒犯,而是充满谦卑和怜悯。

所谓诗人,是真实生活的观察者、审视者、冒犯者,是真正生活的憧憬者、虚构者、赞美者。诗人不会完全服膺世俗化生存法则,不会真正屈尊体制化管理条例,不会甘心认同权威、长者、习俗教导的"做人"技巧,不会自愿做一个处处讨好的"好人"。面对体制,面对世俗,面对泥沙俱下的日子,诗人选择了"孤立",选择了"苦修",选择了坚持。但胜利谈何容易:"离世时他不会留下半句遗嘱;哨兵,男/上世纪中叶生于洪湖,从没失败/也没有胜利"(《一个湖边诗人》)。凭哨兵的那股敢于冒犯的劲儿,和冒犯的力度、精准度,他是一个本色诗人,真正的诗人。唯有冒犯,才有超越。唯有冒犯,才是哨兵。

评家观点

从"江湖志"到"清水堡"
——哨兵的"洪湖"和"地方性知识"

霍俊明

> 在洪湖,词即厄运
> 不是被风打散,就是患上孤独症
>
> ——哨兵:《风》

哨兵是一个近乎一意孤行的写作者。这不仅是其性格使然,更是与这个时代"地方性知识"以及因此形成的吊诡、尴尬、分裂甚至退守、紧缩的写作命运有关。从其几年前的诗集《江湖志》到近期的《清水堡》,哨兵仍一如既往地在加深一个写作者深隐的面影以及更加胶着的内心——"在洪湖,干一桩不可能完成的事/像某个写诗多年的家伙,试图/用词语去改变什么。"这样做的好处在于能够不断强化一个诗人的风格,而存在的限囿和问题则是容易导致某种程度的"自我紧缩"。这个时代没有人会成为真正意义上的"隐士",而自然诗性意义上的命运更是可想而知。

哨兵诗歌写作的"地方性知识"

说到哨兵的诗歌及其精神背景,我们首先想到的就是"洪湖"。就如说到雷平阳我们会想到云南,说到江非我们会想到平墩湖,说到潘维我们会想到江南,说到徐俊国我们会说到鹅塘村一样。显然洪湖不仅是作为一个物理空间,而且是在语言和想象中形成和叠加的文本空间。一定程度上,后者更为重要。而说到诗歌和地方("地方"一词很容易被理所当然地理解和置换为"地理"、"地域")的关系又往往并非直接和对等,出生地、籍贯只是浮于浅层的一种身份。之所以强调哨兵诗歌写作的"地方性知识",是因为当下很多的写作者对文本意义上的空间和地方缺乏足够的认识、理解以及再造能力。反观20世纪90年代以来城市化进程中的写作,我们确实在那些带有强烈的地方性以及私人和公共空间里得以重新审视特殊时期诗歌历史的构造与深层机制。

我在谈论哨兵诗歌的时候所用的"地方性知识"显然更为强调的是"地方"的"知识"成因、空间的生产与构造、"地方"的文化象征性以及地方文化话语权力的差异性。也就是说对于哨兵而言,如何将草木洪湖、物态洪湖和记忆中的洪湖转换为语言形态的洪湖? 在此意义上,我更认为哨兵的诗歌写作近乎带有"寓言"的性质。这使我想到当年无论是巴黎的广场、纪念碑,还是街区和流浪汉、密谋者,这一切对于波德莱尔这样的诗人而言都成了寓言,"寓言是波德莱尔的天才,忧郁是他天才的营养源泉。在波德莱尔那里,巴黎第一次成为抒情诗的题材。他的诗不是地方民谣;这位寓言诗人以异化了的人的目光凝视着巴黎城。"(本雅明:《发达资本主义时代的抒情诗人》)正是在真实地方和想象空间的交织中,诗人呈现出波诡云谲的地方性知识的梦魇和残酷的寓言。这实际上就是一场场戏剧性冲突。正如诗人开车回洪湖在狭窄泥泞的土路上与一群牛相遇的进退两难的境遇,这实则是这个时代诗人在现代性城乡对立语境下的精神宿命使然,"在八卦洲。与牛/对峙,打双闪/转向灯,摁电喇叭,耍/现代交通招数,甚至/猛踩油门,让发动机颤抖/让这一辆小车,像困兽"(《开车在八卦洲遇牛》)。交织而成的多层次的文本空间所显现和揭示出来的是足够分裂与不安的精神空间。由地方和地方性的经验上升为"知识"以及写作的能力是对当下包括哨兵在内的诗人的考量甚至考验。

不可否认的是作家与这些空间和地方之间的关系,但是显然有些写作者和研究者忽视了一个作家的写作与地方之间存在的多种多样的关系,甚至地方和空间也不是固定不变的。一定程度上我认为诗歌"地方性知识"的历史更多的时候是通过各种文本构造和呈现出来的。就此,表象背后的写作、经验、空间结构和文化性格尤为值得研究。尤其是谈论哨兵的诗歌更是如此。这不仅在于其不同时期诗歌写作面貌的一些发展和变化,而且还在于"地方"以及"地方性知识"自身的变化甚至转捩。不容忽视的是,一个作家的"出生地"以及他长期生活的地理空间无论是对于一个人的现实生活还是他的精神成长乃至文学写作都有着一定的影响。当然我这里所要强调的"地方"的诗歌创作与其故乡之间的血缘关系,与海德格尔所强调的"诗人的天职是还乡"的观点是有差异的。海德格尔更多是强调诗人和语言、存在之间的复杂关系,而我更多的是从文化地理学意义上强调诗人的"出生地"和环境对于一个作家的重要影响以及时代意义。

在哨兵那里,地方性的意识和焦虑症是相当强烈的。作为一个"在上世纪中叶出生"的诗人,哨兵的写作正好是从20世纪90年代开始的。而随着城市化进程的加速以及文学自身生态的变化和调整,无中心时代已经来临。或者说这一时期的诗人已经不再需要什么"中心"。更为可怕的则在于城市化和全面城镇化的时代就是要抹去"地方性"的构造,从而以一同化的城市建筑的空间伦理、生活状态来取消"地方性知识"。地方诗学遭受到前所未有的"除根"过程。我们这个时代的不安、孤独、痛苦和无根的彷徨与虚无感,不纯然是我们在成长过程中离开"出生地"而再也不能真正返回的结果,而在于地方性知识丧失过程中我们无以归依的文化乡愁和精神故乡的日益远离。哨兵在写作命运上既是幸运的,又是不幸的。幸运的是他还有文字和精神上的"故乡",但不幸的是在这个时代写作"故乡""出生地"和"地方性知识"是非常艰难的。因为对于任何写作者而言,既不能重回过去,又不能超越当下。而只能是在二者的夹缝或者边缘、过渡地带观察、回溯、前瞻或者回忆。"洪湖"已经不是10年20年前的洪湖,20年后的洪湖是什么样子更难以预测。实际上,我们谈论哨兵和他的洪湖实际上是在谈论他诗歌中的洪湖。诗人们将继续在诗歌文本中寻找文化地理版图上暧昧甚至消弭的基因、血脉乃至文脉,寻找我们已经失去的农耕文明时期的摇篮和堡垒。既然20世纪30年代的美国人都在痛苦地经受"失根"和"离乡"的过程,那么现在中国这个在东方现代化路上狂奔的国度又怎能幸免于一体化的寓言或者悲剧?而我们一度在精神空间和文化地理中所成长的全部训练正在经受无情的"除根"的过程,乡土、区域性也正在经受"除根"之痛。

"洪湖"的命运与诗歌的命运

"洪湖"的命运就是哨兵的命运、写作的命运、时代的命运。写作甚至有时候成为一种厄运,词语"患上孤独症",写作成为"哀歌或悼词"。但是诗歌仅仅如此分担了痛苦和羞耻还不够,因为诗歌不只是一种愤怒诗学。可贵的是哨兵意识到了这一点,"一个人怎么能/光靠愤懑去面对孤独和洪湖?"

洪湖是湖北省最大的淡水湖,坐落于江汉平原,南面是长江。近年来由于围湖造田、过度捕捞导致水面缩小、水质下降、水草濒临枯竭、鸟类和鱼类资源急剧减少。20世纪50年代洪湖面积达760平方公里,现在湖泊面积锐减到348平方公里,平均水深只有1.35米。这是一个在强势崛起的城市化时代不断被强行缩减和退守的"地方"。而相对于此的写作,诗人和文字就具有了后视镜一样的功能。或者说诗人和语言成了"分洪区"——"这样一个事实必须表述:洪湖/这座县级市,只是武汉的分洪区//我们就这样,守着长江/活着,仿佛守着/自己的灵柩//事实的确如此。在我/刚要被怀上的深秋,恰遇/洪湖决口,泄洪。小城/灭顶,绝望/如难产妇"。这不只是1970年11月17日的情形,而是与这种"分洪区"的寓言一样命运的延续,在坚守和抗拒中接受暂时的安宁或者决口、泄洪的灭顶之灾。

哨兵已经起身离开洪湖前往武汉。这也正是当下中国诗人的普遍命运。众多"本土"的诗人不断离开乡土到异乡生存,而这些身处异乡甚或"外省"的诗人更是日益显豁地呈现出对地理诗学和出生地的"精神故乡"的眷顾以及远离"本土"的尴尬困境。由此,极其吊诡的则是我们的"地方"和"故地"尽管就在身边,但我们却被迫远离了它。而"地方"和"故地"的改变更是可怕和惊人,因此文字空间里携带着精神能量的地理就成了不折不扣的"乌有之乡"。强硬的带有"时代合法性"的铁臂正在取代一切曾有的秩序——尤其是精神秩序。然而,诗人在此刻必须站在前台上来说话!在此,诗人不自觉地让诗歌承担起了挽歌的艺术。那些黑色记忆正在诗歌场域中不断弥漫和加重。

尽管哨兵诗歌中的"洪湖"带有"本事"的色彩,也就是个人经历和体验所形成的日常性的过程,但是更为重要的在于诗人通过语言、个人化的历史想象能力以及修辞的态度所呈现和构造出来的虚化的"洪湖"。哨兵显然不是一个带有"前进型"的时代伦理和社会学癖好的写作者,一定程度上他甚至带有转身和退守到"过去时"的意味。更多的写作者难以自控地跟随着新时代看似"前进"的步调和宏旨,但是却很少有人能够在喧嚣和麻木中折返身来看看曾经的来路和一代人的命运出处。而即使有一小部分人企图重新在"历史"和"现实"两岸涉渡和往返,但是他们又很容易或者不由自主地成了旧时代的擦拭者和呻吟的挽悼者,成了新时代的追捧者或者不明就里的愤怒者。而一种合时宜的姿态就应该是既注意到新时代和旧时代之间本不存在一个界限分明的界碑,又应该时时警惕那些时间进化论者或保守论者的惯性腔调。

这显然不是一个"江湖"的时代。乡野、山林、水泽以及由此生发出来的诗意在这个时代的写作中显得如此虚空——"我的世界不大/不小,方圆百里/恰好装下/虚无"。而哨兵的诗歌不仅带有相对的命运感,而且这种踏虚性、自审意识、诘问姿态恰恰形成了他诗歌持久的力量。诗集《清水堡》开篇第一首诗就是《悲哀》,篇末最后一首诗是《是遗嘱,不是诗》。由二者的关系我们能够看到哨兵写作"洪湖"的命运。写作与立言和安身立命的关系从来没有像今天这样成了难解的问题。读了多年哨兵的诗,我也一直在内心里追问诗人是否企图通过"地方性知识"以及"洪湖"来保全自己的底线和精神世界呢?很大程度上这应该是成立的。这个时代的法则是"减法",而诗人就不得不在诗歌中完成"加法"的工作,而二者之间形成的张力甚至冲突就导致了诗歌写作的美学与社会学之间的不协调。

哨兵的"洪湖世界"由水泽、船只、原住民、外来者、村落、水族动物和植物组成。在这个世界面前,哨兵是谦卑的、敬畏的,甚至是带有十足的悲剧感的——"在洪湖,我一直耻于搬弄天堂/糟蹋自己和地狱"(《天堂歌》)。哨兵的诗歌带有某种残酷的还原性,把人的命运还原为某种残酷性的本能,比如"三十二年前的那场械斗中,为鱼草/田螺和食物链底层的东西,一个人/面对五杆排铳/他也敢迎着/枪口"。而与此同时那些带有历史残破遗留的谱系性的事物在哨兵的诗歌中不断现身,如祠堂、家谱、县志。但是值得注意的是这些遗留型事物现身的过程是艰难而痛苦的。这些物象、器物和空间代表了一段历史性的社会和文化构造,代表了更具精神启示性和命运性的事物关联。这自然牵涉历史、政治、社会、文化、语言和人自身的多重纠结性的存在关系。在此意义上,我们是否可以把哨兵的写作视为某种程度上的"墓志铭"?——历史和地方命运的墓志铭。"洪湖"是不是最后一块安置内心和灵魂的特殊空间?

由哨兵的诗歌的"洪湖"空间以及特殊而尴尬的地方性知识,我不由得想到曼德尔施塔姆的诗歌《列宁格勒》:"我回到我的城市,熟悉如眼泪,/如静脉,如童年的腮腺炎。"然而当我们今天再次考察诗歌和地方性的空间构成时,一种巨大的陌生感却不期而至。多么吊诡的命运!哨兵的诗歌就有着深深的陌生感、羞耻感和痛彻的惨败心理。因为你在诗歌中所寻找、追挽甚至重建的东西必将是这个时代的"非法之物"——它们的命运只能是要被消弭和拆毁。在拆毁面前,哨兵是一个怀着考古学知识企图重建"那座塌了的城"的人。正是因为悲剧感、命名的冲动以及重建的意识,哨兵的诗充满了羞耻、紧张感,"在洪湖,写诗比庸医/更可耻。无论我/多么热爱,也不可能/把那些渔村,书写成/县人民医院,更不可能/把那个临盆的难产儿,书写成/顺利降生"(《命运》)。这是一个企图疗救不可救药时代心脏的手术者,而最难的是敢于对自己下刀。而当下诗坛的伦理学、批判性的诗人大有人在,但往往是痛斥自己之外的所见所感,却从来对自己自怜或自大。而哨兵则是敢于撕裂和袒露自己的诗人。哨兵是一个"笨拙"而难以"取巧"的写作者。他不会取巧,即使是对于极其细小的草木鱼虫乃至微尘、石块,他也必须弯下腰去耐心地去翻检和察看。但是,既然我们能够再造城市却不能再造故乡,既然我们不能重返过去又不能超越当下,那么焦虑和紧张感就必然一直紧紧伴生在哨兵的"洪湖"空间里。

值得注意的是哨兵的诗歌有些断句太碎,这在加重了词语的力量和节奏的同时也导致了阅读的散文化倾向。

哨兵诗歌文本中的"洪湖"已经超越了自然地理意义上的存在指向。这一特殊的文字化、精神性空间已然因带有了超越和提升性而具有普遍人性、现场感、历史性和寓言象征性的知识。哨兵的一部分诗歌既来自洪湖却又超越了洪湖。这对于众多黏滞于"乡愁经验"的诗人们而言无疑是一个重要的启示。换言之,哨兵诗歌里的"洪湖"显然不再是单纯的地理意义上的代名词,而是成为具有普适性的时代精神重量的日常经验和个体乌托邦意义上的灵魂空间。

阿拉提·阿斯木 /维吾尔族，双语作家。鲁迅文学院第十二届高研班学员。现任新疆维吾尔自治区文联主席、新疆作协副主席。出版中短篇小说集《金矿》《赤色的天空》《阳光如诉》《蝴蝶时代》《隐藏的旋律》等7部，散文集《海底的珍珠》，长篇小说《不要哭朋友》《最后的贵族》《飘荡的情感》《陌生的朋友》《古丽拉莱》等13部。曾获第十一届全国少数民族文学创作"骏马奖"、新疆德艺双馨奖、全国少数民族文学创作奖、新疆新时期文学奖、天山文艺奖、天马文学奖、上海文学奖等。

作家自述

在为小说劳作的时间里

阿拉提·阿斯木

我们是在时间的怀抱里长大的,我们敬畏时间。时间在自己的王国里是骄傲的,但是在人的天下,它往往没有众口一词的口碑。在最需要时间点破的时候,时间隐藏在阴影里,在另一个冰冷的年代现身,傲慢地敞开心胸,亮出早已疲软的谜底,让人的嘴脸惭愧。在时间自在的情绪里,它没有嫉妒我们的脚步,它的高贵是让人自己觉悟,把日子和血脉需要的羊肉和哲学抓到手,把生活的游戏和游戏的生活进行到底。学费是它最后的胜利,目的是要我们发现自己,也发现遥远人间的角落戈壁,那里有许多比我们还要优秀的灵魂,有许多柴火和面粉,有肥羊和好人,有盐巴和辣椒,当许多意志为了钱财牺牲爱情和忠诚的时候,他们为了爱情和忠诚牺牲钱财。时间企图在痛苦的风浪中赐我们成熟成功,但这个光荣不可能属于每一个灵魂,因为智者自信豪迈地编织时间的时候,伟大的蚂蚁朋友们已经在路上了。在路上,一切渺小和伟大,都面向黎明叩拜光明,在人类干净的清晨,如此绚烂。然而,时间的学费为什么这么昂贵呢?

长篇小说《时间悄悄的嘴脸》是我创作上的一次尝试。我不知道用这样的形式,这种陌生的语言、节奏写小说,算不算是创作的正道,因为它不像我以前的小说,那种很老实的、听话的、孩子式的形式和节奏。在时间的游说下,那种且听下回分解式的写法不存在了。有时候我想,是不是时间在耍什么花招?或是我手中廉价的笔在酒精的蛊惑下,开始疯癫地向荒原招手呢?我在努力地寻找这些问题。从前,一有时间,我就喜欢写,现在有时间了,更多的是思考,怎么写,写什么,用什么样的语言,用什么样的味道去展现和招摇?这的确是在伟大的产房里阵痛一样难受的事情。

这篇作品出版后,我听到了一些反响,我更注意的是大家的意见,我至今在静夜里还在思考:我的小说要这样写下去吗？一部作品,面面俱到,事事非我不可,像小说又不像,自作聪明,议论他人的时间和嘴脸,总是要和那些隐藏的事物过不去,晒他者的私密,总是和各种可怜贪婪的嘴脸们交锋,我就觉得对不起"嘴脸"这个词,但我又多情,自信地包庇修正甚至欣赏这个词,反复地炫耀和揭露它多变的形象,揪住不放,让它抬不起头来。一个不宽容的作家,能走多远呢？

我是一个维吾尔族人,学习了汉文化,后来读书,多少了解了苏俄文学和欧美文学,欣赏之余,就自不量力,想用汉语写作。书是我最好的老师和朋友,维吾尔族的文学古典名著和民间文学温暖人心的名篇佳作,在我追求文学的道路上,给了我巨大的精神力量。向大家学习,向世界文化的宝库学习,用"拿来主义"丰富自己和修正自己,在成熟的道路上不断地学用结合,向社会学习,向民间学习,向前辈学习,向时间学习,追求一种有地气、有人味、有规律的、温暖的写作方式,谦虚地写,站在最后做人,但内心里不要放弃写出好作品的欲望和野心,用这样的想法折磨自己,也是年年岁岁我不敢放任自己的原因,我怕自己会成为一个没有读者的男作家,对不起家乡的美丽和美食,对不起家乡的山水和鸟语花香。

时间继续前进,有的时候我虔诚地跪拜,但还是看不见时间的嘴脸。于是神话显灵了,像时间的私生子,虔诚地窥视另一些时间的真相,于是一代代豪杰走出朦胧的城堡,在绚烂的大地拥抱自己的时间,当新的时间在大地开辟捷径的时候,我们如此幸运地看到了后裔们的蓝图,我们没有想到时间原来如此善良。请原谅,我们是时间最忠诚的朋友,难道在时间里面,还有另外一些时间吗？如果最后的时间不曾滋润过我们的民歌,我们能放飞梦想吗？然而,我们继续有信心,因为我们不是占卜和神话的朋友,我们是时间的好孩子,这个孩子不善炫耀,像日子的甘泉,只为滋润人的心灵流淌,但我们相信时间会继续拥抱我们,因为我们不是空手等待,我们的花篮里早已有鲜花奉献。

当日子成全时间的时候,时间惭愧了。时间发现了恩养我们的无数珍贵瞬间,梦一样甘甜的现实,甘露一样的族食,唤醒了时间珍藏在记忆神盒里的宝贝,把小说这个可爱的孩子,献给了我们。我们终于有了一个可以昼夜倾诉的朋友。小说私密地倾诉,又虔诚地倾听,在时间遗忘的原野,记录了大地的光荣和内疚,弘扬了人气人脉的壮阔,留住了苍茫大地的神话和史诗。时间的苦难最终没有丑陋到底,这是因为我们没有忘记感谢小说,这个宝贝有的时候像父亲,指引我们慵懒的脚板,追赶百花竞放的原野,有的时候像母亲,吻我们流泪的心,温暖我们的动脉静脉,有的时候像我们的朋友,收藏安慰我们的贼心和丑陋。在我们如田野一样亮堂的时候,小说看透了我们的心脏。小说是一切吗?不是,人才是一切,小说是一切的守望,当一个人高昂头颅,紊乱着找不到落地的平台,看不到自己的心的时候,小说是私密地进言献策的朋友。小说不是救世主,小说是可能的后视镜,它照亮了一切时间里最受宠的嘴脸,和那些角落里的呻吟与忏悔。小说是朋友的朋友的朋友,朋友的朋友是无穷尽的,当一个人没有朋友的时候,这个人不仅仅是可怜的,当一个时代没有朋友的时候,这个时代能看到黎明的萌芽吗?当一个人在可怜的舞台上竟不知道自己的可怜,母亲的灵魂和生命的方向不流泪吗?小说是光荣和卑劣的共同的后视镜,这个后视镜是免费的,是一种不是语言的语言,不是启示的启示,它神奇地统治我们的无意识,于是我们感谢时间的恩赐,它把自己最好的孩子献给了我们。我们有回报吗?我常常这样问自己,当稿费傲慢地变成羊羔肉和酒精,和暗藏的虚名一起蒸发的时候,我就惭愧,想把童年的摇篮曲和奶奶播在我灵魂里的那些神话、想把那些深藏在脾脏里的丑陋和绚烂,都献给小说,暴露给小说,但是我不知道我有没有机会。我总是自问,没有抓手的时间,窥视过我的仁心贼海吗?而此刻,我更想知道的是,我的一切时间,包括我不知道的那些时间,是在我自己的手里还是在时间的意识里?

小说《时间悄悄的嘴脸》是一部大地和太阳、时间和人、嘴脸和嘴脸、人和石头的故事,在看得见和看不见的地方,也是心和心的故事。人和时间的矛盾是人间恒久美丽的基础,千秋万代的人没有征服时间,狂妄的时间也没有让人类颓废消亡,人和时间忽而拥抱忽而分离的历史,是时间基本的绚烂。商业社会,人总是遨游欲望的精灵,而那些平平常常的新疆石头,在另一种文化的典藏里,她金贵的名叫玉。在汉语世界,这不仅仅是境界和高贵的信物,也是生命的开始和结束。这个冰冷的老乡,奇怪地拥有帝王一样的温暖尊严,蜕变为一种象征,赐予安静和浮躁的别墅、草屋出人头地的欲望。为什么诞生在遥远宝地的这个新疆石头,在千年的财富走廊和万年的宫殿里,象征精神滋养万岁呢?我常常想这个问题。于是时间恒久地酝酿故事,人们在美玉的帮助下,寻找自己的灵魂,让自己再次诞生,那些骄傲的语言,放肆地、私密地、悄悄地安慰我们,给我们指南针一样的方向,在黎明的见证下,教会我们感谢时间里的人和人心里的时间,滋养我们共同的梦想。

文友印象

时间等来了阿拉提

何 英

说近处的人而跟传奇联系起来,有点夸张的冒险的感觉。写下这个篇名,其实是假装自己在多年以后,并联系多年以前的时间来看的。不管怎么说,五六十年以来,也许在之前更长的时间里,阿拉提·阿斯木都是用汉维(以汉语为主)两种语言写作而被广为人知的很有代表性的维吾尔族双语作家。

阿拉提从小上的是汉语学校,只在大学学过两年维语,后来学翻译专业,既用维吾尔语,也用汉语写作30多年。没有人知道,他在用汉语写作之初,承受了多少难为人言的莫名责难和不理解。通过不懈的维语写作,奠定了他在本民族文学中的地位。人们开始接受并理解他的汉语写作。而他带给汉语文学界的印象,真可谓"惊呆了"——汉语还可以变成这样!一种文化、语言甚至思维杂糅之后的奇异,在阿拉提的小说中汹涌激荡。好像一个汉族姑娘因为过着维吾尔族的生活,变得眼睛乌黑而深陷,睫毛浓长而身材凹凸……汉语散发出混合着孜然的浓烈异香,野性激荡起来,幽默深情起来,有了沉思和忏悔,多了讽刺和同情,对精神世界的追问不依不饶起来……

现在这个双语作家正带着文联的工作组在喀什麦盖提县巴扎结米乡发展村驻村工作。从群里发来的照片来看,阿拉提有时昂首走在村子的土路上,有时则坐在枯瘦的维吾尔族老奶奶床边,有时又在尘土飞扬中种树,有时又作为嘉宾坐在观看麦西来甫的前排……不变的是他《纵横四海》里小马哥式的大背头,依然一丝不苟绝不凌乱。这也许是他某种严谨性格的曲折反映,抑或是打年轻时起就是典型的维吾尔帅哥养就的自爱心理?可是自去年以来,家中突逢变故,仿佛一夜之间,阿拉提微带自来卷的头发,不再像过去那样乌黑油亮了,而是渗出了层层的银白。我想起阿拉提说过,小说家是一个劳累的行者,心和躯体都被透支,没有自己的时间,是他者的侍从,在日子的温情里,随时陪伴一切灵魂远行。

作为一个文学人,我一直有种不成熟的顽童心理,我希望文化领域的官员都写点东西,或者至少喜欢、懂得一点文学。我很庆幸,当我想起阿拉提的时候,除了偶尔冒出来那个有"上帝之鞭"之称的阿提拉的闪念,大多数时候,他都是一个可亲可敬的维语作家。他用写作征服了他的读者的心。

因为懂一点维语,我深深知道一个只会用维语写作的作家,将会失去多少机会、受到多大损失。翻译其实是一种不得已的坠落。维吾尔文学在时间的长河里等来了阿拉提·阿斯木,汉语文学也等来了这位维吾尔族作家,他的写作以自己的当代性、地域性,一种多元文化交融、多种时间交织,既传统又现代的独特面貌,积极参与中国当代文学的进程,像一朵野性瑰异的蓬勃之花,绽放出西域阳光下的灿烂芳香。

他的两个对偶性中篇《玛穆提》和《阿瓦古丽》,两个对偶性长篇《时间悄悄的嘴脸》和《蝴蝶时代》,怎么想出来的? 还有短篇小说《最后的男人》和《永远和永远》等等,要想知道当下维吾尔族男人的世俗生活和精神世界,想知道男人眼中女人的生活和精神,这几部小说看完,你差不多就进入了维吾尔族的世界。小说是民族的秘史。尽管我们生活在同一片蓝天下,呼吸一样的四季分明,或凛冽或干热的空气,可是我们彼此并不能算是有无间的了解(当然,相较于内地人对新疆的了解,我当然算是了解的)。他的小说给我们打开了一扇扇通向维吾尔族男人女人的有着烟火味生存真相的窗户。对这一点,阿拉提理解得更透彻,他说,小说这个熔炉,原来是我们亲密的一个朋友,在日子的网络里,我们有话想说,都讲给了小说,把一些微妙的情感认识,藏在了小说里,在一些亲切的牢骚里,也把内心的密码暴露给了他人。我们有梦想,也在小说里炫耀了,读者花钱看透了我们的心路,其实他们是借我们的智慧和虚荣、清洁的灵魂和美好的向往,虔诚地窥视自己的心海和天路,编织自己的向往。

阿拉提也似乎总在思考时间,他的小说提供了金钱、美色的铺陈,但最后却落脚在时间上。时间宣告好戏的开始和结束,时间不为任何人所有,时间是它自己,无止无休。世间的一切是由时间决定的。玛穆提被时间决定,他应该收心回家了;阿瓦古丽被时间决定:一个50岁的女人不能再耽于情欲了。这是维吾尔传统文化给予他的滋养,他的写作不能不带有这种宗教文化的印记,他的寓言色彩、劝喻倾向,都让我们仿佛穿越时光回到人类精神历程的那些过往。

我更珍视阿拉提作为一个维吾尔族双语作家汇入汉语文学中所保留的那些纵向的横向的结晶体一样的痕迹:被我们无情抛弃的情感的价值,如何在他的小说中成为最重要的价值;人类向善的内心与无休止的欲望如何拉锯,而作家又是如何精彩、细腻、真诚、准确地呈现这一挣扎的过程;他用色欲和金钱检验人性刀锋的宗教、哲学眼光,通过人物、命运,思考人活着的意义,这古老而恒新的命题,激发出他小说中深沉、锐利的寒光。

时间等来了阿拉提,这只是一个美好的开头,时间还会等来更多这样的双语作家,他们需要被了解、懂得和发现,我们也需要他们来丰富文学的百花园,让我们见识更多的奇花异草,让灵魂和情感的天空交相辉映出彼此的文明之光。

评家观点

阿拉提·阿斯木小说的喜乐精神与丑角形象
赵兴红

打开维吾尔族作家阿拉提·阿斯木给我的邮件,其中一篇是维语的,我看不懂。彝族作家木帕古体,曾获全国第十届少数民族文学"骏马奖",他送我的彝语诗集,我也看不懂。目前,少数民族文学作品在传播、翻译过程中仍存在一些难度和问题。新中国成立以来,我国少数民族文学,特别是有民族语言而没有民族文字的少数民族,出现了一些用汉语书写的民族文学作品。改革开放以后,少数民族母语文学,一方面发展了用图解的方式描摹和传播民俗、宗教仪式、日常活动的写作方式,向文化功能与文学审美的纵深发展;另一方面也出现了一批用双语创作的作家,他们对本民族的历史文化和民族生活有着真诚的体悟,在用汉语写作时,充满民族自信心与自豪感,对民族写作充满使命感,他们的写作对于传播和弘扬民族文化,繁荣和发展民族文学具有非常重要的积极意义。

阿拉提·阿斯木就是这样一位双语作家。我们把这样的少数民族作家叫作"两栖"作家,因为他们兼具了民族文学作家和翻译家的双重身份,肩挑了书写民族文化和传播民族文化的双重担子,传播的意义主要在于多民族文学的跨民族传播。不同于一般的少数民族语言翻译家,翻译别人的作品,和用另一种话语系统书写自己的作品存在天壤之别,正如唐诗宋词用英语翻译完全变了味道一样。读阿拉提·阿斯木作品,我们会发现语言幽默风趣、汪洋恣肆,信手拈来、随意组合、挑战逻辑,充满了一种"狂欢"的味道,这样的作品往往很难翻译。

作家能够灵活驾驭两种语言系统,恰似具有两种思维理念,两种语言转换起来往往产生一种意想不到的陌生化审美效果。蒙古族作家阿云嘎也是一位两栖作家,他的长篇小说《燃烧的水》和《有声的隔壁》,用这样的题目是有声音的,小说的语言掷地有声。当有人问阿云嘎怎样构思出这样的题目,他说他同时用蒙汉双语进行创作,蒙汉转换相当于两种语言思维。在内蒙古草原上,揭开草皮就是石油,"燃烧的水"就这样诞生了。无论是从事民族语言母语创作的作者,还是用汉语创作的民族作者,民族语言与民族文化都会为文学创作提供更多的思维与理念,使我国的文学花园更加绚烂多姿。

本土文化的西部风情和喜乐精神

阿拉提·阿斯木是一位本土作家,他的作品立足于新疆地域文化和维吾尔族民族特色,充满文学个性和民族个性。纵观阿拉提·阿斯木的作品,作者通过新疆伊犁地区城镇底层人群的日常生活,书写民族个体的生存状态和生命意识,从而发现、切入民族品格与民族特色,在文学表达中建构来自西部边陲的民族的个性和生活,所有作品充满了扑面而来的西部风情。

西部风情充满了蓬勃、旷远的生命意识。"新疆文学正在把豪迈的风吹到上海。"上海市作协副主席赵丽宏如是说。阿拉提·阿斯木的小说令人感受到,新疆文学在中国文学中是非常特殊的一部分,有自己的风格,有与众不同的气势。这里赵丽宏所说"这股豪迈的风"恰恰是对"西部风情"最好的解释,这股来自西部旷野的豪迈之风,就像西部片里的牛仔英雄一样,在内地的都市已经物以稀为贵了。

民族文化尤其是俗文化中表现出对苦难生活的超越,对生命欢乐尽情享受的浓郁的喜乐精神。从《玛穆提》《蝴蝶时代》到《最后的男人》,小说的主人公往往带有一种"找乐子、寻消遣"的心情和习惯,表现出一种特有的民间喜乐色彩与世俗娱乐的特点。这种世俗娱乐的特点依附于中国传统的文化土壤。中国民族审美心理结构的一个重要成分是"中和",于是在情感上追求乐而不淫、哀而不伤,并由此形成了民族传统心理中的知足求乐、趋利避害的达观精神。

在这种喜乐情怀的影响下,小说张扬了一种奋斗带来的欣喜和欢乐,生活的阴暗面终将被阳光普照,表现出了轻松、活泼、机敏的喜剧色调。在《时间悄悄的嘴脸》中,作者借用对人物的描述道出:"邻居伊拉洪幽默讲笑话有自己的特点,黄段子多,开头的几个笑话都是作践自己,这是他的艺术,而后具体地瞄准某一客人或是朋友,讽刺、挖苦、激怒、拔高,又一棍子打死对方,抓住他人的弱点和长处即兴编笑话,在多变的语言游戏中创造绝妙的段子,创造绝佳的欢笑气氛。

新疆许多经典的幽默笑话都是他的作品。他是个大师级的人物。"

小说中多次提到这种叫"恰克恰克"的即兴笑话。伊犁维吾尔族有现编现讲"恰克恰克"的民间传统,带有典型的伊犁地域特色。恰克恰克,俗称"笑话",在聚会时现编现演说,随着参与人的即兴发挥和场面的热闹程度可以连续不断升温,在座的都有可能成为笑话的主角。在伊犁,有专门擅长"恰克恰克"的人,甚至已经形成一种谋生的职业,主要任务是让客人"找乐"。更重要的是,这种"恰克恰克"的快乐方式已经深入人心,早已融入地域,融入当地民众的血液中去。阿拉提·阿斯木的作品中也很自然地记录了这种"恰克恰克"的表达方式,他将"恰克恰克"称为民间"活态语言的源泉",是"民族特色的绝响"。而且,阿拉提·阿斯木不仅仅是展示这一民族特性,而且将其作为他我和自我救赎之间的艺术传达,是一种生命意识的表达。

实际上,自嘲者正是通过自嘲为无能、无用、无德来反衬自恃清高,自嘲在社会上的卑微低贱反衬自己内心深处的自足与自恃。这种乐观情怀使人们走向身心健康的自由境界。

笑是人类最复杂的一种表情,它可以像烈日一样炙烤社会上丑恶的事物,使生活变得更美好,也可以像清流一样荡涤人性不贞的灵魂,让人生变得更崇高。笑有很多种,微笑、大笑、嘲笑、冷笑、苦笑、开心的笑、会心的笑、滑稽的笑、皮笑肉不笑等,笑的内涵太丰富,它比哭更能细腻地传达人们内心世界丰富的情感和灵魂。《三国演义》中,蒋干与周瑜在"大帐"一场的几次笑,分别代表不同的含义:开始老同学见面,是故友重逢、气足声响的真笑;后蒋干为打破周瑜已经识破自己是说客的僵局,言不由衷的谄笑;周瑜孤高气傲,自夸兵精粮足,蒋干有强颜应付的假笑;还有自愧弗如的强笑,面如土色、比哭还难看的哼出来的苦笑等,在蒋干这个会做表面文章又不太高明的谋士身上都有体现。

社会生活和人民需要这种喜乐精神。幽默和喜剧的大树本应生长在富庶宽松的时空条件下,作为一种超越物质之外的释然与奢侈。然而事实往往相反,底层人民往往更加需要幽默和喜乐精神,以此来超越人生悲情。

小说语言的狂欢个性

阿拉提·阿斯木的语言的第一个特点,是信手拈来,打破逻辑,充满了一种

"狂欢"的味道。

　　索绪尔认为,某个特定的能指和某个特定的所指的联系不是必然的,而是约定俗成,所以语言具有任意性。换言之,语言的任意性就是所指与能指的联系是任意的,两者之间没有任何内在的、自然的联系。"人生的底线是钱。今天的杂碎比明天的肉好。诺言永远不在锅里。今天的胜利就是今天的天国。"这几句话表面上似乎没有必然的逻辑关系,好像一个人喃喃自语,想起什么说什么,但读起来却有痛快淋漓的感觉,因为这几个短句虽然它们的能指表面上南辕北辙,但是所指都指向了生活现实的无奈。

　　复旦大学教授郜元宝用"交响乐"来比喻阿拉提小说语言的"音乐性"。他还指出,从表面上看阿拉提写人的欲望,写得非常赤裸,非常直率,但绝非简单带领读者去"窥探"欲望世界,由此联想到当下汉语写作往往背负着道德伦理的沉重枷锁,急于阐释意义,一谈到灵魂就很沉重,不妨从少数民族文学中感染一些飞扬的生命气息。

　　特点之二是文学性强,充满哲理,符合人物当时的心境。

　　在阿拉提·阿斯木的作品中,他不断探讨现实的、物质的欲望与幸福之间的关系,在不断的追寻过程中,阿拉提·阿斯木借助人物之口这样说,"在这个人世,最高贵的发现是灵魂的发现,当你发现了自己的灵魂的时候,你脚下的土地就开始开花结果了。其实,幸福不在远处,在你的脚下,所以,每走一步,都要踩对地方,这就需要智慧。智慧在哪里呢?智慧在你的眼睛里,看该看的东西,不看不该看的东西,那就是智慧。智慧很简单,复杂的是我们的欲望"。

　　通过《时间悄悄的嘴脸》,作者编织了一个精巧的故事,这个故事的内核也是作家的创作意图:人可以匿名地活着吗?不被识别、不被认可的人能存在吗?人不能为了钱,不要"脸"。人一旦没了"脸",存在的根基就被抽空了,也就没了自我。

　　在《最后的男人》中,主人公阿西木和田在美梦破灭的时候,急火攻心,只觉得天旋地转,以致眼睛突然失明了,小说写他的心理活动:"人到底是什么……世界灿烂过以后,星星在锅里变成了天鹅肉,在鲜花盛开金山银山的大地,棉花和白云都不是什么好东西……当他恢复过来的时候,大地一片黑暗,眼睛什么也看不见了。"语言看似混乱,却符合人物当时的真实心境。

小说中的丑角人物

这里说的丑角不是指反面人物,而是具有各种弱点但又可爱、诙谐、滑稽的小人物。这种小人物在我们生活中处处存在,说不上是好人还是坏人,也可以被称为灰色人物,小说中就塑造了大量的这种小人物,对他们的缺点进行反讽,试图对他们的过错进行救赎,他们在自作自受后,通过反思和忏悔,达到自我救赎的目的。

灿烂的背后是痛苦。

阿拉提·阿斯木笔下的男人在偷情欢愉之后,结局总会遭到女人的遗弃。《最后的男人》阿西木和田就是这样一个人物,他的外号一个叫"面汤",一个叫"奶子",从这些外号能略知他的生活作风不检点,见了美女就发呆,因此闹过很多笑话。后来,在面对意外而来的金条时,他表现出了贪婪、自私的本性,为了去国外享受金钱和美色,他和妻子离婚,没想到却被情妇欺骗和抛弃,落得人财两空,悲愤至极,导致眼睛失明。最后守着他的仍然是他的妻子,他们选择了复婚。两个人相依为命,各自给对方一个在精神上净心的机会,分别用自己的方式来赎回前半生的罪孽。

类似的还有《玛穆提》中的玛穆提,《时间悄悄的嘴脸》中的艾沙麻利,也都有过这样那样的缺点,但是,在他们漫长的人生之旅中,经过九九八十一难的磨砺之后,最终都找到了一条被宽恕和拯救的行为方式,获得了重生。

这是一个从追求享受,到受苦,到涅槃的过程,这个过程也是一条从肉体到精神的净身净心的修炼之途。前车之鉴,最重要的是能带给周围人和读者以体悟和反思。

格日勒其木格·黑鹤 /蒙古族。鲁迅文学院第四届高研班学员。出版有长篇小说《黑焰》《鬼狗》《黑狗哈拉诺亥》，中短篇小说集《驯鹿之国》《狼獾河》《狼谷的孩子》《叼狼》《克尔伦之狐》，长篇散文集《蒙古牧羊犬——王者的血脉》《生命的季节——二十四节气》《罗杰阿雅》等作品，获得过多种奖项，有多部作品译介到国外。现居呼伦贝尔草原，在自己的营地中饲养大型猛犬，致力于蒙古牧羊犬的优化繁育，将幼犬无偿赠送给草原牧民。

作家自述

去看风——在呼伦贝尔

格日勒其木格·黑鹤

去看风，缘起于与鄂温克族老师额日泰先生的一次饭后闲谈。

多年前，额日泰游历俄罗斯时途经蒙古国，住在一位朋友家中。一天早晨，蒙古国的朋友提议：朋友，去看风吧。

就这样，蒙古国的朋友驱车载着额日泰一路前行，穿越草原，直抵肯特山麓，坐在巨石之上，喝奶茶，吃羊肉，看风吹过松林，林中有潜行的野鹿低鸣。就那样，整整一天。

说得多好啊，去看风。

在这里我遇到一个难题，在蒙语中 Salhi harah，确实是看风的意思，而将蒙语译成汉语，我尚未拥有能力寻获一个精确的对应词语进行表述。所以，之前我曾把这件事写在自己新版《狼獾河》的序中，在那里，我只能写成《去听风声》。

蒙古语，这种归属于阿尔泰语系的古老民族语言，因其产生于拥有草原与高山的辽阔大陆，语言中拥有众多与万物自然息息相关的词语，那些词语在牧人之中口口相传，其中的深邃与优美似乎只可意会而无法言传，甚至无法述诸笔端。在我为刚刚完成的关于蒙古马的长篇小说《血驹》做调查的时候，我就惊讶地发现，仅仅是马匹的毛色，就有将近 300 余个不同的蒙语单词，极其详尽而贴切。当谈到白色的马时，可以拥有多种描述白色的词语——Dun tsagaan（海螺白）、Undgun tsagaan（蛋壳白）……

我在草原中搜集关于蒙古马的历史资料时，多次寻访巴尔虎牧马人，那些苍老的牧人确实会 Salhi harah，拥有看风的能力。在呼伦贝尔草原上，蒙古马群终日野放，行踪不定，马群中的儿马会恪尽职守地看护自己的马群，牧马人一般十来天左右去查看一次即可。所以，这十来天中，马群可能已经跑出几十或者上百公里。每次我们要去寻找马群时,我都注意到一个细节,那些年老的牧人,只需在早晨出了毡包站在风中观看风向,就能够胸有成竹地预测马群的方向和距离。一开始我还心存怀疑,但几次之后,我就不再有任何疑虑,因为每次只需上马向他们所指示的方向和距离骑行,必然能找到马群。

后来仔细想一想,他们这种近似神奇的能力,仅仅是因为终年生活在草原荒野之中,了解自然的微妙变化,通晓马匹的习性,所以每日查看风向,就足以判断马群所在的位置。

这就是 Salhi harah 的能力。

我的朋友乔旭强,一个年轻得让人有些艳羡的达斡尔族青年。我注意到,他对痛苦的感知能力与常人不同。后来,了解了他的经历,也就释然了。他9岁开始就在大兴安岭南部森林中生活,因为贫穷所迫,迅速掌握了生存的技术。他在12岁的时候,已经用猎刀在雪野中跟野猪搏斗,在被野猪挑伤腰腿之后仍然将野猪杀死。他的身体里流淌着达斡尔人强悍的血。日常,他以自己雕刻的一些骨雕和木雕谋生,因其父及三个兄长皆精通雕刻技艺,自幼耳濡目染,又有长达十几年的森林生活经历,有幸目睹北方最后的狩猎文化,形成了他对森林和荒野的独特认知。他的作品结合北方游牧和渔猎民族民俗传说及传统生活方式,随形而为,大巧不工,展现出浓郁的荒野气息和强悍的生命力。但是,他的作品拿到商店里,店家付的费用简直少得可笑。最近刚刚从另一个朋友那里看到了他的一件在牛肩胛上刻制的作品,这个朋友以3000元的价格买回。其实这件作品是乔旭强为了获得最基本的生存资料不得不以300块的价格出售的。

这个城市中过多的东西已经无法让他忍受,更多的时候,他愿意向我描述他理想的生活——在丛林深处拥有自己的木屋,每天在木屋中雕刻,带着猎犬去森林中狩猎。为此,他告诉我,当那一天来临的时候,我一定要送他一头最好的猛犬。

他只是希望回到能看到风的地方。

我曾经跟一个从未进过森林却天天在谈论荒野生存的朋友说过,如果将我、这个朋友,还有乔旭强投入北方的原始森林里,那么,这个朋友也许只能活3天,而我,也许可以活10天,但是,乔旭强,只要他愿意,可以永远在森林中生活下去。

初冬的一天,我们一起外出,刚刚走到室外,只是闻了一下外面的风,我就随口说道:"明天有雪。"

"当然会有雪,你怎么知道?"他的询问带着急于回到遥远故乡般的恳切。我怎么知道,我不清楚。我在草原上度过童年,而成年之后,我每年会有很长一段时间生活在大兴安岭丛林中的鄂温克驯鹿营地里。我只是知道如果第二天有雪,那么头一天的风会不一样,风中会带着一些含有一定湿度的滞重。

那一刻,我突然意识到,原来自己在悄然间也一直拥有 Salhi harah 的能力。

Salhi harah,对于我,是潜移默化的。

4月中旬,我接到鄂温克母亲芭拉杰依的邀请,让我陪她一起回到大兴安岭中的驯鹿营地,为小鹿接生。自从第一次在山林中迷路误入她的驯鹿营地,我们相识已经有十几年了。在这漫长的时间里,我被芭拉杰依视为最幼小的儿子,对于我,这是一种诚恳的接纳和莫大的荣耀。每年小鹿降生的季节,我都会去山上的营地,探望那里的鄂温克朋友。近几年,芭拉杰依身体日渐衰弱,已经无法在山上的营地里常驻,但每年驯鹿生产的季节,她还会上山。每次,我们总是相约同行,她愿意坐我的车上山,因为我的越野车更为宽敞。

但因为诸多事宜——讲座、领奖、参与新书的设计……这个春天我未能同芭拉杰依一起上山。

我珍惜每年在鄂温克营地中的生活,在那飞鸟不惊的国度里,小鸟儿会落在人的手上取食,凶悍的雕鸮枯立于树桩上虎视眈眈地扫视着林间空地,而黄昏,就在营地里,在品尝加了鹿乳的红茶的同时,可以听到夜鹰那如小铁锤敲打铁砧般美妙而隐秘的鸣叫声。

琐事终会完成,我和芭拉杰依相约6月再一起去山上的营地。

最初,我的电子邮件签名是"牧风于野",2013年秋,我去吉林大学做一个讲座,在那里,不知道是主办方笔误还是刻意,在介绍我的海报上,他们用到了"沐风于野"。

回来后,我将自己电子邮件的签名就此改为"沐风于野"。

风,来去无踪、飘忽不定。在这北国的荒寒之地,风却拥有可怕的力量,在冬天最寒冷的日子里,呼啸的狂风之中,我随时都在担心我的房车会被狂风撕碎,在室外只是眨眼之间我的睫毛竟然冻在一起。我在冰湖上驾风筝滑雪时,突如其来的一股狂风将我卷上高空又随后抛下,我的胸骨错位,足足半个月早晨无法起床。还好,我的猛犬拥有厚重的绒毛,它们在零下 40 摄氏度的严寒中可以在冰雪上安然酣睡。

冬天的风,狂暴冷酷,它挟着寒冷而来,能够摧毁一切。

我开始重新理解风的定义。

风,不可牧放。

当春日到来,温暖的风几乎在一夜之间就让积雪融化为潺潺细流,滋润草原。

此时,更温暖的风吹来,草原上青草萌发,湖上的冰块消融,有天鹅栖落。

呼伦贝尔,沐风之地。

文友印象

或许，会成为一个传奇

彭学军

"走吧，人间的孩子！／与一个精灵手拉着手，／走向荒野和河流，／这个世界哭声太多了，你不懂。"

这是叶芝的诗《人间的孩子》。

有一次和黑鹤聊天，他发过来这几行，他大约是喜欢这诗句中流淌出来的神秘、悠远、自由的意韵吧？而对于这世界的哭声，他想必是听得太多了，其中或许也有属于尚是少年时的他的悲伤，离弃的草原，母亲的爱恋。而那无法消解的痛楚如一道深不可测的鸿沟，将他的人生一分为二，他只认可自己13岁以前被至真至深的爱意萦绕拥裹的岁月，之后，他便停止长大——"我的成长其实就是学习怎样接受并承载失去的悲伤，可我一直都没学会，所以，我一直停留在生命的某个阶段。我只是假装在长大。"

当然，停留的只是心性，这让他葆有了更多的纯粹、简单、洁净、对整个世界的善意和对世俗的那么一点冷傲。而这样的心性，也让他更容易亲近自然和本源，并对自然状态的一切生灵怀有极大的热情和深邃的爱恋。

看过几张他的照片。一张是——如果命名的话，可以把它叫作"奶爸"——在大兴安岭鄂温克驯鹿营地，驯鹿繁殖的时节，他捧着一只刚出生不久、奄奄一息的小鹿，嘴对嘴地给小鹿喂奶，一旁是弃之不用的奶瓶。他说，奶瓶奶嘴的孔太小，小鹿又虚弱得无法吮吸。另一张，在敞开的蒙古袍衣襟里，有三只闭着眼睛的毛茸茸的小狗。在极寒的冬季初次做母亲的狗妈妈不懂得照顾小狗，他的胸膛就成了冻僵的小狗重生的暖箱。柔软又怜爱的神情，如此强悍健硕的身躯和那样弱小无助的生灵，其中的反差令人动容，看着，便能感觉到那一刻世界的宁静与温情。再有一张就令人忍俊不禁了：龇牙咧嘴，露出白森森的牙齿，狗的和他的。狗的嘴被他用手强行扒开,从狗的神情看,它是极不情愿的,之前肯定反抗过,可终究拗不过主人的顽劣。照片题为"比牙"——那头可怜的壮硕无比的大狗已经沦落为他的玩具了。而另一张,在有着绯红的夕阳做背景、能看得见地平线的雪原上的他和猛犬们恣意奔跑,大约是那些狗和它们的主人最畅快的时刻和最为钟爱的游戏了。最后一张,应该是跑累了,便排坐在蒙古包前的雪地上,主人坐中间,右边一头黑狗,左边一头白狗,远看去就像是三头冲着天边的夕阳出神的猛兽。那一刻,他们成了整个世界的全部所在,此外再无其他。

这些,不由得让人想到一个词:"驯服"——"建立关系,熟悉彼此",这是《小王子》中那只狐狸的解释,"如果你驯服了我,我们就建立了关系,变得互相需要了。那时对我来说,你就和其他男孩不一样了,你是我世界上的唯一,而我对你来说,也是世界上的唯一"。彼此需要,互相了解,并成为对方世界里的唯一,动物尤其是狗与黑鹤,大约就是这样一种关系吧。而在此之前,他早已被天地自然驯服成了一个永远13岁的男孩,皈依了草原和丛林,就像那只狐狸皈依了小王子一样。

作为一个动物小说作家,这样驯服和被驯服的人生在诉诸文字后会折射出怎样的精神气质呢?雄健、辽阔、自由、坚毅、残酷,可又无处不流露着爱意、敬畏、忧郁和孤独。他对他眼中世界的描述又是那样的与众不同:"牛仔裤一直在那里饮水,很久很久,我想也许有半尺那么久,阳光将树的影子在地面上移动的半尺。"(《驯鹿牛仔裤》)没人会用长度的度量衡去描述时间,这有悖常识,除非他用一条红头巾将长发绾住在丛林中游荡过,并在一个阳光灿烂的午后慵懒地半卧在撮罗子(驯鹿鄂温克部族在森林中的居所,圆锥形帐篷,以桦木为架,兽皮为苫布)前,长时间地注视着树梢投在地上的影子的变化。"蒙克狂吠着,挑起上唇,露出獠牙,以一种摧枯拉朽的气势,冲向阿尔斯楞。不要说撕咬,也许仅仅是撞在阿尔斯楞的身上,恐怕也要让他全身骨折。"(《草地牧羊犬》)这不是写一头猛犬对孩子的攻击,而是一头雄伟的大狗对它的救命恩人的情感表达,强烈到无法遏止、欲将之撕碎而后快的痴爱。如果不是童年时期曾与两头大狗相伴并体验到了类似的爱,又如何能传达出蒙克如此深刻的情感?

一直以为,男孩在长大的过程中,应该多读这样的文字,那种阳刚、野性、荒蛮的气息和充满了神秘感、敬畏感的创作生态,会让在都市长大的孩子觉得陌生,同时也有一种强健其精神骨骼的、无法抵御的魅力,它将我们的视野和心灵拓展到了一个日常生活所遥不可及的疆域:绝对没有雾霾的蓝得不可思议的天空,能看得见地平线的离离草原,密得连阳光都渗透不下去的丛林,还有深夜孤狼的嚎叫和巨犬呼啸而过带起的风声,而当"劝奶歌"唱起的时候,又是那样的深情和忧伤……

某个人是这样的而不是那样的,全仰仗生活的造就。生活造就了这样的黑鹤,他也很清醒地知道自己想要什么,什么样的生活是最适合自己的,现在他已经暂时离开油田的工作岗位,告别了心爱的球队,重返草原,建起了一个属于自己的营地,一座白色的蒙古包、两个房车,一大片草场和几十头猛犬,他在那里写作、阅读,将繁殖的蒙古牧羊犬的幼犬无偿赠送给草原上的牧民,并像一个真正的草原牧民那样劳作:拉水、铲雪、生起炉火、剁肉、清理圈舍……这样的生活状态又会催生出什么样的作品呢? 也许他从没想过,这样生活仅仅是因为他想这样生活,遵从自己的内心去生活,是绝大多数人做不到的。

"一个人如果遵从他的内心活着,他要么成为一个疯子,要么成为一个传奇。"(电影《秋日传奇》)

黑鹤,或许会成为一个传奇。

评家观点

标签与阐释
——格日勒其木格·黑鹤动物小说略论
聂 梦

从各种角度看,黑鹤都是一个很好的评论对象。他天然带有许多被虚线框起的区域,供人们粘贴标签:自然、动物、边地、游牧……大家称呼他为自然之子,羡慕他与生俱来的优势——只写自己足以。头巾、长发、左耳的一个耳洞、鄂温克族长辈亲手缝制的皮坎肩,身旁永远跟随的巨犬。这些放在今天的语境中,总是令人惊讶的、时髦的,容易被簇拥、标榜和崇尚的,包括那些趋附行为本身,也随之更加易于理解——在他身上,呼应和满足着各类幻想。但黑鹤却并没有因此而傲慢。或者说,他的傲慢并不源于上述标签和趋附。画面中,他与他野兽一般的大狗们并排坐在地上,所眺望的那个远方,与标签上的词语因惯性而附加的内涵,不在同一个方向。

媚俗或其他

米兰·昆德拉曾透过19世纪德国浪漫主义,看到人类的两滴"媚俗"(kitsch)的眼泪。第一滴眼泪说:瞧这草坪上奔跑的孩子们,真美啊!第二滴眼泪说:看到孩子们在草坪上奔跑,跟全人类一起被感动,真美丽!只有第二滴眼泪才使媚俗成其为媚俗。随后,这个现代美学中最令人困惑、最难于把握的范畴在我们身边蔓延开来。受"坏趣味"感染的人们仿佛患上了消渴症,不加区分地痛饮各式各样的水,期待在虚幻的替代经验和对"净化的戏仿"中,寻得片刻的滋润和安宁。

动物与边地的主题同样在劫难逃,它们是水中的盐跟糖。饮者怀着热望飞奔而来,在杯子和水组成的镜像里,与野兽亲密无间,热闹并郑重地反观、重构人性,同时用取景框记录下别有一番味道的风俗和传统,让自己一并进入一种陈列展示的状态当中。

黑鹤的动物小说本可以轻而易举地满足这样的需求。与两头乳白色蒙古牧羊犬相伴,在草原与乡村的结合部度过童年,这位蒙古族作家习惯这样描述自己的来处。如今他供职于油田,从办公室的窗子望出去,可以看到广阔的田野和空中一闪而逝的游隼。每年他会花几个月游历北方广袤的草地和森林,在营地中优化繁育大型猎犬,并将幼犬无偿赠送给牧民。每当有小狗诞生时,他不得不将各种事务压缩在一周之内完成,全心全意照料看护。

然而,凡事总有个然而。这位固执的作家固执地选了一条不那么有吸引力,但自认是正确的道路。他用科学的求真的精神打破了许多人与野生动物共眠的梦呓,提醒人们面对自然时,最应当遵从的理想秩序绝不是和动物相互拥有,而是顺其自然,彼此尊重。他对杜撰和风情展览时刻保有警觉,试图通过具体的生活方式和具体的人,来复述一个正在消逝的荒野,向最后的古代致敬。

真的就是真的

从对峙、搏斗主题凸显人类强力,到友好、珍视与再发掘,文学作品中,人与自然、与动物之间的关系演变,透露着人们通过对象物来确认自身位置的行进轨迹。不过,当我们开始幻想与动物超乎常规地亲密相处、动物大规模地成为小说中被赞颂的主人公时,人类是否就真的做到了准确的关系把握与自我定位?

在这一点上,黑鹤的写作伦理鲜明且不容置疑。他反复在各种自述性文字中引用法国作家让·凯罗尔的话:"假如我向你说谎,那是因为我要向你证明假的就是真的。在动物小说的创作上,我无意说谎,因为真的就是真的。"黑鹤自诩是一个优秀的阅读者,几乎读遍了所有在中国出版的动物小说,以及相关的散文和观察笔记,他认为目前很多动物小说的素材基本源于固有的认识和传说,缺乏应有的理性判断和对自然环境的切身观察。对他而言,写作动物小说,科学的精神尤为重要。拥有理论基础和基本的科学依据,不背离自然界本然的生命秩序,不扭曲动物的基本属性,绕开传奇、寓言、童话、神话或探险故事,只描述自己所了解的——真正优秀的动物小说必须以细节真实为基础,"不能再误导本来自然知识就已经十分匮乏的人们了"。

关于野生动物,作者告诫我们,不要相信有人在野地里捡到奄奄一息的小狼,把它们带回家抚养长大(《狮童》),也不要相信能够从圈养的野生动物眼中看到快乐的目光(《黑焰》)。从被捕捉的一刻开始,伴随它们的就不再是自由,而是无尽的恐惧。所以,请将野生动物留在荒野中。同样的,人类的道德与情感也不应当随意附加在动物身上。让不会说话的生物使用人类的语言是童话,而带着动物的面具探寻人性迷失则很可能沦为闹剧。人与动物相亲相爱,并非自然界最本然、最真实的存在关系,那不过是我们善意无知的想象跟自以为是。

面对那些可能与人亲近的生灵,平等这个词总是不断被提到,尊重对方的尊严,则是黑鹤对平等这一抽象概念做出的进一步阐释。比如与狗之间,尊重意味着谦逊、敬畏,也意味着各有各的骄傲和无与伦比的溺爱:被外祖母家黑色长毛牧羊犬跟在身后,曾经幼小的自尊心经历了前所未有的挑战,"那阴影巨大到让我这个人类显得如此微不足道"。和自己心爱的罗杰、阿雅在一起,它们俨然是可以抱在怀里的小小童年,是北风带不走的黄昏和冬日里最后的篝火,"他们不牧羊,而我,就是它们的羊"。

黑鹤像个动物行为学家一样,在作品里不厌其烦地为人们做着讲解,其中对科学精神的崇尚却丝毫没有妨害小说的文学性。他的每一部小说,都不是简单的画面临摹、场景描述。那个作为叙述者的"我"几乎动用了所有的器官,跟随动物一起去知觉。他们走过静静的山谷,面向地平线坐下,听风掠过金草地,观望亘古不变的落日。

黑鹤希望,他的小说不只讲述动物,表现勇敢、自由、信任和忠诚,更要构筑一个正在消逝的荒野,留住曾经辉煌于万顷草场之上的游牧文化——一个想要恢复时可供参照的标本。

"永远地消失了",是作者反复提及的一个心理意象,与它相关联的,是满眼焦渴的枯黄,牧羊人溃散沙层般瘫下马来,牧羊犬卧在草坡顶上,再也不会奔跑回来的背影。它属于逝去的时光,只能通过回忆去复述,寻找。黑鹤竭力避开遗忘中最可怕的一种——杜撰与想象,不迷恋古老刀剑的光亮如初,而是试图恢复因岁月磨蚀沉积下来的斑驳锈迹。

通常意义上,人们更喜欢描述空间,空间让人联想到流动性,而事实上,地点才是我们身份的布料,记忆和身份都扎实地缝在上面。黑鹤回忆中的"陶杯"就有着确切的生长地点——草原。它南起与蒙古国毗邻的贝尔湖,其中蜿蜒流淌着乌尔逊河,北到大兴安岭原始森林腹地,以额尔古纳河为界与俄罗斯接壤。这片广袤的大地上,生活着蒙古族、鄂温克族、鄂伦春族、达斡尔族等少数民族。草地,仅仅是一种关乎古典和传统,简单坚忍、离天很近的生活方式。在这里,可以获得物理意义上的安静,听到万物细微的喘息声。

当"这地方上"几个字出现时,后面接续的既可能是沈从文、汪曾祺笔下施展人性、承接永恒美学思想的风俗画卷,也可能是为了特意酿造所谓的地方情调而进行的烦琐累赘的知识堆积。显然,后者愈发远离敬仰。边地题材同样面临这样的问题。对于身处不同寻常的地点、占有丰富资源的写作者来说,有太多不为人熟知的段落、细节想要倾诉,很容易跌入陈列、汇览的庸常境地中,用习俗风情附会古老民族深厚的文化传统。对于这一点,黑鹤有着清醒的认识。

乌托邦是一个关于回忆的隐喻,它的热情、依赖、爱和忠诚都依附于具体的人和他们最寻常的生活。黑鹤的小说中有着令人印象深刻的(外)祖父和(外)祖母的形象。前者是沉默不语的扎布、青格勒,他们一遍遍擦拭着镶有银饰的古老马鞍,用巨大的弯形针为牧羊犬缝合撕裂伤口。后者是乌兰托娅和芭拉杰依,用最温暖的手,在以阴燃的马粪熏制的皮袍上,为"我"留下关于草原的永恒气息。没有具体的样貌、姿态甚至性格,他们可以被想象成任意的样子。

牧民们有着独特的信仰和复杂的情感:他们愿意彻夜不眠地为抛弃小羊的母羊唱劝奶歌,也会在宰杀时默念"我生不为挨饿,你生不为受罪";隐晦地称呼狼为野狗或天狗,憎恨它们对家畜的残害,对不再有狼嚎犬吠的夜晚,却始终难以释怀。黑鹤说,如果所有的道路都被尝试,所有的禁忌都被破坏,那么就会失去最重要的东西。人,无法割掉身后的影子一个人走。他的小说就像一曲蒙古长调,淹没了外界所有迟钝的话语和嘈杂的静默,胸怀天地,雄浑悲怆。

前不久,黑鹤获得了2013年度青年作家奖,授奖词里这样写道:"黑鹤的小说写作涉及当下中国和世界的重大主题:人与自然的关系,同时,他还将一种边缘生存的族群经验带入到中文的表达中,并在成人世界与儿童文学之间搭建了一座沟通的桥梁。"授奖词很短,只容得下标签。但可以肯定的是,他的作品之所以能够担得起这一个以及其他的各项殊荣,毫无疑问,更是源自标签背后丰富阐释的不可通约、韵味深长。

刘东／鲁迅文学院第六届高研班学员。现任大连市作协副主席。著有长篇小说《镜宫》《无限接近的城市》等7部,小说集《轰然作响的记忆》《快闪异族》等5部,长篇童话《称心如意秤》等两部,长篇科学文艺《大自然的奥秘》等。曾获得第六届全国优秀儿童文学奖等数十项国家及省市级奖励。担任多部大型动画片的编剧工作。

作家自述

儿童文学中的人性表达

刘 东

作为一名作家,几乎是不可避免的,时常会想到或者被问到这样的问题:文学到底是做什么用的?文学最本质的特性到底是什么?伟大的司汤达曾经说过,文学家们就像厨师,为读者们奉献出丰富多彩、各色各样的美味,酸甜苦辣咸,百味杂陈。但其实这些美味的主料只有一种,那就是人性。

我很赞成这个观点。在我看来,文学就是人学。无论文学的创作手法和表现形式如何多种多样,花样百出,其最本质最重要的内核永远是对人性的追问、探索、解密和表达。但是与此同时,我的内心也一直存在着这样一个疑问和困扰:文学的主料是人性,那么儿童文学的主料呢?其实这本不应该成为一个问题。儿童也是人,儿童文学也是文学,儿童文学的主料当然也是人性。但在中国的儿童文学界,或许是因为人性的多面性和复杂性,或许是因为别的什么原因,致使"人性"这个概念似乎很少在儿童文学创作中被提及被重视。换句话说,我们的儿童文学所表现的人性其实是比较片面的,往往是被装饰过的,被美化了的,甚至是虚假的。往往只片面地表现人性的善与美,而对人性中的丑与恶讳莫如深。这也是可以理解的,毕竟孩子们的理解和认知能力有限,不恰当地表现人性的丑与恶有可能会误导他们。许多年来,这种观点一直被主流社会和主流创作所认同。

这使我想起了一部很有名的意大利电影《美丽人生》,影片中的父亲圭多和儿子乔舒亚因为是犹太人,被纳粹抓进了集中营。圭多不愿意让儿子幼小的心灵从此蒙上悲惨的阴影。在惨无人道的集中营里,圭多哄骗儿子这是在玩一场游戏,遵守游戏规则的人最终能获得一辆真正的坦克回家。天真好奇的儿子对圭多的话信以为真,他多么想要一辆坦克车呀!为此,乔舒亚强忍了饥饿、恐惧、寂寞和一切恶劣的环境。圭多以游戏的面目伪装了残忍的现实,让儿子的童心没有受到任何伤害。后来历经磨难的圭多惨死在德国纳粹的枪口下,却成功地保护了儿子。乔舒亚从铁柜里爬出来,站在院子里,这时一辆真的坦克车隆隆地开到他的面前,上面下来一个美军士兵,将他抱上坦克。这部电影所表现出来的人性的光辉令人震撼,似乎也与我们的儿童文学创作中的一些看法和选择不谋而合。但是电影只是电影,不是现实。就算现实不似集中营那样残酷,却比集中营更复杂更多面。这种保护虽然出自人性美好的一面,但往往是一厢情愿的,也是徒劳的。所谓可以一时,无法一世。

而且,随着社会的进步与发展,随着信息传媒的普及和多样性,随着孩子们拥有社会属性的年龄越来越小,身上所表现出来的社会属性越来越鲜明越来越强烈,我们的儿童文学对人性的多面性和复杂性再一味地只管躲避和无视显然不是办法,甚至意味着某种职能和责任的缺失。我更认同的做法,是以文学的恰当的方法让孩子学会面对现实,包括面对现实中复杂的人性。只有面对,才有机会了解;只有了解了,才能正确地理解;只有正确地理解了,才能正确地选择,才能健康地成长。

另外,这些年来我们一直在呼吁,要让中国的作家和作品走向世界,儿童文学也是一样。但是,客观地讲,现在我们儿童文学的输入和输出是不成比例的,存在着巨大的"贸易逆差"。有人可能认为,这是由于文化和传统的差异造成的。但是仔细想想,这种理由并不能成立。这种文化和传统的差异是双向存在的,为什么国外的许多优秀儿童文学作品可以成为我们的经典,而我们的作品却不行呢?原因当然很多,而我觉得其中一个很重要的原因,就是我们的作品中缺少可以跨越这种差异的东西,比如说,对人性的挖掘和表现。人性是共通的,人性的表达是不受文化和传统差异影响的,也是最容易被最广泛的人群所接受的。

如何用儿童文学的手段,让孩子们在成长过程中,正确地了解和认识人性的本质、人性的复杂性,这是我们这些儿童文学作家所面临的一个不可回避的课题。至少,对我而言是这样。

关于儿童文学对人性的表达,我一直在努力尝试。这里举一个例子。我曾写过一部中篇小说《快闪异族》,发表在上海的《巨人》上。这部作品的主人公是一个人类和一个精灵。说实话,我很少写精灵之类的故事,因为儿童文学作品中,这类作品太多,在我看来,再写就是重复。而我的创作个性中,最不情愿做的事情就是重复。但是后来我写了这个中篇,因为我发现了一个我在以前看到的精灵故事中没有看到的、没有被写作者重视的一个角度或者说是节点。故事大概是这样的:一个男生喜欢上了一个女生,而这个女生是一个精灵。女生的精灵家族警告女生,不要轻易尝试与人类进行密切的交往,如果一定要交往,也绝对不要让他们知道你的真实身份。但是精灵女生不以为然,并不想刻意隐瞒自己的身份。她认为她和男生的感情完全可以超越两个种族之间的差异。最终,他们的感情以悲剧收场,而造成悲剧的最根本的原因,恰恰就是人类本性中对异族的怀疑,不信任。而这种对异族的怀疑和不信任,追根溯源,其实是基于人类自身的不安全心理和信任危机。而这种心理和危机,在可预见的未来是难以缓解的,因为这是人性中固有的东西。想要缓解甚至超越这种心理和危机,则需要整个人类从各个方面都进入一个前所未有的更高的境界。

当然,儿童文学中的人性表达对我而言,是一种复杂而且艰辛的探索和实践,而且,我现在也仅仅是明确了一个方向。但我相信,一旦你真正可以直面这个课题,并且把其不断地、深入地融入你的创作实践中,你就有可能在儿童文学创作这条道路上走得更远,看到更多更美丽的风景。

文友印象

我家有位作家刘东

红 梅

认识刘东以后，就一直在看他的作品。可以说，读他的小说，让我更快更多地了解了他这个人。不过，那时候阅读他的作品，并没有增强我跟他继续交往的决心，而是反过来，有所削弱。因为我看的第一部他的作品，就是那部《轰然作响的记忆》。在我这个普通的阅读者看来，那样的文字太冷峻也太沉重，让人看后不由得会变得心情压抑。而压抑的心情对谈恋爱显然没有什么帮助。好在，生活中的刘东总是阳光灿烂的，是个不折不扣的乐观主义者，而且很善于把乐观的心情传达给他身边的人。

结婚以后，我就一直是他的第一个读者。这是我在结婚之前曾经争取过，但没有争取到的"待遇"。据说，每一个写作者都会有自己的一些习惯。原本他的习惯是，作品在没有发给编辑，没有变成铅字之前，从不示人。我曾经问过他，这是不是跟很多女生，在没有化好妆之前绝不会出来见人的道理是一样的，结果却被他不客气地嘲笑了一番。我不服气，并不以为我的比喻有什么不妥。刘东说，这当然不同。化了妆的女生展示给世人的，不过是一副"肤浅"的妆容；而一个作家的作品展示给世人的，是绝对深刻并且真诚的灵魂。妆容的成败只取决于看上去的美与丑；而作品的成败，则取决于读过之后，可以与多少灵魂相连相通。所以，没有最终完成的作品拿出来示人，更像是把一枚没有孵化完全的蛋打碎了，然后还以为看到的是一只真正的雏鸟。

我说不过他，只好放弃。

但我一直坚持要做编辑之前的第一个读者，直到婚后才终于如愿。每次先睹为快之后，我也会说一些感触，提一些意见给他。偶尔他会接受，但更多的时候，对我的意见不以为然。如果我不坚持，他也不多说什么；如果我认真追究，他就会说出他的理由。而结果就是,我总会被他的理由所说服,并且由此发现一些我在最初的阅读中没有读到的东西。

从骨子里说,刘东是个很骄傲的家伙。虽然随着年龄的不断增长,他看上去越来越低调越来越"中庸"了,但在我看来,他的那些锋芒不过是收进了心里而已。他是个内心骄傲而强大的人,自我控制和自我调适的能力很强,但又不愿意时时事事都刻意地控制和调适自己。用他的话说,适当地"放开"有利于身心健康。这就跟经济调控的松松紧紧、有张有弛是一个道理。在他眼里,我只是他的一个读者而已。作为夫妻,我们在生活上感情上精神上都是平等的,但说到他所从事的写作专业,他拥有不容置疑的强势。所以,这回他突然请我来写写他,让我很意外。追问之下,他只好说了实话:时间有点紧,找别人不太方便。这个家伙,原来如此!

尽管一起生活了许多年,可我毕竟不是作家,冷不丁还真不知道该从何说起。去问问刘东,他又端架子,说,你想怎么写就怎么写吧。

认识刘东之前,我跟绝大多数人一样,觉得作家是一些很奇怪的人。不过说实话,生活中的刘东一点也不怪。我曾经问过他,人家都说,作家都习惯于特立独行,你好像并不是那样的。刘东说,在生活中特立独行的人,往往会给自己和别人带来一些不必要的困扰,在他看来,那并不是作家必有的"特质",也不是真正聪明的表现。他所追求的作家的"个性",一定是要体现在作品中,而不是现实生活中的。他努力要写出特立独行的作品,但在生活中,却更愿意做一个平凡的"随大流"的普通人,让自己和身边的人都放松都舒服一些。毕竟,写作不是生活的全部,而你首先是一个生活着的人,然后才是个写作着的人。

不过刘东到底是个作家,有许多与常人不同的地方。他是个充满了悲悯之心的人。现实世界很严酷,许多年过四十的人,心肠都会变得越来越硬,看世界的目光也会变得越来越冷漠。但刘东不同,虽然他的文字往往显得很冷静很理智甚至很严峻,但在这一切的表象背后,是他那颗永远也不会改变的悲悯之心。生活中的刘东很少流泪,一些时候,我甚至已经能够感受到他内心世界里所遭受的巨大的冲击和痛苦,但却依然看不见他流出一滴眼泪。我有时也会劝他,心里太难受的时候就哭出来吧,不然会憋出病的。他却摇摇头,说:"换了别人也许会的,而我不会。你忘了,我是作家,我会把一切都写出来的。"

刘东另一个不同于常人的习惯,就是喜欢思考。我曾经跟他讨论过,作家最重要的素质到底是什么?是超强的文字表达能力,还是超强的编故事的能力?他说,都不是,是作家的思想。在他看来,真正的作家其实并不是靠"卖文为生",或者卖故事为生的,而是靠贩卖自己的思想,而文字和故事不过是那些思想的载体而已。

当然,作家刘东也有许多常人所有的缺点和毛病,比如说,脾气急躁。最典型的表现就是"路怒症"。一个有个性有思想温文尔雅的作家,一旦开车上路了,就会变成另外一个人,开快车、按喇叭。为这事,我没少说他,可收效甚微,后来他自己想了个办法,一开车,就播放那种平和舒缓的音乐。看上去,似乎效果不错。不过,这种效果是不是真的能一直持续下去,还真不好说。

评家观点

刘东的儿童文学创作:对成长的想象与发掘

李东华

刘东从1995年在《文学少年》发表短篇小说《老人·孩子·魂斗罗》开始,至今已经出版和发表了各类儿童文学作品350万字左右。1996年《儿童文学》杂志刊登了他的短篇小说《孤独有脚》《悲伤无痕》,引起了读者的注意。随后,他于1997年出版了中短篇小说集《轰然作响的记忆》,2004年推出长篇童话《称心如意秤》,2008年出版长篇小说《无限接近的城市》,2010年推出长篇幻想小说《镜宫》,2014年出版长篇小说《双拼宝贝》。在众声喧哗的儿童文学创作群体中,刘东不是爱热闹的人,相反,他的性格和气质有些沉默和内向,然而,他让我想起他的小说名字《轰然作响的记忆》中的"轰然作响"一词,我觉得这个词用在他的身上是很恰当的——"轰然作响"意味着曾经的沉默以及在沉默中出人意料地发出响亮的引人注目的声响,刘东的创作就是这样一种状态,他不跟风、不着急,总能在一段时间的沉默之后,拿出一部令人眼前一亮的作品,他的《轰然作响的记忆》是这样的,他的《镜宫》也是这样的。在这个浮躁的一切都追求快节奏的时代,刘东的这种不声不响、耐得住寂寞、坚守着自己的创作理念的创作姿态,就显得特别难能可贵。因此,在我看来,刘东也有一点独行侠的味道,在儿童文学界是一个独具一格的存在。

打开青少年成长中的沉默地带

刘东的作品,无论是小说还是童话,都执着地关注少年儿童的心灵成长,尤其是在成长小说的写作方面,他所达到的深度和广度,让他在儿童文学界拥有了不可替代的一席之地。关于成长小说,巴赫金在《教育小说及其在现实主义历史中的意义》一文中做了系统阐述:"它塑造的是成长中的人物形象。这里,主人公的形象不是静态的统一体,而是动态的统一体。主人公本身的性格在这一小说的公式中成了变数,主人公本身的变化具有了情节意义。与此相关,小说的情节也从根本上得到了再认识、再构建,时间进入了人的内部,进入了人物形象本身,极大地改变了人物命运及生活中一切因素所具有的意义。这一小说类型从最普遍的含义上说,可称为人的成长小说。"刘东的成长小说正是这样的,他笔下的人物性格总是动态的,在不断成长,而人物性格的变化也总是情节不断前行的最大的推动力,因而他的小说结构总能够和人物的成长融洽地对接在一起,有一种跌宕起伏和逻辑严密的美感。

刘东的小说虽然故事性很强,但这并不是他的着力点,他的兴趣在于开启青春期埋藏在内心深处的秘密,以及这些秘密是如何成为成长的节点,让青春就此秘不示人地拐了弯,走向了另一个方向。他一直努力用自己的作品打开青少年成长中的沉默地带。这个"沉默"在这里有双层的含义,首先,在刘东的笔下,成长是有难度的,是艰辛的,而很多成长的秘密不为成年人所洞察,因而缺少情感的抚慰和精神的引领,处于青春期的孩子往往关闭了自己的心灵之门,变成了一种"沉默"的状态。从另一方面来看,中国的儿童文学创作一直有诸多禁忌,不管现实生活中的青少年内心世界有多么动荡起伏、暗流汹涌,在我们的儿童文学作品中依旧是一片阳光灿烂。无论是有意的粉饰还是无意的忽视,都造成了传统的儿童文学写作在这一领域的"沉默"。刘东打开了在传统儿童文学写作中往往止步不前的对青春期成长中的沉默地带的发掘,他力图用文字照亮那些不可言说的童年和少年的精神世界里的幽暗角落。短篇小说《沉默》是其中比较典型的一篇。大学生林檞被同学们认为是沉默寡言到了像石头和混凝土的程度,然而他内心却埋藏着不为人知的秘密:高中时他是个喜欢捉弄和嘲笑别人的人,因为他的爱开玩笑,失去了游泳池管理员的信任,当他的朋友宋长威不幸溺水失踪的时候,他求助于管理员,让他放干游泳池的水,管理员却不相信他的话,从而拖延了救助的时间,最后宋长威没能救活。好朋友的意外身亡让林檞从此像变了一个人一样,从像拼命乱叫的蛙和蝉变成了像石头一样沉默的人——他顿悟了,然而这样的成长却是以朋友的生命和自己永远无法摆脱的内疚之情为代价的。

注重真实的小说写作

刘东的小说注重真实性。这一点在他的短篇小说集《轰然作响的记忆》中有着鲜明体现。这是一部采访小说集,由 12 个短篇组成。这些短篇从 1998 年到 2004 年长达 7 年的时间在《儿童文学》杂志上以头题佳作的位置连续刊出。作品题目均为两个字:《沉默》《颤抖》《长裙》《游戏》《孤旅》《死结》《房子》《蝴蝶》《朋友》《祸事》《契约》和《下课》。这是作者在这 7 年之中采访了几十位 20 岁出头的年轻人,请他们回忆自己在中学时代最刻骨铭心的真实事件,这个事件的经历是怎样改变了他们的一生,并在他们的人生路途上发出持久的回响。作者从珍贵而庞大的素材中选取了最不同凡响、最具青春期典型意义的 12 个感人至深的故事,将其写成了一个系列的"采访小说"。"采访小说"让这些作品具有了非虚构的成分,这些小说所采取的叙事策略,固然缘于素材得自刘东的采访,这和他的记者身份有关。这种介乎于报告文学与小说之间的文体,曾经因其难以被文体归类而引起评论家们的热议,也因其形式的新颖和意蕴的深刻而在广大中学生读者中引起了极大的轰动与关注。但从另一个层面来看,刘东是如此强调这些小说真实的一面,在每篇小说后面都附了采访手记,我想是因为他想强调,书中那些少男少女所面临的形形色色的困惑,他们的倾诉,不是缘于虚构,不是危言耸听,而确实是这些初涉尘世的少男少女们真实的经历和感受,由此,这些小说就更具有了振聋发聩的作用。

刘东的独特发现还在于,那些被成年人认为根本不是个事的事情,在青春期的少男少女的心灵天平上,可能分量很重。在短篇小说《颤抖》中,头一次坐飞机的姬晓晨在机场的洗手间里无意中看到两个外国女人拥抱在一起,这让她慌乱地奔逃,又不小心撞坏了旁边女人的手机,于是她的左手开始颤抖,父母带她去看精神科,没想到一件事情的结果居然成为另一个悲剧的起因,她看精神科的事情传到学校之后,旁人无端的猜测无疑是雪上加霜,最终姬晓晨在一个心理医生的引导下走出了精神的阴影。这个故事如同一个心灵标本一样让我们看到一件不起眼的小事,会像蝴蝶效应一样在一个女孩的内心引发一场困扰她多年的精神风暴。

刘东的作品还充满了内省的气质和批判的审视,这种内省和审视甚至到了自我拷问的程度。内省和审视往往让他的目光不是停留在事情的表面,而是努力要寻找到事情的真相。在《沉默》的采访后记中,他这样写道:"在我看来,林樨的这个故事就像是一棵枝叶稀疏却形状独特的树,深入到土层下面细细地去触摸它的根须,远比为它的枝头挂上些绿叶更有意味。"穿透皮相,直达本质,这是刘东小说的深度所在。在《沉默》中,刘东的反思没有停留在林樨的恶作剧所造成的悲剧这个层面上,他继续追问林樨喜欢恶作剧和讽刺挖苦他人的性格是怎样形成的。小说没有给出答案——小说的任务不是给出答案,而是引领读者去思考。

刘东开掘的这个地带有时候很难用"善"与"恶","对"与"错"去简单地盖棺定论,他的独到之处在于他努力去开掘青春成长中难以把握难以命名的部分,因而他的作品就呈现了在儿童文学创作中少见的复杂性和丰富性。

让迷茫的心灵找到出路

刘东的成长小说虽然关注了青春成长中残酷的一面,然而他的初衷依然是给这些处于迷茫中的心灵找到走出迷宫的路。总之,刘东的小说展现了这样一种努力,那就是人与人之间的沟通与理解是否能够成为一种可能。他的小说探讨了关系——儿童和儿童之间、儿童和成人之间、儿童和世界之间的种种关系,这些关系在初始的时候几乎都是紧张的,但历经一段曲折的心路历程之后,这种关系将达成和解,与自己和解,与他人和解,与世界和解。

《镜宫》的主人公南海在单亲家庭中长大,父亲一直忙于生意,疏于对男孩的照顾,优裕的物质生活代替不了对亲情的渴望。南海与父亲的关系是冷淡的、疏离的、不信任的,甚至是对抗的。故事就从一天深夜开始,南海偷偷地开走了父亲的别克轿车,带着自己喜欢的女孩杨琳一起去山上看流星,下山时却发现轿车不翼而飞了。南海不敢回家,他选择了逃避,他来到一家网吧,在网吧里偶然地进入了一家名叫"镜宫"的人生交换网站。从此,他的生活一次又一次被抛向了"别人的世界"。他变成了拳击手,变成了一个饭馆小老板,变成了重症病人……青春期正是一个人自我意识的确立和自我角色形成的关键阶段。在这部小说中,南海自我意识的确立是通过体验别人的生活来完成的。他渴望能躲进别人的生活,来逃避他面临的困境,然而,正是在别人的生活里,他发现每个人都有着无法回避的艰辛和繁难,甚至别人的苦难远远超出了他的预料。以他人为镜子,照见的其实是他自己,最终,在别人的生活里,南海实现了对生命的更深层次的一次成长。

刘东所有的文学上的努力,在于指出成长的不易、理解的不易,然而他不畏艰难地要书写人心、书写人性,令人信服地发现了从隔绝到了解、从了解到理解、从理解到和解这样一个心灵过程。因而他的作品有一种外冷内热的气质。他总是努力帮助读者能够更好地完成自我的成长。他的作品的外在表情虽然是冷峻的,但我们依然能够在这种冷峻之下看到一颗炽热的滚烫的心。

刘东是一位文体意识很强的作家,他的文字呈现出一种男性的、硬朗的、冷峻的风格,同时,他的童话中也有热闹的、幽默的、轻松的另一种风格。然而从整体上来说,他的文字是偏冷色调的。当然,这种冷不是冷漠的"冷",而是冷静的"冷",一种和一切肤浅的、热闹的、皮毛的东西保持距离的审慎的态度。

因而刘东的创作是有深度的,他的作品不是讨好和迎合读者,他总是和商业化写作保持足够的警惕。这样的写作在以作品的销量论英雄的氛围中,也许是寂寞的,比如像《镜宫》,我觉得这部小说没有得到应有的关注和凝视,它对中国成长小说写作的意义没有得到应有的重视。但就我个人的感受而言,我依然期待着刘东能够沿着《轰然作响的记忆》《镜宫》这条路走下去,因为我觉得这里面有属于他的独特发现,有属于他自己的独有的艺术价值。因为这样的作品是能够拓宽中国儿童文学的高度、厚度和深度的作品。

鲍十

鲍十 / 鲁迅文学院第三届高研班学员。著有中短篇小说集《拜庄》《葵花开放的声音——鲍十小说自选集》，长篇小说《痴迷》《好运之年》，日文版小说《初恋之路》《道路母亲·樱桃》等。另有《子洲的故事》《葵花开放的声音》《冼阿芳的事》等中短篇小说译为日文。中篇小说《纪念》被改编为电影《我的父亲母亲》。短篇小说《葵花开放的声音》被改编为同名话剧。作品被多种选刊选载或收入各种年度选本。

作家自述

写我想写的,写我能写的
鲍 十

几年前,我曾经在广东的中山市参加过一个小规模的文学活动,临近结束的时候,主持人拿出来一个留言簿,让每个人写一句话,我便写了"写我想写的,写我能写的"这几个字。这并非我一时的灵感,而是我常常想起的一个问题。为什么要经常这样想呢?其实就是提醒自己,让自己心中有数。因为它会不可避免地涉及另一个问题:你对待写作的态度。

一个作家想写什么或者能写什么(也可说成是写作的出发点),无疑会涉及很多因素,其中包括作家个人的因素,也包括社会和时代的因素。说到作家个人的因素,则一定与他的生活阅历有关,与他的性格气质有关,也与他的阅读喜好有关(一个人为什么喜欢读这样的书而不喜欢读那样的书,这本身就是一个十分复杂的问题),归根结底,就是与他的整个心灵和精神境界有关。说到我对自己的要求,则是坚持写作从心灵出发,坚持写那些给过我触动的东西,或者与我的内心发生过呼应的东西,简单地说,就是坚持"写我想写的,写我能写的",力争留下一点儿诚实的文字。应该说,这个要求并不算高。

若细说起来,"想写"和"能写",其实也是有些区别的。"想写"是一码事,"能写"是另一码事。这个就不多说了。

我不是一个才华横溢的作家。生活中也不是那种特别"灵光"的人。最突出的一点,是不会逢迎人。当然,对人的尊重和礼貌是有的,诚意也是有的。但要让我刻意去奉迎谁、讨好谁,我就做不到了。因为这涉及一个人的尊严。在我看来,尊严比成功更重要,也许比生命还重要。同样,在写作上,我也不会(或不想)去迎合什么。不会迎合某种观念,不会迎合某些潮流(东西方的各种潮流),甚至不会迎合读者。也可以说,我无法做到这一点,我缺乏这个能力。世界永远是五彩缤纷的,文坛也不例外,这段时间有个热点,隔段时间又会出现新的热点,而我只能写我想到的东西。

忘记了在什么场合,我曾经说过,在文学的海洋里,我只是一滴水。各种各样的水汇聚在一起,海洋才会丰盈。

回头看看自己的写作,这些年来,我似乎只写了两方面的故事。一方面是写家乡的事,写父老乡亲们的人生故事,写他们的生老病死、婚丧嫁娶,以及人心、世道、生计、欢喜和苦痛等等。我写了他们的好,也写了一些不好,不过还是以好为主,包括他们的善,他们的坚韧,他们的淳朴。另一方面,是写了城市中的青年知识分子,写他们的人生际遇、情感经历,在风云变幻的时代面前所产生的困惑、烦恼、不安、愤怒、挣扎、堕落,包括逃避和拯救。我一直认为,知识分子是我们社会和时代中最为敏感的一群人。一般说来,他们内心较丰富,情感较细腻,感受和认识事物的能力也相对强一些,当然也有脆弱、多虑、患得患失等弱点,是时代和社会最好的晴雨表。

另外就是我写了一个系列短篇小说《东北平原写生集》,断断续续地写了十几年,一边写一边在刊物上发表,写作的过程中,翻阅了许多县志,也走访了一些村庄。但是这些作品,与我以前所写的有关故里乡亲的小说还有一些差异,主要是较少个人的体验,我更多是想从文化和历史的角度,去描绘和表现那块土地。曾有论者说,这些小说"以传说化、民间化的方式叙述了一些现代中国角落里的往事,这种进入历史的方式同时也进入了现实,从而生成了一些特殊的历史感受和叙事感受"。我认同这种说法。

也许可以说,到目前为止,我自觉写得不错的作品,似乎都是与故乡有关的。我在家乡生长了19年,我熟悉那里的生活,说来,那些东西早已浸润于我的身心,写作时自然会感觉充沛。而那些描写城市青年知识分子的作品,则多半来自我后来接触到的生活。来到城市以后,我所接触的基本就是这样一些人,事实上,有些故事就是我的同学和朋友的故事,当然也有我自己的体验和感受。

我知道,我的写作范围是狭窄的,不够宽阔,特别是题材上有很大的局限性。看起来,这似乎是没办法的事,也可以说,这是我的宿命。

2003年,我从黑龙江省调到了广州市(两地的差异不可谓不大)。对一个写作者来说,这无疑是一件好事。我会认识更多的人,见识到更多的新事物。就像人们常说的,见多才能识广。今后若干年,我打算写一些广州的故事。在我的设想中,这些故事既有当下的,也有从前的,既有温暖的,也有悲凉的。但要写好这些故事,我必须了解广州,否则,这种写作就会形神分离,成为两层皮。在广州这些年,我搜集阅读了大量的文献资料(这也是我喜欢做的),包括史志、逸事、掌故等等,试图深入了解广州的历史。另外还去街道办事处挂职体验生活了一段时间。

　　写作是一辈子的事情,无须急功近利,更无须唱高调,慢慢来吧。

文友印象

世界在动,鲍十不动

钟求是

第一次与鲍十见面是在10年前的北京。那年春天,来自全国各地的一大帮作家集合到八里庄的鲁院,开始为期半年的文学修炼。报到后的起始日子,大家相互串门认脸。在二楼的一扇门上,贴着一个叫作"鲍玉学"的陌生名字,我有点纳闷地探进房间,一只高大壮实的身子移过来,将一张诚恳的脸搁在我眼前,说:"我是鲍十。"

鲍十还叫鲍玉学的时候,当过农民和中专学校教师;成为鲍十之后,便做了文学杂志编辑。2003年,他贯穿南北,从黑龙江蹿到广州驻足。所以此时,他带着典型的东北身躯来到鲁院,表格上的身份已是广东作家。这是一个有趣的反差,当我以为和一位广东作家待在一起时,他提供的却是东北式的笑声和东北式的酒量。他的笑声很厚,含着一种朴素,容易让人跟着愉快。他的酒量很深,每回喝掉可观的数量后,若别人再劝,还能添上三两杯。

几乎不用时间的帮助,我和鲍十便迅速成为彼此信任的朋友。在那个貌似自由的环境里,一大堆男女作家扎在一块儿,自然少不了一些虚虚实实的"故事",但我和鲍十都属于安静无"故事"的人。许多个傍晚,我们一起沿着校外马路散步聊天。鲍十平常言语不多,但这时愿意放开嘴巴。我们聊以前的生活,聊各自的儿子;当见到漂亮姑娘在路上走过,对女人的分析也会进入我们的嘴里。当然最躲不开的话题是小说。鲍十喜欢萧红喜欢汪曾祺,还说帕特里克·怀特《人树》的好话。他的文学态度是清晰的:沉到生活底部,守住写作精神,不与世俗为伍。

鲍十还有一个躲不开的话题是《纪念》。这部小说因为被张艺谋拍成电影《我的父亲母亲》而被抬高身价。这几乎成了标签式的东西,别人介绍他时,总要点明一句："这是《我的父亲母亲》原著作者。"鲍十肯定为此快活过,但快活了几次以后,便觉出没意思来,仿佛一个歌手常年唱自己的成名曲会觉得无趣一样。后来当旁人提起这部电影时,他会出言打断:"不说这个不说这个,这是过去的事啦!"我知道,鲍十是个把小说看得比电影大的人,现在电影覆盖了他的小说,而他似乎又借了电影的荣光,这让他有些尴尬也有些不服气。他说:"对我来说,小说才是最重要的。"他又说:"生活太闹了,我们得静下心写自己的东西。"

鲁院学习结束后,我们回到各自的省份。不久,鲍十调到《广州文艺》供职。又不久,我也到杭州做了刊物看稿者。我们成了编辑同行,一期一期做着文学杂志。但作为写作者,我们显然更看重自己的作家身份。那段时间,鲍十很想把自己丢到一个小镇里,离群索居,静心写自己的文字。但他的图谋难以兑现,因为杂志一时离不开他。他必须在自己的岗位上做擅长和不擅长的事。对他来说,不擅长的是如何对付开会学习、人际纠纷、总结检查、改制创收等等,擅长的自然是文学本身的扩张。2009年11月,《广州文艺》举办"都市文学"研讨会,一帮作家评论家应邀去了,我也混在其中。那天会开得好,酒也喝得好,好几位作家当场翻了身子醉入梦乡,似乎以此表示对鲍十的支持。第二年元旦,《广州文艺》开出《都市文学双年展》的打头栏目。

鲍十对"都市文学"的用力也表现在自己的写作中。在广州10年,他仍听不懂粤语,吃不惯粤菜,但他很想捕捉这个城市。以他的理念和脾性,自然将目光投向在底层打拼的人群,这几年,他写了《西关旧事》《艇仔粥》,又写了《冼阿芳的事》,说的都是小街小巷里的普通人。在《冼阿芳的事》中,鲍十推开叙事技术,平白耐心地讲述了一个城郊女人的劳碌一生。生活的逼迫和身心的辛苦在这个女人身上一一呈现出来。显然,鲍十想在现代都市中找出被奢华掩盖着的真实东西。

不过鲍十真正的写作野心仍在遥远的东北。记得2008年夏天,我们俩在江西的一个文学笔会上相遇。在采风的路上,鲍十对我说,到了这个年纪,得找最想写的、能留得下来的东西——他要写东北平原的村子,一个一个地写。他的这个需要耐心的计划让我叫好和期待。以后的几年里,他以《东北平原写生集》为总题,源源不断生产出一个个东北村子,陆续发在各个文学杂志上,于是读者的眼睛会时不时撞上《大姑屯》《积万屯》《七里屯》一类的东北地名。这些小说每篇不长，但一读就觉得味儿很对，似乎每个故事里都有乡间的厚实和淳朴，每个人物身上都有民间的生动和悲欢。我觉得，鲍十离开东北是对的。现在他站在中国的南端向北遥望，这拉开的距离反而能催生惦念和想象，让他的内心时常在故乡游走。

  大约一个月前，鲍十来了杭州。我们谈到写作时，他讲了这么一件事：《东北平原写生集》要出版了，本来以为就此了结，但有一天他在网上看到一位读者留言，说他是国内仅存的潜心写农村的一位作家。这话击中了他，他想何不继续在这个题材上写下去呢，把此事做好余生足矣。他又说："我现在讨厌开会杂事，害怕去见不相干的生人。生活太闹了，我就想找一个地方安安静静地写东西。"他的口气显得苦恼和无奈，并让我记起十年前他同样的话。吃饭的时候，他的酒喝少了，烟也抽稀了，岁月正在剥夺他的年轻。可我望着眼前的鲍十，仍觉得是最熟悉的那个样子。我明白，他的内心有一种稳定的坚持的东西，就像他的外形一样厚朴可靠。周围的世界喧哗且骚动，但我这位兄弟似乎从来不为所动。

评家观点

抱朴守拙的智慧逻辑

王永盛

鲍十有"平民作家"之称,盖因他书写的对象是平民。若将其作品悉数品读,不难发现,鲍十始终把乡村土地和生活在土地上的人作为书写对象,乡土赋予的淳朴情感是其叙述动力。鲍十作品所表达的传统情感和所弘扬的传统价值,有意无意间是对现代性的批判和反抗,由此,鲍十的乡土文学系列已然形成了其较为完整的艺术结构,蕴含着朴素的精神哲学。

从1989年开始写作,20多年过去了,鲍十和他的作品,地理版图和心理版图仍然停留在东北平原,驻足流连,不曾离去;鲍十小说不仅内容意在表现平民的真善美,写作手法也是遵循传统的为文之道,平实朴素,内敛拙朴。1998年发表的《纪念》是鲍十的成名之作,这部被张艺谋改编成电影《我的父亲母亲》的中篇小说,开启了鲍十创作的"好运之年"。自此一发不可收,代表作中短篇小说《子州的故事》《春秋引》《葵花开放的声音》《秋水故事》《芳草地去来》《冼阿芳的事》和《东北平原写生集》系列,相继在刊物发表,并被《新华文摘》《小说选刊》《小说月报》等刊物选载。至今他已创作出版了中短篇小说集《拜庄》、中篇小说集《我的父亲母亲》、中短篇小说集《葵花开放的声音——鲍十小说自选集1989—2006》、长篇小说《痴迷》《好运之年》,2014年即将出版他的系列短篇小说集《生活书:东北平原写生集》。

流连乡村芳草地

乡土文学两个重要元素即"写农民"和"乡村生活背景",以此界定,把鲍十作品归到"乡土文学",应该没有异议。写作伊始,鲍十就十分耐心而真诚地俯身抚摸东北平原和黑土地,他低头亲吻故乡的姿势,是那样的执着和义无反顾。

《纪念》是这样的，《春秋引》也是这样的，《芳草地去来》如此，《东北平原写生集》更是如此。

鲍十文学作品叙写的乡土，是地理意义上的故乡，是骆长余、骆玉生、鲍老师、大成、子洲、汪校长和"我"等作品主人公生活的家乡。正如福克纳笔下缠绵于约克纳帕塔法那邮票大小的小镇，莫言汪洋恣意叙写的山东高密一样，鲍十流连的是有着明显的个人主观化痕迹的东北平原乡村。当一挂马车把骆长余拉到了三合屯，这个原本住在县城的父亲，在三合屯与母亲田招弟一见钟情，发生了一场感人至深的爱情。在这片乡村的土地上，贫穷不能使他们分心，社会变故带来的打击不会使他们分离，父亲和母亲相伴走过了"文革"、改革开放，近半个世纪的岁月磨难，留在那条乡村土路上的，是他们一生温良恭俭让的背影，也留给儿子骆玉生一生受用的朴素的人生价值观。不知能否将《纪念》中的骆玉生原型等同于鲍十，但是三合屯和霞镇一度真切地成了他的写作根据地——身在北国时，他对它们深爱有加；哪怕如今身处南国，依然深情频频回望。

鲍十笔下的乡村还是一个世外桃源，他的作品屡次回到传统乡村生活中去寻找精神慰藉，《芳草地去来》就是其中代表性作品。《芳草地去来》塑造的主人公高玉铭，是从乡村飞出的"凤凰男"，在都市特别是人事关系复杂的机关里，处处受压抑，万般不得志。即使婚姻这样的私人生活，也因为打小就与城里人李欧娜接受的教育不同，格格不入而导致婚姻破裂。"你心里肯定会有某种感觉，而且压根儿不用说出来，只消一个眼神儿或一个动作你就全都明白了。对于他和李欧娜来说，当时最强烈的感觉莫过于失望。他对李欧娜失望，李欧娜对他更失望。"离婚后的高玉铭，为了逃避，或者说为了不再与污浊的社会同流，选择了大家都不愿去的山村支教。这个叫芳草地的小镇却让他有着莫名的亲近感，仿佛又回到他心中的故乡。在这里，人们友善，不论是汪校长"给人的感觉却非常好，尤其是他的眼睛，看去那么清澈，似乎也像个少年，然而又那么安静，安静中透着沧桑。说不上为什么，几乎一见面，高玉铭就对他产生了一种特别亲近的感觉，仿佛见到了亲人，心里忽地一热"。还是璞玉般未曾雕琢的汪卉，"她的朴素并不仅仅体现在穿着上，而是体现在所有的言谈举止上，或者说，从她身上渗透出来的气息都是朴素的，也许可以说，她的灵魂就是朴素的灵魂"。都让他一见如故。芳草地有着浓厚的田园色彩，短暂的世外桃源生活过去了，当高玉铭必须重新面对社会生活的残酷时,他头也不回地再次选择乘坐"那辆开往天涯县的汽车离开了省城",奔赴日思夜想的芳草地。

鲍十流连乡村芳草地,写土地上的生与死,写城乡二元对抗后心里向往的栖息地。《春秋引》的主人公二根和祖祖辈辈生活在黑土地上的人,对泥土始终心存敬畏,春种秋收,年复一年,仿佛人生生死轮回的真实写照,也写出了乡村土地上生活的质朴和本真。乡村是传统文化的出发点和最后归宿,乡土文学对传统生活和传统文化的感性保留,正是鲍十文学作品现代性的深刻体现。只不过,鲍十似乎有意屏蔽掉现实生活中的龌龊、卑污和荒谬,留下乡村平凡人的男耕女织、质朴无文的理想、美妙和自由。

迷恋葵花开放声

葵花开放的声音——热烈、阳光、清澈、朴实,就像鲍十作品描摹的众多主人公的精神品质一样。鲍十的文化记忆源于东北特别是东北乡村,他悉心记录平凡的生活即景,灵光乍现,精心点染,在质朴而淡淡感伤的书写中,呈现给读者的,多是生活在山村有着更多担待和包容的淳朴男女。当他拾掇各色作品,将其汇集成书——小说集《拜庄》《葵花开放的声音》和《生活书:东北平原写生集》,我们就能一以贯之地清晰读出,这些作品不仅集中展示了无数个名不见经传的"小人物",也成功塑造了浮世绘风格鲜活丰满的人物形象,倾注了作者人道主义的悲悯情怀和孜孜不倦温情叙写的努力与坚持。

鲍十曾说:"我喜欢那些读起来诚挚、诚实的作品,喜欢关心人的作品,喜欢相对单纯的作品,不喜欢追逐时髦的作品、流行观念产生的作品、挖空心思寻找热点的作品,尤其不喜欢不甘寂寞投机讨巧的作品。"他还举例说,他最喜欢的作家是汪曾祺,汪曾祺从不左顾右盼,他只埋头写自己熟悉的、看到的、体会到的事。

基于这样的写作理念,鲍十刻画的不是高大全的英雄人物,不是边缘化或异化的新新人类,而是普通的农民、小市民和小知识分子,其中塑造的女性形象,尤其鲜明可识。鲍十小说的母性或女性形象——勤劳、节俭、慈爱、上进、正直、善良、美丽、贤淑、温婉、娴静、敦厚……弘扬所有女性应具备的传统美德,似乎成了作者一心不变、矢志不渝地走在写作路上的原因和目的。《纪念》中的母亲,美丽、善良、慈爱;《芳草地去来》的汪卉,同样温婉、娴静、贤淑。

特别值得一提的是,取材广州市民的两部作品——《冼阿芳的事》和《广州小说三题》,依然沿袭了鲍十一贯的写作风格。《冼阿芳的事》写生活在城中村的冼阿芳的故事,围绕冼阿芳如何从村民到居民,如何从卖菜的农民到送煤气罐的"尴尬"市民,她勤劳、隐忍、坚韧,盖新房、教育子女,样样不落人后。尽管她啰唆得让人烦,"但她们充满矛盾的生活和情感,却在一种涩涩的苦与淡淡的悲中,逸出一股浓浓的爱与汩汩温情,令人动容"。

比较起来,《广州小说三题》之《西关旧事》中的阿婆,则是完美得无可挑剔。她给"我的第一个感觉是,那双眼睛是那么清澈,没有一点儿老年人的浑浊。不仅如此,那双眼睛还那么沉静,那么质朴,没有一丁点儿'火气'"……"此外——不妨实说——在看到阿婆的眼睛时,我不由得想起了我的母亲"。让作者感觉如此之好的阿婆,同样来自广东清远的乡下,为了弟弟妹妹能上学,13岁的她早早就辍学到广州当童工。阿婆一辈子没结婚,因为"阿婆说,结了婚就是别人家的人了。挣到钱也不能自己想怎么用就怎么用了"。(为父亲家着想)顿时,阿婆承受苦难的博大胸怀,以及备受生活磨难后的优雅淡定,无不焕发出美丽隽永的人性光彩和朴实无华的生命光辉。

社会变迁,时代风云变幻,也许古朴的道德风尚和生活习俗正在悄然变化。一些新的精神品质和新价值观,正在逐渐合围和蚕食传统价值观与传统美德。然而,鲍十对此惘然不顾,耳边响起的依旧是彼时葵花开放的声音,他如堂吉诃德般地坚守,试图挽留人们继续停留在美好又神圣的传统上,这种努力本身足以打动每一个人。《生活书:东北平原写生集》便是强有力的例子,它"是鲍十的一个短篇小说系列工程,每篇作品以东北平原上的一个村庄命名,意在通过对每个村庄的素描与'写生',呈现出东北平原的风云与风貌"。乡村故事,有趣的人物,在历史长河中跌宕沉浮的命运,作者以"刻印风物的方式为我们留下宝贵的记忆财富",进而反抗历史,反抗遗忘。我不由得想起巴尔扎克说的"小说被认为是一个民族的秘史",它是否能解释鲍十的写作抱负?

钟情文章质朴风

鲍十固守的不仅是传统价值观,还执着于乡村叙事和日常性叙事,关注家长里短的小人物生活和情感,而且一旦认定,就连写作手法也不愿变化。钟情传统文化,钟情朴素真诚,所以他也钟情文章质朴风,俨然唯有如此,才能使其表里如一。总之,鲍十承袭传统——包括对生活的感受方式以及作品的叙事方式。

与丰富庞杂、汪洋肆意的叙述姿态相比,鲍十的叙事总是那么纯净,那么温和淡雅、从容不迫。"霞镇可远可近。外乡人来霞镇,有两条路可走。一是旱路。先由哈尔滨上火车,坐三个或四个小时(有快车和慢车),到县里后,再上长途汽车,汽车经过若干个村镇以及一片广大且寂静的平原之后,远远看见了一些静悄悄的树冠,苫草的或者红砖铁瓦的房屋,再听到一些无声的声音,嗅到一些浓浓淡淡的气味——炊烟味、骡马味、饭菜味……霞镇就到了。"(《葵花开放的声音》)小说读起来平和,松弛自在,娓娓道来,保有传统抒情文学的温柔敦厚,情景交融,生发出一幅恬淡素雅的田园山水画。

现实主义是乡土文学最重要的主张之一,而现实主义最强调小说的写实性和白描。由此,我们不难理解,鲍十作品总是伴随着明显的写实性和无处不在的白描手法。他在《纪念》里写道:"马车驶进三合屯的情形甚至是轰轰烈烈的。马蹄敲击着尚未解冻的路面,路面激动地震颤着,马车在人群前边停住。马打着响鼻,马的身体湿漉漉的,布着一层细密的汗珠儿,汗珠在阳光下闪烁。"叙述微观具体,镜头感非常强,琐碎细致,游龙走蛇般,展开事件或场面的写真。绵密到一丝不苟的写实过程,自然而然产生了强大附着力,让人不知不觉中接近事物和人性的本质。

这样的描写近乎白描,鲍十许多作品颇似中国古代的笔记体小说,以一人、一事或相映衬的数件事,来勾勒小说结构。而白描手法也成了鲍十刻画人物的常用方法——冼阿芳,现年 51 岁。她属于那种随处可见的人,就是说,很平常,长得有点儿男人相,主要是嘴巴比较大,说话的声音也像男人,粗粗的,颧骨也比一般人的高,整个脸上,只有眼睛是好看的,大大的,即便现在看来,也是很有神采的。

另一方面,鲍十小说的语言节制,简练通俗,鲜有口号,白话居多,有一种独特的质拙和愚顽。人物对话长短不一,文白相间,既有铺蔓细腻,又能简约粗犷,让不同人物拥有自己特定的词汇、声调和口吻,达到"随声传形,听言知人"的效果。

当然,鲍十为了将小说做到"真",经常对事情(事物)采取说明式的补白,不厌其烦甚至有些啰唆。作者这种有意为之的"不留白"的写作方法,会让读者喘不过气,并产生莫名的抵触情绪。同时,为了追求小说的平实朴素,追求以真情感人,作家往往故意淡化矛盾冲突,舍弃所谓的典型环境和典型人物,使得小说少了戏剧性效果,需要读者投入更多的阅读耐心。

弗莱说过,真正的文学传统总是那个我们没有创作出来的文学传统,需要每一个作家每一次"发明传统"的努力。鲍十行进在有着深厚中国传统文化积淀的乡土(传统)文学写作之路上,成熟作家留下的宝贵的创作实践经验,是他可以学习和借鉴的。通过自己"发明传统",最后让写作"抵达自由、随心所欲、无所顾忌"。因此,鲍十正在坚持的写作方向不仅正确,也是他实现文学梦想最有效的途径。

东君 / 鲁迅文学院第八届高研班学员。作品曾在《人民文学》《花城》《大家》《作家》《收获》《十月》等文学刊物发表，多次入选国内选刊与年度选本，并有作品译成韩文、英文。著有小说集《恍兮惚兮》《东瓯小史》，长篇小说《树巢》《浮世三记》。曾获第九届《十月》文学奖、《人民文学》短篇小说奖、第二届郁达夫小说奖等。

作家自述

小说是什么

东 君

小说就是往"小"里"说"。由小说发展脉络观之,无论东西方,传统意义上的小说大都侧重于"说",而现代派小说则开始有意识地往"小"里走。这个"小",是细节、是内在、是更为幽深的所在。现代小说摒除了很多叙事中的共相,从微小事物中发现与众不同的殊相。普鲁斯特的小说中时常提到一种点心:玛德莱那甜饼。玛德莱那甜饼的出现,意味着现代派小说已经开始往"小"里说。罗伯·格里耶对物的不厌其烦的描述与左拉那个时代自然主义小说中的照相式的描述,从表面上看似乎相似,实则有了极大的变化,那就是更自觉地限制视角。再反观东方,日本20世纪20年代风靡一时的新感觉主义小说,正是不满于自然主义而独辟蹊径。横光利一、川端康成对小说中一些细节的描述有着东方式的静观。当他们以细腻的笔触描述微小的事物时,周遭却围绕着一股浩瀚的气息。他们无意于以小喻大,却自然而然地做到了这一点。于微细处揭示事物内部的隐秘关联,是一个优秀作家必须具备的技能。好的小说,"微"而能道,且能道人所不能道,尤其是在文本体量不大的短篇小说里面,更能尽精微,致广大。

小说就是小声说话。偏重于政治色彩的宏大叙事曾经把小说的声音调得过高,使小说沦为一种假腔假调的东西。20世纪下半叶以来,普罗大众掌握了社会话语权之后,有意推倒精英文学,于是,一群粗通文墨者像报复似的大量使用粗鄙化的语言文字。在作者与读者的意识中,小说高于生活,凌驾于小说本身,而小说的音量也调到了非正常的位置,给人一种大言炎炎的感觉。那个年代的小说家作为叙述者仿佛就站在高处,必须高声说话才能让更多的人听得到。而事实上,他们高估了自己的能量,也夸大了小说本身的功能(人民是无限的,但小说为人民服务的功能却是有限的)。对于那个年代所产生的文学作品(包括小说),我们理应恭行宽恕,因为他们不知道自己在说些什么,更不知道自己应该怎么说。小说不是打击阶级敌人的投枪匕首,也不是国家机器的某个零部件。小说就是小说,就像诗就是诗。小说不是靠大声说话赢得大众,相反,叙述者如果把小说的声音调低一点,也许效果更佳。因为好的小说最终要抵达的,不是耳朵,而是内心。小说不需要去征服广大读者,不需要发出空洞的强音。我们写作的时候,只对自己的内心负责。因为内心发出的真实的声音不可能是那么高昂的,它只能以心传心。有心者自会听到,无心者置若罔闻。好的小说,越往深处走,声音就传得越远。

小说也可以在原本要说的地方不"说"。我读一些小说(包括我自己以前的小说),常常觉得废话太多。话说得太多了,故事讲周全了,恰恰丢失了一些至为重要的东西。我们乡间的手艺人常说,做木要留长,打铁要留短。这就是告诉我们,做任何事都要着意于一个"留"字。画家留白,拳师留一手,这里面都藏有极深的意味。一篇小说,若是把一件事都写满了,每一个情节都交代得一清二楚了,反倒没有余韵了。须是留点空白,不说,亦是意味无穷。知道什么叫"人有万言,我无一字",自然就能明白"人无一字,我有万言"。这一点,中国古代文言小说做得比那些话本小说要好。六朝志怪小说、唐传奇、明清笔记小说,不仅在用字上讲究省净,在笔法上也多留白。留白,在现代小说中的另一种术语称法就叫省略。很多优秀的作家,尤其是短篇小说家,都深谙省略给小说带来的好处,而且他们还能把这种不说为妙的感觉传递给读者。小说需要明亮的一部分,也需要灰暗乃至黑暗的那一部分,这就是卡佛所称道的那种"能见度低"的小说。卡佛正是通过不断削减,做到了这一点。受卡佛影响,我也在小说中作这样的尝试——尽量在文字上做减法,在意味上做加法。当然,我做得并不令自己太满意,使用这种技法,只是长时期的写作训练之后形成的一种自觉意识,无法刻意求之。好的画,在似与不似之间;好的小说,在说与不说之间。

小说就是一种日常的说话方式,但要发出自己的声音。从前,我写作一篇小说之前总要在手头放几本加缪、卡夫卡、博尔赫斯等前辈作家的书。为什么这样?因为彼时作为初学者尚未找到自己的声音,发一两声之后,觉得自己的声音极难听;再试声,不行,有点困难,底气不足,最后竟至于不敢发声了。怎么办?

唯有借助别人的声音,把自己的文字带出去。我写诗也如此,初时总要想方设法找到一个与自己心气相通的"定调人"。直到有一天,有一种声音突然出来了,它发自内心、不假外求。我知道,这就是我的声音,不可取代。我相信,福克纳是通过《我弥留之际》、帕慕克是通过《黑书》真正找到了属于自己的真实的声音(事实上,后者在一篇文章中也承认了这一点)。现在,我写完自己的作品之后,还是要回过头来,翻翻加缪、卡夫卡、博尔赫斯等前辈作家的书。我知道,我的声音远远弱于他们(甚至可能会在若干年后湮没无闻),但我毕竟找到了属于自己的真实的声音。

小说就是一种道。小说诚然是一种小技,有些人能将这种小技玩得很漂亮,但终其一生,只是玩技术活,手熟了,匠气重了,小说也就越来越"小",变成一种小气的玩意儿。"技进乎道",则需要在小技中贯注一种大气的东西。抛开玄想,直指生活,小技亦能通大道,只是心眼手法不同而已。

庄子说,"道"在猪蹄的下部,在一切卑微、细小之处。一个有叙事才能的作家可以从一个极其微小的切口打开自己的故事文本世界。那样的小说是由形而下的"常道",进至于形而上的"非常道"。

小说是"说",亦是道。它与诗一样,终归是一种道。诗是"寂者之事"(陈石遗),小说是说话人的事。但无论诗或小说,让人读完之后突然变得沉默,就意味着它的力量已经发生作用了。

文友印象

一个"与古为徒"的人

李晓君

我时常会想起那个时刻:在东八里庄鲁院三楼一间宿舍里,与东君、玄武就着一些咸虾子喝啤酒。虾子,还有鱼干之类,来自被东君习惯称为"东瓯"的温州。4月,北京的泡桐花和槐花开得沉静而亮丽,时光机在缓缓地旋转,一段仿佛从生命中分叉出来的光阴,将我们聚合在一起。那样的情景,现在回想起来,是充满诗意和温情的。咸虾子,干鱼,让我想起孔乙己先生的茴香豆和黄酒。而这些东西,都来自鲁迅的故乡,也来自东君的故乡——那个临海的南方省份。因而对东君习惯于称为"东瓯"的温州——这个至今未曾踏足的地方,感到好奇。在媒体上,那是个被商业头脑充斥的城市,东方的犹太人足迹遍布全球。但东君给人的印象,仿佛与此毫不关联,他文质彬彬,举手投足之间,有一种夫子气的迟缓和儒雅,像是一个从古代走来的人。

难以置信,这曾是一个习武成癖的人——他本来就是一个拳师的儿子,因而文质彬彬、甚或有些羸弱的他,居然臂力惊人,为此,他曾与同学中一位粗壮的汉子比画过。这个习武者,同时也是一个粤语歌曲爱好者,一个喜欢出游、说笑、搞怪的人,一个女孩的父亲,一个恋书成癖者——对于一个作家来说,喜好书并藏书无甚奇怪,但东君那来自许多野史、民间文献和其他晦涩难懂图籍的知识,多少有些与众不同。他将他一部分作品冠以"东瓯小史",里面许多似曾相识而又陌生的形象——拳师、弹琴者、清客、乡绅、养鹤人、隐居者、种花人,都不像是活在当下喧嚣社会的人物。在他那首《与古为徒》的诗中,他写道:"我的左邻是老子与庄子/我的右舍是孔子和孟子/荷尔德林跟海德格尔是近邻关系/正如梭罗和身居闹市的我/……我忘记诗经,然后开始写作/我忘记所罗门箴言,然后开始写作/我忘记陶渊明、杜甫、苏东坡,然后开始写作/我忘记但丁、叶芝、布罗斯基,然后开始写作//忘我,然后发现另一个我……"这简直就是他的写作自白——从中我们可以管窥他的写作谱系、知识来源。我以为,将中国的古典主义与西方的现代主义结合得如此之好,在当代作家中,他是最出色者之一。

东君赖以成名的作品,带有鲜明的西方现代主义小说痕迹,他的这些早期之作,不难看出博尔赫斯、卡夫卡、加缪等人的印记。因而,如同大多数年轻作家一样,沿着现代主义小说道路狂奔,直捣它的中心——这是东君进入小说的方式。然而,让人吃惊的是,东君近几年的小说,却散发出一股浓烈的"复古"主义气息,一种中国式的典雅和醇厚。他的小说没有庙堂之气,故事的发生地多在民间,那些多少带点侠气、士气、隐逸风度的人,身上没有一丝"俗吏"之气。我对那些故事好奇并感兴趣。由此,便回望这个曾经负笈同窗的人——应该承认,这是个有趣的人,一个浪漫的人。

东君的浪漫不是可以一眼望穿的。恰恰相反,大多数的情况下,他可能给人一种讷于言辞、学究气和慢热的形象。其实东君的浪漫之心是无人可比的。在他恶作剧和突发奇想的举止里,没有一丝轻薄和浮浪之气,而是一种雅趣,一种天真和单纯。由此,你会愈益感觉到他身上有一种我们陌生已久的——士气。我有时寻思,他的这种气息,究竟从何而来?而他刻意不刻意追求的这种东西,是为了什么?

倘若没有东君,我们几个——王十月、李浩、马笑泉等人,对书画的兴趣,不会变为一种实际的行为艺术,不会堂而皇之地结社切磋。东君是倡议者,也是热情的组织者。需要提及的是,此后,回到温州的东君,还曾策展过一次并非商业性质的中国当代作家书画摄影展,分别在沪上和东瓯与寥寥的观众见面。东君致力于发掘久已丧失的"贵族气""文人气",是一个真正愿意"与古为徒"的人,这份谦虚里,饱含着巨大的敬畏和自信在里面。他沉静、绵密地去做一件事,就是反僵化和呆板的东西,尽管进入古典,往往会给人一种僵化和呆板的错觉。

他是一个真正读懂中国传统的人——他拮取的是传统里最精华和动人的部分,是在文学上"中体西用"的虔诚的实践者。东君曾经戏称自己是个"东西南北中"的人,如同在《与古为徒》诗中展示的,他着意在东西方、传统现代之间,找到一种文学表达上的平衡,找到一个发力点,这是东君近些年来深入传统而新意别出的原因所在。

东君好书尺牍,尤善小楷。纯粹做个小说家,对他来说,并不满足。他的诗歌、散文同样出色,而小楷不走"二王"、赵孟頫、文徵明等路子,善于从北碑中取法,书风有一种野逸、宽博、浪漫之气。米兰·昆德拉说:"科学的发展很快将人类推入专业领域的条条隧道之中。人们掌握的知识越深,就越变得盲目,变得既无法看清世界的整体,又无法看清自身……"而东君却努力打通文、史、哲、宗教与书法,从而获得一种文化上的整体观,是殊为可贵的。

李浩有句话:"打不死的南方人。"这句戏谑的话,用在东君身上正合适。他立足于南方,在浙东南的海边,在他所谓的"东瓯",一头扎进古典中国的深处,田野采风,精耕细作,采用第一手的民间文书和地方资料,力图在把握孔孟佛老基础上,中国化地表现温州这块带有历史感和文化感的土地。1939年,从日本归国的傅衣凌,在福建永安离城10多里的一间乡间老屋里,无意中发现一箱民间契约文书,在研读的基础上写出了史学界颇为重视的《福建佃农经济史丛考》。而东君对民间文献的重视,以及他多年来对西方文学的消化吸收并形成的一套系统的文学观念,有助于他从一个宽的视野来理解文学、理解当下和书写中国故事。假以时日,他的带有乡风民俗气质的小说,他以传统为背景切入当代人内心深处的表达,会显得更加别致和醒目。

东君爱唱粤语歌曲《小李飞刀》,这个崇尚侠气的玉面小生,仿佛一个手持利刃的刺客,双手舞弄着花样百出而招招致命的利器,向我们走来——这不是一个蒙面皂衣的刺客,而是一个穿牛仔裤、花T恤的刺客,这个戴着眼镜、嘴唇微紫的后生,手中的利器不过是一册书而已。可能是《圣经》《中庸》《六祖坛经》,也可能是《某某年谱》《某某行状》之类,在他探囊取物、直取命穴的招式后面,有太多漫长的白日和岑寂的夜晚练就的真功夫——像南方夏天的日光一般锋利,也像南方冬日的海边一般湿寒……

评家观点

东君小说的追求
陈　涛

追求随心所欲的状态

东君写小说，追求的是一种随心所欲的状态。

表现有二。

其一，东君的小说选材广泛，触角延伸至生活中的许多场景与角落，且各具斑斓。从他20世纪90年代末创作的作品开始至今，一路读来，会发现他每隔几年便做一下改变。他的写作最初带着明显的西方现代派的印记，如《鼻子考》《昆虫记》《张生是条鱼》《相忘书》等，着眼于人与人、人与社会之间的荒诞与无奈，后将自己的视野与作品背景转入乡野，创作出了《黑白业》《恍兮惚兮》《子虚先生在乌有乡》《先生与小姐》等作品，通过将人物置身乡野完成自己的写作诉求。近些年，他又将目光投放于都市，创作出了诸如《苏教授晚年谈话录》《我能和你谈谈吗？》《听洪素手弹琴》等作品。除此之外，东君还创作了一些有着武学背景的作品，如《回煞》《拳师之死》《官打捉贼》等，以及系列讲述旧时温州的历史人物的作品，如《侠隐记》《阿拙仙传》《钱云飞考》《苏薏园先生年谱》等。

其二，从写作方式来看，东君不拘一格，用自己各式想法完成小说本身多样性面貌的展示。他的作品，如《我能和你谈谈吗？》《范老师，还带我们去看火车吗？》《张生是条鱼》等小说题目都有着比较口语化又非常规性的名字；如《苏教授晚年谈话录》《钱云飞考》《苏薏园先生年谱》等作品则带有鲜明的文体特色。他曾在一次访谈中说："小说可以用到任何领域，任何领域小说的触角都能伸进去。"由此也可以看出东君对小说本身是有不同的理解的。的确，没有谁规定小说必须这样或者那样，它充满魅性，吸引着每一个写作者的冒险，东君正是如此，他在不断多样的探索中探寻我们人生与人性的存在感与可能性。

追求清与淡的境界

东君的小说,追求一种清与淡的境界。除去早期那些深受卡夫卡、加缪等人影响的作品外,东君其余的作品共有的气质是清淡。东君说他读沈从文、废名、汪曾祺的作品不多,沈从文的小说只读过一篇,所以若说受到上述作家的影响实在有些牵强,但是东君的作品又有着与他们相似的艺术特质,那就是叙述从容若水,意境高远耐品。这一份清淡更多通过文中主人公的言行举止、内心所向散发出来。

《我能和你谈谈吗?》中,苏教授面对生与死的严肃问题时从容淡定,"苏教授说,河要向东流,人要向西走,你想挽留也挽留不住"。并且提前将身后事一一料理妥当,心无挂碍;《听洪素手弹琴》中,"顾先生先教徐三白的,不是弹琴,而是斫琴。一开始,顾先生也没有正式教他斫琴的远离,只是让他每天去山里听流水潺潺的声音。徐三白枕着石头,听细水长流,不觉间又醉了。徐三白从山上下来,顾先生对他说,琴和水在本质上是一样的。一张好的琴放在那里,你感觉它是流动的。琴有九德,跟水有很大关系。你把水的道理琢磨透了,才可以斫琴"。《黑白业》中的和尚子洗耳因为一句承诺,放弃了许多机会选择回到竹清寺,并在寺中一心向佛,安静度日,甚至拒绝了一个女子的求爱;《先生与小姐》中,苏老师一方面知道自己的女儿在外面从事的是不齿的事情,另一方面也知道自己的身体支撑不了多久,他通过看云试图去保持一种安静的心态,"苏老师说,我在看天上的流云,天天看云的人,会把世上的一切看淡"。还有《拳师之死》一文,即使是每天习武的拳师,过的也是闲淡生活,"池塘里的活水,常年流转不息。一些水生植物自生自灭,只有菖蒲是拳师亲手种植的,并得到了他的精心呵护。凡是石头上生出的草,大都需要附点土,但菖蒲是例外的,它受不了一丁点污泥。拳师小心翼翼地刮掉石面的泥土,把石头沉入浅水。这菖蒲,是水与石和合而生"。若细细思索,会发现东君在作品的角落里设置了一些超拔智慧的隐士高人,如《黑白业》中洗耳经常聆听教诲的挂单和尚,《回煞》中的玄寂法师,《阿拙仙传》中的梅溪三高,以及《子虚先生在乌有乡》中沉默不言的石头陀,他们的存在即是人生清淡境界的象征。

读东君的小说,可以明显感受到其整体的叙述风格也是缓缓的、淡淡的,当下小说中常见的戏剧性的巧合、悬念、冲突均很少见到,于东君而言,其写作非在意义的探寻,或许更多在于叙述本身。他把作品本应具备的震撼力与爆发力,点点滴滴融化在这淡无声息的文字里,从而让作品具备了丰富的耐人寻味的意蕴。正如《我能和你谈谈吗?》中面对死亡的苏教授深夜起身望向窗外,"玻璃上映现出一片幽幽的灯光和一个模糊的面影。他静静地注视着,仿佛要看穿黑暗,一直看到自己的内心深处。但他看到的,只是一片荒芜"。这种意蕴的传导,借助的是他多年写诗所形成的凝练、准确的语言,是他对古典文学与佛教、道教等宗教的偏爱,或许更多源自他骨子里对生活的慢与淡之追求的天性。

追求异中见真义

东君的小说,追求的是异中见真义。

叙述的从容,节奏的慢缓,气息的冲淡,意境的高远,使得东君小说较少现实主义浓烈的烟火气,同时,这种不去刻意追求对故事的书写也在表象上减少了作品清晰的向度,可细究之下,会发现东君用心之巧妙。他把喧嚣溶解在安静之中,把浮躁隐藏在清静之后,把尘垢置放在明净之下。他虽无明说,却又可让人强烈感受到他的立场,看似一切是淡淡的、空空的,咂摸起来却又是浓浓的。

东君的作品里描写了许多个洒脱淡然的人物,可就在这些人物的身边,始终有一个或多个相反性格的人物存在。《苏静安教授晚年谈话录》中,苏静安教授严谨清廉、一心向学,而他的夫人却最终无法抗拒利诱,回到了早年被她抛弃的王致庸教授身边,只因王致庸告诉她说待他死后,家中丰裕财产尽数归她。保姆小吴先前还很尊敬苏教授,甚至有些爱慕之意,可一旦有了较好的机会,就毫不犹豫地离开亟待照顾的苏教授。《拳师之死》中身怀绝学、处处谦让的拳师,总是遇到雪满头之类人的挑衅,最终竟被自己的夫人与弟子害死,原来这二人都是处心积虑靠近拳师,从而达到复仇的目的。《黑白业》中的和尚子洗耳与方丈两人虽同为和尚,前者清心寡欲,全心修行,后者将寺庙变成了一个黑社会组织,他也是一副黑社会的面孔,贪名爱利自是少不了的。可就是这样一个人,寻到了一个女人暗恋洗耳的由头,并且不顾洗耳的苦苦哀求,狠心将洗耳赶出寺庙。东君在人与人的相处与摩擦中展示了品格高洁者的困境与难容于世。

我们还可从东君作品相似的人与事中,同中见异,并在异中见其所指。

《我能和你谈谈吗?》一文谈的是生与死的问题,苏教授濒死来到医院治疗,老甘的孙子生病住院,于是他们俩碰到了一起,并且围绕着生死开始了两人的交往。苏教授心态平和,面临死亡选择顺其自然。但故事的结局却令人诧异。濒死者终会死去,而老甘的小孙子与大儿子却也没了生的希望。小孙子因为新式药物的关系猝死,大儿子阴差阳错杀死了当年杀害自己弟弟的凶手。所以当老甘面对苏教授的坦然赴死时,说出了"你知道自己怎么死,可我不知道自己该怎么活着。一个人知道自己怎么死总比不知道自己怎么活着要强吧"这样痛彻心扉的话。从生死之间,我们既看到了向死而生的镇定,也看到了命运无常的残忍。中篇小说《钱云飞考》中,东君采用了古今人物并行叙述的方式。在这个作品中,一条线索是作为考古者的自己对钱云飞的考证,一条线索是警察朋友对潘建国死亡案的侦查。虽然一个是古人,一个是今者,我们却可以发现此二人的命运存在着相同的地方。钱云飞与潘建国的身上都充满了谜团,尤其是钱云飞,其面目不断被模糊、篡改,到了今日竟然变成了一个与真实截然相反的人,他的死亡与潘建国的死亡同样充满了各式猜测,却不知他们死亡的共同原因都在于为民请命。钱云飞为的是老百姓所祭拜庙里的金佛头,它被山贼偷去孝敬了官老爷,钱云飞在索取金佛头的过程中死于非命。潘建国则是代表村民与造船厂打官司,不仅钱花光,还把命丢掉。最终潘建国死在钱云飞的墓前,两个来自不同时空又有着相同命运的人聚合在了一起。这种呼应之下,我们看到的是持正义有担当的个体的可悲与可叹,其暗藏的批判也就不言自明。

东君还善于将人物置身于祥和与恶劣的环境之中达到自己的叙事目的。

《听洪素手弹琴》是一篇优秀的短篇小说,东君凭借它获得了第二届"郁达夫小说奖"。洪素手是一个天生的琴师,于她而言,弹琴更像是一种自我的表达。只是可怜如此优秀的一个琴师,也是处处受限,还不得不为自己不愿意为之演奏的人弹奏,在商业环境下无处躲藏,最终远走他乡。艺术丧失了独立性,成了财贵玩乐的对象。如同东君自己所言,"在这篇小说中,洪素手只是一个符号,她可以是一个琴人,也可以是一个作家、书法家,也可以是诗人、画家,在这个时代他们要坚持一些东西已经很困难了"。《子虚先生在乌有乡》的题目就带着象征的意味。一个成功的商人姚碧轩心累了,回归家乡养老,并且要在家乡盖一座寺庙寻求精神慰藉。可在这个过程中,一切都慢慢失去初心,又变成了自己开发房产的模式上去了。姚碧轩因为对都市的厌倦归隐山林,却又将山林变成了同样喧嚣的浮世。我们看到了人生的悖论与人性的贪婪。东君也正是通过这几种方式,让人与事在博弈与映照下,自然地传递出他的取与舍,赞与唾。

东君的作品中还有他鲜明的善与恶、罪与罚的态度,《先生与小姐》中"我"在父亲去世后毫无目的的旅途里,终于敞开心扉,承认自己多年前撞飞一个小女孩的罪孽;《拳师之死》里的徒弟在害死师傅后拔出人形的植物预示着自己始终会受到惩罚;《恍兮惚兮》里的左派在欺骗诸多妇女后,终无法逃脱命运的惩处。

最后,通过阅读东君的作品,有两点让我颇有感触。我一向认为,作家应该是一名杂家,应该广泛涉猎各门学科的知识,懂文学,更要懂社会学、史学、哲学,乃至植物学等等。作家这个称谓如同旧时对文人的称谓一样,《毛传》云,"文人,文德之人也。"为文人者,独立之人格、丰富之精神、高蹈之举止,以及浑身散出的雅味与雅趣,总归是不可缺少的吧。以此观点看当世之文人,的确是少了许多。而东君是一名杂家,从趣味上来讲,孟繁华说他:"对明清白话小说甚至元杂剧的神韵和中国古代文人趣味都深感兴趣甚至迷恋,对文人生活、边缘性、自足性或对中国古代美学中文人'清'的自我要求等都熟悉或认同。古代文人阶层是一个非常特殊的阶层,他们迷恋琴棋书画,纵酒好色,在边缘处清谈,视功名如浮云等。艺术趣味对颓废、伤别、风花雪月等情有独钟。同时处世清高,同功名利禄绝对划清界限。东君对古代文人的这些内心要求和表现形式了如指掌。"而多年从事地方史志研究的经历,又让他具备了丰厚的知识储备,用时信手拈来,引人入胜。其次,东君的身上有着当下可贵的品质,那就是对待写作所体现出来的耐性。东君的作品文学性很强,需要慢慢品读,甚至有一些吃力,一目十行的阅读方式在他的作品上行不通,不过随之而来的是不断生发出来的阅读快感,譬如知识性的,感悟与顿悟性的,不确定性的等等。由此也可见东君对他的作品所付出的心血定是不少。对一个作家而言,读者若能一气读完其作品固然可喜,但慢慢体味细读,如面对美食小心翼翼入口般,或许更得作家认可。

东君是一个不像小说家的小说家,在面对当下扑面而来的那么多男女之事、家庭琐事,以及所谓的底层叙事之后,回过头来读一读东君的小说,感知生活的舒缓与淡然,并从世俗缠绕的浮躁现实中适当跳脱,也不失为一件快乐的事情。

王凯/鲁迅文学院第十五届高研班学员。在驻西北空军某基地服役多年。曾出版长篇小说《全金属青春》及中短篇小说集《指间的巴丹吉林》。

作家自述

喧嚣的沙漠

王　凯

　　1994年,也就是我从军校刚毕业那年的"八一"下午,我骑着借来的自行车去找同学W玩。他在电话里给我吹嘘过好几次,说他们队拥有全基地最强大最先进的菜地,丝瓜能长到一米多长,随便摘个西葫芦扔过来立马能砸我个脑震荡,此外还有一头德高望重、九死一生的大猪,少说有500斤重,沙漠一带无猪能出其右。

　　整整20年过去,那些菜和猪长什么样早已毫无印象,我却还清楚地记着自己头顶烈日沿着笔直的军用公路骑到半路时,陡然生出的强烈恐慌。我平生从未进入过如此绝对的孤寂,四野是砾石遍地的戈壁滩,再远处是绵延不绝的沙丘,20多公里的水泥路瞬间漫长到失去了尽头。一路上,我没有遇到一个人和一辆车,也看不到任何动物和建筑物,甚至连一片云都没有。我反复安慰自己,光天化日朗朗乾坤我何惧之有,自行车就算漏气也能凑合着骑,中暑一时半会儿也没那么容易。我脱下短袖军装搭在车把上,光着膀子拼命蹬车,同时放声高歌,仿佛这样才能更安全地穿越和对抗这火星地表一般巨大的荒凉和死寂。每当想起那一幕,我都对拴在向阳桥检查站门口的那条凶恶的军犬心存感激,它龇牙咧嘴狂吠不止吓得我要死,但这条狗至少让我确信,自己在这世界上还没那么孤独。

　　那是我第一次独自在沙漠出行。为了给我接风,W从炊事班冰柜里偷了几块冻鸡,又从菜地里拔了点菜,用一个金黄色的电热杯炖来下酒。第二天清早我骑车返回,和来时一样,仍然没遇到一个人和一辆车,不过我不再像来时那样慌乱,甚至还在半路上停下来,坐在路边抽了根烟,捎带着看了一会儿壮丽的沙漠日出,微凉的晨风摸着我19岁的面颊,我永远也不可能再那么年轻了。也就是在那时,自己似乎跟沙漠有了那么一点默契。我之所以不确定,是因为对沙漠来说,人类的历史过于短暂,也许没等它回过神来,一切又都已经消失了。

第二年冬天,我的军校同窗 Z 从 80 多公里外的驻地来给我过生日。由于沙暴,军列晚点很长时间,到站时已是凌晨三四点钟。他从车站步行到通往我们单位的岔路口,裹着大衣站在路边等到天亮,终于有一辆心地善良的卡车为他停了下来。那天 Z 给我带了两瓶酒,可他一反常态,面色苍白,滴酒不沾。见我苦苦相逼,他不得不小心翼翼地摘下手套,让我看他被渗血的纱布包扎着的左手小指。他告诉我,前几天女友来基地并非想他,而是想甩掉他。那时我们都是少尉,不了解应对爱情失败的基本程序和步骤,于是他很冲动地抓起桌上的玻璃杯,朝自己的手指猛砸下去。这可比西葫芦砸在脑袋上严重得多。杯子碎了,手指上的血管和肌腱也断了,连军医都被他弄得手忙脚乱。我无法想象 Z 怎么会做出如此惨烈的举动,在我的印象里,他从来都像额济纳的骆驼那么温和。四溅的鲜血暂时打动或者吓住了姑娘,可我们心里都清楚,对于沙漠来说,我们都过于渺小,无力去改变它带给我们的一切。

去年我探家归队时,半路下车去看 Z。他在老家找对象结婚后,过了几年两地分居的日子,直到转业。他开车来接我,见我总是贼眼乱瞟,干脆停下车把手伸到我面前,握了几次拳后说:"看见没,这个指头还是伸不直。"停了停又说,"其实想想也好玩,那时候咱们多年轻,多可爱。"

有时候我想,只有在沙漠真正生活过的人才会这么淡淡地聊起沙漠。大把的时光织成跑道尽头的拦阻网,能缓冲一切尖利而失控的回忆。一个在胡杨林中拍照的游客不会有这种感觉。时至今日,当我们聊起曾经痛恨的沙漠时,说的更多的却是它的种种好处:羊肉鲜美、天空蔚蓝、视野开阔、空气清新、星河灿烂、没有蚊子、永不堵车。到了这种时候,那片名叫巴丹吉林的沙漠好像又成了世外桃源,雄鹰在天空盘旋,驼队在沙海漫步,红柳在风中摇曳,弱水在欢快流淌,而我们曾在那里没心没肺地生活过。

但我知道,事情没那么简单。生活要是根甘蔗,那它最鲜嫩甜美、最饱满多汁的一段已经被沙漠给吃了,我们只能在它吐出的残渣中一次次翻拣。不论我们以何种口吻谈论沙漠,都不可能说出我们真正想要表达的全部。

在沙漠的最初几年,我开始学着写小说。写出来的东西比我料想得更烂。

那时我笔下的沙漠有着一种正确的性格和表情,后来我明白不是这么回事。就像一个漂亮的女人,要是没见过她卸妆后的模样,就不好说跟她能熟到什么份儿上。沙漠的好与坏,关于它的爱与恨都是被赋予的。沙漠就是沙漠,它不热情也不冷淡,什么也不在乎,就算把时间前溯或后推几千万年,我估计它还是现在这副德行,面无表情,不动声色,要是它能耸耸肩的话,没准在抖落一地沙丘的同时,还会显出一丝无辜。事实上,与我有关的所有沙暴,本质上都因我而起,在我心里遮天蔽日。不管出于何种原因把自己的生活卷入沙漠,或者把沙漠卷入生活,这都是我自己的事,只与我自己有关。

等意识到这一点,我觉得我可以真的去写沙漠了。当然,写得没准会比以前更烂,可我正在努力试着把它写得起码让自己喜欢。再说了,不写它我写什么呢?我没什么别的东西可写,我只有沙漠。对我来说,只有不停地写,它才会变得安静下来,不再那么没完没了地在我心里飞沙走石,也不再那么喧哗,以及骚动。

文友印象

"愚兄"王凯

吕　铮

2011年发生了许多大事：我国南方五省遭遇寒潮灾害，国家教育体制改革试点方案公布，全国6000余万亩耕地受旱，沪渝两地试点开征房产税。但这些大事在我的心里，却都无关紧要，现在的世界日新月异，不断更迭的巨大信息流让我们如同填鸭，异常饱和。而那年上鲁院的经历，却让我念念不忘。

鲁院是个学府，是个建筑。人们总说铁打的营盘流水的兵，人走茶凉。但鲁院却是人走茶不凉，人气越聚越旺，究其原因，是因为前人喝的茶，有后人续杯，在这里待过的人，都被文学这个看不见摸不着的东西连在了一起。我认识王凯，就在那个时候。

有人说写印象记啊，不必对作者做太多介绍，但对于王凯，我却要多说两句。因为这个名字太俗，当初我将他名字输进手机电话本的时候，就无情地将一个与他同名朋友的联系方式覆盖了，造成至今我再没找回人家。

初见王凯，觉得有距离感。我虽然是个"80后"里最靠前的人，但毕竟区别于"70后"。王凯不到40岁的年纪，却长了一张着急的脸，说话的风格，走路的姿态，再加上他对自己的称呼"愚兄"，都让他迅速与年轻这个词语剥离。唯有在鲁院开学典礼上，他发言前稿纸掉落时那手忙脚乱的样子，证明他还年轻。他是军人，与我警察的职业背景相似。我们都曾经在围墙禁锢的学校中虚度青春，在刻板的工作中埋藏火热。但相同的经历却反而让我们有了距离感，也许是彼此刚刚脱离了单位的刻板，都不想再和相似的人待在一起。所以在开学初期，我与张楚、冯啸然、郑小驴等打得火热、如胶似漆，却与王凯缺少交集，只是偶尔在楼道擦肩而过，用轻轻点头的方式打个招呼，而他随口叫我一声"贤弟"，仍让我不寒而栗。

鲁院为了便于管理,在每期建立一个临时党支部。王凯作为"鲁十五"的党支部书记,在班务会上拥有吆三喝四的权力,而我作为组织委员,只得常常以缺席作为变相抵御。在第一次班务会上,王凯和张楚的形象我至今铭刻于心。王凯手持香烟,高抬下颚目视远方,而张楚则俯首嬉笑,不时用手拢着垂下来的中分,让我顿时想起了儿时黑白片中太君与汉奸的经典形象,忍俊不禁。而在日后我却渐渐发现,这对太君与汉奸,却是文学圈里的两个高手,一个是军营翘楚,一个是燕赵奇侠。所以"人不可貌相",我姥爷告诫我的话一点没错。

在鲁院的研讨会上,我第一次阅读了王凯的小说《终将远去》,故事从一个连长的视野展开,一个领导、一个兵,一段尘封的往事和一个夙愿,军人特有的喜怒哀乐,从摇曳闪烁的火苗直至野火烧山,一个个场景让我身临其境,一句句对白让人感同身受。我一直自诩自己是个写长篇的快手,有时抽风发狠一个月就能写出10多万字。但面对王凯的文字,我在一瞬间感到了自惭形秽。我想起了《当代》杂志的石一枫编辑不止一次地提醒我,你要是写得快,就别指望读者看得慢。我被王凯的文字折服了,虽然我自始至终都自信永远年轻他几岁,但我不确定自己在他那个年龄会不会拥有那样富有质感的文字。我想,也许是军营特有的生活质感给了他文字中的灵与肉,让他拥有了为一名普通军人代言的神圣资格。

看书,我很少流泪,因为我的职业特性注定,我是一个冷血的执法者。但在阅读王凯小说集《指尖的巴丹吉林》的时候,我却数次流泪,因为他笔下每一个富有充沛情感的故事中,都有着人类共通的东西,那就是爱与善良。

鲁院毕业的时候,王凯牵头编辑了一本名叫《我们》的图书,"鲁十五"所有同学的文字和照片都留在了上面。王凯说,这本书大家都不会常拿出来看,留着就好。这句话,不幸应验。毕业会餐时,同学们围拢在一起,猛烈地碰撞轻薄的高脚杯。大家都热泪盈眶地说,后会有期,但至今,绝大多数同学的后会,都遥遥无期。《我们》这本书,至今还珍藏在我书柜里一个特殊的位置,那是我们2011年一段逝去的青春,也是我留给自己的一本充满理想主义色彩的珍贵纪念。记得当时我们还留给了鲁院一个礼物,一个刻着我们每个人姓名的地球仪,后来有个同学戏言,那个礼物的含义是,文学是个球。

如今,我和王凯成了无话不谈的朋友,从关系上讲,算是莫逆之交,从面相上说,算是"忘年之交"。在去年的全国青创会上,我代表公安系统参加,又遇上了王凯。在开幕式上,他作为军队作家代表在主席台发言,我在人群中默默注视着他,亦如鲁院开学时初次在人群中注视他一样,心生感动。一晃三年,时间在堆积中消逝,驶去的列车永不再来。我恍惚觉得,王凯身着笔挺的军装坐在发言席上,又仿佛是在"鲁十五"的诗歌之夜,和我们全体同学大声朗诵那些美好的诗歌。

毕业至今,王凯结婚生子,后继有人;变换岗位,从机关干事成为专业作家,如愿以偿,一切都顺风顺水。我撰写的几篇小说,也都会第一时间发给他,让他帮助修改指正,他都会如兄长一般细致认真,像基层主官一般不留情面。而这些,恰恰是我最需要的直率和坦诚。

我庆幸有他这样一个朋友,一个真诚直率、内心火热,将青春深深掩藏的西北汉子。祝他一路顺利,继续在文学的道路上,昂首挺胸,踢出响彻的正步。

评家观点

八分之一的火候
——从王凯的军旅小说谈起
赵 飞

"只会写与我的经历紧密相关的故事"

如果把当代军事文学比作一片浩瀚的大海,那么军旅作家王凯与其作品不过是这汪洋大海里的冰山一角,因为在浩如烟海的军事文学作品当中,王凯作品的数量并不多:从2001年公开发表作品开始,仅出版过一部长篇小说,所见的中短篇小说也不过十数篇——每年一到两篇,可以说,冰山才露尖尖角。除去把视角放在军校生活的长篇《全金属青春》,在中短篇小说里,王凯不断地书写着自己军旅生涯真正开始的地方——那片对大多数读者来说遥远而陌生的巴丹吉林沙漠,和那些驻扎在沙漠里遥远而真实的军营。然而正如一个旅行者在浩瀚无垠的沙漠里发现了一片绿洲,或是在一望无际的海面上看到了冰山一样,文艺园地里很多让人欣喜的萌芽,就是这样安静而缓慢地出现的。我与王凯素昧平生,然而他作品给我的第一印象就是如此。

经济的篇幅、生活化的语言、平静的叙述,时间是当下的,空间是相对封闭的,人物和事件也都是身边触手可及的,既没有宏大的历史背景,也没有崇高感的营造和升华,在以宏大叙事和史诗式结构见长的军事文学界,王凯的作品多少有些另类,分量似乎不够厚重。在自己的文章里王凯也曾谈过:"我一直觉得自己想象力匮乏,逃不开固有的生活,写不出精彩的故事……我很羡慕那些想象力充沛的作家,笔走龙蛇、天马行空,似乎曾经历过所有鲜为人知的秘密并写成好小说给读者去看。而我只能也只会写一点与我的经历紧密相关的故事。"军事文学有军事文学自身的特点,我们固然承认大气磅礴的军事文学作品应有的价值和分量,但也不妨对这样一个问题稍作一点思考:是否只写切近微小的身边人和身边事,就一定会失之浅薄?

1932年海明威曾经在《午后之死》一书中提出过一个著名的比喻:"如果一个散文作家足够了解他所写的东西,他就可以省略他所知道的。同时,如果这个作家的写作足够真实,读者可以感受到作家隐去的内容,就如同是作家在叙述它们。冰山的运动之所以雄伟壮观,就在于它只有八分之一的部分露在水面上。"马原把这一理论的核心称为"经验省略",隐去读者能够感知的实体经验,"除了因省略掉一些东西而缩短了篇幅外,由这种省略还产生了完全出人意料的新的审美方法,以作用于(阅读)对象心理为根本目标的方法。"换而言之,作家通过小说作品表面人物、情节、结构和叙事所呈现出来的,不过是冰山浮出水面的八分之一;而小说背后庞大的隐含着的事件、情感、观念和价值体系,才是冰山真正的主体——水面以下的八分之七。露出水面的部分是手段,而藏在水下的部分才是目的,小说家所要做的,就是通过水面以上的八分之一,把整个冰山所蕴含的尽可能多地传达给读者。

基于上述的观点,我们先讨论王凯作品水面上的这八分之一。

水面上的八分之一:
军队中的普通人和普通事

当代军队基层的普通人和普通事,是王凯小说迄今为止全部的中心题材,长长短短十几件作品,全都围绕这些人和事展开。有评论把王凯称为"军队基层的歌者",从表面上看,也确实如此。

《沉默的中士》和《终将远去》是王凯作品中两个手法上比较相近的中篇,都以第一人称视角写成,通过连队基层军官"我"的眼睛和口吻,分别讲述了"我"手下的两个连队士兵张建军和周文明从入伍到"退伍"的故事。由于时间的跨度相对较长,故事展开的范围也就相对充裕,这使得王凯冷静的语言风格得以发挥,可以从容地向读者娓娓道来。

《沉默的中士》写一个汽车连士兵张建军从进入连队到逐渐成长为一名中士的过程,可以看作是一篇"成长小说"。得益于王凯丰富的连队生活经验,无论是小说中的主要人物连队指导员"我"和张建军,还是次要人物李二明、老贾甚至新兵蛋子马小磊,都塑造得鲜活而各有特点。王凯在这件作品里采用了中规中矩地顺叙,通过"我"的视角,按照时间的推移,来讲述连队里发生的一系列事件和张建军的成长成熟。小说的亮点在于情节的突转,李二明的牺牲和鲜为人知的家境、马小磊的家庭变故,以及故事最后张建军被捕才带出的往事,都是具有颠覆性的精彩的包袱;而"偷羊"、喝酒等几次事件的安排,也都为小说最后的突转做足了铺垫,无疑是两处成功的伏笔。

如果说《沉默的中士》是一篇结局突转的成长小说,那么《终将远去》也许可以看作一篇连队士兵周文明的"非成长小说"。《终将远去》同样是以连长"我"的口吻,用第一人称讲述了炊事班士兵周文明从入伍到退伍发生的一系列故事。与前者不同的是,《终将远去》以退伍前后作为叙事时间的切入点,通过"我"的回忆穿插倒叙,补叙出周文明退伍之前日常的生活轨迹,并从中带出老指导员张安定的故事。而在人物和情节的处理上,《终将远去》并没有在情节上刻意安排突转,作为主人公之一的周文明身上也看不到明显的性格发展,甚至小说自始至终都在不断地告诉我们:无论"我"如何努力,这个让人伤透脑筋的炊事兵从进入连队开始,似乎就从来没有长进过。直到读完小说,我们才知道真正的主人公其实不是周文明,通篇写的其实是"我"——"我"的矛盾和"我"的思考,以及小说里从来没有真正出现过的周文明的舅舅、"我"的老指导员张安定。《终将远去》不以情节取胜,而在心理描写和穿插叙事的处理上用力颇多,毫无疑问,作者对于"我"复杂心理的刻画以及叙事视角的转换都是自如流畅的,我们也可以就此看出王凯对小说各要素掌控的功力。

无论是写基层军官还是士兵的日常生活,《沉默的中士》和《终将远去》仍然是节制的,保持了适当的距离而并非事无巨细。而另外一些作品,比如《迷彩》《正午》《时间的河流》,就仿佛一台近距离拍摄的摄像机,把作为军人的"我"和其他人的日常生活和世俗情感几乎往前推到了极致。《时间的河流》以近似日记的形式,穿插叙述或者说记录了主人公——沙漠某空军基地的军官"我"在"沙漠"和"城市"两地的生活和爱情故事。这篇作品以军人的爱情作为主题,形式上同样经过了精心的构思:作为主线的"城市"部分讲述了"我"和女友在婚期将近短短一个月的生活和心理,而作为副线的"沙漠"部分,则从几年前与女主人公陈燕在军营认识开始一直顺叙到与"城市"部分重合的当下,讲述了"我"与女主人公9年间纠缠不清、暧昧不明的复杂感情。近似日记的形式无疑是最适合表现生活、情感和心理细节的,于是在这件作品里,起床刷牙烧饭做菜聚餐喝酒,普通军人和军人家庭一天天从早到晚的生活常态得到了细致的表现,而正是通过这些细致的描写,一向被陌生化、崇高化的军人一下被拉回了日常生活的常态。他们日常生活里的喜怒哀乐、他们与普通人相似而又不完全相同的爱恨情感都得到了近距离的展现,这种去陌生化、去崇高化的"新写实"手法,也一下拉近了读者与主人公之间的距离。

到现在我们不难看出,与惯常所见的军事文学相比,王凯小说中所关注和描写的对象确实是"小"的:从连长到连指导员,从团机关到军机关,可以说,王凯在作品里把自己做过的没做过的基层职务统统做了一遍。但就像遍布人体的毛细血管和神经末梢,正是这些看似渺小的个体和事件,构成了整个庞大的军事系统;对这些"小"题材如果处理得当,就可以牵一发而动全身,就可以以小见大,格局也就不会显得狭小。从这个角度来说,王凯军旅小说水面上的八分之一不仅是过硬的,而且难能可贵地形成了自己一定的风格。

水下的八分之七:
人物的困境和思考具有超越性

人物的塑造、情节的展开、结构的技巧、语言的风格,小说的这些基本要素,水面以上的八分之一,在王凯的作品里都已经有了较为完满的答复。那么,日常的普通的题材里如何以小见大?换句话说,冰山水下那八分之七的部分,王凯能够带给我们多少呢?

我们接着讨论《沉默的中士》和《终将远去》。前面说到,在情节的铺垫和突转上,《沉默的中士》有非常精彩的表现,但从文本上看,小说始终没有告诉读者"沉默的中士"为什么"沉默",也并没有说明为什么很能喝酒的张建军来到部队以后"四年没喝酒",张建军为什么愿意甚至喜欢一个人看守车场,又为什么一再拒绝大老刘侄女的示爱,这些我们都不得而知。小说的结尾张建军因几年前的杀人案最终被捕,未知得到了解释,但故事到这里戛然而止,人物的心理活动我们却再也无从得知。《终将远去》则更是如此,在小说的叙事时间里,自始至终都没有真正出现老指导员张安定,作者只是借他人之口不断提及并通过"我"的思绪不断回忆,让读者自己填补出张安定的人物信息,填补出张安定与"我"、与连队战友之间的情感和关系。然而更为深刻的一笔,是在小说接近尾声的时候作者才告诉我们,正是早已知道第八个留队指标已经调剂给了关系子弟的连长"我",坚持把周文明排在了留队名单的第八名,让他错过了留队机会。作者不仅没有告诉我们"我"最终这样决定的原因,即使在通过"我"作为叙事人讲述故事和自身心理的过程中,也始终没有透露半点信息,也就是说,作为叙事者的"我"竟然有意在讲述过程中把自己的真实想法隐瞒,或者说省略了。

  小说没有给出答案,这就让读者看到了水下的冰山。没写的部分恰恰比写了的部分带给读者的更多:张建军来到部队的这几年,沉默的他究竟有过怎样的心理转变?"我"对张安定念念不忘的回想,到底是发自内心的崇敬还是一种压力和焦虑?面对"无法成长"的周文明,"我"为什么最终决定用这样一种方式来结束他的军旅人生?所有这些问题,在小说的文本中都找不到答案,甚至可以说,在小说外也不存在标准答案,但却能引起读者反复的思考和回味。这就像马原所说的,产生了超越小说文本的新的审美方式。情节的铺垫、结构的精巧固然是重要的,但作者的追求显然不止于此,文本意义上隐去的部分,反而带动了更深层面更大范围的思考,从这个意义上讲,这些小说人物的困境和思考就有了超越军队特定环境和超越军人特定身份的能力,小说也就具有了比题材和文本本身更为广阔的天地。

军事题材小说要传达好人性

  正如王凯自己坦承的一样,军人首先还是人,军事文学首先也还是文学,只不过军人作为特定环境下的人,军事文学作为特定环境的文学,所呈现出的内涵和气质是特定的,但绝不是孤立的。好比冰山的外形也许各有不同,但使它们能够漂浮起来的水面却是一样的。军事文学表面上的八分之一应该是独特的,但蕴含的情感和思考应该是普适的、共通的。既然军人的属性首先也是人性,而且也许是特定环境下更微妙、更复杂因而也就更加深广的人性,那么在军旅小说中只要能传达好这种复杂的、共通的人性,就绝不会嫌题材太小太近。

  王凯自己说过:"我始终觉得,这些沉默不言的士兵,才是这支军队真正的脊梁,也才是军事文学永远的主角。"这其实是非常厚重、沉稳的文学观念。冰山的成型和移动不怕缓慢,有这样厚重的价值观作支撑,日积月累,冰山就不会只成为浅薄的浮冰。总而言之,作家尽可能提供作家所能提供的,让读者去吸收他所能吸收的,水面上八分之一的火候越是纯青,水面下八分之七的部分才能越丰富,也才越有可能让更多的读者各取所需——一切经典的产生都不外如此。在这八分之一无止境的学习和进步上,期待王凯沉稳地细细耕耘,带给我们更多的惊喜。

胡学文

胡学文 / 鲁迅文学院第三届高研班学员,河北省作协副主席。著有长篇小说《私人档案》《红月亮》等4部,中篇小说集《麦子的盖头》《命案高悬》《我们为她做点什么吧》等6部。曾获《小说选刊》首届中国小说双年奖、《小说选刊》全国读者喜爱的小说奖、《小说月报》百花奖、《十月》文学奖、《北京文学·中篇小说月报》奖、《中篇小说选刊》奖、《中国作家》鄂尔多斯文学奖、青年文学创作奖、河北省文艺振兴奖。中篇小说《从正午开始的黄昏》获第六届鲁迅文学奖。

作家自述

文学的恩赐

胡学文

我羡慕那些童年时代就饱览文学著作的作家。吮吸着文学的营养,日后奇葩绽放似乎是必然。我没那么幸运。在我生活的村庄,书极为稀缺,整个小学期间,我读过的文学书籍仅有3本:《艳阳天》《草原铁骑》《封神演义》。前两本是我借的,后一本是父亲借的。我和父亲接力赛似的读着《封神演义》,这部通俗的传奇小说在一些作家眼里也许算不上真正的著作,但对于我,却是暗夜里的一粒星火,让我的眼睛发亮。我喜欢它的魔幻色彩,喜欢它似乎没有边界的打通时间和宇宙的想象。我初中时代第一次阅读外国文学作品是《吹牛大王历险记》。我印象深刻的不只是吹牛大王坐着炮弹飞到敌人阵地,一枪击中七只猎物,让狼拉雪橇的奇特经历,还因为我是反着读完这本书的。这是同学借来的书,我在同学对面凑合着,乞讨似的读完。后来,我才知道作者的名字:拉斯伯和毕尔格。我还羡慕另外一些作家,他们有一个了不起的外婆,脑袋里装满凶恶的大灰狼、善良的小绵羊、狐仙鬼怪等种种故事。我的外婆不识字,从来没给我讲过故事。

我不止一次地想,如果我的童年能读许许多多文学著作,如果外婆每天黄昏和夜晚讲故事给我……

随着和文学结缘、在文学路上磕绊行走,我渐渐意识到自己的幸运。那是不被注意的,却难以磨灭的记忆或经验。

乡村的自然风光浸润着我。那是坝上草原深处的一个村庄。村庄四周是大片的树林,白杨、红柳、小叶榆。一条土路从村庄背面蜿蜒北上,路两边是无垠的田野,田野边缘,土路消逝的地方是辽阔的草原。草原那一端是一条银带般的大河,大河身后是缓缓起伏的丘陵。春天,风从丘陵扑下来,在草原和田野上游走。夏天是色彩斑斓的,大河闪闪发亮,整个草原朝气蓬勃,蓝色的马兰、黄色的蒲公英、红色的鸡冠花、白色的韭菜花丛丛簇簇,争奇斗艳。秋天是忙碌的,除了收割庄稼,还要打草,储存牲畜过冬的饲草。当年没有打草机,打草全用大镰,整个草原都是大镰的唰唰声。月亮硕大的夜晚,我常常拿着三鼓叉,在耕作过的地里翻刨漏网的土豆,体验收获的快乐。冬天的坝上极其寒冷,一桶水放在院里,半夜就冻透了。一场大雪,往往把家门堵住,需要用铁锹开掘出行的路。乡村的记忆难以穷尽。

外祖母不识字,14岁就出嫁了。还是懵懵懂懂的她,在一个寒冷的日子,被外祖父牵着借来的驴从沟里驮到坝上草原,直到73岁去世,再未回过老家,再未见过她的父母。我稍稍懂事的时候,外祖母住在我家。有一年,老家传来信儿,她的弟弟,她出嫁几年后出生的弟弟准备来看她,外祖母为此兴奋不已。可能是大人们没人理解她的欣喜,可能是掩埋太久的如冰一样的孤独突然融化,我成了她的倾诉对象。她一次次向我描述她弟弟的模样,描述她和弟弟见面的情景,弟弟带给她的消息等等。毫无疑问,所有这一切都是她的想象。她每一次对想象的描述都不一样。我的外祖母不知道,我和她一样在想象。她的弟弟长什么样?她们见面将怎样抱头痛哭?外祖母会向她的弟弟诉说委屈和思念吗?外祖母恨不恨她的父母?我在脑子里构造另外的画面和故事。追溯起来,那是我最初的、没有落在纸上的作品。也是我最早关于人生、关于命运的思考,虽然主角只是外祖母一人。几年后,年近六旬的外祖母终于和她的弟弟相见,说实话,那场面令我泄气。外祖母落泪了,但没和她弟弟抱头痛哭,场面一点儿也不激动,波澜不惊。不是她想象中的见面,也不是我想象中的见面。我第一次明白现实和想象之间的距离。我甚至愿意用想象来代替。我喜欢那种在想象中驰骋的感觉。是的,外祖母从未给我讲过童话故事,她没文化,没有名字,她只知道自己姓焦。但她本人就是一个故事,一个我参与并无数次想象的故事。

意识到这一点,我开始写作。

也许对别人来说,我拥有的这一切,我的乡村,我的外祖母,根本不算什么,根本不值一提。就是对于我,如果我没有从事写作,也根本不算什么,根本不值一提。但写作成为我的职业,记忆中的一切便成了我的财富。或许,正是因为那些记忆和经历,我才有了写作的可能。

这是文学对我的恩赐。当然,文学赐予我的远不止这些。

我的童年是胆怯的,因为这种胆怯,我非常害怕夜晚。害怕一个人待在黑暗的屋子里,害怕一个人穿越乡村没有形状的街道,害怕听到猫头鹰的啼叫,害怕荒野上或明或暗的鬼火。我参加工作后,分配到一所乡镇中学,我的家在另一个乡镇,由于公路较远,回家时我常常抄乡间小道。那要穿越三个村庄,还有荒野、树林、坟地。一个晚上,我在没有路的路上独自前行,童年的记忆和恐惧忽然涌至。当然,恐惧并未持续多久,并不是因为我长大了,而是文学的力量。我想成为作家,怎能害怕荒野和黑暗?走夜路,走僻静的小路渐渐成为我的习惯。我没有把自己的一切淹没在文学中,但文学确实影响着我。几年前,我从一个乡镇坐一辆小"面的"到县城,几个人的车内挤了不下10个人。途经一个村庄,5位妇女拦车。车上根本坐不下,我猜,那5位妇女也不会冒着危险挤进快要撑裂的"面的"。我想错了。车主想拉,几位妇女也执意要坐。于是,她们一个一个塞进缝隙,和车内的人粘在一起,成为肉块。没别的选择,除非我下车,可天色将晚,哪还有车?我异常恼火。又是文学平静了我的情绪。听着妇女朴实的家长里短,我忽然意识到我闻见了最自然的烟火之气,也许是刻意追寻都得不到的。作家不可能什么都经历,但经历过的都有可能成为写作的资源;作家未必刻意体验什么,但任何绕不过去的体验都可能成为文学的养分。不错,文学嵌入了我的生活,是我的盾牌,又是我的利器。

文学给了我思索人生和世界的钥匙。毫无疑问,每个人都在思考,尽管领地不同,方向不同,兴趣不同,深浅不同。我很欣慰自己有这样一种诉诸笔端的方式。前辈们,我敬仰的一代代大家们已进行了独特的探索,开启了一扇扇门,但那有什么关系呢?门是无穷无尽的,还有无数的门在等着打开。每一扇门里面都可能有别样的景致。文学的奇妙也在这里。我父亲是个木工,少年时代,我常干的一项活计就是和父亲拉大锯。父亲有意把我培养成一名木工,如果我没别的出路的话。他把树木锯成段,然后锯成板。锯时须把木段绑在树上,按照画好的线拉。我很怵这个,一旦锯偏就废了,就会招致父亲的责骂。一年之后,我就像个师傅一样得心应手了。没什么难的,有线嘛。作家在某种程度上和木匠一样,需要耐心,需要别出心裁,但人生和世界没有画好的线,可是一定有一条或几条这样那样的线存在,寻找这样那样的线,也许就能看见并打开那一扇扇门。木板或成为桌子,或成为衣柜,都是事先计算好了的,而文学不能计算,那一扇扇门不能计算,文学的魅力也在于它的不能计算。每个作家都有自己的钥匙,我不知自己那一把能开启什么,也许什么也开启不了。重要的是,我有,我没停下来,这就够了。

文友印象

胡学文的眼睛

乔 叶

7月底,应河北作协之约,我去张家口采风,听闻采风队伍庞大,共有四个小组,见到会务上的人正想问问我在哪个组,有人倒率先说:"你和胡学文一组。"我顿时便放了心。似乎这个组有他在,我就等于有了依靠。

——胡学文就是依靠。自从认识他起,这种感觉就一直非常自然地存在着。

2004年春天,鲁院第三届中青年作家高级研讨班,我和胡学文成了同学。他那时还在张家口文联。后来我才知道,他上的是师范学校,当过乡村老师,因为写作的关系后来去的文联。这经历简直跟我是一个模子刻出来的——不过我坚信他当老师肯定比我当得好,我当老师时就是在误人子弟,老师这个身份简直就是我和学生的双重灾难——想想还真是神奇啊,他在塞北,我在河南,文学之手就这么硬生生地揪出了两个经历相仿的人,让他们汇进了鲁院的河流中。有意思的是,还同进了某老师负责的一个小说组,成了嫡嫡亲的师兄妹。

虽然被归进了小说组,那时候我却还没写过什么小说,进小说组是因为准备写小说,但学习态度一点儿也不谦虚,还无知无畏地觉得小说没什么大不了,现在想想就脸红得发紫……第一次小组课,某老师让大家发言,大家都矜持着,我说我先来。某老师揶揄着赞许:"看看人家女生。"等我慷慨激昂地说完,大家静默,然后一起看着老师,我也巴巴地看着他,等着他评价。老师却不看我,只是看着胡学文说:"学文,你说。"——很久之后,我才回悟出大家对我的忍耐:这大妞该是有多么不靠谱! 而在那时候,胡学文已经在小说界声名赫赫,于《人民文学》《十月》《当代》等刊物上发表中篇小说《飞翔的女人》《乡村战争》等30多篇,也已出版中篇小说集《极地胭脂》《婚姻穴位》,还获了河北省作协年度十佳作品奖及河北省文艺振兴奖,另有多部作品被改为电影、电视剧,其中最有名的是那个《心急吃不了热豆腐》。

好在不靠谱的人也开始慢慢听出什么是"好谱",并试探着向"好谱"靠拢。学习即将结束的时候,我的小说终于得到了某老师的短信表扬,一次饭局上,我喜不自禁地向胡学文展示着那条珍贵的短信,胡学文看着,眼睛里含着笑,道:"太好了,祝贺,祝贺。"

学习结束,天各一方。每次去北京开会路过石家庄,我就想:胡学文也在这里吧?转念一想,哦,他在张家口呢。不过后来就听说他调到了石家庄当专业作家,然后是作协副主席,再然后河北作协打出了"河北四侠"的大旗,他是侠首。

去年,河北作家代表团来郑州和河南作家进行文学交流,胡学文也来了,我陪他参观河南文学史展览馆。走着走着,他有些欲言又止,问他,他说很喜欢李佩甫老师的小说,想让我替他转达对佩甫老师的敬意,同时求签名本。我惊讶地问你怎么不当面和他说,他说人太多,如果都向佩甫老师求书,怕他为难。我很快去找了佩甫老师,他很爽快地签了两本,托我转送给学文,边签名边说:"胡学文小说写得很好啊。"——这就是惺惺相惜吧。

此次在张家口再见胡学文,因张家口是他的大本营,此次是衣锦还乡,每到一地便都有朋友来访,他是半客半主,既应酬内又照顾外,电话一直响个不停,着实辛苦也着实周到,不过有他伴着,也着实踏实和愉快。在康保县,接待方给每人发了一个装资料的小行李箱。我觉得他的行李箱颜色比我的好看,就蛮不讲理地和他换了过来。也就是对他,如果换了别人,我也不好意思换。在沽源的五色花海,我和他坐在栈道上,拍了情侣状的照片。如果换了别人,我也不好意思拍。回来后又听葛一敏说起胡学文,说胡学文给她送站,一直把她送上火车,把行李什么都给她放得妥妥帖帖的,笃定地说:"你别管,都交给我。"葛一敏感叹:"燕赵多壮……你说,胡学文怎么那么好啊?"

——胡学文就是这么好。文学界的朋友但凡说起胡学文,没有说不好的。想起眼光颇高的大美女葛水平曾说:"中国男性作家里面,我认为眼睛最招人喜欢的是胡学文。"便想起胡学文的眼睛。想起聊天时我问他小说影视版权都卖了多少,那双眼睛就狡黠起来,说10万、20万、30万都有……低调羞涩中有着微妙的分寸。但每到和基层的文学爱好者座谈的时候,那双眼睛就满是认真、体贴和诚恳。他平和地看着他们,倾听着他们的疑难和困惑,一五一十地解答着,没有一丝敷衍,也没有一点儿矫情。

　　看世人的时候,胡学文的眼睛温暖、厚道。但到了小说里,这双眼睛就狠起来,不依不饶,一根筋。正如某老师所言:"……他偏执地、不停地走下去,哪怕是心怀恐惧,步步惊心。他的小说几乎无闲话、无闲事、不宽裕、不停留,那全然是孤身夜行者的故事。"与此相应的是胡学文自己的话,谈到他那部著名的小说《命案高悬》,他如此说:"每次我兴冲冲地回到乡村,常常是屁股还没坐稳,就有逃离的欲望。当然,我没有选择后者。躲不开的东西,就睁大眼睛看清它。"

　　忽然想起他的手机壳上贴着的那张照片,他戴着眼镜,正视着前方,风格气息里带着坚硬的沧桑。他微微眯着眼睛。他很少眯着眼睛,眯着眼睛是为了看得更清楚吧。——孤身夜行者都有一双好眼睛,这双眼睛一般都很大,视力也绝佳。

评家观点

胡学文:寻找对抗现实的力量
桫 椤

这不是一篇探讨破坏性的文章,而是试图分析小说家胡学文怎样在他的作品中建构起一个关于现实与命运的新世界——他的中篇小说《从正午开始的黄昏》获第六届鲁迅文学奖,似乎更加说明这种分析是必要的。很多评论文章已经指出了作为现实和底层发现者的胡学文,如何利用故事和故事中的人物对我们生活的世界给予道德以及审美意义上的观照,但我还是要说,作为一位优秀的小说家,有意识地摆脱经验对创作的束缚,体现的是对客观的超越——文学不是客观的艺术,乃是创作者的主观意识形态。我们的小说追求一种永恒的故事样式,即在一个有限的时间和视域框架内完成人物与其行为的对应性讲述。这种讲述不是作家独有的功底,而是人类与生俱来的说事与说理的能力。尽管我们反对观念的说教,但只有在事与理的讲述中因循着自我的观念,小说才得以从故事中脱颖而出。胡学文的观念是什么?阅读之前都没有真相,正是那些小说和其中的人物,在一次次命运与生活的博弈中耦合为新的伦理关系,完满托举出作者关于人生、命运与现实的理解。

风骨的力量——对抗性与人物命运

对抗性是胡学文的写作中不曾犹疑的观念基调。中国经验或中国故事,这类概念事实上始终在写作实践中被不动声色地阐释,关于它们的书写在某种程度上就是我们当下文学现场的全部,因为作家的写作就是他的此在生活。作家与作家之间的不同,是主观意识的不同,而不是客观经验的不同。而这种主观,有时是顺时的,有时又是逆时的,一个好的作家或一部好的文学作品,常常是后者,就如鲁迅说:"若文艺设法俯就,就很容易流为迎合大众,媚悦大众。迎合和媚悦,是不会于大众有益的。"胡学文的小说善于从当下社会关注的事件切入,一番抽丝剥茧之后,都将转向与表象相悖的隐秘书写。他的作品不是使人在这个时代中走得更快,而是对读者起到慢下来的警告。《命案高悬》《风止步》《秋风杀》《奔跑的月光》等作品的背景正是当下民间政治、经济、法律和伦理的失范,这些作品也体现着作者一贯的写作倾向。但是,胡学文的叙事追求并不止于描写当下生活复杂无序的现状,而在于对现实的怀疑、质问与诘难。所以,我们就看到这样一些人、一些事:《命案高悬》中吴响所期待的真相或许本就不存在,但他陷入尹小梅之死的"罗生门"中,始终怀疑这一切;《秋风杀》中唐喜面对非法吸储放贷链条的断裂,他想报复乔大风,怀揣刀子找乔大风拼命,但却遇到了乔大风喝农药自杀,他的行为无法继续,反而救起了乔。从此唐喜、乔大风和唐喜的储户彼此之间互相怀疑,仇恨在怀疑中慢慢变成了复杂的关系;《〈宋庄史〉拾遗》中老条曾经教会很多人行骗,但"父亲"却无法适应这种卑劣的生计,反使自己遭人算计;《风止步》直接用文学手法关注当下留守女童被侵害的事件,王美花的孙女被马秃子性侵,她担心孩子的未来选择忍让,但这却让马秃子得寸进尺。经历过女友遭侵报案后自杀的吴丁建立了一个正义的群体,力主王美花报案,两种思维方式在公序与恶俗之间发生对抗。如此等等,我们在胡学文的作品中得见逆时而动的攻与守,未见顺从与媾和的苟且,这是文学之中难得的风骨。

　　胡学文的写作始终在寻找那些与时势、与现实发展方向不同的力量,这些力量最终使人物的生活和命运迎来新的样态。《隐匿者》讲述一个"被死亡"者如何找回自我的故事,主人公范秋在一场车祸中"被死亡",妻子白荷获得巨额赔偿。但范秋始终不能认同没有身份、隐姓埋名、不敢出头露面的生活,知晓秘密的赵青屡次找上门来借钱,惧于后果的可怕性,范秋和妻子选择了在隐忍中煎熬。当赵青试图侵犯白荷时,范秋忍无可忍,以痛殴赵青的方式唤醒自我的灵魂。从此局面发生翻转,面对范秋一次次要求自己去举报的威胁,赵青只得将借款一笔笔还清。范秋试图弄清那个替死者的身份,却永远没有真相。小说意在说明,逼仄而凶险的现实让人失去自我,只有不苟安才能改变命运,设若范秋被赔偿款所困,他终将认同他的"被死亡"身份,真实的范秋必将消失。尽管范秋的调查无法揭开众多失踪者的谜团,但现实正是在这样的坚守下才会获得进步的可能性。作者在另一篇小说《奔跑的月光》中,则述说了一个善良的人如何被现实无情地捉弄,褒扬主人公与残酷的现实之间形成的尖锐对立局面。宋河托镇上的吴老三给犯罪的儿子办减刑但没有成功,他一次次想向吴老三讨回送礼的钱,也同样不能成功。冰天雪地的街头,他给一个傻子买了食物,傻子却尾随他回家,从此再也不肯离开。宋河想为傻子寻亲,但接踵而至的却是骗子们的脚步。没有人相信宋河与傻子毫无瓜葛,也没有人相信他送走傻子没有得到钱财,一个救人的人在荒唐的现实中变成了一个被怀疑的人贩子,作者用这样的命运转折诉说现实的无情,也为宋河的行为寻找合法性。我们固然在故事的背后看到诸如司法不公、弱者被欺这样的社会问题,但导致宋河夫妻噩梦不断的不是傻子存在的本身,而是弥漫在人际间的不信任——小说传达的依然是作者的观念,而不是故事。

风格的策略——失败者与自觉意识

不难发现,上述写法已然成为胡学文作品重要的风格特征,我还可以从他的作品中找到更多例证。《从正午开始的黄昏》是一篇更讲究技巧的作品,叙事时间的交错性和场景的频繁转换让作品有着令人思索的深度空间。乔丁偶遇一个喜欢凤凰图案且盗亦有道的"女贼",她进而成了乔心灵和"技术"上的导师,乔丁始终想让她放弃她的"爱好",在这种规劝与服从的矛盾中,他们渐渐变得密不可分。乔丁有一个近乎美满的家庭,但他夜入高楼时却发现了岳父、岳母各自的秘密,彼时他们成为各自握有对方秘密的人,心照不宣的压力猝然而至。"女贼"答应最后一次攀爬高楼,但却失足陨落,乔丁为未能陪她而悔恨不已,顺着一张证件,他发现了她的秘密身世。作者的高明之处在于让不可能的事情变得可能,一个美满家庭里的成员,各自有着不为人知的一面,显然作者并非属意于表面和风细雨的日常性,而是引入"女贼"这样一个人物让乔丁感觉到了日常的可憎,做一个世俗好人的理想渐渐让位于对秘密的探究,并在知晓"女贼"身世的那一刻改变了自己的生活轨迹。外人只以为他喜欢孤儿院的那些孩子,谁又能想到他在用独特的方式做着替人赎罪的心灵凭吊?小说因为情节繁复而让人物的出现充满仪式感,耐人寻味。《米高和张吾同》基于一个令人啼笑皆非的故事,让我再一次看到作者凭借穿透现实的巨大力量,在荒谬之中引爆与现实对抗的"炸点"。米高在酒桌上畅谈理想的游戏中说出了从公共厕所墙壁上看到的一句话:"我想审判张吾同。"接下来他的生活完全因这句话而改变:大家都来打听张吾同是谁,定是有深仇大恨才要审判他,任他百般解释却无人肯信,包括与他关系最好的老夏;众人的怀疑也将他的妻子卷进来,老夏甚至告知米高的妻子,说米高在调查她与张吾同的暧昧关系;米高和妻子之间的感觉也在发生变化,彼此的任何行为都变得可疑起来。荒诞的现实犹如一团无法解开的乱麻,米高无计可施,只得在厕所的墙壁上大书一行以泄愤恨的话。故事结束了,但小说的余韵不断:此地的蝴蝶扇了一下翅膀,却在他处引起了一场巨大风暴,科学上的复杂性原理在现实生活中也被验证。

我还记得卡尔维诺《通向蜘蛛巢的小径》里的皮恩,他的理想始终不能实现,他为在杂乱的游击队伍中无法掌控自己的命运而懊恼。胡学文也在作品中告诫我们,人无法按照自己的意志让时间停顿,所以那些足以改变命运的巨大力量也会让生活变得失去控制,或许这也是生活充满无限可能性的根源。我在胡学文的作品中,看到了这种力量与生活毫不妥协的对抗,以及为了寻找这种力量而采取的孤注一掷的叙事策略。我们在他的大多数小说中看不到故事顺理成章结束,他摆在我们面前的,是一局局不可能下完的棋,就像核聚变中绵延而起的链式反应,人与现实的关系毫无休止地裂变下去。或者说,他的叙事在一开始就不曾想过结束,没有给矛盾双方留下和解的可能性,略带刁钻的沉稳言说直接将人物逼向无路可退的墙角,唯一的结局就是"大爆炸"然后获得再生。《落地无声》使用当下热门的男女关系故事作为架构,但其要旨却完全不是道德审判,也不是对所谓人生复杂性的狡辩,而是生活和命运可能性的缜密推演。朱燕在医院里以跳楼相威胁,让乔先必须找来那个"她",童小蕾不幸"躺枪",她怀揣报恩的心情前来解围。很不幸,朱燕的偏执和多疑一步步把童小蕾拖进烦恼的深渊,而乔先的表现也令她大失所望。在某种程度上,朱燕之于乔先和乔先之于童小蕾是何等的相似。这样的小说一开始就不容易有好的结局,作者就一路让他们在人与现实的错位中走下去,直到毁灭。《命案高悬》中的吴响也遭遇这样的矛盾,吴响本来品行不端,但尹小梅之死让他背上了悔恨的包袱,他自觉在这起命案中负有责任,徐娥子毫无来由的一句话激起他的好奇心,他想弄清真相。当事人乡长毛文明、卫生院长独眼周,甚至尹小梅的丈夫黄宝、公爹黄老大都对他的行为充满疑惑。彼此都在怀疑对方的行为,吴响无法说服自己让已经开始的调查停顿下来,但是真相又在哪里?吴响的努力必将毫无结果,真相之后并无真相,作者就这样在文中为吴响和黄宝摆出一种不能挽回的深深无奈。《米高与张吾同》中被一句戏言搞乱的生活无法平复,而《秋风杀》中的唐喜与乔大风、《隐匿者》中的范秋与替死者也都陷入了无法解决的疑难中,他们的命运和生活已完全失控。胡学文的现实主义书写直击当下生活中无可弥补的缺憾,他跳出现实常识性规约,以人性、人生和命运为代价展开对现实的追索,这样的叙事是深刻而沉重的,甚至是残忍的。

到此时我已经明白,生活和命运被改变的巨大力量,来自人物被作者赋予的强烈的自我意识。尽管他们以"失败者"的形象出现,但作者的叙事指向在于他们面对生活时的不苟同,而非客观势力裹胁下的随波逐流。这种主观对客观的对抗,使人物产生深刻的身份认同焦虑,从而促成了人物的角色转变,其中尤以乔丁(《从正午开始的黄昏》)、范秋(《隐匿者》)和朱燕(《落地无声》)最为典型。乔丁和朱燕都以自主的姿态在生活中分裂为自己的另一面,而范秋则是被动地成为一个失去身份的人,但又能主动地寻找自我。连同此三者,胡学文笔下的人物可以试分为这样几组类型化、符号性的角色:一类是失去了身份但又试图坚持自我的人,如《〈宋庄史〉拾遗》中的父亲,甚至《命案高悬》中的吴响也是这类人;一类是试图寻找真相但又无法抵达的人,《秋风杀》中的唐喜,《奔跑的月光》中的宋河,《从正午开始的黄昏》中的乔丁,以及《隐匿者》中的范秋;另一类则是试图摆脱现实囚禁但始终无法获得自由的人,乔大风被唐喜软禁在家里,而唐喜却分明感到自己是被乔大风囚禁得不得动弹;米高受困于自己的一句戏言,乔丁被缚于自己分裂的意志,而童小蕾则深陷于朱燕的不正常心理。无论哪一类,他们都在理想与现实的博弈中戴着镣铐跳舞,或许他们的命运是失败的,但强烈的与现实的对抗性让他们在叙事逻辑中获得了成功。阿尔贝·加缪说过,真正的艺术家什么都不蔑视,他们迫使自己去理解,而不是去评判。胡学文从未对其中任何一类人物进行是非判断,但是这些人物合在一起,则让我看到了他的鲜明主张。

亚楠 / 鲁迅文学院第十一届高研班学员。现为中国散文诗研究会副会长、新疆散文诗学会主席、伊犁州作协主席，1985年开始发表诗歌、散文诗等作品，迄今已出版诗歌、散文诗集6部，计有100余万字，多次获得全国诗歌、散文诗奖。

作家自述

静 夜 思

亚 楠

这些年,在写作的过程中我始终被一种莫名的激情推动着。无论日常工作多么繁忙,生活琐事多么令人生厌,但我总会在静夜里让自己安静下来,读书、写作——就像读书人特有的秉性那样,徜徉在语言的迷宫里,洞察世事,感悟人生。而这含英咀华的过程,使我的心得到了历练。就在或忧或喜、心驰神往间,也让灵魂得到救赎与安宁。

所以,每当夜深人静,我就沉浸在诗的王国里,苦思冥想,并在语言的天空纵横捭阖,试图让词语结出诗的果实。这是一个十分艰难的过程,很显然,静夜的功课在于我们是否能够抓住灵感,从而完成语言的淬火。不管写诗还是写散文诗,其本质都是要在寻常中发现独特,发现微小的颤音所折射的现实力量。这就好比我们从一滴水中感受大海的律动,也可以由扇动的翅膀预言正在集结的风暴。而这样的过程,无疑就是对心智的锻压与灼烤,从中自然就能够获得丰厚的回报。因此我更愿意做这样的尝试和探索,以期完成一次词语的朝觐。

当然,这仅仅是从语言层面上说的。就我的创作而言,注重创新,固然是我的一贯追求,但由词语惯性的思维定式中突围出来,毕竟不是一件容易做到的事情。我很羡慕荷尔德林、波德莱尔、兰波、曼德斯塔姆这样的诗歌天才,他们对语言的超强敏感使我相信,诗人完全有可能颠覆语言的宫殿。

而我所能够做的,即是在自己的土地上精耕细作。从地域角度上看,新疆广袤的土地是取之不尽的创作源泉。这里的山川、大漠、草原、戈壁、绿洲,都拥有无限宽广的文化底蕴和历史纵深。由此呈现出来的神秘气息及陌生感,往往能够让人们在一种全新的视野与体验中获得阅读的满足。所以,我总是朝着这一目标,虔诚地俯下身来,并让自己在认知的过程中,逐渐成为这片土地的一部分。

比如我现在的诗,以及过去创作的大部分散文诗,都在这些方面做了力所能及的摸索和尝试。

我一直有意识地关注地域化写作所呈现的现实场景。也就是说,当下那些具有地域写作色彩的文本,都肯定在我关注的视野之内。这是因为,我总觉得写自己熟悉并热爱的事物,要比写那些不熟悉的更加可靠。关于这一点,古今中外许多大师的优秀作品,早已经为我们提供了无可辩驳的实证。那么,唐代边塞诗,以及新时期以来的新边塞诗创作,都为自己的时代奉献出不少优秀作品。尤其值得一提的是,随着西部诗歌的逐渐复苏,西部一批优秀的中青年诗人,在传承边塞诗历史文脉的同时,也将自己的触角伸向了崭新领域。

这样便给西部的诗歌创作注入了一缕清风。很显然,伴随时代的足音,西部诗人在寻根的同时,也让自己的视野不断扩大,并且也以自己独特的视角与审美体验,揭示西部大地多元文化所呈现的深刻性和复杂性。像沈苇、娜夜、叶舟等人,他们视野开阔,认知独到,总是以诗人的情怀关注生命,感悟人生。在西部的苍穹下,他们把自己的命运与这片土地紧密联系起来,不断思索、追问、探寻,从而使作品具有很高的思想性和艺术性。所以我认为,他们在这方面所做的尝试和成就,完全能够代表中国诗歌的重要一翼。

在这种认识和精神指导下,我的诗歌及散文诗一直都在坚持地域化意义框架下的写作。并且迄今为止,我的创作中自己最满意的作品,也基本上都与我所生活的西部大地有关。因此,我更愿意人们把我当作地域文学的守望者。当然仅有这些也是远远不够的,创作绝不会有什么固定模式,虽同在一片土地上,其创作风格也会有所不同。但我相信,殊途可以同归,只要热爱并辛勤劳作,并拥有足够的创造热情,就能够得到应有的回报。

眼下,我已经进入了创作的活跃期。我明白,有时愿望与现实并不能达成一致,但这又有什么要紧的?就我们每个人本身而言,只要我们一直坚持朝前走,不断求索,并把热爱变成信念,我想,即使无法抵达众人期待的高度,也会获得足够的欣喜和温暖。

文友印象

你一定要见亚楠

远 人

动身去伊犁前夜时和沈苇兄喝酒。说话向无拘束的沈苇兄忽然慎重地对我说了句:"你去伊犁,一定要见亚楠!"我闻言微愕。一是这名字熟悉,在不少刊物上见过,知道那个叫亚楠的散文诗写得还不错,没想到他居然就在伊犁;二是沈苇兄说得如此坚决,这坚决使我体会到,在不是每个诗人都值得结交的今天,亚楠是一定值得结交的。值得结交的人必有过人之处。我不由得对第二天的行程有了格外的期待。

翌日下午,乘机从乌鲁木齐抵达伊宁机场。同行的东海兄已经说过,来接机的人中便有亚楠。我十分好奇亚楠的模样,到机场出口处,面前站着三个男人。我抬眼望去,立刻便觉站中间那个头发短密、身材魁梧的汉子一定是亚楠。握手间一说,果然便是。但机场不是说话之处,见人已接到,亚楠手一挥,率先往停车坪走。一行人坐进两台车中。亚楠与我不是乘同一辆。我暗想,看亚楠模样,不似爱说话之人。就文人而言,不爱说话,更可能的就是喜爱独思,喜爱独思的人往往不能等闲视之。

当车停下,我不由得又是一愣。车子居然停在一个维吾尔族人所开的面馆外面。亚楠解释说大家乘机疲累,先到此吃碗拉面,权当充饥。新疆的晚餐时间较南方少说也要迟上两个小时。我不禁惊讶亚楠粗犷外表下的细致。我立刻感到,我们了解一个人,不是非得和他彻夜长谈,从对方行事细节中所了解到的,才更是对方不经意的性情流露。一瞬间我就觉得亚楠是个性情之人,怪不得沈苇兄会对他如此强调。

亚楠给我的印象果然是话少。话少不意外,我感到意外的只是当夜晚餐,亚楠居然没有喝酒。我着实奇怪,在新疆已有一段时日了,还没见过不喝酒的新疆人。见我诧异,坐我旁边的勇健告之,亚楠就因为太过能喝,从来不扫客人兴致。作为旅游景区,从年头到年尾,伊犁又总会络绎不绝地过来一拨拨文友,亚楠每次接待,总是来者不拒地将自己喝倒,乃至肝脏受伤不轻。眼下正做调养,此刻虽酒杯未举,心里却一定在过意不去。

我闻言有点吃惊。接待客人喝酒很正常,但年头到年尾地喝,那就不是一般人能做到的了。哪怕一个再能喝的人,年复一年地喝下来,当然有扛不住的时候。我不由得打量亚楠几眼。从他脸上还真看不出什么,既没客气的笑意,也没厌倦的表情,只是坐在自己的位子上,极为宽容地看着眼前一桌人。那一刻我的确感到亚楠是个宽容之人,也是好客之人——如此多的客人在他身边,似乎让他觉得这才是属于自己生活的一部分。我不禁被亚楠的沉稳吸引了。他发现我在看他,对我微笑一下,将面前的茶杯举起,做喝酒之状。我也笑了,将酒杯端起,空中虚碰一下,仰头喝干。

说亚楠宽容和沉稳,不是我要就第一印象下个匆忙结论。因为随后数日,亚楠陪同我们去伊犁各地参观,沿路被其安排得井井有条,从住宿到参观,一路陪同,却总是不紧不慢地走在人群当中,从不多说什么,一旦目的地将至,未见他加快脚步,便不露痕迹地走到最前面,和来迎接的当地人说上几句,再将我们逐一介绍,不让任何人感觉自己受了忽视,也不让任何人觉得自己身在陌生之地。我想起勇健兄说的话,来伊犁的文友既然络绎不绝,我们去的地方料想都是亚楠去过无数次的地方了。他会不会因此生厌?我不由得总多留意他几眼,我看到的却总是亚楠的兴致勃勃,只是,他的兴致勃勃不体现在高谈阔论,而是对所到之处的认真打量,好像自己也是第一次来一样。这让我不仅体会到亚楠给予客人的随意和自由,还让我明白一个诗人对观察的沉浸会是什么样子。

不过,真正认识亚楠,还是我第二次去伊犁。去时恰逢亚楠一手操办的"康苏杯诗歌大奖赛颁奖典礼"正在举行。当我完全以局外人身份参加那次颁奖典礼时,我很快就意识到,亚楠主办这项大奖赛,只有唯一的目的,就是运用自己的影响和资源,推动整个伊犁州的诗歌发展。作为伊犁州作协主席,亚楠几乎退至幕后,仅仅为如何体现奖项公平去绞尽脑汁。轮到他讲话时,亚楠也不过轻描淡写地将评奖过程告诉获奖者。不愿多话的确是亚楠的特色。或许在他眼里,说得多不如将实事做好。颁奖典礼虽只短短一个下午,我感到我对亚楠有了更进一步的认识。我总觉得,当我们认识一个人时,要么会因不喜选择退避,要么会因更喜选择亲近。愿意选择亲近,就说明这个人的性情和行事对我们形成了魅力。亚楠展现的,便是连他自己也未必知道的魅力。

之后好些天,亚楠和他的两个朋友带我前往库尔德宁、特克斯、八卦城、喀拉峻等地。这是我和亚楠朝夕相处的一段日子。其中的有个细节特别让我记住。出发时给我们开车的是亚楠单位的司机。当车子到一画展时,我们进去参观,出来后再上车,司机却换了。我以为那单位司机忽然有什么事告假,结果亚楠告诉我,现在开车的是伊犁州美协主席赵宏林。亚楠说,让宏林兄开车,是因为出门需要的只是朋友。亚楠的粗中有细我早已感受,但细致到如此程度还是让我一下子说不出话来。

更有甚者,除我第一次见到他那晚时没见其喝酒外,余后的所有饭桌上都有亚楠的端杯。我尤为记得在特克斯县时,一桌十余人喝得都差不多了,我也喝吐了。亚楠不知因什么事忽然激动起来,竟然流下眼泪。我当时坐他身边,一时手足无措,不由得和他紧紧拥抱了一下。说酒增豪情,不如说酒见性情。在那一刻我突然明白,我一直不善酒,为什么在新疆的日子却从未停过?就因为亚楠这样的性情男人让我感到血液里总在翻涌一些既滚烫又纯粹的冲动。

相处久了,我就更能体会,亚楠喜欢朋友,却不是一定要和你谈论什么义气之类的。他会慢慢陪你喝酒,慢慢陪你散步,慢慢告诉你他的所见所闻。记得在库尔德宁,那是我平生第一次夜宿草原。晚饭后我们结伴散步。草原之夜的宁静让人根本不愿说话。没有路灯,我们只能借助月光看向周围。亚楠说话声很轻,他告诉我卧在草原远处的牛羊,告诉我马是站着入眠,告诉我他踏上吊桥的感觉等等。草原的奇妙就在亚楠的话语中打开。我真的发现他内心涌动的情感。这是很真实的情感,它来自于亚楠不知不觉的流露。一个能流露这样情感的人,当然是对万事万物心怀热爱的人。

我没有告诉亚楠,在 10 年之前,我就读过并记住他发表在《散文诗》上的那首《接近草原》。那首诗的第一句就告诉我们:"其实,草原就是另一种大海。"10 年前,我是从文字中记住它;10 年后,我是在亲临草原时想起它。想起它,是因为我认同它;认同它,是因为写下它的亚楠为我展现了它。

我热爱草原,是因为对草原陌生,亚楠热爱草原,是对草原太过熟悉。越熟悉越爱，是因为草原进入他的血脉，所以，他才会将草原视为大海。这是亚楠最赤诚的体现。所以，当我身边有哪位朋友要去新疆时，我知道我一定会说："去新疆你就一定要去伊犁，去伊犁你就一定要见亚楠！"

评家观点

亚楠:与冰山对望的诗人
黄永健

2008年8月我参加了第八届全国散文诗笔会,特克斯——野山羊多的地方,喀拉峻——黑色的莽原,八卦城——天风鼓荡浩气长空,在伊犁河谷特克斯县的三天三夜,为美景、诗情、醉意、歌声和情谊所陶醉,归来后情不自禁作长文《北疆三日》,表达一个作者对于新疆风土人情以及新疆大地的无限眷恋,就在那次笔会上,有幸认识了亚楠——一个北方汉子,温和、热情、豪放,待人细腻、周到。浑身散发着感染力和穿透力的亚楠,与我真是一见如故,其原因后来我才知道,原来他也是师范院校毕业,且在伊犁第二师范教过书,后来改行从事新闻出版业……一个教过书的人与一个还在教书的人一见如故,也在情理之中。从那以后,我们又在丹江口全国第十届散文诗笔会于汉江边上畅叙,此情此景后被亚楠点化在散文诗《在江边饮酒》中:

暮色渐临,几个寻梦的诗友,在汉江边的清风里,点燃自己的激情。那一夜,简朴的渔家酒肆,漫溢着浪漫情怀……唐朝的风正向我们涌来。悠悠岁月,有过多少往事,云聚云散,终为虚空?而沉浮的尽头,依旧刀光剑影,歌舞升平。

此外,我们还在北京的纪念中国散文诗90年活动、深圳散文诗活动等场合见过面。亚楠足迹随诗心跌宕,屐痕所至,雁过留声,在全国各地发表的大量的散文诗、诗歌和散文作品得到了读者的广泛认同,2009年获得"纪念中国散文诗90年最佳散文诗作品集奖",其散文诗也得到了许多文学评论者和散文诗同道的认同,就我所知,叶延滨、王光明、灵焚、章德益、沈苇、刘亮程、谭五昌、孙晓娅、崔国发、曲近、叶舟等学者、评论家和诗人,都从不同的角度,对亚楠的散文诗进行过评述,所有这一切与他所许志愿互成因果。常见到像亚楠这样的"忙人",也热心写作,但是干的是"玩文学"的活,涂涂抹抹,浮光掠影,无须将理想长期地寄托于文学之树。但亚楠的写作冲动是文学冲动不是其他冲动,后来我得知他修了中文系的本科课程之后,又在杭州大学随飞白教授进修西方诗学,对照他的写作历程和散文诗创作实绩,进一步印证了我的判断。

独特的西域书写:
重新审视人与自然的关系

亚楠涉略诗、散文、散文诗及文学评论,其中以散文诗用力专勤。他将这些年来的创作成果结集为散文诗集《落花无眠》《南方北方》《行走的风景》,诗集《在天边放牧云朵》《迷失的归途》等。因在《伊犁晚报》开设"天马散文诗"专栏,创建中外散文诗学会新疆分会,组织"中国散文诗天马奖"等等,他已成为当代散文诗积极的传播者。散文诗虽说是杂交(混血)文体,是被建构起来的新文类(Genre),但是我国文坛及世界文坛皆有大家、名家专写或兼作散文诗,亚楠在某种程度上讲是一个专事散文诗创作的作家,因为目前他的创作成就主要集中在散文诗领域,他独特的西域题材、边地感受和纯正的感情,打动了朋友们,感动了散文诗的读者和批评者,有人将他纳入"新边塞诗派",逐渐将他确认为新疆大地上的散文诗代表性作家,从名和实两个方面来看,亚楠当之无愧。

亚楠散文诗语言雅洁,雅洁到看不出雕琢的痕迹,尤其是遇到西域壮观如冰山雪线、荒原狼群、清幽的山谷、雪岭云杉、博格达峰、慕士塔格峰、昆仑山、帕米尔、冬窝子等抒情对象时,更是突出,试看《博格达峰》:

> 我知道,你亿万年的守望,只是为了与我们相遇。啊,在阳光深处,我用一支小小的火焰,召唤了你持久的安详。
>
> 或者用一种痛烛照世界。那些风都是虚幻,唯有洁白的雪暗示我,时间已经倒流,天空的色彩并非都是蓝的。
>
> 我早已习惯了仰望,在这个世界上,我不可能还有另一种选择。
>
> 可是,我更愿意登临峰顶,并用一种平视的目光,温暖我的同类。不再去想那些风暴,那些斑驳的血痕,只用一颗善良的心,廓清虚拟的场景。
>
> 瞧啊,这些石头都已经开花了。在博格达峰顶,我看见盛开的童话就像大地稚嫩的眼睛……

我去年只身一人独走青藏,面对唐古拉雪峰、腾格里雪峰和纳木错湖,只能报以无言,我深知从海平面突然来到世界屋脊,从水的世界来到雪的世界,从人间来到神的故土,心量和能量都不够和她们对话。亚楠作为一个长年生活在高原大漠的边塞诗人,对于这些神性的存在产生了磨合过后的深度体认,水莲花是一种相互体认,雪莲花那是另外一种相互体认,如果我们是水,那么亚楠他们是雪。为什么降央卓玛的歌声那样甜美?因为她是雪,是一朵被冰山滋润了的雪莲花,而亚楠又有差异,他是带着江浙人的文化血统进入冰天雪地大漠荒原的原始天地,因此心理的情感的冲突、裹合和搏击更加多元化。因此,我们在"博格达峰"以及亚楠其他众多同类题材散文诗中,看到了一个与冰山雪线对望的人,虽然本诗中作者承认面对西域群峰,他已经习惯了"仰望",但是紧接着道出了自古以来中国文人中国文化的"物吾与也"的特别情怀,说白了,就是平视宇宙,合二为一。亚楠在散文诗诗集《南方北方》里纵情讴歌的李白和孟浩然,都是身在江湖,心存魏阙的伟大诗人,李白"相看两不厌,只有敬亭山",人山对望的文化冲动,在亚楠散文诗里复活重生,即使在《冰山之父》这章散文诗里,亚楠面对慕士塔格峰,也是"用仰望的目光凝视",也就是说,来到慕士塔格峰面前首先必须仰望,必然仰望,那是人的形体与山的形体之间的巨大差异造成的。但是,当一个文化主体的文化灵魂被冰山激活后,这个渺小的人瞬间长大为一座冰山凝视着对望着慕士塔格峰——两座冰山是对话、是和谐、是永恒:

冰冷的额头,蕴含着多少奥妙?抑或用一缕光探寻暗夜,就像太空探测器,把无垠的宇宙轻拂。晶莹原是一种品质,看不见的花朵开放在高处。

我来到你面前,用仰望的目光凝视。啊,帕米尔的精魂,用自己的存在远眺。远方只是一个音符,你轻敛思绪,任时光在眉宇间潮起潮落。

……

哦,不去多想什么了。我知道,在帕米尔高原,慕士塔格峰正闪烁着银光……

——《冰山之父》

表现与现代生活相对的
另一种生存状态和生命活力

我曾在《中外散文诗比较研究》一书中,提出了存在于中国现当代文艺作品中的七种"现代性",其中之一为"被遮蔽的现代性"——沈从文选择的另一种现代性,张扬一种以自然为底蕴的、本真的人性,这种人性不同于启蒙主义的人道主义所倡导的,也有别于仁义为本的"性善论"的人性,而是元气淋漓的生命本体,是敢爱敢恨、能生能死的人生境界,并且以此对抗和鞭挞现代都市人性的萎缩和现代文明对人性的异化,如 20 世纪 30 年代丽尼、田一文的散文诗《鹰之歌》《江之歌》以及许多少数民族散文诗作家或生活在边疆地区的散文诗作家的作品,着意表现与现代生活和现代人性相对的另一种生存状态和生命活力,因为这种活泼的生命力直接构成了对于现代人性的挑战和必要的补充,因此这类散文诗同样获得了它的存在价值,成为中国散文诗不可或缺的一种表现形态。田一文的散文诗《江之歌》开头:

喏

喏——

喏,喏,喏,喏……(这铜色的背脊的船夫号子声)

至全文结尾,诗人回应前文,又让这些原始的合唱回荡在大江之湄:

喏

喏——

喏,喏喏喏……

喏喏地吐着原始的力,喏喏地做出雄壮的合唱。

喏,江在壮着他们的胆子。

20 世纪 80 年代,汉语散文诗实现了现代主义的回归,波德莱尔式的反讽、震惊、梦幻书写得到了当代中国散文诗诗人的重视,但是这其中依然有一批诗人,尤其是生活在边疆和少数民族地域的作者,目睹现代化、城市化对于传统文化(包括汉文化传统和少数民族文化传统)的冲击和腐蚀,顽强执着地用散文诗形式赞叹人性的传奇、自然的雄浑壮阔和少数民族的民风民俗,以此构成对于现代化命题的反讽和质疑,莫独(哈尼族)、喻子涵(土家族)、梅卓(藏族)、瓦历斯·诺干(台湾泰雅族)以及常年生活在边疆地区的当代散文诗诗人亚楠等的作品较具有代表性。请看亚楠的《喀拉库里湖》:

若不是这样的海拔高度,雪峰为何如此洁白?

孤独渗入血液,刻骨铭心的痛,把山交还给山。

我的高度肯定在雪线以下,目光所及,依然是山花、松木、大片的牧场。还有那么多野鸽子,它们快乐地唱着情歌。

金雕当然是我最好的兄弟。雪线以上的那些高度,不管什么时候,它们都会替我去完成。而剩下的一些问题,就是如何做好自己的事情。

我不会迷失在那些浅薄的空谈中。在喀拉库里湖,只要阳光还能够照亮每一滴水,春天就会妩媚起来。当牧歌缓缓响起,再深的寒冷也不会成为寒冷。

而此刻,如果把视线投向最高的冰峰,看看那些坚硬的雪,那些冰冷的骨头,肯定会发出青铜的声音。

这才是我的喀拉库里湖啊!

那一年深秋,慕士塔格峰的高度,照亮了我的迷茫……

亚楠的散文诗多以雪山、荒漠、草原、边地风情以及各地人文为主题,特别是那些与冰山对话的散文诗佳作,成为他本人精神世界的有力的支撑点,同时也给生活在当下的读者群以一种原始的野性的感动和文化的温情,它使我们相当单调乏味的生活动荡颠簸起来。

朱文颖 / 鲁迅文学院第十五届高研班学员,现为苏州市作家协会副主席。著有长篇小说《莉莉姨妈的细小南方》《戴女士与蓝》《高跟鞋》《水姻缘》,中短篇小说《繁华》《浮生》《重瞳》《花杀》《哈瓦那》等,有小说随笔集多部。小说入选多种选刊选本,并有部分英文、法文、日文、韩文、俄文、德文译本。曾获国内多种文学奖项。

作家自述

单薄的"品位"是无力的
朱文颖

关于严肃性的确认 一部作品和某种"意义"与"必要性"之间,是没有平等的对应关系的。我所说的"确证",更多的只是针对自己的内心。因为如果我还要坚持写下去,内心是必须要有力量的。否则写作将会沦为行尸走肉。我觉得对于作家来说,每个人的写作都必须要找到一种力量,而且这种力量必须是真诚的,触动灵魂的,与这个作家本身的特质与思想对等的——假如你已经想明白,并不仅仅想做一个随波逐流的所谓写作者的话。当然,我说这话的前提是,我们身处的这个大转型的时代太复杂了,里面纠结与隐藏的力量与秘密都太复杂了,而它与现阶段中国市场经济、消费文化相对应的表象是"随波逐流",有时甚至还是肤浅的。在这样的时代里(其实在任何时代都一样),真正的写作应该穿越表象,去做崭新的发现、激活和解说。这是一个漫长的几乎没有终结的过程。从这个角度来说,《莉莉姨妈的细小南方》至少能够给予我一些力量,因为它是真诚的,表达了我的一些想法,同时也得到了一些回应。

"颠覆"南方或"抵达"新空间 我最近思考过一些关于文学写作的地域背景的问题。与地域有关的写作,其实有很多层次。比如说,一个从小喝酱汤长大的人,或者吃生鱼片长大的人,和一个生活在食物与水果四季都有着极为鲜明差别的地区的人,他们感知世界的方式肯定是不一样的。这是地域文化的起点。但如果仅仅只是呈现与强调这个特色与起点是不够的。这只是一个比较初级的方面。

我近来注意到莫言的一个特点,他笔下的高密其实走过了几个阶段。首先是意识到可以写高密,因为他熟悉高密,这是他独一无二的地方。接着,觉得光这样写,不论读者还是自己都会厌倦,所以他接着发展出了一个想象中的高密,那是一个开放的空间,虚构、放大、荒诞、变形,这个高密是莫言重新创造出来的世界,它几乎可以承载一切。这就比较有意思了。我觉得莫言是把人类学运用到小说里去并且获得巨大成功的一位作家,当然,这和作家本身的个人气质有关系,但对于相对来说视野仍然比较封闭的中国作家来说,仍然多有借鉴之处。

所以说,所谓通过自己的作品"颠覆"南方,其实真正想要表达的是这样的意思——在写作中,我们应该警惕地域文化带来的思维定式。比如说,我生活其间的苏州,以及整个江南地区,一讲到这些地方的时候,我们立刻就会条件反射地联想到细雨、温和、暖阳、垂柳,联想到一切优美的、慢吞吞的甚至有些含蓄的东西。前一阵我和一位上海的朋友聊天,谈到这种地域文化的思维定式问题。那位朋友说,苏州这个城市和上海相近的一点,就是几乎所有的苏州人都认为苏州的过去是一场梦,作家就更是这样。凡是写这个地域的作家,都很少能绕开这个思路。习惯的力量是巨大的。还有最近我看到诗人西川的一篇文章,里面提到"江南"这个话题,其中有一个观点很有意思。他说,"新清史"的研究发现清朝的鼎盛时期似乎并未视中原和江南地区为核心,其关注视野放在辽阔的亚洲腹地:蒙古、西藏、新疆,再加上同属边疆的东北;中原和江南只是其全盘"大一统"规划下的一个组成部分。这种研究打破了我们以中原和江南为文化核心的思维惯性,很多问题再来看就要换一种思路。所以人的视野是重要的,很多文字和思想的激发都由此而来。

归根到底,我觉得"颠覆"也好,重新"抵达"也好,其实还是希望通过独特的地域文本和个人特质,尽可能地创造与接近一种世人皆可的价值。

眷恋传统生活方式或曰重新审视传统　　如果仅仅只是回答"眷恋",以及如何"眷恋",那明显是过于简单甚至是不负责任的。在现实中国的对照之下,"传统"其实有着更为广阔的寓意以及指向。

首先,传统这个我们耳熟能详的词到底是什么意思?何为传统?印度思想家阿什斯·南地在《谈印度》这本书里是这样说的:一、传统是对生活持续性的保持力量;二、传统是我们从先人那里继承下来的知识体系;三、传统是对现代性的否定依据。

如果说,我的小说让人感觉"常弥漫着一股对传统生活方式的眷恋"的话,至少从以前来说,那几乎是无意识的,或许是我这个人骨子里的某些东西。长期生活成长在江南,那种细腻、优美、婉约甚至颓废的调调已经深入骨髓。当然,这种身处其中的调调就是我最直观地感受和理解"传统"的一个切入口,即便是江南的传统也是有着非常广阔的背景的。传统永远是滋生作家创造力的一块肥沃土壤。

但问题还有另外一个方面,这是我近期才刚刚开始意识到的。那就是——小说不仅仅是一个调调的问题,不仅仅是表现一种趣味把玩的事情。特别是处在当下中国特殊的社会与文化语境当中,如果仅仅是调调,仅仅是趣味,而抽掉了这个现实的、连接地气的部分,那就只剩下单薄的"品位",那是无力的,而且会牺牲掉文字在当下所应该蕴藏的精神和思想。

文友印象

智慧而勤奋的朱文颖
艾 玛

2011年秋,鲁院英语班开在北京语言大学,我们一众人住进了北语的会议中心,朱文颖是我们同学中最负盛名的几位之一。朱文颖的房间在走廊东头,有两扇小小的窗户,东边一扇,北边一扇。从北边窗户望出去,看到的是银杏树,从东边窗户看出去,除了银杏,还有几棵特别高大的柿子树。同学张鸿摄影不错,她给朱文颖拍过一组照片,人坐在柿子树下,仰头看天,样子有些落寞感伤,而傍晚的阳光从稀疏的枝叶间落下来,在她光洁的额头留下的淡淡阴影,会无端让人想起些寂寥悠远的旧时光。闲来无事,我上网搜了些朱文颖的小说来看,《浮生》《重瞳》等中短篇,细致温婉的叙述,很能与她生活的城市苏州契合。彼时她也恰好有部长篇出版——《莉莉姨妈的细小南方》,她送了一本给我,扉页上的签字,清秀中却又带着些粗犷,一下显出些不羁来。

英语班课时很紧,同学间交流的机会印象中并不太多。但晚餐时常常会有三五个人的小聚。有个晚上,我和张鸿去食堂吃饭,正好碰到朱文颖、孔亚雷、张运涛三人也在那,我们五个人拼了两张桌子,打了几个大食堂供应的菜,一边吃饭,一边聊天。好像自那以后,我们会时不时找个地方吃吃饭,喝喝咖啡,聊聊文学。气氛总是很热烈的,有时候近乎吵架,乃至于回到会议中心,在走廊里互道晚安后转身走开的一瞬常常心生倦意,但过不了两天,我们却又这样聚在了一起。写作犹如孤身行路,也许每个写作的人都渴望着这样偶尔的交集。朱文颖习惯在晚上写作,所以上午,她的房门上总是挂着"请勿打扰"的牌子。孔亚雷忙着读书、翻译,也常常在门上挂着"请勿打扰"。我房间的窗户朝西,每到傍晚,一大群乌鸦停留在对面的屋顶,它们站在一道水泥栏杆上,一动不动地看着前方,像是一群正等待什么的身穿黑色正装的严肃的绅士。我对它们产生好奇,想看看它们的生活里到底会有什么大事发生,因而常常也会在这个时候挂出块"请勿打扰"的牌子。朱文颖通常是不管这些的,她砰砰地敲门,我们总是很快就放她进来,沉闷的一天也因此而改换节奏,变得有趣起来。就我个人来说,静默的乌鸦带给我的乐趣总不如从她的言谈中获得的多。她是很难拒绝的。说她是黑夜女神也不为过,整个上午她都在休息,因此晚餐小聚时她总是精力充沛,思维敏捷得像跨上了匹小马,口齿锋利如新鲜麦芒。英语班举办过几次研讨会,都是由顾建平、朱文颖等这样的文坛老将做主持。朱文颖主持的那一期,我正好回家了,未能参加,返校后有好几位同学对我说:你损失大了。我们五个人也常常在吃过晚饭后走到五道口以西去逛书店,那边有几家比较有名的书店,万圣、豆瓣什么的,我们几乎都去过。我们互相推荐书目,每次都有斩获,常常只能打车回学校。北语的东门和西门长期有人推着小车卖盗版外文书,我们也都买过几本。只是盗版书的油墨很成问题,气味大且怪,没法放在床头,翻看过后也必得仔细洗手。即便这样,我们也还是时不时地跑到那小车前翻翻。记得朱文颖那时对社会学、人类学著作格外感兴趣,买过不少这方面的书籍,比如《泰利的街角》,比如《从祝福到暴力》。很多写小说的人,是只读小说的,那些单纯在一个好故事基础上展开的所谓技术的艺术总是令人有局促之感。我开始觉得,朱文颖定是一个有野心的作家。我想她的写作也将会证明这一点。

朱文颖还有一件令人十分羡慕的本事,那就是长期熬夜,却并不使容颜受损。朱文颖的夜晚属于文学,可是她年轻的容颜、光洁细致的皮肤,一点也不像是一个长期熬夜的人。一般人那样熬过夜后,白天出门就只能挂着两个黑眼袋了。可她不,她依然是漂亮的。因为熬夜,北语会议中心的早餐她大约是一次也没有吃过的,我从未在那碰到过她。英语班的社会实践是去海南岛,朱文颖有事没有参加,临行前我把一袋未吃完的吐司,还有果酱给了她。我们在从海口去三亚的途中,快到中午了,她发来短信:吐司在哪买的? 真好吃。看到短信,那一刻我竟有些心酸,吐司有什么好吃的呢? 说到底,它除了方便,除了还能填饱肚子,还有什么可称道的呢? 我一周最多只能忍受吃一两次吐司。而在北语的那三个多月,熬夜晚起的朱文颖,大部分时候,都是从这种淡而无味的吐司开始她新的一天的。孔亚雷有句话,是说像苏珊·桑塔格、库切这样的智慧而又勤奋的外国作家的:越老越好看。毫无疑问,朱文颖,也将会是这样的人。

评家观点

朱文颖和她的南方精神传奇

郭 艳

朱文颖从《高跟鞋》《水姻缘》《戴女士与蓝》一路走来，《莉莉姨妈的细小南方》无疑是她创作中最为重要的长篇，爱者大爱，不喜者则相当不喜欢。无疑这是一部被忽视和被低估的作品，又恰恰是她到目前为止投入最多精神映射和反思追问的小说。这部长篇带着20世纪70年代作家浓厚的古典——现代的乡愁体验，叙述着属于独异个人的精神传奇。她的小说叙事在个人化情境中铺排开的是对于一个时代惊鸿一瞥式的打量，人物行走在都市亦徜徉在旗袍高跟鞋的韵致中。在对于物质器具生存景观的摹写中，试图触摸的是细小历史情境中坚韧的精神性力量，并由此体现出了苏州街巷绵软中的坚硬与执着，由此也突显了朱文颖对于中国当下文学的价值与意义。

《莉莉姨妈的细小南方》镜像纷呈，南方女性深入骨髓的某种根性在莉莉姨妈那里被揭示被坦露被呈现，这是一种同情理解中的叙事。无数的莉莉们徘徊在往昔的雨巷中，撑着的那把油纸伞渐变成为太阳镜、防晒霜、遮阳帽抑或防辐射太阳伞，然而不变的是对于烟雨江南和女性自我意识的深深沉溺。在这个文本中，男性以出走来对抗绝望与虚无，女性则以更为坚韧的内心挣扎来消磨时光。我家族的女人深藏在心里的粗鲁，外婆脖颈上绳子的勒印，强忍悲伤的脸，童莉莉肾病中悄然绽放的青春与记忆，一次次离婚与复婚，乐此不疲的对于美的饕餮和追逐……这些都是在无法把握男性和男性所建构的所谓历史时，女性所采取的姿态和方式。因此，当我们回望一个时代的时候，当现代革命中宏大的理想主义日渐成为过眼烟云的时候，我们的内心会悄然而问：属于我的记忆与历史何在？小说恰恰表达了20世纪70年代生人无法参与宏大历史叙事的内心独白，以及面对历史情境宽容而体谅的姿态。

被惊吓者的记忆碎片与历史真实

小说从最日常的世情叙事开始。在母腹中受到惊吓的外公终于出生了,文本从这里开始了关于莉莉姨妈的叙述。这是一个受到惊吓的个人的生活史,同时又是一部南方古旧家族被中国现当代一系列宏大历史所惊吓的人物命运史。在面对强悍粗暴的历史境遇时,阴郁的柔弱的孤独的避世的甚至于无能的人物保留了某种对于生活的诗意理解,却只能在南方的阴郁连绵中苟活与偏安。然而,恰恰在这样阴郁忧伤的情境中,小说写出了被历史所惊吓的一系列人物真正的命运感与历史感。沉默的孤独的个体在被主流历史疏离后的决绝与抗争,无论是以怎样的一种方式,只要是逃离了(或者是拒绝)主流意识形态强大的群体性意识,个体有可能主动或被动地保有一份对于时代独具面目的真切体验。在这里,站立在苏州街巷中的似乎是一个个平庸者,小说讲述的是他们暗淡无光甚至无聊的人生图景,然而,深植于这些镜像中的,是历史无法掩盖的记忆碎片,以及碎片中被打捞的真实。在对莉莉姨妈家族的南方叙事中,小说完成了对于历史叙述多面性的执着探求。

深植于日常的精神性传奇

童莉莉眼中和日常疏离与历史悖谬的父亲童有源,无疑是时代的另一面镜子。在父亲这面镜子的折射下,童莉莉的肾病、忧郁、消极甚至于某种小资情调都有了合理的来源与解释。小说塑造了一个站在时代路口沉默观望的年轻人,她不具有《长恨歌》中蓄意地对于当代主流生活的颠覆,而是在首肯现实存在合理性的语调中,悠长而缓慢地呈现出一代人对于历史与现实的欲说还休的纷繁意绪。正如莉莉姨妈是"一个把革命与浪漫联系在一起的理想主义者。她向往北京,那个火红的、纯净的、轰轰烈烈的地方。然而,她又是这样的一个理想主义者:她喜欢在蓝天下看鲜红的国旗迎风飘扬,却也喜欢在月圆之夜的梅树底下听父亲童有源吹箫"。童莉莉们因为血缘、身份、性情甚至于南方地域一贯的气质,她像父亲童有源一样无法参与主流历史中和理想主义有关的日常事件。作为内心充满现实生存欲望和精神爆发力的女性(可能这种欲望因其细小常常被宏大历史所忽略、质疑甚至于摒弃),她们在日常性中坚守着属于自身的纯粹性和不可言喻的自我性,并以此来对抗无法进入历史叙事的尴尬与失落。正如小说所说:"莉莉姨妈吃西餐时,她的背挺得那么直,她的脖子仍然有着天鹅般美丽的弧度。她面带微笑细声细气地和服务生说着话……美食、鲜衣、流淌的音乐、人世间种种看得见摸得着的快乐……我们这两个虚荣的、会娇声发嗲的南方女人……其实我那小资产阶级的漂亮母亲也是这样的,其实我那郁郁寡欢强忍悲伤的外婆也是这样的,其实这个家族的女人骨子里全都是如此,无一例外,只不过莉莉姨妈更为顽固无耻一些罢了。"

从日常性出发对于精致生活骨子里的沉溺,滋养着莉莉姨妈们无尽延展的内心与外表。面对一个粗糙的躁动的骤变的时代,保有对于有品质生活的昂扬激情甚至于成了莉莉姨妈们的某种宗教。童莉莉和潘小倩兄妹的情谊,月夜、留声机、书场、养着花花草草的院落与洋楼,甚至于潘小倩和潘菊民突兀地塞给童莉莉的新衣服和一叠厚厚的钱……这些透过小说情节的穿插与推进,默默地叙述着有悖于时代主流的日常性生活之流。在被历史所惊吓的童、潘两个家族中,童有源和潘菊民以出走的方式逃离了现实的精神苦难,而童莉莉和潘小倩,则选择了坚守。在等待的过程中,人们以日常性的方式来逃离历史境遇的逼压,由此,僵硬的单薄的生命才得以复苏和醒转,一次次地带着不可言传的负气与娇恣,一头雾水又一路亢奋地建构着女性自身细小历史的精神传奇。

生命的解压与精神道场

无论在大小时代中,保有内心依然是女性不二的生存法则,即是所谓的柔弱胜刚强。面对家庭和子女的时候,来自于母性的建构性力量,让女性无法在生活现实面前义无反顾地出走或逃离。于是在守望的层面上,她们添加丝缕女人细小而坚韧的情趣、意味甚至于巧智乖张与反复无常。这种对于生命的解压和释放,因其细小又无章法,往往为经天纬地的男人们讪笑,但是女人们就是在这样的螺蛳壳里做着道场,这种道场所系的是人伦日用的温暖、情趣与快乐。每一个日常的惊喜、温润与趣味实际上连接着一个家庭几十年的兴味盎然。反之,每一个充斥呆板、冷漠与无趣的日子,同样导向没有任何审美意义可言的糟糕人生。女性内心之丰美与否,在相当程度上决定了一地域一时代家庭生存场景的模式。因此,在这样的打量中,莉莉姨妈们内心执着的闹腾,对精致生活形式主义的偏执就带着几分精神传奇的性质。小说通过莉莉姨妈的细小传奇为女性内心执着的精神力量构建了属于日常又超出于日常经验的叙事,让莉莉姨妈们的精神谱系在当代文学中占有了一席之地。

在无数的汉语小说文本中,男人用风花雪月、颓废浪荡来确证生命的存在和所谓精神自我的存在,相比较而言,莉莉姨妈们深入日常性的精神确证,以及跳跃在生存中鲜活强悍的生命力,这些更体现了女性面对生存本身坦然而坚定的姿态。尽管这种姿态更为个人化,却带着对于日常人伦丰厚的精神性体验,活跃在历史与当下的时空中。在面对历史强悍性力量的时候,莉莉姨妈精神性谱系所呈现出的真挚与温暖,是细小的,但却是深入女性生命道场的一缕温润的光,并因此弥足珍贵地建构着属于女性自身的精神空间。小说让南方在更具女性意义的历史想象中,走出了螺蛳壳里道场的狭隘,充溢着独具朱文颖面目的精神气质与力量。

历史场域的游离心态与文学性抗争

当下主流叙事在不断地确证当代历史的种种重大历史事件的时候,又以各种不同的宏大想象来重构历史场景和历史人物,让历史与真实在众多的影像与文字中扑朔迷离。而朱文颖的这部小说却钟情于写男人们对当下的出走与逃离,这种对于历史场域的游离实际上表达了多重的意义:家庭内部无法"言说"的沉默,夫妻、父女之间无法真正交谈——无法抵达彼此的心灵,潘先生夫妇和子女之间基于时代与文化的"隔",潘菊民和童莉莉之间错误的"对峙",吴光荣和童莉莉之间戏剧性的"缘"与"怨"……我们都生活在传统之中,同时也深植于当下的价值体系,当个人和主流意识形态构成某种疏离乃至游离的生活姿态,那么其被边缘和被遮蔽的命运就无可避免。与历史场域的游离有时是主动的,更多可能是被动的,尤其是对于中国当代不断的历史动荡和政治运动来说,个人往往无法选择未来的生活。在被抛入大时代的生存当中,多数个体最清晰的感受恐怕还在于时代裹挟前行中的疏离感,但是却很少有人真正去写与主流宏大历史游离的个体以及他们的精神与情感挣扎。

《莉莉姨妈的细小南方》恰恰在这一点上始终保持着活跃的思考空间和饱满的情感力度。潘菊民的逃离在相当程度上展示了当代人物谱系中稀缺的人物形象,表达了非主流人物对于历史的独白与倾诉。我们在相当多的小说文本中会发现类似于童有源的人物,但是这样的人物会被划分为社会学意义上的各种类型:破落的遗老遗少,软弱的旧式青年,平庸的无能者……这些标签中的当代男性被无数英雄叙事和底层苦难叙事所遮蔽,这样的人物所呈现的历史感被强大的意识形态所遮蔽,同样也被解构意识形态的文本叙事所忽略。因此,童有源在《莉莉姨妈的细小南方》中的出现便具有某种形而上的价值与意义,朱文颖通过对童有源略显虚化的处理与叙述,呈现了一个旧时代人物在当代生活中的虚妄与抗争。一系列的出走、不谙世事、甚至于不负责任,对于生存现实来说是多么不合时宜,但是对于文学来说又是多么具有文学性,且在一定程度上抵达了对于现实壁垒的文学性抗争。童有源没有能力成为中国式的多余人,但是却以自己独特的方式告别时代昂扬亢奋的合唱。

在《莉莉姨妈的细小南方》中面对祖父辈的历史,我无疑带上了鲜明的"70后"一代人的怀疑色彩。《长恨歌》中王琦瑶的个人历史依然是建立在对于主流历史的建构或解构姿态上,而在这篇小说中,无论是过去、未来和当下都无法给出一个明确的对于生存的解释,而正是在这种姿态的写作中,凸现出了一代人的自我建构意识:在不断地回望、凝视、质疑甚至忧伤与反讽夹杂的情绪中,以怀疑论者的精神来建构生存的合理性。似乎未老先衰,却又充满着对于历史与当下的无限关注与执着。这种身在历史场域内的游离性观照,让一代人有了某种对于现代与传统两端的同情性理解,因此奠定了对于祖、父辈遥望之中的同情与理解,让乡愁与诗意始终萦绕着南方家族的落魄历史。在反思主流历史的粗糙凌厉与炫目迷人的同时,带着无限的沉迷和探究,去叙述时代场域对于自己深深的刺激与伤痛。如果说所谓的社会学意义的文学解读曾经占据着中国主流文坛,那么,从这一代写作者开始,不是被社会先行设置了面对生存场域的姿态,而是写作者主动建构自我与社会的某种文学文化环境与场域。从某种程度上说,怀疑主义的思维方式让文学真正和自我的生命意志发生血脉联系。相对于弑父或者说无父的写作姿态,这一代人对于历史与当下的认知姿态,无疑映射了20世纪70年代一代人自我建构的真诚努力以及这一过程中痛苦的挣扎。

小说通过莉莉们内心无尽的坚韧最终抵达女性精神道场的温润与安然,对于逃离现实与历史的男性投去无限同情的一瞥,打捞被遗忘被遮蔽的历史与记忆的碎片,并以此来弥补宏大历史叙事所缺失的柔软声部,赋予这些人物真正的文学性。朱文颖从这篇小说再次出发,以中国南方及其女性的丰沛精神传奇给了当下文学一次惊艳。从生活现场中转过身段,从美女写作中抽身而出,进入对于历史现场和当下生存的精神叙事。她的莉莉们穿越了旗袍高跟鞋的女性符号标签,走入扑朔迷离的历史情境与记忆碎片中,在女性精神空间细小精致又抑郁狂躁的诗意中,走向精神传奇的开阔坚韧与明朗。与此同时,朱文颖最终将自己在文学史写作中和他人区分开来,真正成就了朱文颖和她的南方叙事。

近日在读《亚洲腹地旅行》,斯文·赫定笔下的亚洲腹地探险无疑就是他个人的精神传奇,即便在面临死亡威胁的时候,他依然会认为:"上路探险征服未知领域,和不可穿越的险地博弈,这一切都散发着不可抵抗的魅力,让我深深为之着迷。"在斯文·赫定充盈着19世纪末理性主义和科学精神的笔触中,我似乎又回到了少女时代阅读《哥白尼传》《赫胥黎传》的时光。深夜的寂静中,庸常烦闷的日常和考试在科学理性之光中离我远去,暗夜的宇宙苍穹却近在心智与灵魂的咫尺之间。所谓的理想主义可能就是在那样的情境中生根,且被几十年的庸常冲洗打磨而无法彻底根除。由此当我看朱文颖的《莉莉姨妈的细小南方》,没有读出人物心头的怪兽抑或是零余者的无法安适,而是读出了地域性知识所能够孕育出的一种精神传奇。朱文颖的叙事无疑是对于苏童糜烂庭院的一种反拨,也是对于王安忆上海南方的一种有益补充。朱文颖表达的是一种更为宽容的对于历史与当下的提问方式,且带着某种超越经验主义感知的敏锐和执着。与此同时,在一种地域文化内部反观与自省又是危险的,必然会带着某种不自知的文学偏好,由此,小说依然会被界定在阴郁南方的无力审美中,无法抵达更为强悍的精神场域。斯文·赫定在亚洲腹地的所有探险都有着"瑞典"的巨大意象和隐喻,又始终带着横贯欧亚大陆的豪迈不羁。朱文颖的南方在很大程度上丰富和充盈了江浙文化地域中的审美意蕴和精神情感多义性,更加期待她能够有着更多可以互为镜像的文化隐喻和象征,从而使自己的写作更加接近于对"沙之书"的追求。

张悦然 / 鲁迅文学院第七届高研班学员，现供职于中国人民大学。作品刊发于《人民文学》《收获》《芙蓉》《花城》《上海文学》等，著有短篇小说集《葵花走失在1890》《张悦然十爱》等，长篇小说《樱桃之远》《水仙已乘鲤鱼去》《誓鸟》等，主编杂志书《鲤》系列。曾获"新概念作文大赛"一等奖、"新加坡大专文学奖"第二名、"华语传媒大奖"最具潜力新人奖、春天文学奖、人民文学奖等。

作家自述

关于茴香的一则启事

张悦然

在《动物形状的烟火》里,林沛梦见一个陌生人在月台为他送行,临别时往他的手里塞了一把茴香。梦见茴香意味着会有什么东西失而复得。会是什么呢?他内心开始对此有所期待。随后他的全部厄运,也正是因为这种期待。在那个新年的前夜,他决定前往久未联系的朋友宋禹家参加派对,为的是从他那里找回一点什么:一点尊重,一点认可,一点往日的情谊。失望之际,他遇到了从前的女朋友颂夏,并将期待的目光移到她的身上,或许能在她那里找到一点什么,他想,一点爱,一点温存,一点怀念。但现实仍旧不是他希望的那样。就在心灰意冷之际,一个他认为比他自己处境更糟糕的小女孩出现了,他用酒精和想象力构建起与她的关系,一种无法割断的紧密联系——她原本应该是和自己在一起的,于是,他决定把她从这里带走。这是对她的解救,也是对他自己的。在这个绝望的时刻,他紧紧地抓住她,像一个要被激流冲走的人抓住一根枝丫。他试图用她来挽回自己节节败退的局面,赢得一小块栖身之地。最终,这根枝丫断了,他跌入了深渊。

和很多受过伤害的人一样,林沛变得非常敏感,而敏感只会让他变得更加不幸。这注定是一个越来越糟糕的循环。作为一个失败者,林沛的问题或许在于还不够绝望,当命运对他进行了一系列的盘剥掠夺之后,他仍旧抱有某种幻想,那就是命运总会再归还给他一点什么。可惜命运是从来不找零的。

我真正感兴趣的是林沛身上的宿命感。不够绝望、抱有幻想都是源自于那种宿命感。我们常常把宿命感视作是很消极的东西,其实正相反,很多时候,它是一种积极的人生态度。因为你相信宿命,就是相信在你身上发生的事都存在着某种内在的逻辑。如果把一件事看作是果,那么一定可以找到与之相对应的因。找到这种逻辑，虽然不能掌控命运，可是至少能够把握它的走向。在小说里，林沛无法接受自己运势的急转直下是毫无缘故的，他相信这一定是有原因的。当他遇到那个小女孩的时候，他认为自己终于找到了那个原因——先前的全部厄运都是他的报应，而现在，他认识到自己的过错，并且找到了一种赎罪的方式。说到底，相信命运遵循着善有善报恶有恶报逻辑的林沛是天真和乐观的，以为只要悔过，一切就能变得好起来。事实却并不是这样。那些所谓的逻辑或许并不存在，也没有那么多因果报应，世界无序而无常，事情蛮横地发生着，没有任何道理可言——这大概就是这个小说所要说的。

将小说从宿命论中解脱出来，这对我而言似乎格外重要。在早些年的写作里，那些小说总是有浓重的宿命色彩，情节受到宿命的羁绊，人物依附于命运的善恶逻辑而存在，像台球桌上被瞄准的小球，有着早已确定了的运动轨迹。在很长一段时间里，我都没有意识到这样做有什么问题，因为那时候，我的确相信并且还在寻找世界所存在的隐秘逻辑。可是后来，忽然有一天，我就不再相信了，毫无缘由的。再去读从前很喜欢的《悲惨世界》的时候，充斥当中的宿命论，令我心里产生了抵触。我没办法再任由笔下的人物单纯而乐观地奔着他们的宿命而去。我想我有必要向他们指出，他们所信赖的因果逻辑并不可靠。

这篇小说就是一次尝试。我想要做的并不是把一层一层的厄运加诸林沛的身上，看他到底能够有多么悲惨，而是将他从一重重宿命的绑束中解放出来。让他以前所未有的清醒，打量一会儿这个无常的世界。

文友印象

请不要远离文学
霍 艳

跟悦然认识11年了。2003年冬天我们在北京西单见面,一起跑去华威拍了大头贴,她烫了服帖的直发,穿一条黑色的连衣裙,我梳着马尾辫,裹着黄色的羽绒服。那时她20岁,从新加坡放假归来,我15岁,刚升入高中。更早与悦然相识,是在萌芽论坛上,我认出潜水的她,发了一条站内信。互联网对于我们这一代写作者的意义,不光是一个作品的发表平台,也是彼此沟通的所在,当时有很多作品都是首发于这些论坛:暗地病孩子、黑锅、晶体论坛,悦然是晶体论坛的小说版主和黑锅的资深用户。

我那时对文学没有敬畏之心,以为文学就是自我抒发的通道,把一些自认为是"小说"的东西贴在网上。也是从那时开始,悦然就乐于跟大家谈论小说,她不大谈情感,谈的都是细部的处理,甚至是一个词语的运用,她后来形容为"玩着语言的游戏"。到现在,她依然热爱与人讨论小说,却更注重情节和结构,我曾说过她是从形容词文学走到了动词文学。

悦然也有微博,她却很少说话,远不如当年在论坛里活跃。我们拥有了更多的说话平台,想说的话却越来越少,不自觉就会想起混迹论坛的时候,那时伙伴们给对方写很长的信,讲述自己的阅读和生活,信贴在网上,却有更多的人参与进来,于是变成了一群人在取暖。悦然后来在书的序言里反复提及这段日子。有一期《鲤》的主题是"最好的时光",她专门做了"不再有少年在论坛里游泳"的专题,我知道她怀念的是什么。

从新加坡毕业以后,她在北京专职写作,其间也动过奇怪的念头,给心理杂志当编辑,去咖啡店打工,还和小时工一起潜入了陌生人的房间,去观察别人生活里的细节。她对一切都充满着好奇。

2007年,我们一起就读于鲁迅文学院第七届高研班,大家有了更多聚在一起的机会。她跟周嘉宁每天腻在一起,聊的话题多是关于文学,第二天又慌慌张张地从家里跑来上课。在这个班快要结束的时候,悦然萌发了小伙伴们要一起做一些事情的念头,于是有了《鲤》。她隐约感到传统文学期刊中的作品,审美趣味与文学价值观与年轻读者相去甚远。《鲤》或许可以成为它们的一个补充,代表年轻一代新的文学方向。这是一个有野心的念头,是希望靠自己的努力使文学环境变得更好一点的责任感。《鲤》一直坚持到了现在,已经出版了17本,涉及了和年轻人相关的17个主题。

悦然是我见过在文学这条路上走得最坚定的年轻人。当时一起参加新概念作文大赛,一起混论坛的人,很多早就消失不见,有些转做其他行业。只有她,一直用大量的阅读和勤奋的写作,来过一种真正属于文学的生活。她读书很多,让一些专业的读书人也不得不赞叹,但并非读过就算,她善于提取里面的优点,并将之运用到自己的作品里,她的作品充满着被阅读影响的痕迹。也正因为读得多,她能一针见血地指出一个作品的问题,最后也会给予建设性的意见。当然这仅限于几个文学伙伴之间的交流,她在小说的问题上毫不客气。碰见初涉文学的人,她还会帮忙推荐发表的平台,后来她在《鲤》上专门辟出一个叫《声纳》的板块,给那些在文学路上徘徊的人。同时,她也乐于听取别人对她作品的意见,尤其是那些贴着文本的分析,她也会阅读一些当代文学评论,反观自身的创作。

2013年,她成为人民大学的讲师,开设一门叫"短篇小说阅读"的课程,我跑去捧场。站在讲台上的她与同学打招呼时还是有些羞涩,可一谈到具体的作品,她又那么兴奋,启发着学生不断将问题深入。学期结束时,她的考核方式就是赠送同学一本外国小说,要他们撰写相关书评。她的课因为太受欢迎,而不得不更换更大的教室。一些哲学、法学,甚至理科的学生,因为这门课而喜欢上了短篇小说。还有很多外校的学生来旁听,刚开始大家是抱着见见年轻时文学偶像的心愿,到后来被她精彩的讲述吸引住。

一度有关于"80后"作家是偶像派还是实力派的争论,张悦然被放在前者,她变成了一代人的文学偶像,但这对她并不公平。她曾在一次校园讲座里,引用了王安忆的一句话——"不要说你是读着我的书长大的,我的书并不能使你们长大"。面对年轻的读者,她诚恳地说:"那时我们也就二十出头,作品谈不上成熟,更谈不上深刻。青春文学本身的亢奋,或者说其丰富的表达,使之成为青春期的少年们主要的阅读来源。可是,当青春文学的读者与作者之间的青春契约关系随着时间的流逝解除之后,大部分同龄人却不再读任何的书,远离文学。也许是由于青春文学裹挟着商业化的浪潮过后,留下了太过贫瘠的土壤。对此,我深感内疚。作为一名作家,还是希望大家多读书,不一定非要是我的书,但请不要远离文学。"

悦然一直保持着一个女作家的生活规律,习惯在夜里写作到天明,但她总是需要一个小伙伴来陪伴着她一起,我是最不称职的陪伴者,因为我有着最正常的作息和最低的耐心,撑不到1点就吵吵着要去睡觉,她于是放我去睡。等我再醒来查看手机时,有她在凌晨6点发来的信息,每当这时,我就觉得不该把这个小伙伴孤单地留在文学的世界里。

评家观点

从小资产阶级梦中惊醒
杨庆祥

有时候,张悦然自己会试图解释她小说中某些情绪产生的原因,她很喜欢强调的一个事实是,她小说中的主人公大概都是出生在20世纪80年代的年轻人,从这个意义上讲,她小说中的人物都带有她自己的某些影子,只是有的深有的浅,而在中国的图书市场,张悦然的作品也一直被视为"青春小说"而书写着20世纪80年代出生的一代人的"成长史"。

这个"成长史"向内的部分,是张悦然小说中的对孤独的思考。

自从20世纪70年代末中国政府实施计划生育的基本国策以来,一对年轻的夫妇和他们的"独生子女"成为中国社会最基本的家庭单元。毫无疑问,与前此中国式的大家庭甚至是大家族相比较,这些独生子女在享受更多资源的同时也丧失了很多乐趣,其中最主要的一点就是兄弟姐妹众多所带来的集体欢愉感。这种情况下的孤独是有道理的。但是如果把这种孤独感完全归因于"独生"的情况,是否也过于简单?一个最基本的事实是,无论哪一个独生子女都不会是在隔绝的环境中成长,学校、社会依然提供了无限广阔的交流的可能。在我看来,独生子女的孤独感是确实存在的,但是这种孤独感却并非一定会成为一个普遍的问题,它之所以会成为一个问题,却是与20世纪80年代以来中国社会的结构变化密切相关。仅仅是某一个个体依然会在与另外的个体的交往沟通中找到情谊并消除孤独感,但是,如果整整一代人都陷入这种孤独感,那就必然与城市化以及城市空间生活有密切的共生关系。这是无法回避的社会事实,并立即会转化为一种心理现实。如此生成的孤独,人们将如何抵挡?

《好事近》中,中年男作家是一个没有外貌、没有性格、没有姓名的符号,而正是这个面目模糊的人物形象,构成了一个无处不在的巨大存在,《好事近》所有的叙事动力都来自这位中年男作家,他像一个旋涡把所有的人物都吸附到他的周围。张悦然虚构这样一个人物或者是出于她的无意识,也或许是刻意而为之,但是不管怎么样,一个问题是,这位中年男作家的魅力何在?他如何能同时吸引蒋澄和杨皎皎(实际也就是另一个"我")。男人+中年+作家,这一人物符号的重心应该落在何处?杨皎皎、蒋澄和"我",都是在"阅读"之中爱上这个中年男作家的,"作家"的意义在此被凸显和建构出来,"写作"和"阅读"成为一种"疗愈"的方式,通过"写作",这个中年男作家发泄了"被压抑太深的欲望","把忧郁传染给别人",而通过"阅读",杨皎皎、蒋澄还有"我"被卷入一场畸恋之中,她们以为这会帮助她们找到通向世界的"入口",抵抗孤独并完成自由。

通过写作和阅读可以疗愈孤独吗?张悦然也许对此满怀信心:"于是我终于明白,一个群体的重要。我需要你们,和我一起披着青春上路,茁壮地呼吸,用力博取时间。"这种信心来自对"共同"书写和阅读的期待,我毫不怀疑张悦然的真诚,但是,《好事近》的书写和阅读证明了这种"疗愈"的难度。田村卡夫卡在《海边的卡夫卡》中满怀信心地上路时,也不会想到会有一个俄狄浦斯式的悲剧在等待他吧,因此,村上春树借大岛之口说:"不是你选择命运,而是命运选择你……"于是这里边产生了无法回避的"IRONY",企图借助"写作"和"阅读"这种在现代极具孤独感的方式来消除现代的孤独感,这难道不是另外一种反讽吗?小森阳一在批判《海边的卡夫卡》时指出:"精神创伤决不能用消除记忆的方式去疗治,而是必须对过去的事实与历史的全貌进行充分的语言化,并对这种语言化的记忆展开深入反思,明确其原因所在。"作为一个评论家的小森或许是对的,但是,正如《好事近》所隐喻的,如果语言本身已经被"去历史化"和"虚拟化"了,被卷入无尽的"游戏"之中,"疗愈"如何可能?作为一个小说家的张悦然或许更愿意尊重故事本身的逻辑,因此,《好事近》的"疗愈"方式最终不是"语言",而是摧毁性地毁灭一切,在这个意义上,张悦然印证了布洛赫关于小说的可能性的言论:发现只有小说才能发现的。而"疗愈",虽然重要,还是把它留给其他的人吧。

对现代小资产阶级生活的反思,是这个"成长史"的向外的一面。

在张悦然的《家》中,裘洛和井宇的"家"具有某种现代的品质。首先,这个"家"是没有婚姻来予以保障的,文中交代裘洛和井宇在一起生活了6年,但是并没有结婚。也许结婚与否都不重要,重要的是提供了这样一种信息,即裘洛和井宇的"家"更接近于同居生活而非婚姻生活,他们只是组建了一个简单的共同体并保持有各自的个体性。其次,这个家没有孩子。一个事实是,在中国人的传统观念中,"家"必然与生育相关,也就是说必须有父母子女才构成一个完整意义上的家,但我们发现,在裘洛的"家"里,是没有子嗣的,猫代替了子女的角色。

裘洛的这种生活具有某种典型性。在中国的大都市中,这种小资产阶级的"家"比比皆是。它们构成了中国现代生活最重要的一部分,并在一定程度上呼应着全球资本主义时代的普遍性生活模式。萨义德曾指出这种现代生活方式的蔓延所提出的重要挑战:"无子嗣夫妇、孤儿、堕胎,以及不继续繁育的独身男女,以不同寻常的坚忍聚集在这个高度现代主义的世界上,所有这一切都说明了嫡属性的困难。然而,在我看来,同样重要的还是随着这模式的第一方而直接产生的第二方,即产生不同的构想人类关系的新方式的压力……那么,男人和女人还有什么别的方法能够创造出相互的社会关系,以替代那些把同一家族成员跨越代际连接起来的纽带呢?"

对于《家》中的女主角来说,她在其潜意识里面其实有这种重构的焦虑。企图通过对自我所处的"虚假生活"进行反思,来获得真实的存在感。这是裘洛在小说的开篇就计划"离家出走"的主要目的。而在这之后,她其实是在试图重新对自己的生活进行定位,这里面就必然包括了萨义德所提到的重构人类关系的新方式。也就是说,裘洛对于自己和井宇的这种关系,对于自己和袁媛的这种关系,甚至对于自己和保姆小菊的这种关系都是不满意的,离家出走,也就意味着把自己从这些关系里面解放出来,重新塑造主体,并构建一种更新型、真实、有效的关系。通过"出走"或者说"逃离"来获得新的内在和外在,在这一点上,张悦然的写作与西方现代主义的主题联系在了一起,加拿大作家艾丽丝·门罗有一篇非常著名的短篇小说即名《逃离》,故事讲述一位年轻的已婚女性因为不堪忍受平庸的日常生活而离家出走,却半途而废,重回家庭。门罗的写作是否构成了张悦然的经验,这是另外需要探讨的话题,这里需要指出的是,现代家庭已经构成了一种普遍的情境,这一情境成为另外一套压迫和束缚的机制,对于它的反抗,因此也呈现出了同构性。

故事的发展出现了意外。第一意外是,井宇也遭遇到了裘洛同样的困境,并在互相不知情的情况下同样选择了逃离。这个时候,故事的视角突然发生了变化,从小资产阶级女性裘洛转移到了农村来的小保姆小菊身上。正如我在文章的一开始就提到的,小菊的故事乍看有些突兀,在一个充满小资情调的叙述中突然来一段底层叙述,怎么看都有点疙疙瘩瘩。但这正是这个小说的张力之所在,在第一部分故事里,裘洛作为一个叙述者与作者的声音其实并无二致,他们似乎就是同一个人,但是在小菊这里,叙述者与作者完全分开了,这么做提供了一个更理性、更有抽离感的视角,只有在这样的叙述视角里面,裘洛的"离家出走"才不至于变成一个感伤的青春故事。从叙事学的角度来看,小菊的故事撑开了一个充满惊讶感的叙事空间。

在裘洛的眼中,小菊毫无疑问是缺乏教养的另一类人:"小菊初来的时候,她简直有些受不了。是一种草的味道,是干硬的粮食的味道,是因为吃得不好,缺乏油水散发出的穷困的味道。"虽然,小菊后来在城里待久了,这些味道没有了,甚至在裘洛这里"学会做比萨,芝士蛋糕和曲奇饼干,也懂得如何烧咖啡,开红酒"。但这些并不能改变她的身份属性,"裘洛不知道,这些花哨的技能,是否有一天,小菊真的能够派上用场"。在裘洛眼中,小菊始终不过是一个爱占小便宜、做事偷懒的乡下姑娘而已。裘洛不可能有变成小菊这种主体的欲望。但吊诡的是,在裘洛离家出走之后,却正是这个她看不起的小菊代替了她成为空房间的主人。小菊成了裘洛的替代者。她不仅帮助裘洛打扫房间,喂养小猫,更重要的是,她成了井宇倾诉的对象,井宇的每一封信现在都必须通过小菊的阅读而获得意义。意义通过一个替代的"主体"得到了释放。在这样的情况下,小菊难道不正在慢慢变成裘洛吗?更重要的是,在裘洛的叙述让位给小菊的叙述之后,小菊的形象明显变得丰富和开阔起来,她生机勃勃,周旋在丈夫和中介人之间,在不同的空间之中挪移,并在阅读井宇的来信中开始思考婚姻、自由、爱情等小资产阶级才可能纠缠的问题。通过小菊,裘洛获得了"在场感",她离开不过是为了让另外一个主体粉墨登场,主体的置换在这里似乎获得了可能。

作为小资产阶级的裘洛发现了生活的虚无之后,她面临两种选择,一是依靠个人奋斗成为一个更中产、更虚荣的主体,一个是离家出走,让另外一个主体来代替她,以此获得"新"的生活。她放弃了前者而选择了后者,但这种置换是否就是一种完美的出路呢?而且谁能够预料到,当小菊成为那个空房间的女人后,她不会面临裘洛同样的困境呢？离开这样一个小小的"家"（暂且不管小菊是否已经成为另外一个裘洛），是否就能够挣脱资本主义的生产链条,完成个人真正彻底的自由解放呢？

  这里面的"进"和"出"值得探究。对于裘洛来说,她"出去"意味着她离开小资产阶级的情境,对于小菊来说,她"进去"意味着她有可能从一个农民的身份意识慢慢转化为小资产阶级的身份意识。如果将这种"进出"理解为一种交换的隐喻,我们是不是会得出一个非常悲哀的结论:资本主义正是通过这种不停地交换来获得其社会生产关系的复制和增殖。在这个意义上,小菊是无比庞大的小资产阶级的后备军中的一员。资本主义设置了一个情境,这个情境就是裘洛的家和老霍的家这样的社会空间,所有的人都不得不生活在这个情境以及作为这个情境的配置情境中。小菊进入裘洛的家也许不仅仅是充当一个"替换者"的角色,同时她也是一个"象征"的角色,也就是说,一旦某个主体因为各种原因离开这个情境,小菊作为一个象征物就被召唤进来行使其功能。

  同为20世纪80年代出生的一代人,我们和裘洛、井宇面临的共同问题是,我们用何种方式来处理个人与日益"规定化"生活情境之间的关系？选择逃离——而不是更具有冲突感的反抗、抗争——实际上意味着我们不过是以一种更温和、更无害的方式来有限度地调整个人与社会之间的关系,这种方式的选择,大概也就体现了小资产阶级的"妥协"和"软弱"吧。张悦然由此触及了我们这个时代最有症候性的命题,那就是,在社会结构没有发生根本性改变之时,任何个体的解放都可能是有限度的,它不得不借助于历史的偶然性。这正是今天小资产阶级面对的历史困境,板结化的社会结构似乎已经成为不可改变的事实,我们只好借助一种浅薄的存在主义和虚无主义来予以"抵抗",这种抵抗的假面,在我看来不过是一种托词和借口,以此逃避对于自我更新和再造社会的责任和义务。

  对20世纪80年代出生的一代人来说,很重要的问题是,是否存在一种克服孤独、翻转小资产阶级情境的"崭新生活"？这种"崭新的生活"会是什么样的生活？这种生活可以与我们身处的摇摇欲坠的历史与社会关联起来吗？由此我们可以开辟新的历史现场和想象空间吗？

  这是张悦然小说中沉默的部分,这种沉默需要更多的写作来予以激活。

晓航 / 鲁迅文学院第二十一届高研班学员。搞过科研，做过电台主持人，现从事贸易工作。1996年开始创作，至今写作150万字，主要从事中篇小说创作，2012年起开始长篇小说创作。主要作品有小说集《有谁为我哭泣》《送你一棵凤凰树》《一起去水城》《旧梦如花》《所有的猪都到齐了》，长篇小说《被声音打扰的时光》《游戏是不能忘记的》。曾获第四届鲁迅文学奖。

作家自述

通过文字寻找意义,挑战无意义

晓　航

从 1995 年我开始业余写作,到 2014 年发表最新的长篇《被声音打扰的时光》已经快 20 年了,时间算起来长得可怕,但是又飞快到不知不觉的程度。

从这 20 年看,我的写作大致分为五个阶段。第一个阶段是从 1996 年到 1998 年,基本上写的都是废字,没什么能发表。第二个阶段是从 1999 年到 2001 年,这三年发表关过了,写完的东西可以不扔垃圾箱了。第三个阶段是从 2002 年到 2007 年,我觉得我的作品在这个阶段有一个质的改变,形成了自己的风格,即评论界所谓的"智性写作"风格。第四个阶段是从 2007 年到 2012 年,在这个阶段我尝试着使作品向两头靠近,一个方向是现实,我打算更深入地理解现实;另一个则是向思维的深处,探索一些更抽象的哲学与宗教问题。第五个阶段,就是从 2012 年起我开始长篇创作,我基本上没有写过长篇,因此这对我来说是一个新的历程,我又成了新人。《被声音打扰的时光》从 2012 年 4 月开始构思到 2014 年 7 月完成花了 27 个月,一共删改六次,这中间历经艰辛,倍受打击,我深深体会到写出一个长篇是多么不容易,那种传说中的日行千里,一天干几万字的事情只有神仙才做得出来。

认真地想想,写作这 20 年我有什么改变呢?

最重要的一点是我读了很多书,粗略算了一下,我大概主要读过经济学、心理学、宗教、历史、哲学(包括很多政治哲学和科学哲学)、国学、文学、科学等等门类,当然还有很多杂七杂八的东西,总体上有五六千万字之多。这些书对我的影响是非常大的,它们使我建立了一个比较完整的看待世界的框架,即理性的批判主义框架。同时,对于宗教的涉猎,也使我深深了解了上帝或者说佛陀植根于人类心中的那些基本善念,这两种不同框架的相互参研与对抗都让我受益匪浅,给我提供了一种不可多得的体验。

其次,这20年我已经从一个初学者成为相当成熟的写作者。想当年,我对于文学没有什么特别的看法,只是一种生理性表达,满足一种倾诉的欲望而已,而现在我对于文学的看法已经比较固定了。我认为文学的最终任务应该是这样:它必须创造一个迥别于庸常经验的崭新的世界,并努力探索形而上层面的解决之道。一部真正好的文学作品要重新组织事实、重新建构世界,或者说给世界一个新的解释,就好比音乐、绘画、政治、科学都有不同的对世界的解释方式一样。

正是基于这个想法,我在自己的道路上越走越远。经过多年的实践与思考,我独创了一种"智性写作的模式"。这个模式是以复杂震荡式的多学科组合方式,以想象力为基础,运用现实元素搭建一个非现实世界,在非现实世界中回指或观照现实,进而拓展对于生命可能性的探索以及对终极意义的寻找。这是我写作的特点,别人不能轻易模仿,它常常令我非常得意,并且得到众多的赞扬;这也是我写作的缺点,有许多无法克服的缺陷,它常常令我异常绝望,并且受到众多的指责。

这20年的第三个变化,是我已经从当年的小资产阶级转变为一个知识分子,虽然我依然无法摆脱怯懦、卑微、首鼠两端,但是我已经从只关注自我的生存状况变成一个关注群体、大众、民族的思考者,我认真地观察着中国社会经济与政治的变化,希望我的民族获得最终的腾飞。

而这20年中,唯一没有改变的是,我依然是一个理想主义者。这相当难能可贵,也相当悲催,因为都到现在了,我竟然还是理想主义者!在一次校庆发言时,我对着当年的同学们大谈理想主义,台下的同学频频点头喜笑颜开,我想大家的真实想法是:这孙子没变,他很执着;可是这孙子从来不会进化,永远按照他年轻时不切实际的目标奋斗着。

在未来的时光中,我还会认真地写下去,我的题材依然是关于城市的,我认为未来中国100年以内的道路都是一个城市化的道路,城市文学会大行其道。那些简单的、机械的、重复的农业文学该退出历史舞台了,即使它们因为种种客观原因在历史舞台上继续表演,但它们也会逐渐变为哑剧,然后变为皮影戏,慢慢地失去观众与读者。历史会把它意味深长的目光投向城市的深处,我们这些忠实于城市的写作者将会接受历史的考验,我们会努力表达出城市的开放性、多元性、矛盾性,还有它极为深刻的变形记。

思考是一个写作者终生的痛苦的任务,他们放弃那些名利双收的行业进行写作就是对自我存在价值的不断确认,这种行为如同买彩票基本上不会有任何回报。但是,如果运气好,他真的写得足够好,他就能确认不仅仅是自己甚至是整个人类存在的某种价值。这种买彩票的行为其实是一场非常伟大的战斗,有些人的一生就是为了获得那种人类的存在感和价值感而奋斗,虽然他们表面上被别人认为是无聊的、古怪的、不切合实际的、完全无法理解的。

一个懦弱的人将永远是懦弱的,他不会在某一天变得坚强起来,这不可耻,这只是一个事实。可是,作为一个怯懦的人,我在这个世界上做得最勇敢的一件事就是:如果生命是有意义的,我将通过文字来寻找这种意义;如果生命是无意义的,那我将通过文字来挑战生命的无意义。

文友印象

关于晓航的那些事

宁小龄

晓航就职的那个公司在帝都的西三环,做金属与非金属的商贸生意,那些年他人五人六,穿着西装,仗着还算娴熟的"英格力士",跟老外们周旋,彼此算计,满腹经纶。晓航是不是一位做金属与非金属生意的高手,无从得知,在此存疑。每次相聚,大家起哄,一旦问及——前些年他是眉飞色舞,这几年则是唉声叹气。

有一年,他疲于奔命在北京与外地之间,来回穿梭,据说是为了一个项目,那是他操劳过度疲惫不堪但又没什么斩获的一段日子。如果让他写成小说,我们可以看到试图跻身于矿业的一个匆忙而惨淡的身影。如果时光倒流,在前十年,他所在的那个行业,生意兴隆,业绩良好,产品价格曾经一路往上狂奔。那些日子,晓航踌躇满志,逢人必谈股票,作为一个理性的投资者或见机行事的投机者他都有种种心得。那时他手里捏着一大把股票,似乎是一个辉煌的数字,相比之下,他身边的那帮朋友们听了他的忽悠,个个也都跃跃欲试,最后他是不是赢了,那些朋友是否掉在了坑里或是否及时出逃,我没有问,因为那已经成为彼此之间的往事。

这时的晓航经常大气与阳光地在电话或短信里张罗着朋友们聚会,通常他会在饭局上成为主讲。在跑项目的日子里,晓航每次回京,基本上悄没声息,偶然有电话或短信,通常都是叹息现在经济形势不好,大滑坡,然后自我鼓励,兄弟我得拼命啊。那口吻是满眼苍凉的商人,让人可以想象电话那端他的苦相,但只有偶尔提及文学,他才仿佛大病初愈,骤然间恢复了元气。

有很长一段时间,晓航每周雷打不动地如约去北京人民广播电台做新闻节目的嘉宾。这个节目,我没听过,有一次去香山开会的车上,听到一个也叫晓航的男主持人正以我非常熟悉的浑厚磁性的声音评述天下大事。我在插播广告的间隙,给他打去电话,没想到这并不是他,此刻的他正在外地。晓航无奈地解释,电台有两个晓航,虽然同名,那位是正式的,而他则只是嘉宾。

不过据听过的朋友讲,晓航仗着身为北京大院孩子的自信与字正腔圆的北京话,再加上口吐莲花与反应敏捷,在电波声中,他茁实的嗓音兼得瑟的姿态逐渐被众多走街串巷的出租司机与小白领们所熟悉。坐在麦克风前的晓航,我相信就跟他坐在饭桌前一样,善于八卦,眼睛活泛,表情与手势都很夸张。

晓航年轻的时候,据他说为了宣泄体内的负能量,经常呼朋唤友,游走在北京高校的几个足球场上。他号称自己是头脑最为清醒的组织中卫,也经常助攻,而且是绝对的主力——可惜,后来他的一条腿受到重创,然后在疗伤期间,有数月间,他从大家的视线里暂时消失了。

没有了晓航的饭局,顿时寡然无味了。每一次饭局上,他的气场他的慷慨激昂他的亦正亦邪他的插科打诨与他的彬彬有礼他的修养他的低调他的沉默,相互迅捷转换中,让我们看到了他内心与性格中的驳杂。但不管如何,他给大家的印象是阳光的,是北京的,是大院与胡同的,如果没有北京大院出生的王朔前辈,那么晓航怎么着也应该肩扛王朔的大旗,写出《一半是火焰一半是海水》《动物凶猛》《我是你爸爸》之类的作品。

晓航有真正的理工科背景,考大学时他数学最好,大学时学的是物理化学,然后又就读于知名的外经贸大学,相当于一袭现代黄袍加身。这些年,哲学历史宗教手不释卷,并喜欢忙里偷闲,挑选个别美景,然后支起电脑,像一个正在炮制一部热门电视剧的编剧一样,滴滴答答地码着字。这个场景是很小资的,是会吸引众多目光的,尤其是年轻女性的。有那么几篇小说他就是在这样的目光炙烤中突然感到自己正在穿越现实,进入到一个让他眼晕的虚拟的天地。

有一阵子,他在网上与众多象棋高手对弈,他一脸正色地说网上真有高手啊,他们下得如何如何,有的棋路来自他都不知道的棋谱。那段时间,他痴迷于此,晨昏颠倒,昼夜不分,但他很快幡然醒悟,检讨道"真是玩物丧志啊,把好多正事给耽误了"。

若干年前他买了房。楼盘不错,绿树成荫,然后将近一年的时间他开始像祥林嫂一样絮叨他的装修远景,并不厌其烦地跟多家装修公司的人半真半假地探讨着装修的多种可能性。终于,他家装修大功告成,所有去参观取经的朋友,目睹这个一半是美式乡村一半是地中海风格的房间后,都羡慕嫉妒恨地在他的新地板上留下了斑驳的脚印。

他的《师兄的透镜》获得鲁迅文学奖后,那段时间他必须装得跟没事人似的,他不能像其他在体制内与业内的获奖作者那样可以高声喧哗,可以恣意忘形——他必须夹着尾巴,多年来他一直是某个环境中一个文学创作的潜伏者。那些日子,耳闻某地某位得了鲁奖后,又得到地方政府的重奖时,他很惊讶,不断问:真有这样的好事?不务正业的晓航则没有这样的幸运,当他的同事们从各种渠道得知他获奖后,他只是偶然地成了大家茶余饭后八卦时不经意间的一个谈资而已。

评家观点

神圣与世俗的疯狂
——城市文学视域中的晓航

李蔚超

英国数学家、哲学家怀海德认为,音乐和数学一样,体现了人类精神中神圣的疯狂。音乐和数学,如同一切艺术与科学门类,需要以一定的秩序、规律和确定性为基础,确是人类理性的创造,然而其因"神圣的疯狂"而具备超越理性的冲动恣肆。神圣的疯狂有别于世俗的疯狂。神圣的疯狂可以让个体摆脱具体的禁锢,为难以言喻的伟大与崇高感所捕获,于是在有限的经验中体悟到无限,进而体会到个人的渺小。世俗的疯狂更多是感官的沉沦和欲望的宣泄,通过世俗的疯狂,个人在欲望的消费里无限地膨胀,随后堕入空虚,期待下一次刺激的到来。在都市生活中,我们随处可见世俗的疯狂,灯红酒绿下的肆意狂欢或堪称一种城市文化符号。

理工科出身且早早投身商业大潮的小说家晓航,因拥有与其他作家不同的知识结构和个体经验而抱有与众不同的创作胆识和野心。他乐于将一定的科学概念进行文学想象性的描写处理,对应描摹现代城市中小资、商人、白领、青年科研者等特定人群俗丽时尚而颓废迷惘的生活,他注重展示世俗的疯狂破灭之后人物心灵对神圣的向往和渴求。在晓航的小说中,神圣与世俗的双重"疯狂"巧妙地互为镜像,超验世界与经验世界交相辉映,读者和论者很容易从中获得新奇的阅读体验。这是晓航的独特。独特的艺术面貌为晓航的小说获得了一定的文学殊荣(中篇小说《师兄的透镜》获得第四届鲁迅文学奖),也获得了评论界"智性写作"的命名——"智性"指涉科学与艺术的玄机与奥妙,因其体现了人类智慧中神圣的疯狂和世俗疯狂的真实与切近而格外迷人。

城市:恶之花

在创作谈中屡次声称"不读文学作品"的晓航,对于中外文学史上曾经热闹流行过的先锋文学、魔幻现实主义等流派大概缺乏探究的好奇和热情。但是，无论先锋文学、魔幻现实主义还是智性写作，剥离炫目奇巧的文学技巧，看清作家对现实世界的呈现和理解，才是判断和理解一位作家的价值的重要标准。

晓航曾理性地规定过自己的写作模式："首先我依然继续运用想象力，搭建那个远远没有完成的'非现实世界'，它被我命名为第二世界。其次，在这个过程中我开始主动谋求建立一个独具个人色彩的'现实主义世界'，它被我命名为第一世界，我一直努力打通'第一世界'与'第二世界'之间的管道，想使两者融合，并力图产生更加丰富多彩的可能性。"第一世界即是现实，晓航是地道的北京人，没有过任何非城市生活经验，他的现实世界就是城市甚至说当代中国"京式"超级大都市。从城市文学的视域考察晓航的创作，他早期作品"往事系列""青春系列"等中篇小说无意突出城市的主题，并未对城市本身进行深入思考，更多是不自觉地根据个人经验将人物安置在城市的舞台上。

直到在不久前发表的新长篇小说《被声音打扰的时光》中，晓航才将城市时隐时现地塑造成小说的一位隐秘"人物"。城市作为小说"人物"拥有时尚而鲜明的符号，雾霾、拥堵、水泥森林、消费文化、金钱拜物等等含义不言而自明。晓航依然延续西多奥·德莱赛对现代都市的阐释和批判，以亦真亦幻的方式呈现现代城市繁华喧嚣背后的社会文化的丑恶与黑暗、城市中人的精神危机和情感失落、个人美好理想与严酷现实之间的落差。晓航在这篇小说中虚构一个神秘的日出城堡，在那里"产生梦幻的地方也消灭梦幻的地方，在这里什么都可以发生，既有复活也有死亡"，它堪称城市的缩影，城市中涌动的物质欲望、醉生梦死的狂欢和多元个性的追求毫无拘束地爆发和肆意地蔓延。

读晓航和其他当代以城市为书写对象的作家的作品，也会产生一种疑惑，作家们是不是把描写冷漠、功利、市侩、恶等种种城市生活窳劣本质，当作一种毫无推敲余地的"盖棺"性结论？在《被声音打扰的时光》中，晓航让小说人物一遍又一遍地不假思索地宣布：这个世界是"恶毒与功利"的。对恶的警觉是任何一位成熟作家的必备条件，但是警觉并不等于一股脑地归罪于恶的本身和认定恶是渊薮就万事大吉。晓航的可贵之处在于虽然在小说中他毫不犹豫地宣判城市之恶像"日出城堡"一般令人畏惧矗立不倒，然而人物愿意以蚍蜉撼大树的勇气和决绝与之抗争，即便这种抗争是盲目而出于本能的。然而，当人物表达着"世界不是我想象中的那样理想,我对世界很失望"的情绪时,警觉的作家会用文学的方式将城市生活的丰富传达给读者,探究城市之恶的来由,探讨限制恶的社会因素。而沉迷于"恶之花"的香艳诡俏的作家则会把恶简单地当作生活的常数,过于认同人物的情感倾向的作者会使叙述者和人物的声音融合,小说的意味将失之单薄。

城市中人:在犬儒心态与理想主义之间摇摆

晓航作品里的人物,大都是科研界的异类天才、知识界的另类精英、商界的冒险家,而由他们生发的故事,也大都蹊跷而离奇。

赵晓川是一位出现在多篇小说的人物,他一般被赋予理工博士、辞掉科研工作下海的商人等等身份,类似的人物被晓航称为"小资产阶级",他们身上呈现着一种城市中人新的存在方式,一种另类的个体发展态势。作为知识分子出身的商人,赵晓川一方面深谙当下社会的"现实法则",懂得金钱的力量会改变人的行为方式和生活状态,他对现有秩序的不满转化为一种不拒绝的理解、不反抗的清醒和不认同的接受,带有颓废的玩世不恭和现代犬儒心态。然而,他的骨子里还终究难以割舍一些具普遍意义的信念与理想,他对情感是真挚而不失善良的,在他的身上,社会良知的弥足珍贵与现实欲望名利磁场的纠葛缠绕,使他处于十分尴尬的人生境遇。

晓航的代表作《师兄的透镜》(原名《当兄弟已成往事》)以研究所中的年轻科研工作者试图探索宇宙形成初期的第一缕星光作为情节线索,讲述了终极真理对知识者的召唤,以及知识者对为庸俗和欲望腐坏的自我心灵的救赎。叙述人"我"作为一个资质平庸的高校科研工作者,自认与真理相隔永恒的距离,于是自甘堕落地在庸常的生活中保持狡黠而世俗。"我"和研究所其他平庸之辈一道,贪婪地寄生在才华横溢的师兄朴一凡周遭,依靠他的智慧完成科研任务,从而维持自己无忧无虑的世俗生活。如果没有朴一凡的突然失踪,没有那幅名画对众人经济生活造成的威胁,没有在寻找过程中被唤起的青春记忆及往事情怀,"我"那沉湎于安逸生活渐趋麻木的内心就将无限制地滑向世俗的谷底,最终麻痹在城市生活喧嚣的声浪里。小说的结尾则让那种渴望发现宇宙的第一缕星光的震撼与清醒长留于"我"的心中,那微弱的光芒象征着意义的、抽象的、价值的、精神的觉醒和徜徉。

几年前,北大教授钱理群尖锐地指出,我们的大学正在培养一大批"精致的利己主义者",他们高智商、世俗、老到、善于表演、懂得配合,更善于利用体制达到自己的目的。钱先生一石惊起千层浪,社会开始纷纷反思高等教育的问题。而晓航的小说人物在很多方面佐证了钱理群先生的论断,那些高校知识分子、科研精英和受过高等教育的商人在犬儒心态与理想主义之间游移、矛盾和纠结,这是晓航作品里常常呈现出的城市中人的精神状态,他微妙地展现了商业化时代知识者欲念十足、平庸世俗的精神世界,同时,晓航期许城市中人在世俗浮生中能够受到理性之光、智慧之源的启迪,于是他的小说总是以怀旧和致敬的方式回望和追忆那些"往事"与"青春",那些充满理想与激情的时代,那些人类智慧中神圣的疯狂。

城市:商人冒险家的乐园

现代城市既是政治文化中心,也是商业活动的重要场所。从词源学考察,这两种功能与古代汉语中"城"与"市"两个字的含义正相符合。现代英语国家说到企业家"Enterpriser","entrepreneur",是从法语中借来的词,原本是经济学上的概念,普遍是指企业中能够让企业合法经营、不断发展,具有社会责任的人,突出了"冒破产之风险"的特点,也指艰巨的事业、魄力或开拓进取的精神。早在16世纪晚期,敏锐的莎士比亚就发现了商人作为新兴的社会阶层,富有强大的生命力、创造力和想象力,崇尚冒险精神的商业时代业已来临。另一方面,商业主义因追求利润而显得咄咄逼人以及自私和不道德。21世纪,城市金融商业文明日益成熟,商人已经成为城市中的重要群体,考察小说中商人形象和作品所展示的经济生活的细节,有利于我们理解金融商业时代的城市文学。由于在商海沉浮多年,晓航习惯设置象征性情节和玄妙逻辑,偏爱塑造与自己经历和精神气质相似的人物。

《所有的猪都到齐了》是晓航写于2008年全球金融风暴之后的一篇小说。几位来历神秘"有故事"的人聚集在城市出租屋里,他们善于突发奇想,把商人冒险家的精神发挥到极致,他们开辟了"大象租赁""石舫时间""无忧草"等几种商品和经营模式,在一番短暂热闹的成功之后最终以失败告终,几个生意伙伴在伤感和悲壮的情绪下拆伙解散,相忘于江湖。即使不具备专业经济学知识的读者,也不难从"大象租赁"这样异想天开的商业模式中领会到现实寓意——次贷危机、股灾、虚假广告、炒作、网络推手、泡沫经济,种种城市商业文明和经济生活中的人为灾祸和贪婪人性的丑恶。我们对此毫不陌生,信奉市场原教旨主义的经济学家早已宣告,经济人只受自私或自利动机驱使,罪恶者表现得更加厚颜无耻,并且抱着肆无忌惮的态度公开承认动机的腐坏。晓航也不例外,小说中的人物一再说:"有人想买,咱就可以卖,这就叫市场,谁跟钱有仇啊。"伙伴们推销依古籍配方制成的"无忧水"时,为了进行网络销售,也制造了一个话题,编了一个故事,引起了网民的愤怒和感动,胡乱编造的一种产品因炒作而热卖。当无忧草的销售产生泡沫之后,相对清醒的林岚提醒大家及早抽身,生意合伙人们在钱的诱惑下仍然无所畏惧:"这又不是我们炒的,谁当最后一头猪关我们屁事。"猪,是那些卷进市场炒作当中的被套牢的受牵连者,是经济食物链上的一个环节,最后一头猪大概就是崩溃时不幸砸在手里的那位倒霉者。值得注意的是,这篇小说在刊物上发表时原本名为《灵魂深处的大象》,"大象"在小说中象征着人与世俗平庸生活对抗的奇思逸想、理想与情怀、温暖与爱意等,当面向市场结集出版时,小说乃至小说集的题目都变更为《所有的猪都到齐了》,其间的微妙意味我们不难体会。

晓航称呼小说中这群人为"乌合之众""社会闲散人员",他们过着"啸聚山林般的生活",后来索性注册了名为"瓦岗"(瓦岗寨)的公司。瓦岗的几位成员对伙伴们满怀绿林好汉的江湖义气,肝胆相照。老罗在面对背叛伙伴们独吞无忧草配方游说时毅然地拒绝了,而对于他人——那些商品的消费者的利益得失则根本无暇顾及,谁在购买和炒作不见真身的大象?谁在服用毫无科学保障的"无忧草"?小说中偶有人物善意地质疑:"这不是缺德吗?!"立刻会遭到伙伴的说服和纠正。小说中把瓦岗合伙人的城市商业历险记比作"飞蛾扑火般追求梦想",在这个金钱成为人的本质和存在意义的时代,理想和梦想这样纯粹高尚的词语的内涵也与遵从资本和市场的逻辑谋求利益挂上钩。最终,看不见的手又以同样的逻辑和不可抗拒的强大力量使这些经济食物链上末节梦想一夕间破灭。因此,小说用伤感的笔触描写着曲终人散时瓦岗合伙人们豪饮痛哭的场景,主人公在多年后怀念伙伴和冒险经历的怀旧情怀,我们更多体察到了并不陌生的青春情怀。

今年,法国经济学家托马·皮克提的《21世纪资本论》在西方社会获得广泛的关注和追捧。他告诉我们,21世纪正经历着"承袭资本主义",亦即富人承袭的财富主导整个经济,豪富寡头随之出现。富人的大部分收入并非来源于他们的工作,而是来自他们拥有的财产。穷者恒穷,富者恒富。"美国梦"式的白手起家拼搏致富的资本主义美好想象早已绮梦破碎。在晓航新作《被声音打扰的时光》里,女主人公冯慧桐的父亲"股神"孙维信身上明显带着巴菲特的影子,他天价鬻售与其共进晚餐的机会,神乎其技地操控着股市与金融工具,这样的金融巨鳄才是我们这个时代的主宰。小说中被人们看作"城市英雄"、带着黑道大哥气质的青哥,原本拥有着不可征服的日出堡,随意操纵他人的生死,他依靠经营实体经济而富甲一方,终于因毫无金融活动的经验而被股神消灭摧毁。在晓航讲述城市商业故事的小说中,始终有一种神秘而高深莫测的力量徘徊在普通商人之上,他们无法控制自己的命运和成败,即使偶然累积了部分金钱获取了利益,也不得不随波逐流地被市场和巨鳄们牵制和掌控。晓航的确具备优秀小说家的资质,他敏锐地体察到金融经济对城市人生活的巨大影响和操控力,今天世界上那些实力雄厚的经济体和掌握巨额资产的超级富豪们,正以隐蔽不可见的方式攫取资源和财富,小商人和城市市民的致富梦随时都会被碾碎。

伊恩·麦克尤恩曾经这样描述自己的创作:"我比较喜欢一部作品有自我完善的特性,被它本身内在的气势和光辉所支撑着,它和这个世界很相似,却又不被它所左右。"才分高的作家大多知道怎样使作品与世界保持恰如其分和亦真亦幻的距离。晓航正是如此。作为一位天赋型小说家,晓航在几十年的写作中形成了成熟的写作模式和鲜明的个性特征,他对人类智慧中神圣的疯狂的热情与爱好,对世俗生活特别是城市生活的持续观察和激情表达,让我们看到了他的小说创作的无限可能。

吴君 / 鲁迅文学院第二十届中青年作家高研班学员，现居深圳。在《人民文学》《十月》等发表多篇小说，部分作品入选《新华文摘》《小说选刊》《小说月报》及各类选本、排行榜。出版有《我们不是一个人类》《不要爱我》《有为年代》《天越冷越好》《亲爱的深圳》《二区到六区》等，中篇小说《亲爱的深圳》被改编为电影，其作品曾获《小说选刊》首届中国小说双年奖、第十五届《小说月报》百花奖、广东省鲁迅文艺奖等。

作家自述

我的深圳地理

吴　君

我的写作并无特别之处,我喜欢阅读,便有了尝试,根据自己的一厢情愿把深圳这座让我又爱又恨的城市写进了小说,并一直没有停止。当然,在我看来,这么做无比明智,因为它们正不断发酵、分解、变化,自上而下,由内而外,无法阻挡,这座城市在我的心里快要承载不下。当然,这期间我有过迷茫、浮躁和孤独无助的时刻。这些不良的情绪让我纠结了太久太久,据守或是远离一直在拷问着我这个居住在经济特区却要偏执于文学、天姿平平的业余选手,要不要频繁地出没于各式各样的活动,以此证明自己的才华没有枯竭,机会没有错过,要不要用出书的数量去稳固在线的形象都是我的焦虑所在。

直到有次翻看《北京文学》,和以往不同,我被封二吸引了。那是一个大腕云集的笔会,有几个还是我喜欢的作家。此刻,他们不再年轻的容貌吸引着我。看过合影之后,我突然明白了一些事情,原来这个社会没有因为你是作家就给你开了另一扇大门,也没有更多的便利和捷径等着身为女性的写作之人,走到塔尖上的人,绝不可能只靠巴结、讨好。它需要你更加勤奋、用功,更加心无旁骛。文学看似感性,实则枯燥无比,绝非装饰品,任何时候都可以戴在头上招摇。它既是一件妙处难与君说的美事,更是一份痛也无人分担的苦差,没有生活和知识的储备,不会走太远。匆忙上路,没有经济做保障,定会产生焦虑,从而影响一个作家的正常发挥。和所有手艺人一样,不断磨砺自己的内心和写作技术,同时还要和其他人一样,面对生活给我们出的一道道难题。只有拥有了成熟和健康的身心,才不至于在这漫长的征途中退出。即便是那些当红而实力派的作家大多已是中年,也绝非美女。之前他们写了10年,甚至是几十年。他们的成功绝非偶然,也不是一时运气,而是经历了几十年的点灯熬油,漫漫长夜。原来,每个人都不得不俯首向生活做出各种妥协,直至不再年轻,不再激情,老天才把成功的秘籍交给你。

比起那些土生土长的本地人,我这个外省人,不仅入侵,让他们的男女比例更加失调,还要改写、臆想出太多个深圳故事。主人公有的埋首于流水线,有的沉迷于歌舞酒色,有的在家中寂寞,有的在路上徘徊,形形色色,他们何尝不是我,我又何尝不在体会他们的人生。瓦解本地人的津津乐道,质疑他们虚构的美景,不断用盲人的方法触摸自己心中的大象,并重新建构出一个更新、更多元、更加瑰丽也更加另类的城市,是我追求的境遇。于是,我顺从并服务于内心,如反映将青春与热血献给了深圳的农民工,最后却与幸福失之交臂的《亲爱的深圳》《菊花香》《扑热息痛》《陈俊生大道》《深圳西北角》;男女比例失调错位的《十二条》《红尘》《有为年代》;比如贫富分化的《十七英里》《这世界》,再比如,二元对立仇视情绪不再但深藏个人立场的《复方穿心莲》《恋上你的床》《关外》《百花二路》,反映深港双城生活的《皇后大道》《东门故事》……

深圳,它牵动过太多人心,改变过太多命运,照亮过许多人的夜空,是开放的前沿、实验田、理想者的圣地,也是世界的加工厂,暴发户、偷渡仔、寻租客们的乐土。这30年,它源源不断向社会学家贡献各种有效的话题,同时为作家提供了最丰富最极端的创作资源。由此而创作的深圳系列,既是我内心进化或后退的斑驳历程,更是这沧海桑田中的一个微观景区。安静下来,体味这些貌似日常却又惊心动魄百味杂陈的生活,多一些个人的思考和判断,而不仅仅是记录一些浮光掠影的城市的标识,是我常常提醒自己需要注意的问题。在我看来,只有这样,我才没有白写,更没有辜负这座令我情到深处的城市。

文友印象

顽强书写外省人的心灵史
冉正万

几年前,我和吴君有过一次很长的对话。我们就写作本身不设边际地探讨,驱散了写作带来的孤独与惊惶。对写作之外、作品的存在乱谈各自看法,使我感到了些许希望。这份希望是吴君的清醒带给我的。她的清醒让我至今难忘。当时,每天要看十几万字来稿,还不时翻阅到手的文学期刊,对整个中国的文学状况还是比较了解的。我对那种你有我有大家有的同质化写作感到很厌烦。吴君说,必须想好自己应该怎么写,不要去管其他,无论是做刊物还是写作,需要坚持到极致。现在,焦虑和不满荡然无存,我完全理解了作品的命数和作者的命运,并且坚定地认为,坚持不一定能在文学版图上占有一席之地,不坚持注定销声匿迹。这些观念和吴君的清醒不无关系。

吴君的清醒在她的作品中,是以呈现此在的精彩和无奈呈现出来的。

在那次对话不久,我编了她的短篇《花朵》、中篇《岗厦》以及后来的中篇小说《樟木头》。《樟木头》写的是两个女人为了获得深圳户口,遭受的屈辱和磨难。因为她们被看守所羁押过,她们的种种努力成了看得见的目标,却始终难以到达、陷入越来越无助的尴尬境地。这种尴尬从外表看不出来,尴尬程度只有她们自己知道。甚至,连她们自己也不知道。她们自己知道的,仅仅是不时涌上心头的烦恼。真正的尴尬其实时时刻刻在等着她们,给她们不致命但无比冰凉的一击。这冰凉的一击让读者感同身受。当然,这样的书写未免太过粗粝太过原始也太过不优雅。然而吴君的选择是令人钦佩的,她自始至终没有放弃自己的追求。

此在对个人而言是残酷的,具体的,并且是不便说出来的。所谓人生不如意事常八九,能与人言无二三。这不便与人道出的七八九,正是小说面对的此在,也是小说为读者呈现的确凿证据,是我们不愿经受却不得不经受的痛苦和遭际。此在既是作家个人的,又是人类共同的,是作家的感受与感知,也是生活的本质属性。这些感受只有写成小说,才能够透彻地展示此在的残酷和魅力。

后来又读了她的小说《十二条》,我是在出差途中读到这部小说的,读完后我写了这样的话:小说闪烁着阴柔的光芒,这光芒照见了我们不便说出却时刻背负着的可怜巴巴的进取心。小说中的曹丹丹和江艳萍,她们都有着不屈的生命力,一方面,她们努力地活着,与此同时,却总是希望活出属于自己的价值。这种价值在外人面前是不足道的,甚至是莫名其妙的,更可怕的是,她们希望这种价值既属于自己,又能展现在身体之外。作品在浓缩并剔除了大量的材料后实现了小说的内在张力。在诉诸生命直觉中,同时能看到作者如何理性地看待生活,把曹丹丹和江艳萍的困境放到社会生活中去追问,而不仅仅限于她们的性格,这就实现了小说大于文本的意图。

《花朵》《岗厦》《十二条》《樟木头》这些小说都有着内在的衔接关系。这就是此在的看似无关紧要,却在暗中露出獠牙,不时给你一点难受,再用滑腻腻的舌头舔舔,让你既痒又痛,还不能吱声。吴君呈现的此在与其说是精彩的,不如说是精准的。她能在精彩中拎起一张简洁的生活交通图,让人看到,每条道路都通到了交通图之外,而实际上,我们永远在交通图之内。我们在这些交叉的道路上暴走,挥汗如雨,还以为这就是人生。吴君在与李云雷的对话中说,作家应该是社会的痛感神经。她早就领悟到,社会发展在弱者眼里有如过山车,有失控的感觉。现在,恐怕不仅仅在弱者的眼里才有失控感,而是在所有人眼里,失控感越来越强烈。无可奈何花落去,不见燕归来。"说不清楚,很难说,没办法,谁知道,有可能"等短语,已经成了很多人的口头禅。

吴君不可能停止在对此在的呈现上。"理想很美好,现实很残酷"这话一般人都知道,只是不知道这是为什么。吴君在她的创作中,一直在追索,这一切到底是为什么。其中的奥秘,在哲学和宗教那里早就说清楚了。但哲学家和虔诚的教徒只能告诉我们,这是人类和个人自身的命运,是因果与轮回,却不能告诉我们面对具体的事情如何选择。哲学家不能解决陈娟娟和方小红的户口问题,也不能解除曹丹丹和江艳萍内心的焦急。法师讲"觉而不迷、正而不邪、净而不染"的境界,相信没有人不心生欢喜,不心生向往,但真正能做到的又有谁呢。

民间有句大白话:说起来简单,做起来难。因为这就是生活,这就是人的困境。

或许正是因为有了这么一条无法逾越的鸿沟,小说家才有事可做,并且永远做不完。生活在同一片天空下,遭遇的尴尬却各个不同。有些尴尬会危及性命,至死也无法摆脱自己的尴尬。这是多么尴尬的事情!

不过,作家一直是努力向哲学和宗教靠拢的人。吴君呈现的此在是给读者的,对为什么的追索是留给自己的。这或许是她写作最持久的源泉,也是今后最大的动力。追索的过程即是修行。我们可以把宗教的所有教义理解成哲学,却无法把哲学当成宗教。那么,写作者的最终目标,是通过写作看到自己的神。吴君有没有看到呢?在下不敢妄语。以她的清醒一直坚持下去,肯定会见到。在小说创作上,吴君清醒而又敏感,执着而又矜持,她的神早晚会在她的面前驻足。

写作本文的初稿时,笔者正在川藏线上自驾游,因为部队的朋友关照,沿途吃住在兵站。兵站设施极其简单,大部分招待所只有桌子,没有凳子,有些兵站甚至连桌子也没有。即便门上挂的是"首长室",里面除了床,也最多还有一个洗脸架。我是蹲在地上,像战地记者一样开始写这篇小稿的。愿意这样做,也是因为欣赏吴君的追索与成就。

评家观点

吴君的深圳想象和移民书写
谭 杰

改革开放尤其是 20 世纪 80 年代以来,市场经济带动城市建设迅速崛起,都市物质和文明迅猛发展,逐渐打破了中国乡村文明和乡土情怀占主流的文学格局,同时也赋予了当下文学作品更广阔的耕作疆域和天马行空的想象可能性。由此,以书写都市风貌、生活形态以及生活在其中的个体形象的城市文学逐渐代言当下的文学叙事,如王安忆和她的上海书写。而作为中国最早的经济特区和改革开放的最前沿,深圳不仅仅造就着时代的弄潮儿,更是中国最典型的移民城市,拥有独特多样、复杂丰腴的文化。然而,不同于北京、上海、广州这类有着较为厚重的历史和文化积淀的城市,深圳仅仅是一座有着 30 多年现代都市文化脉络的新城市,首先,城市面貌本身处于日新月异的变化之中,其次,生活在其中的人来自天南海北,鱼龙混杂,具有一种孤独漂泊的无根感。这些特点使得深圳具有很强的包容性,也有着最变幻莫测的世俗人情和城市属性,同时,也造就了深圳文学的独特的"新"。中国新时期文学中,深圳文学在某些领域表现出超前的觉醒,比如彰显打工问题、劳资冲突、城市青少年独立意识等作品。客居在此十余年的作家吴君,独树一帜地将写作视野聚焦在都市深圳移民的浮沉境遇,她将自身的内部经验——虚化莫测的都市生活交织杂糅东北农村生活的记忆——付诸笔端,揭示深圳都市移民的身份认同和艰难求生,以及现代化进程和文明冲突中的复杂扭曲的人性。

都市移民的叙事伦理:关于内部经验和内心风暴

不难发现,吴君的小说题目带有一定的规律性,或带有明显的经纬位置和地域特质,如《皇后大道》《深圳西北角》《岗厦 14 号》《二区到六区》《地铁五号线》

《十二条》等;或充满着我们所熟知的生活中常见的气味,如《樟木头》《菊花香》《黄花飞》等;或是以病症、药品命名,以对症下药,直指要害,如《扑热息痛》《复方穿心莲》《福尔马林汤》《牛黄解毒》等。综观吴君的创作,她的小说无不从生活的细枝末节中来,文本中的日常片段、言语对白、饮食男女等鲜活、逼真又带有些许的陌生化和新鲜感,充满了烟火气息和生命野性。

吴君的移民叙事不探究生命感觉的一般法则和人应遵循的基本道德观念,而是作家将自身的内部经验和内心风暴,灌注在移民个体身上,通过他们的生活片段和故事,提出关于生存和生命的问题,营构具体的道德意识和伦理诉求。作家用一种冷静、客观的叙述口吻和情绪,将某种价值观念的生命感觉在叙事中呈现为独特的个人命运。

吴君曾在访谈中提到:"一次移民,终生移民,后代也多是移民的命运,他们的内心很难安定下来,精神是躁动的。"移民生活在一定程度上激发人性中原本沉睡的东西,比如欲望、恶癖,当然也有顿悟和觉醒,它所带来的对人性格和命运的影响是终生无法消除的。吴君的小说多聚焦城市一隅,窥探整个都市移民混杂多变的生存状态,然而,在对这些现象进行层层盘剥时,作家又如一个冷静老练的外科医生,不带入多余的个人情感,而是通过文字,让读者感知其隐忍的痛感和柔软体恤的温情。

在吴君的小说中,我们还可以轻易发现,她习惯提供两个地域、两种价值标准对照这样一种二元结构模式。比如从东北到深圳,从关外到深南大道,从深圳到北京,从香港到深圳等等,小说中的人从一个地方流动到另一个地方,看起来是为了更高的生活理想和人生追求,实际上,这每一次生命轨迹的迁徙都是欲望和利益的迁徙,没有定性的生活赋予了人无限的可能,也给人性和人心的张力展现提供了可能。《十二条》中的曹丹丹,对爱情、生活有自己的理解和把握,心底的愿望是能够在北京住上一段时间,像北京人一样过最日常的生活,使得在深圳失衡的内心得到短暂麻醉。小说的最后,江艳萍离开深圳回到北京——她从小就拼命远离的地方,她觉得北京人都是那么有文化。《念奴娇》中从东北搬到深圳的慈祥的母亲,完全变了个样,撺掇哥哥跟有文化的嫂子离婚,找个富婆,好过上衣食无忧的富足生活。城市生活以其滴水穿石的功力,渐渐扭曲了为了各种目的奔赴而来的人心,理想和现实的双重挤压,更烘托出城市移民精神世界的荒芜。

吴君的叙述并没有单纯地停留在底层生活的简单描绘上,而是直面人心和世情,用犀利精准的文字,剖开看似浮华体面的都市生活,直指症结所在。《亲爱的深圳》中,都市白领张曼丽举手投足之间俨然忘记了自己也是农村出身,"倒霉呗,差点撞上一个农民","你们这些农村人……我看你们简直就是一个残酷"……还有带有作者旁白性质的"在深圳人眼里,谁都没想过这些农村人也会结婚、生孩子,似乎他们压根儿就是一些没有性别的人","上班的时候,就像一个个只有眼珠会动的机器人。似乎只有下了班……他们才变成活物……"这些描写无不透射出城市农村劳动者的存在感全无和卑贱地位,没有温度的都市生活让生活在其间的人也变得冰冷无情。"身份""户口"是她小说中出现率最高的词汇,这两个词常挂在城市移民的嘴边,是他们最在意、最迫切的愿望,形形色色的中下层劳动者——保安、农民、女性,来到都市,他们踏上的不只是求生之路,更是确立身份的艰辛之路。

都市移民的众生相:"我们不是一个人类。"

在吴君的作品中,着墨最多的,也是最触动读者的,不在都市建设和生产的现场,而是蝼蚁一般求生的移民群体。在此,吴君着力捕捉的并非是酒吧、咖啡厅等高档娱乐场所这样浮光掠影的现代都市符号,而是徘徊在都市高楼间、蜷身偏仄空间里的身份卑微的底层劳动者的尴尬都市生活。吴君很少采用批判现实主义的写法,并不平铺或者直斥都市劳作者的苦难和悲痛,而是温情冷峻地指向人心深处,通过他们在都市的生存困境来凸显城市现代性过程中人的复杂性和矛盾性。"对深圳抱有理想的不仅仅是知识分子、白领,还有农民。深圳把太多人变成了外省人。移民到此的每个人,无一例外,命运都在不同程度发生了变化。背井离乡的人、心怀梦想的人、不甘寂寞的人汇聚在一起,产生了新的能量。这些能量有的转换为创新的原动力,有的转换成尔虞我诈的利益之争,有的则化为旋转在城市上空的漫天风沙。"

过客型移民。这类移民带着梦想来到城市,在一番挣扎之后又离开。这类移民以男性为主。他们的内心经历了一个对城市向往、期待向矛盾、焦虑、无所适从的复杂转变。《念奴娇》中的父亲,投奔女儿来到深圳,却从此变得不再喜欢说话了,总是安静地发呆。最终,他留下杨亚梅用身体交易换来的名牌手表,带着从东北老家带来的东西回东北去了。《亲爱的深圳》中的泥水工李水库,来到深圳的初衷是带在此打工两年的妻子程小桂回乡下老家生孩子、过日子,这让他并没有像其他城市移民一样沉醉淘金梦而迷恋大都市。初到城市的他并没有表现出对这座城市的兴趣,他眼里的大楼冒着寒光,让他不踏实,楼里的电梯"更是可怕,只一秒就让人没了根"。他说话都是小声小气的,像没着没落的城市孤儿。尽管他也有偷窥别人信件,把女白领当作性幻想对象这样人性阴暗面,也努力想引起这座高级写字楼里其他女性的注意,以期获得认同……他也发现了深圳的一点好处——随处可见让他无比羡慕的男人和漂亮的女人,他们说话得体,穿着整齐,这里是"神仙住的地方"。然而,看到路边等活儿的劳力,他也对这些人的愁苦感同身受。他鼓足勇气去跟张曼丽坦白自己所犯的不可弥补的错——他为自己失手撕信而致使父亲没钱医治最终死亡的事情度日如年——在张曼丽看来,这错却恰好帮她甩掉了沉重的负担……城市的浮华并没有让李水库丧失乡下人单纯质朴的品性,他内心深处对自己的身份和处境有着十分清醒的认识。

艰难扎根型移民。《复方穿心莲》中北妹方小红看起来似乎是移民大军中幸运的一员——她通过婚姻进入深圳本地人的家庭,但这令人羡慕的扎根是充满荆棘的扭曲变态的生活。她们为了扎根,尝遍艰辛,扎根后的生活没有带给她们多少抚慰,未来的生活依旧是灰暗无望的。

挣扎求生型移民。深圳的移民群体中,女性表现出了特有的韧劲儿,她们不惜代价,甚至舍弃亲情、尊严、贞洁,目的就是要在都市立足、扎根。《亲爱的深圳》中的光鲜白领张曼丽保持高冷的姿态游走在都市。她眼里似乎只有两种人,对她有帮助的和不相关的。她可以对帮她搬东西的保安笑语燕燕,却对家中病重的老父亲避之不及,甚至他的死让她觉得解脱——她为自己捏造了一个处于中上层社会的家庭,因为这让她能够在都市中光鲜立足,受人高看。她努力与自己贫苦艰难的过往人生划清界限,但是她抹不掉那段岁月在她身体上留下的痕迹,"外表光鲜,苦在里面"。离家出走到深圳打工的程小桂,努力学习都市人的口吻、生活方式,并以自己越来越像城里人为傲。为了保住得来不易的写字楼保洁工作,她回避与丈夫李水库的关系,甚至言行中充满了对他的鄙夷;她教丈夫如何放弃夫妻关系,以获取深圳人的身份,成为名正言顺的城里人……都市中女性绝情、自私的一面展露无遗,然而,小说的最后,作者转用饱含柔情的笔触,剥掉程小桂坚硬的外壳,露出她被城市割裂的伤痕累累的身体和心灵,以此又唤醒读者重新认识到这个人物作为女性弱势的一面,使得小说前面耗费大篇幅塑造出的那个坚硬的女性形象变得有血有肉,生动起来——都市不给任何人喘息和脆弱的机会,适者生存是唯一的法则。《念奴娇》中,为了供哥哥读书,皮艳娟只身一人来到南方打工。打工生活的辛苦,小说用了一句话带过,"想家的时候,她会哭。直到哥哥没了工作,全家人也来到这座城市,她才不哭了"。被包养的日子让她获得了短暂的轻松和幸福,也很快就让她失去了所有。在这个冷酷的都市,她想尽办法给哥哥安排工作,得到的依然是全家充满势利的埋怨。带有报复性的,她拉嫂子杨亚梅走上了从陪酒陪唱歌到被包养的路。小说的最后,留下的是一声怅叹,为看不到未来、靠那一点不光彩却又是仅有的温情的回忆度日的皮艳娟,也为这个都市中艰难反抗又不得不屈从的那些女性。

  作为女性作家,吴君长于细腻的观察,精微的描写,但她的叙述并不软绵,而是偏于冷静雕琢,尤其是对人物心理的描述,每一处细微的波澜都暴露无遗。她从不规避人性的卑微和丑陋,甚至有些刻意解剖,但是她写作的目的,比起批判现实,更重于寻根究底,试图寻找都市个体生存的途径和慰藉的方式。她的小说,如同在喧嚣中静心屏息,打开蒙上纤尘的抽屉,取出的尚带有记忆温度的物件,引人深省,又不胜唏嘘。吴君是一位非常真诚而又执着的作者,我们读她的文本,能感受到生命个体的每一丝细微的疼痛和颤抖,以及她对于时代和文明进程的深沉思考。

习习

习习 / 鲁迅文学院第十三届中青年作家高研班学员。出版散文集《浮现》《表达》《流徙》，纪实作品集《讲述：她们》，长篇历史文化随笔《胭脂》等。曾获冰心散文奖、黄河文学奖、敦煌文艺奖等多种奖项。

作家自述

渐渐地，愈加繁盛
习　习

当写作已然成为心灵史的重要部分，回首瞻望，万般感受一语难尽。

前些日子，在去乡下工作的空闲里，忽然想给村小的孩子们上两节作文课。这是一个仅有30多个学生的小学，附带一个四五个学龄前儿童的幼儿园。之前，我找到了藏在学校门前山坡下那个长长的土厕，三条被踩踏的不长草的细白土路通向三个低矮的厕所门。正是上课时间，我随便进了一个门，这时，我听到几个小脚步急惶惶地跟过来了，我知道是坐在校门口小板凳上晒太阳的几个幼儿园同学，他们排着小队进到厕所，一个小男孩严厉地说：这是男娃娃的茅厕！我说我错了，马上按他们小指头的指向进到了正确的地方，其间，我的心里一直盛满笑意。后来，我找到校长，请他给我两节课，我想跟孩子们在课堂上交流一下。校长很高兴，作为答谢，说晚自习后煮洋芋给我吃。乡里的夜漆黑，校长打着电筒来请我，我们一前一后，走过高高低低的山路。校长的办公室兼宿舍里，已经坐了好几位住宿老师，他们围着烤箱上的一个大铁锅。煮食洋芋，在西北太过普通，但这是我有生以来目睹到的最庄严的一次煮洋芋的过程。厚厚的木头锅盖上压着一块砖头，校长和老师们不时站起，贴着耳朵听锅里的声音，他们一会儿从烤箱侧口里添进几块儿炭，长长的火舌乱扑扑舔着锅底。已经闻到了一股焦香，校长依然不揭锅盖，他一动不动侧耳辨听着锅里的声音，旁边的老师说，正在收水，不慌，不慌。终于，锅盖揭开了，轰！一大铁锅笑开花的雪白的洋芋热气腾腾地盛开在了我面前，我感动得有些想流泪。

我想说的是，我要将生活中种种丰盈的感动归于写作，写作给予我咀嚼和深味，给予我多感和细致。我就是想把这想法传达给乡里的孩子们。那天，全校学生都来了，教室里高高矮矮，目光深深浅浅。我与孩子们讨论什么是作文，为什么有些作文会让我们喜欢;我和他们讨论写作会给一个人带来什么,我讲到了快乐、爱、幸福,这都是一些深邃的词语,但我相信他们对这些词语会有最清澈的理解。我说,如果你爱上了写作,你的一辈子会有着和别人不一样的幸福,特别是当你们成了妈妈爸爸、爷爷奶奶……孩子们都在笑,笑得很认真。

的确,渐渐地,愈加繁盛。

一个作家,深爱着写作,并能终生行进在这条路上,我一直认为这是上天的赐予。

我做过十几年教师,那段时光是我最年轻气盛的时光。一个需要恪守陈规的事业,被人为地加上更多严苛愚昧的规矩,像只鸟儿,我时常站在教学楼最高处,向山野间远去的公路眺望。不断被忧伤和倦怠挟裹,但令我慰藉的是,在语文课课堂上,我可以抽丝剥茧般尽可能多地向学生传达我的理解和感受,汉语的美丽和柔软,那种无限的弹性,给语文教学带来浓郁生机。我喜欢语文,但我备课时,为达到要求的字数,我要插上耳机,让耳朵里的摇滚震耳欲聋,方能平复我的悲观和无奈。渐渐地,一条由内心通向外部世界的幽微之路被我勘探到了,那便是写作。空气鲜活的一条路,虽然前途渺遥,但道路清晰。除了课堂,我有了另一种表达,以对抗和分裂,靠近完善和欢愉,与我而言,写作成了一种必需。学校生活依旧素朴,但少有人知道,我内心鸟语花香。

作家的可贵是,能在大部分时间里自知自觉地经历着生活。无论外在的世界如何喧嚷,但当动人之事一旦落入心间,喧哗在刹那就更换了场所,它开始于一个人的内部沸腾和反应。宇宙无涯、尘世苍茫,写作探照那些打动我们的事物,文字将它们放大、照射。

我写得最多的是散文,与散文名称相悖的是,这种貌似随意的文体,与其他文体相比,有着更多局限,它要求更大的真诚、更充沛的情感、更富足的见识、更天然的才情。加上散文自身宿命般的表达限制,时常叫散文作者陷入困境。但是,左突右冲也磨砺着散文家的耐心和智慧。尽管对散文的评判长期乱作一团,但我坚持要求自己安安静静地写,写自己认为有文学品质的散文。散文是盛大的、深邃的、磅礴的,是亲切的、咯血的、温暖的,是细小的、尖锐的、锋芒的,是有鲜明个人体味和容貌的。小说用想象做翅膀,诗歌借空旷飞行,散文的底气应该是它冲破局限后的各种可能,还有作者的思想、智识、胸怀,以及仅他自己独有的气息。唯其如此,散文才迷人,散文才带来不断探究的兴奋。我努力让自己的散文成长着,我相信,渐渐地,会愈加繁茂。在不短的这些年里,我仅写出了几本散文集:《浮现》《讲述:她们》《表达》《流徙》,令人欣慰的是,它们中的每一篇,都表达着我对散文的尊重和敬意。

  一直记得小时候这段写作经历,初中的一次语文考试,我先把试卷翻到最后一页,因为被作文题目吸引,我直接开始写作文,那是篇要求以母鸡、森林、小河为故事元素的想象作文,在一个花木葳蕤的森林中,我的故事发展得汪洋恣肆,我完全忘了身在何处。直到交卷铃响,我方回过神来,前面的试卷一片空白,但我的故事还在行进中,左顾右盼喜欢无事生非的母鸡还需要一些时间才能走到小河边,最有意思的故事还在后面。我喜欢考场中那个年少的我,她不轻狂,但心有所向。俗常的考量与写作无关,也许命该注定我要爱上写作。

  我热爱写作,它只遵从内心的指使,它赋予我精神上的自由,让我常入无人之境,让我可以在一个人的疆场上万马驰骋。在繁杂躁乱的生活中,它沉静入心,可以不被打扰,而且,它与世间万物物理性的进程不同,它永远都在成长,它只会愈加繁盛。

文友印象

一辈子的习习
弋 舟

和习习相识大约有一辈子那么长了——这么说,当然是夸大了我们在这个甚嚣尘上的世间度过的年岁。兰州于我是异乡,我在这里开始写作的生涯,别开生面,犹如重启了一世的活法;而写作之初,习习便是我结识的友人。如今,漫长的岁月过去,以"一辈子"来比附,似乎也说得过去。

但这只是时间上的理由。对于习习而言,我觉得,她这个人本身,确乎就带着"一辈子"那样的况味。

有些人短暂,总像新的一般;而有些人悠远,即便偶遇,也让你生出"一辈子"的观感。习习当属后者,那是她身上天然携着的气息——热衷于琐碎的生活,虔诚于凝练的书写,于琐碎与凝练之中矛盾着,在入世与出世之间,深深浅浅地徘徊踟蹰,不经意,就是一派饱尝了人世的样貌。但她却绝不苍老。这几乎是一件令人惊讶的事。十数年过去,昔日结识的旧友都成了名副其实的"老友",而习习居然毫无改变,起码在我看来,她依然如我初见之时的那般容颜,从身形到神情,都一如往昔。看起来,岁月对她是无效的,或者,她自己就披挂着岁月,于是,便恒久地远离了岁月的琢磨,成了岁月本身。

由此,习习甚至发展出了一种令人惊讶的能力,她貌似与任何人都不违和,三教九流,恶吏善朋,谁都能在她这种"一辈子"的气息下找到怡然的感受,从而将她视为了可以亲近的人。有这种能力加持,行世当然会少一些明明暗暗的阻碍;但我却宁愿相信,"一辈子"的习习,如此"玲珑",更多的,不过是出自对于这个尘世的惧怕。在我看来,她的胆量就如她的身板一样单薄,面对坚硬的一切,不如索性自我弱化,像岁月本身一样地去含纳风霜。这就有了委曲求全。但,我们谁又不是委曲求全着的呢?委屈狠了,就有恸哭。我自是记得,有一年的冬天,一众朋友啸聚,四散之后,我们俩在冬日的街头抱着一棵树痛哭流涕。彼时的习习,哭泣中,有侠骨,有柔肠,风中落泪,有万千的不甘,亦有千万的甘愿。

然而这终究不是常态。常态之下,我们委屈,我们求全,这世间却有无穷的委屈等着你,都顺受了,也未必赐你一个整全。于是,我们所吞下的一切委屈,总归要有一个补偿,那个遥不可及的"整全",便在我们的书写中得以应许,得以次第呈现。这是补偿,亦是一个涌泪的出口。如此,习习就有了《浮现》,有了《表达》,有了即将付梓的《流徙》。

那是作为散文家习习的另一面。

你可以随我一起眺望这样的一位女散文家:

她在清晨醒来,洗漱整齐,带着副"一辈子"的面容出门。每一天,自西往东、再自东往西,她都要在这座狭窄的城市折返一个来回。东西连缀着她的单位和她的家。多年来,这几乎成了一个周而复始的仪式,而她,以乘坐公交车的方式来完成这个仪式。在这种常年的机械循环中,这个如"一辈子"一般沉静的女散文家,却并没有被异化成流水线上一个呆板的流程。她平静的表面下暗藏着属于自己的雀跃,她顽固的心胜过自己顽固的表情。与流水线斗争,她有着自己的方式。她并不激烈,那样不符合她"一辈子"的气质,她只是采取一种不那么冒犯生活的、貌似走神的方式溢出秩序的边界——她时常让自己坐过站。这几乎就像是一场专属于她的自我表演,没有故意,更谈不上刻意,她只是,也只承认是——自己不过是在恍惚之中,犯下了小小的错误。于是,怀着从容与自洽,她徒步去弥补自己这小小的错失。毋宁说,坐过站,这便是她用以告慰自己的仪式。

黄昏,她吃过了晚饭(饭食基本都是出自她的手。她的饮食习惯完全是家常式的,一如她在着装上的布衣嗜好),收拾了碗筷,她出了门。她家的附近有一座体育馆,那里,有着标准的跑道。她却并不是去奔跑,那同样不符合她"一辈子"的气质,她只是去走路,不过是走得比平时快一些。这座城市时有大风,风里裹着沙尘与走石。她走在风里,偶尔会忘却频率,内心的冲突终于令她难以自持地疾走如风。夜暗下来了,她就这样一圈一圈地暴走,像是飘浮在标准跑道上的一个激烈的呼吁。

深夜,她终于开始写作了。她的猫慵懒地俯在她的脚下。这时候,她那"一辈子"的面容也许会倏忽妖娆,仿佛透露了她驻颜有术的所有秘密。打开电脑,她的 QQ 在闪烁,屏幕上最耀眼的,却是她 QQ 的签名:环堵萧然。

……

我几乎可以复述出她所有的日子,乃至最终编织出她的一辈子。这所有的日子淬炼出的她的一辈子,却并非完全出自我的虚构。这就如同当下对于散文的争议——虚构与否,究竟能否成为框定这一文体的界限。而习习的散文,在我看来,如同其人,就是出乎实而发乎虚的。她对这个尘世的耐心,确保着她与之有着某种近乎"苦缠苦斗"的实在感,同时,她时常"坐过站"的游离和"暴走"的激情,又令她毫不缺乏为文之事所必备的那种虚无感。虚实之间,习习的散文就成了那种你很难简单概括出"主题思想"的文字,她有着一蔬一饭的了然,亦有着大梦难醒的恍然,一如人的一辈子,盖棺定论,总是难以企及生命那被上帝所许可了的复杂性。

习习以环堵萧然的姿态身心安宁着。这是她的实在,也是她的虚无,是她的矛,亦是她的盾。我时常会作如是想:这个女散文家,或者早早便得了上帝给予书写者的那份应许,从少女时代,就已经有了历经沧桑者的百感交集;当她写出了烟云浮现般的须臾和瞬间时,便已经抵达了一辈子那般的缓慢与永恒,从而,她在安慰了自己的同时,也不期然地打动了我们。

评家观点

逆风中的习习
蒋 蓝

关注和阅读习习的作品已经有十几年了,习习笔下的兰州尤其出彩,黄河故道的硬风劲扫江南金黄的落叶,花在女墙低头,却以内翻的造型完成了一个翻飞的叙事。这样,一个逆风而起的意象在我的印象里,逐渐玉成了。读到她新近推出的散文集《流徙》,更加领会这个标题包含的寓意:在大地上流徙辗转的人,静静等待,让这个奔忙的时代涌进了银行、酒吧和车站,终于腾空了小街和巷道,方才可以尽情打量那些石板、甬道、长廊和草木,记录下这些承载岁月的风物故事。这需要有极大的耐心,就像一支烛火,在与黑夜比试耐力。

从风物到风情的诗性叙事

近20万字的《流徙》,习习的文笔不脱风物,她是一位倾心能指的叙述者。其实,风物具有极大的所指,它涵盖了历史、地理、城市、文化、技艺、风俗等方面的细节,古代地方志里最让人留恋的,恰是美不胜收的风物志。换句话说,风物的历史就是人文与自然全部的历史。能够充分珍视一地的风物已经不容易,但这仅是记录,不是文学。英国散文大家怀特的《塞尔彭自然史》与普里什文的《林中水滴》乃至梭罗的名作泽被后世,最让我心动的,是切入事物而又拉出了丝绦的那一种情致。

黑格尔把情欲与情致、情致与神做了比较。情致是存在于人的自我中而充塞渗透到全部心情的那种基本的理性的内容,因而"情致是艺术的真正中心和适当领域"。习习的散文不是狭义的风物散文,更多地展露出一个女性独特而充满悲悯的观察与细腻剪裁,其文风裹挟着西北的深广与江南的滋润,它们的张力却因为诗性的盘桓,从而得到了紧张的统一。

一个价值向度在于,将心智播撒在风物之间,比耗散于人际上也许更有意义,由此构成了习习写作"流徙"的底蕴。

大地的根性往往缺乏诗性,缺乏诗性所需要的飘摇、反转、冲刺、异军突起和历险。也可以说,诗性是人们对大地的一种乌托邦设置;但扑出去而忘记收回的大地,就具有最本真的散文性,看似无心的天地造化,仔细留意,却发现出于某种安排。100多年前,黑格尔还断言:"中国人没有自己的史诗,因为他们的观察方式基本上是散文性的。"这是特指东方民族没有史诗情结,无意间却道明了实质,让思想、情感随大地的颠簸而震荡,该归于大地的归于大地,该赋予羽翅的赋予羽翅,一面飞起来的大地与翅下的世界平行而居,相对而生,成就了习习的散文。

习习不习惯所谓"大散文""全景式散文",所以她没有绕开事物直上高台红光满面发表议论的习惯;她也没有把自己的情感像黄河那样越流越高,让那些"疑似泪水"的物质悬空泛滥;她不是冬烘的学者,可以术语遍地,撒豆成兵,炒一盘成分可疑的"学术随笔";她的散文让日益隔膜的事物得以归位,让咋咋呼呼的玄论回到了常识,一句话,让散文回到了散文。

在她近年的一些可以归入风物题材的篇章里,她在那些植物、坟茔、残碑、道路、寺院、人类遗址、乌云、铺排的鸟声当中,感受到了一份唯她所用的默契与伤感。她节制的语感就像一幅精细但不愿再随意涂鸦一笔的速写,她咽回了自己多余的话,只让那些被她凸显出来的事体,又回到旷野与生活当中。

习习在事物面前只留下了自己的脚印。她带走的,是她的相遇、相知、相恋,乃至相忘。

显然,一个没有多少经历的人,很难触及经验性写作;而一个无法对经历进行处理的写作者,其经验性根本就无从谈起。在散文这个依靠经验性写作才能发力的写作领域,我倾向于谈论习习的散文,而不是她的语言或语境,隐喻或反讽。严格地说,比起过往的写作人,我们的确难以再发现什么了,很多的"洞见"不过是换了一个说法,又闪烁在文学爱好者的低空。尽管它们均是经验的构成部分,但还不是文学的经验性。从个人化的生活史中彰显既符合历史语法、又迥异于宏大叙事的言说,通过习习言说的指向,抵达那看不见的所在,以"说出即铭记"的心证方式,正在成为一种检验散文家实力的标尺。

在组题《静物》系列中,我感动于那《流动的河》里的一个场面:"那天,大声喧哗了半个白天的我们,在夜深人静时,看见了身边这条流动的河,几个人竟都沉默了起来。"在一条大得无法流动的大河面前,在一条与黑夜融为一体的河流面前,那就是时光,那就是人和命运都在老去,却仍然满怀对时光的敬畏以及渴望涉水而过的慕渴之思。在大西北的逆风中,习习露出的是顶风而起的背脊,而后,她立刻又把自己放回到风的低处。

笔记体与汉语畛域写作

我读过习习不少文章,尤其是读完《流徙》之后,渐渐有一个困惑萦萦而起:她提供的文字也许是一种"行走文学",但到底是散文,抑或随笔?

无论如何,鉴于杂文和随笔本质上都是以议论为其内在的魂灵,它们从散文的方阵里旁逸斜出,坠生民间,分别形成了独立的文体。我注意到,在汉语写作中流行了十几年的人文随笔,它从来就没有被从未命名的"人文散文"置换过。我认为,随笔不但是散文界的撒旦,也是制式文学散文的异端。散文需要观察、描绘、体验、激情,随笔还需要知识钩稽、哲学探微、思想发明,并以一种"精神界战士"的身份,亮出自己的底牌——散文是文学空间中的一个格局,随笔是思想空间的一个驿站;散文是明晰而感性的,随笔是模糊而不确定的;散文是一个完型,随笔是断片。

这没有高低之说。喜欢散文的人,一般而言比较感性,所谓静水深流,曲径通幽,峰岳婉转;倾向随笔者,就显得较为峻急,所谓剑走偏锋,针尖削铁,金针度人。面对一棵果树,习习使用了一个类比,散文会对这棵果树的生长、开花、果实、色泽、气味等等进行全方位描绘,并勾连自己的情感记忆,得出情感性结论;随笔是掰开果实,品尝味道,让果酸在味蕾上找到那些失去的,并获得品析的结果。

面对如今汉语写作领域出现的"打通"文学散文、人文随笔的努力,这不但值得期许,更值得关注。反观习习的文体,如《风情》《卢梭这个老头儿讲给我的》《原来有这么庞大的一个故事》等众多篇章,恰恰呈现了"打通"的一种敞开的景观。

所以,不能结果的花,自然是花;但剑身的锈,却一定不能叫锈。

如果这一文体态势的判断能够得到确立的话,那么,在习习人生流徙之间的诸多细节中,她的笔记体一再引起我的关注。我认为,她对笔记体的用力,既体现了她不再满足惯常文体的一种突围,也是她向古代先贤的致敬,更印证了鲍德里亚的结论:断片是一种趋向民主的文体。习习对我讲,多年来自己不但购买了数量惊人的古代笔记,阅读也让她心醉神迷。在我看来,断片的源头在古希腊,那是思想最喜欢的衣服;笔记体的写作,却是古已有之。目前仅有极少数人在默默为之,一是学人,二是诗人,罕有思想者。学人是从学理入手,诗人是从词语着眼,罕有从现象学意义而进入事体的。这,也正是断片、札记、笔记写作最丰饶的野地。

习习说过,她喜欢清少纳言的《枕草子》。是喜欢作者独居一隅的清纯?还是喜欢作者独坐黄昏的安然?也许都不尽然,习习在阅读中渐渐展开了自己的域度。她毕竟是在"流徙"的间隙与风物相遇。她不是清少纳言眼中的屋檐,她是黄河古道上的风。《寥寥数笔》这一大组笔记里,有一篇写到了她眼中的砖画:

从嘉峪关附近出土的汉魏墓室里的砖画上可以看出,画师们的手腕开始柔软了,灵活了。线条不再只有凿刻时的倔硬,且有了细粗之分。粗线可以表示凝重和坚毅;细的线条表现柔软和弹性,比如马的腹部,开始有了弧度,微弯的细线条,似乎能让人触摸到马腹的温度。

这时候,浓厚的世俗气息扑面而来。人开始成了画面的主人,当然还有围绕人的家畜和树木、植物。有一块砖画,画了两个穹庐,穹庐之间长着一棵树,粗壮的枝干,上面点染的色块似是果实。一个庐里,男人正蹲着煮食,一个庐里,女人半卧,肚腹隆起,似乎快要生产——俗常人安静的日子。还有一幅《采桑护桑图》,均是寥寥数笔。女人在桑树下采桑,男人拉开弓箭,在一边保护桑树的果实。有很多此类表现日常生活的画面:杀猪、蒸馍、洗烫家禽、耙地、烤羊肉串、井边打水、腌菜……繁复的热气腾腾的生活,都通过精简的线条表现了出来。这时的画有了性情,有了食物的香味,马儿奔驰时,蹄下有了呼呼的风声。

作家尽力贴近那冷冰冰的古砖,她听到了砖头深处那排闼而来的蹄声。类似的笔触,在《流徙》的另外篇章里颇多。她写《大海》,从青海湖到海南的意象重叠;写《姜维墩》,从古狄道城写到20世纪六七十年代人们在姜维墩上"采集的那种野豆,名叫大钢针,在那个饥饿的年代,把大钢针煮了,壳子里的果实,暄软而鲜美。但刚从毛刺树上摘下的大钢针,硬而尖锐,酷似伤人的利器"。读到此,心头一惊。1859年来自云南的李蓝大军横扫四川南部诸县,杀死高县县令丁良俊后,成都文人余澜阁就记载说:"闻咸丰七八年间,高邑各乡桐叶,多生刀剑形,蔓菁亦作尖刀状,殆杀机之先兆者欤。"对照起来,就会发现很多传闻,固然有传闻的挪移,但这一挪移,恰是情致。头脑冰结的人,闻不到这一股戾气。

与其说习习不再顾及"文学散文"的起承转合,不如说她早已经撞破了制式写作的藩篱,只写下让自己心动的风物、皱纹与死亡。如此,习习的率性写作正在接近我心目中的"汉语畛域写作"——不确定的,不规范的,不放弃对知识与思想俯身的文学写作。从人的角度而言,这种写作更多是基于人生阅历对命运的既不俯首称臣、又无法彻底抗拒的沉默姿态,而更高于它的,是一种生活态度——这也许更接近奥地利作家穆齐尔的"随笔主义"旨归。

这样,对于习习的笔记体写作,我心目中就越发清晰了,索性写出来,恭候她的裁决——

她的价值立场是高扬自由的。在前行过程中尽管有无限的可能,但关注每一个可能就是打通靠近自由的路途;她的文体意识具有试验精神,具有不确定的文体特征。笔记体是思想的犁沟,构成一种透迤放射的隐喻文体;她无须架空形象来梳理思想,而是把理念还给思想,让理念流动在思想之中;鉴于随笔的主题私人性、结构随意性、感情亲和性,她已经无须回避在思想演绎过程中对情绪的接纳。

武歌 / 鲁迅文学院第三届高研班学员，1962年出生。现任天津市作协副主席、文学院院长。1983年开始发表作品，以小说为主。出版有长篇小说《陕北红事》《密语者》《延安爱情》《树雨》等9部，中短篇小说集《诺言》，散文集《习惯尘嚣》等，并有大量的中短篇小说。作品被多种选刊转载，并入选多种文学选本。

作家自述

很旧的闲话
武 歆

在当下这个世界,充满着太多光怪陆离的故事,每一个故事都能击倒以想象力和虚构力为基本技能的小说家;在当下的生活中,同样有着太多的箴言,随便一篇博文、一段微文,都能显示出足够的智慧。作为一个普通的写作者,我感觉从没有像今天这样,身边拥有着太多的文学素材,几乎到了俯拾即是的地步。记得1980年刚开始学习写作的时候,一位文学长者诚心地叮嘱我,要睁大眼睛,要注意发现生活中的故事,稍不注意,素材就跑了。可是现在,素材就像蛾子、就像兔子,不住地扑火、不住地撞上树桩。猎人不用猎枪、不用猎狗,提个篮子,像个捡蘑菇的小姑娘一样,就能轻松地满载而归,还有足够的体力唱着欢快的歌儿。但是,只要稍微安静下来却又发现,这些故事、箴言,好像有着相同的气质、相同的质地,似乎产自同一家工厂,只不过改了型号、变了包装,就像白岩松所说的,忽如一夜春风来,每个人手腕上都有了内容,虽然材料不同,但都拥有一个名字——手串。

当下的人们享受着相同的信息,一个人知道的事,其他人立刻就能知道。一个人发生了什么事,大家第一时间就能得知,广为传诵。看上去很近,其实又很远。很多人都难过地说过,有一天感到孤独,想要找个人面对面倾诉的时候,却突然发现,不知道该找谁,想来想去,没有一个人适合。除了前段时间广为流传的"时间都去哪儿了",其实还有"热闹的微信圈里的朋友们都去哪儿了"?

很多年前,我看西安半坡遗址介绍,在这个距今6000年左右的原始社会村落里,人和畜生活在村落的中间,公共墓地在村子边上,孩子的墓地在房屋的旁边。人、畜、逝者共存一个空间,共同倾听鸟儿啁啾声、溪水流淌声,共同观望同样的银白月光;很多年后,我阅读胡安·鲁尔福的《佩德罗·巴拉莫》,惊讶地发现也如半坡生活一样,生者与亡者在同一时空下,互相说话、道别,或是擦肩而过,甚至相互询问过去和现在的疑问,彼此没有任何的间隙。

当下的我们,过于注重公共信息,过于注重与外人的关系,他人的一举一动,我们都要猜疑其中是否有诈,是否酝酿某种阴谋,在微笑着互相欣赏、赞赏彼此手串的时候,却有着相隔十万八千里的内心。我们早就忘了门口那棵丁香树的面容,忘了抽屉底层的童年照片,忘了母亲穿多大号码的鞋子,忘了逝去的亲人。当然,也忘了自己。忘了跟自己说点什么,忘了自己早年的日记,忘了在这忙碌的世界里,还应该拿点时间出来,陪着自己遥望远方发呆。

不久前我在父亲的墓前,把写有怀念他的文章点燃的时候,墓地上空正在吹拂着秋季的风,但那一刻,火苗却没有熄灭,父亲把文章完整地"拿"走了。那一刻,我相信亲情没有阴阳相隔,同样文学可以穿越生死,可以抵达世间的每个角落——只是不要忘了他们。肖斯塔科维奇说,我的音乐就是墓碑。这个俄罗斯人说的是真心话。真心话就很直白,通俗易懂,却又韵味深长。

诗人杨炼不久前回国,我们在天津喝酒相聚,聊天时他跟我说,一条深海里的鱼,怎么知道,被捕捞上岸之后,令它致命的压力,是来自大海还是它自己?那个夜晚我感慨不已,人和鱼有可能来自共同的祖先。有时候,我们面临的,可能不是人的问题,是鱼的问题。

在我家小区有一个幼儿园,冬季的早上,只要没有雾霾并且拥有灿烂的阳光,那时候孩子们就会出现在广场上,他们做着极为简单的游戏,但却是一派深入成年人骨髓的欢笑之声。我坐在不远处的木椅上,看孩子们游戏。我想等我60岁以后,做一个幼儿园老师怎样?我的腿脚应该不成问题,能蹦能跳,只是面对简单的游戏,我能不能笑出声来?直到这时我似乎才明白,6000年前的半坡人为什么要把死去的孩子葬在房屋旁。因为孩子们简单,没有防御能力。复杂的人总想去呵护简单的人,为什么不是简单的人保护复杂的人?

世间的道理都很简单,否则《论语》的字数就会很多;但是字数很短的《论语》,却需要字数很多的注释。这句话谁说的?记不得了。

不说了,闲话说不完。拿出大木桶,倒上热水泡脚,睡一个很好的觉,做一个很旧的梦。

文友印象

喊 武 歆

雷平阳

  武歆的小说《枝桠关》里,有个16岁的"红小鬼",在写这个孩子惨死的过程时,据说武歆情不自禁,哭得稀里哗啦。为自己小说中的人物痛苦,而且动用了身体,不仅仅只停留在心上,说明在写作的时候,武歆把小说人物的生死揽在了自己身上,他不是在写,是在文字里活着了。作者隐身于文本之外的文学作品很多,其中也不乏优异者,但就我个人的喜爱,在作者隐身与作者立场的两种文本之间选择,我钟情于后者。特别是在一个满纸苍白、遍地虚空的年代,用肉做字,泣血而歌的写作,多么少,多么值得珍惜。

  2004年的八里庄鲁迅文学院,我与武歆在那儿认识。他像个游魂,时隐时现;我也多少像个孤魂野鬼,怕光,怕样子像神灵一样的人。我们之间没有多少交聚,从来没有咬牙切齿或玄而又玄地谈论过文学,走廊上相遇,打声招呼,酒桌上碰到,喝上一杯酒,是陌生人却又像心照不宣的老友。这两个游魂之所以在后来的时光里走得很近,缘于他领着我们一伙人去了一趟天津。天津是个苍茫的城市,去的这伙人未必有什么兴趣,去,只是去,表示去过,没人想过去干什么,能干什么,干什么去。所以这些去的人都很茫然,仿佛到了一个缺少温度的梦中,纸人一样,疏离、恍惚,对天津的文化与风物视而不见,倒像是武歆从湘西赶来了一群僵尸。很显然,这样的状态就是对武歆的不尊重,也是对一座城市的不尊重,但武歆没有表现出半点的不悦,反而在身体里多装了几台马达,铆足了劲儿地领着我们,老城区、美食街、泥人铺、杨柳青……一处接一处地走,激情澎湃地讲解,情真意切地劝酒,硬生生地将一群僵尸弄得群魔乱舞,直把天津当天堂。当时我也纳闷,这个头发梳得一丝不苟、穿的皮鞋永远没有灰尘、从来不穿奇装异服、整天笑眯眯的家伙,怎么一下子换了一个人?回到北京,我把自己的诗

《从北京到天津》拿给他看,他先是默读了一遍,嘴角微动,气息舒缓,可就在我以为他要将诗稿递还给我的时候,他突然抽身站起,高声地朗诵起来,并且在朗诵结束之后,喘着气说,一定要我将这首诗抄一份给他。这个细节开显了武歆的性格,塑造了武歆在我心里的形象,常规时候他是优雅的、低调的,有着迷人的日常性,但你永远无法预测他会在什么时候身体突然发生地震。也许他本来就是一条每天都在发生无数次弱震的地震带,只是我们无法体认而已。

4个月的鲁院生活结束后,我们各奔东西,生活的血盆大口很快就嚼碎了人们臆想中那些彼此会抵达的飞机、火车和轮船,很多人更是音讯全无,仿佛泥牛入海。就算你在某个雷电交加的午后,找出当年的通讯录,那些电话号码,不用拨,雷声和闪电也会提醒你,许多号码已经换了主人,每拨一个电话,都是在历险。对大多数同学来说,我也是一个下落不明的人,是的,身边的一切都在消失,在清空,谁都有自己个人的孤独需要维护,需要尽可能地把世界归入神秘与寂寥。在此背景下,我与武歆却一直保持了联络,我去过天津,他来过云南。他写红色系列的那段日子,电话中,他说起过题材本身的力量和文本之外苦不堪言的精神探访,热血与灭失,生的沉疴与未知的空白若隐若现的叛逆,以及他的崩溃和悬崖上的隐忍,他说他也是一个需要探访的人,一个需要安慰的人,一个天天等候惊喜的人……那天晚上,昆明,我约了一群朋友在省图书馆大楼下的白族餐厅请他喝酒,开始的时候,他照例一脸的笑容,彬彬有礼,一边喝酒,一边歌颂云南,可随着酒力的不断加大,听见邻桌一个女子对一个男人的生死表白,喧嚣的酒桌边,他先是发呆,走神,接着眼泪就流了出来。后来他一直自言自语,希望那个陌生男人好好地爱那个陌生的女人。看见那个陌生的男人抽身离去,留下那个陌生的女人独自痛哭,他站起身来,想去追那个男人,又想去安慰那个女人。他恨自己分身乏术,走在昆明午夜的街上,他的双肩还在抽搐,双眼的泪水还在流淌。他想爱,想借那陌生男人的身躯去爱,但除了头顶灿烂的星空,无边的夜,没有人接受他的爱……

前年冬天,我去天津,住在滨海,武歆与《散文》杂志的张森兄结伴来看我,照例喝得东倒西歪。我们吐着大团大团的白雾,在一个看不到边际的工地边告别,望着武歆跟跟跄跄的背影,我大喊了一声:"武歆!"他没有转身,或许我的喊声被工地的声浪盖住了。其实当时我也没什么话对他说,就是想那么喊上一声。

评家观点

历史迷踪与岁月"潜写"
——武歆的近期小说观察

黄桂元

大约两年前,武歆曾向我力荐《巴黎评论·作家访谈Ⅰ》,现在想来,那本书一定是对于武歆近期写作产生了深刻影响。我注意到,雷蒙德·卡佛在接受《巴黎评论》访谈时,就一个涉及小说发生学的话题这样说过,"我感兴趣的小说要有来源于真实世界的线索,我没有一篇小说是真正地'发生过'的,但总有一些东西、一些元素、一些我听到或看到的,可能会是故事的触发点"。这位美国作家还告诫同行,"一本接一本地写'我生活中的故事'是很危险的"。这番话提示我注意到一个事实,武歆近期小说已悄然发生了隐秘的视点位移,即由对当下生活现象的同步透视,转向对历史迷踪与岁月奥秘的好奇与探究,展开充满想象力与现场感的叙述冲动,由此呈现出了一种韵味新异的叙事美学风貌。

敬畏、青睐与价值诉求

武歆自言对"红色"题材曾怀有"敬畏感",总觉得那属于"宏大叙事,高大而遥远"。或许连武歆自己也不曾预料,他最终居然完成了由"敬畏"到"青睐"的书写蜕变,其标志性"亮相"便是已改编成38集电视连续剧的长篇小说《延安爱情》。此后他趁热打铁,一鼓作气,又相继出版了"红色爱情长篇系列"《北平爱情》《天津爱情》和《重庆爱情》等几部作品,以当年"解放区""敌占区""国统区"革命青年的不同心路与情感经历为蓝本,"试图将'红色爱情'陌生化"。《延安爱情》的书名和故事都很诱人,顺势跟进的同题系列则难以继续复制"惊艳"效果,甚至还使人略感审美疲劳,但无论如何,武歆为拓展"红色叙事"疆域所付出的努力值得称道。武歆显然不满足于此,特别是他近期的部分中篇,毅然放弃"史诗叙事""民族叙事""战争叙事"或"英雄叙事"诸种模式,把故事置放于大时代的缝隙,大洪流的边缘,大背景的角落,从"小"处落墨,摹写历史悬疑、乡土变迁、民间传奇,展示陕北烽火岁月中的潜流状生活形态,这种轻处理的叙事策略,产生了见微知著、曲径通幽的意外效应。

于是在武歆眼里,陕北老区岁月简直是一座货真价实的"红色"富矿,"在陕北这块历史丰厚的土地上,在众多北方少数民族构建的游牧文化和汉民族的农耕文明相结合的基础上,曾经诞生了许多历史和生活的奇迹——包括红色奇迹",然而如何勘探、开采和有效利用,以赋予"红色叙事"更多的书写可能性,却需要深阔的延展视野和独特的文本意识。2010年秋,作为中国作协首批"定点深入生活"的作家,武歆再次踏上当年陕北的黄土地,自是踌躇满志。他从延安出发,一路向北,风尘仆仆,辗转于吴起、志丹、子长、安塞、延川、清涧、米脂、神木、延长、靖边、绥德等地,完成了一次历史性的漫行旅程,用他的话,"这次漫行的目的很简单,采撷陕北的'红色故事'"。对于生长于沿海都市的"60后"作家武歆,陕北老区的如烟往事又是何其陌生,何其遥远,所幸他拥有发现和融入的能力,虚构和再造的功底,这是胸有抱负的小说家的一种自信。

小说是叙事的艺术,但首先应该是发现的艺术,如米兰·昆德拉在《小说的艺术》中说的:"发现唯有小说才能发现的东西,乃是小说唯一的存在理由。"一个多月的寻觅,访谈,检视,吸收,体验,武歆获取了大量与传奇、民俗、爱情、口传、秘事、悬疑等词汇有关的内容,大长见识,满载而归。有些内容是全新的,几乎闻所未闻。在《去延长布展》中,小说写了延长石油史与"红事"之间的一些鲜为人知的史实,比如,延长石油不仅是中国第一口陆上油井、第一个炼油厂的诞生地,还是抗战时期军事用品的重要供给方,当年整个陕甘宁边区的上万只马灯、煤油灯,指战员冬季防寒用的凡士林和擦枪油等等,都依赖延长石油提供,历史见证了延长石油对于陕甘宁边区的发展壮大所发挥的巨大保障作用。但武歆没有陷入"宏大史诗"的书写冲动,只是择取散落在陕北老区岁月深处的一些"边角料",以"潜写"的姿态探寻历史真相,洞悉人性奥秘,表达深邃的伦理关切。

武歆青睐"红色叙事",缘于他对陕北老区独特历史存在的感同身受。"当年破衣烂衫的红军经过万里长征来到陕北,正是热情的陕北人才使红军得到休养生息,要是当年红军去了另一个地方,中国革命还会是现在这个样子吗?"他的追问、思考和书写,印证和诠释了美国社会学家赖特·米尔斯的一个观点,"如果思想家不能涉及政治斗争中的真理价值,就不能负责任地处理活生生的整体经验"。武歆相信,小说家只有同时成为有价值诉求和责任意识的思想者,才能充分施展自己的叙事抱负。

岁月潜写与"碎片"叙述

武歆以陕北老区为背景的中篇小说系列,分别发表于《中国作家》《北京文学》《大家》等刊物,并结集出版。我最初看到书,想当然地把书名看成了"陕北往事",全书阅罢,才恍然发觉是《陕北红事》。"红"与"往",一字之别,烛照出了作者的写作用心,却难言没有直奔主题的刻意。我有个很可能是先入为主的看法,"陕北","延安",坐落着人们熟知的诸如宝塔山、杨家岭、枣园、凤凰山、王家坪、瓦窑堡等旧址,作为当年革命的"圣地",其"红色"意味早已约定俗成,举世皆知,倒不如"往事"来得更朴素,更蕴藉,也更有想象空间。这些作品互无关联,自成一脉,却在同一个主题背景下分进合击,彼此印证,熠熠生辉,并以内在化的逻辑引力使得小说具有了平衡感与整体感。看得出来,武歆在确定"写什么"之后,在"怎么写"的环节上可谓煞费苦心。"写什么"与"怎么写",本来就如同一币两面,既"同构",又"互文",成熟的作家不会顾此失彼,被此类老生常谈的问题所困扰。关键是,"红色"如何"叙事",历史如何抵达现场?这就回到了小说叙事的原点和奥秘。

某种意义说,小说需要故事,故事成就小说,两者之间应该是一种互为养殖、相得益彰的关系。被誉为20世纪"最会讲故事"的美国作家辛格,就很不理解,更不能忍受一些"现代作家"把故事从小说中抽掉的做法,他警告同行,"把讲故事从文学中取消,那么文学就失去了一切"。武歆深谙此道,甚至还在小说里直接挑明,"我"的陕北漫行就是"奔故事"来的。《对峙》中,"上官文品神秘地告诉我,陕北到处都是红色故事,许多人就住在毛主席故居旁边,还有人的爷爷、奶奶那一辈都和红军、八路军来往过,甚至就是共产党人,故事就像陕北的黄土,不知道你把它们放在哪里,多得盛不下呀"。读到此处,我曾疑惑这些文字是实录还是小说?后来我明白了,这种现场感、纪实感恰恰是武歆的有意为之,他当然清楚,那些原生态的故事还不是小说,更不可能直接置换为"红色叙事",使故事最终成为小说,还需要若干环节才能完成。

于是可以发现,武歆近期小说几乎就是"红色叙事"谱系中的"另类"。由于历史事件的当事者、在场者或见证者多已离世,需要作家在"叙述整合"中付出更多智慧和足够耐心,才能完成故事向小说的转化。小说中的"我",即一路被称作"武老师"的叙述者,集旁观者、倾听者、转述者、复述者于一身,随着漫行的积累,故事在一种"被叙述"的过程中逐渐成形。武歆的对限知视角(热奈特称此为"内聚焦")运用自如,你分不清他的小说有多少是纪实,多少是虚构,在纪实与虚构的语境里,故事被不断地肢解、割裂、切换、拼接、还原、打造,甚至显得支离破碎,正如略萨所言:"小说讲述的故事可以是不连贯的,但是塑造故事的语言必须是连贯的,为的是让前者的不连贯可以成功地伪装成名副其实的样子并且具有生命力。"这种"不连贯",也使小说避免了直奔主题的单调、直露和笨重,既有叙述密度,又有叙述节奏的流动感,欲说还休,闪烁其词,并不道破,点到为止,即使真相已白,仍留下影影绰绰的缺口,供读者回味想象。

乡俗见闻,风景点染,东鳞西爪,随意松散,顾左右而言他,醉翁之意不在酒,已经成了武歆的叙述"绝活"。比如《瓦窑堡爱情》,"我"一出场,就讲如何被困在长途汽车站不能动弹,又如何被子长汉子谢兵从容化解,这些看上去游离主线的"闲笔",其实正是言归正传前的铺垫。教书匠谢崇武和驴贩子谢尚文,本风马牛不相及,却围绕马梅姑娘衍生出了一段惊险的"三角恋"故事。谢崇武敌视谢尚文,是由爱情误区所致,直到谢尚文惨烈献身,其中共秘密党员身份的谜底才被揭开,不久,谢崇武也牺牲在山西抗日前线,马梅姑娘终因难以承受悲恸而下落不明,使人读罢竟觉恍惚,深感岁月的不可捉摸。《黑缨枪》属于民间亲仇命丧的伦理叙事。民国初期,石娃和俊娥这对本是同父异母的兄妹,却无意间结为夫妻,其隐秘而荒唐的内情只有其父刘县长知晓,他力阻未果,便暗中为石娃设计了一条死路。石娃娘查明冤情,跋涉复仇,用"黑缨枪"手刃了拓掌柜,并与刘县长血水飞溅,同归于尽,小说与传统的红色叙事语境似无直接关联,耐人寻味的是刘家后人遗留下的那句神秘箴言,"后不复造",小说由此完成了对生命和人性的一种伦理期待。

因为"诡异",所以真实

武歆小说常常会出现一些民间恩怨,但他的叙述兴趣不在于其如何传奇、惊悚,而是历史深处曾与岁月如影随形的诡异真相,正是由于它们曾经湿漉漉毛茸茸的存在,历史才更加真实而完整,而多年来我们却对接受历史的表面文章而习以为常。这样一些岁月真相,往往属于庸常中的异常,日常里的无常,人物之间的恩怨纠缠也不是二元对立的非此即彼,非黑即白,如王国维论《红楼梦》中所说的,属于"通常之道德、通常之人情、通常之境遇",并无"蛇蝎之人",却恰恰构成了小说艺术世界中的"悲剧中之悲剧"。

由于年代久远,事件的前因后果经口口相传,后人转述起来通常都有数个版本和说法,使其枝蔓繁杂,旁逸斜出,莫衷一是,故事越发诡异,也自然生出了扑朔迷离的悬疑色彩。《米脂的黄昏》的乡间恩怨故事始于1946年某晚,宇文鸣与呼延龙偶聚小饭馆,先斗气,接着斗枪法,这类民间摩擦本不算什么,但因枪声惊动了整个米脂城,而城里又正好住着一位中共大人物,问题便非同小可,虽最后排除了谋杀的嫌疑,当事人的命运却由此一波三折。为还原那个历史现场,宇文家与呼延家的子孙后辈在长达半个多世纪里各执一词,互不相让,"历史就像一个圆圈,那么多年过去了,始终没有离开那里"。这个"圆圈"在动荡的岁月河边,不过是一道诡异的涟漪而已。《对峙》中的"阴阳师"上官丘与红军团长段兴安的"对峙"关系,其实并无善恶之分。1935年,上官丘埋葬过一名红军传令兵,当时死者身上背着一只黄色牛皮包,上官丘无法把牛皮包与尸体分开,便一同掩埋了,麻烦由此而生。事后红军团长段兴安带人数次找到上官丘,要他提供传令兵的葬处并配合掘坟,被拒绝。掘坟有掘坟的理由,那只与死者一同掩埋的黄色牛皮包里装有重要文件,只有掘坟才能挽回损失;拒绝也有拒绝的道理,做"阴阳师"职业的若帮人掘坟属于大逆不道,天理难容。十几年后,上官丘想结束对峙,配合掘坟,段兴安却已在前线牺牲。上官丘花高价请人仿造了一只黄色牛皮包,并嘱传之子孙,当年的"对峙"也成了一段诗意的传说。《统万城》小说中的爱情未必惊天动地,却一定惊世骇俗。民女莲莘不仅貌美手巧,且极有主见,她"不愿服从于任何男人,哪怕这个男人能够上天入地",却偏偏被"一根筋"的大户子弟折双秦爱上了。莲莘一再拒绝,"我们俩不是平等的人",痴情的折双秦则为了"平等"加速倾家荡产,以使自己早日一贫如洗。他的"败家"方式很特别,不去花天酒地,吃喝嫖赌,而是大肆散财,行善捐助,还拿出一大笔钱救活了7位奄奄一息的八路军战士,以至于沦落到家破人亡的惨境,还是被莲莘拒绝了。绝望中,他加入了八路军,精神面貌大不一样,莲莘最终被他打动。这些作品最能体现武歆引而不发、外松内敛的叙述功力。

《帮续阿姨回忆》是武歆最新发表的一篇力作,小说涉及的是一个满含着沧桑之痛的伦理事件。故事背景在一座老城市,绵延了近半个世纪。续阿姨曾有过一段古怪的婚姻经历,并没有随岁月流逝而在记忆中烂掉。她曾经的丈夫老菅在钢厂上班,除了寡言少语,也没有太多异常。改革开放后,他的身份才被暴露,原来老菅是1949年一对日本夫妻匆匆返国时留下的幼儿,这个谜团给续阿姨的生活制造了巨大的空洞和不确定性。随之老菅和儿子回到日本"失联",只给她留下一把老菅当年自杀作秀的刀子,20多年后老菅在日本病入膏肓,托儿子传话想让续阿姨赴日团聚,续阿姨拒绝了,20多年来,那把刀子一直深深插在续阿姨伤痕累累的心房。其实,续阿姨和老菅都是挣扎在畸形岁月的不幸弱者和殉葬品,结局谁也不比谁更好。故事由五个记忆段落串起来,节奏舒缓,"我"在"帮续阿姨回忆"的过程中时断时续,却与一种柔韧的内在张力一同发展,流溢出诡异的沧桑之痛。小说结尾处异峰突起,这是叙述者最后一次见到续阿姨,"续阿姨的嘴唇慢慢地变白了,很快没有了血色",接着身体四肢僵硬,像个石头,"全身慢慢地裂开了,随后发出了剧烈的响声,就像是开山炸石一样的声音"。续阿姨崩溃了,这样的结尾处理显示了一种道德激情的力量,在武歆小说中并不多见。

小说是一门融"发现"与"表现"为一体的叙事艺术,我对此深信不疑。如今的武歆,更擅长于以极简主义的笔法叙述搁浅在时光河岸的故事,这些故事曾经是岁月潜流里一缕缕波纹,一簇簇水花,在进入叙述者的视野之前已经干涸,龟裂,面目皆非,是叙述者滋润、复活了它们,使之气脉畅通,深味隽永。我还想说的是,读武歆的小说,不能期待一上来就出现令人惊艳的"碰头彩"。据说茨威格的写作是追求让每一页都出现高潮,这对于武歆是不可想象的。武歆喜欢随意叙述,如迎来送往一般身心放松,举重若轻,逐渐生成充满岁月感与现场感的叙事情境与小说世界,这也正是武歆小说叙述文本的魅力所在。

张宏杰 / 鲁迅文学院第三届高研班学员，清华大学历史系博士后。在《当代》《天涯》《钟山》等刊物发表大量文学及历史类作品。出版《大明王朝的七张面孔》等专著 11 部，担任大型纪录片《楚国八百年》《戊戌变法》总撰稿。曾获全国少数民族文学创作"骏马奖"、"辽宁文学奖"，2006 年"华语文学传媒大奖"之"年度散文家奖"提名奖等。

作家自述

我的文学青年生涯
张宏杰

1996年初,我把一个大信封投入邮筒,然后又用手指探了探投信口,看看是否落了进去。信封上的地址是"上海市巨鹿路675号收获杂志社",里面装的是我的一篇历史散文:《无处收留:吴三桂》。

15年过去了,直到今天,我也没收到《收获》杂志的回信。不过,我的"文学生涯"确乎可以从初次投稿这一天开始算起。

工作以前我并没有认真想过当一个作家。在大学里,我业余时间大量投入书法和篆刻之中,加入了大学的书法协会。开始写作发生在上班一年之后。写作的动因相当简单:无聊。大学毕业之后,本来是想好好工作,先"混"上(用我爸的话来说,是"熬"成)副处级,在小城市里有地位有面子,这是一个北方小城长大的人的普遍理想。但是1994年大学毕业进入葫芦岛市建设银行工作之后,我发现"混"和"熬"对我来说是相当困难的事:一个星期的工作,基本上一两天就能处理完。其他的大部分时间,主要都用来打扑克。

这样的生活虽然自在,但时间长了,未免觉得空虚无聊。还有什么更好的打发时间的方式呢?在单位没法写毛笔字或者画画。那么,写点东西吧。我想起我似乎还真有一点"文学天才":小学五年级的时候,我的作文曾经被老师当作范文。托尔斯泰说过,成为作家最重要的是要有强烈的虚荣心。很幸运,这个品质,我也具备。

写什么呢?写"文化散文"吧。这种纵横捭阖的叙述方式,正好将我一肚子的乱七八糟搅和到一起,一股脑抽出来。

半年时间里,我写出了《蒙古无边》《无处收留:吴三桂》等好几篇很长的散文。其中我自己最喜欢的是《无处收留:吴三桂》这一篇。我对这篇东西相当满意,认为我可以开始文学青年的第二个规定动作了:投稿。我决心要用这篇作品作为开头炮,轰开我的"作家"之路。投出去的半个月后,我就经常去单位的传达室。但是很长时间过去了没有任何回音。我并没有丝毫气馁。我读过许多作家传记,那些作家投稿屡屡被拒的故事令我印象非常深刻。特别是《马丁·伊登》中那艰苦卓绝的戏剧性的奋斗生涯每每令我激动感慨。

于是我又打印了一份,把它寄给了《当代》。

3个月后,我又寄给了《十月》。

在那之后,我学聪明了:我开始了一稿多投。我同时投给三家刊物,并随时作好收到一家用稿信后马上通知另两家的准备。

可是一年之内,我连退稿信是什么样的都没有见过:所有的杂志都没有任何回音。

不过我还是没有放弃,这篇稿子一天也没停地在邮路上奔波。直到2001年,我已经出版了第一本散文集之后的第二年的夏天,到辽宁文学院开会。我几乎已经忘了有一篇稿子还漂在路上这件事,直到文学院一位工作人员把一本已经磨破边了的牛皮纸信封扔给我:"请客吧!给你的杂志,寄到这儿来了。"

是2001年第一期的《钟山》,目录栏中赫然写着:"《无处收留》,张宏杰"。因为彼时我已经是"辽宁文学院合同制作家",所以杂志被莫名其妙地寄到了这里。

这篇文章一刻不停地在路上奔走了5年,这5年,我由24岁变成年近30岁,它则风餐露宿,不眠不休,撞过了十几家杂志的大门,最终,到底在一本"一流刊物"上露面了。我终于对得起它了。

就这样,我从一个标准的"文学青年"为入口,开始了漫长的写作生涯。我的写作主要以历史为题材。历史是社会学科的基础,沿着这条道路走下去,你会不自觉地经过人文学科的各个房间。一路走来,通过写作,我对这个世界有了更深更广的认识。从1996年到现在,我的思想发生了巨大的变化。我对社会、对历史、对文化,许多方面的观念都进行了自我颠覆。而这一脱胎换骨的过程,其途径正是由于写作。

1996年,当我拿起笔的时候,误以为写作能给我带来一切。转眼,写作已经15年了。我也由大学刚毕业的青年接近中年,人生中最美好的年华付给了书桌。抬头一看，几乎一切都已经沧海桑田。

这个世界变化太快了，事实上我们这一代人也许是中国历史上最为"沧桑"的一代：通常状态下几代人才能经历的历史变化，都压缩到我们这一代身上。应该说，有一些变化是必然的。但是，也有一些变化是令我意外的。比如我今天在网上看到的这样一则新闻：

"《蔓蔓青萝》《泡沫之夏》《潇然梦》……今日，某大学图书馆公布其2009年秋季学期借阅书籍排行榜，进军前100名的书籍几乎全为网络文学书籍。据该排行榜显示，除了排名第51名的《宋氏三姐妹》和排名第100名的《最易掌握的学英语规律338条》，其余的均为在网络上曾风靡一时的网络文学作品，如《玥影横斜》《爱在唐朝》《失踪的王妃》等，以及郭敬明、明晓溪、安妮宝贝等青春小资文学作品。而与高校专业课程相关的书籍均无缘入榜……"

自己坐在大连市图书馆，翻读文学期刊的情景宛如昨日，却读到这样的新闻，怎么能让人不恍如隔世？让我恍惚的事情越来越多，比如发现整整一代人一生精力可能被一套房套牢。我不得不说，这个世界的走向，不是我所想象。在20多年前，这个世界就已经转向，离我们而去。我们这些人，可能是最后一代"文学青年"。

文友印象

张宏杰的马,张宏杰的国
庞余亮

有一次,我和朋友们去一个饭店吃饭。朋友的兴趣却不在吃饭上,而是在电视上。这个年头,把心放在手机上的人很多,而把心放到电视上惦记一个节目的人并不多了。

后来,我们找到了一个有电视机的房间,一边吃,一边陪他看电视,电视上一个剃了光葫芦的人正在讲《成败论乾隆》。

电视上出来的人,竟然那么面熟。

我对朋友说:"我认识他!"

朋友嘲讽道:"你当然认识他,可他不认识你!"

我就顶了真:"我当然认识他,他叫张宏杰。"

朋友不说话了,在他看来,这完全是一个无聊的话题,因为电视屏幕下面就打着"张宏杰"三个字。只要不是文盲,就知道这个人是张宏杰。

我也不说话了,很埋怨地看着电视上正在指点江山激扬文字的张宏杰:你这个家伙,为什么不替我证明一下我不是在吹牛呢?

10年了,我和张宏杰认识10年了。

如果说10年一个轮回,张宏杰有两个10年。第一个10年:1994年到2004年。第二个10年:2004年到2014年。

1994年到2004年的10年,我根本就不认识张宏杰。我在江苏先做教师后做记者,而张宏杰,则在葫芦岛的一家银行数了10年的钞票。

10年中,张宏杰究竟数了多少钞票?

我没有问过张宏杰,但我知道,张宏杰肯定数错过钞票——

那些被少给了几张钞票的顾客,肯定不会放过这个身在银行心在史学的张宏杰,而那些被多得了几张钞票的顾客呢,会不会把多数的钞票还给张宏杰?

对于这个问题,我没有问过张宏杰,张宏杰也没有说。

一个优秀的人总是专注的,而他的专注总是在于他的钟情所在。

前一个 10 年,张宏杰囿于自己的金饭碗,而如此的金饭碗又是他的父母在高考时帮他策划志愿的结果——去东北财经大学学金融。东北财经大学毕业后,当然进入了一家国有银行。

如此的父子关系,是中国式的父子关系。后来我读他的名作《曾国藩的正面和侧面》,我突然就想到了张宏杰在他父亲面前的"正面和侧面"。

可张宏杰的正面和侧面是什么呢?

正面是个听话的孩子,侧面是个固执的不听话的孩子?

或者相反。

我以为,张宏杰的正面和侧面都是个专注的孩子。因为专注,中学时就钟情于史学的张宏杰即使进入了东北财经大学,即使在国有银行数钞票,他也没有忘记他所钟情的史学。

但有一点可以肯定,银行工作对于张宏杰是很累的,比"坐天下很累"的累还累。

其实,在我看来,坐在柜台后面数钞票可比研究史学的冷板凳更累啊。

我和张宏杰就相识在两个 10 年的关节点上的 2004 年。

2004 年春天,我和张宏杰相识在北京朝阳区八里庄的鲁迅文学院的院子里。

那时的班主任没有安排我们自我介绍的机会,而是让我们自己去寻找朋友。

我们班的 52 个同学,不久就自发归为三类。

第一类,是班中已经成名的大腕,大腕和大腕天生亲近,那是"大腕派"。

第二类,有"故事"的作家和有"故事"的作家在一起划拳喝酒,那是"划拳派"。

偏偏我和张宏杰是属于不被人注意的那种人,我们还是在鲁迅文学院食堂吃饭吃得最多的作家,所以被称为"荷花淀派""山药蛋派"之外的又一文学流派:"食堂派"。

划为"食堂派"的作家,是属于不太爱社交,在北京朋友不多的那类人。在食堂吃饭,却多了一项好处,那就是多出了许多时间。

空荡荡的院子,空荡荡的时间,"食堂派"的几个作家就相互串门。

我住二楼东,张宏杰在三楼西。

我"流窜"到张宏杰房间有好几次,但张宏杰很少串门——在他的房间里,大部头的书永远是他最好的伙伴(对了,张宏杰当时还是班上年龄小并且少有的没有花边故事的"未婚"男)。

我们班有同学给这个蒙古族小伙子下了一个定义:"读书种子张宏杰。"

但我和其余在食堂吃饭的同学给张宏杰下的结论却是:

"此人有异相。"

"异相"——这是写小说的我们的"小说叙述",也是我们这些"食堂派"对于这个甘过清苦生活的小师弟的祝福。

果真,2004年之后的10年,有"异相"的张宏杰找到了自己的"马"。

张宏杰的作品一个比一个火。

连载。获奖。畅销书。

——寂寞的岁月总是喜欢用惊喜来犒劳有心人。

张宏杰不仅是我们"食堂派"的代表作家了,而且成了江湖传说中的"老张"了。且不谈复旦大学历史学博士和清华大学博士后,也不谈"百家讲坛"的主讲嘉宾,张宏杰已在不知不觉间,悄悄把我们对于历史的盲点置换成他的有纵深有负氧离子的"国度"。同样是白纸黑字的东西,可"老张"却咀嚼出更多的感性和意味。那感性,和鲁院宿舍里寂寞的感性是相通的。那意味,和"食堂派"的自嘲又是相补的。那感性和意味,就构成了张宏杰的生动和生气勃勃。这就与古板的史学界完全区别开来,因为张宏杰的灵性和智性,他在一点点"蚕食"历史家的版图,也"蚕食"着坚硬的阅读习惯。

越过所有的疆域——这是张宏杰的现在,也是张宏杰的未来。

2014年的秋天,我和张宏杰时隔10年后在长江边见面。

他依旧年轻,如10年前。

我说起了文章开头的那个真实的故事,张宏杰没有把这个话题接下去,而是说起了鲁迅文学院的"食堂派"。

10年了,命运的馈赠是公平的,"食堂派"的几位同学情况大体都可以猜得到。

那个晚上,雾很大,鲁迅文学院"食堂派"代表作家张宏杰的眼睛很亮,如浓雾中的江上渔火。

评家观点

张宏杰:站在散文的悬崖边上跳舞
王 冰

20世纪90年代的散文创作是在动态中不断变动、分裂、衍化的,其中伴随着散文创作主旨、创作手法、创作文体、创作理论以及创作观念的更新,由此,我们可以推知一个散文作家在当下散文写作的位置和作用,准确判断当今散文写作的具体操作技术的优劣,并且能够从中深度观察人性的觉醒与演进,进而可以推知、探讨散文创作的本体意义和文化性质,以及以上因素对散文写作产生的潜在影响。因此,从这个意义上来考察张宏杰的散文,可以看出,他同样在散文写作实践中努力前行,并时时站在散文的悬崖边上,通过对历史人物和事件的眺望、观察和解剖,试图开辟一条属于自己的独特道路,并以此来实现自己的写作梦想。

记得清初钱谦益曾严词抨击以沈德潜为代表的格调派的拟古主张,从而打乱了明清以来独尊盛唐的统治,鼓励了一种能发挥个体性情的创作兴起。作为一种呼应,比当时诗坛宗师王渔洋年长8岁的苏州人叶燮(横山),认为"诗文之道无定法",而"法"有"死法"和"活法"之分。所谓"死法"是指拘泥于成法,此法当然要摈弃;所谓"活法",是指作诗要自成一家。为此,一个作家在写作中要有"胆""识""才""力"。而"胆""识""才""力"这四个字,在这里,还是能较为恰当地概括张宏杰历史散文的写作特色的。可以这样讲,张宏杰的散文使人能够在一段时间血脉贲张,激动不已,其中的原因,不仅是很多人像他一样有着同样的"文学青年"的种种经历,而且是人们确实能够从他的散文中,体验到他在《自序:我的文学青年生涯》中所诉说的种种感受。

随心所欲与"不逾矩的写作"

应该说,张宏杰的创作是站在散文这一文体的悬崖边上的,这需要一个人的

"胆"。但这个"胆"却是与"识"紧密相连的,这体现在张宏杰对散文内涵与外延的认识和把握上。

当今的散文写作与散文研究并没有理清"散文"这一观念的内涵和外延,对于"散文"的文体界定、本质界定问题依然模糊,如此就致使本来就模糊不清的散文概念更加模糊。但是,散文作为一种文体,肯定有它的外延。一般来说,散文被定义为与小说、诗歌、戏剧并列的一种文学体裁,对它的解释有广义和狭义两种,而我是倾向于狭义的那种的,即1921年6月8日,周作人在《晨报》上发表《美文》时提出的那个概念,并稍稍扩大一些,因为一个定义如果将所有的东西都包括进去,那就意味着它将什么都要排除在外了。在观念还没有厘清的状态下,散文作者创作的散文作品的面目是可想而知的。当散文写作的基本常识已经被写作者忽略或者淡忘的时候,能够发现那些接近本质的东西,并用自己多年练就的表达方式和表达习惯,来完成一篇真正意义上的散文,已经成为每个散文作者几乎难以完成的任务。当然,张宏杰的写作无论难易,都会归入散文这一门类中去,因为其散文具备应有的构成要素。但是,他的散文又是游离于传统意义上的散文创作,张宏杰的散文创作实践,就是其在散文边界的悬崖上的狂舞,他总是在有意无意之间,忽视以上所说的散文应该具备的诸多要素,至少是在文字之间闪闪烁烁,这对于一个散文创作者来说,是需要一点冒险精神和胆略的。当然张宏杰的散文依然在一条正常的创作轨道上运行,里面有其对于散文文体的"洞见",或者说对于散文写作实践中的"见识",这使得他的散文创作在某种程度上能够"随心所欲",但又"不逾矩"。

就拿《无处收留:吴三桂》来说吧。

《无处收留:吴三桂》是张宏杰年轻之时的作品,在这篇文章中,我们能感觉到作者的激情,能感受到他对正史中所描述的历史人物和事件的警惕。他尽自己所能,小心考证,大胆想象,用白描的手法勾勒出吴三桂的辉煌经历,当然也是其悲剧的经历。张宏杰舍弃了吴三桂在人们心中定性的脸谱,试图从历史的大背景和中国传统文化中,去揭开吴三桂的面目,揭示那张脸之后的内心景象,又是什么将他的内心铸造修剪成这一个样子的。在文章中,作者发现了埋在历史深处的诸多秘密,比如,他发现"大明朝的问题不在于遍地的水灾、旱灾、蝗灾,不在于四处蜂起的盗贼,也不在于几位奸臣或昏君。这些只是表象。在这一切的背后,支撑社会正常运转的精神支柱已经腐烂了";比如他还发现"儒教的伦理规范有着天生的缺陷。它基于人性本善的虚妄假设,要求每个人都应该压抑心中活泼的自然欲望,通过极大的自我克制,服从于僵硬的道德教条。它没有为人的自然本性中软弱的丑恶的一面留下弹性空间,不承认人的平庸和趋利避害的本能,缺乏对人的基本物质需要的尊重与关怀。它只有最高标准而没有最低标准。它也许能激起社会动荡时期的某种道德狂热,却不适宜作为普遍意义上的人性调节器";当然还有其他,比如单就他笔下的吴三桂而言,他发现"满洲人给他的地位再显赫,也无法抵偿投降使他付出的人格代价和名誉损失。如果那样,他将日夜承受舆论造成的心灵重压";张宏杰还发现了吴三桂的目光短浅,发现了这个精明的投机者和真正的历史伟人之间的差别。可以说张宏杰的眼光和目力确非一般,他用他的胆识让历史人物站立在了我们面前,也让那个时代环绕在了我们四周,从这里我们看到了作为散文作家张宏杰的"识",这是与作者的"胆"拴在一起的两个蚂蚱,互为作用,缺一不可。

发现散文才能发现的真相

"识"通俗意义上就是发现,既然是发现,那么至少与别人有些不同,这个词几乎所有作家都知道,但做到的不多,或者说能发现呈现在作品中的鲜见,能摆脱写作习俗,燃起文学创作不俗烽火的更是不易,要做到这些是需要作家的一种"识"的,否则就很难将一篇散文写好。张宏杰的散文之所以写得优秀,就是因为他胸中有识,由此就避免了与其他写作者的重复,即使是冲撞,也不是在一条轨道上的冲撞。这在他的《曾国藩:意志力的化身》中体现得尤为明显。张宏杰发现曾国藩一生成败的关键词,就是"意志力",并认为曾国藩"用自己的一生,证明了人的意志力所能达到的高度,同时,也证明了一个人意志力的局限。曾国藩不仅有'大境界',还有'大本领',这是他从顽强刚毅中锻炼出来的"。虽然曾国藩"生平短于才""秉质愚柔""最钝拙",但"他把儒家精神中刚健有为、光明磊落、忠恕待人、志诚慎独等优良品质铸到自己身上,涤去人身上常有的自私、虚伪、阴暗、猜忌,走入了道德的化境,达到高尚澄明的境界"。而这只是传统的人格之美集中在曾国藩身上,在风雨飘摇的末世做一次绚烂而又凄婉告别演出式的呈现,即使他是"事君至忠,事亲至孝"的古今完人,功比周公孔孟,名垂万世千秋,也是苦涩,也是"寸心焦灼,了无生趣",他"猛然发现自己一生的奋斗,最后竟然如拔刀斫水,并不能丝毫影响水之东流"。于是张宏杰得出一个出人意料又在情理之中的结论,这就是曾国藩"以圣贤自期,一丝不苟苦学修行,并没有到达儒家理想,同治中兴不过是一片虚假繁荣,对世事沧桑人心难复深感失望,对自己一生灯蛾扑火式的努力极为沮丧。悲观与失望成了他晚年生命的主色调,这不是他一个人的失败,而是传统文化整体的失败"。可见张宏杰的散文在"识"上确实能高出别人一节的。在《女人慈禧》中,张宏杰也发现了慈禧的秘密,就是在其"扮演的双重角色之中,她本质上更是一个女人而不是政治家,虽然她刚强能干","可惜,历史没有产生这样的巨人,却把这个位置留给了她,一个过于专注自我的女人。这就是她的悲剧所在",并认为"如果她遇到的是比较平稳的政治局面,我们有理由相信,她会很成功地完成她的政治生涯,不但会胜过历史上大多数女执政者,也会胜过大部分政绩平平的皇帝。如果是那样,她在历史上留下的绝不会是骂名"。

对传统历史散文的开拓

"有胆""有识"就会生"才",而这个"才"体现在张宏杰的创作中就是其散文中的"力",即张宏杰散文的那种蕴藏于内而溢露于外的文字力度。记得清代桐城派代表作家刘大櫆在《论文偶记》中写道:"文贵疏,凡文力大则疏;气疏则纵,密则拘;神疏则远,密则劳。疏则生,密则死。"茅坤在评价苏轼时也说:"其疏宕裊娜处,亦自有一片烟波,似非诸家所及。"可见清朗疏朴的文风会带来一种汪洋澹泊、深醇温粹的风格,古人讲的"疏可走马,密不透风",对于当今的散文而言,也是有很好的借鉴作用的。张宏杰的散文是具有这样的特点的,他的散文有一种书写的自由,这是一种心态的"疏",沉在这种状态中写作,写出来的作品必然有一种无拘无束的力,这种力是宽泛的,四处涌动,有着热血的血性与高度。如果说散文的"散"的意思就是自由,那么"散文"的意思就是自由文,因此张宏杰的散文表现出了一种有较高自由度、较为壮阔宽远的景象。这点在《1913年前后的袁世凯》一文中体现得最为明显,此文粗线条地勾勒出袁世凯在1913年前后的思想动态和行为举止,有些字句犹如举起的大锤,重重砸在人们的身上和心头。比如他写道:"甚至直到1913年10月,在他谋杀了宋教仁和粉碎了'二次革命'之后,全国的主要政治力量还都对袁世凯表示支持,仍然寄希望于这个铁腕人物带领中国走出革命阵痛,走向独立富强。"辛亥革命后的形势在袁世凯眼里"不是'好得很',而是'糟得很'。democracy 共和'办早了''办糟了'。"所以袁世凯"虽然他推崇西洋政治,事实证明,他对西方政治运作并不真正了解。他羡慕西方政治中的效率和秩序,但是对议会的制约却无法忍受"。于是袁世凯动手了,最终走向了帝制。比如他在《酷刑:残忍的游戏》中指出:中国人缺乏同情心的最突出的表现就是残酷。在《神女生涯》中,张宏杰写道:"说起来完全是一种错倒的因果,正是社会的放逐使她们获得了一块自由呼吸的空间,正是命运的打击使她们的生命焕发出流光溢彩。人们剥夺了女子爱美的权利,偏她们能恣情纵意地张扬自己的天生丽质。"因此,对于张宏杰的散文创作而言,它的"力"并不在于浮在表面上那种笔墨的轻重与多少,而在于他对于意境与心力的那种把握,对传统历史叙述的那种开拓,因此,他的文章有一种很大的开阔度,并以此来支撑着自己散文的构架。当然,这并不是说,一个作家关注的事物越多,他所写的领域越宽广,他的散文就越有"力",而是指其在散文中的那种神气、意境、品藻的有无与多少,这不能是刻意的,一旦有意为之,只能有所削弱,这点张宏杰是注意到了,并付诸自己的散文写作实践中。

最后存疑的一个问题就是,历史题材的散文写作,是散文家一个人当家吗?回答是显而易见的,所以张宏杰的散文也有很多疏漏的地方,或者是有些不能让人苟同的地方。比如他在写那些妓女的时候,就说:"成百上千条的规矩是为那些良家女子制定的,她们不配去遵守。这反而使她们的生命得以保留本来面目。她们站在正常社会之外,反而能有一个独特的观察视角,去看清礼教纲常仁义道德的真面目,看清人性和人生的真面目……她们是这个社会里为数不多的真正清醒的人。"这样的判断肯定是片面的。另外,张宏杰的散文中所写的历史是否准确,引用的史料是否有确切的来源,也是值得商榷的。而且,张宏杰后期的散文写作与前期的散文写作力度截然不同,所用功夫的深浅一目了然,似乎是缺少耐心了,于是整体看来,其后面所写的散文显得粗疏了,轻率了,没有文字的精心推敲,没有思想的用心冶炼,没有史料的充分研读,几乎与一般的普及型的历史读物没有什么两样了,加之叙述方面的问题等,使得张宏杰的散文还有待写得更为精细一点,当然这些需另辟专章论述,在此就不多言了。但是,瑕不掩瑜,张宏杰的散文创作是具有其自身的价值和贡献的,它对于丰富我们的创作、开启散文写作的道路,是有着重要和积极作用的,但散文创作并非一件易事,散文创作也不能只专注于单纯的线性叙述,如果要反叛传统的表达方式,就要真正去实践另一种新的散文写作模式,进行对散文文体新功能的寻找与写作内容的挖掘,这应该是对当下散文写作突围的一种途径吧。

哲贵 / 1973年生,浙江温州人,鲁迅文学院第二十届高研班学员。中短篇小说集《金属心》入选21世纪文学之星丛书,另出版中短篇小说集《施耐德的一日三餐》,中篇小说选《信河街传奇》,长篇小说《迷路》《空心人》等。曾获浙江省青年文学之星、首届人民文学新人奖、十月文学奖等。

作家自述

一意孤行的理由
哲 贵

我生活在著名的温州,世人知道温州大多因为其经济发达,那么,从文化和文学的角度打量,温州又是一个什么样的状况呢?

温州的史书说,在唐以前"未著名于世"。这是自我慰藉。如果我查的资料没错的话,宋以前,温州留存下来的大概是"一本集子两个人"。"一本集子"是指永嘉大师释玄觉的《证道歌》,是本2000多言的佛学著作。"两个人"是指唐代大中己卯科(859年)的吴畦和天佑丙寅科(906年)的薛正明两位进士。其中吴畦最多只能算半个温州人,他是山阴人(今绍兴),直到乾宁三年(896年)四月才举家迁居温州安固(今温州瑞安市)。

我举这个例子是想说明,从中国的历史来看,温州僻处东海之滨,远离当时的政治和文化中心,不仅仅是"未著名于世",几乎可以忽略不计。

这种情况到宋代有了些变化,特别是南宋都城迁移杭州之后,温州的经济和文化有过短暂的灿烂。还是以进士为例,南宋152年(1127—1279),温州共出了1380个进士,而温州历史上一共有1583个进士,短短152年,进士人数约占整个温州历史中的87%。

进士数量的多寡或许不能说明什么问题,但在南宋那短暂的152年里,温州的文学确实出过几个人物和一些作品,譬如永嘉四灵和他们的著作。

永嘉四灵指的是徐照(字灵晖)、徐玑(字灵渊)、翁卷(字灵舒)、赵师秀(字灵秀)。与他们同时代而诗歌理念相左的是江西诗派,江西诗派自称师法杜甫,喜欢运用古典成语。永嘉四灵偏偏远离杜甫,亲近晚唐的姚合和贾岛,尽量使用白描手法,抒发个人情怀,认为抒写个体感受才是诗歌的生命和意义所在。他们这种诗歌理念开创并直接影响了后来的江湖诗派,从而在中国文学史上留下了痕迹。但是，钱锺书在编《宋诗选注》时对永嘉四灵评价不高，他的原话是这么说的："杜甫有首《白小》诗，说：'白小群分命，天然二寸鱼'，意思是这种细小微末的东西，要大伙儿合起来才凑得成一条性命……读了'四灵'的作品，就觉得这种同一流派而彼此面貌极少差异的小家不过像白小。"钱锺书称"四灵"的诗歌主张"偏激"，格局小，那么，作为当事人的"四灵"知道自己的局限吗？

我觉得他们心里是明白的。

"四灵"能够在当时南宋文坛冒出来，并造成一定影响，跟两个人有关：一个是潘柽，另一个是叶适。

"四灵"的师傅是潘柽，字德久。叶适曾说："永嘉言诗，皆本德久"。潘柽这个人非常有意思，他父亲潘文虎是武科状元，而他却喜欢写诗，喜欢跟诗人交朋友。但潘柽文运不好，老考不中进士，只能依靠父亲的恩荫当个小武官。潘柽的另一个爱好是到处漫游，结交天下各路诗人朋友，在江湖上颇有诗名。因为四方游走并与朋友交流，大大提升了他的诗歌视野和境界，也渐渐形成了自己的诗歌主张。在潘柽当时交往的朋友中，名头响亮的有陆游和姜夔，他出使金国时，陆游还写了一首《送潘德久使蓟门》(《剑南诗稿》卷20)相赠，他当然知道，在当时的国家环境里，陆的诗歌才是主流，而且，他跟陆游一样怀有强烈的爱国热忱，他的诗歌主张和表现形式完全可以走陆游那一路，可以气势磅礴，可以家国情怀，但是，潘柽选择了晚唐，选择了姚合和贾岛，他带着"四灵"毅然决然地走上了一条诗歌小道，寻找自己人生的"神庙"去了。我相信，潘柽一定跟"四灵"探讨过诗歌的内容和风格，肯定也分析过当时的诗歌潮流，更是不断地叩问自己的内心，然后，他们选择了这条通幽小径，一头扎了进去。

叶适号称当时大儒，他能够在国家危机时刻，帮助赵汝愚扶持赵扩（宁宗）登上皇帝位，肯定是一个有大局观的人。他因为"庆元党禁"，1198年被罢官回温州老家，一直待到1202年复出，这段时间，他与"四灵"接触频繁，写了大量评论文章向当时文坛推介"四灵"。另一次是1208年，叶适再次罢官回乡，撰文大力揄扬"四灵"。叶适为什么不遗余力地助推和赞扬"四灵"？我想，同乡的身份当然是个因素，师生的情谊也应该是个因素，但这些因素的前提是叶适必须欣赏和赞同"四灵"的诗歌主张和写作，他如果不认同"四灵"的诗歌主张，不喜欢他们的诗歌作品，即使有心提携，也是出手无力。

那么,叶适为什么会喜欢并认同"四灵"的诗歌主张和创作？他从文化中心"帝都"归来,对当时的主流文化应该有清醒的认识和判断,为什么偏偏向世人隆重推介这个"细小微末"的诗歌流派？

我突然想起朱熹当时对以叶适为代表的永嘉学派的批评:"譬如泰山之高,它不敢登,见个小土堆子,便上去,只是小。"朱熹理学的核心是道,形而上,永嘉学派事功之学在朱熹看来当然形而下,当然瞧不上这个"小土堆子"。然而,永嘉之学从北宋王开祖开始,经过100多年传承和积累,发生了从心性义理之学到经制事功之学的转变,如果用朱熹的眼光看,就是从"泰山"转向了"小土堆子"。我想问的是,叶适和永嘉学派为什么要这么变？用意何在？

自宋以后,温州人一直用实际行动延续永嘉学派薪火,但这把火一直没烧旺过,但也没灭过,它的影响范围只是生活在温州的土著和出去闯荡的温州人,它似乎成了温州人的血脉,也成了温州人一意孤行的精神支柱。

每一个时代有每一个时代的特点,也有每一个时代的局限。回望历史,是希望从人与事中获得反思,对当下有所裨益,能够避短扬长,不断拓展自己认识和行动的能力,但是,古往今来,真正能够做到这一点的又有几个人呢？

文友印象

在哀牢山上想起哲贵
雷平阳

法脿乡的虎族正在跳笙,金箭一样的阳光下面,他们的影子一一变成了老虎。天空很蓝,几棵柿子树上的柿子,红,是一种不要命的红,红到底了,没法再红,因此宁静。看见山的斜坡上,有一片白茫茫的草丛,我便躺了进去。闭上眼睛,假寐、养神、胡思乱想,等待黄昏山野上的酒宴开席。

这一躺身,就想起了哲贵。多年前的某一天,在文成山中,刘伯温老家的山野上,哲贵、马叙、朱零,我们一伙人,中午的烈日下,用钢化杯盛酒,个个都喝得东倒西歪。那是我第一次认识哲贵,一个气质忧伤的跑步爱好者,酒徒。酒桌上的朱零,历来都沉默而猖獗,那一次也不例外,一杯、两杯、三杯,把酒当成了百丈漈的水,内心里的酒神还兼职赌神,看见我和马叙身体都喝得变形了,杯底往桌面上一磕:"谁陪我喝?"一直低头喝酒的哲贵将手中满满一杯喝下,抬头平视朱零:"我不知道自己能喝多少,朱老师做照妖镜,我来测试一下自己的量!"饮酒的悲喜剧中常见三种基本形态:烂醉、醉和不醉。饮而烂醉,尤其是人又不好玩还烂醉,还以醉疯癫,这是酒神给恶俗世道设置的一座耻辱碑。豪饮而醉,醉刘伶同世的悲凉。有一次他从温州打电话给我,约我赴京,意思是希望我与他做伴,酒淹某某杂志,我手上有事,未能成行,他一个人去了。据传说,这家杂志社的头头也是酒中豪杰,且手下还有几个深藏不露的豪杰,大豪杰就让手下豪杰组成三道防线,且在第一道防线上就布置了以酒搏命的铁血战士。没想到,豪气干云的哲贵,从来没见识过人肉炸弹,在第一道防线上人仰马翻,灵魂往封神榜去了。今年春天,我在绍兴问过哲贵这传说的真假,他不说话,把我抓到一家小酒馆,神三鬼四地喝空了一堆古越龙山。醒来,我一个人坐在咸亨酒店门外的石阶上,江南的冷风冷雨,把我当成了孔乙己的转世灵童。

哲贵有酒名,有好酒名,但他让更多的人记住他和想起他的是他的小说。江上狂徒有酒名,行世的是锦绣文章,这应该说是中国的一个文人传统,但有些人让人意外,浊醪入肺腑,多少文人都在酒坛子里找避难所和桃花源,哲贵的书写却一直围绕在酒坛子四周的生活现场来展开,生活的无底洞和防空洞仿佛才是他的酒坛子。他把双眼一打开,酒劲未退,人不分阶层,现场是温州亦是整个中国,迷途者,换心人,熙熙攘攘无处不在,他自然不会无视这些充满寓言性乃至诗性的异化世界,写,也无非是一批批汉字,蚂蚁一样跑来报到。有几回,都是深夜,他与池凌云、马叙等人在瓯江边喝酒,给我打电话。我亦醉在云南,都说了些什么全记不住了,只觉得中国都醉了,人人都在酒后打电话,人人都在酒后寻找回家的路。想想这情形,就觉得哲贵的小说,其实就是他个人酒后的魂路图。

又有些日子没见哲贵了,从草丛中站起,我与同在哀牢山上的朱零说:"找个时候,叫上哲贵,我们在哀牢山中喝一次?"朱零没说话,指了指山下野地上已经摆好的酒席,独自下山去了。等我下山入席,在一群虎族人的围困中,朱零的舌头已经大了:"老雷,打电话给哲贵,叫他马上赶过来帮忙!"那时,夕阳落山,篝火熊熊,同去的诗人王单单喝多了,围着篝火跳舞,模仿的正是虎族人舞蹈中消失已久的老虎。

评家观点

信河街上的"反谱系"写作
——评哲贵的"信河街系列"小说

孟繁华

哲贵是当下风头正健的青年作家。他先后出版过《金属心》《信河街传奇》《施耐德的一日三餐》小说集以及长篇小说《迷路》等。应该说哲贵的小说产量并不高。但是,就这为数不多的小说作品,使哲贵在文坛声名鹊起炙手可热。他应该是"70后"作家被关注和讨论最多的作家之一。哲贵之所以能够在当下的文学环境中异军突起,在我看来,最重要的是他改写了一个司空见惯耳熟能详的社会观念以及文学本质化书写的传统。这就是对商人"为富不仁""无商不奸""商人重利轻别离""唯利是图""钱权交易""钱色交易"等不变的成见的改写。在哲贵之前,对商人那种本质化的观念预设已经被普遍接受。因此,古今中外的文学作品,凡与商人有关的形象大多不怎么样,更遑论可爱了:莎士比亚笔下的夏洛克、莫里哀笔下的阿拉贡、巴尔扎克笔下的葛朗台、果戈理笔下的泼留希金等,几乎穷尽了守财奴的嘴脸;中国古代文学经典中的人物西门庆,在《水浒传》中还只是一个恶霸、富商、官僚,但到了《金瓶梅》,西门庆不仅是一个以经商为生敛财发家的"为富不仁"者,更重要的是他因金钱而膨胀的对女性无边的占有欲望。商人形象的不堪和最后的悲惨结局,几乎是文学作品一以贯之的"谱系"关系。这一观念不是没有道理,特别是在阶级论盛行的时代,"钱"成为一个与道德相关的概念。但有趣的是,一方面人们在痛恨地批判"金钱"的罪恶,一方面,金钱又成为这个时代最具支配力、最让人神往的东西。

应该说,在资本主义萌芽过程中,商人不择手段对利益的攫取和各种欲望的膨胀是不争的事实。但是,在这样一个"不争"的事实里,同样隐含着商人的商业活动对推动人类历史走向现代文明的巨大价值和作用。当然,这是一个历史学家或社会学家思考的问题。而文学在"征用"商人这一符号时却先在地赋予了它既定的含义。哲贵的小说既没有传承这一社会观念和文学谱系,当然也没有刻意反其道而行之。他有自己的世界观和打量世道人心的眼光,他是以"不怀偏见"的心态书写了信河街上的富人们的。

朱麦克是一个常年"住酒店的人"。这个风度翩翩的成功人士是一个40出头的中年男子。他有良好的个人生活习惯,也经常不乏自恋地将自己"脱得精光站在镜子前,侧着身打量自己,镜子里的身材匀称、笔直,身上的皮肤白里透红、细腻、光滑、纹路清晰,没有明显的瑕疵,几乎是一件完美的艺术品"。而且他为人低调,无论住店还是开车,从未奢求过分。这样一个几近完美的男人,按照一般的思路,"艳体想象"将是朱麦克故事无可逃脱的路向。但是,哲贵却在他险象环生甚至只差一步之遥的边界止步。朱麦克既没有和酒店老板的女儿柯巴绿顺水推舟,亦没有与美女记者佟尼娅两情相悦。他曾应邀去看望离婚后在南国开酒吧的佟尼娅,但最后也只是在自己的房间里望着坐在酒吧门口的佟尼娅而终未走上前去。朱麦克又回到了他的酒店,"他发现不安的心这时突然安静了下来"。这就是哲贵式的处理人物的方式,在哲贵看来,朱麦克规则之外的男女之事,或许只可想象而不可检验:《住酒店的人》表达了人性的诗意是可以超越男欢女爱的。所以哲贵说:"我所有小说的主题都跟探寻自我有关","不管是穷人还是富人,我写我的理解和希望,以及理想"。

《陈列室》是一个悲苦的情感故事:情侣保健用品厂的老板魏松与朋友许大游的表妹林小叶一见钟情。半年后林小叶不辞而别去了加拿大。10年后,经历了两次失败婚姻的林小叶又回到了信河街。盲目结婚的魏松重新唤醒了当年的"味觉"和感觉:林小叶身上的"牛奶味"和尚未发达时用自行车驮林小叶的情景,又如诗如画地映现在魏松的眼前。两人在宾馆相见,在一个私密的空间里又是都有过男女经验的人,情形可想而知。但是,事情却在一个边缘地带戛然而止,他们没有发生床上的故事。林小叶又回加拿大了。故事的感人之处即是两人各自天涯处。林小叶独处时用的是魏松的产品,而魏松所有的"塑料女人"都是按照林小叶的形象设计的。两人各在对方心中。魏松与朱麦克,是哲贵理解的成功人士的另一面。

对成功人士的诗意想象和书写,是哲贵小说的一个方面。另一方面,哲贵也从更复杂和多样的角度书写了这个阶层的精神乱象和困境。《雕塑》是哲贵的名篇。小说就三个人物:唐小河、董丽娜和徐娅。唐小河和董丽娜是夫妻,徐娅是董丽娜的同学。徐娅因董丽娜介绍给唐小河学习雕塑而建立起了三人关系。这是一个典型的"三角关系",这个关系为后来的故事奠定了无尽的可能性。但哲贵没有走艳俗路线,而是在马桶经营过程中,镶嵌进了一个男性与职业相关的无意识行为。三人起初是合作关系,公司倒闭后各行其是,唐小河与董丽娜创办了"痛快"马桶品牌,后在市场大行其道;徐娅用"盗版"方式同样获得了市场成功。这些故事如果没有后来的叙事将平淡如水。有趣的是,唐小河也用仿造的方式鼓励妻子董丽娜"装修"身体,董丽娜也乐此不疲。但是,这一人体"装修"的背后隐含的无尽寓意以及夫妻间的心腹事,却令人挥之难去。

《金属心》是哲贵重要的小说之一。霍科有先天性心脏病,他因此难以实现当乒乓球运动员的理想。他"炒楼盘"致富后去英国换了一颗金属心脏,但并没有为霍科带来新生。他不仅依然不能打乒乓球,不能沐浴,而且也没有改善与妻子苏妮娜的关系。周边人尔虞我诈的交易更使霍科身心俱疲。霍科的起死回生是遇到了盖丽丽之后。霍科不仅在盖丽丽那里以幻象的方式实现了自己压抑已久的乒乓球梦想,更重要的是他获得了久违的爱情。爱情使他那颗趋于冰冷的心重新勃动起来,重新有了温度。此外,哲贵的《走投无路》《跑路》《空心人》《牛腩面》《责任人》等,都书写了富人阶层不为人知的烦恼、麻烦和各种纠结。因此李敬泽说:哲贵小说的"人物有了苦恼,这种苦恼是双重的:一重是苦恼本身,另一重是苦恼于不知道这苦恼是怎么回事,在他们的观念和词语中,没有为这苦恼做出准备,留出位置。虽然作为读者的我们通常会轻易地看出,他们的苦恼无非就是,生命意义何在? 人生是否另有可能?"此言甚是。

当然,哲贵笔下的信河街也不都是成功人士。比如《安慰》中的黄乾丰,父亲因一场大火赔付客户而"倾家荡产",他无论外形还是气质,都像废墟一样"都消沉着,都在慢慢地沉寂下去"。他唯一的寄托或面子,就是儿子黄乾丰能够在武会上夺取胜利。"我"——黄徒手和黄乾丰的最后争斗难分高下,但同时获得了冠军。当黄乾丰将奖牌递给他爸爸时:"他爸爸的手抖了一下,好像要抓,又停下来了。但是,我看见了他爸爸又直又硬的眼神,很快就柔和了下来。慢慢地,他的眼睛红了起来,眼珠子也跟着亮了起来"。黄徒手父亲亲传黄乾丰武术,他没有什么大义凛然或豪言壮语,但可见他的用心良苦;黄徒手虽然倍感委屈,但一个少年的善良感人至深。这些人物让我们看到了哲贵对人性书写的水准达到怎样的深度和高度。

另一方面,哲贵小说几乎都有寓言性质。比如《倒时差》,这个时差与物理时间有关,与地球两侧的黑白颠倒有关,但小说的寓意显然不在物理时间这里,而是对情感与资产"时差"的颠倒,"情感"与"资产"同是欲望范畴却有着极其不同的社会与文学内涵;还有,哲贵对气味的敏感是他小说的一大特征。各种气味散发在不同人物的身上,气味与人的性格、气质和情怀互为表里,使小说有了一种别有的气息的同时,也使气味具有了隐喻性质;而反复出现的人物如黄徒手、某某"尼娅"等,也使"信河街"上的人物以"仿真"的形式出现在我们面前。

如何理解和书写今天的成功人士和富人,看法历来不一,即便今天仍然壁垒分明。陈应松说:"我讨厌城市、富人,有着华丽居所的电影和小说,我认为他们的所有表演都是矫情的。他们的痛苦极不真实,他们神经质、变态、令人恶心。只有农民和小人物的感情才是真实的,他们的痛苦优美无比,幸福催人泪下。"之所以有这种比较绝对或偏激的看法,作者自己分析说:"我之所以如此,可能与我的生活,我出生在乡下有极大的关系。这也许是一种写作的宿命吧。""我虽然走向了很远,但没有走出我的内心,没有走出我坚持的东西,我依然一如既往,热爱农民和下等人,也就是说,热爱我童年接触到的一切,热爱我的阶级。"(陈应松:《松鸦为什么鸣叫·后记》,长江文艺出版社 2005 年出版)陈应松的表达自有他的道理,他按照自己的逻辑确实写出了很好的小说。在一个观念多元化的时代,重要的也许不在于作家表达了怎样的观念,关键是他对自己的表达是否真的怀有诚恳并且相信。

哲贵说,2006 年,我开始有意识创作"信河街系列小说"时,并没有考虑她属于城市文学还是乡土文学,但有两点已非常明确:一、信河街是地理意义上的一个名称,泛指一条街道、一个社区、一座有浓郁特点的城市甚至是一个飞速膨胀的国家,也就是说,她从地理概念上属于城市。二、我要描写和刻画的是一个从事商业活动的成功群体,这些人被称为时代英雄,而我要探讨的是这些英雄生活背后所要面对的巨大精神问题。这不仅与哲贵的自我期许有关,同时也与他的生活环境和经历有关:

我生在温州,长在温州,我亲眼看着这 30 多年来温州的飞速发展,我亲眼看着我身边的一批朋友成为百万、千万甚至亿万富翁,我知道他们是怎么富起来的,在很多时候,我其实也参与其中,我知道他们所有快乐,他们的快乐其实在很多时候也是我的快乐。我跟他们没有隔阂。但是,这些都是表面的现象。普天下的人都知道温州人有钱,知道温州富翁多,温州的别墅多,而且贵。可是,谁看见温州的富翁们的哭泣了?没有。谁知道温州的富翁们为什么哭泣?不知道。谁知道他们的精神世界里装着的是什么?也不知道。但是,我知道他们的人生出了问题,他们的精神世界也出了问题。这个问题是他们的,也是我们的,可能是中国的,也可能是全人类的。因为谁都知道,这几十年来,中国发生了什么,改变了什么。这些改变,首先体现在这些富人身上。我想,作为一个土生土长的温州人,一个写作者,我有责任把我的视角伸到他们的精神世界里,把我的发现告诉给世人。所以,起码在这一阶段,我的写作视角会一直关注这个领域,当然,我以后的写作视角会拓宽,但对富人阶层精神的探究依然会是我的保留节目。(《身份迁徙与心灵蜕变——我对城市文学的理解》,载《当代作家评论》2014 年 5 期)

哲贵对成功人士或富人阶层的"逆向"或"反谱系"写作,不仅是一种观念,同时也是一种胆识。他敢于以同情、悲悯的心情去书写这一阶层的苦恼、混乱乃至疼痛,以平实、温婉但也正面强攻的姿态面对过去的阶级论或流行的"仇富心理",显然是有充分准备的。

但是,我稍有疑问的是,当哲贵书写这个阶层当下的时候,他有意略去了这个阶层的"前史",而他们所有的精神层面的问题,是否也与这个"前史"有关呢?如果哲贵所表达的一切都是合理的,那么,我们将如何理解过去曾经建构起来的历史呢?除了观念层面的问题外,我觉得哲贵的小说在语言方面还需要进一步考究,他常有缺乏表现力的语言出现,行文还略显随意。如果哲贵有能力在观念层面回答这些问题,并在语言方面再精致些,对他的文学前景我们完全有理由怀有更高期待。

曹多勇 / 鲁迅文学院第三届高研班学员。现为安徽省作协副主席。在《人民文学》《当代》《十月》《中国作家》等发表中、短篇小说300万字，部分作品被《小说选刊》《新华文摘》《中华文学选刊》等选载。出版长篇小说《大河湾》，中篇小说集《曹多勇中篇小说精选》《幸福花儿开》，短篇小说集《开口说话》，小小说集《月亮眼》等六部。曾获"五个一工程"奖、安徽文学奖等。

作家自述

静听淮河的述说
曹多勇

一

我的文学创作得益于淮河这条母亲河,得益于生我养我的名叫大河湾的故土。大河湾是淮河两岸成千上万个村庄中的一个,但由于它独特的地理位置,又与别的村庄有着千差万别。

大河湾是怎样的一个村庄呢?

俗话说,七十二水归正阳。淮河的源头在桐柏山,一路流下汇合着千沟万壑的细水,流着、流着,流成一条大河。淮河经正阳后,一下凶猛起来,逼近凤台竟成南北流向,直到硖山口才甩过头朝正东流过来。这里是一片平原,淮河还拧着一股气顺不开,分开两条河汊,一分分了40里,在田家庵汇合成一条河。这块被两条河汊围拢的土地,人们称河湾地。我家靠着南边一条较宽的河汊,叫大河,村庄自然就命名为大河湾。

二

由于大河湾的独特地理位置,也就必然决定了村里人生态、心态的独特性。比如房屋要盖在淮河岸边的土台上,这土台叫庄台。为避河水早涨,靠近淮河的河滩地种早熟的大麦,常常大麦快成熟时,淮河水就涨上来了。河水涨一尺,村人大麦地里割一尺。

早年间流传这么一句民谣:大河湾哟大河湾,十年倒有九年淹;淹了大河湾,单被改成裤子穿。

又比如这里人家异姓间很少通婚。闺女大了要嫁人真正是"走千走万不如淮河两岸"的村庄。还有大河湾老年人死后不愿埋葬在大河湾。表层的原因是怕常遭水灾,棺材容易沤烂。深层里是否还包含着"生不能离开这里,死必离开这里"的一种愿望?这种愿望隐含着对这片土地的爱还是恨呢?

再比如,我们村里有几户陈姓人家早年是渔民,一代代漂泊船上养成了中午过年的习惯,沿袭至今。每年春节我回老家冷不丁地听见他们中午燃放过年的炮仗声响,我都想这一习俗的变化又该是怎样一个漫长过程呀。

三

我想正是因为大河湾地理位置的特殊性,才相应地具备了独特的文学性,才能凸现出淮河的"这一个"。

淮河流域地跨河南大部、安徽和江苏北部、山东南部和湖北的部分,养育着两岸近2亿人民,其人口密度雄居全国各大流域之首。淮河南有长江、北有黄河,是一条不该被文学遗忘的河流。具体到"怎样写出独属淮河而又能被世人所接受的文学作品"似乎牵扯到了淮河流域本土化写作的大问题。我的理解应该是倚仗本土的区域经验和语言资源,表现出淮河流域最基本、也最深厚的精神层面。它不应借助异质的词语,不借助他者的眼光,更不借助现成的理论或成见去诠释。

往简单里说,就是小说里的人物该怎么说、怎么做。小说人物说些什么话,是怎样的一种行为举止,很大程度上是依附于作家笔下的故事形态。非常民间化,力争呈现出民间的机智以及融入其间毛茸茸的细微质地,是我选择故事的标准。写作这种融有大量民间情态、民间机智的故事时,我能感觉出那种独属淮河才有的东西是怎样通过我的笔悄悄流到文字当中去的。

我作品里的语言力争口语化,少书卷气很浓的词汇,少成语、官话,人物对话不加引号,叙述与对话相交相融。我企图通过这样一种叙事获得属于自己的叙述方式和叙述语感。

毫无疑问,作家必须用标准的汉语进行写作,这与淮河流域的语言相差很大。写作时,语言的口语化追求与书面表达之间的差异常令我笔下的人物张口结舌。但我还是适当地选用个别方言。当这些方言从笔下人物嘴里说出来时,我感到一种难以言传的亲切之感。

四

如若与时空相对应,我笔下的故事形态无非是两类。一类是"当下",一类是"过去"。

"当下"作品,应该说是我创作的主流。但写好这类作品十分不易。文学作品毕竟不是新闻报道,能准确地把握这些文化表象已是困难,更枉谈深刻。因此,我感兴趣的还有"过去"。当我拿起笔注视大河湾的时候,睁开的是两只眼。一只盯着大河湾迅疾变化的事物,而另一只眼却盯着大河湾那些亘古不变的事物。这是隐藏在土地深处一个生命与另一个生命的神秘密码;这是萦绕在一代人与另一代人之间的血脉气息;这是人类共同的心灵震颤和苦痛。

五

有一组与"童年记忆"相关的小说,便属"过去"类型的。

我的童年生长在一种特殊的年份里。这种年份叫"文革",它是人类成长历史上的罕有年份。写作时,我企图在"过去"找到与自己生命相关联的一些东西,或与我们每个人生命相关联的一些东西。我认为"童年记忆"是一个人一生中最原始的记忆,又是一个人一生中最主要的记忆。可以说它决定了一个人一生怎样看待人世间的万事万物。与个体相关的骄傲、谦卑、忍耐、勇气和同情等等,都可以在"童年记忆"中找到最原始的母本。俗话说:"三岁看老。"一个人的生命元素一旦形成,就远非后天的知识或环境的改变所能轻易改变的了。写作此组小说时,我还想看一看我自己,以及我们是从什么地方走过来的。人类只有看清自己的历史,面对现实时才知道怎样去做,才能更加有力地走下去。

文友印象

把小说当成本分
路文彬

认识曹多勇已有20多年,初识是在家乡文联举办的第一届小说改稿会上,但当时彼此之间几乎未做什么交流,只是匆匆浏览了一下他的小说稿;淮河流域的风土气息在那不紧不慢的字句里被营造得扎扎实实,也落实在我这个读者的心里。不难见出,那时的曹多勇虽只是刚刚出道,却已显示出相当成熟的迹象。不过,这成熟与轻率的早慧无关,个中流露出的乃是一个沉潜者执着的从容和安然。我所能想到的仅仅是"功夫"二字,在他那里,写作似乎就是一门手工活儿,功夫用到了,活儿出得自然就漂亮。

之后,我们各奔东西,相互依然没有什么联系;只知道,他在写作,我也在写作,因为两人的名字常常在家乡的文学刊物上不期而遇。又过了若干年,他的名字率先走出家乡,开始在国内一些知名期刊上出现。对于一个边缘小城的写作者而言,走到这一步殊为不易,然而扪心想来,倒也算不得什么奇迹,那样一种心无旁骛的专注劲头,怎能不使结果成为必然?当然,我以为,曹多勇也是不太介意几乎人人都想要的那个结果的。在我看来,他是把写小说当成了自己的本分,犹如一个勤恳的手艺人,手中的活计是始终无法丢下的。就像他笔下大河湾的一位老农民那样,总觉得只有待在地里才感到舒服,田野之外的所有时光赋予他的都仅是牵挂的慌张。庄稼人也属于手艺人,幸福的时刻固然是看到自己汗水的结晶,但这结晶远远不是其劳作的唯一目的。不断的耕耘雕琢、精益求精,这才是他们生命永恒的乐趣所在。我想,正是这样的创作实践化解了无数他人难以承受的寂寞和艰辛。事实上,最初小说改稿会上那代表着家乡未来文学生机的20多位有志之士,如今继续坚持写作的已不过二三。这无疑就是功利化文学追求的注定结局。如果没有丰收在望的承诺,谁还会有一往直前的勇气?

而曹多勇由于把写作本身就当成了回报,因此他已不求回报,写作的甘苦也不再重要,重要的只是写作让他找到了活着的本质。在写作中体验着自由的真谛,无论甘苦,曹多勇都是幸福的。所以,现实的冷酷对于他可能压根儿就是无效的。他爱恋着文学,文学也呵护着他。眼看着他所借以养家糊口的工厂也在企业纷纷倒闭的洪流中招架不住了,家乡的文联及时向他抛出了橄榄枝。结果,因祸得福,他反而可以就此全心从事文学创作了。文学赐予他的是爱与拯救的命运,因此那种习惯在小说中诋毁生活的流行病症同他一向格格不入。

　　因为每次回乡都有去文联坐坐的习惯,我和曹多勇因此有了见面的机缘,交流自然也就多了起来。这时的他创作已渐入佳境,小说成就得到了全国性的认可。但是面对成功,曹多勇的淡定仍旧一如既往。再看看他的小说,同样也是一如既往的从容,只是力道与火候都把握得更见老辣了。倘若意识不到这种力道和火候,那也一定是发现不了曹多勇小说的变化的。作为一个手艺人,专一和单纯就是他的本质。不喜花哨、不爱热闹,忠实的专一和单纯里深深隐藏着的则是难得的高贵。不然的话,曹多勇难免不沾染上一个浅薄工匠势必规避不了的那些坏毛病,比如炫技,比如逞能。其实,也只有不把曹多勇的专一和单纯视作单调,我们方能真正理解其一以贯之的不变内里所蕴涵着的某种丰富性。进而,我们也才能领会这所谓不变之中传承着的深刻历史感。

　　手艺人无须创新,亦无须突破,他只关心如何让这手艺在自己的手里一直完美地活下去。故此,当下文坛许多作家那心浮气躁、急功近利的恶习,在曹多勇的写作世界里是找不到的。而在我看来,前者可以是任何别的什么,只唯独不是作家。曹多勇也许算不上是作家的作家,但他却能够让你明白谁是真正的作家。

评家观点

底层乡土经验的诗意表达
——曹多勇"大河湾"系列小说印象
刘军茹

邂逅曹多勇和他的大河湾是在北京一个潮热烦闷的夏天,窗外低垂的柳条懒懒地飘过,斑驳中洒满午后的阳光,偶然间看到了那片长满风景的西瓜地,那个白浪翻滚的水季天,那条古朴宽阔的淮河,以及淮河岸边那个静谧而蓬勃的小村庄——大河湾,曹多勇自然也就停留在我的心灵里:这是一个有根的作家。之后开始有意识地扫描他的创作轨迹,竟发现近10年有影响的文学刊物几乎都淌过这么一条河流,也记住了他在某个访谈中所说:"一个作家的创作如同一个人的生命一样,要有自己的一块出生地,要有滋养自己生命的一条河流。这是一个作家最坚实的出发地和落脚地。"如此萦心于一个狭小的区域——中国淮南地区的一个普通小村庄和那里的底层人家,很容易让人想起开创乡土文学的鲁迅和他的鲁镇,包括后来的贾平凹的商州、莫言的山东高密,这些带有启蒙关怀的底层乡土,似乎总有着挥之不去的苦难、蒙昧和怪异。曹多勇的大河湾似乎也有些许的无奈和悲凉,但却找不到"被侮辱和被损害者"的绝望和仇恨,更不是新世纪"底层文学"比狠比惨的"残酷叙事",当然与沈从文、废名等一脉传承的湘西小镇似的田园牧歌也不尽相同。大河湾里的男人和女人、河滩和麦地、涨水和落水,一切都是那样的自然和常态,那样的舒展和饱满,那样的踏实和温暖,而这种贴着地面的"乡土经验"所传达出的希望、美好甚至高贵,读来令人动容,诗意盎然。

"幸福花儿开"
——走向大河湾的追忆

曹多勇从事文学创作20多年,从长篇小说《大河湾》《大淮河》,中短篇小说集《幸福花儿开》,以及《年馍》《水族馆》《送亲》《语文课》,到最近出版的《曹多勇中篇小说精选》,曹多勇始终默默地坚守着或者说主动选择、解释、雕刻、经营着大河湾这块他生于斯长于斯的土地,据此我认为曹多勇是个喜欢回忆的人。

本尼·迪克特在《文化模式》一书中写道:"谁也不会以一种质朴原始的眼光来看世界。他看世界时,总会受到特定的习俗、风俗和思想方式的剪裁编排。"也就是说特定的文化传统必然制约着作家创作个性的选择,而且往往存在于作家的血液及生命中,包括无形的经验、记忆、态度、价值观等等,并成为作家最有价值的不动产而在创作中自然而执拗地流淌出来。弗洛伊德就认为《哈姆雷特》是莎士比亚"童年时期对父亲的感情复苏",《蒙娜丽莎》是达·芬奇对"童年时期的母亲的记忆"。喜欢回忆和倾听的曹多勇,其观照世界的审美情趣自然受到古朴厚重的大河湾及其文化传统的"剪辑编排",他在谈到《大河湾》的写作资源时也提到,作品得益于他的父母,其中老女人这个叙述者实际上就是他的母亲,而更多的写作资源来自走南闯北、喜欢玩花鼓灯说大鼓书的父亲。大河湾滋养了曹多勇,曹多勇也"毫不犹豫地选择了回忆和倾听的叙述姿态",选择了"大河湾里的诗意人生归属"(路文彬《历史的反动与进步的幻象》)。对于这种自然而清醒的情绪认知及审美选择,曹多勇不无幸福地说:"我找到了写小说的地方,一个属于自己的精神家园。"身处喧嚣浮华的消费时代,曹多勇的精神坚守不禁让人想起福克纳的"邮票般小小"的约克纳帕塔法,萧红的"只有两条大街"的呼兰河,以及汪曾祺的高邮水乡、刘绍棠的运河滩。海德格尔曾说,"作诗就是追忆,追忆就是创建",追忆大河湾的曹多勇满怀敬畏与感激之情,精心创建着他理想家园的亲近和谐状态,即"诗意的栖居"。因为在他看来大河湾的一切如同大河湾的人一样都具有生命和灵魂。

"西瓜地长出的风景"
——坚忍执着的大河湾女人

大河湾是有生命和灵魂的。大河湾的土地是贫瘠的,大河湾人的生活是简单的寂寞的,当然也有不幸和痛苦。而倔强的政德老汉坚持耕种已经荒芜的河滩地(《种上那块河滩地》),快80岁的"父亲"硬朗着自己种地割草喂牛,还有一辈子忘不了的盖楼房的"梦"(《家赋》)。或许就是心中的这个"梦"支撑着大河湾人的流水日子,即使洪水淹了河滩、开矿塌了庄台,即使瞎了眼睛、说不了话,只要还有牛,还有犁,还有庄稼,就有倾诉的对象,就有意思有奔头,就有希望和信心把日子过下去,而且越过越亮堂。倾听曹多勇的追忆,尤其记住了那片"西瓜地长出的风景",就像夏天暴雨后的蔓草,顽强地舒展着她的忧伤和生命——大河湾女人。

死去男人而哭瞎了眼睛的许玉芝,独自带大三个儿子,春天锄麦子、夏天种黄豆、秋天收黄豆,过年沾糖、包饺子、做面圆子,所有的都不乏一种"过日子"的自然和生命力,眼瞎心不瞎的女人有眼泪但没有绝望(《日子越过越亮堂》);哑巴女人嫁给一个外来的蛮子男人,远远地独自住在村子紧东头,分娩前的中秋夜哑巴烙了18张面饼,那么从容那么怡然,女儿开口说话了,她终于流下幸福的泪水,细腻而温暖,哑巴是幸福的,更是高贵的(《说不出来的幸福》);苏燕子,一个追寻儿时梦想喜欢吃西瓜种西瓜的美丽而悲伤的女子,不管"爱情"和命运如何变化,她都坚守着那片西瓜地(《西瓜地里的风景》)。

记住了《水季天》中的"母亲",一个喜欢水的山里女人,执意要在麦收前嫁到大河湾就是要看到"淮河里的水怎么一天一天长多的"。大水来了,"淹湾"了,母亲却很有兴致地数麦秸垛、抓鸭子、捋浮财、学逮鱼。大水落了村人们点绿豆种,母亲"抓一把绿豆窝右手心里,后面三个手指负责紧攥着,腾出大拇指、食指变出一个鸟嘴的形状,一捻一捻地往外吐……母亲干活像玩耍,像游戏,像舞蹈"。单调辛苦的农活干得竟也如此有滋有味、生机勃勃。

还有为死去的儿子讨公道找证人的黄银月(《目击者》),为呆傻女儿的大肚子找"歹人"的兰芝娘(《肚子愈来愈大》),死后还"统治"乡俗乡理的夏太奶(《夏四家》),她们的悲伤和眼泪,她们的生命气息和人性密码,坚忍而执着、质感而明丽,如同兰芝娘放在雪地上的红鸡蛋"辉映着雪光像是两团火"。大河湾女人烙印出曹多勇的"底层乡土经验"的诗意情怀。

"流水日子"
——本色舒展的叙事表达

作品风格是作品整体化的标志,意味着一种统一的色调和音响的出现,这种色调和音响又是以作者内在的对生活的态度和信仰为凝聚点的。曹多勇的"大河湾"自然而温暖,倔强而极具生命力,渗透到作品中形成曹多勇特有的舒展从容而本色的叙事表达方式。

"大河湾"里的故事并没有什么曲折绚丽的情节和复杂迷离的结构,在简单的线形结构中,曹多勇不厌其烦地细致入微地讲述着大河湾人怎么做饭,怎么盖房子,地怎么种,孩子怎么带,鱼怎么逮……这些琐细的日常生活场景在作者不温不火的叙事节奏中荡漾铺展,还有那四野的麦子与黄豆,宽阔不羁的淮河水,贫瘠古老的河滩地等"乡土"物质形态,还有那年俗婚庆、农耕农事、花鼓灯六洲旗推剧等"乡土"精神形态,点缀着曹多勇独特的淮河地域风情的诗意表达。

当然最显在的最本质的还是曹多勇的语言。海德格尔说过"人在说话,话也在说人"。有了语言,人才能够充满诗意地栖居在大地上,土生土长的大河湾人曹多勇的血液中流淌的还是他最熟的原生态的淮南方言土语。曹多勇的本色叙事中也有一些明显的"有意为之",比如人物对话不加引号、不断重复的句式、人物再现法等等,对此曹多勇自己说"我企图通过这样一种叙事获得属于自己的叙述方式和叙述语感","重复,是我生命的意义,也是我小说的意义"。

邱华栋曾说,"一个作家有一块属于自己的地方,有一条属于自己的河流,是幸运的,也是幸福的"。聆听曹多勇应该也是幸福的。

绽放的荣光

ZHANFANG DE RONGGUANG

74位中国作家创作历程全记录

（下册）

文艺报社 ◎ 主编

时代出版传媒股份有限公司
安徽文艺出版社

侯健飞	
刘玉栋	
李学辉	
铁流	石一枫
杨怡芬	杨永康
张玉清	于晓威
任林举	谢宗玉
斯继东	文清丽
杨献平	杨遥
马金莲	尼玛潘多
王保忠	陈集益
田湘	王族
王方晨	黄金明
肖江虹	刘建东
王夫刚	胡性能
马小淘	素萍
陈鹏	王妍丁
鱼禾	陶纯
	范晓波
	陶丽群
	郑朋
	朱山坡

目　录

侯健飞

作家自述　写作是在找回家的路 / 侯健飞 [458]

文友印象　储存回鹿山的音箱 / 王宗仁 [460]

评家观点　写出心中灼人的温暖与疼痛——读侯健飞《回鹿山》/ 汪守德 [464]

刘玉栋

作家自述　写作:缘于孤独归于孤独 / 刘玉栋 [470]

文友印象　和玉栋散步 / 乔　叶 [473]

评家观点　深重而诗性的土地挽歌——刘玉栋小说的审美指向特征 / 李一鸣 [476]

李学辉

作家自述　土性　独异　缓慢 / 李学辉 [483]

文友印象　雄心一片在西凉 / 马步升 [486]

评家观点　西凉大马，横行天下——评补丁小说中的硬汉形象 / 孙吉民 [489]

铁　流

作家自述　我为报告文学狂 / 铁　流 [495]

文友印象　时代精神的歌者 / 朱建信 [497]

评家观点　乡土情怀与关注民生 / 李朝全 [499]

杨怡芬

作家自述　写作是我的"黑森林"/杨怡芬［507］

文友印象　姐姐一样的杨怡芬/徐则臣［510］

评家观点　在"自然人情"中重建理想世界/金　理［513］

张玉清

作家自述　小说的高度/张玉清［518］

文友印象　纯粹的玉清/李东华［520］

评家观点　从"真挚"到"深刻"/赵　霞［523］

任林举

作家自述　在写作中坚守与成长/任林举［531］

文友印象　分享任林举/黄桂元［534］

评家观点　任林举:脚踏坚实大地的诗性书写/王　晖［537］

斯继东

作家自述　龙珠里15号/斯继东［544］

文友印象　看,那笔惊叹号/朱　个［546］

评家观点　斯继东:双重牢笼与逃离的美学/王　芳［549］

杨献平

作家自述 从南太行到巴丹吉林 / 杨献平 [555]

文友印象 文雅的牧人 / 王　凯 [558]

评家观点 杨献平的"两地书" / 何　平 [561]

马金莲

作家自述 困境、坚守与突破的可能 / 马金莲 [567]

文友印象 我所认识的马金莲 / 李子胜 [569]

评家观点 乡土的余温——评马金莲的小说创作 / 邵　部　孟繁华 [572]

王保忠

作家自述 行行复行行 / 王保忠 [579]

文友印象 哦,这就是"老火山" / 黄　风 [581]

评家观点 在经典小说之路上——王保忠小说综论 / 段崇轩 [584]

田　湘

作家自述 虚掩的诗意 / 田　湘 [592]

文友印象 诗人田湘 / 东　西 [594]

评家观点 对世界那天真的吟唱——谈谈田湘的诗歌 / 谢有顺 [597]

王方晨

作家自述 长篇小说写作的三种准备 /王方晨[605]

文友印象 一个人的乔木、荆棘、青草和花香 /张艳梅[608]

评家观点 乡村政治生态与现代性隐痛——对王方晨小说的一种理解与分析
/王春林[611]

肖江虹

作家自述 当梦想照进现实 /肖江虹[617]

文友印象 一个喋喋不休的沉默之人 /张 楚[620]

评家观点 肖江虹的悲剧感与悲剧意识 /杜国景[623]

王夫刚

作家自述 不要抛弃灵魂中的英雄 /王夫刚[629]

文友印象 王夫刚:别来无恙 /吴玉垒[631]

评家观点 谁在岩石上敲门,谁就能在树叶上酣睡——王夫刚诗歌纵论 /燎 原[634]

马小淘

作家自述 一小片明亮 /马小淘[641]

文友印象 马小淘印象记 /白 琳[643]

评家观点 那些"装腔作势"里的进与退——马小淘小说论 /杨晓帆[646]

陈 鹏

作家自述　发现隐秘的自己 / 陈　鹏 [652]

文友印象　痴心者陈鹏 / 马　原 [654]

评家观点　失落的天堂——陈鹏小说的人类学视野 / 耿占春 [657]

鱼 禾

作家自述　在迟疑处确认 / 鱼　禾 [665]

文友印象　非常鱼禾与私人传说 / 邵　丽 [668]

评家观点　远取诸物，反观自身——鱼禾散文的内省性特质 / 刘　军 [671]

石一枫

作家自述　关于两篇小说的想法 / 石一枫 [677]

文友印象　自谑，然后谑一切 / 吴　玄 [680]

评家观点　全球化时代的"失败青年"——读石一枫的《世间已无陈金芳》/ 李云雷 [682]

杨永康

作家自述　傻子面具下的傻子 / 杨永康 [687]

文友印象　有口袋的人 / 格　致 [689]

评家观点　任性及其意义——评杨永康的散文 / 丛治辰 [692]

于晓威

- 作家自述　书房私语／于晓威［698］
- 文友印象　任性于晓威／宋长江［700］
- 评家观点　向内的撕裂与开拓——于晓威小说创作论／苏妮娜［703］

谢宗玉

- 作家自述　叛徒／谢宗玉［710］
- 文友印象　在人群中独来独往／吴昕孺［712］
- 评家观点　成长隐秘经验与人生终极观照／何江花　晏杰雄［715］

文清丽

- 作家自述　写作的终极意义／文清丽［723］
- 文友印象　邻家姐姐文清丽／东　紫［725］
- 评家观点　向青春、爱情和人性更深处漫溯——文清丽小说论／张丽军　孙亚儒［728］

杨　遥

- 作家自述　蜣螂·西西弗／杨　遥［735］
- 文友印象　在两座岛屿之间／手　指［737］
- 评家观点　边缘的秘密与人性的幽冥——杨遥小说论／金春平［740］

尼玛潘多

作家自述 行走　倾听　书写 /尼玛潘多 [747]

文友印象 她静出了一种声音 /贺小晴 [749]

评家观点 高原上的紫青稞——评尼玛潘多的小说创作 /徐　琴 [752]

陈集益

作家自述 我只负责记录我的那一部分 /陈集益 [759]

文友印象 在现实的边界处展翅飞翔 /李　浩 [761]

评家观点 僭越的战场——评陈集益的中短篇小说 /王威廉 [765]

王　族

作家自述 苍穹下的人心自足 /王　族 [771]

文友印象 王族和狼 /薛林荣 [774]

评家观点 狼的惊喜与神性叙事 /彭浩洋 [777]

黄金明

作家自述 创造另一个现实 /黄金明 [783]

文友印象 不在远方在身边 /李学辉 [785]

评家观点 再续文学的先锋精神——读黄金明"地下人"系列小说 /陈培浩 [788]

刘建东

作家自述 被缚的奥德修斯／刘建东 [796]

文友印象 小说家刘建东／刘庆邦 [798]

评家观点 小说多种可能性的不懈勘探——刘建东小说印象／郭宝亮 [801]

胡性能

作家自述 小说的归宿地／胡性能 [808]

文友印象 小说阿胡／雷平阳 [810]

评家观点 感觉世界的修辞，或失去象征的精神隐疾——重读胡性能小说／陈 林 [812]

萧 萍

作家自述 "彩虹般色彩各异的马匹和诗人"——关于写作生活的七个片段／萧 萍 [820]

文友印象 好一个萧萍／金 波 [823]

评家观点 萧萍的书写：文本与文体的意义——从《沐阳上学记》谈起／聂震宁 [825]

王妍丁

作家自述 从此地出发／王妍丁 [832]

文友印象 一个诗人的样子／戴 墨 [834]

评家观点 情，是她不变的永恒——王妍丁诗歌赏析／李 磊 [837]

陶 纯

作家自述 跑步、做饭及其他／陶 纯［843］

文友印象 不忘初心说陶纯／潘 灵［845］

评家观点 在军事文学领域不断开掘——陶纯小说论／张丽军 李君君［847］

范晓波

作家自述 未来的三本书／范晓波［854］

文友印象 晓波与范先生／谢宝光［857］

评家观点 一个悲观主义者的积极思考／聂 梦［860］

陶丽群

作家自述 日常与写作／陶丽群［866］

文友印象 她／桃 子［869］

评家观点 在苦痛中渴望爱——论陶丽群的中短篇小说创作／李 壮［871］

郑 朋

作家自述 短篇里的刺客／郑 朋［878］

文友印象 那个砍柴的少年——请叫他郑朋／盛可以［880］

评家观点 创伤体验与郑小驴的小说／刘长华［882］

朱山坡

作家自述 凭什么信任小说家／朱山坡［888］

文友印象 关于朱山坡／林　白［891］

评家观点 风暴的预警者：朱山坡／张艳梅［894］

编者的话／900

侯健飞 / 鲁迅文学院第十九届高研班学员。现供职于解放军文艺(昆仑)出版社。作品曾获总后军事文学奖、中宣部"五个一工程"奖、中国人民解放军文艺奖和《解放军文艺》优秀作品奖。长篇散文《回鹿山》获第十二届全军文艺优秀作品奖和第六届鲁迅文学奖。最新作品为中短篇小说集《故乡有约》。

作家自述

写作是在找回家的路
侯健飞

我常说,青年作者走上写作之路,除了要有天赋、生活和机遇之外,引路人尤其关键。我其实没什么天赋,文化浅底子薄,写作只是排遣内心苦闷罢了。与父兄决裂,告别苦涩童年,斩断一切与故乡的联系,这就是我的文学之初。从军后,像大多数军中笔杆子一样,我受到的多是庇护和宽容,军队这个大家庭让一个青年战士冰冷的心渐渐热起来。王宗仁、顾工、曾凡华和刘增新等成了我文学创作的领路人,尤其是王宗仁老师,他不仅无一日不写作,还为保留下视野里的文学骨干,几十年如一日,上下奔波,呕心沥血。老师们的言传身教让我明白,文学不仅能改变自己的命运,也能改变别人的命运,甚至能改变国家和民族的命运。不论是小说还是散文,其实都是戴面具的舞蹈,善美的心灵可以超越语言。好的作家可以虚构生活,却不能虚拟情感。为了鼓励我这个小小的文学苗子安心军营,好好写作,诗人顾工曾写了一篇《你点染出山的灵魂》,连同与我的合影,发表在当年的《解放军报》副刊……从那天开始,我的出生地回鹿山开始出现在笔下。

我曾恐惧人生漫长,现在才知道,人生很短。写父亲的《回鹿山》获得第六届鲁迅文学奖后,唯一一条回家的路似乎找到了,但真正的家还没有找到。我很害怕,如果有一天我找到了家,却不知道能不能找到自己。也许,当我还没有足够的勇气把一个真实的自己写出来时,生命就结束了。所以我时时提醒自己:必须写,赶紧写,直到写出自己真正满意的一部作品。假设,如我一般在童年受到无尽创伤的儿子想真正了解一个作家父亲,请他在我死后的某天,打开我的坟墓,他会发现和我的白骨并列在一起的,就是我写自己和一个时代的这部书。当然,这不是一个父亲的全部,而是一个老兵兼作家的全部。读者是否能读到此书,要看我儿子的见识和勇气。问题是,谁能把我的尸骨运回家乡回鹿山并与书稿同穴,现在还不知道。

文友印象

储存回鹿山的音箱

王宗仁

世界会朝哪个方向发展？我们经历着越来越多的变数。任何人的作为放在历史的长河中，一滴水珠而已。这滴水会滞留山洼还是归转大海，谁能说得清如何推动时光的辐轮？于是就有了"黑马"之说。运动会上出其不意地蹦出一员健将，黑马；考场上悄无声息地冒出一个状元，黑马；侯健飞也成了黑马，获得第六届鲁迅文学奖后，他几乎被所有人认为是黑马，包括评委。

每一个不断深入探寻的下一刻，都是我们前进的动力之一。所有的承受力都是针对生活的。侯健飞这匹黑马出现的必然性，几人能知。

我是赞赏健飞的，不是现时，而是20多年前。不是赞赏他的丰裕及雅趣，而是他默默无闻的隐忍、上进、正直和从沧海一粟生孕的文学能力。

第一次见到侯健飞，他还是一名中士，戴着端正的军帽，穿着熨帖的军服，鲜红的领章映着他略显清瘦的脸，他是一名以军装为荣的战士。

那时总后勤部系统的文学创作很活跃，南至武圣关基地，北到青藏线兵站，不时会冲出一个文学青年。但在总部机关，战士写作令人刮目相看的并不多，健飞以其真挚的情感、灵动的才思写了一些散文，偶尔也写写诗歌，但小说并不多。很显然，健飞不仅有文学追求，而且工作勤奋，否则不会得到单位上下一致好评。第一次考军校失利，他没有气馁；又一次提干请示未获批准，他有些难以承受。就在他要失去信心的时候，所在单位却没有放弃这个优秀的战士，组织把他送进总后战士考学补习班脱产学习，他在超期服役的最后一年，终于考取南京政治学院新闻系，成为一名军校学员。

文学的秘密是连着血脉的。可以说，健飞的文学营养是先天不足的。他的家乡在并不遥远的塞北，但这块坝上草原却异常贫困。他几次辍学，没有书读，甚至连广播也没有。健飞曾讲过,上中学时,同母异父的大姐家有了一台半导体收音机,每天中午,他只能趴在大姐家的院墙上偷听评书广播《岳飞传》,因为,他认为大姐一家都不喜欢自己。是这样吗？也许是,也许不是,这就是文学与生活的界线,也是文学天赋的表现。异常敏感的性格可能与生俱来,当然也有生活困苦带来的磨难。健飞的母亲在四十七八岁生下他,简直是个奇迹。总之,这个生于贫困之家的孩子终于长大了,虽然站在人群中是不起眼的,但却没有人能忽视他,他尊师重友,守规矩,心地淳良。

20世纪90年代初,是他创作的高峰期。我在《后勤文艺》《解放军文艺》《青春》《江南》等报刊上,读到了他创作的一篇又一篇小说、散文。尤其短篇小说《转过身去是人》和《走向枪口》的发表,今天回忆起来我的那份喜悦和激动还难以抑制。我逢人就说,总后的业余作者队伍里出现了一颗文学新星。1990年是马年,《人民日报》和《野草》杂志联合举办了全国"金马杯"文学大赛,健飞的散文《我会不会忘却姐姐》获得征文二等奖。同年夏天,他到鲁迅先生的故乡绍兴领奖,他把与柯灵先生、叶文玲女士的合影和赠言给我看,我由衷地为他高兴。如果说我的狂喜难免偏爱的话,那么和他同在后勤战线上服役的业余作者石钟山,也突破了文人相轻的"惯例",心悦诚服地写了一篇题为《美丽已经死亡——读侯健飞其人其事》的文章,赞道:"每个有成就的作家都会有自己一方稔熟的土地,美丽的回鹿山村融进了健飞太多的爱和恨,更多的是痛苦酸楚的回忆。拿起笔叙述这些的时候,健飞对美丽和贫穷有着自己独到的认识,于是有了健飞文学中的'这一个'。"我们在文学作品中看到的世界,无法在现实生活中找到完全对等物,但却更为真实地再现了世界。健飞在他的作品中常常会把思乡的记忆翻晒。果真是这样,石钟山评论得对。

最难忘的是老诗人顾工,他读了健飞那些一发而不可收的作品后,按捺不住兴奋的心情,写下了《致战士作者侯健飞的信:你点染出山的灵魂》,在1990年2月25日《解放军报》发表,那浓情厚谊和热烈的期待溢满字里行间:"健飞,年轻的笔友:很高兴,我能常常读到你的作品。我知道你是个从小就久经磨难的孩子。其实,谁也不会有恒星似的不变的幸运;谁也不会有卫星似的永在身前身后围绕的不幸。因此,谁也不要哀叹命运,要敢于和不幸作顽强的抗争,这才是为人的本色。可喜的是,你有这样的本色;可赞的是,你的作品有这样的本色。你是大山的儿子,你写山、写森林,不但能勾勒出万马奔腾般的山影,更能点染出山的灵魂。许许多多风的音符,雪的音符,与天地共鸣的音符,都储存在你记忆的音箱里。在未来的岁月,未来的疆场上,你定会谱写出、弹奏出更美好更绚丽的乐章。我拭目以待!"

健飞军校毕业后,分配到总后某单位当宣传干事不足两年,以报告文学《燃烧的血液》为题,讴歌了油料战线上科学家的默默奉献。长篇纪实文学《荡匪大湘西》(与曾凡华合作)出版后,广受好评并获得第三届中国人民解放军文艺奖。也是因为有这样的成就,健飞得以调任解放军文艺出版社当了一名图书编辑。

这之后,健飞的创作成果明显少了。他自己说,当不了一流作家,就努力当一名称职的编辑。果然,大型有声读物《谛观有情——中国音乐里的人文世界》,人物传记《我的美国之路》《格林斯潘传》《作家铁凝》《假如上帝还我一双手》,散文随笔《行走的刘索拉》《美军战争家书》《火线后的故事——世界战争家书》《遥远的天堂》《俺爹俺娘》,小说"回报者文丛","中国乡土小说六家",《兵谣》《金色大雨》《中国近卫军》《惊蛰》《戎装女人》等等相继出版,深受读者喜爱,其中很多作品获中国文学各类奖项。

七八年前,健飞告诉我,出版社调整他做图书发行工作。语气中明显有对编辑工作的不舍。但我了解他的性格,他是一名标准的军人,再不情愿,服从命令是天职。这期间我们联系并不多,一些情况都是他人传来的。《花田半亩》是女大学生田维去世后,她母亲和同学们整理出来的一本日记。这本书原计划是不走市场的,很多人认为,一个青年学生的日记,能有多少吸引力?但健飞在读了这本书后,认为是青春文学的典范,力荐此书,"像发了疯"似的找到各类媒体作推广。仅中央电视台《子午书简》一期8分钟的节目,打动了不知多少读者,短短4年多,此书售出50万册。有人说,编辑和发行是一对冤家夫妻,健飞的苦我是知道的,幸好,健飞把文学当事业,把文学当生命,不论是当编辑,还是干发行,他的热情始终没有减,也不能减。

真正了解一个人是不容易的,没有十年二十年,没有于公于私地处过事,是不能对人做出评价的。我也听到一些有关健飞办事较真甚至执拗的传言,但我要说,别以为他总仰着头,为了规矩他可以放低身子。其实这时放下身子,不会矮了高度,但他不会这样。这么说吧,生活中当有些人钻规矩的空子、规矩失去意义时,像健飞这样守规矩的人便得到了灵魂的自由。如今的健飞是恬淡的,有时候也是寂寞的。他是一名忠于理想的人,他是一名优秀的编辑,也是一名优秀的作家,还是编辑出版发行队伍中的一个多面手;他目光锐利,思维敏捷,善于从别人忽略的现象中发现问题,抓住不放;健飞也是真正有情怀的人,又过于耿直狷介,也许伤过一些人,但他不处心积虑,更不拒人千里之外。

健飞的长篇散文《回鹿山》原名叫《父亲》,是中国作协重点扶持作品,在即将付梓前,人民文学出版社的编辑脚印和健飞征求我的意见,我说,健飞多数作品都在写他的出生地回鹿山,这部回忆父亲的作品也不例外,就叫《回鹿山》如何——这样一个插曲也是我和健飞独一无二的缘分吧。《回鹿山》荣获第六届鲁迅文学奖,是文学对健飞的回报,也是健飞对老诗人顾工期待的回报。在新的起点上,健飞正在放大自己的生命,用生命去换取比生命更长久的东西!

评家观点

写出心中灼人的温暖与疼痛
——读侯健飞《回鹿山》

汪守德

一读到侯健飞的长篇散文《回鹿山》，我就被深深地吸引了。我感到一部真正好的作品，应该有一种迷人的力量，吸引读者在阅读中一口气将其看完，而不忍从书本之中抬起头来，《回鹿山》正是这样一部充满魅力的作品。这部怀旧沉思、自省自白式的作品，或许更让我们相信，每个人都有属于自己的独特历史，也都在心中藏着一份不便轻易吐露的巨大秘密。这份秘密会时时地拱动着每个人的内心，令人百感交集心绪难平。而当其随着时日的迁延而不断地发酵，并且有朝一日把这一切以洒满阳光的笔墨，毫无保留地敞开来告诉他人，坦然地同读者一起来分享时，便可以在作者与读者心灵之间搭起一道诉说与沟通的桥梁。从健飞这样一部可以真正称为文学作品的问世，在中国的文学地图中增添了一个叫回鹿山的地方。我们随作者走进往事如烟、人生苍凉、情意弥漫的回鹿山，认识了一个曾经厮杀疆场、后却被生活苦难重重包围而失意潦倒的军人父亲形象，了解了一个乡村青年苦涩而坎坷的成长道路和心灵历程，体验和感受到一个作者写出的那种属于生活所分泌的灼人疼痛与温暖。

具有复杂意味的父亲形象

一切都与从战场悄然归来却又寸功未立的父亲有关，作者的命运似乎从一开始也就因此有了某种必然的定数。作者正是以这样一种切入方式打开叙述的闸门，引领我们去寻找与发现普通非凡而又百折千回的人生景致。处于时代剧烈变迁中的每个个体，其人生轨迹本来就可能被历史风沙塑造成许许多多个版本，这样的历史与人生才因充满丰富性而显得意味无穷。但父亲的版本则只有一个，那就是在血与火的战场上，虽然冲锋陷阵、出生入死，在其"左额角上，有一个核桃大小的凹坑","就是在队伍上让日本人打的,就一枪,差点儿揭了盖儿,子弹却从后脑勺滑出去了",但其却无功而返,莫名其妙地甚至是灰溜溜地回归乡里,丝毫不见那种可以享誉乡里的满身光环和荣耀。这对于大历史、大时代中细如沙粒微尘的具体个体而言,也可谓屡见不鲜、平淡无奇。然而按历史向上的逻辑来判断,战争的胜利者都是要以各种形式获得奖赏的,然而父亲倒霉的命运走向和结局并没有体现为论功行赏、官冕加身这样一种司空见惯的因果关系,充其量只是在其故乡回鹿山村当一个生产队队长,他成为一颗被甩出正常运行轨道,无人问津的星。作为一名曾经身披硝烟、呼啸疆场的军人,忽然出现在人们视野中时,前史与现实的对接是难以进行的,他在部队神秘莫测且模糊不清的行迹,在酷爱论长道短的乡亲们看来就显得颇为可疑,因此也就自然给人们留下了种种巨大的悬念与猜想。而且在他回归乡村的人生中,或许是战场厮杀使其性格不可避免显示出某种乖张特征,加之所遭遇的乡村中罕见的非常婚配,使其在沉寂平常的回鹿山村,看起来另类得有些不可思议。因此父亲这谜一样的角色对于儿女们来说,既是恐惧与温暖兼具的天然荫庇,又像头顶笼罩着的挥之不去的灰色阴影。这也奠定了作者的整个生命、生活、成长基调,也始终成为作者一生无法克制的仰望与探寻。

父亲对于每个人的意义都是无与伦比的,这不仅是血脉意义上的,更是精神、心理和情感层面的。侯健飞当然更不会例外,由于拥有那些苦难的过去,甚至与父亲之间的联结更是锥心切肤的。因此作者经过多年的积累与思考,以凝重的笔墨将父亲写出,就为读者还原了一个生活原态的、令作者恨爱交加的、具有浓厚文学意味的人物形象。正因为作者与斯人已逝的父亲拉开了生命上与时空上的距离,沉淀发酵之后的生活似乎散发出更为浓烈的、甚至有些诉说不清的复杂滋味。作者以仰视、平视乃至俯视的角度,来观察和描写父亲的不同侧面,以类似于三维的立体透视,为我们扫描出一个父亲的骨骼、血肉甚至气韵,我们所认识的是一个在那样的生活年代个性鲜明而又真实无比的人。是生活与战争共同造就了他的性格,使他的血液中融入了某种坚硬的物质,留下了战争的清晰遗痕。但历史本身的缘由和生活的凌厉与无情,使其不得不像一只被拔掉爪牙的猛虎,蜷缩在这个叫回鹿山的地方,在无奈舔舐自己伤口的同时,一任岁月把他逐渐风化和锈蚀。但父亲作为生活与作品中一个独特形象,如他性格的刚强与暴烈,他狩猎野物时的卓越技巧,他在许多问题上的通达智慧,他以自己的方式表达着对各个亲生和非亲生儿女的爱等等,都让人觉得他终究并不缺少作为一个老军人的风骨。

当然作者更写出了父辈最隐秘甚至是见不得人的地方,如当生产队长享有小小权力带来的乐趣,与母亲之外的另一个女人即"杨木匠家的"有关的不光彩的故事,为减轻身体的疼痛而偷偷注射用作镇定的"毒品",有不如意处即对儿子"像抓鸡一般拧住我,举起大一号的右手一顿猛抽"等,这些不名誉的行为在乡村生活的小圈子里,自然遭到人们的指指点点,常使儿女们在人前抬不起头来。然而正是这种行为乃至品格之短才构成一个人物的真实所不可缺少的"暗部"。作者并非是以审父意识来剖析自己的父亲,即如作者所说的:"忠实于生活原态,尽管这是情感伤痛的一部分。"将自己的那种难以分割的人生,及其心中最为疼痛和灼热的东西,以最讥刺和旷达的文字写出来,让读者一起来经历和承受人物那份直抵肺腑的揪心和感动。同样还在于,"或许能在其中找到一种怎样做父亲、做什么样父亲的建议和忠告",意在对父亲的透视与反思中,实现对自身情感、心灵与人格的完善。

由此可以认为,跟随描写父亲笔墨的逐渐推进,侯健飞把一个真实的自己也毫无保留地袒露和刻画了出来。作为父母再婚而姗姗来迟的幼男,作者自始至终处于一种复杂的关系之中,这也注定了作者比常人具有更多一份对于血缘与亲情的想象与体验。而生活之路布满的艰辛与坎坷,似乎都是生于贫困家庭的孩子,青少年时期屡见不鲜的必修课,如埋伏于青春岁月之中难耐的饥饿,读书求学时的不上进而使亲人们恨铁不成钢,因为父辈的原因而致他人无端的轻视,心向往之、激动万分却惨遭失败的初恋,因至爱兄姊的龃龉与离散而伤心欲绝,生活无着时只得以画画或做小生意谋生。诸如此类组合的挫折与苦难联袂而来,不仅使其少年之心伤痕累累,更赋予其明显的愁闷忧郁的性格。而这一切都与其父亲的命运和性格密不可分,赋予其灰暗浓重的生活色调。作者在作品中进行着直视灵魂的书写,那种生活的困顿与未知,那般人生的尴尬与无奈,那些丢人现眼、令人气短的旧事,都被作者以坦率与真诚之笔一一道来,几乎到了难以置信的程度。但作者时刻充满自省色彩的内心,无疑是其成长与励志的不竭源泉,因而终究凭借父亲的过人眼光和自身富于才情与坚忍的努力追求,最终做出走上从军之路这一重大人生选择,也终于使其走到了颇为光明敞亮的今日。一个作者敢于自揭其短,把过往隐秘甚至难以启齿的糗事全都晒将出来,该需要多么大的勇气。但当作者将其娓娓道来时,我们看到的是一个乡村少年酸楚艰难的人生历程与心灵跋涉,看到的是一个性格忧郁内心却注满阳光的形象,看到的是一种真实且具人性光芒的力量。

《回鹿山》中那些与"我"血肉相连的人物

《回鹿山》还写到了更多与自己血肉相连的人物,如母亲、琴姐、小山哥、大姐荣等,这些自然形成的伦理人常都因为深刻的亲缘关系,构成了作者五味杂陈的生活世界与情感世界。他们都是曾经或依然存在于生活中的真实原型,当作者以不加雕饰的笔墨将他们还原时,我们触摸到的是那种底层人物清晰的生活质感和时代印迹。他们每个人都经历着重压之下的艰难生存,每个人都有着自身的独特欲望与诉求,每个人也都书写着自己热望与苦难交织的历史。如对母亲的记述就极为坦率,母亲在嫁给曾经扛过枪、打过仗的父亲时,已先后有过嫁给烟鬼、二流子、破落小地主的三次婚姻,并带着5个孩子,又在生育作者姐弟后,患肺水肿而死,其命运之多舛与凄惨可想而知。有主见的琴姐因为抗拒"令其无脸见人的"父亲的专断,迅速与同营子的花心青年汉恋爱并闪电般成婚,在所生儿子抽风而死时,整日以泪洗面,年仅21岁便服毒自杀。大姐荣与小山哥由于同母异父之故及自私自利的品格,在母亲去世之后便亲情淡漠、关系疏远,令父亲百般努力也无力回天。

由于血缘与生活同作者的距离是如此之近,因而这些人物的生生死死与喜乐哀愁,无不深深地牵扯、撞击甚至切割着作者敏感而脆弱的心灵与神经,也都在作者的内心产生深创剧痛和极为复杂的情感纠结。耐人寻味的是,在这些人物身上作者倾注了怨怼与宽恕、疼痛与爱怜的双重笔墨,把他们的秉性与命运以挽歌式的或讽谕式的笔调慨然写出,便让那些应是不堪回首的记忆,幻化为动人心魄的意蕴和余韵。作者这种对于往日生活苦涩与甘甜滋味的反刍与咀嚼,这种从心底蒸腾出的炽热沉重的情感分量,充分反映出作者虽经磨历劫,依然具有一副情志不改、宅心仁厚的古道热肠。

《回鹿山》或许是一种介于散文与小说之间的文体。其实我们在阅读过程之中常常处于对文体忽略的状态,因为文体的分野理应服从于作者抒情达意的需要,而写真实的心灵和人生的作品总是感人的,它让你疏于纠缠其究竟应归于哪类文字,而被作者在作品中反映出的文学追求、写作态度和描写能力所折服。我们有理由相信,这个被称作回鹿山的地方,是作者出生之地也是心灵锚地,其重温和回首往事的过程,是重新审视心灵、实现灵魂救赎和精神重塑的过程。弥漫在作品清醒、冷峻而苛刻的文字中,是作者对父亲、对所有亲友、对那片土地,甚至对自身所走过的那些岁月挥之不去的眷恋。我们从中可以感受到作者对自己生命和情感源头的父亲永远的敬畏与痛惜,感受到作者对生他养他的那片苦难之地永远的惦记与牵念。正因为作者对最熟悉的生活和最神圣的情感进行某种具有经典意味的描写,让我们对回鹿山由陌生渐渐变得熟悉,印象随之清晰深刻起来,心灵也因之变得异常的空明与澄净。我们同样有理由相信,苦难是产生文学的真正源泉,当作者饱尝失意与辛酸之后,一个真正的作家所应持有的性格、境界与情怀便可能悄然孕育而成。通过对苦难进行长久而悉心的回味,便绽放成美丽绚烂而又含有异香的花朵,使这部字数看似不丰的作品,显现出一种弥足珍贵的文学厚度和气韵。

刘玉栋 / 鲁迅文学院首届高研班学员，现任职于山东省作家协会。1993年开始发表小说，小说散见于《人民文学》《中国作家》《十月》《天涯》等多家文学期刊；出版有长篇小说《年日如草》，小说集《我们分到了土地》《公鸡的寓言》《火色马》《浮萍时代》等八部。小说曾被多家选刊转载，并入选多种选本。曾获第一届、第二届齐鲁文学奖和第二届泰山文艺奖。

作家自述

写作:缘于孤独归于孤独

刘玉栋

我曾经写过这么一段话:"多年前,我从外地来到济南,住在东郊一个地质队的野外基地里,等待命运的重新安排。基地的院子很大,人却很少。院子里有两座楼,几排平房,一座水塔,还有一个水泥灌注的篮球场,其余就是长满杂草的荒地。我记得在那座楼里,常住的只有我一个人。因此,在这里住了两个多月,我连一个说话的人都没有找到。因为无所事事,我感到很孤独。但是有一种东西却逐渐向我靠近。是什么呢?文学。人生中有许多缘分,既然我现在是以一个写作者的姿态来回顾自己的创作之路,那么这最初的缘分是无法回避的。我记得那年秋天,一个身背黄色地质包的青年人来到基地,并且就住在我的楼上。后来我们成为好朋友。那时候,他是一个文学爱好者,对文学相当痴迷。而那时候,我只有十七八岁,可以说,根本不知道什么是真正的文学。也许是同样出于孤独,他开始跟我谈文学……"

2013年的最后一天,我这位文学的启蒙老师,这位善良的老大哥走了。是胃癌夺走了他仅仅50岁的生命。2013年的最后一个月,我多次去医院看望他,目睹了疾病的残酷和生命的无奈。我目睹了他充满智慧的眼神逐渐暗淡以致最后熄灭的过程。他没在文学写作上坚持下去,后来他开公司,做了很多事情,做得很不错。不过,他对文学的阅读却坚持了下来,每次见面,他都跟我谈他买的书和读过的小说。他说:有文学在,就没有孤独。实际上,我并不同意他的说法。文学和孤独向来都是同时存在的。

我走的道路和老大哥不同。自从他把我带进文学这片领域,我就不曾离开过。我深陷其中不能自拔。因为从一开始,从内心深处,我就被它深深吸引,我意识到它对我的重要性。开始,它如同一片热带园林,满目苍翠,到处是奇花异果,散发着神秘的气息,芳香迷人;接着,就会出现一片沙漠,沙尘密布,热气袭人,让你口干舌燥,焦虑憔悴,但是,偶尔出现在远处的海市蜃楼又会给你注满力量,让你心驰神往,还有那猛地出现在眼前的绿洲和甘泉,让你惊喜万分,心如蜜糖;你不敢停顿,你得向前跋涉,因为你心里充满信念。你穿过这片沙漠,没想到前面横着一道高高的雪山,它反射着冷峻而傲慢的光芒,不管是翻过去还是绕过去,反正你得过去,因为山那边永远让人向往……当然,这些都是我内心的感觉和幻象。我想说的是,文学对于个人来说,不就是生命的一个过程吗?乐在其中,苦在其中,这个过程对于生命是多么重要。享受过程还是看重结果,文学会在你心里呈现出不同的景象。文学毕竟是一件个人的事情,所以在这个过程中,孤独会始终陪伴着你。但孤独与文学无关,你不搞文学,也会有孤独。文学只是会让孤独芬芳四溢。

也许一个作家,最大的梦想就是写出一部让自己满意的作品来。但这个梦想是多么难以实现。作品总是看着别人的好。有朋友说,书读得越多,越不敢写了。朋友说得对,这个世界上有多少好作品呀!可见,想写好是一件多么艰难的事情。刚开始写作的那些年,我曾经雄心万丈,想把一部作品写好,但用力过猛,其结果是写出的东西拘谨而僵化。我就想:没念头不行,念头大了更不行,放松的时候更容易写出好东西。我就想:念头和灵感是两码事,如灵感到来,放平心态显得尤其重要。我就想:心态放得过平也不行,动力不足,缺少激情,就容易把一部作品写散了……我曾经每写完一篇东西,就这么胡思乱想瞎琢磨一通,但琢磨来琢磨去,倒是把自己弄糊涂了。我有过各种各样的顾虑,受过太多的影响,对自己写作才能的怀疑始终存在着。种种迹象表明,我不是一个合格的写作者,或者说我不是一个训练有素的写作者。我的弱点是没受过高等教育,后来,有学习的机会我总要参加。不论是鲁迅文学院高研班,还是上海作家研究生班,我都受益颇多。最重要的是它让我的心踏实了下来。我不敢说这是自信,但我不再胡思乱想,我告诉自己:回到内心。所以这几年,我是贴着自己的内心来写作的。

回到内心并不是把自己封闭起来。回到内心是尊重内心,是回到一种真实状态。回到内心是为了重新出发。前几天读《世界文学》,读到葡萄牙诗人佩索阿的一首诗《我下了火车》,一不小心,我被这首诗击穿了,坐在书桌前半天没动。诗人跟火车上那个偶遇的连名字都不知道的旅伴说再见,然后下火车,诗人突然感觉到眼里满是泪水,因为,"每次道别都是一次死亡",这是诗人瞬间的感受,却弥漫着永恒的气息。接着,诗人想到在这列"生活的火车上",打动他的"那些人性的东西",诗人写到,"所有这些,在我心里,都是死亡和世界的悲伤,所有这些,因为会死,才活在我的心里。而我的心,略大于整个宇宙。"诗人的心是多么浩瀚无边,他把整个宇宙都装在心里!在这个世界上,哪有与他无关的事情?

　　再想到佩索阿本人。他孤独吗?他为自己取了那么多名字,写了那么多东西,他应该不孤独。他不孤独吗?他把自我分解成那么多碎片,让每一个碎片都发出不同的声音,他肯定是孤独的。就跟人肯定要死亡一样,写作最终要归于孤独。只不过,是从一种迷茫的孤独变成了一种坚定的孤独。

文友印象

和玉栋散步

乔 叶

2006年,我在上海就读作家研究生班,因为之前也在鲁院上过高研班,我越来越不好使的脑子就总是会把这两班同学弄混,对鲁院的同学会说:"我们在上海的时候……"对上海的同学会絮叨起鲁院的故事。好在能引起我这种错觉的同学并不多,刘玉栋就是其中的一个。

仔细想想,为什么他能引起我如此错觉,好像跟他同学了好几次似的?究其原因,大约是因为玉栋给我的印象定位就是一个标准的好男生。他温文尔雅,诚恳厚道,永远没有失礼的时候,又永远不在虚礼之中——第一次见面是在上海作协三楼的《上海文学》编辑部,他一进来我就认出了他,他也认出了我。我们互相寒暄:"乔叶啊?""是,你是刘玉栋?"再没有别的话说。

然后就是两年的同学生涯。我和戴来同屋,他和戴来是鲁院首届高研班同学,经常来找戴来玩,我们也就越来越熟悉。学校在青浦乡下一个改装过的养老院里,前不着村后不着店,离得最近的繁华之地是三里之外一个名叫西岑的小镇,每到夜里10点之后,我们几个便夜游神一样去西岑消夜。消夜就免不了喝酒。戴来、田耳、小饭、罗伟章等都是喝酒的主力,我和玉栋永远是配角的配角的配角,不过也好,可以负责他们的安全:不让他们太靠路中间,也不让他们掉到沟里,路过那座漫长的大桥时,也不让他们把玩桥栏杆……回想起来,我和玉栋很像两个幼儿园老师,守护着一群调皮捣蛋的孩子。

我和玉栋就是在那种情境下几乎每天散步的,两个相对而言最清醒的保安在夜色里,在一群孩子喧哗闹嚷的间隙,散淡地说着闲话,说在鲁院读书的时光,说哪个作家又写了什么作品,今天老师的课上得如何,也说彼此的家事,他的女儿,我的儿子……话题在我们这里既有条不紊又纷乱迷离。在文学世界里我们似乎还是青涩的少男少女,在现实世界里我们已是沉重的成年之躯。然而无论是在文学世界还是现实世界,玉栋都是明悟的,通达的,和他说着话,我仿佛也跟着他明悟和通达了许多。

2008年,我们学业结束,他回济南,我回郑州。两个城市直线距离并不远,却也难得再相见。不过跟别的同学比,我们见得还算是多的,作代会青创会什么的不必说,这几年我几乎每年都要去济南一次,讲课,开研讨会,做评委,借着这些由头,每年也都能见上玉栋一面,吃个饭,喝个茶,说说话。以至于到了后来我一到济南,撺掇饭局的朋友不用问我就会去请玉栋,还开玩笑:"没有玉栋,乔叶哪儿吃得下济南的饭呀。"

今年5月初,我又一次到济南,这次是玉栋给的任务,给山东文学院的青年作家班做讲座。玉栋到高铁站接。我出了闸口在站台上找他,看见他正一脸寻觅地四处张望,心中顿时升起一阵熟悉的暖意——每次见到玉栋,我心中都会有如此暖意升腾。不知道为什么,他的存在总让我想起张爱玲的那八个字:"岁月静好,现世安稳。"出了站,玉栋说要陪着我和《世界文学》的主编高兴老师一起去逛逛济南的精华所在。高兴老师上午刚上完了课,正好下午也有空。

于是,那天下午,我们三个便在济南城散了一场大步,算起来足足有3个小时。济南是泉城,自然是沿着泉水路线。从趵突泉开始,漱玉泉,金线泉,柳絮泉,白龙泉,珍珠泉,无忧泉,琵琶泉,黑虎泉,从黑虎泉返程,玉栋又带着我们逛到了济南的深街老巷里。在一条不知名的街口,他请我们吃了正宗的滕州菜煎饼;在王府池子街深处,他指引着我们来到一池泉水旁欣赏济南市民的花样游泳;在西更道街,他又请我们吃了素油旋……话说济南的这些街巷可真是有风味有气势啊,单看那些对联就知道他们的不俗:"江山开眼界,风雪练精神。""柳堆千叠绿,泉涌一池春。"

第二天早上,早餐过后,玉栋说得消消食,便又带着我在住所附近的植物园散了一会儿步。散着步,说着写作的事,他心事重重地反思着自己,说自己的写作力量不够。"不够狠。"他说。似乎是想要狠起来的样子。植物园里花已盛开,果已初结,空气清甜,鸟声如洗。不仅有花果,有的空地上还种着蔬菜和庄稼,玉栋一一唤着它们的名字,神情中也露出乡村孩子对这些事物骨子里的亲爱。看着他的样子,我突然想:这就是玉栋吧,不够狠又有什么关系呢?只要够慈悲,够柔软,也就有了足够的力量。某种意义上,慈悲和柔软不是最大的力量吗?

至此,想谈几句玉栋的小说。《给马兰姑姑押车》《幸福的一天》《年日如草》……读玉栋的小说,给我的感觉也像是在跟着他散步。他不剑拔弩张,也不横眉相向。他似乎就是在带着他的读者,带着我,慢慢地,不慌不忙地,在这个世界散步。他自嘲自己是一个慢得不像话的人。可是跟着这样一个慢得不像话的人这么散步,真是让我觉得,苦短的人生原来很悠长,浮夸的人世原来很踏实。

评家观点

深重而诗性的土地挽歌
——刘玉栋小说的审美指向特征
李一鸣

如果人类的记忆可以分类的话,或可分为群体记忆与个体记忆,若将个体记忆再次予以划分,又可分为生命的存在记忆与精神记忆。这应该是个饶有意味的界定,当岁月执意在每个人的生命中烙下成长的印痕,而时间,则以另一种姿态,完成着对人类精神的着意镌刻,它不只是打破了时间的局限,亦是对存在的一种恒久指认。刘玉栋的小说,便是以生命的存在轨迹、精神的时间向度为坐标,将鲁北平原的大地苍生,那些阳光下深重的伤口,那些饱蘸泪水的诗意,以"清明上河图"般的美学结构,以俄罗斯文学式的饱蘸浓墨的深情深重的笔力,描摹出既独特又共知的土地之上的场景。时间的碎片、若隐若现的时代背景、符号化的历史意识,随着叙事者的故事纷纷展开,其间有自己的生命记忆,更多的则是作者以恣意驰骋的精神力量,完成对历史的自由打量与独立建构。这恰恰是优秀作品所深具的品格,它令读者得以全然重新体验那些曾经的生活,或感知从未经历的人类跋涉。

"冒险"的"轻逸"的诗性书写

一种生活,一种人人都在经历着或经历过的凡俗岁月,能引燃书写的热望,必有许多繁复的理由,而其间不可规避的一个重要因素,必源于这生活里诗性的饱满与充盈。刘玉栋的小说,无疑源自这样宽阔的诗意,从而使其文本凝结成大地上一枚枚诗性的露珠,或在太阳升起的晨光里熠熠闪动,或在星辰漫天的幕夜中兀自垂落。此间的诗性,绝非直观的眼中的诗情画意,而是神观的心中的一种更为悠长的意味,深远复深重,满怀着无数未知的冒险。这冒险来自对大地本质的"切近"之难,来自对人性意味的"考量"之艰,更来自易于为人诟病的"轻浅"

之评。

《我们分到了土地》中,爷爷为了企盼得到一块好地,近乎以神圣的心情让孙子逃学一天来抓阄,在得到一号阄后,他掩饰不住内心的狂喜,而当发现一号阄所代表的土地只是五块地头子,他内心美好的期待顷刻被毁,整个精神瞬间坍塌,以至于最后孤寂死于地头。土地与农民的生命如此相连,而命运的敲打如此不堪。小说结尾处,作者设计了一个梦幻般的情节,"我踩在圈沿的高处,一手攥着缰绳,一手抓着鬃毛,然后轻飘飘地落在它的背上。我觉得自己猛地长高不少";"我看到月光下有一个黑影,他一动不动地坐在那里,前面是一望无际的麦田,那是我们刚刚分到的土地。马儿突然停下来,我勒一下缰绳,它的两只前蹄跃起来,差点把我掀下去。它的身上潮乎乎的。它回过头,朝我夸张地扇动着鼻子";"我望着月光下的那个黑影";"泪水搅碎了月亮的光泽"。一个生命的逝去所带来的沉痛,却在浓郁诗意中以浅浅淡语出之。《幸福的一天》则让猝然去世的菜贩子马全以灵魂漫游的方式来满足自己对于人生幸福的怀想。这超越现实的荒诞化叙事,诗性地切入纯粹的人物内心。正如作者一篇作品的诗意浓厚的名字《风中芦苇》,对苦难的土地,生活于其上的苍生,成人世界的无奈与荒凉,孩子心念中的忧患与成长,无不以深重诗意的在场,把握着作品的律动,建构着作品的气质。作者心中诗与思的交织与印证、提示与补充,醇熟的诗意与深重,不仅不相悖,反而有着相辅相成的彼此梳理,不仅透视出作者的视野维度,亦彰显出作者大约已找到的传统与新意之间,一处弥足的中间地带。这避免了乡村题材写作的流俗,并于最为疏淡简洁的叙述中,呈现出丰富而复杂的深刻意蕴。

意大利作家卡尔维诺说,"我的写作方法一直涉及减少沉重",他认为,"只要人性受到沉重造成的奴役,我想我就应该像柏修斯那样飞入另外一种空间里去。我指的不是逃进梦境或者非理性中去。我指的是我必须改变我的方法,从一个不同的角度看待世界,用一种不同的逻辑,用一种面目一新的认知和检验方式。我所寻求的轻逸的形象,不应该被现在与未来的现实景象消融,不应该像梦一样消失"。"轻逸"的本质所在,或可以他对米兰·昆德拉小说《生命中不能承受之轻》的评价来涵括,"实际上是对生活中无法躲避的沉重表示出来的一种苦涩的认可"。对于令人无法忍受的沉重的世界,在广阔的文学天地之中,"轻逸"的品质或可创造出与我们生活于其中的世界截然不同的世界。《给马兰姑姑押车》中的少年小红兵,《葬马头》中葬了马头的瘸子父亲刘长贵,叫骂的母亲,被斩头煮肉的滚蹄子马……这冒险的诗意中蕴含的"轻逸",于刘玉栋用心的小说创造而言,恰如呼吸之于人的性命,无色无味、无可捕捉、无处不在、无可或缺。

时间掂量的生命存在

"所有的艺术作品,若不放在这门艺术的历史脉络下审视,就很难捕捉到它的价值:原创性、新意和魅力。"昆德拉在他的经典文集《相遇》中,曾反复提及,关于艺术作品与其历史脉络的诸般关联,似在揭示一种写作的习俗与仪式,让人借助这位智者的心智之光,发现文学审美略显陌生的一面。

在乡村小说的传统书写中,古今中外许多类似作品的共性之一便是下意识的怜悯,如托尔斯泰的"悯农"情结,如以赛亚·柏林评价过的屠格涅夫的《猎人笔记》,"唤起知识阶级对乡下农民生活的深广同情",而"格里葛洛维奇的《乡村》与《苦命人安东》,对农民悲剧命运的描写,也曾让别林斯基与妥氏流下感动的泪水"。诚然,永远最多承受风霜雪雨旱涝灾荒的人间大地,以及大地上最为劳苦的人们,有足够的理由让人为之深掬同情悲悯之泪,而同时,这样的文本,亦折射出一种驱笔的惯性,即对某些书写传统的习惯性依赖,因此在重复阐释前人的意义之后,难免隐约透出脆弱或无力。

难能可贵的是,刘玉栋的小说作品,恰于此间展现出一种全然区别于传统作品面目的弥足新意。正是这种昆德拉式的"新意",令作品同时生发出昆德拉的另外两个宗旨:"原创性"及"魅力"。刘玉栋的小说创作多是纯粹意义的乡村题材写作,土地、马匹、粮食、饥饿、命运、希冀、生死,这些土地上一刻不曾止息的人间岁月,命运遭际中的人生苦楚、离合悲欢,苦寒深泪,于作者笔下,竟无一例外全然生发出一种宽阔的、莫可名状的梦幻般的气质,引人暗自为叹。哪怕死亡——他的许多作品均写到死亡,老年的壮年的青年的动物的,离奇的哀婉的悲情的,这些死亡,这些人类生命中最为痛彻复惨烈的哀恸,此刻亦奇异地以一种真正意义上的挽歌的旋律,覆埋了死亡仅仅对人类精神创伤的揭示。在他的作品中,生与死出现了忘我的彼此敬意,或者说,正如这些故事本身,以及作者经由故事所传达的意味一样:一切都不是源头亦非归宿,一切,包括生与死,只是时间的一部分段落,自由、平静、深重、宿命、苍远。

不可否认的是作者对题材的有效把握。没有任何一种书写，比对自己熟知一切的书写来得更为自如。正如菲利浦·拉金说的，"面对世界，一个作者只消径自退回到自身的生活中去，从中觅取写作素材"。这样的作品，极有可能成为有魅力的作品。刘玉栋的笔触，总是投向他所生长关切的农村大地，但他的作品魅力并非仅仅来源于题材，以及对传统书写营造而出的消解，亦非刻意而为之的对传统叙述的疏离与异化，而是于精神的自由释放中，不着痕迹地解放，同时亦尊奉着文学审美的自我意识。

在这幅"鲁北平原上河图"之间，无数的人物，无尽绵延的故事，大地上的生命旅程与家园结构，既如此与你我相似，细细端详又似迥然不同，分地分马的时代，拍电报的旧年华，绵延多少年的传统的婚丧嫁娶，切真的情爱、怨怼与宽恕。此刻的鲁北平原大地，仿佛亦成了一条流动不息的时间的河流，安静浩大而深邃，每一段从容而来的生生死死，都被岁月镌刻于河面之上，生命的喜悦与哀哭，成了那些不朽的笔画，看似诗意、闲散，实则深重而哀婉。这条不动声色的河，暗藏乡村岁月文明的潜流，每个故事都漫溢出明亮、朦胧、安静、忧伤，如鲁北平原上一曲深藏在喉不能吟出声响的挽歌，或午夜里一个母亲哀恸的泪水，只于眼里深深包含，却从未溢出。

一个人与土地同样恒久的对话，土地、母亲、挽歌与泪水，既是向外以个体记忆揭示出的群体记忆，亦即向内对自我抵达了一种迷人的身份重塑。读者分明认知到，作者差不多就是作品中的每个人，而事实上又几乎不可能。身份上的能指与所指的巨大统一与相悖，亦令作品格外意味深远，冷静而繁复。

童年记忆的寓言意味

昆德拉曾经说过，"童年与少年……是一个我们无法重返也无法恢复的年龄，于每个人而言，都已成为一个恒久的秘密，而唯有小说家，才能令我们再次靠近"。作为一个具有特殊敏感气质的作家，刘玉栋擅于运用童年视角进行乡村叙事，用文字唤回逝去的记忆。法国哲学家巴什拉说："在岁月老去时，童年的回忆使我们具有细腻的感情，具有诗人波特莱尔在浩渺气氛中那样'微笑的懊恼'。在这位诗人所体验的'微笑的懊恼'里，我们似乎已实现了懊恼与安慰的奇特综合"，"童年深藏在我们心中，仍在我们心中，永远在我们心中，它是一种心灵状态。"童年感觉的细腻、纯真、新鲜、敏锐,使作家手中的笔摆脱了成年的理性桎梏,在回忆中激活鲜活的艺术智性。像《我们分到了土地》《给马兰姑姑押车》《跟你说说话》《葬马头》《平原六章》《公鸡的寓言》等作品,都因为独特的童年视角而使记忆叙事赢得了灵动气质。这种儿童视角使小说呈现出两个世界,现实世界和超现实世界。表层看,他的小说无不瞄向现实:故乡记忆、乡民生活、人们内心世界的冲突与痛苦;同时,他的小说又具有超现实的映像,神秘、梦幻的色彩氤氲于小说字里行间,各种人物被蒙上一层传奇的光环,具有广泛的象征意义,甚至可以将之当作民族的寓言来读。对于现实世界和超现实世界的复写,前者写实,后者写意,前者显,后者隐,前者明,后者暗,两者交错融合,赋予他的小说以变幻莫测、神奇瑰丽、摇曳多姿的艺术魅力。

《我们分到了土地》中,作者有这样一段描写:"我爬上我们家的土房子,然后把那两块砖头挪到北面去,炊烟马上就从烟囱里钻出来。""我看到太阳红得就像徐家铺子的油炸糕;我看到村北枣树林里有一个扛着猎枪的人在追赶野兔子,他的前面有一条黑色的猎狗;我看到村西马颊河大坝就像课本上的长城一样拐了个弯儿;我看到村南的土路上,卖豆腐的刘迷糊正推着小车往村里赶;我看到槐树底下刘长河跟几个小孩子正玩一种叫'骑马'的游戏。我看到刘土地正坐在猪舍里,跟我们家那头白色的大肥猪友好地说着什么。我看到高台阶的老婆张春梅正扭着圆圆的屁股追赶她家的一只母鸡。太阳越来越红了,有一半已经扎进枣树林子。我看到炊烟罩住了整个村子。"在儿童俯瞰下的八个凝造涵蕴生命质素的独特意象,组合为一个乡村生活的立体画面,形成色彩斑驳、声响混杂、动静相间、浑然天成的具有童话意味的独特艺术氛围,产生了一种令人身临其境、回味无穷的艺术效果,寄寓作者感伤的回忆。《给马兰姑姑押车》,以一个孩子的眼光,细致传神地描绘了鲁北娶亲的习俗和押车儿童的心理,结尾处画龙点睛地放大了故事的内涵,"红兵隐隐地感觉到,这些令人向往的事情,结果并不是都那么令人高兴。红兵似乎明白了马兰姑姑为什么在这样的日子里失声痛哭。红兵坐在马车上,盯着冬日阳光下暗绿色的麦田,猛地觉得自己长大了不少"。

巴乌斯托夫斯基说:"对生活,对我们周围一切诗意的理解,是童年时代给我们的伟大。"刘玉栋以童年视角这一童年时代的馈赠,借助儿童生命本真的存在状态,捕捉象征人性的"存在的话语",达至去蔽还原,呈现成人世界本来的面目,展现出一个暴力虚妄的世界,揭示历史乖谬之中人的抗争与韧性、无奈与决绝,表现了对人性的深层揭示。当然,与同样长于以童年视角叙事的莫言、余华、迟子建等人相比,刘玉栋的童年叙事还需要寻找自己的独特质素,在联翩小说的背景上以独立的姿态鲜明凸显出来。

李学辉 / 笔名补丁，鲁迅文学院第十一届高研班学员，甘肃"小说八骏"之一，现供职于武威市文联。出版短篇小说集《1973年的三升谷子》《绝看》《李学辉的小说》等，有70余篇小说发表于《中国作家》《北京文学》《飞天》《钟山》《朔方》《芳草》等刊物，曾获敦煌文艺奖、黄河文学奖、梁斌文学奖、《飞天》十年文学奖等。长篇小说《末代紧皮手》获甘肃敦煌文艺奖二等奖、黄河文学奖一等奖、《芳草》汉语文学女评委奖最佳叙事奖。

作家自述

土性　独异　缓慢

李学辉

一个人出生在何地,由不了自己;一个抒写者面对什么题材,可能有选择,但骨性和根性的东西却是怎么也抹不掉的,只不过有轻重之别。

我出生时,土炕上一半是烂被窝,一半是掺了细绵土的用麦草烧成的炕灰。前一半是家贫,后一半是习俗。我一出生,便在土中和灰堆里洗礼,这辈子,我不土都不行。

因而,我属土性。把自己像麦子一样种在田野里,迎风受雨,自在地感悟和体验乡村社会的浪漫与风流。晃眼间,在一个被称为"巴子营"的村庄,我已与它相伴了近50年。

"1月31日,友人盛约,称桃红杏白,花闹邀客。树挂雾凇,枝白杆黑。驱车至亚兰温室大棚。掀帘进棚,但见树密花累,满枝皆繁。色重叶稀,花浪映日,地铺落英,腰粗花猛,乃坐果之象,此为桃也。进杏棚,百树相拥,匝地皆白,捧之于手,凉沁刺掌。疑江南之春色,亦无此壮观矣。"

"2月1日,天抖其雪,瞬匿其踪。夜宿乡下,再读萧红《呼兰河传》,又翻张爱玲几篇小说,查看创作日期,均为香港写就。心有戚戚。一个女人被人爱是幸福,爱的人多了就成悲剧。萧、张两人,客居香港,一弄孤绝,二忆伤逝,寄寓心破,故吟百年绝唱。正如沈从文之小说,在北京、上海两地,北京尚温,上海冷沉,盖因心境不同,故人物各异。凌晨披寒行于原野,十米之内才可视物。蒿茅草茎,皆裹白衣。苍茫一野,片雪悠然。室内炉热,一红惹地,隔窗睹雪,一丁香三牡丹竹一束,静默于地。读《陶庵梦忆》,张岱披雪,琅嬛竟为福地。拾雪拍桌,《鲁迅文集》立于桌间,一袭硬发戳天,俯身一瞅,则野草遍地。"

这是我摘录的近期两则日志。录于此,并非秀什么,而是呈现乡村瞬间的真实状态。如今的乡村,有许多不可捉摸,依然的状况会分解出若干时代元素,有寂静,有阵痛,更有情趣。忽视它的现实存在,就会缺失趣味。因为,土性也有意趣之所在。

土性是基于人的精神栖息地梦牵魂绕的根性所在,如果一味泛指,会产生一种对立。土性也有其精神质地,只是寻找一种合适的表达,是非常磨人的事。每个人有每个人的戏路,当短篇小说与现实和阅读"格格不入"时,并未消解其自身的价值,相反,土性的短篇小说还能独立存在,本身意味着这种文体也有高贵之处。

一个抒写者若一味追求高于自己或自己拿不住的题材,也是一件十分危险和麻烦的事。

于是,在题材抉择方面,我选择乡村,选择独异。

独异,并非求奇求怪。快节奏的社会,促生了许多荒诞,乡村也未能免俗。当我把笔触伸入乡村的根部时,传统与现代的割裂使部分本该美好的东西变得非常模糊和离奇。那些本应传承存留的与根脉息息相关的风俗,一旦消解,认知和依附便会出现更大的问题。但小说毕竟是小说,如何把这些具有独异价值的题材更好地表达,体现一种现代性?我不得不慢下来,寻找一种切入点,寻找一种更为合适的叙述方式。

因而,我放缓了速度。缓慢是我多年写作的基本姿态。我顽固地选择手工写作,就是不想让自己快起来。大多时候,我慢得如接一滴雨,握在手心都不想让它瞬间流失;默望枝头,实在不忍让一片树叶那么快落下。有时,一个万把字的短篇从构思到成稿竟达两三年时间。期间,我得做大量的功课。传承多年的东西与现代的根须能否搭接,长成歪瓜裂枣的诱因何在,生息的土地上精神的依附点在何处,社会变化对它们带来的影响怎样?我得大量地读书、做笔记、思考。更多时候,我坐行于田野,抓一把泥土在手里,从泥土的各种味中解读化肥、农药、耕作方式和农人的经营惯性以及农民对土地的认知,以及政策对土地方式的改变等等。这些,可能我都不会写在小说中,但它们得作为背景存在。什么时候,觉得不出笔对不起它们了,我才出笔。一沓稿纸,一盒烟,一杯水,坐于桌前,将窗帘一拉,便进入文字田地。一篇小说完成,放到一边让它躺几个月,然后拾起来,打印,修改,改到最后,读着改,看标点是否合适,部分句子的韵律是否合拍。写不高、写不好是自己的修为问题,快餐式的表达会糟蹋这些题材,我得尽最大努力。我就这一方"巴子营"的天地,我得诚心经营。每一粒种子都有收获的可能,多收少收不要饿着肚子就行。

话说回来,能让小说在骨头上开花,这是我的终极追求。这花虽不惊艳,若能自在地开放在伟大乡村的胸腔,也是一种饱满的幸福。

文友印象

雄心一片在西凉

马步升

走进甘肃武威,李学辉的名字如那无时不在的漠风,阵阵吹拂着人们的耳朵。在如今这个信息拥堵的时代,一个作家的名字如此高频率地出现在他生活的人群中,确实是一件很不寻常的事情,而更为不寻常的是,李学辉从来不做什么吸引人们眼球的事情,不说什么令人为之动容的话语,他甚至不写什么与时尚沾边的文字,他无意于借助任何媒介,把自己的名字塞进人们的耳朵中。他只是一个作家,一个传统意义上的独守书房的作家。

武威为西凉故地,提起西凉,人们总会顺手从浩繁的古代典籍中捞出一大把词汇来:马上横吹呀,醉卧沙场呀,葡萄美酒呀,大漠孤烟呀,等等,这都是一些无比美妙的词汇,可惜,与李学辉都不沾边,一定要把他与西凉大地上的某种物事类比,那他就是一株普通的、扎根于西凉大地上的沙生植物。在荒漠地区,这些沙生植物拥有的唯一的生存智慧便是:扎根大地,在大地的深处汲取营养。农家出身,生活在农业区,李学辉的阅读虽很广泛,文化视野也足够开阔,但他的知识系统,他的智慧底色,永远都是农业的。他把写作与种庄稼看作是一回事儿。农民种庄稼必须一板一眼,一滴汗水一粒粮食,只有笨功夫,要想走什么捷径,捷径的尽头一定是歉收。李学辉走上文坛已有 20 多年时光了,在这个时段里,中国社会时刻都在热浪滚滚,几乎所有人都在被一波波热浪裹挟着,向来敏感的文学,当然不会置身事外。可是,李学辉却是一个可以置身事外的作家。当同行们只需付出一部短篇的劲儿就可挥洒出一部长篇时,他却甘愿耗费一部长篇的工夫去打磨一部短篇。于是,他像一个遗世独立者,困守书房,一年仅仅几部短篇。这些短篇小说,不敢说篇篇都好,但总体达到了较高的水准,选材独特,主题也深刻,语言风格偏于冷峻奇崛。这与好坏无关,只是一种表达方式。

西北有一句俗语说:不怕慢,单怕站。说的是走长路,慢一点不要紧,不要止步不前。文学就是一条漫漫长旅,走得早的,未必走得远,赶得急的,未必会有什么好结果。还有一句俗话说:慢工出细活。李学辉以他的慢工夫,20多年间,也写出了3部短篇小说集。他只写过一部长篇,这就是为他赢得盛誉的《末代紧皮手》。这部长篇,断断续续耗去他10年时光,到底易稿多少次,恐怕连他也说不清楚。

文学虽是一桩高度个人化的事业,但文学从来都是有关大众和大地的事业。李学辉要是一个纯粹坐在家里一心打磨自己作品的作家,按照常理推断,个人的文学成就可能要比现在高一些,至少数量会多一些。但他偏偏不是这样的作家,他在耐心打磨自己作品的时候,也把自己的文学命运与大凉州的文化命运紧紧捆绑在一起。10多年前,当李学辉个人的文学事业日渐走上更为广阔的天地时,他毅然辞去了在那个小地方为人艳羡的优越工作,把自己放逐在看不见未来的境地中。他要干什么呢?武威原来是有一家地方文学刊物的,后来因故停刊了,本地作者失去文学园地,本来还算整齐的文学队伍眼看要散伙了。李学辉要创办《西凉文学》。无刊号,无办刊经费,无办公地点,无专职办刊人员,无作者队伍,甚至,无必要的、哪怕仅仅是道义上的理解和支持。总之,必须"有"的,一概皆"无"。李学辉放下自己的文学,放下一切,跑政府,跑企业,跑亲朋好友,必须要跑的地方,他一趟趟跑,没有什么希望的地方他也跑,有枣没枣先抡三棍子。真是苦口婆心,把平时不给人说的好话一遍遍说,把平时不给人发的脾气一遍遍发。

好在,凉州毕竟是用几千年文化熏陶出来的地方,人们对文化的冷漠,只是暂时的走神儿。有人伸头张罗了,与文化有关的人行动起来了,与文化不沾边的人也群起响应。一时,武威地界大有以李学辉马首是瞻的劲头。大家的理由很简单,也很充分:学辉不是为了自己。土地荒芜许久后,再度耕种,是需要改良土壤的,李学辉又踏上了收拢作者队伍之旅。十几年来,只要发现武威地界哪里有作者,无论是城区的,农村的,牧区的,无论春夏秋冬,只要有线索,李学辉便登门拜访,谈作品,压任务,甚至帮助作者解决生活困难。然后,对那些有写作潜力的作者,在《西凉文学》上不惜版面,发专页专辑专号,一个个往外推。多年来,在甘肃省,除了兰州,武威的作者队伍阵容一直是最稳定的,创作势头是最强劲的。

这不能不说与李学辉的苦心经营有关。

要说李学辉做这些事时一点私心都没有,也不好说,但即使是私心,也有大有小。他怀的是大私心。他把挖掘弘扬西凉文化,看作是自己的事儿。其实,并没有谁赋予他硬性的责任,但他却有着硬性的担当,凡是与西凉文化有关的事情都与他有关,在维护本土文化声誉方面,他甚至有些本土文化至上的嫌疑。要从根本上说,自西学东渐近200年来,西凉文化已然失却了古代的尊荣地位,对此,李学辉心有千千结。如何实现本土文化的复兴梦?把自己的东西写好,把身边有志于文学的人士聚拢起来,形成一个良好的生生不息的文学生态,承继本土文化血脉中的优良部分,并使之发扬光大,这,也许才是李学辉的雄心所在。

评家观点

西凉大马,横行天下
——评补丁小说中的硬汉形象

孙吉民

补丁,本名李学辉,来自甘肃武威,个头不高,身形也不矫健,但神情和目光时刻透着坚毅和锐利,确是典型的西凉汉子。补丁是属于西凉那坚硬质地的,他的小说有鲜明的地域特色,巴子营、大权河、凉州城,以及与凉州毗连的四川巴城,是补丁小说构建的独特叙事空间。巴子营人的生活是作家注目的中心,离巴子营最近的城是凉州城,巴子营南边十里是世代哺育村民的大权河。这是一个远离政治中心的小村庄,可每一次重大的社会变迁,一样会荡漾到这里。巴子营人带着对土地、粮食朴素而神圣的感情,顽强而智慧地生活着,以不变应万变。这个世界里的男人,呈现出独特的地域文化积淀。

男人是巴子营的主心骨,巴子营的好汉子是典型的硬汉,也是不同于以往文学传统的新型硬汉。"硬汉"这一概念多用来概括海明威小说中男主人公在战争、生存等严酷条件下不消沉、不退却、不怕失败和死亡、斗争到底的性格。近年也有研究者以"硬汉形象"描述中国新时期小说中莫言、张承志、张炜、邓刚、张贤亮等作家笔下那些忍辱负重、在困境中顽强生存的男人,甚至红色经典中的战斗英雄也被看作硬汉。中外文学史上的硬汉,作为他们精神支柱的,或者是自我与情爱,或者是革命情怀,因此"硬"得畅快!他们的境遇是苦的,内心却充满价值实现的满足感。而补丁笔下的西凉硬汉,他们的精神支柱是对天地的敬畏,事情做给先人看,做给老天爷看,没有群体的礼赞和自我生命的满足,于是"硬"得克制、孤独、悲怆、坚决。

《末代紧皮手》中的余土地是最典型的西凉硬汉。民国三十二年,只有18岁的余大喜挨过生死考验,做了"末代紧皮手",也就是管土地爷的神,他的使命就是每年腊月给地"紧皮",用龙鞭抽地皮震慑土地爷,保佑来年好收成。余大喜变成了余土地,一辈子不能近女色,不能结婚。他实际上是巴子营人集体供奉给土地爷的活祭品,被剥夺了享受世俗生活的权利。余土地是神,就不会被当作一个人去怜惜,在他给地紧皮时,哪怕累得吐了血,巴子营人也没有哪家让他少抽一鞭子。可他毕竟不是真正的神,因此村里人又经常暗地里嘲笑他不是真正的男人。可以说,余土地一直生活在村人冷漠、功利的眼光里。可他仍然抱着对东家何三的感恩之心和对巴子营这片土地的深情,一丝不苟地履行着紧皮手的职责。从1949年凉州城解放到"文革"结束,巴子营一样不落地经历了各种政治运动,成立农会、斗地主分田地、成立互助组、定成分、入社、大炼钢铁、打倒牛鬼蛇神、深挖洞广积粮、农业学大寨、反"地富反坏右"、文化大革命。在这20多年里,无论世事如何变迁,余土地一直坚持偷偷紧皮,直到去世。其实,作为末代紧皮手,余土地有很多次自我解放的机会,他完全可以为自己活一回,不再当什么土地爷,可他信守承诺,偏偏要守护"过时"的神圣,坚持把紧皮当作一辈子最重要的大事去做。在情爱方面,余土地也有很多次机会成全自己,也成全爱他的人,可他恪守不近女色的戒律。凉州城里洞明世事的老太太多次劝他娶了何菊花,他总是一笑置之。何菊花是何三的女儿,痴痴地守望了他一辈子,两人同院生活若干年,他不越雷池一步。何菊花得了重病,如果余土地能够给予她情爱的滋润、夫妻的恩爱,何菊花一定能起死回生,可他生生忍着心痛,眼睁睁看着这个妹子一天天枯萎下去。后来,何菊花为了保护他的龙鞭,跳进地道摔死,他愧疚自责,但对于不犯戒律这一点从不后悔。他说:"人在干,天在看。欺人欺心呢,骗天遭罪呢!"袁书记要在村里搞光棍配对,逼余土地成家,大队书记也劝慰他说,土地爷还有土地奶奶、玉皇大帝还有王母娘娘呢!可余土地说,人家是人家的,巴子营是巴子营的。迫于形势,他和寡妇何秋艳举行了婚礼,新婚之夜,他一边听何秋艳诉说她与何菊花两个女人对自己几十年来的情分,一边泪水涟涟地走出洞房。不知有多少人说过他:你还真把自己当土地神哪?可他就是认认真真把自己当作土地神,把自己的魂系在土地上,他尊重自己的身份,敬重天地神灵。他的一生苦涩而悲壮,他牺牲了小我的幸福,成为巴子营这块土地真正的灵魂。因为他的存在,巴子营人在最困难的时候也没有饿死过人,可当他死去的时候,全村人睡得都很安稳,只有两个人在惦记他。余土地的付出和回报是那样不均衡!可他在信仰的支撑下,坚守了30年。他是旧时代的"残余",却有着穿越新时代的强大力量和将一切苦难踩在脚下的坚韧。这样的执着和执拗,就是西凉硬汉的风骨。

《麦婚》中的王世厚,有余土地身上逆时代的执拗,他非得按照古老的风俗为儿子安排一场隆重的麦婚。《绝看》中的王世风,有余土地对天理神灵的敬畏,他爱慕于桂兰,曾设计陷害过情敌,情敌死后,王世风终生呵护于桂兰,这是一种自我救赎,所以于桂兰三次献身,王世风不敢有半点亵渎。《苁蓉》中,毛顺有余土地身上的坚守,全村人都拿着搬迁费逃离了腾格里沙漠的侵袭,只有毛顺一个人坚持留下来种树种草,阻挡前进的沙丘。这是一场孤独而惨烈的战斗,他的儿子梭梭娃被风沙卷走了,他也没有后退半步。《脖子》中,刽子手柳弯儿能屈能伸、大义当先,颇有余土地呵护龙鞭的气魄。为了照顾已故警察局长汤常玉的遗孀小九辫,他能放下爷们儿的架子,卖砂锅赚钱。可面对仗势欺人的新任公安局长,他直率地预测局长三年必亡,结果招来杀身之祸。对以"脖子之美"驰名凉州城的小九辫,他从无非分之想。《鸡头》中,作家塑造了一个无畏、执拗的小硬汉,在饥荒年月,13岁的王福抢了劳模金成之子一只鸡头,导致父亲被批斗惨死,此后每一年,他都去给金家送鸡头,逐年增加,一送就是30年,以此作为对金成的谴责和羞辱。《爷爷的爱情》中,爷爷没有柔情,性格硬邦邦的,他逼迫奶奶来回走60里地去照相,用拳头逼奶奶吃鸡蛋养身体,可他有担当,能顶天立地。地震发生后,爷爷从丧子之痛中解脱出来,找到废墟下的奶奶,又挣脱奶奶惊恐的眼神,挑着货郎担进城谋生,挟死尸换杂货,卖杂货换鸡蛋。在奶奶心中,爷爷是个真正的男人,就像马蹄上的马掌,钉掌时疼,钉好后飞跑时不硌脚。《除夕》中,当了40年支书的八爷在除夕之夜带人浩浩荡荡进城,在酒店大堂揢捆经理,理直气壮地把在这里打工的本村姑娘接回去熬岁,20盏马灯为姑娘开道,一群老少汉子为姑娘护驾,这气派、威武、霸气。补丁笔下的西凉硬汉,个个铁骨铮铮,正气凛然,流淌着古风古韵。他们从不纠结于缠绵的儿女私情,而是放眼生命、生存、天理、正义的大问题,他们像石头一样有坚硬的质感,他们有男人的大气魄、大胸襟。古凉州地处汉、羌边界,民风剽悍,不畏死、不惧生。补丁笔下的硬汉,是这一地域文化人格的艺术化提炼,他们如西凉大马,个个有着横行天下的威风。

补丁的小说把西凉大地的精气神统统给了男人,与男人互补的女人,也沾染了男人的大气概。《汉奸河》中,日本的飞机炸了巴子营,"汉奸"留在村里的女人廖立芳带着老福救了一夜人,险些被治罪。调查组最后发现是大权河上的冰在月夜反光,才招来日军的炸弹,于是村民纷纷咒骂大权河是一条汉奸河,把最污秽的东西往里扔。结果巴子营人吃水都成了问题,又是廖立芳第一个站出来清理大权河。这个外来女人的胆识与气魄与巴子营的真汉子相映生辉。《脖子》中写到巴城有"四大牛",其中"两牛"属于女人——王六姐的腰,小九辫的脖子。西北行政长官公署刘副长官路过巴城,慕名要看王六姐的腰,逼她脱衣服,王六姐甩下一句"我的腰不是给你们这帮丧家犬看的",飞身跃下暖阁身亡。新中国成立后巴城新任公安局长处死柳弯儿后,自然觊觎小九辫的脖子,然而等他来到红砂啦巷,小九辫早已高贵地自尽了,仪容整洁,在美玉的映衬下,脖子娇艳生色。巴城的女人就是这般节烈,不容歹人玷污。《末代紧皮手》中住在凉州城铁鞭巷的瞎老太太,"宁肯瞎了眼也不见马步青",为了免遭红卫兵的侮辱,她也给自己安排了一场香气四溢的高贵死亡。小说中,何菊花、何秋艳两个女人都痴心爱着余土地,但从不为难余土地,能够爱他所爱。何菊花为了保护龙鞭甘心舍命,何秋艳为保全余土地甘愿做有名无实的妻子。她们对余土地又怜爱又敬重,已经超越了男欢女爱的世俗追求。西凉硬汉顶天立地,这片土地上的女子们也从不随意释放柔情,她们活得有尊严,爱得有境界。补丁笔下的硬汉与烈女,颇有三国时代的西凉古风。忠臣义士与贞节烈女的某些人格基因,在李学辉笔下得到了传承。只有烈女,才配得上硬汉。

在补丁的小说中,西凉的民俗处处新奇,那些在历史尘烟中活色生香的故事,也极富传奇色彩,可在男女情爱的抒写上,补丁却不肯用传奇笔法。他总是惜墨如金,从不让他的主人公纵情、滥情。初读李学辉的小说,会觉得有点压抑,因为他笔下的情爱世界总是带着伤痕与缺憾。不能痛痛快快地爱,不能酣畅淋漓地恨,不能快刀斩乱麻般割舍,又没有能够预见的未来。这种节制,使读者不免有意犹未尽、期望落空的遗憾。但补丁小说的特点也恰恰在这里,有很多小说通过写荡气回肠的情爱展现人性的曲折、人生的真谛,令读者沉溺在世情之中喟叹不已。而补丁的小说,往往通过不畅快、不圆满,体现主人公身上超离世俗的神圣与高贵,这是一种让读者仰望的高度。对主人公,我们揪心着、痛苦着、遗憾着,也叹服着、崇敬着、惭愧着。

补丁刻画的硬汉,带有农耕文明的深刻印记。他们钟情于土地和自然,是保守的,执着的,甚至是顽固不化的。有人说补丁的小说尤其是《末代紧皮手》,是一首农耕文明的挽歌。表面看来的确如此,但恰恰是这样的人,实实在在守护着村人生活的根本:土地、粮食,也正是在他们心中,保持着对神灵的敬畏,有了他们的存在,才有了乡村的"理数"和秩序。何三说:"活人死土地,人的灵魂总得有个寄托。"陈二说:"土地爷是泥的,人是肉的,有了这个规则,人就分不清泥的肉的了。"余土地这一形象,体现出作家对农耕文明进步性与局限性的辩证思考,也体现出作家对历史进与退的辩证思考,这种思考的深度又岂是"挽歌"二字所能概括的?在《麦女》中,作家描写了选麦女的风俗,老一代麦女奶奶的选拔过程充满了神圣感,而新一代选麦女则变成了带有娱乐性的选秀活动,被选中的麦女也要离开家乡去打工赚钱。巴子营人对土地和粮食的感情越来越淡了。而在《麦女》的姊妹篇《麦婚》中,作家饱含深情地写了一场复古的麦婚,在王世厚的操持下,一对新人最终在婚田的婚炕上迎来了新婚之夜,听着麦花的爆裂声,闻着浓郁的香气,他们终于领悟到了麦婚的真谛,那就是人与土地、与自然的高度和谐。《麦女》与《麦婚》,也体现出作家对古朴农耕风俗的深情眷恋和对其存在价值的高度肯定。在《麻雀飞翔》中,作家甚至构建了存在于土地与庄稼之中的"桃花源",严家三兄弟中严大回归土地,找到了幸福;老二严富进城当保安,曾经在别墅区"富贵"过,见义勇为时被打死;老三是大学毕业生,在城里找不到可心的工作,被城市姑娘鄙夷,最终杀了人。还是土地,最让人踏实。在补丁的小说中,不自觉地流露出他对土地的热爱,对农耕文明的敬意。作家或许无意唱挽歌或唱赞歌,而是把传统文明与现代文明之间错综复杂的关系揭示出来,把现代化过程中如何对待农耕文明的问题提出来,这是非常具有启示意义的。

  补丁的小说不以华丽精致的语言取胜,也很少对人物的心理世界进行主观描述。作家以客观简约的笔法把人和事勾勒出来,给读者足够的接受空间和思考空间,其艺术感染力后劲很足,其寥廓硬朗之美别具特色。

铁流 / 鲁迅文学院第十九届高研班学员。现任山东省作协副主席。著有长篇报告文学《支书与他的村庄》《中国驱逐舰备忘录》《槌下硝烟》《国家记忆》《中国民办教育调查》等,有作品入选各种年度选本和《小说月报》等。曾获第六届鲁迅文学奖、"五个一工程"奖、《中国作家》鄂尔多斯文学奖优秀作品奖、山东省泰山文学奖、山东省精品工程奖等。

作家自述

我为报告文学狂
铁　流

从怀着文学梦走进军营的那一天起,自己在文学的路上已经行走了 30 余年。最初,我写过诗歌、散文,也写过小说,算起来,从事报告文学写作的时间最长,已经有 20 余年了。记得几十年前的一日,我偶尔看到了徐迟的报告文学《哥德巴赫猜想》,捧到手中一口气读完了,尽管那时饥肠辘辘,寒冷逼人,可寒冷和饥饿一下子被文中的主人公陈景润赶跑了,那个时候我才知道,报告文学竟然有这么大的力量和感染力,有如此大的魅力。我一下子爱上了这个文体,并与她相知、相依、相伴到今天,而且还要一直并肩走下去。

对我来说,报告文学最能拨动我心灵深处的那根弦,也最能让我对生活、社会释然。春江水暖鸭先知,报告文学与时代紧密相连,是时代的晴雨表,随时都体现着生活的温度,社会的筋骨。

1936 年 6 月 10 日,美国一位叫斯诺的记者辗转来到了中国,对中国西北的革命根据地进行了全面考察,随后以他激情的笔触,完成了后来震惊世界的《西行漫记》,这是西方记者首次向世界报道中国共产党领导下的革命斗争,随后,很多国家通过《西行漫记》知道了中国共产党、中国革命,还有那群革命斗士。新时期以来,涌现出了很多优秀的报告文学作家,读者从他们的一部部优秀作品中,读到了重大事件,读到了历史的震撼,读到了底层小人物的悲欢离合。

报告文学作家与时代的脉搏一起跳动,与火热的生活一起沸腾,在无数个采访的日夜,我看到了很多小人物的不幸,也倾听到了他们无力的呐喊。我在卑微中发现了高尚,在平凡中知道了什么是高尚,在社会大潮的涌动中,也发现了很多需要时代改革和校正的矛盾,由此,我感到了一个报告文学作家的责任,还有坚守在心里的那份良知。

也许因为这个缘故吧,这些年我写了好几个"第一部"长篇报告文学,其中有国内第一部反映中国海军研制驱逐舰艰难历程的《中国驱逐舰备忘录》,有反映拍卖行业兴起的《槌下硝烟》,有反映中国城中村农民生存的《支书与他的村庄》,还有与朋友徐锦庚合作的反映中国农民和《共产党宣言》一段传奇故事的《国家记忆》,以及展示中国民办教育艰难发展的《中国民办教育调查》等等。

前些年,我发现中国快速发展的城市化进程吞没了无数个村庄,无数农民告别了祖祖辈辈坚守的土地,迈进了高楼大厦,有的农民不习惯坐马桶,有的农民半夜醒来寻找镰刀锄头,这一切,他们也许会慢慢习惯,重要的是,他们驾驭土地的手,能驾驭这种城市生活吗?能在竞争激烈的城市中找到自己的生存方式吗?还有,他们带有土地芳香的血脉,能融进这缤纷的城市生活吗?自己的精神世界能找到栖息地吗?报告文学一是真实,二是揭示问题。为了听到最真实的声音,看到最真实的生态,我走进了城中村,有一段时间,我把身心都交给了城中村,用"五体投地"也毫不为过。为了能听到城中村农民兄弟的心里话,我扮成小商小贩和他们拉家常,也扮成农民工与他们一起流大汗。在这里,我看到了城中村农民虽然生活在城市里,可又被城市隔离的无奈,也听到了嘈杂城市中他们微弱的呼喊。在一系列拆迁的推进中,种种矛盾并没有随着村落的轰然倒塌消失,而是随着高楼大厦的崛起而愈加尖锐。报告文学作家不仅仅是艰辛,还会面临各种各样的危险,在城中村采访时,因为触及了一些村干部的利益,我曾经受到地痞无赖威胁。在社会原生态下,诞生了我的这部长篇报告文学《支书与他的村庄》,作品出版后,引起了很多城中村农民兄弟的共鸣,也一度成为政府对待城中村以及城中村农民兄弟的参考书。

这些年,一些人对报告文学颇有微词,有的说报告文学真实性限制了文学性,恰恰相反,正是因为报告文学自身的真实性,使它具有了摄人心魄的力量,报告文学有它自身的要素,有它别具一格的魅力,并不是里面多一些小说化的情节、散文化的语言,文学性就强了。也有人说,报告文学正在消沉,我想,只要社会的脉搏还在跳动,报告文学就不会消失,只要生活还有温度,它就会有旺盛的生命力,只要时代还有表情,它就会愈来愈有魅力。

文友印象

时代精神的歌者
朱建信

铁流曾戏称自己获鲁奖"像天上掉下了个馅饼",在我看来,却是预期中的事情。有一年铁流有部作品参评一个省级奖,我是评委之一,非常看好那部作品,初评讨论中有评委提出不同意见,我说"这部作品有可能获得更高层次的大奖"。这件事并不表明我有什么洞见,而是我觉得铁流的作品具备冲击大奖的品质和力量。

铁流是我一直关注的青年报告文学作家。和铁流相识时,他还在海军从事专业创作,我在空军工作,算是跨军种战友。

真正认识一个作家,最有效、最可靠的方法是阅读其作品,作家的品格、境界都在作品当中。作家的成长环境和经历,感情立场的确立,思想和精神素养的形成,也是认识作家的路径之一。铁流出生在古老的莒州大地(今山东省莒县),那是"凤鸟的国度",构成华夏文化主干之一的东夷文化属地、刘勰故里,见证过春秋至今仍蓬勃茂盛的浮来山银杏,"陶文大口尊"……或许和绵延五千年的文脉滋养有关,铁流在还是小学生的时候便迷书成癖,甚至因想买书偷过父亲两元钱而遭过骂、挨过打,即使如此,仍读心不改。

铁流的创作履历是先写小说,后写报告文学,而报告文学是他的最爱。我的证据是铁流有言:"只有报告文学才能抒发我对社会的热情,触动我的心灵。"我把铁流的话稍作展开,即报告文学之所以能够诱发铁流持续的创作热情,原因在于报告文学这种文本的特质是直面社会生活、关注社会问题,因而更能直接地表现时代精神,更有利于推动社会进步。

铁流擅长把握重大题材,作品构架宏阔,整体上呈现出一种波澜起伏的大气象,其近年来的几部重要作品无不表现出这一特点。铁流的报告文学作品有些属于主旋律范畴,而此类作品能写得让读者愿意读下去委实不易,铁流的作品却都得到了读者的认同,这和成熟的结构艺术密不可分。其次,铁流的报告文学作品具有难得的思辨能力和思想深度,在同类题材创作中,拥有这种能力的作家并不太多。

  铁流是时代精神的歌者。文学不是美化自己的衣裳,也不是什么"高雅的玩物",而是一种诚实的劳动,收获的优劣多寡,取决于作家的才情和勤勉,报告文学作家更是如此。两三年一部作品的写作速度,证明了铁流对报告文学创作的虔诚。

  热诚而不失沉稳,谦逊而不乏自信,不掩饰爱憎,某件不平事、某个必须表明立场和态度的关节上,思想锋芒和军人血性便刀尖般亮了出来。铁流给我的最初印象大抵如此,十多年过去了,基本上没变。不变就是执着——执着使我相信,铁流还会为读者捧出更好的报告文学作品。

评家观点

乡土情怀与关注民生
李朝全

2014年铁流可谓是双喜临门。他与徐锦庚合著的两部作品分别获山东省"文艺精品工程"奖、山东省泰山文学奖、山东省"五个一工程"奖后,接着又夺得第六届鲁迅文学奖。铁流成了本年度报告文学界的一个关注热点。如果从1984年参加海军新兵连期间在南方的一本刊物上发表第一篇短篇小说开始计算,铁流的创作生涯正好走过了30年。30年来,铁流从一个初中毕业生成长为全国知名作家,走过了一段不寻常的创作道路。他的写作涉及小说、报告文学和散文、电影剧本等多个领域,而坚持最长久、成绩最突出的则在报告文学领域。他从涉足报告文学伊始,始终重视对大题材和全社会关注的热点题材的采写,最终也在报告文学领域获得了成功。他的创作之路具有相当的典型性和代表性,也颇具个性色彩。

铁流说:"只有报告文学才能抒发我对社会的热情,能触动我的心灵深处。"1999年他的长篇报告文学《槌下硝烟》由中国青年出版社出版。2002年解放军出版社出版了他的长篇报告文学《中国驱逐舰备忘录》,颇为畅销,广受关注,被全国多个省市列为中学生推荐读物。2004年他与人合著,在《解放军文艺》第11期上发表中篇报告文学《兵道》。2005年由作家出版社出版长篇报告文学《中国本色》。2006年与李德合作在《报告文学》第8期发表报告文学《一个中国士兵与他的模拟战场》,随后获得中国报告文学学会"是谁感动我们"全国短篇报告文学征文奖。2007年在《中国作家》第11期上发表长篇报告文学《支书与他的村庄》,12月在人民大会堂召开作品研讨会。该作品单行本2008年由解放军文艺出版社出版,获得《中国作家》首届鄂尔多斯文学奖和山东省首届泰山文艺奖,后由中央电视台改编为专题片播出。2008年铁流在《报告文学》第1期发表长篇报告文学《蓝色畅想》。2009年他以不幸殉职的年轻艇长蔡一清为主人公创作的中篇报告文学《第一艇长》发表于《中国作家》第10期。2013年与徐锦庚合作,创作出版长篇报告文学《中国民办教育调查》,由作家出版社出版。2014年与徐锦庚再度携手,创作出版长篇报告文学《国家记忆》,由山东文艺出版社出版。其间,铁流曾在2011年第2期《山东文学》发表中篇小说《槐香》,讲述了一位拥军爱军的红嫂不幸的人生,被《中篇小说月报》《小说月报》转载,受到关注。

早期以乡村和军旅为基本题材

纵观近十几年来铁流的创作,可以看出,他主要的兴趣和发力点皆在于报告文学。对此他下了最多的功夫,可谓东奔西突、南北驰骋,不断地寻找新题材、新热点,探索新的突破。

可以看出,他最早创作的基本题材是乡村和军旅。从沂蒙山系列小说出发,他关注的是乡村革命和前辈军人特别是烈士和红嫂。譬如他的中篇小说《槐香》描写的就是一位热心拥军的红嫂槐花。当年她是解放军亲人用米粥救活的小女孩,成家后,解放军到村子里来拉练,她对军人无比热情,以至于引发了误解。为了不让张排长受到和她有暧昧关系的谣言的伤害,槐花一次次上访,要求还自己更是还给张排长一个清白。

铁流作品中有许多是关于军人、军队和军旅生活的。譬如他的成名作《中国驱逐舰备忘录》是关于中国发展驱逐舰历史的珍贵文学档案,细致梳理了中国驱逐舰艰难而沉重的发展历程,全景式地披露了驱逐舰部队建设的"内幕"和全过程,再现了人民海军峥嵘辉煌的历史。书中既有为了海军武器装备发展呕心沥血的国家领导人,也有普通士兵为驱逐舰试验遭遇惊心动魄、九死一生的故事。这部作品的创作与铁流所服役的北海舰队有密切关系。可以说他是从自己身边的海军、潜艇人切入,描写军人和军旅题材。此后,他又写下了《一个中国士兵与他的模拟战场》《蓝色畅想》《第一艇长》等一系列以海军英模人物或者烈士为主角,以海军训练战斗生活为创作对象的作品。这些作品既可视作一名海军作家的职务性创作,亦是铁流深厚的军旅情怀所使然。

作为一名从农村走出来的作家,铁流对自己的家乡,对父老乡亲的感情也是不言而喻的。这可以从他创作的基本选择中看出来。从较早的《一个民办教师的故事》关注民办教师现实处境,到《支书与他的村庄——中国城中村失地农民生存报告》关注城中村改造及失地农民的生存问题。2013年出版的《中国民办教育调查》,2014年出版的《国家记忆——一本〈共产党宣言〉的中国传奇》则分别关注民办教育和乡村的农民革命。特别是《国家记忆》,讲述了山东广饶县大王镇刘集村和延集村等农民在《共产党宣言》和早期共产党员的鼓动下,掀起风起云涌的革命大潮的往事,实质上是关于山东农村革命风云的一面镜子。农民与战争是铁流长期关注和着力的两个重点,可算是他写作训练有素的领域,两位作者将山东一个小村庄的革命历史放到全国农民革命浪潮的大背景中考察,发现了其典型性和代表性的价值及意义,即都是在《共产党宣言》等党的经典文献的明灯指引下,在中国共产党的领导下,有组织、有领导、有奋斗目标、有光明未来的革命,是决定中国历史走向的基本力量。

在现实和历史题材中不断开掘

报告文学创作存在着几个基本的向度:向现实领域深挖,向历史题材掘进,向反思政论方向开掘,向纪传自叙方面拓展等。其中,向现实领域的深挖,又包括关注关系国计民生重大事件、重要工程建设和重点题材的时政报告,刻画时代精英、先锋模范人物的英雄报告以及关注社会热点焦点话题的问题报告等。报告文学创作的基本方法大致有记事、写人、叙史和反思等数种。作为一位主要从事报告文学创作的作家,铁流深知题材选择对于作品的重要性,因此他特别重视从社会热点和现实意义较大的方面入手选取写作对象。而一旦认准了自己选择的题材,他总是不遗余力下功夫深入采访,务求充分掌握素材和资源,写出一部有广度和深度的作品。

长篇报告文学《槌下硝烟——中国拍卖业全景写真》这样一部全面反映我国拍卖行业现状的作品,令人耳目一新。

《支书与他的村庄》是铁流在关注现实方面创作的一部具有转变意义的作品。在这部作品中,与此前相同,他继续关注社会热点和大题材,但是他开始更多地关注社会热点话题下人的生存处境,也就是关注人。在创作主题选择方面直接转向广大的农民群体,转向社会的普通人和弱势群体,这是铁流在现实题材选择方面一种自觉的转变。

长篇报告文学《中国民办教育调查》是铁流向现实题材领域掘进的又一重要成果。这部作品关注20世纪90年代以来风起云涌的民办教育主题。民办教育不啻又一个"希望工程",使数以千万计的学子圆了大学梦,接受了未来职业、人生发展比较完善和成熟的高等教育。《中国民办教育调查》将民办教育置于中国私立高校发展史和全国教育事业的大视野、大背景上来观照,从马相伯创立复旦公学到张伯苓创办南开大学、陈嘉庚成立厦门大学,直到恢复高考"千军万马过独木桥",改变亿万人命运,转而切入到高考之殇、高考之痛,自然地引出民办高校弥补了众多高考落榜生的失落,使他们终于可以拥有接受大学教育的平等机会,从而成长为更加有用的人才。如今,民办高校数量和学生总数均已占到全国总数的1/5到1/4。在全民高等教育中发挥着非常重要的、不可或缺的作用。

应该说,要用20余万字的篇幅描述全国600多所民办高校400多万在校生的状况,写出民办教育30多年来波澜曲折的发展史,这无疑是一项挑战性很强的创作,写作难度极大。作者清醒地采用了点面结合的手法。既从宏观的、全局的层面概述国家高教改革的背景与全景,突出教育变革业已成为这个时代不可逆转的一个重要课题。同时,作者着重描述全国民办高校的整体概况及其生存处境,特别强调其对于国家经济社会发展的重大意义。而在全面把握和宏观描写民办教育时,能够运用战略性眼光和全面综合的观点予以审视,进行反思与前瞻,客观分析其利弊、得失、优劣及发展困境、缺陷与不足。除了全局性的描述之外,作者尤其善于提取几个具有代表性和典型性的民办高校个案来进行解剖麻雀式的描写。

在向历史题材领域的开拓方面,《国家记忆》堪为代表。第十三届精神文明建设"五个一工程"奖评委会对《国家记忆》的基本评价是:"该部长篇纪实文学讲述了陈望道翻译的第一版《共产党宣言》在中国出版和传播的传奇经历,以此串联起共产主义的思想扎根中国、影响中国现代历史进程的故事。作品还原中华民族一个世纪政治革命的风云际会,塑造了为国家富强和人民幸福而流血牺牲的共产党人群像,彰显了共产主义思想对20世纪中国命运的决定性影响。"作者讲述的这段革命历史似乎很简单:在我党成立早期,一部错版的《共产党宣言》被青年女共产党员刘雨辉带到了山东广饶县大王镇刘集村,犹如一支火炬投入一片干柴,从此,鲁北平原上的农民兄弟掀起了一场轰轰烈烈的革命与抗争。这个题材新颖独特,作者又有诸多独到的发现和开掘。首先,这部《共产党宣言》竟然是历史上由陈望道翻译的最早的一个中文版本,而且书名还被错印。作为一件珍贵的革命历史资料,这本小书传承有序,确凿可信。作者引述党史等各方面专家经过审慎的考证,确定这个版本具有极高的历史价值和文献价值。其次,作者通过实地采访山东广饶县刘集村、延集村等相关当事人,广泛涉猎史料,发现了山东第一个农村党支部,发掘出了鲁北平原一段珍贵的革命往事,尤其是对早期加入共产党、参与大革命的众多人物的考证、挖掘与深入描写,丰富了鲁北革命历史或者山东党史的内容,努力还原历史的本真面目,鲜活记录中华民族一个时代、一个地区、一段历史的政治革命的风云际会,塑造了一批为了农民解放、国家新生而流血牺牲的共产党人形象。从这个角度上说,《国家记忆》在革命历史和中共党史的书写与开掘上功劳存焉,是对我党建党初期一段历史的可贵叙述与复原。

与此同时,作者并不局限于广饶一县或者刘集、延集一个村庄,而是将这个颇具代表性的地方所爆发的惊天动地的革命,置于广阔的历史背景之中。作者力图还原《共产党宣言》诞生以来所走过的"生命历程":它是如何由马克思与恩格斯合作完成,又如何一步步地传遍全世界,在亿万人心中激起共鸣与反响的。尤其难能可贵的是,作者特别注意到了这本著作在今日的影响,它对西方世界和中国的影响,彰显了一部经典作品与日月同辉的不朽的思想光芒与精神魅力。因此,或许可以认为,作者的立意高卓,他们希望书写的实际上是《共产党宣言》的流传史、传播史,是其160多年来在全世界,包括中国、中国农村所产生的广泛而长久的、巨大而深刻的影响,是《共产党宣言》的历史传奇。作者是将发生于大王镇刘集村、延集村的革命历史放到了《共产党宣言》的传播影响史的大背景上来进行考察与书写,采取的是一种小中见大、有点有面、点面结合的创作方法。

由上论述可见,迄今为止铁流创作基本的发力点是社会热点题材,两个基本向度是现实和历史,两大维度是乡村和军旅生活,出发点与落脚点是人和人的生存处境。正是因为他拥有比较明确的主体意识和创作追求,他的报告文学作品常常受到专家和读者的肯定,也摘得了各种奖项。

具有反思性和艺术性的报告文学创作

批判性、反思性是报告文学重要的品质。优秀的报告文学作品应该从现象深入本质,从对问题的剖析引出启示或经验教训,总结及建设性建议,充分彰显报告文学的现实价值和意义。而历史题材报告文学则可从史实史志中引申出历史的镜鉴,从前人与过去的是非、得失中发现对今人及未来有启迪意义的观点或结论。铁流在创作中,无疑深谙反思性不可替代的价值,在采访写作过程中始终贯注着一种自觉的反思意识,使多数作品焕发出一种反思的品质与色彩。

在采访和创作《支书与他的村庄》时,铁流一直在思考这样一个问题:"城中村改造再难,也难不过失地农民的再生存问题。在改造城中村的同时,我们是否想到了失地农民的生存问题呢?"正是出于这样的创作初衷,该作聚焦我国城中村现象,思考城市包围农村、城市化进程对农民的切身影响。

报告文学归根到底是文学而不是新闻报道或调查报告。近年来,报告文学的艺术性品质备受关注和强调。铁流作为一位从事文学创作30年的作家,有着很好的创作训练和积累,在作品的艺术性上下了很大功夫,也取得了良好的效果。

与小说相似,报告文学也要讲好故事,塑造好鲜活的人物,要用生动感人的情节和细节去表现人物性格,凸显人物命运。铁流的小说《槐香》是这样的。一个小人物倾其一生只为证明他人的清白,直至安然辞世。这样的悲剧故事,这样的人生,无疑是动人的。而主角槐花也就在这些看似简单却触动人心的经历中矗立起来,一个性格正直、淳朴、感恩图报的农家女子的形象跃然纸上。

到撰写《中国民办教育调查》一书时,铁流的文笔更加娴熟。在他的笔下,从事民办教育的每一位主角都富于传奇色彩,经历充满了故事性,棱角展露,个性鲜明。

在多年的写作过程中,铁流逐渐形成了个人的创作特点。他擅于抓住社会热点的大题材,进行广泛采访和深入思考。他的作品讲究靠近现实,还原真实,关注民生,具有大气开阔、朴实真诚的地质。在写作中,他较好地处理了作品的可读性、感染力与传递正能量、传播主流价值观之间的关系,无论是写人记事的作品,歌颂倡导的作品,还是重在揭示问题、深刻反思的作品,其旨归皆在于经世致用,对社会有帮助,对世人有启发,寓教于情,在感动读者的同时引导其思考人生的理想和信念。他较好地处理了报告文学"硬"与"软"的关系。报告、讲理、革命历史、重大题材都是坚硬的,而小人物、情感、故事和民生却是绵软的、柔性的。作者很好地把握了二者之间的对立与平衡,使即便是书写革命历史的《国家记忆》这样的作品,也能具有较好的文学性和感染力。铁流的作品大多同时具备人文精神的高度和人性挖掘的深度,既要向读者传导积极的、向真、向善和向上的思想,又注重从人性、人情和人心的角度切入和开掘。尤其在他2000年以后的作品中,人成为他观照和关注的核心,人的情感、思想、信念,人的需求、动机等成为他着力挖掘描写的对象。他的报告文学越来越向文学本身回归,越来越走向成熟。正值创作盛年的铁流,让我们对他将来的创作可以有更多的期待。

杨怡芬 / 中国作协会员，鲁迅文学院第十三届高研班学员，在《人民文学》《十月》《花城》等期刊发表中短篇小说60余万字，出版中短篇小说集《披肩》《追鱼》；入选2008年度"21世纪文学之星丛书"，获2010年度"浙江省青年文学之星"奖。

作家自述

写作是我的"黑森林"
杨怡芬

四十出头,真的是个蛮有意味的年纪,按联合国世界卫生组织的说法,还在青年期;而在我们的传统语境里,那可是已过不惑,端然中年;但无论如何,人近中年,这是肯定的了。少女时读《神曲》,开篇第一句就震撼了我:"当人生的中途,我迷失在一个黑暗的森林里……"从此,小小的我对"中年"就有着无限的向往,如果有兴趣,你可以读一下我试笔时期的小说,在那个本该流连青春的年月里,比如《披肩》,比如《呼吸》,一篇篇说的却都是中年心境啊。说话间,就站在人生的中途了,那么,我的"黑森林",它在哪里?迷失不可怕,最可怕的是已迷失却不自知。

我真的停顿了一下。我想看清楚,我这是到哪里了;我也想问明白,我到底是谁。于是,在人生的中途,我在一个小山顶上坐了下来,面朝大海,背,也向大海。好吧,姿态摆好了,你还想怎样?"我想静静。""静静是谁?"于是,大家一起哄堂大笑,宾主皆欢。

但该想的还是要想,比如为什么写作?为什么呢?因为喜欢。就这么简单吗?因为别的不会。有这么委屈吗?这是个无解的问题,等同于为什么你被生下来,也许,要等到人生的末期,在某一天醍醐灌顶。但不为什么,则是很明确的,不为做人生导师,也不为打开方便之门,甚至,不为写下家族或个人的历史。写到此,我的心低吟了一下,唉,我是那么喜欢它,简直不知道拿它怎么办才好啊。前几天读到一则新闻里李敬泽老师说:"作家都是活雷锋。"不禁莞尔。但总会有一个人用看穿你的架势笔直来问你的:"好了,不说大的玄的,我们说实在的:为了荣誉啊稿费啊奖金啊,对吧?"你怎么回答呢?只有哈哈一笑,说:"对的,你说得没错。"如果哪天我以写作为职业了,那人说的可都是千真万确的啊。

我一直喜欢村上春树,且不去评价他的小说如何吧,他的职业写作生活,让我向往且景仰。这么些年,我一直是业余写作,该上班上班,该做家务就做家务,一点儿也没摆出过作家样子,有时候忙碌到忘记自己还是个"作家",手头还有正在写的稿子。对写作,就没有保持足够的专注,也没有加以足够的勤奋,缩在一个"家庭主妇"或者"小公务员"的壳里,懵懂度日。身子如此低伏,心却常常跑到小山顶上去打坐,时日一长,生怕自己会因此而精神分裂也未可知。在某一天,我突然明白过来,相对于我的日常,写作是我的"黑森林";相对于我的写作,日常是我的"黑森林",想通了之后,内心倒是豁然开朗了,既然两头都黑,就以平常心度日吧。我一直在生活当中,也就不需要刻意去深入生活,写作的魔力又可以让我与火热的生活保持相对安全的距离,也许,这也是一种好的写作状态吧。

逃不过的还有写什么和怎么写。我喜欢读作家的创作谈,也算一种"偷窥"吧,可我想,大凡到能谈谈的程度了,写作之初的焦灼无助怕是已经被写成之后的轻松愉悦取代,我能看到的大多是作家们的悠然之态而不是当初的抓耳挠腮了。就我自己来说,写什么,真是非常随意和感性的,在那段时日,什么最触动我,最让我放不下,我就写什么。开头总是难的,开了几个头之后,就跟这部小说较上劲了,无论写得多慢,我非把你写完不可!幸亏还会较劲,总算写了13年了还在写。

总想着,如果我有计划些该多好。对准一个主题,不停地深挖,那多好。在40岁后,我真试过,以海洋生物为题目(同时也为意象),写了一系列小说,从《鳗秧》《比目鱼》《望潮》到《水母潮》,七七八八,也有一本短篇集子的分量了,探索的是都市女性成长心性的各个层面,但写到《乌贼骨》的时候,我觉得无味了,不想继续了,这个《乌贼骨》就只写了个题目。太刻意的活计,我真的做不来。但这个过程也许锻炼了我的某种方向性,接着的写作,我大致知道我写的这个在我想要的方向里,而那个是跑题了。

在单篇的小说里,"方向性"也比从前更明晰些了。我爱闲笔,不,应该说,我无限热爱闲笔,我甚至认为,小说就是为闲笔而生的,否则,你不要读小说,你看故事会去吧。我读小说,如果那小说不能以闲笔吸引我,那它休想以故事情节俘虏我。小说,要的就是气定神闲,而不是急煎煎地走大路。可是,如今的我,晓得闲笔就如藤缠树了,但我还是祈祷,不要让我变成主干太清晰的作家啊,我不要。我现在相信,一个保持着写作能力的"老"作家,必将是无敌的,因为,操练久了,写作中的种种分寸,他就能拿捏自如,那该是一种多么潇洒的姿态啊。

　　曾经,我热衷过噼里啪啦的叙述——也许我从来没有达到过这个姿态,但我至少热衷过,换言之,就是调门比较高、火气比较重的小说,不知道从什么时候开始,我的调门低下来了,什么时候能进入自说自话的自如之境呢?人物不是粉墨登场来的,人物自己会悄悄地推门进来,那该多叫人心醉啊。

　　曾经,我注视过一个个社会问题,我写的《金地》《棋牌室》,你如果称它们为社会问题小说,我没有异议。但我最新写成的一个小说,如果你说是社会问题小说,我想,我就要跟你急了。虽然它还真的是从某则社会新闻来的,但是脱胎的过程,耗了我一年多的心力。用一年的时间来写一部中篇,说出来,真是惭愧。有时候,我很怀念写作初期(如同感冒初期)热情高涨的日子,工作余,家务余,居然还能日行五六千字——这些文字大多是藏在自己的抽屉里,用来提醒自己,如果没有写作之后的种种阅读,那就没有如今的我。

　　如果没有写作,和写作之后的阅读,我就只会快快乐乐地生活,我就不会有我的"黑森林"。

　　幸,或者不幸?天知道。

文友印象

姐姐一样的杨怡芬

徐则臣

第一次见杨怡芬在2007年夏天,我从杭州去舟山参加她的作品研讨会。我编过杨怡芬的小说,但从未谋面,照片都没看过,跨过宽阔浩瀚的海面,从轮船上了岸,在码头拥挤的人群里一眼就看见了她。我觉得那就应该是杨怡芬,没道理,就是感觉。果然。岛外来的专家学者好几位,她坚持每一位都亲自接。杨怡芬的声音软软的,很轻,关心人都像在跟你商量。我怀疑她根本不会吵架,若不幸跟谁吵起来,连声音都可能被对方吃了。后来熟悉了,听她跟孩子通电话,那黏稠的母爱,简直就是蜂蜜做的,单声音就可以把她儿子稳稳当当地捧在手心里。

研讨会开得很好,大家有一说一。说得最好的是杨怡芬自己,她把自己的创作历程梳理了一遍,顺带感谢了很多人,把占用她绝大部分时间的税务工作也深情地感谢了。这个回顾含金量很高,我觉得她对自己写作的认识比我们都要清醒和深入,她也有一说一,不虚美,不隐恶,问题在哪她很清楚,她对自己下得了狠手。

会议结束,别人都走了,我第一次来舟山,杨怡芬建议我多待一天,看看普陀山。多少年里我都生活在单调贫乏的大平原上,没见过像样的山,没见过像样的海,更没见过普陀山这般悠久盛大的佛家道场,层层叠叠的山寺和钟声我肯定神往已久,但我不好意思。那时候年轻,脸皮也不够厚,想着来就是开会的,开完了就该打道回府,赖着不走蹭风景这事不合适。杨怡芬说,有姐吗?我说有。她说,你姐对你好吗?我说好。杨怡芬就说,这就对了,你就当走亲戚了。我突然知道在码头上认出杨怡芬靠的是啥感觉了,就是姐姐。她给我的感觉非常像一个姐姐。

我从来都相信一个人的性格和内心最终会长到脸上去,若非特殊情况,表情不会说谎。我姐比我大两岁,从小到大都是我姐关心我,念了大学衣服都是我姐帮我买,我根本不知道该穿多大号的衣服。我在杨怡芬的脸上看到的就是一个姐姐的表情。她的宽阔和从容,她的正大和隐忍,她已成本能的嘘寒问暖。我说杨怡芬像个姐姐,不是因为她年长我几岁,而是她的确有姐姐的范儿。作为一个姐姐,她藏都藏不住。在接下来游览普陀山的一天里,她无数次说到她的两个妹妹,风头正健的专栏作家二妹妹二二,正勤力做实业的三妹妹三三,两个妹妹比她小不了多少,但她谈及她们一不小心就是长姐如母的口气,人都慈祥了。她还说到父母,对上一代人辩证的反思,那种独特的叙述方式也只有善解人意的长女才会有。

这是一个你在任何时候都可以信赖的人。即使她写作,也可以成为一个很好的朋友。写作没有消磨和篡改掉她的坦荡和善解人意,而对很多人来说,写作是一种腐蚀剂。做了10年编辑,交往的作家不可胜数,圈子不可谓小,很多人由此认为我的朋友遍布天下,我告诉他们,你给说反了。两个写作的人,日常生活里可能会是很好的朋友,身份一旦变成作者和编辑,事情常常就来了:大部分人容不得你否定他们的作品——他没出名时,你毙掉他的稿子,他认为你不仗义,不能为朋友两肋插刀;出了点小名,你毙掉他的稿子,他说你给他使绊子、穿小鞋,说你嫉恨他、压制他。好像我这样业余写作的编辑,判断一部作品靠的只能是成见和情绪,而非艺术。这种事经见多了,我学乖了,一旦苗头不对,抱歉,到作品为止:咱们只谈作品,不论朋友;没事最好不联系。杨怡芬是作品之外,你可以放心做朋友的作家。过去你可以退她的稿子,现在也可以退,将来依然可以退;她从不褊狭地理解你的坦诚,她充分尊重你的艺术判断,她愿意去接受任何合理的批评与建议。这些年一贯如此。我发了杨怡芬的一些小说,也毙过她的一些小说,退稿理由我从来都直来直去,一条两条三条。她从来不会半信半疑,更不会私下打听这稿子栽的是初审、复审还是终审手里,她从不把每一个可能否掉她稿子的人都当作假想敌。

很多人都以为编辑天生杀人不眨眼,从来没想过他们其实也有火热的好心肠,一点都不想跟个乌鸦似的,没事就给作者递坏消息。编了10年的小说,现在我依然要咬牙切齿跺几下脚热半天身,才能聚起足够的勇气给作者写退稿信、打退稿电话。每次退稿,我都觉得欠了别人的,非常之难为情,所以我习惯于集中时间干这件事;好容易克服一回心理障碍,该退的一次都清了。杨怡芬的稿子不在此列,什么时候都可以谈,拉家常的时候就可以把稿子退了,她不会让你有任何心理负担。能写出好小说,又能平易地接受退稿,如果真有一种作家堪称"理想作者",杨怡芬就是。可惜这样的作家越发地稀罕了。

毫无疑问,杨怡芬是个好作家。用句偷懒的行话可以这么表述:小说的感觉非常好。小说在她手里比一般人都"洋气",不仅语言洋气,小说的意蕴也洋气,时髦的说法是,有现代性。司空见惯的故事到她笔下,突然就可能有另一番别致的角度。这几年她开始有意识地呈现独特的"舟山经验",岛上的日常生活大规模地进入她的小说:你知道那些故事肯定发生在舟山群岛上,但你分明又发现,它们不仅仅发生在舟山群岛。她能从习焉不察的经验里找到更"深"、更"狠"、更"内在"的东西。这"深""狠""内在"者为何,鉴于此文专属印象之漫记,暂且不赘。倒是可以给各位提供一个"八卦":

几年前聊天,杨怡芬问我,对她这样相夫教子的"家庭煮妇",写作上有何建议。我没当过"家庭煮妇",不敢妄言,但我觉得,写作时肯定不能太"良家妇女",否则小说很容易变成温吞水。我忘了当时都说了啥,卑之无甚高论,很可能啥道道也没说出来。如今杨怡芬肯定不会再问这样的问题。相信你看她现在的小说,一定会明白,一个良家妇女是如何写出不那么"良家妇女"的小说的。

评家观点

在"自然人情"中重建理想世界

金 理

你也许从未听说过水母的故事吧,普通水母的一生不过就20多天,其间会有八九天的时间,从幽暗的海底或礁石中浮上水面,这是它们人生中最明亮的时期,然后有一部分落入渔民的网中,一部分逃脱,作为一只完整的水母过完短暂的一生,"到最后,是安静地在海底化为海泥呢,还是被潮头带上来死在沙滩、泥涂或鹅卵石上,这些都不得而知……"(《水母潮》)我很喜欢杨怡芬小说中的这些细节,它们是闲笔吧,并不推动情节发展,只是和海、风、岛屿、堤岸、鱼虾……有关。但似乎又不仅仅只是闲笔,它们是岛上的人们在渔业劳作中日常交接的物事,通过这样的过程,习得、领受着生死与天命,于是,一点一滴,渗透进杨怡芬笔下人物应对人世的态度中。

18岁的刘小毛和小素好上了,一不当心小素"有了",刘小毛满腹委屈,"自己正困窘着,他自己都不知道拿自己怎么办",于是跟着越剧班子一走了之。小素生下刘家正,含辛茹苦地抚养长大,刘小毛寄去一笔笔学费。25年后,改名为刘效懋的刘小毛带着自己的越剧团和女朋友小茶重回长白岛,小茶却对刘家正一见钟情……倘若未睹《追鱼》全貌而只看上述故事梗概,想必专业读者会为杨怡芬捏一把汗:苦情、隐秘、陡转、巧合,肥皂剧的元素一应俱全。我们倒是不妨从这个起点开始讨论:杨怡芬的小说,比一般流行作品多了些什么(或者说少了些什么)?《追鱼》不隐晦感情鼓荡时的热烈,你看小茶在刘家正的诊所"看病"时,真是"满园春色关不住";但也绝不会冲突到褊狭的极端,这些纠缠在旋涡中的人物,尽着自己的性情,姿态横生(杨怡芬有时试图探索"异常"境遇中的人性样态,比如《儿孙满堂》涉及寡妇对僧人的暧昧情愫,《你怎么还不来找我》写单身残疾女孩想要生孩子),但不夸张、不做作,行于所当行,止于所不可不止。总之一句话,以"自然"的态度来表达、对待"自然"的人情物理。关于这"自然"二字,我引周作人与废名的两段话来说明,讨论的对象是陶渊明,讲的都是同一种文学与人生的态度:

在《挽歌诗》第三首中云:"向来相送人,各自还其家,亲戚或余悲,他人亦已歌。"此并非单是旷达语,实乃善言世情,所谓亦已歌者即是哭日不歌的另一说法,盖送葬回去过了一二日,歌正亦已无妨了。陶公此语与"日暮狐狸眠冢上,夜阑儿女笑灯前"的感情不大相同,他似没有什么对于人家的不满意,只是平实地说这一种情形,是自然的人情……(周作人:《谈戒律》)

田园诗人四个字照我的意义说起来确可以加之于陶渊明,他像一个农夫,自己的辛苦自己知道,天热遇着一阵凉风,下雨站在豆棚瓜架下望望,所谓乐以忘忧也。我曾同朋友们谈,陶诗不是禅境,乃是把日常天气景物处理得好,然此事谈何容易……(废名:《关于派别》)

我掉下书袋,只是为了说明杨怡芬的文学态度,"天热遇着一阵凉风,下雨站在豆棚瓜架下望望",就像她小说中所写,到防波堤上坐着,"看看海,吹吹风",想些心事,或散去一些心事,总之,平实说出"自然人情";杨怡芬笔下的人物,也无伦理或道德的教条,却大抵"渐进自然","有如鸟类之羽毛,鹄不日浴而白,乌不日黔而黑,黑也白也,都是美的,都是卫生的"。(废名:《知堂先生》)

我一直提醒自己,多去关注当下创作中边缘的、新鲜的声音。说实话,也是以这样的期待走进杨怡芬的小说,希望她能携带着海浪的呢喃或冲击,"卷起千堆雪"。不过随着阅读进展,我也随时反省:海边的小说,岛上的故事,也许会在一种僵化的文学想象的生产方式中,变成一幅吊诡而暧昧的图景。它不是思想与行动的自由主体,它不能自己表达,要么依靠都市文明来"代言"、给予意义;要么展示都市文明所"钦定"的自然地理、风土人情;要么以"反衬"的形式来凸显现代社会的某种"缺失"。其实,文学艺术表现的是人类的心灵与情感,它毕竟不像动植物那样,"橘生淮南则为橘,生于淮北则为枳",因了气候、土壤就彼此隔阂。而且在我的理解中,文学本就具备一种突破狭小"自我"的超越能力、飞翔能力,它拥抱恢宏的人类精神文化,与人类共同的生存处境作流转不已的对话、沟通。沈从文的小说大多讲偏僻之地的故事,要表现的却是人性的"小庙"和"人生的形式",所以这个"乡下人"的文学能够从"边城走向世界"。鲁迅也曾这样褒扬蹇先艾的小说:"他所描写的范围是狭小的,几个平常人,一些琐屑事,但如《水葬》,却对我们展示了'老远的贵州'的乡间习俗的冷酷,和出于这冷酷中的母性之爱的伟大——贵州很远,但大家的情境是一样的。"(《〈中国新文学大系·小说二集〉序》)鲁迅从"狭小"的描写范围中读出"母性之爱的伟大"这样超越自身的共通性意义。一花见得一世界,上面这些意思都能启发我们去辩证看待岛上的故事。且不说在杨怡芬笔下有《披肩》《迷藏》这样完全无涉特定地域的题材,即便还是写岛上故事的《你怎么还不来找我》,细致勘察"日常生活的善意之下习焉不察的恶",是一则能够从特殊走向普遍的人性寓言。

想起《追鱼》中一处细节:渔民修船时锤子砸在手指上,指甲都裂开了,"在岛外漂过"的医生好奇:"要是在船上可怎么办?"渔民回答:"能怎么办?海水一浸,自己包扎了,一样干活!"这里分明有种"两个世界"对照的意思。会有读者把这些海边的故事理解为田园牧歌吧,不过批评家布鲁克斯早就说过:"要考察福克纳如何利用有限的、乡土的材料来刻画有普遍意义的人类,更有用的方法也许是把《我弥留之际》当作一首牧歌来读。首先,我们必须把说到牧歌就必得有牧童们在美妙无比的世外桃源里唱歌跳舞这样的观念排除出去。所谓牧歌——我这里借用了威廉·燕卜荪的概念——是用一个简单得多的世界来映照一个远为复杂的世界……这样的(有普遍意义的)人在世界上各个地方、历史上各个时期基本上都是相同的,因此,牧歌的模式便成为一个表现带普遍性的方法……"(克林斯·布鲁克斯:《威廉·福克纳浅介》)。杨怡芬的小说也可以如此理解,将海边的故事与一般都市的生活构成对照,以此表现对理想世界的希望。但这种对照在杨怡芬笔下并非僵硬和单一。儿子漂泊在城市,为了"装修,结婚,养孩子……"不惜铤而走险,丈夫得知后中风晕倒(《金地》),当小说中的香秧身陷在无边黑暗中的那一刻,我们分明看见岛和岛外的世界紧张对峙着。但我更想讨论的是,除此之外,二者之间另一种有趣的关系。作家深知现实的复杂性,种种"入侵"的力量在小说中也已隐隐约约地登场,这里要征地,那里要打隧道,刘小毛的剧团都已经一半流行歌舞一半越剧折子戏了。对于这些,杨怡芬则是顺其自然,不卑不亢。你看,小素从来不愁眉苦脸,"甚至哼着越剧做活",对于岛上的人来说,"一个戏文班子,热闹的锣鼓,缠绵的丝弦,揪心的故事,把他们积攒了一年的眼泪和欢笑都催发出来,痛快哭,痛快笑,一年中那些等待的日子,一些委屈,借着台上的戏文还过魂来"。在困厄中,细腻地体贴着人们真实而率直的魂魄,古老的戏文真会一去不返地退出日常生活？最后,我们不要忘了《追鱼》中奇特的叙述者,供奉在刺棚庙里的张先生,但这尊神像在岛人心中的地位,不是凭借大显神通,而多半出于岛人的想象,往深处说,凝聚着岛人自我拯救与挣扎向上的信念,与戏文一样,这是绵延于吾土吾民心中尽管微渺曲折却创进不已的精神气脉,将点点滴滴参与到杨怡芬对一个理想世界的重建中。

张玉清 / 鲁迅文学院第六届高研班学员，现为河北省作协儿童文学艺术委员会主任、廊坊市作协主席。已出版儿童文学作品《张玉清直面青春作品集》《诺亚传奇》等30余部，后转向成人文学创作，在《人民文学》《花城》《山花》等发表中短篇小说，多篇入选《小说选刊》和各类年选。曾获冰心图书奖、河北省文艺振兴奖、《人民文学》2010年度优秀作品奖、《少年文艺》"好作品奖"、《东方少年》系列文学大奖赛科幻作品一等奖、《儿童文学》童话擂台赛金奖等。

作家自述

小说的高度
张玉清

2003年,我写了一个短篇小说《手拉手》,写两个孤独的女孩"抱团取暖"。我写了儿童文学和"成人文学"两个"版本",故事的前三分之二是一样的,只是结尾:"儿童版"是两个女孩在麦秸垛里闷死了,"成人版"是两个女孩眼看着一对男女在麦秸垛里闷死了——这两个结尾的"高度"是不一样的。这些年,我一直比较专注地在短篇小说的创作上求索着"小说的高度"。

我认为小说是应该有"高度"的,这个"高度"不是指一篇小说写得好不好或是精彩不精彩,我现在不知道该怎样才能说明这个"高度",它有点像我们说的"源于生活,高于生活"的"高于",可是又不全是,那个"高于"是指生活的本质,我这里的"高度"更宽泛也更微妙些,有时仅仅是一个"指向"或一个"眼界"就可以称为高度。有了高度的小说不一定写得就好,写得精彩的小说也不一定就有高度,但这个"高度"可不是指主题,也不单纯是"思想的高度"(有思想高度的小说更容易接近小说的高度),而是"小说本身的高度"。

但是小说的高度是个难题,对于一个作家,他的作品的高度就是他自己的高度,是他的"心"的高度。我们读大师的作品,我最真切的感觉就是他的"心",而不是他所写出的情节。尤其是读细节的时候,能够十分切近地体会到他的"心",最让我有此体验的是卡佛的小说,给我最深切的感受是他小说的高度,那高度真是给人一种阅读的巅峰体验,最近读理查德·耶茨,亦有同感。

为了更容易体会什么是一篇小说的"高度",我在这里拉扯几句题外话。有一次看一档电视节目《非诚勿扰》,里面一个姑娘正在表明自己有文化,她说她是一个"文化层次高的人,从九岁起就喜欢读书",主持人问她喜欢读什么样的书,她说喜欢读人文类的书,主持人让她举出几本来,她说:"你比如《家庭》吧,

《知音》吧!"台上台下都笑了起来。于是我们都看出了这个姑娘思想境界的"高度"。

我这个人年轻的时候喜欢在日记本上写名人警句励志,到了中年忙碌得没空写日记了,又喜欢在客厅的墙上挂个条幅以自省。我在十几岁的时候在日记本上写的是:"书山有路勤为径,学海无涯苦作舟。"二十几岁时写的是:"走自己的路,让别人去说吧!"三十几岁时我在客厅里挂的是:"天道酬勤。"现在我四十多岁了,客厅里挂的是:"宁静致远。"朋友们很容易看出我在这几十年里思想境界上"高度"的变化。有一次我们搞了个朋友聚会,有书法家到场,大家都想借机向书法家求一墨宝,说是要挂在客厅里,大约也是跟我一样要用于自励或自省。于是各人按自己的心意出词让书法家来写,有人写"观海听涛",有人写"难得糊涂",有人写"厚德载物",有人写"惠风和畅",有人写"林雨松风琴韵茶烟梧月书声"。在这一大堆文人雅句中,却有一个人报出了一句"一瓶一钵足矣",让我顿时肃然起敬。

回到小说,2010年一个偶然的机遇,我写出了《地下室里的猫》,这个小说的前半部分完全是真的:一只猫误入地下室被困无人救援而死去;后半部分则是在真实生活基础上的延伸:第二只猫被人类为了治疗疾病而扔进地下室里陷害而死。就小说而言,前半部分具备了生活的真实,后半部分则具备了小说的高度,从"小说的高度"这个意义上说(并不是想说我的小说有多么好),我想我这篇小说做到了。

我理论素养薄弱,在这篇小文里,不知是否说清了"小说的高度"。

文友印象

纯粹的玉清

李东华

张玉清出道成名甚早，20世纪80年代末，当他的《小百合》《哦，傻样儿》等青春小说在中学生中风靡一时的时候，我还是个为高考苦苦奔忙的高中生。2007年，我在鲁迅文学院儿童文学作家高研班上第一次见到他，才知道这位"老前辈"其实只大我几岁而已。他见着谁都是诚恳地微笑着，一脸文学新人才有的虔诚之情，仿佛那些辉煌的履历都是属于别人的。少年成名者该有的脾性他一概没有，那些过往的荣耀，他既没有放在脸上，也没有放在心上，像个热心的邻家大哥，甘愿为同学们跑前跑后，不几日，大家就忘了辈分，称兄道弟起来。

张玉清非但没有"前辈"的架子，甚至都不大有作家的范儿。他早期作品有着白百合般清纯浪漫的气质，单从文字去想象他，该是一个白衣胜雪的少年——也许他曾经衣袂飘飘过，只是我无缘得见——我和他认识的时候，他已年过不惑，但脸上又缺几道沧桑的皱纹，眼神温和，毫无凌厉之感，不抽烟，似乎也不喝酒，没有任何特立独行的嗜好或性情能够帮忙增添几分文学大师的风范。偶尔和他坐在一起聊天，评价到某某人某某事的时候向他提问，这个时候，张玉清就一直那么憨憨笑着，斟酌良久，珍重地吐出一个字，然后停顿。因为停顿时间过长，每每让我不耐烦起来，会催促他给个痛快话儿，好还是坏，赶紧表态。他按照自己的节奏，不急不慢地又吐出一个字，他大约害怕一个不小心，掉出不好的字眼，会伤了那个不在场的人。这么多年下来，我听到他对人最坏的评价也是中性的，仿佛他的字典里没有贬义词。这就是日常生活中的玉清，好脾气的玉清，一个对妻子体贴的好丈夫，一个对儿子疼爱到有点溺爱的好父亲，一个对朋友和同事很宽容的好人……这样写下去让我很焦虑——我不是在写一个道德模范，我是在给一个作家写印象记。我对"作家"二字有着牢固的偏见，总认为得有那么一点点乖张的线条,才能算是典型性的,而玉清偏偏如此非典型,如此正常。

当然也有例外,那就是当他谈起文学作品的时候,又严格到近乎挑剔,坚定得几近偏执,了解多了你就会知道,他对自己的作品比对别人的作品更苛刻,苛刻到纯粹的程度。

然而,刺猬把刺长在外面,鱼把刺藏在身体里。藏在身体里的刺固然没有那么触目,但你不能说它没有长在外面的刺锋利。张玉清的刺,我觉得是藏在他心里,藏在他的作品里的。儿童文学的市场是一路走高,少年情感小说曾经写得那么畅销的他,在一片喧闹声中,悄悄地躲在他河北香河的家里,吭哧吭哧地写着给成年人看的短篇小说,从《地下室里的猫》到《谁是叛徒》,他作品的表情是冷峻的,对于人性的开掘,日常生活中的好人在文学世界里是狠得下心来的。他的《地下室里的猫》曾获得过《人民文学》优秀作品奖,他的其他小说《蜘蛛茧》等多次被各种选本选过,但这终究是一项寂寞的事业。首先他没有后援,一个儿童文学作家,越出自己的边界,单枪匹马地要和另一个阵地上的高手们一比高下,这样的同道真是寥寥无几,谁会那么傻呢——这倒不是说在这样的比试中他一定会被挑落马下,而是说,放着到嘴的肥肉不吃,非要去干这种费力不讨好的事,理由是什么呢?张玉清从未说过这是为什么。从这个意义上说,他又分明比任何人都有个性,他有他的骄傲,他的自尊。他对自己在文学上要抵达的高度有着难以抵达的期许。

人往往会被贴上各种各样的标签,就像一味味中药一样,便于分类,放进不同的抽屉里去。但他属于哪一类呢?在日常相处中,从来不会用凹凸的棱角剐伤别人的他,在文学上却又是有着自己默默的不妥协的坚持。

其实,我这个印象记起初想起名叫"像玉清一样流泪"。这是因为,有一年在他的作品研讨会上,最后致答谢词的时候,他先是哽咽,然后流泪。这让我大吃一惊,由于我的孤陋,这是这么多年来,我第一次看到被研讨者如此热泪盈眶——也许很多人也想热泪盈眶,但碍于身份和场面,把那份夹杂着激动的五味杂陈的情感压到心底了。然而玉清不,他想哭就哭了,完全不顾及什么前辈啦,男人啦,年龄啦……事后,他的好哥们儿翌平朝他嘎嘎地坏笑:"哭什么哭呢,还男子汉呢,要是我,我就不哭!"然而,不久就轮到了翌平被研讨,到了同一个环节的时候,我发现有一道亮晶晶的液体从翌平的眼眶里缓缓流出来,然后是更多的液体……完了,比玉清哭得还要恣意。这次是我笑翌平,笑到下巴脱臼。又过不久,我忽然也成了被研讨者,又到这个环节,我也情不自禁地……哎,如果没有玉清流泪在先,也许我们都会继续端着,把眼泪硬生生憋回去。我不想说玉清是童心未泯,其实,童心不童心的他可能都没有去想过,他只是做人不装。是啊,管它呢,流自己的泪,让别人笑去吧。

也许我前面所说的,他的骄傲啊,自尊啊什么的,统统都是我的臆想。也许他根本就不是为了证明什么,仅仅因为想那么做,就那么做了,就好像一个小男孩看到树上的一只天牛,因为喜欢,就和这只天牛玩了一个下午。因为喜欢写短篇小说给成年人看,就去写了,为什么非要去想自己这个儿童文学作家的身份呢?为什么非要去想会不会无功而返呢?

这就是我所知道的玉清。他不装。

评家观点

从"真挚"到"深刻"

赵 霞

关于青春的明亮书写

很长一段时间里,作为儿童文学作家的张玉清在关注和喜爱他的读者心目中留下的鲜明的创作印象,无疑源于他的青春题材少年小说。而在这些作品中,他也的确将青春期少年某种普遍的生活情绪和情感体验,推向了当代少年小说青春书写的极致。他的以《小百合》《哦,傻样儿》等为代表的一批短篇作品,致力于在校园生活的语境中抒写和表现少年在身体意识觉醒的青春期对于异性朦胧而懵懂的爱恋,其笔墨之生动、清新、真诚、坦率,读来令人感怀。这些作品既真实地写出了特定的社会文化现实对于个体青春期身心冲动的规约,也写出了这一规约下少年情感的自然表达和流露。《小百合》中两名男生对于一位同龄少女的默默关注和欣赏,《姐姐比我大两岁》中男孩们对于"姐姐"的莫可名说的爱慕情愫,以及《梦里依稀小星湖》中少年对于温柔可爱的年轻女老师的坦然喜欢和倾慕等,无不是从少年日常生活的自然逻辑中孕生而来的情感内容,其情感的面貌是明亮的,质地也是温润的。

因此,张玉清的不少青春题材少年小说,虽写青春期的性意识,读来却常给人一派天真和清朗之感。很多时候,它带着青春期特有的伤感,但却不见丝毫颓废,它也常表现为"百无聊赖"、满不在乎的青春姿态,但这姿态里绝无半分真正的流气或痞气。在《别问我们想什么》《在百无聊赖的日子里》《哦,傻样儿》等小说中,那一群受到青春期荷尔蒙刺激而处于兴奋状态的男生,在有关女生的话题上总表现得有些嬉皮笑脸、吊儿郎当,但当他们真正走近和来到曾打趣地观望过的少女面前时,少年的那种可爱的紧张、慌乱、手足无措和尽心竭力,让我们看到了青春的骚动和叛逆姿态背后藏着的那份内在的、可贵的真挚与单纯。

这份"真挚"与"单纯",正是我们理解张玉清早期小说艺术的关键词。或者说,这些小说在关于少年情感生活现实的书写中,让我们感受到了青春期个体趋于成熟的身心之内那尚未逝去的童年纯净情怀。《小百合》中那个静坐在校园路灯下读书的纤弱美丽的少女身影,投映在少年眼里固然令人着迷,然而,小说中两个少年一次次从"另一侧"的树影里"绕过去,频频地回头看着她"、最后"仍然悄悄走过去"的举动,同样透着另一种特殊的美感。《画眉》中的少女田青在为年轻的男老师整理单身宿舍时,也是怀着同样纯净的心情。这是少年时代的爱恋所特有的单纯之美。这种青春期的爱欲冲动,一方面与我们的肉身有着如此密切的关联,另一方面却又超越了身体性的欲望,成为一种位居高远的珍贵情感。这使得他的这类青春题材少年小说既充满健康、舒展的身体气息,又内含一种不落世俗的精神之美。正是这两者的结合赋予了他笔下的青春恋情以一种丰美而清洁的审美质地。

从少年的情感世界走入思想世界

然而,这样一种单纯的情感,在它尚未经受更深厚的人生阅历和时间经验的锻打淬炼之前,也不可避免地是一种相对单薄的情感。在这里,"单薄"的意思是指这份情感还未被赋予生活和思想的更多分量。张玉清笔下的少年主人公们所经历的朦胧情感,除了在彼此的生命中留下一份甜蜜与惆怅相掺杂的莫可忘怀的青春感念,尚不具有太多可供反复琢磨的生命内涵。这也是为什么当这种情感在同一位作家的想象力范围内被反复提取和表现时,它的单纯美开始有所退位,它的单薄感则不断凸显出来。于是,我们不止一次地读到了类似的情节处理:《有一个女孩叫星竹》《叶子,你在哪里》等作品中少女与作家间的通信交往,《画眉》《握别》等作品中恋情主角之一的意外亡故,还有衬着青春生活背景的《无暇》和《永远的天空》中那最终迟到一步的智慧……

在持续抒写这一青春情结的过程中,作家一定强烈地感受到了相应的艺术突破的必要性及其难度。此后,张玉清开始将创作的笔锋较多地转向对于少年生活的另一种更具思考性的书写。在《我要做一匹斑马》《赠笔试验》《制造荒诞》等一系列作品中,作家从少年的情感世界进一步走进了少年的思想世界,后者较之前者少了一份浪漫的情思,却多了一份青春的深度。《我要做一匹斑马》和《制造荒诞》中那两个满脑子活跃着不为成人所知的各种思想元素的叛逆而潇洒的少年叙述者,多少让我们想起了塞林格《麦田里的守望者》中的 16 岁少年霍尔顿。在这些少年主角表面"一无是处""不可救药"的言行举止之下,我们看到的恰是他们对待生活的饱满热情和对待生命的严肃态度。而在《赠笔试验》中,由少年设计、实施的"赠笔试验",其"社会试验"的过程一方面显然带着青春的稚气,另一方面,它也透露出少年试图担当社会公义审判者和伸张者角色的雄心。正是青春的血液同时培育了这样的天真与雄心,它的壮怀连同它的稚气,都是青春年代宝贵的精神财富。这样的写作显然已经超越了一般的青春生活书写,而通往了一种更具普遍性和深度的生命精神。

在张玉清随后的创作中,最初那个相对狭窄的青春情感世界正日益退后,一种更为开阔的关于生活、生命乃至人性的更深入的思考,则在他的文学表达中日臻成熟。后者带来了他笔下青春生活书写的进一步变化。发表于 2006 年的少年小说《朋友》,看似延续了他向来熟稔的少女生活题材写作,但小说的写作和思考并不止步于此。在有关青春友情的叙述中,它也为我们撩开了人性深处的一道幽暗面纱。中考临场的前一刻,出于难以言传的瞬间犹疑,"我"没有提醒挚友安小菲带上放在一边的眼镜,由此直接导致了她的考场失利,继而彻底改变了她的人生。小说中,这刹那的犹豫和沉默远不是简单的嫉妒一词可以解释的。面对这位与自己志同道合、形影不离却又"处处比我强"的好朋友,"我"的这一念之差显得如此真实和可以理解,但也因其可以理解的真实,更令我们意识到了那时刻站在悬崖边上的人性的困局。

书写历史和生活的荒诞

或许是受到上述创作意图的驱动,一些更具思想冲击力的童年生活题材也在不断进入玉清的少年小说写作视野。《秋野》《皮鞭》《冬奇》《我们谁会当叛徒》《洪常青给了吴清华两个银毫子》等一系列以"文革"为背景的短篇儿童小说,述说的是那个年代童年的某种荒诞的生活故事和体验。与作家早年创作的相近题材背景的《白毛奶奶》等篇什相比,这些作品似乎有意撕去了原本还为童年留存的那一点温情的想象,而通过对于孩子所目睹或参与之"恶"的冷峻书写,将那段历史和生活的荒诞之处毫无含蓄地揭示出来。在这些作品中,出现了一些在孙玉清儿童小说的艺术谱系中颇显另类的艺术表现:《皮鞭》中趋于疯狂的暴力冲动,《冬奇》中摧毁常识的政治恐惧,《我们谁会当叛徒》中的黑色游戏与死亡……这些与今天的童年精神背道而驰的生活事件和逻辑,因其被荒诞地实施于童年身上,越发显出它背衬的那个时代的不合情理。

与此同时,小说的叙事也透出一种不同于作家以往作品的粗粝而野蛮的气息,它不仅表现在作品的叙事语言层面,也表现在作品叙事构架的组织上。小说的结尾大多定格在某个令人惊愕乃至战栗的场景中,它们非但缺乏一般儿童小说结尾的圆满性,甚至本身就缺乏鲜明的结局性。《皮鞭》最后"我"仓皇逃离的那个残酷而疯狂的鞭打现场,《冬奇》结尾奔去拯救妹妹的冬奇看见施暴者时的瞬间虚脱,《我们谁会当叛徒》最末刘臣父母面对儿子尸体时的惊惶无措,这些结尾给读者的感觉,似乎是故事里的诸种生活荒诞最终演变得太过滚烫灼人,以至于作者不得不脱手掷下了它。而这"脱手掷下"的感觉,恰恰有力烘托出现实经验之骇人。

这无疑是一种对儿童小说的一般形态而言颇为陌生的叙事语法。在前述几篇作品中,那最终未被纠正的荒唐的暴力、恐惧和游戏,在某种程度上甚至已经越过童年的伦理边界,从而造成了读者对于其儿童文学属性的怀疑。随之而来的问题是:作者为什么要这样写?或许,作家放弃了在童年的世界里为那个年代的荒诞生活寻找合理解脱的慰藉,为的是突出荒诞本身之真实的存在以及对它的批判。不过,对儿童小说来说,这样的写作也带着某种危险。面对那本不该加诸童年的沉重的历史和生活题材,如何恰当地把握它与儿童小说的儿童视角之间的平衡点,如何恰当地处理它与儿童文学的童年精神之间的契合点,都充满难度。

上述作品中,现实的某些残酷对孩子来说无疑太重了,而作者又尚未寻找到另一种方式,能够在减轻或解除小说中的现实冲击力的同时,仍然传达出他想要表达的那种充满力度的思想与文化批判内涵。这其中,《我们谁会当叛徒》在艺术面貌上最靠近儿童小说的要求,因为他笔下的那场童年游戏尽管终被证明充满了残忍,但其过程仍然保留了乡野孩童游戏的真实质感,它的粗鲁和野蛮也符合这一游戏语境的总体氛围。换句话说,小说的儿童视角是切实的。为了证明自己不会当叛徒,有着一位"叛徒"父亲的刘臣接受了"看瓜"游戏的挑战,最终因为被其他孩子遗忘在灌柳丛中而不幸殒命。在这里,刘臣的死亡不是其他孩子有意作恶的结果,相反,小说中的孩童之"恶"仅止于一种游戏的促狭。更重要的是,故事结尾处那个充满了真切悲伤的哀痛场景,以一种最自然不过的人间情感的张扬,传达出了对于那抹杀一切自然情感的政治化生活的反抗与忏悔。这使得小说沉重的书写中仍透着人情的暖色,它将整个故事从人性的深渊里打捞了起来。

对张玉清来说,这类作品很可能带有些许探索的意味,它们透露出作家对于一种大于青春期范畴的童年意象的深入关注和思考。但就在这一探索期,他也已凭着自己的才华,向读者奉上了非常成熟的作品。他的涉及相近时代背景的《牛骨头》,以一种极为素朴的方式实现了较之上述几篇作品更贴合童年自身的艺术书写。小说对于儿童视角的把握和表现十分精到,透过童年的感官,与父亲和"牛骨头"有关的这个故事既带着贫穷年代的真实质感,又透出童年生活的天然情味。童年的身体对于那时乡村生活的饥渴和小恶有着或许比成年人更深刻的体验,但由父亲的身影点燃起的那小小的生活温暖和欢乐,却在某种意义上彻底改写了孩子对那段岁月的情感记忆。

发表于2010年的中篇《地下室里的猫》,让我们看到他的儿童小说正进一步深入童年精神的腹地。这篇作品所呈现的有关童年精神及其命运的当代思考,已经达到了某种高度。而作家在此所瞄准的"童年"世界,也已不再是一个圈囿于特定时间或空间范围的生长阶段的概念,而是有着文化层面的更具普遍性的所指。故事缘起于空置的地下室里"进了一只猫"的小细节。这样一桩对于大多数忙碌的现代人而言不起眼的小事情,因为引起了一个小女孩的关心,一时变得复杂起来。于是有了包括女孩的母亲在内的成人们试图解救猫的行动。当然,大人们真正关心的并非地下室里的猫的命运,而是如何尽快消除这意外,以使一切恢复常态。因此,就在第一只猫死亡后,为了治疗小姑娘的幻听,她的父母采纳心理医生的建议,向地下室里又投进去一只猫,用录下的猫叫声"降低她的感觉阈值"。痊愈后的小姑娘果然不再害怕独自去地下室推自行车,甚至在见到风干的猫皮时,也只是"淡淡地看了一眼",便"头也不回地骑上车子上学了"。

小说在极为日常化的叙事中完成了一种极具震撼力的童年书写。与《我们谁会当叛徒》《跑,拼命跑》等作品中批判的由偏离常态的历史或现实生活造成的问题童年相比,《地下室里的猫》所揭示的是我们每个人最熟悉不过的日常生活对童年以及我们自身造成的最不易为人知的伤害。在现代人忙碌而功利的生活地图中,一只被困在地下室的猫的命运实在太无关紧要了,那发生在地下室里的小小的受难与死亡也太微不足道了。或许,唯有在童年天真的感官和心灵里,还保留着这样一份对于他者生命苦难的敏感和同情。但这一"感觉阈值"的特殊频段不久也被摘除了。在小姑娘"头也不回地骑上车子上学"的姿势中,有一种原本寓于童年之中的人性的珍贵情感,从她身上永远地消失了。这样,小说最终抵达的不再是对于某类特定的童年文化或社会历史现象的批判,而是通过童年传递出了对于日常生活乃至整个现代文化形态的深刻反思。

由小青春进入大童年

自《小百合》发表始,近30年来,张玉清笔下的童年生活经历了由校园、家庭向着更广阔的社会、历史和文化空间不断伸展的过程。随着他所关注的童年边界的持续延伸,我们对于他的创作身份的认识也发生着新的变化。从以《小百合》等为代表的早期青春题材作品到以《地下室里的猫》等为代表的小说,他的创作由一种小青春的记叙日益进入了一种大童年的书写,也由一种小情绪的表现日益走向了一种大情感的叙说。

而这里的"小"和"大"不只是对题材容量的一种描述,更指向着一种精神格局的拓展。在其创作探索的进程中,其写作所关注的越来越不仅是童年生活、思想和情感的某些现实状态或问题,他还在借由这些生活、思想和情感的叙写,探向那属于"童年"这一人类文化范畴的独特精神内核。与此相应地,他的儿童小说所在意的也越来越不局限于某种相对私人化的情感,而是同时走向了对一种更为普遍、深刻的童年生命体验和文化价值的探寻与思索。某种程度上,它们完成了英国诗人艾略特曾谈到过的从"真挚的情感"向着"意义重大的感情"的艺术升华。更确切地说,这些作品不但以其真挚的情感打动着读者,也以其所揭示的有关童年的重大而深刻的意义,带给人们不同寻常的震撼与启示。如果说张玉清最优秀的儿童小说无不体现了对于那蕴藏于童年之内的重大生命和文化意义的探寻,那么,在这样的探寻中,他本人无疑也正在成为当代儿童小说创作领域一个"意义重大"的身影。

任林举 / 鲁迅文学院第五届高研班学员,现为中国电力作协副主席。近年主要从事报告文学、散文及文学评论的创作。著有《玉米大地》《轻云起处》《说服命运》《粮道》《松漠往事》《上帝的蓖麻》等,曾获"鲁迅文学奖""吉林文学奖""长白山文艺奖""冰心散文奖""老舍散文奖""2014年度华文最佳散文奖"。

作家自述

在写作中坚守与成长
任林举

使命是一个很沉重的词,所以也是一个很"累人"的词。在我们这个时代、我们"这些人"中,每提及使命,往往都会被人认为脑子或多或少地存在一些问题,或很"傻",或很"土",或很"装"。一提及"文以载道"这古老的文学传统,有些人的头就会摇得像"拨浪鼓"一样,仿佛触及了他们最敏感或最恐惧的禁区。那么,作家的创作,真的像某些人说的那样,只是作家自己的事情,与别人无关,与是否有读者认同、是否符合公认的道德规范无关吗?

对于作家及其写作的认知,也许,我表现得有一点儿固执。我一直认为,作家之所以称其为作家,是因为他创作出了具有一定历史和社会背景并拥有了一定读者的作品。所以写作并不只是"个人"的事情,世界上并不存在没有读者的作家。既然一定会影响到"别人"和社会,进而间接干预到别人的行为和社会风气,那么就毫无疑问地涉及使命、良知和责任的问题。特别是那些主动把作品拿给人看或拿出去发表的作家,就更加无可推托。事实上,只要你还认为自己是作家,就必须正视自己的使命,必须对人类、对社会有所担当。只要你是作家,你就没有权利逃脱责任和回避现实,没有权利只顾排遣精神垃圾而不顾及读者和社会反响,也没有权利只攫取美名和利益而放弃应有的良知;更不可以理直气壮地把怪癖当个性,把低俗当通俗,把欲望当希望,把单纯的感官娱乐当作精神享受。

最近一段时间,不断有媒体或读者问我,为什么要写《玉米大地》和《粮道》这样的作品。一般情况,我并不直接回答这样的问题,因为我不想直接给自己贴上什么标签儿,但我却一直把这个创作取向当作自己应有的坚持和坚守。虽然面对人性中诸多的弱点和社会中的诸多问题,作为一个作家无力去一一追问,一一解决,但当你看到了或发现了,而不去正视,不去做自己应该做的努力,就是你的失职。为弱势者代言,为坠落者痛惜,为公平、公义之光照耀不到的角落大声呼吁,是一个作家的本分和应有之义。我所做的,不过是当我看到了有人做着值得敬重的事情而没有得到足够的敬重,为社会担负着重担而没有得到合理的报偿,当有人应该在历史上发出自己的声音而实际并没话语权,当人们已经处于危险之中而并不自觉时,我及时地发出了警示。

从本质上说,作家不过就是一件器皿,一个生活的传感器。以前曾有人说作家是在创造,我说不一定,对于无限丰富的生活,一个好的作家能够尽量多地发现和感知就已经不错了。世间并无新事,我们能够想到的事情都已经发生,我们所构筑的梦想也曾被别人梦过 N 次。"已有的事,后必再有;已行的事,后必再行。"面对无限丰富、复杂的生活,我们不敢妄称创造,我们只有谦卑下来,沉静下来,观察、聆听、发现、感知、感受、反思,然后再把我们所使用的每一个词语、每一个句子、每一种搭配、每一个段落锤炼好,最后才可以言说、表达、叙事和传递。所谓的坚守,就是要始终保持一个正确判断和选择,尽一个作家的天职和责任。

至于什么是作家的天职,似乎从来都没有一个明确的定义和规定,但作家得自己心里有数儿,有一个起码的底线。也就是说,作家必须有最起码的正义感、责任感,灵魂要高尚、纯净。作家创作出的作品,应该能够激发人们的美好想象、美好情感,能够给人以真的追求、善的向往、美的享受和正能量,确实是给人以正能量的营养剂而不是催人异化或腐化的毒汁,确实是闪光的金子而不是散发着诱人气息的垃圾。如果一个作家写出来的东西,都不好意思拿出来给自己的亲人和子女看,就算写得再多,挣了再多的钱,博取了再多的虚名又有什么意义呢?

由此,也就引出了作家存在的意义。作为作家,不但要具有文本建设方面的意义,能够利用自身才情为人类建立一种表达或沟通方式;同时也要对社会、生活以及人性中的不完美、不合理、不美好的部分提出质疑,引起人们的反思,主张、引导人们对那些假恶丑的东西自觉反对、抵制、抵抗;当然,更要为人们呈现、展示人类和人性中真、善、美的元素和境界,并尝试着为人们指出达到那样境界的动因和各种可能的实现方案。

通过这些年的创作实践,我深深地感到了坚持在自己作品中说真话、抒真情、求真理的重要,更感觉到了时时反省、修正、提升自我的重要。作家的创作过程不仅仅是一个向外部抒发、表达、传递、呈现的过程,更是一个不断地向生活、向他人、向时代、向各种优秀的文化要素汲取营养,最终实现自我教育、自我完善、自我成长的过程。一个作家正是因为始终坚持了"真、善、美"的创作标准,才能够不断地传递出"真、善、美"的信息。如果自身并不具有"真、善、美"的境界和情怀,又怎能创造出符合"真、善、美"标准的作品?从这一点说,努力成为作家或成为一名优秀作家,本身就是一门没有结业期限的自修课。

文友印象

分享任林举

黄桂元

公元 2005 年春天,鲁五在北京八里庄南里开课。一时间教授、评论家云集,高谈阔论不绝于耳。吉林电力系统政工干部任林举的静静现身,则略显形迹可疑。任林举也确实低调,谨慎,讷于言,这一点我们相似,于是物以类聚。有几次同学在外聚餐,抢着埋单的总是林举,且一脸愍态,动作果断,志在必得。林举的大方是骨子里的,与大家分享,会给他带来快乐。

我对任林举的进一步认识,是读了他的长篇散文《玉米大地》。那天他进了我的房间,撂下一摞文稿,说帮着看看。口气淡淡的,还有些羞涩。我没太当回事,这年月写作属于时尚,动辄拿出一沓文稿甚至一本厚厚的新书,早已司空见惯。那晚,我本想借着任林举的文稿催眠,结果像是遭到了电击,睡眠反倒成了问题。据说当年胡兰成初读张爱玲的小说很是漫不经意,身子呈仰状,读着读着就直了起来,继而绮念丛生。习惯于穿西装、住公寓、出入写字楼的任林举,却是苦难农民的儿子,展示的也是一部关于玉米的血泪传记,一部关于人和土地的历史长调。以前我曾困惑,许多来自农村的、很善良也很勤奋的年轻学人,奋斗成功的同时,何以也抹掉了灰暗的乡村记忆? 这潜意识流露出的,不正是人不愿面对底层苦难身世的一种本能反应?

此后再看任林举,情形就似乎不一样了。结业前的那晚,几位同学在外面 K 歌,林举的歌喉浑厚苍凉,又千回百转,别有风情,在大家的惊艳声中,想不当"麦霸"都不行,那晚,我承认自己酒醉几近失态,有女生提示我,注意,你看林举的眼神是不是……太深情了?

这些年,我和他一直有联系。一次他来津公干,由于时间紧,他把天津电力系统的兄弟同行和我拢在一个餐厅,一勺烩。这时候,我见到的不再是作家任林举,而是大家纷纷敬酒的"任主任",另一副面具,另一种腔调,之熟练,之自如,之配套,判若两人。他或许意识到了自我外在的形象反差,还冲我诡异地憨憨一笑。正因为我清楚,从政还是写作,对于任林举,也曾如哈姆雷特之问,在他内心纠结,甚至挣扎,他最终的选择,其实接受了一种有难度的人生挑战,他对把两种角色做到极致有自信。

我也曾奇怪,他的工作担子那么重,每天要与文山会海打交道,而其散文质地又纯正得不能再纯正,如何在短时间完成反差巨大的语境置换,抵达艺术彼岸?他苦笑,说这样的置换最初很难,后来习惯了,通常是下班晚饭后,看看电视听听音乐,慢慢把情绪调整到散文状态,九十点钟开始写作,但转天会有疲惫感,为了不影响工作,他变换了方式,每晚十点前睡觉,凌晨四点半起来写作,万籁俱寂,星空神秘,思维活跃,堪称莫大享受。不过,写大部头还是需要完整时间,比如写《粮道》,他请了两个月假,隐居在一个远离长春的地方,可以集中精力,将自己的视野、思考和笔触横跨东方与西方,驰骋远古和现代,立足家园而心忧天下,作品收获鲁奖,得益于长期积淀的水到渠成,就像他的夫子自道,《玉米大地》与《粮道》的灵魂一脉相承,是前世与今生的关系,前者是后者的往世前缘。

散文不是一个能让人大红大紫的文体,任林举却忠贞不渝,寂寞守望。以至于在我眼里,任林举就是散文,散文就是任林举,两者彼此绑定,相濡以沫,休戚与共,这是一种命定。我对写得一手好散文的人常怀敬意。克里玛认为卡夫卡散文具有化腐朽为神奇的力量,是因为他"描绘和捍卫了人类空间中最个人和内部的东西"。任林举的散文就有这种"最个人和内部"的质感,散发着并非刻意经营出来的魅力。比如《十只羊》,写十只羊与一户悲苦农家绵延数年的宿命,它们在记忆里梦魇般撕扯、纠缠,然后清晰显影,化为清泉汩汩流淌,使读者唏嘘不已。散文是一种流水无形的自由文体,看似门槛不高,少长咸宜,其实最能检验出写作者个性、灵性、底蕴斤两几何。一般讲,小说以人物和故事立足,戏剧以悬念和冲突取胜,诗歌凭隐喻和韵律生辉,各自皆有艺术规律可供遵循,散文却无所依凭,任由本色示人,很难藏拙,只靠学识则过于沉闷,只靠思想则流于枯涩,只靠体验则失之单薄,只靠聪明,则极易油滑。君不见文学生态园里,写诗者多如蚁群,小说家也很常见,专攻散文的却如珍稀动物。

5年前的夏天,我和几个朋友到长春,去农家体验,赴长白山观天池,任林举请假全程陪同，既当司机，又做导游，一路风尘仆仆。临别当晚，他在一家餐厅订了单间，大家坐定，他像变戏法一样让服务员端出大蛋糕和红酒，这才恍然，那天是我的生日。大概谁都可能经历过黯淡的日子，他在我心里适时燃起一抹亮色，至今想起，仍觉暖意融融。

他是值得分享的。

评家观点

任林举：脚踏坚实大地的诗性书写
王 晖

手执两笔的任林举

作为鲁迅文学院首届中青年文学理论评论家班（第五届高级研讨班）的学员，任林举无疑是一个特例，他并非纯粹的评论家，而是手执两支笔，兼具评论与创作。一方面，他是一位独具感悟力和批评力的评论家，而另一方面，他则是一位越来越具有影响力的作家。

前者，我们可以从他的评论文章中略见一斑，譬如对曲有源、南永前、老乡、曹有云等当代诗人及其创作的评论，对北村等当代小说家的评论。他的语言和叙述方式似乎是对学院派批评的祛魅，既感性又形象，还直抵问题的核心，颇具重直觉感悟的印象式批评之神韵。他用武林争霸来巧比当下诗坛的流派乱象——"回过头来看当下的诗坛，其与武林的情形又何其相似乃尔，有多少靠宣言和主张在诗界抢占了一席之地的流派，其堂主都因拿不出可以支撑自己的作品而早早地改辙变道，悄悄溜出诗界，余众以及个别场外掮客还死死地抱住一条假想的大腿，岂不要让人笑掉大牙！"他以诗语点评小说家北村，认为其小说"在爱情悲剧的营造上，似乎反复施展着同一块魔术的丝绒布"。作者在以自己的方式，呼唤着真爱——人性中最圣洁的一面。或许，北村真是一个懂爱、爱的哲学，也懂得人性弱点的人。王尔德说，"最高的评论是个人印象最纯洁的形式，它的表达方式比创作更富于创造性"。此言用来评价任林举的批评文字也当是恰切的。

而作家的任林举则更令人印象深刻。迄今为止，他在散文等非虚构文体的写作中取得了重要成绩,出版有《粮道》《玉米大地》《松漠往事》《上帝的蓖麻》《轻云起处》等散文和纪实文学作品。这些以家乡的亲朋、风俗、风物为描述主体的作品,透射着浓郁的乡情和温润的亲情,还有强烈的忧患与反思。它们既宏大又细微、既阳刚又柔美,浸润着思的严谨和诗的韵律。在我看来,《玉米大地》和《粮道》正是其中的典型代表。

寓宏大叙事于日常亲情书写
知感交融的诗性叙述

"玉米",是任林举长篇散文《玉米大地》中的主角。涉及玉米的散文似乎不计其数,而以洋洋数万余言的篇幅将这样一种在中国北方农村司空见惯的农作物,作为主角来展现的,好像还比较罕见。在作者笔下,"玉米"已远远超出了它作为一种植物的意义,进而变得极富立体感和多样性,玉米以及玉米大地的朴实与神秘、坚守与顽强、包容与自由,使之成为现代中国北方农村乡村记忆的抒情诗。因此,我从这篇散文中也获得了绝非单一的感悟与启迪,而其中最为重要的是它寓宏大叙事于日常亲情书写之中的整体构思,以及知感交融的诗性叙述。

我在这里将宏大叙事视为对民族、国家和时代等恢宏主题的形象阐释。在中国文学的漫长历程中,包括小说、散文、诗歌在内的多数文类都不缺乏这样的叙事。《玉米大地》在整体构思上不乏宏大叙事的宣泄意味,"国家""民族""农业""文明""人民"等字眼频繁地穿行于它的字里行间,但这种叙事并非天马行空,而是紧紧地与日常亲情书写连接在一起——作者从对父亲、母亲、孟二奶奶、七舅爷、十二舅等亲人与玉米大地血肉关系的深情描述中,从玉米这样一种平凡而又朴实的农作物的生长习性与灵性中,揭示玉米、农民与历史、国家、文明之间血脉相通的丰厚内涵,使全文显示出以小事物写大格局的恢宏气象。譬如像下面这样的叙述,我以为就体现出作者寓宏大叙事于日常亲情书写之中的巧妙构思——"在中国,从台湾到新疆,从东北至西南,广大的玉米种植带纵横几万里,以其不可替代的重要顽强地主宰了近400年中国农业文明史。这是一个国家和民族的粮食啊!""然而,像历史从来看不清也从不关心每一个人的面容一样,在人们的眼中,玉米的个体与个性常常是被忽略的……但在错觉中,玉米呈现出其生命的某种诗意和永恒的本质;在错觉中,人民与玉米有了血脉的联系;在错觉中,玉米和人民担当起同样的使命,拥有了同样的命运。"在此,"玉米"既是农业文明史与江山社稷的核心支撑,同时又是具有血缘或亲缘意义的父辈形象的象征,它使文本充分显示出作者心事浩渺连广宇的忧患与感怀,也使文本成为亲情叙述的巧妙载体。这样一种寓宏大叙事于日常亲情书写之中的整体构思,无疑使《玉米大地》呈现出时空纵横、张弛有度的大气之美。

知感交融的诗性叙述,是我阅读《玉米大地》的另一个感受。在文本中体现知性与感性的因素,并使二者有机地融合,应该是优秀散文的重要评判维度。在《玉米大地》中,知性外化为于叙述中体现出来的具哲理性的文字,而感性则表现为其语言的诗性。就前者而言,作者对于"玉米"以及由此引申出来的哲理性思考弥漫于全文的各个角落,鲜明地展示了一个生于斯、长于斯的学人对生活与生命意义的不懈探寻。譬如,对于什么是"幸福"这个问题,作者便在文中举出两例以佐证之。其一,他写其穷苦的祖父生病时想吃有奢侈之嫌的"河漏"——"当这个简单的愿望一旦得到满足,就会有很浓厚的慰藉感和幸福感油然而生。什么叫作幸福,幸福就是你想吃'河漏'时,就吃到了'河漏',就是有一个愿望,'整巴整巴'就实现了。"在此,以爷爷吃河漏一事作比,作者用朴素的文字阐释了普通人的幸福感。其二,他写一位记者去监狱采访一个犯人,"问他最想要什么,他一脸庄严地说,就想要一个女人"。作者由此感慨道:"生活中,一个有期盼的人是多么的大有希望和令人感动啊。不知道自己想要什么,是这个时代的流行病,而病因恰恰在于人们已经拥有的太多了。"以一个非人生常态的人对人之基本欲望的渴求,触及当代社会人的生存意义和生活质量的拷问,体现出作者深入的知性及其独特的表达。

《玉米大地》中,感性与知性的融合是显而易见的——将熔铸作者思想的哲理性文字及在此基础上营构的某种整体构思的哲理性,渗透进具有诗性的语言之中,以达到一定程度上的知感交融,使全文超越对"玉米"的写实性表达,而进入一个对乡村记忆做抒情铺叙的诗质境地。这样一种有着淡淡忧郁、感伤、思念元素的诗性表现在许多方面,譬如特殊的意象、想象性描述和主体意识的发散性展示等。意象的营造是标识散文感性的重要支点,《玉米大地》里的意象营造具有作者个人生命体验的独特性,别开生面也别具一格,如将父母与天地对应作比——"天是父的形象,地是母的形象。天或者父是严厉的。人们经常说靠天

539

吃饭,是因为经常会受到天的惩罚或制约,这里面深含着人们对天的敬畏和惧怕";而另一方面,"人们疯狂地淘舀、挤榨着大地的乳汁,像一群狗崽拼命地撕扯着瘦骨嶙峋的母亲一样,让人揪心又无可奈何"。想象性描述在文中也多有出彩,譬如对玉米长牙齿的描述——"于是,整穗玉米便于瞬间裸露于人们的视线之中,而呈现在我们面前的却已经不仅仅是一排牙齿,而是许多排牙齿。一穗玉米浑身上下原来长满了牙齿。"对玉米如浪涛的描述——"此起彼伏的浪涛,如熊熊燃烧的绿色火焰,从眼前滚向遥远,又从遥远回到眼前。"无疑,想象性描述为全文叙述时空的延展和空灵色彩的涂抹增添了有力一笔。纵观全文还可以发现,作者对玉米自身及其由此生发的诸种联想的叙述并没有一个十分清晰的线形逻辑布阵,而是遵循发散性思维的套路,以"玉米"为核心,作四散式书写,颇似同心圆结构。这种结构的好处在于,对作者投射于文本中的宏大叙事与日常亲情叙事起到开阖自由、跳跃自由之效果,但节奏略显凝滞缓慢,描述细致而精练不足。

具有现实感和诗意的《粮道》

2014年,任林举的长篇纪实文学《粮道》荣获第六届鲁迅文学奖。应该说,《粮道》是一篇有着独特气质的非虚构作品,其表达方式很容易令我想起秦牧的散文《土地》。在《粮道》里,我似乎又看到了在以"粮食"为核心意象的叙述中进行秦牧式发散思考的影子。作品通过八个章节的叙写,对粮食生产和运行规律、粮食与农民、粮食与文化、粮食与伦理、粮食与国家兴衰、粮食与国家民族安全、粮食与中国农业的未来等问题做出形象化的解读,在纵横交错之间,表现出作者对于中国粮食问题的深切关注,充满着理性精神、忧患意识和批判思维。

关注粮食和粮食生产的历史和现实,使这部作品充满着强烈的现实感。这种现实感的传达既遵循非虚构文体的叙述原则——用大量事实和数据佐证,也没有忘记反思与批判的书写态度。作品有作者亲自采访四叔、三子、二娇、徐二喜、胖子、吴志军等农民的现场描述,也有对于历史文献和现实数据的详尽铺陈,真正体现出"用事实说话"的文体特质。与此同时,作者并非以纯粹的新闻方式表现这些具有现实感的人、事、理,而是有着自己观照事物的倾向性,这就是浓郁的忧患意识和哲理式反思。作品的非线性结构不仅最大限度地凸显了这样一种意识和反思,也为作者的发散性思维创造了绝佳的叙述境界。全篇始终贯穿着作者的忧患与反思:譬如关于"粮道"的领悟及其规律的把握;关于人类如"上帝怀里的解药"那样依赖粮食,从而暴露出生命的脆弱;关于种粮人的苦命、弱势、代人类受自然各式各样的惩罚;关于"粒食者"与"肉食者"之间从古至今的文明博弈和文化冲突;关于转基因粮食的义与利、是与非;关于粮食与社会、世道变迁的复杂关系;关于粮食领域的"生物海盗"及其潜藏的没有硝烟的新"鸦片战争"。这些凝聚着作者个人思考与智慧的忧患与反思,是具有足够深度和广度的,它鲜明地表现出作者作为"思想者"对于非虚构文体特性的真切领悟。

善于和乐于以"粮食"为核心意象的诗意表达,也是《粮道》的鲜明特点。这里的"诗意表达"其实正是作者内心对"粮道"爱意的表现,正所谓爱之切,忧之深。当然,作为非虚构文本,完全应该区别于而不是混同于历史著作、调查报告、新闻报道和学术论文,因为它理所当然地不可或缺艺术性,不若此,它的存在就无必要了。我在《粮道》里欣慰地看到作者艺术表现的才能,他所具有的叙述功力和情感抒发力,特别是他融广博知识于一文的统摄力,都令人难以忘怀。任林举在文中几乎无时无刻不在表达对于故乡和田园的眷念,而这种眷念始终是充满"乡愁"一般的诗意情感——"总是那不着一砖一瓦的土平房,总是那被雨水冲刷得露出泥土波纹的院落,总是柴门,总是起起伏伏的板障,总是牵牛花和豆角秧,总是一碗小米干饭和大葱、大酱……凭空地,空气里就会飘动着一种令人心动的味道,宁静、灵动并有断续的香甜,近似于花香,又近似于新翻起泥土的芬芳。"这样的诗意表达与作者的忧患一样贯穿作品始终,并且是以诗意表达来映衬忧患与反思。我们可以从作品的第三、四、五章,更为集中地把握这一特点。因此,尽管《粮道》所涉及的话题是宏大的、沉重的,但仍然具有比较强的可读性,而这很大程度上便与诗意表达相关。在文字风格上,它与《玉米大地》有着明显的一致性,只是《玉米大地》更重感性和抒情,而《粮道》则更为成熟一些,无论是内涵还是表达,它给予我的冲击力、启示力和感染力都更为强劲。

我们很难对《粮道》做出明确的文本定性,因为它既非彻底的散文,也非纯粹的报告文学和纪实文学。对此,我以为赵玫的说法是有道理的:"如果你仅仅注意到了纪实性,或许你将错过一本优秀的文学读本;如果你仅仅停留于文学的欣赏,或许你将错过深刻的哲理;如果你仅仅拘泥于某种哲理的体悟,你或许又将错过一位作家最可贵的忧患情怀。"在这个意义上,《粮道》或许可以说是一个"新概念"纪实文体。它对于"粮食"这一涉及国计民生大事的关注,类似于20世纪80年代产生的问题报告文学,但叙述却更为从容——由粮食说开去,运用多学科的视角,以生动的话语阐述"民以食为天"的"大道",以及粮道与人道、粮道与国家、粮道与世界的复杂关系。这些叙述确证了知识分子写作的基本旨归,而这对于一部非虚构作品,尤其是关注重大问题的非虚构作品而言,是怎么强调都不过分的。

纵观任林举的创作,我以为完全可以用"脚踏坚实大地的诗性书写"来概括其特质,他的任何一部(篇)作品的目光都没有离开过大地,因为在他看来,"大地,是属于我们的宽厚的神灵"。他接着地气,因此,他就能仰望更为广袤的天空。

斯继东／鲁迅文学院第十五届高研班学员。以短篇小说创作为主,作品散见于《收获》《人民文学》《天涯》《山花》《中国作家》《上海文学》等,多次被《小说选刊》等转载,入选《中国短篇小说年选》《中国年度短篇小说》《中国最佳短篇小说》《中国当代文学经典必读》等年度选本。出版有小说集《今夜无人入眠》《开口说话》。

作家自述

龙珠里 15 号
斯继东

龙珠里 15 号是绍兴城内一个不起眼的小院落。

百度地图显示,它的西边是府山,北边是城市广场,东边是全城最繁华的解放路。置身其中会发现,老旧的居民住宅楼自南、西、北三面呈合围之势,门朝东开,却有绍兴大剧院——一幢庞大的仿悉尼歌剧院的现代建筑挡着。

从 20 世纪 80 年代起,龙珠里 15 号就是野草杂志社的所在地。这个带院子、有围墙、闹中取静的小院落,似乎正是文学在这个时代的隐喻:明明被无情挤压,偏还有那么一点自得其乐的倔强。

1997 年的夏天我收到了一张汇款单,那是我首次正式发表小说。在汇款人地址上我第一次知道了龙珠里 15 号。作为一个参加工作不久的战战兢兢的小公务员,我跟别人唯一的不同是业余还偷偷摸摸写着小说。文学是什么?我当时的理解是——文学是生活的反义词。"现实生活是一个讲究游戏规则的世界,而文学恰恰蔑视规则:它无比虚幻,却绝对自由。它是一个白日梦,阴险地躲在现实生活这块硬币的背面。"所以那些年里,我一直心安理得地做着我的公务员,说该说的话,做该做的事,我混得还算不错;一边又自得其乐地做着我写作的白日梦,我写得很慢,产量极低,有一搭没一搭又优哉悠哉的——谁让我是个业余写作者呢?我压根儿没想过要离开那个叫嵊州的小县城,也不相信一个四十多岁、牵绊重重的男人还能拿铁板一块的现实怎么着。

去年夏天,命运忽然展示了它翻云覆雨的一面,我鬼使神差又毅然决然地带着铺盖进了龙珠里 15 号。在自我惊诧中,我成了小红楼的主人。周一来,周五回,吃食堂,住宿舍。当地把此类人称作"绍兴四夜"(方言跟"绍兴师爷"同音)。晚上门栓一落,院里就只剩下了一老一小俩光棍。我是小的那个,老的那个是传达室的老童。老童来自绍兴农村,不识字,经常把我们的报纸和信件搞错。我跟朋友吕国钢说,其实可以算三个。院子里有个照壁,前面放了铜铸的鲁迅先生的头像。

兴致勃勃地编杂志,筹措文学活动。眼耳鼻舌都是文学圈的人和事。生活和文学捆绑到一块,反义词成了同义词。朋友们都欣慰我终于如愿以偿地成了专业作家,我也昏头昏脑地准备迎接创作的高潮。

然而没有。办杂志(尤其是想把它办好)并不是一件轻松的事。在铺天盖地的来稿面前,写小说更是变成了一件难上加难的事。稿债越积越多,关于写作我也有了加倍的疑虑,我陷入深深的焦虑之中。不知道是不是说的话犯了忌,我还得了记当头棒喝——有一天我莫名其妙把头撞到了卫生间外低矮的横梁上。

很多个夜晚,我闭门谢客,把自己关在房间里。我重读了鲁迅的小说,平明版的契诃夫小说集,还有门罗老太的《逃离》和《亲爱的生活》。周边居民楼里孩子的哭声、家长的训斥声、老夫老妻的吵架声慢慢消失了,或许疼痛可以消解焦虑,我的内心一天天安顿下来,许多疑虑也渐次冰消雪融,而后水落石出。

生活和文学既不是反义词也不是同义词,我之前的对立和混淆都是错的,他们或许更像是人生的一条明线和一条暗线,如果把一生比作一部小说的话。追问写作的(外在)意义毫无意义,写作只对写作者本人有唯一意义,之后的发表获奖等等,都只是你与同好见一次面、喝一场大酒或玩一通宵杀人游戏的理由。每一部小说选择写或不写也许有太多的偶然性,但为何写着写着都会有必然性(作者的秉性和气质使然)出来? 也许写作就是玩拼图游戏,盖棺定论时,你所有的作品将拼凑成一个真实的自我。题材应该也是个伪命题,以门罗为例,从青年写到中年再到满头银发,题材会主动选择作者。从技术层面而言,写作是个规避的过程,同时应该也是个寻找的过程,或许寻找比规避更重要。要原谅自己写得少,你永远只是个业余作者,敬惜字纸是一种美德。当你沮丧的时候,想一想卡夫卡、契诃夫和门罗都是不得意也不特别悲催的普通人,他们只是有更切肤的感受和更准确的表达。

总之,对像我这样没有野心的写作者来说,唯一能做的就是如影随形般忠实于自己的内心。

我在绍兴城的龙珠里15号作如是想。

文友印象

看，那笔惊叹号
朱 个

2009年初，我在那年第二期《收获》上，看到一部叫《今夜无人入眠》的小说。那会儿还没打算写小说，作为文艺青年，我愉悦轻松，满心里只管尽情地看。

小说遣词成熟，干净准确，几乎全是短句，中间隔着成串句号，却不显得急促。里面有段话，当年我就圈了出来，特别喜欢。"谈到口味，你们一定会说，也不仅仅是矿泉水啊，还有赵四呢。他喜欢赵四，这跟离没离婚没有关系；我也喜欢赵四，这跟上没上床也没关系。对，我当时就是这么想的。但这一点我没跟我老婆说。"言辞狡黠，细想又算真理，关系悬而不决，引而未发，呼之欲出。小说气质冷、硬，在歌剧之夜，不紧不慢，道出一段四角关系，结尾留出大片空白，叫不八卦不甘心的我心急火燎。翻到前面看作者，斯继东。重复一遍，斯，继东——名字好像在说，噢，这就是继东。

便这样记住了斯继东。

几年后，我在一次会议上认识了他。听见有人叫"斯继东"，回过头来，看见一个身高远超中国男性平均值，并且极瘦的人，肤色深黝，神情冷峻，和最初他的小说给人留下的印象很吻合。那几天大家聚餐，斯继东喜欢吃刺身，最喜欢的大概是三文鱼，他会把芥末涂到鱼肉一侧，再让另一侧蘸饱酱汁，那份讲究耐人寻味。而海胆他是不碰的，任谁劝说海胆一口吸下是如何多浆美味，他终是试都不愿意试。大家聒噪数落一阵，不太健谈的他抬头说，吃食也讲缘分，海胆的长相看着就是跟他没缘分的东西。我们说，扯什么缘不缘分，你就试试看呗。他不再同大家作对，把海胆挪到自己手边，然而直到饭局结束，都没有去碰。

熟悉起来后，斯继东送我他的小说集，除了收入代表作《今夜无人入眠》，里头有一篇《乌鸦》很特别。《乌鸦》用第一人称，讲了一个专报死讯的人，有事没事在村里闲逛。这人携着黑伞,说是报信却不爱言辞,"因为对我的嘴巴来说,一句话不是一句话。我让它少说一句其实就是让它少说一百句,一千句,一万句"。我对这个角色很感兴趣,难免要在作者身上找参照。就像带着黑伞的主人公,斯继东身上始终存在着一股控制力,有辨析度的默然气场,井井有条,一坨海胆那种对不上眼的东西,别说难以入口,在他强大的秩序逻辑面前,根本微不足道、不值一提。

我一直以为,秩序是个具备吸引力的品格,秩序几乎就是为着被打破的可能性而存在的。泛泛说,比如两种身份,医生和军人,前者泡过消毒药水,手上举着解剖刀,后者绷紧在制服里,腰里别着枪——他们的秩序已经成为其形象表面具体而微的一部分了。可这两类井然有序,跟斯继东还是有差异的。如果仔细分析斯继东的脸,一定会注意到两道鲜明的法令纹。像两把异域的弯月刀,从鼻翼两侧包抄而下,终止于嘴角,长成一对括弧。这使他的下半张脸线条锋利,却没有桀骜的样子,因为他常常笑。斯继东话说得不多,大部分时间在听,甚至偶尔还会眯缝了眼睛。然而,微笑、讪笑、苦笑、哂笑,很多笑接连不断在他嘴角呈现,眼睁睁看到括弧般的法令纹两端收紧,连成一个圆圈。斯继东的老家浙江嵊州四面环山,据说他还是驴友的时候,每到山里野营,特别善于点燃篝火。他知道怎么摆放木柴,知道怎么在堆叠间留出空隙,别人点不着的柴火,只要他在一点就着。斯继东的笑意正是如此,内里仿佛架构起缝隙,一团由他掌控的小火苗似乎若隐若现。可终究不过是似乎而已,法令纹迅速聚拢,笑意迅速收束,那点光亮昙花一现。而恰恰是这样的时刻,斯继东身上有些模糊柔和的东西,似乎遮掩不住地,即将洞穿而出。温和与善意,就以这样的方式,偷偷地从他心里流出,亮晶晶地挂在了眉梢。

我曾经不止一次问过他,《今夜无人入眠》里的赵四小姐,到底是谁的女人,到底和谁上了床。斯继东始终抿嘴不语,法令纹分三个阶段,梯级展开,漾出一朵神秘莫测的笑。我凄凉地感觉这辈子我不可能知道答案了,于我是个悲惨事儿,于小说却不啻是个最好的结局。而斯继东永远具备这种开放的闭合性,似乎他知晓答案,了然于胸,即便显得矛盾,却因此又那么得体自然。

早先,斯继东的微信头像是一捆冬腌菜搁在大红塑料盆里。出任《野草》杂志主编后,或许觉得不妥,有一天他把头像改成了鲁迅大师《不三不四集》的封

547

面。《不三不四集》又名《伪自由书》,"不三不四"四粒圆鼓鼓的字,拦腰横在画面正中,在泛黄的底色上,比起《伪自由书》,更有深意的样子。我想斯继东大概没有过"不三不四"的时候,除了醉酒。斯继东的醉酒在朋友圈广为流传,世上有无数酒醉的佳话,不多他这一段也不少他这一段。醉酒的东西必须是性情流露,再怎么"不三不四",随着酣眠与天亮也就随风逝去了。醒来之后,依然是那个走路有些摇晃的瘦高个子,他带上门,走向街道。他打算去绍兴城里挨着香粉弄的铁甲营嵊州小吃店,坐下来给女儿打个电话,要碗家乡的豆腐年糕。他汇入车流,渐行渐远,鹤立鸡群的高度永远是人群里一笔深沉的惊叹号。

斯,继东,这就是继东。

评家观点

斯继东:双重牢笼与逃离的美学
王 芳

斯继东曾经说:"写作就是自我拷问,写作就是你一个人绝望地对抗整个世界。"这话说得很真诚。斯继东的小说虽然题材多样,形式多变,但叙述的基底却很简单,注意力高度集中于人与自我和世界的双重搏斗。这种以简驭繁的能力,体现了斯继东敏锐、清晰的思维能力和丰富的想象力,它让斯继东的小说往往能发人之所未发,同时拥有一种抵达生命本质的力度。

"我"和世界:双重牢笼

斯继东小说的世界图景,高度浓缩在《乌鸦》和《动物园》这两个寓言式的作品中。《乌鸦》的叙述者"我"发现,"村庄的形状很像个鼓","一圈又一圈,在圆形的大街上……'我'一直都在秃着头走,这辈子从来就没有离开过大街半步"。这个封闭的鼓状村庄,在《动物园》里变成了一个可以无限扩展的笼子。那只逃出动物园又辗转回到动物园里的猴子,发现外面的世界"其实是一只更大的笼子",所有的"选择"都只能造成奴役,"自由其实就是每天放到笼子里的那一捧玉米棒"。

肚子圆圆的鼓就是囚禁、吞噬一切的世界。还有笼子,都是世界牢笼本质的象征。但真正囚禁主体的,并不是物理空间,而是包含着各种欲望、冲动和恐惧的肉体,以及冷漠、荒凉的社会。《乌鸦》的叙述者"我"是一个报丧人,是死神的象征,村庄里的人们,在"我"(死亡)的威慑下,终生都困在村庄里,"把日子放在家里过"。除了畏死本能对主体的囚禁,村庄里的人们个个贪婪自私,甚至为一枚铜钱、一根绣花针送命,人与人之间冷漠、敌对,人人都有"盼死已久的对象"。《动物园》里的"我"是一只猴子,曾经被人类捕获驯化进行乞讨表演,被关进动物园后又被饲养员"他"放生,却在寒冷和饥饿的驱使下回到城市,再次被捕获在鞭子下卖艺求生,后被老园长救出,重回动物园。"我"因生存而心甘情愿被囚禁,饲养员则因失爱出走,之后不知何种原因重回动物园,接受平庸、贫乏的现实。

在斯继东的小说中,人们被各种各样的牢笼关着禁闭,不仅畏死本能(《乌鸦》)和生存需要(《动物园》)会造成囚禁的现状,爱欲、习惯、身份、伦理、虚荣也都是笼子:《梁祝》中的梁山伯,被自己的同性恋倾向囚禁,郁郁而终;《你为何心虚》中的赵四为习惯(或者说人格的依附性)所拘囿,尽管饱尝屈辱,却为背叛自己的丈夫打开了身体;《你叫什么名字》里的阿贵被困在屈辱性身份——"乡巴佬"之中;《我知道我犯了死罪》中的阿德则被钉死在"胆小鬼""怕老婆"的性格特点上;《蔷薇花开》中的李蔷,被"姐姐"的伦理身份所束缚,失去了爱和逃离故乡的机会;《赞美诗》中的惊蛰,被"我要让他们也吃上我妹做的面,喝一喝我妹泡的茶"的虚荣捆绑,成为阻挠妹妹自由恋爱、导致妹妹死亡的凶手。

斯继东借这些大大小小的笼子,从身体出发,审视人物的社会身份、伦理道德和精神诉求,并终止于对人性的思考。在斯继东看来,人性才是最大的笼子,人们渺小、卑微、甚至还有点贱,他们无力在单调重复、平庸乏味的生活中坚守责任和义务,更遑论营造诗意的生存,刺激成了自由、尊严与美的替代品。《今夜无人入眠》中的马拉、毕大师,《合欢》中的赵四,《你为何心虚》中的黄皮,《永和九年》中的操家政,《楼上雅座》中的"我",《蔷薇花开》中的周生生都渴望着或者已经找到了婚外情。这并不仅仅是有钱有闲人的专利,《我知道我犯了死罪》中的田鸡车司机也个个在洗头房外转着圈子,或者干脆一头扎了进去。让斯继东笔下人物难以承受的是,天堂是早知道没有的,没想到连地狱之火也没有,个体所陷入的,永远是庸俗、麻烦、纠缠不清的现实生活。毕大师无法在老婆的床上安然入梦,同样也没资格在情人的床上醒来。老实巴交的田鸡车司机阿德被老婆催逼苦心经营着"城市梦",同样也无厘头地陷入了一个女人的圈套。

被动欲望与无谓的选择

除了《乌鸦》和《动物园》,斯继东的作品大多都是写实的,里面有各种各样的欲望事件。这些欲望事件虽然形态各异,却都为环境所诱发、制造,是被动型的。《今夜》中马拉对赵四的欲望是环境诱发的合乎逻辑的后果,从邀请赵四听帕瓦罗蒂的演唱、演唱会后酒吧里的心神不宁,到最后目睹赵四上楼安寝,马拉意识到他人对他和赵四关系的暧昧猜测,并把它等同于自己的欲望;《心虚》中的赵四在知道丈夫的婚外情之后,在离家漫游的一整天听到、看到和谈论的都是婚外性关系,最后她与背叛了自己的丈夫的交媾虽然饱含耻辱,但却实实在在攒足了欲望;《梁祝》中四九居心不良地给银心讲着色情故事,为二人的欲望狂欢开辟道路;《死罪》中的阿德在被阿海胖子带到洗头房后,他在欲望的唆使下捅了一个女诈骗犯17刀;《猜女人》以亦真亦幻的叙述,讲述了一群青春期的男孩在街头杀死自己欲望对象的故事,这些小青年们是《少女之心》的想入非非的读者;《香粉弄9号》讲述了一位老处女胡一萍在男友意外死亡后的性渴望,引导她性欲觉醒的是一个叫张芳芳的同事。

  被动型的欲望是消费时代的欲望特点,主体经由这种欲望达到的只能是被环境异化的"我",是"非我"。但如果说这个"我"是"非我",那么,什么是真正的"我"?有所谓真正的"我"吗?《死罪》中的阿德以凶残的方式杀死那个不知名女人,是不是就杀死了那个胆小鬼、怕老婆的"我"而成为"好汉"呢?刀在斯继东的小说里,常常是阳具的隐喻,阿德对无名女人的刺杀,是不是满足了他对婚外性行为的渴望呢?这个从不知性压抑为何物的底层小人物,借此暴力行为想要实现的,显然并非性能量的释放,而是摆脱凡事均依赖他人指点的不成熟状态,但他所实施的暴力既是由无名女人激发,本身也是毁灭性的,那么,这一行动就只能成为对其目的的颠覆。

  这正是斯继东小说最有意思的地方,他把欲望的诱发、积累和对"我"的拷问结合起来,于是,"我是谁"这个形而上学问题,和"我想要什么"、"我能做什么"这个实践层面的问题紧紧地纠缠在了一起。由于欲望的被动性,"我"只能是派生的,根本无力走向自由。因此,斯继东在追问的同时,放弃了对答案的期待,转向了对选择与行动的关注。但既然世界只是一只大大的笼子,人又如此卑微渺小,选择又有什么意义呢?不过是从一个笼子转到另一个笼子而已。《楼上雅座》以一种让人窒息的压抑氛围,表达了斯继东的这种思考。身为公务员,"我"有让人羡慕的一切:房子、车子、妻子、儿子,也不缺票子。"我"的生活看似充满选择:"光面,蛋面,肉丝面,豆腐面,牛肉面,鳝丝面","汤或豆浆","离不离婚",甚至飙歌、打牌、喝酒与去西藏,但这些对于一个只想摆脱各种日常事务的小公务员来说,显然不是让人振奋的自由前景,选择背后潜藏的义务和后果,让他裹足不前。

叙述与暴力:逃离的仪式

斯继东写作技巧娴熟,寓言式、写实型、先锋式的故事套故事及故事拆解、间接意识流等均能熟练操作,20 多个短篇小说,叙述方式少有重复。在这个总体面貌下,《梁祝》《今夜》和《广陵散》对多角度叙述的重复使用(当然也有叙述人称等细微的区别)显得相当引人注目。多角度叙述为意识流小说家所创,在意识流小说家比如福克纳那里,不同人的意识常常围绕一个核心事件展开,几个叙述单元共同构成生活的全景,经典的意识流小说,形式本身表达了作家对逻各斯的追求。斯继东对这种技巧进行了创造性的运用,多角度叙述是他相对主义价值观的体现,是对逻各斯的质疑与反叛。《梁祝》中梁山伯、祝英台、四九和银心四人欲望取向、表现方式各不相同,在小说中得到了完全平等的描绘;《今夜》的四位主人公看似组成了一个攻守同盟,其实并没有共享多少精神资源,仅仅依靠消费性的欲望暂时联合在一起,表面的热闹掩盖不了骨子里的孤独;《广陵散》中竹林七贤性格、价值观都各不相同,在小说中同样得到完全平等的展示。三篇小说的主题,可以用《广陵散》的一句话来概括,"每个人只能选择一种活法,直面、逃避或者苟活,但对生命来说,一种活法或者一种死法是远远不够的……贤是唯一的,所以一就是七,七就是一。"

认为每个人的价值观都有其存在的价值,世界并无可以衡量一切的价值标准,是斯继东思想的体现,正是这种思想,让他能够逼真地描绘形形色色人物的心理活动。但是,对于时刻感受着束缚的囚徒来说,如果世界上并无永恒真理与值得向往的伦理价值,逃离之后既无乌托邦可以存身,也无地狱痛快的惩罚,逃离的动力就被抽掉了。因此,相对主义远非福音,而毋宁是一剂毒药。

然而,逃离对于任何囚徒来说都有巨大的诱惑。人的心灵是有机的、统一的,其冲动包含着复杂的内涵,既可以趋于爱,也可以趋于力量。斯继东的人物,由于其欲望的被动性,普遍缺乏爱的能力,只剩下一股潜伏的力量。这力量或者让他们在最后关头爆发,放手一搏,以对肉体的暴力,或者极致的性体验,实现精神的短暂逃逸,在仪式性的宣泄之后,重回日常生活,承受荒诞的此在,或者归于死亡或虚弱的沉寂。《你叫什么名字》里的阿贵为自己举行了一个仪式,让一个与他的过去无关的人,见证他与过去的决裂,不惜杀人害命;《死罪》中的阿德在淋漓酣畅的刺杀之后,耗尽了生命的能量,自首以求速死;《猜女人》中被幻化出来的陈高峰用西瓜刀扎了张丽英16刀,"整个世界只剩下了一幅白绢,'啪嗒啪嗒'自动开着血红的梅花";《今夜》里马拉在雪夜肉搏中释放了过剩的能量之后,谛听着突然响起的帕瓦罗蒂高亢的歌声——"秘密将永存我心,没人知道我的名字"——顿悟生活的真相,回到了日常生活之中,承受荒诞的此在;《心虚》中赵四则在饱含耻辱的性高潮中,开启了她对荒诞生活的体验。

  斯继东对形式充满着热情,他的小说在叙述层面上进行了广泛的探索,这种对形式本身的激情,既是先锋文学影响的痕迹,也是他哲理观念的必然结果。对于斯继东来说,写作就是"一场世俗生活的逃逸,一次自我的放逐,一段精神的出轨"。正如四九对着妓女反复讲述《梁山伯与祝英台》的故事,向秀一遍遍重写《思旧赋》,而帕瓦罗蒂的歌声照亮了马拉、黄皮们混乱、琐碎、庸常的生活一样,它们作为写作的隐喻和斯继东对形式的激情的象征,在某种程度上遮蔽了虚无那可怕的深渊,缓解了生活的荒诞。

杨献平 / 鲁迅文学院第二十一届高研班学员。生于河北,在巴丹吉林沙漠生活20年。作品见于《中国作家》《人民文学》《天涯》《山花》《长江文艺》等。曾获第三届冰心散文奖单篇作品奖、全军优秀文艺作品奖和首届林语堂散文奖提名奖等。著有《匈奴帝国》《梦想的边疆——隋唐五代时期的丝绸之路》《沙漠之书》《生死故乡》《沙漠里的细水微光》等。

作家自述

从南太行到巴丹吉林

杨献平

那是一处幽秘和卑微所在,尽管附近山地之间发生过诸多的战争,至今还有战国、隋唐及明清的军事遗迹;近代以来,八路军129师及其领导人刘伯承、邓小平、聂荣臻等在此区域进行过多年的发动群众与抗日战争,但它仍旧是偏远和荒僻的。我给它起了一个比较文雅的名字:南太行。从地理上说,这一名称泛指太行山在河北邢台、沙河、武安、涉县、石家庄,河南林州、浚县、安阳并山西左权、和顺、潞城、长治、晋城、等地的庞大存在。从文化传统上说,属于北方游牧与农耕文明长期剧烈冲突之后的融合与并行状态。20世纪70年代初,我在南太行其中一座峡谷中的村庄出生。那是一个黎明,随后延展的是,熟悉而岩石深嵌与草木葳蕤的高山,窄如刀条的苍天与星空,还有铺展、横斜于村庄和山间每条小路上的宛若贫穷与苦难的砾石、荆棘。

更重要的是人。18岁以前,我以为世界就是村庄及其周围的村庄那么大,世界上所有的人也都像我们村的那些人。1991年冬天,一场大雪之中,我第一次出门远行,并且离家千里。那个新的容纳我的地方名叫巴丹吉林,是一片旷大无际的瀚海泽卤;起初我被失望的情绪长期缠绕。因为,那时候,几乎农民子弟,对城市的渴望都无以复加。我起初的想法是跻身于城市,哪怕是一座县城,也足可安慰我心,并且可以在回乡省亲之时,在大多数一辈子没有坐过火车,把城市想象成地狱或天堂的乡亲们面前大加吹嘘。沙漠何其苍茫,大地迢遥无疆。几年后,我在沙漠突破了生存障碍,并且与家在当地的妻子恋爱之后,才忽然发现,世界上的人太多了,每一个人都有一个自己专属的"位置",而沙漠,可能是最适合我的地方,就像我出生地南太行乡域一样,巴丹吉林沙漠于我,有一种强烈的命定色彩。

在弱水流沙多年之后,一个偶然的际遇,我从巴丹吉林沙漠去到了从没涉足过的四川成都。回头之间,发现自己在沙漠的时间居然和在南太行乡村基本等同,内心惊异。仔细回想起来,人生有诸多的偶合与蹊跷。但我确信,地域气息,尤其是地域本身所具有和积攒的那种文化传统对具体人的塑造能力是无与伦比的。南太行作为我的出生和成长之地,那种奇崛的地理环境与相对封闭的生活场域,教给我的似乎只有微小、倔强、自卑、不服输,还有一些因为视野长期受到障碍之后而累积的想象力。当然,这只是个人的事,充其量也只是一种于世俗生活无补的"个人质地"与艺术上的一点"小天性"而已。而在巴丹吉林沙漠的这些年,正是我个人心性与思想意识"大规模"成熟时期,以至于令我觉得,沙漠对我的"思想改造"与"心灵引发"作用显然超过了故乡南太行乡村。

多年容身沙漠和雄性军旅,再次激发了我少小时的文学梦。在沙漠的大部分时间紧张而干燥,风暴如虐如怒,沙尘无孔不入;暴雪以内,孤独之中,个人的内心和精神却渐渐丰茂,以至于不可收拾。起初写诗,表达铁血军旅生活与渴望英雄的理想,当然还有青春的迷茫与对爱情的渴望。当我发现诗歌这一体裁不足以承载自己的文学梦想,并且在同代诗人作品前显得陈旧与落后的时候,我选择了散文。一方面力求表达个人在沙漠的种种现实生活和心灵际遇、精神诉求和灵魂图景,另一方面开始着力对故乡南太行乡村进行远距离的审视与省察。

这可能是我散文写作之"两翼"。当然还有一些想象、实验之作。十多年来,我几乎走遍了阿拉善高原境内的所有遗迹与奇特之处,对那一片荒芜区域的人文历史和自然风貌的了解,显然超过了故乡南太行乡村。我一直觉得,一个写作者首先要建立的,便是专属于自己的文学地理。但在"地域"往往也是一种强大的限制。我一度很困惑。但很快就释然,超越地域限制的唯一有效方法,就是专注到地域上的人群。世界如此之大,人生如此浩瀚,每一块地域上的人都是其生活地域的产物,从日常习性到文化认知,从思维意识到精神形态等等概莫能外,但人的命运、情感、思维和思想、精神要求和灵魂图景却不存在任何"地域性差别"和诸多层面上的"隔膜"。

文学就是要探究人心人性,呈现人的生存状态和精神困境,以及各个不同的命运和灵魂景观。也一直觉得,对于写作者来说,"此时我在"的存在意识和时代现场感是其文学创作的"命门"和"要诀"所在。因为,前世已经成了历史,已经有很多那时代的写作者写作了,留下了,时过境迁之后,再卓越的艺术家,也难以复原其当初状貌;未来在很大程度上带有巨大的不可预测性质,也更应当留待后人去做。我们所处的这个时代如此的丰富与驳杂、壮观而又剧烈,如果一个作家不能够准确地发现和表达他们自己"所属的时代",那将是一件悲哀的事情。因此,在南太行乡村和巴丹吉林沙漠这两个已然初具规矩的"文学地理"上,我力求书写"时代的个人经验"和"个人的时代经验",进而为两个地域上的人群"树碑立传";留下我和他们在这一个时代的生命痕迹、命运遭际和精神、灵魂上的,大相迥异而又无限"幽微与辽阔"的纷纭景观。不管我能否做到,做好,但我觉得,这可能是我应当坚守的一个方向。

文友印象

文雅的牧人
王　凯

20年前,我还是个毕业没多久的空军少尉,天天待在河西走廊的空军基地做着作家梦,很冲动地打算在印有部队代号的红头信笺上写上几部世界名著,可惜到头来连军中小报的副刊都上不了。忽一日,分到酒泉附近另一个基地的军校同学给我打电话闲聊,说起他所在的技术室有一个负责维护兵器厂房中央空调的两年兵,刚在《解放军文艺》上发表了一大组诗歌,惊得大家屁滚尿流,无法相信革命队伍内部居然暗藏着一个诗人。

"他说话的时候嘴里像含着一把沙子,我从来都没听懂过他到底在说啥。"同学说,"就这样人家还发表作品呢,你呢,你啥时也发表一下让我看看啊?"

这话噎得我半天喘不过气来。可能是同学敏锐地探测到了这种暗黑情绪,总算说了句让我破涕为笑的暖心话:"不说了,不说了,他同屋的老兵正准备扒他裤子呢,我先看热闹去了啊!"

那是我头一次听到杨献平的名字,感觉却像个敌人。有一刻我很想变成一个西部片里的枪手,骑着快马穿越沙漠,把这个雨后沙葱一般突然冒出来的小子揪出空调机房再一枪撂倒。但同时我又发现,这个名字带来的嫉妒中还夹杂着某种亲切感。后来我想,也许是因为他与我同处一片沙漠,又穿着同样颜色的军装,更重要的是我们都喜欢写东西,即便互不相识,也一样可以拥有天然的默契。

我一直记着这感觉,奇怪而清晰。之后差不多15年,不论身处沙漠还是最终离开沙漠,我时不时就会想起这个名叫杨献平的陌生人。虽然我从未向任何人打听过关于他的任何消息,但这名字依然风一样无处不在。偶尔我会听到关于他的只言片语,比如他老是没完没了地发表作品,有才得让领导们都过意不去,终于把他送到院校培训,提干当了军官。又比如他当了干事以后,写的材料总是不如他的文章好,最后被派到了基地最艰苦最偏远的团站工作。不过更多的还是来自他的作品。在那些文字里,他不厌其详地记述着自己的父母、邻里、故乡、军营、迷惘的成长和失败的爱情,永远都带着引镜自照、顾影自怜的伤感,外加一丝让我感同身受的身为凡人的软弱和无力。

在我印象中,杨献平最热衷书写的地方首推"南太行"。初听上去像一个江湖门派或者一个省级风景区,有种高耸入云又含糊其词的气象,又带点"左岸"或"北卡"之类的文艺气息。但看来看去,他写的只不过是位于河北省邢台市沙河县的山村故里。起初我觉得这是一种故弄玄虚的手段,可看多了又不那么想了。我确实喜欢他的文字,他总是能从日常生活中淘洗出新鲜的意味,这不能不说是他的一大本事。这一点上跟他喜欢写的另一个地方——巴丹吉林沙漠——异曲同工。我熟悉这片沙漠,自认为可以辨别关于沙漠记述的真伪。鉴定结果是,他的文字固然琐碎得像遍布戈壁的砾石,没有一块是圆润的光亮的,但也没有一块是相同或相似的。每一块都坚硬而倔强,沾满沙土,带着棱角,一百万年都沉默地待在那里,直到被拾起又举向晴空,在烈日中折射出光影和诗意。我得承认,他已经完全融入并理解了沙漠,而我还远远没有。

在我们互不相识的漫长时光中,我很多次设想过杨献平的模样:皮肤白净,淡眉细眼,身形瘦弱,肩上戴一副上等兵肩章,起风时得抱紧电线杆,一说话嘴角就会流出沙子。直到2009年春天,在一次军队小说笔会上,我才头一回见到了他的本来面目。我十分欣慰地看到,这家伙面相比我还要苍老,更为可喜的是还晃着一个没毛的光头——要知道那阵子我的头皮也日渐沙化,但总算让我找到了一个比他强出一些的地方。

遗憾的是笔会那几天,相见恨晚彻夜长谈的热烈情形并未出现。事实上我们只是很礼貌地聊了一会儿,吃自助餐时都没有同坐一桌。这事也不能怨我,他那带着"南太行"口音的话真是有很多地方听不明白。

笔会结束之后,我们没再联系。过了半年多,我出了本书,送人时顺便也寄了他一本。让我意外的是,有一天收到他一封邮件,居然是他为我写的一篇长长的书评。就是那一次,我突然意识到,他其实是个心思细腻的家伙,只是不那么善于表达罢了。或者说,他更适合用文字而非话语表达,难怪我眼中的芝麻绿豆也能被他写成一大篇好看的文章。我相信,如果让他把自己一年内写出的东西全部朗读一遍,就凭他哆哆嗦嗦的语速,起码得用掉5年。而只有写,才能让他变得滔滔不绝。他确实会写也真的能写,写得好又写得快,从散文到小说,一本接一本,甚至还有砖头般厚实的准学术著作。去年他去了一趟西藏,也就十来天的时间,回来后写了10万字的长篇采访手记,还不算他沿途发在微信朋友圈里的几十首诗。那期间我接到他的电话,我以为他会跟我大聊一番西藏,可他除了向我约篇稿子之外,居然什么也没说。

  在沙漠生活了将近20年之后,他终于在几年前改变身份,从巴丹吉林沙漠调往成都军区,成了一名专业作家。我们依然像从前一样,保持着有一搭没一搭的松散联系。即便去年他在鲁迅文学院学习的几个月间,我们也只见过一面,而且我还中途先撤了。但话说回来,见不见其实无关紧要,反正他在我的记忆里早已是一个额济纳牧民的造型,就算一年四季戴着棒球帽穿着耐克鞋也无济于事。或者他骨子里真的就是一个牧民,居于茫茫戈壁上一所孤零零的房子,每天骑着红色摩托车在阿拉善高原上放牧羊群。彼时天苍地阔,四野无人,关于宇宙和内心的感触细密如沙,无须向人倾吐,只待夜深人静,他自会按捺不住,一一写出。

评家观点

杨献平的"两地书"
何 平

我第一次注意到杨献平是差不多10年前,因为一本有"观点"的合集:《原生态:散文十三家》。我理解杨献平提出"原生态"针对的是我们和他共处时代散文伪饰矫情、扭捏作态的时弊,强调散文"我"之现实的"在场",如其所言:

"以强烈的现场感和生活质感,乃至新颖自觉的表现方式方法,还散文以生活的传统,艺术的传统和贴近大地自然本质的传统。就其写作性质而言,定名为'原生态写作'比较恰当。从这些作家作品上,我们可以越来越清晰地感觉到,贴近大地的写作对重新完成艺术与现实,人文与生活的重新衔接的可能。而与之相对的是,纯粹的新散文越来越自我封闭,大都是来说体验,进行个人的另类审美和内心筑垒,而忽略了生活在散文乃至艺术创造中强有力的支撑和表现作用。"(杨献平:《散文原生态:大地原声和现场精神》)

貌似"原生态"不是一个新鲜的话题,现在从进嘴巴吃的到CCTV的《星光大道》都在喊"原生态"。文学里,比较近的20世纪80年代"新写实小说"就喊"原生态"。现在快10年过去,可以认真地检讨杨献平提出的"原生态"的意义和局限。应该意识到,"原生态"有"原生态"的意义,"不原生态"也有"不原生态"的价值。如果我们的散文只有"原生态",那么它呈现的这个"场"这个"态"也是我们时代一个片面的"场"和片面的"态"。某种程度上,"不原生态""不在场"装腔作势写作的立此存照恰恰可能成为我们这个矫揉造作时代的活档案。散文这种文体在中国作为一个有着悠久文人传统的体裁,最容易标榜自己的"精英"身份。也正因为如此,我们在讨论散文的"在场"经验的时候很容易偷换成现代智识者经验,从而构成对更广阔"经验"的遮蔽。但即便如此,杨献平提出的"原生态",以及《人民文学》等刊物标举的"非虚构写作"应该作为新世纪中国散文的重要事件。

回到杨献平个人创作实践,一是《沙漠之书》,这个集子算是他在巴丹吉林沙漠时候的个人心灵史;二是《生死故乡》,这是他对故乡南太行乡域的具体人进行了接近本原的触摸和观照;三是《梦想的边疆——隋唐五代时期的丝绸之路》,这本书是目前最系统呈现中世纪时期陆上丝绸之路全景的一部严肃的史地志和断代史,也第一次廓清了民族发源和流变概貌,杨献平从一个极盛王朝的侧面,看到了历史的普遍规律,尤其是集权制的统治要害与命门所在。三个方面,其实主要有两个地域背景,一是巴丹吉林沙漠和阿拉善高原,并及河西走廊和蒙古高原;二是太行山在河北、山西交界处的南太行乡村。看杨献平的成长经历,最重要的"两地":1988 年至 1990 年,在河北沙河市完成小学到高中学业;1991 年 12 月入伍至巴丹吉林沙漠。而他的创作却先是"巴丹吉林",然后是"南太行乡村",这个有意思的反向和返回,恰恰可以看出杨献平的精神成长和写作自觉。总而言之,没有"巴丹吉林",就没有"南太行乡村"的再发现。而迄今为止,确立杨献平在整个中国当下散文界位置的应该是"南太行乡村"之《生死故乡》。

如何认识杨献平成长和创作生涯中的"巴丹吉林"时期,我认为其不只对杨献平,而且对至少部分中国作家的成长模式具有样本意义。乡村知识青年如何获得文学能力和文学话语?在阅读杨献平的这几个月,我正在做乡镇基层文学生态调查,一个值得关注的现象是,大量的乡村知识青年"在乡"同样可以如杨献平"获得文学能力",但在整个中国当代文学生态中却很少"在乡写作者"可以获得更广泛的"文学权力"。换句话说,同庞大的"在乡"的有过文学经历的文学人口比较,获得广泛"文学权力"的几乎都是"离乡者"。在这里,我说的"文学权力"大概是"文学影响力"的意思。"离乡者"获得的,甚至不只是"文学权力",而是更大的"生存空间"。如何完成真正意义的从故乡出走?显然不是《生死故乡》中那些怀抱希望去铁矿、工场的打工者。这些打工者的希望即是无望,是《生死故乡》中观察的一个重要群体。中国乡村底层知识青年的向上流动的机会其实是不多的,如《生死故乡》之"云亮"里的"我",既不能通过高考进入大学,也无乡村基层政治资源可以动员,也因此"当兵"成为乡村青年通向外面世界的"窄门"。事实上,正是军旅生涯改变了杨献平这个乡村知识青年的成长轨迹、精神构成和文学观点,同时使得他具备文学向上生长的空间,也使得他获得广泛"文学权力"的同时,具有反观和反思"故乡"的能力。当代中国文学这个作家成长类型中,莫言、阎连科等莫不如此。但和莫言、阎连科不同的是,杨献平的军旅生涯是我们习惯上称为"西域"的文化异邦。

"巴丹吉林是一片浩大的,充满上古传奇的沙漠,古称流沙,其中有著名的弱水河和匈奴语名字沿用至今的额济纳。我18岁参军到那里,除了在上海读书几年,基本上都在那里度过,一直到2011年。我在巴丹吉林的时候比在老家南太行乡村还要长。每一块地域都有自己的自然属性与文化属性。而这些,却是无形中改变人的强大力量。我起初并不喜欢沙漠,我的理想是容身城市。沮丧一段时间后,却发现,沙漠是最适合我这样的人的地方。千里黄沙,苍茫瀚海,绿洲和河流静默其中。尽管风暴不断,个人前途迷茫而又苦痛,但作为一个出身农家的人,偌大的中国有一个收留我的地方,已经是上帝格外开恩了。

"我的文学梦很早就有,但参军后才真正开始。写诗,把自己写到骨肉枯干,体重不到90斤。1994年开始发表诗歌。1998年觉得自己的诗歌存在很大问题,便转写散文。我的诗歌和散文,基本上都是以巴丹吉林沙漠和军旅生活为背景的,其中还有对故乡南太行乡村的穿插。慢慢地,我觉得巴丹吉林对我生命的意义和文学写作的价值。天如穹井,白云宛如丝绸,赤地千里,浩瀚汹涌,这种阔大与苍凉,非常适合我的性格,天长日久中,我的骨子和精神当中也忽然有了沙漠的这一种元素和品性。我一向觉得,做人要大,作文也要大。做人要从大处观察世界,写文要从细微处感知并顿悟和提升。与此同时,我也发现,自己的文章,无论诗歌还是散文及零打碎敲的批评和小说,都有了一种与沙漠氛围非常切合的'气息',那就是,悲壮、肃穆、深切、疼痛。现在,虽然我离开沙漠几年时间了,但这种'气息'仍在。这使我感到幸运。也觉得,巴丹吉林沙漠不仅是容留和损耗我青春的地方,也是塑造我个性和文学作者的根本所在。它俨然成了我一个精神背景和文学地理,当然还有灵魂版图。"

杨献平自己已经说得很明白了,"巴丹吉林"的"梦辽阔",之后回望"故乡"的是逼仄和猥琐,应该注意杨献平写作的这个时间序列。至此可以在更广阔的文学史描述杨献平《生死故乡》的写作意义。在中国现代文学中,鲁迅、沈从文一直到20世纪80年代"知青"的"故乡"或者"乡土中国"发现往往都是建立在

"现代"的参照系。"乡土中国"凋敝颓败或者田园牧歌都是因为有一个"现代"的未来在想象中可以期许。但在杨献平的"西域"视野里看"生死故乡"：

"故乡对于男人,是根脉的事,是血液中的事,更是精神和灵魂的事。我的故乡在南太行山,偏僻,封闭,乡村人古来有之的本性和行为方式仍旧顽强保留,尽管现在有所改变,但在我成长时期,他们还是那样。少小时候在乡村的苦难,主要是屈辱,尤其是人和人之间那种不加任何掩饰的恶意和恶行,使得我长大之后,曾经有一段时间对它深恶痛绝,甚至多次告诫自己,宁可客死异乡也不会再回来。现在看起来,这一心态包含了相当的孩子气。我父亲去世之后,我觉得故乡,自己的生身之地,在自己身体和灵魂里越来越重,越来布满各种亲热却又非常奇诡的光亮。这种光亮曾经使得我莫名其妙且又欲罢不能。人到中年,这种感觉尤其强烈。每次回家,路过父亲和爷爷奶奶的坟茔,我就悲哀地想,总有一天,我也会像父亲一样躺在那里的,而且是永恒的。因此,对于故乡的文学书写,我还是非常用力的。我想到的是,为我的亲人和乡亲们写点东西,即使不能作为一种广为人知的文学存在,至少可以留给自己的儿子,即使百无一用,当他也老了的时候,一定会从我的那些文字中寻找自己祖先的来龙去脉乃至整个南太行乡域曾经的那些生命状态。"

可以看杨献平的《苍天般的额济纳》和"故乡"并置的地理空间是"苍天""沙漠""绿洲"和"传说"——"传说"也可以理解为一种时间错置中的"空间"。而"苍天""沙漠""绿洲"和"传说"恰恰构成了杨献平时间和空间的"西域"。"西域"是一个怎样的"域"？这些貌似常识的问题其实又是一个暧昧不明的问题。在"中国境内",西域之"域",从我们的文明之初开始就纠缠着神话、小说、国家编撰史、宗教传播史、民间传说、探险家游记等等相互之间并不重叠,甚至抵牾,真伪夹杂的想象和叙述。虽然有《梦想的边疆》这样的著作,但杨献平的"西域"不深缠这些历史的是非,而是文学的"我看","我看"人和物,湮灭和存留的人文和文化。杨献平说："所有与丝路有关联的人和物,甚至无名者,路过和行走在丝绸之路上的人们,即使一粒沙子,都是有福的。"而我说,因为杨献平的打捞、勘探和书写,他们都是有福的。

识别出杨献平早于"生死故乡"的"巴丹吉林"的文学前史,就不至于被他《生死故乡》时而以真身出场,时而附身他者,时而纪实,时而虚构的障眼法所迷惑。他不断变换位置,却有一个共同的主题:人的尊严与生命的折断与自赎、确立与沦陷。在飞扬跋扈,"大漠孤烟直,长河落日圆"的"巴丹吉林"之眼里,"南太行乡村"一地荒凉荒寒,却不是"巴丹吉林"人难违天的苍凉壮阔。

杨献平的"南太行乡村"在当代中国文学谱系中,貌似贾平凹、韩少功、李锐、曹乃谦、阎连科等的穷敝极地,但却似是不是。杨献平无意于乡村"述异",甚至警惕着乡村"述异",虽然也有"南山往事"那样的乡村传奇和惊悚,但"述常"是杨献平写作的常态。在讲述乡村日复一日岁月悠长之"常"中,杨献平《生死故乡》中的人是我们的左邻右舍,他们在乡野间卑微生存,命运蹀躞,各有日常之异性和生命深邃。唯此,杨献平也以《生死故乡》确立了他在中国当代文学中的异性和深邃。

马金莲 / 鲁迅文学院第二十二届高研班学员。出版中短篇小说集《父亲的雪》《碎媳妇》《长河》，长篇小说《马兰花开》。在《清明》《十月》《花城》等刊物发表中短篇小说150余万字，有作品入选《小说选刊》《小说月报》《作品与争鸣》《新华文摘》等，有作品被译成英文介绍国外。曾获第七届鲁迅文学奖、《民族文学》年度奖、《小说选刊》年度奖、"中国作家出版集团奖"作家突出贡献奖、朔方文学奖、郁达夫小说奖。《马兰花开》获得中宣部第十三届"五个一工程"奖。

作家自述

困境、坚守与突破的可能

马金莲

写下这个题目的时候,正是午夜1点,夜深人静,我清晰地审视着自己内心的慌乱与荒凉。写了15年。人生何其短暂,我竟然埋头沉默在文字里,一走就是15年。15个冬去春来,景物移换,足够牙牙学语的稚子长成乌发及肩的俊秀少女——事实正是如此,女儿快要和我一般高了,翻遍了我一书柜的书,有时候试图和我交流,谈谈她对我某篇近作的看法,并毫不客气地提出批评意见。15个寒暑交替,年华流走,足够将一个傻气的女孩打磨成满身携带烟火气息的中年大婶。事实上,尽管心有不甘,每当揽镜自照,我还是看到了自己结结实实的改变和沧桑——不管是外貌还是心境。换了人间,老了少年。只有文字还在坚持。从最初引起外界关注的小短篇《掌灯猴》《碎媳妇》,到日渐成熟稳定的中篇《柳叶哨》《赛麦的院子》《长河》《四儿妹子》,到第一部长篇《马兰花开》。再到今年倾力赶写的另一个长篇。有一个感觉,小说越来越不好写了,写得多了,就有了腻味的感觉,看着文字有了一种惧怕。这源于我自身正在面对的困境。是的,在努力书写的同时,我其实正在一步步把自己逼向一个越来越狭窄的空间。语言正在形成固定模式,陷入惯用与浮滑;思维僵化,构思作品容易陷入套路,缺乏新意。我清晰地看着自己像一个埋头拉车的牲口,沿着走熟的道路一直往前走,走入惯性和死胡同。看着自己的作品,自己都有厌烦感,由此推及读者,想必更会失望。已经不止一人告诉我,要警惕写作的惯性,要慢下来,慢慢地打磨,慢工出细活。其实我自己也早就开始警惕。去鲁院高研班学习,是意识到问题之后急需的选择。接着扩展阅读面。行走与阅读,肯定是我将写作的生命力延续下去必不可少的功课。

今年6月最热的时候我抽出时间把自己从前写过的所有文字通读了一遍,

极力让自己站出来,以旁观的视角审视自己的作品。缺陷一览无余。从前认识不到,只缘身在其中,也跟年龄阅历视野范围有关系。思忖良久。然后尝试突破。中篇《杏花梁》是一个尝试。处理题材的时候内心很矛盾,因为这样的素材很常见,尤其在当今现实和生活远比文学作品和想象力更精彩的社会,一个因为三角恋发生报复的事件,实在不足以让我们再三去牵绊。牵住我的是内心的疼痛。故事发生在我生活的土地上。早在 8 年前发生,当作谈资在人们嘴边流传一阵,烟消云散。毕竟吸引人注意力的东西太多了,当下的世界充满了太多的变数。可是就在流水不断的日常表现下,会不会有那么一样东西,是缓慢流淌并且收住脚步让我们瞩目的?肯定会有,比如内心以及内心的情感,由此滋生的疼痛。牵动内心柔软部分的,一定是情感和疼痛。人类的情感复杂多样,爱情,亲情,怜悯之情,同情之心,善感之心,良善之心,公共良知和道义,和守护这些情感时产生的疼痛。我想作为一个写作者,首先应该是一个内心丰富并且充满各种情感交汇的个体。在他人遗忘的地方捡拾起那些往事中闪烁和隐退的血痕和苦痛,挖掘出人心和人性皱褶里残存的暖意,至少用来慰藉自己内心的那些奔突。我梳理了故事,枝干很简单,事件很清晰,一个看似简单的刑事案件,其实背后埋藏着丰富的促生事件生长的土壤和养分。我扒拉着这些东西,我审视着,试图寻找埋藏在土壤里的根系和飘在枝叶上的暖意。说到底,文学作品就是启迪人们,在纷繁的人世中怀着暖意想象世界吧。近作《少年行走》《世界无声》《你的忧伤》等也是如此。更多的时候,我面对着自己的踟蹰、矛盾和分裂,又面对着自己的固执和孤独,我一面人间烟火匆匆忙忙地生活着工作着,一面又不时抽出时间和精力,经营着内心难以割舍的爱好。我多么像一个痴情至极的女子,在和一个并不爱自己的男人谈着一场漫长无尽头的恋爱。岁月无尽头,这爱和疼痛就一直坚持下去吧。在困境中坚守,把坚守演绎成一场漫长无期的单恋,不断尝试突破,也许某年某天的某一时刻,这痴情感动了某人,不经意间就突破了自我,迈上一个新台阶。但愿吧。

文友印象

我所认识的马金莲

李子胜

对于宁夏"80后"女作家马金莲来说,2014年是文学创作的丰收年。先是在3月份获得《小说选刊》年度奖;8月中篇小说《柳叶哨》获得首届"朔方文学奖";9月,第一部长篇小说《马兰花开》获得中宣部"五个一工程"奖;12月,《长河》获得第三届郁达夫小说奖。

2014年3月,我和马金莲一起在鲁院第二十二届高研班学习,四个月的学习生活中,对她有了深刻美好的印象。

开学典礼上,新学员代表讲话时,马金莲的发言中有句锋利的话,她说,在我们贫瘠的西海固,很多人把文学当宗教一样热爱。把对文学的热爱上升到宗教信仰高度,这是我听到的对文学痴迷的最为极致的表达,后来在与马金莲的接触熟悉中,也印证了这句话毫无夸张。

开学典礼后的下午,全班同学第一次集体活动,是在鲁院课堂上的自我介绍。在这50种方言荟萃、风格迥异的自我介绍中,马金莲的介绍只有寥寥几个字:"我叫马金莲,来自宁夏,谢谢。"与很多同学汪洋奔放的自我介绍比,她的简短快捷就像轻盈的晨风吹过了草叶上的露珠。

学习之初,班里五十位学员被分成了五个学习小组,我和马金莲分在了第五组。第一次小组活动,是大家一起去参观国子监、文庙、地坛公园、簋街。很随意的景观,就可以让我们兴奋感叹,在走过国子监状元桥时,同学们都争先走过,想通过脚步与状元桥的接触,给自己带来灵感和运气,而马金莲摇着头说,你们走吧,我们回族不讲究这个。

傍晚我们在簋街寻找满意的饭馆时,看到路边的地铁站,马金莲执意要回鲁院,她说,她只吃清真餐,怕影响大家吃饭。我们竭力挽留她,找到一家清真火锅店时,她犹疑不愿进去,门口招徕客人的大叔和她说了句什么,她才迈出了放心的脚步。我们吃完涮羊肉,只有她,张罗着给剩下的一个半烧饼打包。这个细节在我以后阅读她以贫困的西海固为背景的小说时,给我的印象是,她这不是矫情,而是对粮食的天然的、发自真心地尊重。

因为同学关系,我读马金莲的小说相对比较多,我发现在马金莲的小说中,可以随处看到传统文化、文学符号的存在。在《柳叶哨》《长河》等作品里可以隐约看到古典诗歌创作手法中的比兴技巧对她的影响,小说里托物起兴的物象随处可见,有暮鼓晨钟、朝阳晚风、飞雀噪鸦、繁星残月等;有时候,行文中忽然出现一段与后面情节关系并不密切的、看似闲笔的生活场景,在这些笔墨中,她的文字缓缓铺排,如一杯香茶,味道徐徐而生,仅仅啜饮一口,是不足以品出厚味的,就是这缓缓徐徐、闲庭信步,却将小说的人物底色悉数渲染出来了。例如《荞花的月亮》中,荞花与姐姐在养老院摘金盏花的场景;《长河》开头,我和母亲在秋天坐在院子里剥玉米的画面。她力求把读者带入她笔下的回民田园生活场景中。这种写法让文字蕴含着一股厚实绵密的味道。

马金莲小说的语言,含有丰富的文化、宗教元素。这些独特的文字,如"无常""埋体""海底耶""大小净",都是沉淀浓缩了丰富民族文化、宗教文化的富有沧桑感的语言符号。这些如岩画般古老的符号,在《长河》中发挥到了极致。初读《长河》,我就被她的独特词汇所吸引,不由自主地进入了她营造的苍凉伤感的语境当中。

马金莲擅长把寻常生活场景诗意化、童话化,她的小说中,独特新奇的儿童眼光、少女视角,为寻常生活披上了一层美丽的霞彩,她喜欢写舔舐锅底的火苗,她能捕捉到追随奶奶鞋底的一阵清风,她能把并不美味的酸菜浆水,写出海陆八珍般的诱惑,她用她的充满声音、味道的语言,轰炸我们的想象力、感受力,让我们常常为她显微镜般的语言表现力而惊叹。

对于小说人物,马金莲用文字勾勒出了一个善良要强的生命群像,那些西海固土地上的生命,大多数对生活充满了隐忍,即使写那些懒惰奸猾之辈,马金莲的笔触也尽可能地抱以善良和宽容。她不太追求小说的情节炸点,除了《绣鸳鸯》《蝴蝶瓦片》,她的小说很少有跌宕起伏的情节。她的小说里,贫穷的底色中,总有月光般温暖纯洁的人性美,她笔下的人物,没有变态、阴鸷、残忍、血腥,有的是善良、宽恕,是知恩图报。她的小说中,有种母性情感的隐藏。当然,对于生活过于琐碎的描写,也使得她的小说呈现出过度散文化,情节波澜不兴,挑战读者阅读耐性等缺陷。

鲁院学习的最后一个月,马金莲坐在我前排,她总是奋笔疾书,课间也是,嘴角还含着微笑,我就问她是不是记笔记,她说不是,她在写小说。原来,她的几乎所有的中短篇,都是先写在本子上,再整理到电脑里。她写小说的本子,也从不挑剔,有的干脆就是一些印着文字、表格的纸张的背面,但见那本子上密密麻麻,涂涂改改,笔走龙蛇,足见她写作时的专注与投入。

学习结束后,我们偶尔通过网络交流,慢慢地我才知道,马金莲是两个孩子的母亲,小儿子才3岁。干不完的家务,从没成为她写作懈怠的借口,她的发条总是绷得很紧,开一些无聊的会议,干完家务后困倦袭来之前,甚至半夜突然醒来后,都是她快乐的写作时间,而这些时间,换了别人,可能随手就挥霍掉了。

近期我细细读完了马金莲的长篇《马兰花开》,咂摸着她细腻的、散发着烟火味道尘土气息的文字,我觉得马金莲就像她笔下的主人公马兰一样,不是恃宠而骄的牡丹花,不是娇生惯养的玉兰花,更不是惹眼多刺的玫瑰花,她就是田野间茁壮成长的马兰花,她身上有着山一样强大的母性力量,她在用文字表达对人世的热爱。

检索百度词条,关于马兰花是这么介绍的:俗称马莲花,喜阳光,适栽于砂质土壤中,生于荒地、路旁、山坡草地,尤以过度放牧的盐碱化草场上生长较多,花大新奇,花色绚丽,鲜艳夺目。有蓝、白、黄、雪青等色。花期五六个月,每次花可开花7到10天,颇耐观赏。

朴素、坚韧的马兰花,和西海固的马金莲是多么相似。

花开飘香,愿马金莲在文学的道路上一直坚持。

评家观点

乡土的余温
——评马金莲的小说创作
邵 部 孟繁华

在当下文学格局中,马金莲是一个特殊的存在。面对马金莲的创作,"80后"、女性文学等驾轻就熟的概念是没有意义的。这位来自宁夏西海固的青年作家,用回族女性隐忍的目光审视着属于她的那片土地,讲述着乡村中国剩余的故事。她不依赖炫目的现代小说技巧和"望乡"式的写作姿态,而是用平实的文字将个体经验和乡间故事转换为充满温情的文学表达,再现了乡村社会中的超稳定文化结构和现代化浸染下的乡土嬗变。在乡土文学从百年中国文学中的主流地位旁落的当下,马金莲的文字让我们再次感受到了乡土中国的情感温度,而这也注定了只能是乡村文明光焰将逝的余温。

回族乡村的超稳定文化结构

西海固是马金莲的文学地标,它之于作家,意义不啻莫言的高密东北乡和贾平凹的三秦大地。面对这一文学地理版图,马金莲回溯到历史的纵深处,通过村民应对饥荒和权力关系的行为、心理方式,揭示出流淌在乡村中国最底层的超稳定文化结构。

所谓"超稳定文化结构"是指"在中国乡村社会一直延续的乡村的风俗风情、道德伦理、人际关系、生活方式或情感方式"。由于马金莲所处的社会群落是深受伊斯兰教教义影响的民族共同体,与主流的传统乡村社会所因循的儒家伦理截然不同,宗教是回族想象自我的基石。这就在另一种价值体系的观照下,为中国乡土社会超稳定文化结构的再发现提供了新的可能和表达对象。

从这一价值立场来看,《老人与窑》可以视为乡村超稳定文化结构对于权力关系的胜利。在五六十年代的农村运动中,"大养其猪"曾为中央所倡导,在全国范围内推广。而猪却是回民的禁忌,当从外地调来的唐队长不顾回民的生活禁忌,为了响应运动的号召而强迫各家各户养猪时,回乡中的超稳定文化结构就与权力关系发生了激烈的矛盾冲突。唐队长是素为村民畏惧的威权人物,在村民眼中,他是国家权力意志的化身。而此时的宗教处于被压抑的地位。这场力量悬殊的角逐最终的结果,却是宗教信仰和文化传统凭借民间的力量以潜在的对抗方式取胜。面对外部压力,形成于回民传统的文化结构依旧占据了民间的话语空间。它是如此稳定和富有力量,以至于在饥饿到每日只能以一个洋芋果腹时,"我"还是会本能地拒绝汉族羊倌烤食的鸟肉。作为阿訇的老疯子才会对自己与唐队长的妥协愧疚不已,只有在"我"不断的诵经中才能减缓心灵的痛苦。规训和惩罚机制使得传统乡村社会中的精神价值只能以潜流的方式存在,但这一潜流却具有持久、强大的超越力量。

马金莲对于超稳定文化结构的再现还通过饥荒年代时乡村温情展开。西海固位于宁夏南部的黄土丘陵地区,有着极为恶劣的自然环境,被联合国教科文组织断定为"不具备人类生存条件"的地区。如非有切肤的饥饿体验,作家很难用如此平实却又真切的文字书写出人类对于饥饿的感受。在以残酷的饥荒书写再现凋敝的乡村图景时,马金莲并没有美化苦难,为受难者正名的政治诉求。她秉持去政治化的态度,将宏大的历史主旨置于小说叙事之外,着力于发掘饥荒之际的人性温暖。

马金莲笔下并不乏残酷的饥荒书写。在莫言的《丰乳肥臀》中,为阻止饥饿的人们偷食,母亲同其他妇女被戴上了笼头像牲畜一样劳作。《父亲的雪》中也有这样一处情节:生产队队长为了制止播种时偷吃种子的行为,甚至采取了将尿掺在其中的办法。这些非人的举措显示了饥荒岁月时个体遭受的屈辱。然而这并不是作家书写的重点。作家借此经由饥饿体验打通了西海固的历史和现实。在将饥荒日常化、主体化的同时,马金莲关注的是人的应对方式及在其中的情感体验,展现饥荒之际的人情与人性。在极端困难的日子里,巴巴、二娘、母亲都以各自的方式给予"我"生存的可能。尤其是与"我"没有血亲的新大,大爱至隐,在看不到的地方默默地给予温暖。人的自尊、责任以及人际间的温情读来感人至深,让我们看到了回族民间的情感温度。

换个角度来看,面对强权和饥荒中的非人道因素,叙述中作家并没有表现出其他此类作品中常有的义愤与激烈,反而在女性温婉的叙述中发掘植根于民族传统的乡土温情。在诸如《坚硬的月光》等文本中,回族女性隐忍的品格被演绎到了极致。或许在回族乡间,这种品格即是作家延续传统对于乡土女性应有的美德的认定。无疑,作家对此是认同的。依此来看,在当下文化语境中,作家自身认同的,以女权观点来看略显陈旧的女性观念也可视为乡村超稳定文化结构的体现,与作家的叙述本身共同构成了认知乡土社会的路向。

现代化进程中的乡土嬗变

能够颠覆乡村超稳定文化结构的力量并非来自于外部的政治压力,而是在现代性的询唤下,乡村文明内部的精神裂变。现代性是不可阻挡的历史趋势。乡村文明的崩溃和城市文明的崛起已成无可争议的事实。这也促成了中国乡土文学在百年叙事传统中的又一次新变。对当代文坛保持关注的读者不难发现,书写乡土社会在现代化进程中的嬗变业已成为当下乡土叙述中的主流。这其中既有关仁山的《日头》这种反映乡村文明崩溃的作品,也有李洱的《石榴树上结樱桃》这类表现全球化语境下乡村文明现代境遇的文学表达,还有诸如梁鸿《中国在梁庄》的非虚构文本。至于贾平凹、周大新、刘庆邦等一批活跃在文坛前线的优秀作家更是持久地关注着变革时期的乡土社会。这为我们审视马金莲的乡土叙述提供了有效的参照系,也对作家的创作构成了挑战。

以历时性的文学传统和共时性的文学场来看,马金莲的文学创作不失其独到之处。大多数作家的乡土叙述普遍是在离开乡村之后,对乡村历史和现实的回忆或观察。他们在城市享受着现代化的成果,并将城市所代表的现代文明作为观照乡土中国的价值立场。据此,他们的乡土叙述能够在与城市的对话中展开,却也因为与乡村生活的距离,无法细腻地感受现代性对乡村的侵蚀。马金莲却得益于以乡村文明崩溃亲历者的视角,补足了这一乡土叙述中的晦暗地带。迄今为止,她的生活经历都扎根于乡土之中,甚至有几年的时间纯粹是以普通乡村妇女的身份生活。因此,马金莲的乡土叙述有效地祛除了"代言人"身份的虚妄性,将乡村从被言说的对象变成了言说自我的主体。贴近于乡土社会的立场一方面使她的乡土叙述缺乏城市文明作为背景,另一方面却也使她能够敏锐地体察乡村的精神价值正在发生的变化,并经由日常生活这一叙事空间,在细微处展现乡村文明和现代性的碰撞。

《项链》是一篇十分巧妙的短篇佳品,讲述的是麦香出嫁时因彩礼引起的风波。突然回乡的麦花使本已谈定的婚事顿起波澜。麦花是麦香的姐姐,早年出嫁新疆——这个在东部地区看来需要对口援建的边疆之地,却是西海固想象城市文明的载体——现在已经出落为"富态臃肿高贵优雅"的妇人。城市化了的麦花告别了乡村传统,也在乡村事务中占据了话语权的优越地位。在她力主之下,麦香最终获得了金项链,却也在婚后生活中成为麦香与婆家难以弥合的裂痕。作为城市文明思维逻辑的产物,项链在麦香生活中的境遇暗示了现代性在乡村现实中的水土不服。《舍舍》则通过一次意外的车祸展现了金钱对民间超稳定文化结构的震荡。舍舍是马金莲理想的女性形象。她利索、俊美,既能在田间地头劳作,也是庭院里的能手。更重要的是她能够在"年轻人都效仿城里人,厌弃山里保留的回民头饰"时,遵循教门上的传统,始终坚持佩戴头巾。她的身上摇曳着传统回民乡村社会认可的女性高贵品格的光辉。然而,丈夫黑娃的意外事故却考验着乡间的伦理秩序。面对不菲的赔偿款,在公婆那里,老年丧子的人生剧痛转瞬就化为对美好生活的想象。对爱情坚贞的舍舍却被娘家人视为"瓜女子"。文本最后,在村民讲述中,舍舍终于"摘了帽子,取下盖头,把头发烫成卷儿,波浪一样披着,据说,那样子,远远比戴着盖头洋气"。然而,村民及其背后的作家却无奈叹惋"还是原来那个戴着绿盖头的舍舍好看些,才是大家心里真正的舍舍"。

可以说,在马金莲笔下,现代性与乡村超稳定文化结构的冲突是清真寺唤礼拜用木梆子还是电喇叭的冲突,也是在家长里短和针头线脑中的冲突。一条项链、一方头巾,这些看似无关紧要的细节却奏响了乡村文明崩溃的序曲,冷却了传统价值伦理的脉脉温情。

作家的两难

对乡土的现实变革有切实感受的作家,在书写当代乡村境遇时,几乎都陷入了两难境地——一方面是作家充满眷恋的乡村文明,另一方面是具有历史合目的性、不可阻挡的现代性,马金莲也面临着同样的两难处境。

无疑,马金莲的情感天平是倾向于乡村的。对饥荒年代的追述寄托了马金莲对传统乡村的认同。这是有情感温度的乡村。不论是民族、宗教还是历史传统的规约,这些对村民做出行为规范的准则最终都归源于爱。而在现实境遇下,现代化在丰富乡村物质生活的同时,其弊端也暴露无遗。乡村解决了饥荒的困扰,道德秩序却悄然崩塌,人与人之间的爱的伦理准则被金钱的实用准则取代。于是,作家一方面欣喜于现代乡村的物质富足,另一方面却又缅怀逝去的孕育于传统乡村的精神价值。所以,在文本中我们看到,面对那些在历史上经受了苦难和人情考验的人物时,马金莲总是将现实简单化、理想化为超稳定文化结构的延续,以此对他们的苦难予以补偿。如《长河》中的穆萨爷爷,他在"社教"运动和饥荒时的义举是作家赋予他在现实中备受崇敬和物质富足的资本。而在另外的大多数文本中,随着生活富足而来的恰恰是对穆萨爷爷所代表的那一套价值体系的解构力量。在某种程度上,这可以视为作家在前现代文明立场上对现代性的拒斥。

马金莲就在这种两难处境中犹疑和矛盾。有时她可以深入乡村文化肌理的深处,挖掘出其中的超稳定文化结构。通过《长河》《赛麦的院子》《坚硬的月光》等一系列文本,其他读者经验之外的,回族乡间的生死观、生育观以及妇女的生活伦理得到了文学化的呈现。这种对回族传统乡村价值的再发现,在当下文学创作中无疑具有重要意义。另一些时候,她却不免将传统乡村社会道德化,以二元对立的模式叙述乡村的历史和现实。《口唤》或可算作此种思维模式下的失败文本。在大伯讲述爷爷遗愿的过程中,新一代的市侩、世俗处处与老一代的善良、感恩对立,将后者始终衬托在道德的制高点上。作家又通过大伯之口发出了"不像现在那么心眼儿多,老古时人都直得很"的感叹。这就不免带有道学说教的痕迹,文本的艺术性由此大打折扣。同时,这也将现代乡村所面临的复杂问题简化为了道德问题,仿佛只有经由回归传统一途才能解决现代社会面临的精神危机。如何在这种两难困境中突围,处理好情感认同与乡土现实之间的矛盾是马金莲在日后创作中不得不正视的问题。

另外,马金莲的乡土叙述大多来源于日常生活中的个体经验。她写作的成就来源于作家与乡土生活的零距离,而写作却在逐渐将作家推向城市的怀抱。

作家的生活世界和意图与要表现的文学世界注定将渐行渐远。这就决定了作家还需要尝试站在新的价值立场和观察视角上,烛照乡土社会,更新创作资源。这也是作家未来创作中不得不面对的一个挑战。在未来的日子里,我们期待马金莲能够带来更为优秀的文学作品。

王保忠

王保忠 / 鲁迅文学院第十三届高研班学员，现在山西省作协工作。曾在《人民文学》《十月》《天涯》《北京文学》等发表作品300余万字，小说多次被《小说月报》《小说选刊》《作品与争鸣》《长江文艺 好小说》《新华文摘》转载，部分作品被译成英文。著有长篇小说《甘家洼风景》等10部。曾获第三届赵树理文学奖短篇小说奖、第五届赵树理文学奖长篇小说奖、第十四届百花文学奖、第十四届北方十五省市优秀图书奖、首届郭澄清农村题材短篇小说奖等。

作家自述

行行复行行

王保忠

许是在甘家洼待得太久了，2012年春天，我开始酝酿策划一次出走。那是我小说里虚构的一个村庄，在3年的写作时光里，其现实原型黄家洼村也快速走向凋敝，只剩了5户8口人。小说着力书写的"老甘"，评论家杜学文撰文说："成为我们这个时代从农耕文明向工业文明过渡中充满阵痛的精神象征。他身跨两界，身体已经难以抗拒地进入现代社会，而精神却执着地坚守在即将过去的农耕时代。"随着《甘家洼风景》的出版，一种疑虑也在我心里日益扩张——这部20多万字的小说，是否概括了转型期的中国农村和农民？

因为心有所感，我必须走出去看看外面的世界。

我将这种行走，谓之"百村调查"。

行行复行行。2014年深冬时节，我在走过了几十个不同类型的村庄后，站到了万里黄河唯一的岛屿娘娘滩上。鸡鸣三省闻，这村庄，算上庙里的一个和尚，也只有5户8口人，得到这个数字时，我失笑又失望，以至于怀疑自己在不在路上？这究竟是娘娘滩，还是甘家洼？是黄河，还是桑干河？我总不会走了一圈又回到起点上了吧？那一天，望着河面上成群结队的流凌，我在心里问自己，这样的行走究竟有没有意义？

今年夏天，在赵树理老家尉迟村一带，我看到了另一种模样和气象的农村，我以为它们是站在了时代的前沿。那天，我在微信里记下了这样一段话：不断出现的意外，让我走进了最具时代感和现实质感的中国农村现场，这里有感叹羊价下跌的放羊汉，有因为挣不到"低保"被儿媳揉了一把的老汉，有低调谦和的煤老板，有规划"美丽乡村"的干练的乡镇女书记，有落选的村主任，有渴望在乡村政治舞台上建功立业的企业主，也有熬了一夜喝酒如饮水的老派乡村文人……

这里有陷落有破败,却也涌动着勃勃生机,这里有大战风车的唐·吉诃德,却也不乏顺应时代的英雄……

写下这段话时,我似乎也看到了自己今后小说的模样,它的结构、长度和格局。一个作家,他不能只会呈现正在沦陷的传统乡村,还应该学会书写城市化背景下乡村的新生;他可以书写乡村过去和今天的苦难,也该写出苦难中孕育的光明;他自然可以去触及农民的守旧、落后、愚昧,但同时更应挖掘和表现他们对新生活的向往和为之奋斗的智慧、力量;他可以表达"老甘"们对既有社会文化的怀恋,更应写出他们对未来的展望与期待。是的,我应该走出"甘家洼人"自我封闭的世界。

多年来,我的小说多是和乡土关联在一起的,也因为地域和写作风格的关系,自然而然被划归在"赵(树理)"的大旗下。在我,曾一度并不以为然,但在尉迟村,在与村民的交谈中,我忽然有些读懂了他,他是怀着一种现代知识分子的济世情怀去参与改造农村的,在他身上,农民英雄和杰出作家的身份是相融为一体的。也是在这里,我终于明白,为什么随着乡村的大面积消逝,那么多人选择了退出乡土写作,而我没有。再过几年,或者我将成为最后一个走卒,但我想,我依然不会转身。没有谁比我更清楚,这其实是一种发自内心的需求。

文友印象

哦，这就是"老火山"

黄　风

"老火山"是好友王保忠的微信昵称。

他以前的微信昵称，不叫"老火山"。当换成这个大名时，不仅我看着笑了，连头顶上的上帝也笑了，笑他终于心领神会，找到了最适合自己的"二维码"。他的家乡晋北大同县，几百万年前地火奔涌，喷发出滚滚岩浆，待到沧海桑田，便形成一座座"老火山"。

那些老火山，看似沉默寡言，内心却壮怀激烈，颇有点儿像王保忠。在好多人的印象中，他几乎很少说话，即便上了酒桌，也是被动木讷，没有任何出色的表现。但有时，若是多年不见的好友来了，他会主动提出喝"大的"，让人记起他是大同人，那个地域是紧靠着内蒙古大草原的。此时的他，表情常常是焕然一新，与平时的他判若两人。这也让我感到了他性格的某种弹性或张力。

我与王保忠相识于《黄河》，在此之前却是陌生的，他在老火山下历练，我在雁门关下修行，天天起来"例行公事"，连脸都僵硬了，皮笑肉不笑。2003年我到《黄河》后，刊物一下子给他发了四五篇小说，有一篇叫《柳叶飞刀》，拿下了《黄河》当年的年度优秀小说奖。我私下里向人打问，此公乃何方神圣？被打问的人腰一抨，他大同的啊，你们北路家，你连他也不认识？

这一"认识"不要紧，我一头栽进了火山口，他一头扎进了雁门关，"相见恨晚"倒没有，但是能掏心窝子相处。我逐渐了解到，我年少丧父，他少年失怙。自幼父爱的缺失，与缺失后经受的苦痛，无论我们日后怎样"修补"，心灵上都免不了缺陷，为人处事既踏实诚恳，又不可避免地"孤愤"。拗到劲儿上，管你什么玩意儿，你眼里没我，我眼里还没你呢。你说干不成的事，我偏要干成。

2012年，王保忠从大同来到太原，走进南华门东四条，不再天天例行公事，几乎搞了专业写作。南华门东四条驰名文界，是一个藏龙卧虎之地。王保忠虽是凭实力调进山西作协的，但他不敢忘乎所以，把自己真当个香炉揩抹，他很清楚这地方水深鱼大，还须踏踏实实做人，一如既往地笔耕。在作协小南楼二层的办公室里，每天上班后不是编《山西作家》，就是伏在电脑前"开轩面场圃，把酒话桑麻"。都说一方水土养一方人，尽管他断了老火山的"尘根"，却还遥接着肥沃的地气。不管文坛的风怎么刮，如何的膏粱厚味，他知道自己的地适合种啥，最旺长的是五谷杂粮，在夏秋的季节里，能听到拔节的茁壮声响，能看到铺天盖地的丰收，然后带着泥土的芳香奉献给读者。

其实早在2008年，他的"农产品"就已走俏，从皇城根儿的《人民文学》，到岭南脚下的《佛山文艺》，一下兜售了30多篇小说。"市场"反馈回的信息是，读者"吃"了他的东西长劲，打起嗝儿来够味儿。一时间人气行情暴涨，好多刊物为他大开"绿色通道"。

之后，他一头扑进老火山下的"甘家洼"，连续几年深耕细作，写出了长篇小说《甘家洼风景》，逼真地呈现了城市化浪潮中"甘家洼"农民的现实境遇和精神遭遇，记录了他对转型期晋北农村和农民的深刻思考。因了他小说的"推销"，不少读过他小说的人，都前往小说的现实原型地"发烧"。兴得那村支书背着手，带领一群热情的鸡娃，在村前的大柳树下踱来踱去，一见外地人进村就说，我们这地方好着呢，再过两三年就成旅游胜地了，是地地道道原生态的。

到了山西作协以后，王保忠放缓了小说创作的速度，一有时间便去搞"乡野调查"，期望对中国农村和农民有一个更全面更深入的了解。在将近三年的时间里，他沿桑干河、黄河、吕梁山、太行山几条线走访了几十个村庄，写出一篇篇很接地气的"笔记"。在《黄河》连载后如石投湖，引起了多家出版社的关注。即使抛开这些不说，他能不丢为人为文的本分，奔波于那些即将"远逝的乡土"，就足以令人佩服与感动，特别是我这个与他相知的朋友。他还是一块抱朴守真响当当的火山石，没有因为走进南华门东四条，把自己装扮成一个盆景。

王保忠小我一岁，也年届知命了。忧庵佬儿说，"知命者，知天下之命也。"它是人生的一大门槛，门里门外风景是不一样的。他深明这一点，懂得该放弃什么，该坚守什么了。像他那晃荡的步子，愈来愈四平八稳了，啪哒啪哒的从容，沙啦沙啦的淡定。眼下他最紧要的事情，就是对一家老小尽到责任，再就是笔耕好自己的良田,那是他的安身立命之本,尽可能"旱涝保收,五谷丰登"。能兜售个大价钱更好,落个行市冷清也无妨,拥有那份"汗滴禾下土"的痴情就够了。就像他第一次获得400元稿费,拿出一半来买了双皮鞋一样,"逢人便抬起脚吹牛:这鞋等于是《黄河》给买的,是文学的鞋,穿上就是走在了文学路上"。

而事实也是这样,虽然皮鞋换了一双又一双,但他一直跋涉在文学路上,就像一个虔诚的佛教徒。从桑干河边走到汾河畔,从血气方刚走到鬓生花发,每一个足迹都是"甘家洼",泥泥水水地蓄满向往与追求,为着自己也为这个世界,构筑起一道不敢自诩灿烂、却也不失靓丽的风景。

哦,这就是老火山!

评家观点

在经典小说之路上
——王保忠小说综论

段崇轩

承传与创新

山西当代文学走到今天,又涌现了一个文坛瞩目的新锐作家群,是为山西的第五代作家。王保忠无疑是这个群体中的中坚之一。王保忠是60年代作家。对这一代作家,评论界有过深入的讨论,有的认为他们的"童年记忆情结"和"个人化迷恋",导致了一种精神"窄门"现象,成为创作"瓶颈"。而王保忠的创作是一个例外,他执着乡村社会,观察城市生活,努力用宏观的、现代的眼光,把握从乡土中国到城乡中国的转型,显出一种厚重、开阔的创作风貌来。他的小说叙事自然有着鲜明的个人特色,但在那个真诚朴实的讲故事的人背后,又隐含着一个土地的儿子、赤诚的知识分子的身影,有一种"大我"、大气的东西。他在精神谱系上更靠近20世纪四五十年代作家。也许是这种"不合群"的创作,使王保忠在文坛上受到了某种忽视,但也正是这种"不合群",显出了他的分量和价值。雷达指出:"王保忠是一个尚未被文坛充分认识的作家,实际上他已经成熟,是一个重要的乡土作家了。"

与众多山西中青年作家一样,他走过了一条坚实的人生和创作道路。他1994年开始写作并正式发表作品,以小说创作为主,兼写多种文体。他的主要成就集中在中短篇小说特别是短篇小说上,已发表中篇小说20余部,重要篇什有《遥远的秋天》《愤怒的电影》《王富毛的梦中情人》《万家白事》等;发表短篇小说100余篇,代表作有《西王铺二题》《前夫》《美元》《长城别》等。结集出版的中短篇小说集有《张树的最后生活》《尘根》《我们为什么没有爱情》《守村的汉子》，以及获得赵树理文学奖的长篇小说《甘家洼风景》；短篇小说《家长会》获得"百花文学奖"；短篇小说《回家》获得全国首届郭澄清农村题材短篇小说奖。此外还出版了微型小说集《窃玉》，散文随笔集《家住火山下》等。

60后作家，乃至70后、80后作家，面对的一个重大的社会和文学态势是，乡村文化和文学正在向城市文化和文学转型。这对王保忠这类作家来说几乎是致命的。他生长在农村、工作在农村，写农村和农民几乎是他安身立命之本。许多中青年作家因社会重心和文学题材的转变，有的改换门庭，有的落伍辍笔。而他所以能在"逆风千里"的情势下，脱颖而出、立足文坛，原因就在他写出了转型时期中国农村和农民的真实命运，把握住了生活深层的某种脉动。同时他穿越城乡壁障，用乡村眼光审视城市社会和人生，描绘了一幅幅独特的城市图画。站在乡村看城市、立足城市看乡村，努力从现代视野的高度，观照城乡交融的历史变迁和走向、特别是其中的曲折和阵痛以及人们心理世界中的幻灭和探寻，成为他小说的思想内核和精神特征。

在王保忠的小说创作中，城市题材比重不大。在喧嚣的城市文学潮流中，自然默默无闻。但他的这部分小说是值得关注的，它反映出王保忠同样具有表现城市生活的功力，且由于他视野的开阔，对城市世界有着独到的感受和揭示。代表性的作品有短篇小说《城里的老玉米》《萨克斯》《活动假牙》《周城恋》，中篇小说《何康的最后一条新闻》《谁跟我开了个玩笑》等。城市小说自然不是他的"主打"，但不多的篇章证明他有这方面的潜力。

王保忠是一个稳健型作家，既不新潮，也不守旧。他始终在探索着一条经典小说的路子。他继承了鲁迅的现代启蒙思想，揭示了农村中的专制遗毒、封建迷信特别是农民身上的奴性，表现了一个知识分子作家的现代思想。他吸纳了沈从文的浪漫抒情文学传统，发掘普通农民身上的真善美品格，表现乡土家园的自然美、民俗美，创作了一系列优美、隽永的短篇小说精品。他传承了赵树理问题小说、民间立场等文学精髓，揭示社会问题、直面底层生存，努力呈现一种原汁原味的社会人生，显示了山西传统现实主义的力量和风采。同时，王保忠又是一个面向现代和世界的作家，经典现实主义作家和现代派作家，都是他深入研读、努力效法的。总之，王保忠的小说是以现实主义为根基、以现代意识为烛照、以诗意抒情为神韵的小说。这是一条艰难、漫长的创作路子，也是一条扎实而富有后劲的创作路子。

乡村中的发掘

20世纪90年代之后,乡村与城市的发展出现巨大反差,传统农业文化向现代工业科技文化缓慢蜕变,广大农村走向凋敝、衰退。它直接导致了乡村写作的式微和退潮。但在这一深广的文学转型中,却出现了乡村小说"回光返照"式的复兴景象。多部长篇小说杰作诞生,众多中短篇小说精品问世。由此可见,观照已逝的乡村历史,描绘阵痛中的乡村现实,依然可以写出惊世之作来。现在,文学的这一使命还远远没有完成。王保忠在这一乡村写作的"波浪"中,可以说是让人瞩目的。

直面乡村社会,揭示时代问题,期望通过文学对现实产生变革作用。赵树理的"问题小说"理念对山西几代作家都有深刻影响,作为山西文学传人的王保忠,同样秉承了这种理念。其实1994年走上文坛的王保忠,最初是沿着沈从文的浪漫抒情和赵树理的批判现实两条路子前行的,但他后来偏重了赵树理一路,兼顾了沈从文一路。从1997年开始,他一鼓作气写了多篇乡村问题小说,显示了现实主义文学的强劲生命力。虽然他后来有所调整,弱化了小说中的"问题",但现实主义精神在他的小说中却绵延不绝。《丰年》写的是种粮大户玉米丰收后遇到的种种烦恼与困难,延续的是经典作品"粮贱伤农"的社会主题。《树了个典型》写的是农民办婚事和丧事的故事,揭示了村乡政府的造假行为和农民的无奈。2009年的《家长会》是一篇短篇小说精品,表现了以煤老板为代表的商品(煤金)文化同以人民教师为象征的精英文化二者之间的胶着、对峙和冲突,刻画了余黑子的狂妄、狡黠、霸道以及汤河校长的正直、严厉、清高,形象突兀,问题尖锐。

王保忠对乡村社会问题的揭示,集中在村民与村干的矛盾冲突上。《大水》《柳叶飞刀》都表现了乡村干部徇私枉法、横行乡里和村民的懦弱无助、走向反抗。中篇小说《老枪》的中心事件是护秋风波,但展开了北方农村错综复杂的矛盾斗争。这些问题小说故事精彩、人物强烈、语言遒劲,有些可谓现实主义力作,有些则存在着故事编造、思想浮浅、情感过激的弊病。2005年之后,这种过分戏剧化的小说在作家的创作中就很难看到了。

扎根晋北土地，书写民情风俗，展示一个地方的地域特色和文化变迁。晋北是一个古老、封闭、贫困，具有独特民风民俗的地方，保存着丰富的文化断层信息。王保忠挚爱、熟悉这块土地，对这里的地理风貌、民情风俗有一种息息相通的感情，因此常常自觉不自觉地写进小说中。《1973年的乡村婚礼》写"文革"期间"我"叔叔娶媳妇，全篇洋溢着一种热烈、喜庆、幽默的情调。小说着力塑造的喜倌马二，不仅深谙婚礼程式，而且是民间的语言天才，出口成章，擅编四六句子，把婚礼主持得有声有色，深受全村人的喜爱和尊敬，是王保忠小说中一个不可多得的形象。

塑造底层人物形象，发掘真善美品德，让小说给人以信心和温暖。描写乡村女性形象是王保忠格外擅长的。《美元》中的艾叶，一张20美元的钞票，竟把她投入了一个陌生、尴尬、屈辱的社会环境中。她无法应对外面的世界，于是决然地把自己劳动所得的美金弃之荒野。一个美丽、纯真、腼腆、坚执的农村女孩子形象跃然纸上。《前夫》里的巧枝，面对畸形的婚姻，她以死抗争、机智逃脱；面对不曾爱过、但深信是好人的前夫，她从容接待，真心关怀；面对她的家庭急需的几万元资助，她不为所动、理智自尊，充分表现了一个农家妇女真诚、宽厚、温情、睿智、坚强的精神性格。还有《长城别》中的女教师巧枝以及她的丈夫，是在同城市人的对比中，强烈反衬出他们置身底层而乐天知命、职业卑微而矢志不渝、家境贫困而温暖踏实的生存状态。

刻画传统的农民形象也是王保忠倾注力气的。《张树的最后生活》中的光棍放羊汉张树，因取悦卖东西的女人和花钱去找小姐，在养老院和村人眼里成为不光彩的角色。其实他一直想做一个安分守己、以苦为生的放羊汉。他把卖东西的女人当作"梦中情人"，绝不想也不敢去冒犯她。他找小姐是受了别人的怂恿。这是一个诚实、勤劳、善良、厚道的典型农民，是贫困、压抑的生存环境，以及他内心的情感需求，促使他走上了悲剧道路。王保忠对这一人物寄寓了深切的理解和同情。《尘根》里的老万是一个老实巴交的农民，怀揣用儿子的生命换来的20万元存折，决心给儿子办一场体面的丧事，让人为儿子配阴亲，杀死村长的狗做陪葬。自然是金钱膨胀了头脑。但他在亲手料理儿子丧事的过程中，表现出来的悲痛、悔恨、慈爱、坚强的情感和性格，同样震撼人心。张树、老万比根子、余黑子，更具有现实主义的深度和力度。

记录历史转型期一个村庄的衰落,展示当下农民以及作家自己的精神困境与迷惘。从 2009 年到 2011 年,王保忠不再满足用一篇一篇的中短篇小说的形式,而是用系列短篇小说的形式,集中展现一个村庄的沧桑之变,终于出版了《甘家洼风景》。这是一部由 20 部短篇小说构成的作品,全书 21 万字。这是王保忠的一部重要作品,出版后在文坛和读者中颇有反响,多位知名评论家给予好评。

《甘家洼风景》描绘的是晋北一个极普通的村庄,村外有几座沉寂的老火山,种着一些常见的农作物。村里是火山岩垒就的房舍,狭窄的街巷。它存在了已经几百年,也有兴旺、热闹的时候。但在城市化、现代化的浪潮中迅速衰败,大量的青壮年进城谋生了,但依然心系故土,村子几近"空巢"。而守在村子里的只有老人、妇女、孩子七八苗,村子说不定哪天就会撤并、消失。作者写了众多的人物形象,譬如外出打工的男人天成、二旺、磨粉等,女人小雪、小凤、天霞等。譬如留守村庄的村长老甘,年轻媳妇月桂、秀巧,上学的孩子清华、北大,还有老人婆婆、葵爷等。作者在众多篇章里塑造了老甘的形象,这是一个思想情感停滞在集体时代、对村庄和村民有一种质朴的责任感,在孤寂中守护乡土家园的基层村干部形象。《甘家洼风景》表现出作家在把握和表现现实乡村方面的审美能力,同时也暴露出作家在洞察乡村的深层问题、发展走向等方面的思想匮乏。

打造经典文体

21 世纪前 10 年,学界展开一场关于文学经典化的讨论,指出当下的文学凭感觉和经验去写作,就像无根之树,缺乏长久的艺术生命力。王保忠小说创作的可贵之处,就在于潜心中国现当代文学和西方现实主义与现代派文学,博采众长,在继承的基础上发展,形成了一种经典小说文体。

首先是精心选择叙事立场和叙事角度。既往的叙事立场和角度,主要有鲁迅、沈从文、赵树理等三种。赵树理的创作是王保忠格外服膺并神往的,但他深感未必能做得到和做得好,而一般知识分子的叙事方式,又是他不愿选取的。通过多年的求索,他逐渐确立了自己的叙事立场。在关于《甘家洼风景》的访谈中,他说:"我的假想的倾诉对象是'城市',是城市里的'你们',我要把甘家洼的事讲给你们听,而不是反过来说给甘家洼的人们听,这就是你所说的写作意图。"这就是说,以城市人为读者对象,就要求作品写得阳春白雪一些。而作为乡村的"代言人",又要求讲述内容是现实的、乡土的。作者事实上成为城市与乡村之间的中介,即以知识分子的身份,立足底层社会立场,讲述农村和农民的故事。这样的叙事立场,带来的是叙事角度的多样化和叙事语言的复合化。小说的叙事语言也是独具特色的。就是把叙事者(作者)的讲述化入全部情节和人物中,以故事、人物、心理发展为主干,熔故事推进、人物活动特别是心理、环境展开为一炉。叙事语调一以贯之,视角自由转换,多角度、全方位地展示社会和人生,形成一种朴素、流畅、绵密、机智、深切的叙述风格。

其二是探索多样的小说艺术模式。小说是一种复杂多变的文体,但万变不离其宗,它的艺术特质决定着它的表现模式只有四五种。王保忠深入研究了许多古今中外的经典作家,因此他的艺术模式就比一些同代作家丰富得多。他对短篇小说钟爱有加,写得最多也最纯熟,几种艺术模式轮番使用,创作了一批力作和精品,形成了自己的创作路子和特色。第一种艺术模式是故事小说。他是很擅于讲故事的,在短篇小说狭窄的空间里,能把一个故事讲述得一波三折、引人入胜、出人意料。第二种艺术模式是人物小说。在当下的青年作家中,忽视人物塑造已成为一个突出问题。他小说的成功,得力于扎实的人物形象。第三种艺术模式是意境小说。这种小说不大注重故事、人物,而更着力意境的营造。即运用散文笔法和诗意语言,创造一个诗情画意般的审美境界。它实际上是沈从文、汪曾祺小说类型的演化。王保忠有多篇这样的作品,大多是一些艺术精品,创作上有更高的难度。第四种艺术模式是心理小说。王保忠在创作中大量使用了心理描写乃至意识流,多数是局部的,是故事推进中的有机部分,也有用全部心理流动构成文本的,均是精彩的心理小说。

第三是吸纳中国小说和西方现代小说的表现方法和手法。阅读他的小说,经常可以感受到他对经典小说表现形式的自觉借鉴。譬如西方的荒诞手法和象征手法。此外,他在继承中国小说的现实主义方法中,还大量运用了抒情、白描、空白等技巧,强化了小说的中国神韵和色彩。

王保忠的小说创作已走过 20 年的历程,虽然步子坚实,成果丰硕,但综观地看,还存在一些突出的问题,譬如在创作的思想理念上,还缺乏一种更敏锐、更深刻的意识,譬如在创作的表现形式上,还鲜有一种更自由、更个性的原创,继承太多也难免成为束缚。对他来说,需要的是突出"围城",实现超越。

田湘

田湘 / 鲁迅文学院第二十三届高研班学员,中国作协会员。著有诗集《城边》《虚掩的门》《放不下》《遇见》以及配乐朗诵诗专辑。作品散见于国内主要诗歌刊物,入选多种诗歌年鉴,曾获《诗歌月刊》年度诗歌奖,公安部金盾文化工程艺术奖,"诗歌·心时代"杰出贡献奖,广西省重点扶持作家,公安部首届签约作家。

作家自述

虚掩的诗意
田 湘

"我忽然发现/在我内心深处/有一扇虚掩的门/它从未被打开/也未曾关闭……"当20世纪80年代文学的大潮袭来时,我悄然打开一扇诗歌之门,并为之疯狂。我在大学里创办了文学社,甘愿从数学系降级转入中文系,当然也因创作的小成就得到最好的分配。但随着文学特别是诗歌逐步走向低谷,我的诗歌之门也渐渐关闭,只留下一道虚掩的缝隙。到2004年,我的诗歌之门又重新被打开,短短10年间,创作了500余首诗歌,出版了四部诗集和一个配乐诗朗诵专辑,这是我始料未及的。

我有幸生活在一个文学氛围浓厚的环境中,大学读的是以培养作家出名的河池师专,有一批值得尊重的文学引路导师,并与东西、凡一平等人成为校友,一同开启文学生涯。停止写作多年以后,又因他们鼓励与支持,重新叩开我内心深处虚掩的诗歌之门。诗歌于我,就像沈从文说:"我怎样创造生活,生活怎样创造我。"我在创作诗歌的同时,诗歌也在创造我,给我欢喜给我忧,因此我要感谢诗歌。

我不是极具抱负的诗人,不喜欢把诗歌搞得太神秘。我的诗歌与生活从来都是浑然一体的,诗创作就是我日常的生活。我不借口工作繁忙和世俗社会缺乏诗意而拒绝写诗。其实生活中时时都有诗意,诗意这扇门一直虚掩着,只要我们有这种创作诗歌的才情、眼光,或者有这种爱好,一推开这扇门,诗意就会扑面而来。我只反复书写与生活相关的事物,如铁路、警察、沉香、黄花梨、花草、河流等。我不惮于别人称我铁路诗人、警察诗人或者沉香诗人。师友这些命名,或许含有善意的提醒,但我感谢这些命名,乐意被他们深邃的目光洞穿。

我把写诗当作恋爱,因此我写了《嘟螺蛳》《校花》;我满怀激情迎接高铁时代,又难以割舍老站房的怀旧情结;我对速成桉的急功近利深恶痛绝,更喜欢沉香、黄花梨,这些经过历练后给我们带来美丽的事物;我常常逆向思维,在高速路上寻找一条老路,在加速的世界里寻找缓慢的爱,在浮躁中寻找内心的宁静。我一直是网络文学的参与者和推动者。微信时代的到来,为我们发表、阅读优秀诗歌和扩大影响力更是提供了一个极好的平台。

每个人都应有所担当,我觉得诗人更应如此。我的诗歌跟铁路,跟快速发展的时代息息相关。我写了很多因时代发展给人类带来的困惑,包括堵车,包括雾霾,包括城市的开发,绿地的减少。时代不断发展、不断进步,但在发展的过程中也付出了极高的代价,带来很多心灵的创痛。这在我的诗中也有体现。像《两条河流》《加法减法》《遇见》等。虽然我已不是年轻人,但我的内心依然想发出声音,尽管微渺,但发出声音的欲望,却不曾间断。

我的诗歌指涉的题材领域纵不敢谈宽泛,也已包括自然、爱情等诸多方面,如《壶口》《戈壁》《十万大山》《木棉花》《瘦月》等。我喜欢从日常生活中发现灵感、发现诗情。值得一提的是,我以黄花梨、沉香为题材写的诗,被认为开辟了诗歌写作的新领域。特别是沉香诗,得到了沉香界和诗歌界的广泛认同,不少沉香店用我的诗做营销广告。我没想到我的诗歌也能给商家带来经济效益,这是让我非常欣慰的。这也是我写诗的一种明确的追求,纵不能一纸风行,也愿自己的诗得到尽量多的传诵。

我不排斥尝试各种风格,叙事诗是我需要填补的一个空白。最近我写了《雪人》《子弹》等,就有了叙事色彩。诗歌有了故事就会更加丰富,更加耐读,更加给人以视觉冲击。单纯的抒情的确太空白。诗歌里面恰如其分地加入一些细节描写、故事情节,可以大大丰富读者的想象,可读性也就更强。

在诗歌的写作上,我是一个矛盾体,更是一个自我叫板的人。我希望正是因为这种撕裂,我的诗歌可以不断生长。

文友印象

诗人田湘

东　西

　　10年前,田湘从柳州调到南宁工作。那时,他已经不写诗了。一个大学时的文学社长,一个曾经把诗歌当作枕头的人,说不写就不写了,就像别人戒酒戒烟,所不同的是他的这个"戒"无须毅力。

　　一天晚上,同学聚会聊天,田湘当场背诵《再别康桥》,老实说,在座的都背不全,而田湘却倒背如流,简直是在叫板各位的记忆。当激情从他的手势里淡出,我说你能背一首你自己写的诗吗?他一愣,试图背一首,但每首都只能背一两句,于是摇摇头,说背不得了。我说一个写诗的如果只能背别人的诗,那他就不是合格的诗人。

　　他被我的这句话呛得几近流鼻血,眼神里分明有"不服气"。几天后的深夜,正在熟睡的我忽然听到手机"叮"地一响,打开短信,原来是他发来的新诗。看看时间,都凌晨3点了,他还在写,难道是要向我证明他的勤奋吗?后来我才晓得,好多朋友都在这个深夜被他的诗歌惊醒。有几个失眠者叫苦不迭,暗示我提醒他最好别在深夜里发表诗歌。但是我忍住没告诉他,直到写这篇文章之前我都没告诉他,生怕一"告诉"就打击了他好不容易复活的诗情。我知道他的工作很忙,白天根本没时间写诗,恐怕连想都没时间想,只有夜深人静的时候,他的脑袋才能腾空,心门才能虚掩,灵感才会偷偷地钻入。

　　必须承认,他是个精力充沛的人,一旦开写,灵感便如滔滔江河,想摁都摁不住。三天两头我的手机里就会收到他的新诗。中秋节写月亮,情人节写爱情,散步写花草,坐火车写窗外风景,同学聚会写校花,工作时候写警察,抬头写白云,低头写蚂蚁……那个时期,我基本上是从他的新诗里了解他的行踪,记起某些忽略的节日。读他的新诗,才强烈地意识到在他壮实的身材里,原来还包裹着如此敏锐的触觉,看见的都可入诗,听到的均可成句。我以为写诗需要选材,需要认真思考之后才能下笔,所以,每次写诗我都觉得是一件人生大事,有时半年才整出一首。却不想,这么重的力气活在他这里竟是信手拈来,就像不挑食,胃口好极了。我担心他的牙,更担心他的胃。他竟然把那么多杂乱粗糙的材料加工成诗,也不管自己能不能消化。为此,我跟他探讨。他说当前的主要任务是多写,只有多写,才能写好。

马不停蹄地写着,直到有一天,他写出了这样的诗句:"只剩下一弯镰刀了/要割掉谁的疼痛"(《瘦月》);"我就这样静静地走在你的城边/怀念那片干净的田园"(《城边》)。我的眼睛一亮,甚至质疑这是田湘的诗吗?再看,确实是他发来的。于是,回了一个"好!"也许,我是他诗歌最残酷的裁判,有时残酷得都可能破坏友谊。当他的短诗被粉丝们或者官员们当作中秋节的祝福,或情人节的礼物纷纷转发的时候,我并没有点赞。因为,那些诗有点心灵鸡汤,有点似曾相识。大部分时间,我都在给他的诗歌提意见。提完他就改,改完我再提。往往一稿比一稿好,当然也有改死的,原因是这个材料根本不能写诗,但他不服气,非得改十遍八遍才肯"退市"。其实,每一次在给他的诗歌提意见时,我不是没考虑过他的身份、年龄和脾气,但他从来没有因为这些意见而面肌僵硬,这是友谊得以维持的原因。在工作、交友和处世方面,大都是他给我有益的建议,而我能给他意见的仅剩诗歌。他在诗歌方面的谦虚程度,远远超过别的谦虚。

或许,他也曾因为我的意见而有过灰心。一次,我跟他爬山,问他最近写了什么?他说写了一首《加法·减法》觉得不满意。山路漫长,反正闲着也是闲着,我就叫他背出来听听。不听不知道,一听吓一跳,我说好诗呀。他以为我想用夸赞来逼他中午请客,有些不确定。我说为了这首诗,今天中午我请。后来,这首诗真的流传了。写作就是这样,在你用劲的地方不一定挖到金子,但在不经意之处却可能买对"涨停"。

工作之余他爱好诗歌,诗歌之余他曾迷恋红木。我说你把钱都变成木头了。他笑笑,说会升值的。我没跟进,但几年之后,他那些几百块几千块买来的红木笔筒、镇纸、茶壶价钱都翻了10倍以上,随便出手一件就是千首诗歌的稿费。他说我得用红木来养诗。后来他又迷恋沉香,沉香也升值了。别人止于升值,而他偏还要在升值之余发掘诗意。"让我用一百年的光阴/为你绣出飓风的纹路/绣出琥珀金丝/绣出山水、森林、天空的倒影/绣出虎豹在树丛中漫步。"这是他写"黄花梨"的;"被爱/只因为受过伤害/刀砍。雷劈。虫蛀。土埋/在苦难中与微生物结缘/在潮湿阴暗之地/结油 转世/一截木头换骨脱胎/腐朽化为神奇。"这是他写"沉香"的。至今,他最流行的诗歌当数《沉香》,好多沉香店都请书法家抄录,然后装裱挂于店面,以求提升文化品位。一款沉香酒竟把这首诗印于纸盒,每开一瓶,该诗就有可能被人阅读一次。要是放在网上统计,打开便算阅读,那这首印在酒盒上的诗会有多么大的点击量?所以,每每有人称他"沉香诗人",他的脸庞立马灿烂。

　　写诗者大都忌讳被划入行业,但田湘从来乐于接受。他是铁路诗人,警察诗人,沉香诗人。他写过许多铁路的诗歌,比如"逆着火车的方向/我感觉树在飞"(《我感觉树在飞》);"火车把大地的影子拖得很长很长/而我则把黑夜的思念拖得很长很长"(《火车是个蹩脚的歌手》)。他写过动车,写过秋风里的警花,写过《凶手》:"秋天有颗杀人的心/花朵是逃亡者/果的头颅最先被砍下/然后是叶,现场血迹斑斑/警察赶到发案地/于是决定,捕风捉影。"他的诗跟他的工作和爱好关系紧密。他不是"悬空派",而是站在地上的特别真实的甚至有点天真的诗人。

评家观点

对世界那天真的吟唱
——谈谈田湘的诗歌
谢有顺

田湘是我这些年交往最密切的诗人之一。我们认识的时候,最先是聊红木、沉香,接着才聊到诗歌,不知不觉,这已是多年以前的事情了。但我每次见他,总能感受到他作为一个诗人的率真和热烈。我经常在手机里读他发来的诗作,也经常在酒桌上听他朗诵自己的诗歌,每当这个时候,我就想,这是一个真正的诗人——只有真正的诗人,才会如此自然地把诗歌带到日常生活之中。而我认为,这正是诗歌最富生命力的特征之一:既是精神的私语,也是日用的艺术。

很多人都害怕说出这个事实——诗歌是可以日用的,总是假想诗歌只能活在一个纯洁的精神空间里,这其实是对诗歌的误读。诗歌的发生,缘起于劳动,缘起于感怀,缘起于行走或送别,这就是日用;最初的诗歌,不仅是写生活,它本身就在生活之中。诗歌最辉煌的唐代,诗人并不是躲在书斋里写诗,而是一直在生活、行动中写诗,他们的写作实践,把诗歌变成了极具大众性的日用的艺术,但这并没有降低诗歌的品质。

因此,我们今天要重建诗歌的尊严,不仅要恢复一种诗歌精神,更要恢复一种诗歌生活。

田湘在任何场合,都不讳言自己是一个诗人。他像许多诗人一样,有真性情,但他的诗歌却和很多诗人不一样。他的诗,和当下一些重要诗人比起来,要简单、朴素得多,似乎谈不上什么复杂的诗艺,也不乏随意、粗糙之作,从观感上说,他的诗真是其貌不扬。而我之所以对他的诗歌怀有浓厚的兴趣,首先是感佩于他的写作状态,他真是接续上了一个重要的诗歌写作的传统:有感而发。他不写所谓的"纸上的诗歌",不无病呻吟,极其尊重自己的感觉——写作既是对感觉的找寻,也是从感觉出发,用语言为感觉塑形。如果照现代诗歌的标准看,凭感觉写诗已是古老的行为,诗歌也可能会因此而过于直白,而匮乏可以分析和阐释的高深诗意。可是,假若诗歌只是语言的精妙组装,或者只是为了表述精神的迷途结构,而诗人偏偏不愿意直接说出自己的第一感受,诗歌就会因此而变得深沉而重要吗？当代诗歌的深奥、晦涩、繁复,已经相当普遍,它对于解析一种精致、复杂的现代经验而言,或许是必要的——一眼就能洞穿一切的时代过去了,我们必须正视这样一个经验极为复杂、缠绕的时代,但我们是否也要为诗歌留存一份简单和直接？

诗歌的核心是情感,而我以为,有感而发依然是表达情感最有价值的方式之一。

正因为一直坚持有感而发的写作习惯,田湘的诗或许才远离当下诗坛的风习,以自己单纯、质朴、有时也直抒胸臆的诗歌语言,观察、分析、阐释、质询,自由表达,也坦率直言。一些诗句,是生活的偶得,一些诗句,是反复吟咏之后的语言提纯,他的诗,有一种古典与现代相结合的风神。他明显是一个抒情主义者,拒绝用玄奥的意象、过分晦涩的词,他也许认为,直白其心反而可以直达事物的本质。

> 一朵即将消逝的花/没有人来怜惜/我也无法替她说出内心/但我在见到她的瞬间心就痛了起来/好像凋落的不是她,是我自己/好像是我在这无人的地方/悄然死去了一次//没有人能阻止一朵花的衰败/正如没有人能阻止她的盛开　——《残花》
>
> 一个人老去的方式很简单/就像站在雪中,瞬间便满头白发　——《雪人》

田湘写花的凋落,写人的白发,这些都是古老的主题,关于年华、时间,多少诗人感叹过了,但他觉得依然有话可说,因为这朵"花",这些"白发",是他个人看见和感受到的事物:见到花,想到的是"凋落的不是她,是我自己";见到镜子里自己的白发,他说,"我不忍老去,一直站在原地等你","除了你,哪怕是上帝的眼泪/也不能将我融化"。这就是属于田湘的"个体的真理",他说出自己的心痛,说出自己的悲伤,他抒情与感怀——这样的时刻,他需要诗歌记下自己真实的心情。这些细小的"个体的真理",只是情感的碎片,但对于诗人来说,这就是他的世界,他很容易就通过一朵花、一根白发在这个世界里确证自我的存在。

所以,这个诗歌里的"我",从不冷漠,甚至还显得过于炽热了,以致田湘的一些诗歌,似乎缺了点隐忍和节制,沉潜下来的东西还不够丰富,一切都抒发得太白了。这似乎已经成为田湘的诗歌性格。他已无意改变这点,但我发现,他的诗歌中写得最好的部分,恰恰来自这种情感的真挚、锥心,因为有情,所以动人。"夜深了/女儿的心思/和她望着镜子迷茫的表情/我放不下//天凉了/母亲的关节痛/和父亲的胃窦炎/我放不下//"——读到这样的诗时,我着实心动了一下,许多时候,我们对亲人和世界的挂怀,不就是这么简单吗?但在我们的人生中,何曾如此简单地说出自己的"放不下"?太多的伪饰,太多的知识,已经无法让我们直接说出自己心中所想,我们可能更理性、深刻地认识了人生,但我们却漠视了自己的无情。田湘正是通过简单的抒情,重新成为一个有情人,他的世界是有温度的世界,他的爱和恨,都有明确的指向。

他不空洞地抒情,他重视人与物的对话、凝视,进而从物中反观自己。他热爱世界,并在这个世界里,建立起了自己的物象系列,所以,他的诗歌中,不仅有他的精神,也有物的精神。物象的建构,不仅使他的情感落地了,同时也让一些看起来平常的事物具有了诗学的意义,使它们在诗的视野里获得了出场的机会。他经常写的物象,有车站、火车、河流、云、雨、月亮,等等,而最经典的是"黄花梨"与"沉香":

让我用一百年的光阴/为你绣出飓风的纹路/绣出琥珀金丝/绣出山水、森林、天空的倒影/绣出虎豹在树丛中漫步//让我用一百年的光阴/绣出种种鬼脸/使你拥有人类最滑稽可爱的一面/绣出贵妃斑/铭刻你的青春//——《黄花梨》

被你爱/只因我受过伤害//刀砍。雷劈。虫蛀。土埋/在苦难中与微生物结缘/在潮湿阴暗之地/结油 转世/一截木头换骨脱胎/腐朽化为神奇//安神。驱邪。醒脑/把最好的眼泪给你/别人被爱是因为完美/我被爱是因为/遭遇伤害//——《沉香》

田湘诗歌中的"黄花梨"与"沉香",已成了具有他鲜明个人印记的物象符号。木头的美,如此诗意、飞扬,那些灿烂的花纹里蕴藏着风雷的声音;木头的结香,如此沉实、内敛,那些伤害,泪滴,全是生命的细语。李敬泽说:"考察田湘的沉香诗,要把它放进传统背景中去,一是古典诗歌的大传统,特别是其中咏物抒怀的诗学风范。另一个是小传统,是'袅袅沉水烟'的传统,是大传统中的支脉,就是关于沉香这种物质,关于焚香这种生活方式的书写。田湘在现代语境中复活了关于沉香的书写传统。他把一种已近消散的文化和诗学脉络重新接续起来。或者说,他发现了、激活了沉香传统的现代活力。"确实,这种对物的再书写,并使之具有诗学的维度,这是还原了诗歌写作中极为重要的一面——诗歌正是通过语言创造世界:它创造生命与文化的世界,也创造物的世界。其实,中国诗歌一直有不太及物的传统,长于抒情、言志、感时忧国,往往对于物的世界、经验的世界过于写意,大而化之,这也构成了中国诗歌崇尚情与志、长于务虚的传统;而缺乏实证支持的诗歌,有时,它的现代品质也难以建立起来。

现代诗一个很大的特点,就是对于复杂经验的分析、阐释和表达,这之中,当然也包括物的经验。在现代生活中,精神的落实往往是通过物来完成的,甚至许多的时候,物质本身就是精神。因此,20世纪以来,现代作家从不觊视物质的力量,物质的繁殖和增长,既挤压着人的精神,也扩展着人的精神。这是一种诗歌的灵魂辩证法。田湘的写作证实了这一点。他对一些物象的反复吟咏,寄寓着他的诗歌情怀,也包含着他对世界和自我的省思。"你若打开自己的美丽/爱情和王座就属于你/",这说的是黄花梨;"谁能守候百年的寂寞/把苦难升华/让枯木再生/谁能在纷乱的世界里/凝固脆弱的承诺/让生命与爱永恒",这说的是沉香——但这些何尝不是一种自我凝视、自我省思?物不仅仅是物,它成了田湘通向内心的一个入口;他的诗,不是心灵的空转,而是落实于日常事务之中。他是一个有世俗心的诗人,他通过一系列核心物象的再造,建构起了自己的诗歌风格。

这些核心物象,除了"黄花梨"和"沉香",还有"老站房":"老站房站在黄昏里/像一块旧伤疤/更像一座孤独的坟/埋着我的旧情感";还有"火车":"动车开的时候,我的身体就有了/高铁的节奏,有了莫名其妙的快","旋转的车轮/就像这旋转的世界";还有"月亮":"只剩下一弯镰刀了/要割掉谁的疼痛"。田湘还写秋风、河流、树，等等，一切生活中的事物，都可进入他的书写视野，但他对于那些最有心得的事物，是不断推敲、琢磨，谨慎地选择用词，为一个佳句的偶得而狂喜，最终的目的，无非就是要找到他在这个世界上最深情、难忘的角落，甘愿为之歌哭。有时，他对一种事物的歌咏中，之所以会显得用力过猛，就在于他用情专一、爱的深切，在他的内心，一直存着一个希望，那就是希望这个世界是有温度的，人也是有所爱的。

但这还不是田湘诗歌的全部。他的诗歌，还有一个重要的品质，那就是关于生命的思索。以诗歌的方式思考，这在现代诗中我们并不陌生，但这样的思索，常常是把现代人置放于一个卑微、痛苦、幻灭、绝望之中，人多是稻草人、虫豸、悲观主义者、绝望的弃儿的形象，人类失爱、失信，生活在惶惑、迷茫之中，人似乎只能匍匐在地面上生存，再也难以站起来歌唱了。这当然是不可回避的现代人的生存处境之一。但田湘的写作告诉我们，这并不是生活的全部。他试图以自己的方式对现代诗中这一普遍存在的黯淡品质提出抗辩，进而对生命、存在做出新的思索。对此，张清华评论到："他并不缺乏对世界、对生命与生存的亲近哲学的思考，只是他的这些思考并不借助谱系学意义上的'知识'，而是靠了对世界的忧患而直接进入。"这一点非常重要，它使得田湘的诗歌维度显得更为丰富，他明白人的渺小与脆弱，但也不放弃歌唱的权利，尤其对世界中那些卑微的事物、低处的生活，他一直存着爱与同情。他似乎要向这个世界作一个相反的见证，如他自己在诗中所言，"在加速的时代寻找缓慢的爱"，在现代世界里寻找传统生活，在卑微的事物里发现坚韧、明亮的品质。

　　我用加法/计算我逐渐增加的年轮/和增多的白发、心酸、痛苦、回忆/我用减法/计算我逐渐远去的青春/和减少的黑发、激情、快乐、童心//……/但有时我也在加减法中找到惊喜/比如我用加法/增加花园里的小草和花朵/让春天多一些美丽和情趣/我用减法/去掉树上的几根枯枝/让冬天少一些忧伤//——《加法·减法》

　　虚掩的门里/有着许多不为人知的秘密/有着童年、少年和青春的梦想/有着虚空、孤独、忧伤和甜蜜//它似乎在等待一个人/轻轻地把门叩开/可直到青春逝去/那扇门依然虚掩着/那个叩门的人依然没有出现//——《虚掩

的门》

田湘习惯思索生活的两面,加法与减法,打开与虚掩,快与慢,他相信生活的另一种品质总有一天会出现,所以,他的诗歌精神并不阴郁,相反,他能给人以信心,因为他一直相信生活中还有值得守护、值得为之献身的事物。他感伤,但不绝望。他能在"小草"身上看见"微笑",能在"河流"里听见"唱歌"的声音,他珍重一切生活中细小、柔软的碎片,而这些碎片,更像是他的心灵穿越各种眼泪、苦难之后一点点积攒下来的,明亮,坚韧,充满暖意。他反思现代文明的各种症候,但也相信生命的本然、世界的本然终究可以为人类的生存敞开新的道路。

而像这样的诗,更是把他对世界、生存的感悟内在成了一种哲学般的思绪:

哪怕你读书万卷/也无法阅尽/他醉卧秋风的/无限愁绪//——《秋风醉》

江南的庭院很深,白墙黑瓦/住着前朝的商人,富可敌国/却也敌不过,一场雨//雨在秋天打开了菊花/走出瘦瘦的美人/美人送来窒息的一吻/雨便不停地哭泣/菊花就掉了头颅//——《在雨中复活一朵菊花》

在这些诗里,田湘不再是直白地感怀,而是把情绪藏得很深,他是用一种感性的方式思索,但这样的思索,因为诉诸形象,而更富诗的品质。他的诗,既是对世界的直觉,也是对一种事物与生活的沉思;他有诗人的豪放与旷达,也有一个思索者的警觉;尤其是他对生命与世界那天真而偏执的看法,更是构成了他诗歌中独特的精神底色。

诗歌中的田湘,饱满、激扬、大步前进,但他同时也抗争、内省、反诘、默想。他相信生命的价值、人的意义,相信活着的尊严不可冒犯,看到生之喜悦,也看到死之悲哀——那种生命的热烈与凉意,构成了他诗歌的内面,所以,他的诗,既沉重又轻盈,既复杂又简单,背后贯注的是一种他对灵魂的寻找,对人生的觉悟。

我知道,这些年田湘一直保持着良好的写作状态,即便一次漫步、一次茶饮,也会诗兴大发。他有感而发,他创造物象,他思索生命,这是我在他的诗歌中读到的最重要的三个特征,为此,他把诗歌还原成了人类生命的吟唱,而不仅是个人的窃窃私语。那些被他用诗歌大声说出来的事实或思绪,我总觉得,更像是我们平庸生活中残存的精神奇迹。

王方晨 / 鲁迅文学院第三届高研班学员,著有长篇小说《老大》《公敌》《芬芳录》《水洼》、中短篇小说集《王树的大叫》《祭奠清水》等,共计600余万字。作品数十次入选多种文学选本、选刊。曾获百花文学奖、《小说选刊》年度大奖、《中国作家》优秀短篇小说奖、《解放军文艺》优秀文学作品奖、齐鲁文学奖、泰山文艺奖、山东省文化艺术奖、山东省优秀图书奖等,有作品译介海外。

作家自述

长篇小说写作的三种准备
王方晨

至今为止,我已出版发表长篇小说6部,包括《老大》《公敌》《芬芳录》《水洼》《背后的力量》等等。这些小说创作的时间跨度都很长,有的几乎经过了十多年,比如《老大》。

起笔《老大》早在1987年尾。过了近10年,也就是1997年,我才将它一气呵成。因为与出版社素无联系,出版成了大问题。当时我有过拼把劲儿评上副高职称后尽快改行的打算,就从别人那里弄来一个丛书书号,自费成书。不料,我在中短篇方面的创作随之取得突破,接连几篇作品产生影响,评职称已足够,这本书也就算是白出。后来发现这本书的书号被人使用过很多次,显然我被欺骗了。随着文坛对我中短篇创作的关注度提高,我也就渐渐把这本书忘在了脑后。

2011年,经一台湾作家介绍,《老大》的繁体版由台湾秀威资讯收入"认识大陆作家"系列出版。此为我首次在台湾出书,那种竖排的繁体版式令人爱不释手。一直到今年初,这本书才算正式在大陆由山东文艺出版社出版发行。至此,已过去整28年矣。28年,什么概念?当年出生的小孩都已长大成人再生小孩了。让我感到安慰的是,作品虽然是现在才出版,但语言、主旨还很新。我不说出来,恐怕无人知道。

在《水洼》《芬芳录》分头进行的过程中,约在2004年,我又计划创作一部新的长篇。同年完成构思,主要想写一个女人的复仇。奄奄一息的女人被丢弃野外,经一老人治愈后返回城镇,一步步将施虐者推向死亡。由于电脑硬盘损坏,写作规划丢失,重起炉灶后,已是另一副样子,但只写了前面数章,即难以为继。直到2010年12月,所有的创作资料都已完备,遂决定不再拖延,在济南一间窄小的出租屋里,开始了平生最为艰苦、最为心无杂念的写作。这部长篇,就是《公敌》。作品完成,我也几乎累垮。一再修订、颇费周折后,去年12月才由湖南文艺出版社出版。

长篇小说创作不可能立马而就,即便耗费时日,完成创作,作者的创作成果也不一定马上就会被读者接受和认识,所以我认为,进行长篇小说创作,首先要做好可能遭受冷遇的准备。我就是例子。初写《老大》,我年方20,意气风发。皓首穷经的这些年里,心灵受到了多少煎熬,这是形容不出来的。所幸到了目前这个岁数,心中倒还残存着不少青春意绪。

同时,长篇小说显然需要作者更多的才华,所以,长篇小说创作需要足够的才华准备。我在创作时就常掂量,自己的才华到底够不够,究竟撑得起怎样一部长篇?再者,自己的才华究竟能够让我成为一个什么样的作家?写部砖头一样厚的长河小说,我做不到,同样写部《蝇王》《呼啸山庄》,可及?如果欠缺,如何补足,这叫心中有数,而才华的积累实在非一日之功。

另外,真正看到长篇小说创作的难度,心存敬畏,这应该也是进行长篇小说创作的一种必要准备。文坛上有种观念,认为短篇小说无法掩藏创作的硬伤,而长篇小说似乎更能遮掩某种不足。我很不赞成这种贬低长篇写作的态度。我认为既然是好的长篇,就同样不能拥有瑕疵。作家创作长篇小说,如同构筑一座宏伟而美妙的殿堂,即使一块砖石的松动,也可能埋下整体坍塌的隐患。

早年我初次看到张大千的《长江万里图》,不得不叹其妙,妙在截取任何一隅,都可独立成章,立轴找得到,扇面册页也找得到。优秀的长篇,同此。

我写《公敌》,对作品结构细部都有过精心设计。总的来说,小说奇数章基本以倒叙为主,层层剥茧,写至结尾,一直追溯到主人公韩佃义人生悲剧的初始,水落石出。挚爱金枝儿的刚烈离世,直接造成韩佃义急流勇退,选择与金枝儿的骨灰相守,从而揭示出韩佃义独居坟园的秘密,也就是说,韩佃义最终从权力、从欲望回归了感情,回归了爱。小说的偶数章则基本保持线性顺叙,主写另一主人公佟志承,推动其弟佟黑子的命运发展,同时又是奇数章的补充。两种叙事方式相互交叉缠绕,一个向前一个向后,共同构成一个整体,开阖之间完成对乡土社会的历史书写,并寄寓其历史走向。

这样的结构自然增加了文本丰富性,在阅读上却制造了一定的阻挡。事实上,阻挡的存在,对一部严肃的文学作品来说,十分必要。这就像我曾经认为的那样,任何优秀的文艺作品,不论是绘画、音乐,还是文学,必有险处。关键在于我们的阅读是遇险而进,还是遇险而退。

为《公敌》做出这种设计,让我颇费心力,这与我为之耗费的 10 年岁月一起,足以证明长久以来我对长篇小说这种文体所保有的深厚的敬意。

文友印象

一个人的乔木、荆棘、青草和花香
张艳梅

评论家李掖平称王方晨为文学圣徒,以她对王方晨的了解,称得上慧眼独具了。王方晨对文学有着朝圣之心,文学就是他的宗教,他不仅在文学中深深沉醉,而且澄明出精神上的圣洁和理想的执着。从乡村到都市,他一路走,一路写,文字给了他恒定的信念。

王方晨总有异乡感,而正是这种异乡感推动着他不断探索、追问和寻找。现实世界的无根可依,逐渐延展成精神层面的漂泊流离。面对世界和生活,他不断转换站立的位置、探究的视角和观察的方式,然后,在这种精神的漂泊和流离中,慢慢明确自己的方向,拉开一段距离凝神生活,审视自我。他的文学花园五彩缤纷,有高大的乔木,有带刺的灌木,有芬芳的花朵,也有野火烧不尽的青草。他专注于脚下的大地,以所有生命为念,爱,体恤,坚韧但不褊狭,宽厚但不原谅。他的浪漫诗意总是与粗粝的现实生活纠结在一起,从内在的心灵召唤出发,是抵达遥远而孤独的世界的一个起点。他以文学笔触细致描绘的那个光怪陆离的异乡世界,他的《公敌》《老大》《芬芳录》,他的《祭奠清水》《大马士革剃刀》,正是他自己生命之乡的投射。塔镇、红杏庄、樱桃园、老实街……花香弥漫而又荆棘丛生。无论冷眼静观,还是舍身探险,王方晨身在异乡的精神之旅,总是投射着世界的深渊和理想的光亮。他的文字不仅给出了现实生活的尺度,而且为我们提供了心灵可能抵达的高度。在那个最终的高处,有他对家园、自我和爱的全部向往。

王方晨的小说很少忧伤。他的诗意是倔强的,他的疼痛是锋利的,正因为有着强烈的异乡感,所以,他的寻找意识特别鲜明。他的小说超越了时代喧嚣和精神虚无,不断迫近生活的本质,以及人的终极关怀。

不仅是李敬泽说过王方晨有种独特的力量,很多人都有这样的感觉。他的气质独特,那种内在的力量,难以捉摸和表述,而在他的文学世界里,又那么幽深,那么亮烈,常常让人悚然一惊。百年历史倏忽而往,现代理性的缺失与现实社会的积弊依旧,每个人都有自己的理解,王方晨只是坚定地选择了自己的道路,那就是给日益虚弱和软弱的文学注入一种力量,让旖旎外表下的真实清晰洞见,把虚伪的世界和道德打回原形,在千疮百孔的人性废墟里,重建坚实高远的理想之塔。

文学可以对抗时间的苍凉和世界的荒诞。无论是对乡土世界的细致描摹和深刻挖掘,还是藏得很深的理想情怀蕴藉,王方晨往往从繁华的生活表面看到内部的荒冷,又从内部的荒冷看到更深处积蓄的热能,就像他在《公敌》里的显赫帝国和遗世坟园、暴恣无情和温雅挚爱之间任意腾挪。他总是能从生存的表象看到人性深处,又从人性深处打捞起尘世生存的各种形态。没有华丽的伪装,在思想的暗地爆发出耀眼的光亮,他眼中的世界和文学,是那么广阔和复杂,又是那样让他倾情而至。他迎着生活的风雨走过去,并且满含深情地拥抱了这一切。

优秀的作家往往是孤独的,然而也必然是心怀大爱的。王方晨真诚而透彻,对生活,他有着独立的思考,对世界,他有着清醒的认知。他热切地爱着长长短短的岁月,诚挚地爱着远远近近的人们。他没有把自己放在整个世界的对面,而是把整个世界放在了自己心里。

对生活始终保持着虔敬和好奇并不容易。生活充满美好也遍布伤痛,文学试图把这些美好和伤痛涂满画板,并且以审美的方式抵达存在的本质,给尘世的生命以慰藉和关怀。对此,王方晨说,每一个人都是弱者,需要在想象中确立自己的位置,找到自己和世界相连的力量。对人世的珍惜,对生活真相的执着探索,对超人意识的质疑,构成了王方晨以弱者的姿态使自己成为世界核心的信念。那些幸福焦虑,是最个人的,然而又是最大众的,是一个细小的瞬间,也是整个漫长灰暗的时代。他行走在生活的钢丝上,行走在虚无的空气里,却不曾真的跌落。是因为正视一切的柔弱,才有内心历练过的坚定,为了长成一株饱满的大树,把根深深地扎进泥土。同时,他的目光越过原野,看到了世界的远方更多葱郁的林木。

文学,对于每一个写作者都有着不同的意义。有一些声音是清晰的,有一些是模糊的,那些被侮辱被损害的小人物,那些向往清水的孩子,那些原野上奔跑的脚步,那些压抑到哽咽地哭泣,反复呈现在王方晨的笔下,其中,只有一种声音能够一再地照亮心灵,那是来自他内心对光的祈祷和对爱的呼喊。

王方晨的小说充满理性之美和智性光彩。他不仅思考人的存在,而且努力探究存在背后的所有。他既能以最简洁的方式呈现世界的复杂,又能以最纯真的善对抗现实的恶。

当这个时代的指针不再精确,发条已经松弛,人心疲惫之际,王方晨用文字恢复我们对时代精准的认知。离乡—思乡—归乡,向来是新文学乡土小说主要的叙事模式。在近一个世纪后,王方晨给出了新时代归去来兮的疼痛与高远。他以锐利的对抗姿态,执着地表达个人的命运与国家和社会生活的关联,不回避伤痕,不伪饰生活,也因而克服了伪理想主义的虚弱,从铺天盖地的历史理性和犬儒主义中跳出来,回到存在的真实。那些受难的灵魂,那些受伤的土地,都在他爱的怀抱得到了慰藉。同时,他思索乡土社会的进程,是地域性的,又是超越地域性的,是政治经济学角度的,又是社会学和文化史学角度的,既有启蒙主义的思想烛照,又有来自民间的生存世态的体恤和关爱。他让这个茫然混乱的时代,在他的思想里获得了短暂的宁静,如同《公敌》里的韩佃义最终在墓土中找到片刻安息。

王方晨的乡土叙事有着自己的丰富性、复杂性和独特的审美风格,孤绝的诗意与永恒的精神思索彼此光照。苍茫的旷野,喧嚣的城市,在他笔下,都是有灵魂的存在。在那里,乔木、荆棘、青草和花香相伴而生,共同构成了他特有的文学景观。

评家观点

乡村政治生态与现代性隐痛
——对王方晨小说的一种理解与分析

王春林

自从1988年初始涉足小说创作,近30年间,王方晨已经先后发表小说作品逾600万字。从文体来看,长中短篇均各有所尝试。

一个值得注意的现象是,无论长中短篇,王方晨的艺术聚焦对象,基本是他自己所非常熟悉的乡村世界。王方晨不仅长期关注表现乡村世界,而且也如同其他许多以对乡村世界的表现著称的作家一样,用极具表现力的文字在纸上建构着独属于自己的"塔镇"世界。细细翻检王方晨的代表性作品,不难发现,作家最主要的用力处,一个是乡村政治生态的深层透视,另一个是现代性冲击下乡村世界的内在隐痛。对以上两个方面的真切关注与思考表现,显然构成了王方晨乡村小说最突出的思想艺术特质。

对乡村政治生态的审视与批判

王方晨已经出版长篇小说多部,但最能够代表他长篇小说写作水准的,恐怕还是对乡村政治生态进行深度剖视的《公敌》。尽管说作家的笔触也曾经一度延伸至"文革"前的大跃进时期,但就主体故事构成而言,小说所集中展示的,却是"文革"后迄今中国乡村的一段发展历史。这一阶段,正好是以"改革开放"为标志的一个现代化迅速推进的时期。主人公韩佃义"识时务者为俊杰",顺应时代潮流,全力打造翰童集团。借助于翰童集团的打造,他所隶属的佟家庄急剧扩张,已然与塔镇融为一个难以剥离的整体:"想那塔镇,原不过是纵横两道一里半长的街筒子,沿街也就几家不大不小的店铺。如今塔镇不知疯狂扩张了多少倍,佟家庄也早就成为镇中之村。"

然而,王方晨真正感兴趣的,却是韩佃义究竟如何施展权谋,打造建构起了一个带有明显封建专制性质的乡村帝国。他那样一种乡村政治家的权谋,早在其上位为佟家庄当家人的过程中即已凸显无遗。韩佃义当年被迫出走关外,是因为与恋人金枝儿的爱情遭到金氏族人的阻挠。等到"文革"结束后他满怀仇恨再度返乡时,佟家庄的当家人已是佟安福。韩佃义要想有所作为,当务之急就是扳倒佟安福。一方面,他为了保护韩家坟园挺身而出,硬是凭借自身的强悍把韩家坟园从张岔楼村夺了回来。另一方面,暗中布置,绑架佟安福并对其发出生命威胁。这之后,通过韩佃义向佟安福强借檩条成功这一细节,就充分说明韩佃义早已从气势上压倒了佟安福,他的取而代之乃是顺理成章的事情。关键在于,韩佃义在成立翰童集团迅速发展佟家庄经济的同时,更是把翰童集团打造成了一个森严壁垒的专制王国。"吃过这个甜头,聂海文以后替佟黑子做事,常常有意识比照皇帝的体例。从韩爷在位时,每天上班前,集团中层以上领导都要齐聚会议室,开个'班前会',汇报集团下属各公司的工作情况。佟黑子上任,自然也延续下来。"这段描写充分说明的,正是翰童集团的专制性质。通过翰童集团以及强权人物韩佃义、佟黑子的形象刻画而折射批判中国乡村社会现实,尤其是乡村政治生态,正是王方晨《公敌》最根本的思想价值所在。

应该承认,无论是韩佃义,抑或是佟黑子,其性格中的独断专行、冷酷无情、荒淫无耻,在《公敌》中均得到了具有相当说服力的艺术表现。但与此同时,更令人感到惊叹的,却是王方晨关于韩佃义退隐与佟黑子自尽的情节设计。明明正处于人生事业的巅峰状态,但韩佃义却悄然隐退,一个人隐居到了偏远的老人宅:"韩爷把佟黑子给丢了,把所有都给丢了。韩爷留给佟黑子的,是一个义无反顾的背影。"韩佃义之所以要做这种人生抉择,与他因恋人金枝儿自戕后所生成的痛悔心理存在着内在的逻辑关联。而他在翰童集团的接班人佟黑子,则是在自己精心策划的三台大戏演出完毕后,用那把已经被弃用多年的锈迹斑斑的菜刀结束了自己的生命。小说把长达数十年的历史浓缩在其兄辞官归来后的一段较短的时间内,面对佟志承的作为,佟黑子初始反躬自省,逐渐意识到自身的罪孽和软弱。其自尽后,就连与佟家庄发展关系重大的另一位幕后人物邵观无也不禁发出这样的感慨:"当初我还当他是个二愣子,没想到他心会这样细!"王方晨之所以要如此设定故事情节,显然是要传达某种自我精神救赎的艺术意图。同样不容忽视的一点是,为了进一步凸显精神救赎意向的重要,作家在艺术地表现韩佃义与佟黑子自我精神救赎的同时,也把这种意向寄托体现到了佟黑子的同胞兄弟佟志承身上。假若说佟黑子的天性中便隐有恶的倾向,那么佟志承的天性则显然更倾向于善。王方晨在《公敌》中之所以要设定佟志承从县长官位上坚决隐退并最终执掌翰童集团的故事情节,就是要在艺术地传达救赎意向的同时,也昭示出未来某种若隐若现的发展希望。

如同长篇小说《公敌》一样,王方晨书写表现乡村政治生态的一个短篇小说,是《乡村火焰》。故事的发生地,依然是隶属于塔镇的一个村庄。小说缘起于一场突如其来的大火。颇具几分蹊跷意味的是,这场事后被认定为人为纵火的火灾,居然发生在村长王光乐家的柴垛上。村长家的柴垛被烧倒也罢了,令人难以理解的是:"人们最初发现柴垛起火的时候火势并不大,完全是可以救下的,要不是王光乐拦着,根本不至于烧成这个样子。"关键还在于,村长王光乐拦着不让村人救火:"'王村长说,这把火烧得好!'有知情人叙述着,'王村长一听说他家柴垛失火了,就说,好! 这把火烧得太好了! 他还说要谢谢这个点他家柴垛的人呢,但不知道这个人肯不肯站出来承认。'"

依照常理推断,村长家的柴垛被烧,应该与他平时在村庄管理工作中有意无意间对村民的得罪有关。村长大权在握,村民敢怒不敢言,所以,只能够偷偷地烧一把火来一泄私愤。真正的问题是,面对着自家柴垛的失火,村长为什么一反常态地要坚决阻止村民们的救火行为呢?

其实,问题的关键并不在于谁烧了这把火。王方晨这一短篇小说的写作初衷,显然也并不在此。也因此,一直到小说结束,作者也没有交代到底谁是那位纵火者。实际上,王方晨的艺术意图乃是要借助于这场火灾而犀利尖锐地切入对乡村政治生态的思考与表现。火灾发生后的第二天,村民王贵锋不由分说地被警察抓走带到了派出所。丈夫无辜被抓,在村里一向以泼辣著称的耿玉珍不干了。出人意料的是,她虽然气势汹汹地扑到了王光乐家门前,却被村长的一个电话就给镇住了。除了这一细节,小说的另外两个细节也不容忽视。一个是火灾发生后,村里的人们自觉地发动起来要给村长重新凑起一个柴垛来。另一个则是,王贵锋被释放回家后,面对着主张自己进村委班子的村长时,所发出的那种不可抑制的谄媚的笑声。把以上三个小说细节归总到一起,王方晨意欲审视批判乡村政治生态的写作动机,自然也就一览无余了。

对现代性隐痛的体察与呈现

对乡村政治生态的审视与批判之外，王方晨乡村小说的另一个特点，就是对于现代性隐痛的真切体察与艺术呈示。所谓的"现代性"，某种意义上也可以被看作是工业化与城市化的代名词。伴随着工业化与城市化步伐的日益加快，乡村世界的日渐颓靡与衰败，已然是无法被否认的一种客观事实。我们完全可以想象得到，在遭受"现代性"强烈冲击的过程中，乡村世界承受着怎样一种沉重异常的转型期痛苦。无论是基本的经济生产模式，还是总体的社会结构，抑或是作为意识形态层面的道德伦理，在此一过程中，都发生着诸多无法预料的不可逆变化。总归一点，现代性的强劲冲击，必然给乡村世界造成诸种难以承受的精神隐痛。这一主题意向，在王方晨乡村小说中同样有着突出体现。这一方面，有代表性的短篇小说之一，就是《妈妈奶的难日》。

儿子和媳妇都进城去打工，把年幼的孙子尧尧留在家乡，与奶奶坡老娘一起生活。坡老娘出于内心里对孙子的怜惜，她不顾自己的实际年龄状况，最终做出了一个惊人决定，那就是再生一个孩子。等到孩子生出来之后，祖孙俩之间有一段感人的对话。"空气里只有灯光的沙沙声在漂浮。过了半天，听尧尧小声问道，'奶奶，我可以叫你妈妈奶不？'所有人都清晰听到了，所有人都愣了片刻，正要笑，又立马收了。坡老娘回答，'可以。'"于是，尧尧就大声地叫"妈妈奶"。于是，坡老娘也就大声答应着。真难为王方晨能够想出"妈妈奶"这个特别的称呼来。小说最关键的文眼显然在此。

一声"妈妈奶"的呼唤，就意味着现代性的冲击已然从根本上影响到了乡村世界的正常伦理道德秩序。"妈妈奶"，面对着尧尧，坡老娘所扮演的角色究竟是奶奶还是妈呢？

无论如何都不能不提及的一个短篇小说，是王方晨的《大马士革剃刀》。但在展开对小说的分析之前，我们首先有必要辨析一下《大马士革剃刀》的题材归属问题。按照常规层面的理解，既然小说讲述着发生在济南老实街的故事，那当然是市井小说无疑。而市井小说，我们一般会把它划归到城市题材中来加以理解。但伴随着现代性脚步的日益急迫，我开始对这种理解产生了怀疑。关键问题在于城市与乡村的一大根本区别，乃是城市生活的无根漂泊变动与乡村生活的凝固稳定淳朴。简而言之,一曰流动性,一曰稳固性。倘若以此为衡量标准,则所谓的市井生活云云,其实很明显更接近于乡村生活。与其把《大马士革剃刀》理解为城市小说,倒不如把它视为乡村小说的一种变体更具合理性。在这个意义上,我更愿意把王方晨的"老实街"与他的"塔镇"视为同种性质的表现对象。小说的故事,发生在济南的老实街。

"老实街地处旧军门巷和狮子口街之间。当年,若论起老西门城墙根下那些老街巷的声望,无有能与之相匹敌者。""老实街居民向为济南第一老实,绝非妄也。若无百年老街的这点道德自信,岂不白担了'济南第一'的盛名?""老实街"的象征性命名之外,理解这篇小说的关键,是另外两个核心细节。一是剃头匠陈玉伋与邻居左门鼻之间围绕那把颇有些来历的大马士革剃刀所发生的几番礼让。这里的一个关键处在于,左门鼻虽然不是剃头匠,但却同样有着高妙的剃头手艺。而这,事实上也就为下一个细节埋下了伏笔。这另一个细节,就是某一天,老实街的居民们突然发现那只为左门鼻所特别钟爱的被称为"瓜"的老猫浑身上下被剃了个溜光:"谁能把毛剃这么光?从头到尾,耳朵眼儿里,脚爪缝儿里,全都一样。呶,眼睫毛也给剃掉了呢。"那么,究竟是谁在以如此一种特别残忍的方式虐猫呢?在老实街,只有两个人有这种高超手艺,一是陈玉伋,一是左门鼻。会是他们中的某一位吗?是陈玉伋?抑或是左门鼻?一直到小说结束为止,王方晨都没有给出明确的答案。又或者,他本就不准备给出答案。问题的关键在于,陈玉伋也罢,左门鼻也罢,虐猫事件本身,就极巧妙地暗示着"老实街"的"老实"不再。那么,到底是什么原因导致了"老实街"淳朴民风的风流云散呢?究其根本,大约也只能够归结到现代性的强烈冲击上。这样看来,王方晨在《大马士革剃刀》中书写表现着的,依然是一种沉潜于生活深处的现代性隐痛。

如前所言,在迄今将近 30 年的写作生涯中,始终驻足于乡村世界的王方晨,曾经先后尝试过长中短篇各种小说文体。然而,依据我个人的阅读体会,虽说王方晨对于以上三种小说文体均有所大得,但我无法遮掩对其短篇小说创作的偏爱,尽管我深深知道,在一个大家都对长篇小说的写作趋之若鹜的时候,要想一味地坚持短篇小说的营构,其实是一件非常艰难的事情,但我还是殷切希望,不管怎样,王方晨能够不弃短篇小说写作,继续在这一小说文体上有更多作为。

肖江虹 / 鲁迅文学院第十五届高研班学员，作品在《人民文学》《当代》《钟山》《中国作家》《天涯》《山花》等刊物发表，部分作品被《小说选刊》《新华文摘》《小说月报》《中篇小说选刊》等选载和入选各类选本。著有长篇小说《向日葵》。曾获第七届鲁迅文学奖、人民文学奖、小说选刊年度奖、贵州省政府文艺奖等。根据其小说改编的同名电影《百鸟朝凤》获中国电影金鸡奖评委会特别奖、中国大学生电影节评委会大奖、华表奖、"五个一工程"奖等。

作家自述

当梦想照进现实
肖江虹

很小的时候,父亲是个乡村教师,订阅了很多文学期刊。刊物上好多都是文学史无法绕过的名字。捧着书就想,当个作家该是如何荣耀的事情啊!有次小学语文老师问我:你的理想是什么?几乎没有思考,我说我要当个作家。老师立刻就笑了。我不怪他,他差不多60岁了,问过很多学生这个问题,那些小时候豪言要做科学家政治家的,最后都做了农民。老师笑完后,又问我:为什么要当作家呢?我说当作家有面子。老师很真诚地对我说:其实,当个村支书更有面子。

我的童年属于典型的放养。放养有放养的好处,父母的不作为让我拥有了极大的精神空间。很多稀奇古怪的想法总是主宰着我。放牛的时候我就想,如果村子里的人一夜之间都变成了牛,会不会遭到这些原本就是牛的家伙的排挤;看见村子里面最邋遢的那个人,就想他身上的虱子会不会为了抢夺一块肥沃的地盘而进行群殴。

没日没夜地遍地乱跑,让我和那片土地建立了朴素而深厚的感情。如今,一旦空闲下来,我就会回到那里住上一段时间,听老人们絮叨往事,看风掠过村庄,闻烈日下苦蒿的味道。我小说的场景和人物,几乎都和那片土地有关,只要一想到他们,我就特别来劲。

后来,父亲调到镇上做了一名中学老师,我也跟着到了镇上。做了中学教师的父亲这个时候腾出手脚准备教育我,但是为时已晚。放养时间太长,圈养几乎不可能了。那阵子镇上有个租书的小铺子,里面有金庸全集,借回来就开始读。可悲的是那些书全是盗版,而且盗得还很不要脸,有时候一整段都不知所云。于是先怒火万丈地问候了盗版者的祖宗十八代,接着就开始自己组织文字,尽量让上下文能有效地衔接。等把15部村级盗版书读完,我的作文水平居然冠绝全班。老师一次很兴奋地表示：肖江虹的作文有浓郁的古典气息。

整个初中生涯，我最接近文学的一次经历发生在生机勃勃的初春。在一次全省的作文比赛中，我居然获了一个优秀奖。除了拿到50块钱的奖金，那篇作文还刊载在了省里面一本很有名气的教育类杂志上。前段时间搬家，我居然在一个旧箱子里翻出了那篇文字，才读了一段，就掉了一地的鸡皮疙瘩。

上高中后，学校有个小型图书馆。我最喜欢《三国演义》，这本书至今都是我的最爱，读了多少遍记不住了。不用说，阅读让我的语文成绩一骑绝尘。其他科目就惨了。严重地偏科，上好大学是不可能了，最后上了一所师范院校。

我的大学生活波澜不惊，唯一骄傲的事情就是让同桌成了我的妻子。大学这个成果为我后来的写作生涯奠定了坚实的基础。这些年来，不管我写得好不好，妻子都一直默默支持我，她经常对我说：商人官员常见，作家不常见，你要真成了作家，就相当于我们家养了一只大熊猫！

大学毕业，我被分配到一所乡中学当了一名语文老师。开始干得特别起劲，调动起自己多年的阅读储备，每堂课都上得风生水起，学生们更是兴致勃勃。可一考试就惨了，奖金自然是没有了，还会遭人白眼。慢慢地，兴致没有了，自己也热爱上了全国通行的填鸭式。学生精气神没有了，但是分数却节节攀升。这样的结果，郁闷是难免的，然后就把自己的思考写成文字寄给县里的一份报纸。

磕磕绊绊写了两年，电脑里有了一个专门堆放文学作品的文件夹。反复斟酌，挑出一个中篇，叫《百鸟朝凤》，心想要给就给大刊物，要给就给名编辑。又听说《当代》有个叫周昌义的，咬牙切齿把小说发了过去，还附了一句外厉内荏的话：听说你是现在最牛的编辑之一，给你投稿有些心虚，心虚的不是我东西不好，心虚的是怕你不看，能不能发表我不在乎，能得到你的指点我很在乎。多年后我在北京见到了周昌义老师，我说起这件事，他笑笑说谁的稿子我都会认真看，你这一套早过时了。

曾经一段时间，对作品的产量有近乎变态的追求，上一个刚写完，就开始迫不及待地谋划着下一个。一段时间文学期刊上没有自己的名字，就会陷入一种莫名的恐慌，就怕别人把自己忘了。于是没日没夜地写，写得手脚酸麻脖子僵硬两眼发直还不罢休。疯狂制造了一堆残次品，没有一个突出，只有腰椎间盘最突出。

到了不得不思考的时候了。夜晚躺在床上,扪心自问,对文学,你还抱有虔诚和敬畏吗?对生活,对人心,对人性,你认真思考过吗?对自己的文字,你有十年磨一剑的耐心吗?

闲时翻阅那些曾让自己沾沾自喜的文字,居然全身冰凉,心如死水。

在这个属于速度的时代,每个身影都保持着一种前倾的姿态。滚滚人流中,我们早就丧失了对经典的追求,对厚重的渴望,对深度的营造。

慢一点,再慢一点。这才是文学创作最基本的态度。

也许,我用一辈子的时间,最后只能证明一件事,那就是我原来根本就成不了一个真正的作家。

但我还是想试一试。

无他,因为热爱。

文友印象

一个喋喋不休的沉默之人

张 楚

这个贵州人无疑是个好酒之徒。第一次见面,就不经意间向我们显示了他的好酒量。在我印象中,世界上所有的胖子都是天生的酒徒,他们磅礴的肉身让酒精以最缓慢的速度在血管里流动,从而让他们得以在酒桌上具有一种高贵、懒洋洋的优雅。然而这个贵州胖子,却并非如此,当他将杯中酒一饮而尽时,脸上是那种未曾满足的饕餮之态,仿佛喉咙里刚刚吞咽下的那团火才是痛苦的始端——尚有无尽的美酒仍在等待之中,因而这等待不是关于戈多的等待,而是《欲望号街车》中布兰奇的等待。

第一次见面,除了他的好酒量,我们还知道了他是个多么喜欢说话的人。喝着喝着他站立起来,开始学毛泽东在开国大典上的讲话。在那之后很长一段时间,作为井底之蛙的小镇人,我都以为贵州方言其实就是湖南方言,除了表演的天赋,只有骨子里时刻涌动的音符,才会让这个贵州人将湖南话说得如此地道而深情。在那个晚上,他也讲了许多关于何锐先生的轶事,作为一个在文学青年口中流传的名字,何先生的形象在这个满脸通红的胖子口中变得愈发伟岸。在去鲁迅文学院学习的第一个夜晚,因为这个胖子的表演,我内心温暖得很。在帝都,向来有种蝼蚁爬行之感,可那晚,我们这些异乡人的相聚,充溢着一种乱糟糟的朴素的属于俗世独有的快慰。我想,是这个一说话眉毛就飞起来、嘴巴都咧到耳畔的贵州人带给我们的。如果说人生中总会遇到一些天生异秉之人,那么这个叫肖江虹的人,无疑是其中的一个。

有段时间,我们总是叫上斯继东、王凯和朱文颖去吃消夜。那是北京的春天。北京的春天多么奇妙,它让沉郁密集的街道变得舒朗,它让空气里的花香变得稀净,它让元大都遗址的护城河水变得润洌,它让13号线地铁变得如《千与千寻》里那辆通往魔境的地铁般充满了奇思妙想,它让所有的男人和女人都变成四季里最美好的那个自己。我们这些鸟人,在路边摊,在簋街,在鸡爪王,喝着酒,聊着被我们聊烂的文学。江虹通常是酒喝得最多的那个人,也是话讲得最多的那个人。在事关文学的话题上,他不会掩饰自己,那种戏剧表演的才能在文学这两个字面前突然就失效了。他严肃,甚至是尖刻起来。这和平时的他完全不同。当他绷着脸头头是道地批评某篇作品时,他的瞳孔是那种被火焰炙烤的颜色,嘴巴也要比平时小了很多,而手中的酒杯,久久地停在半空中,杯中美酒随着他讲话时胸腔的起伏静静地舔舐着杯壁。我喜欢此时的他。这是因为他把我不好意思说或羞于说的话都说了出来,也许可以这样讲,他把我胸中的某些块垒和疑问用他的言辞给砸碎了。当然,他肯定不会晓得,在这一点上,他和徐则臣颇为相似。在事关文学的话题上,都保持着孩子般的纯真。在这个与精神相关的艺术都变得越来越不重要的时代,他仍以一颗赤子之心护卫着心中的美,或者与美相关的一切。这让我对江虹充满了一种羞愧的敬意。

江虹也有沉默的时候。在鲁院的日子虽然美好,有时也颇寂寥。我会敲敲他的门,走进去,找把椅子坐下。多数情况下,他的电视机会开着,里面播放着球赛。江虹呢,总是坐在正对着的椅子上,瞪着大眼盯着屏幕。他会递给我一支烟,然后继续跷着二郎腿或弓着腰看电视。我想不明白,为什么他总有看不完的球赛。我们就那么安静地坐着,唯有屏幕里传来喧嚣的喊叫声和解说员已然疲惫却装作高潮的解说声。烟抽完了,我也就走了。他会用贵州普通话说一句,慢走啊。我想,这个时候的他,或者说日常生活中真实的他,可能就是这个样子:没有了酒,没有了文学,他让沉默显现出应该有的模样。而当这种沉默体现在他的小说中时,则让小说膨胀着某种巨大的力与美德。

读《百鸟朝凤》时是个午后。那个叫天鸣的孩子在里面学艺,在里面奔跑,在里面心藏执念又被时代弃绝。小说如是内敛静穆,干净朴素,文本之外的沉默喑哑却显现出绝望怆然的力量。我内心翻江倒海,一时江虹的音容也恍惚起来,只记得一个叫天鸣的孩子在江边练习吹唢呐,身边白色江鸥飞起。那个午后,我站起来,在窗前徘徊片刻,然后敲响了江虹的门,热烈地熊抱了他一下。我想这可能是对小说家最得体的敬意。几年后读他的《悬棺》,"十四岁那年,我有了属于自己的棺材"。这句话我再也忘不掉,我觉得它简直可以和马尔克斯那句"多年之后,面对枪决行刑队,奥雷里亚诺·布恩迪亚上校将会回想起,他父亲带他去见识冰块的那个遥远的下午"相媲美。可以说,在江虹一系列与民俗相关的小说中,他一直以一双旁观者的清澈眼神注视着消失中的风物,缅怀那些被时光抛弃的秘密和人心,同时将这些独特的叙事资源赋予一种美学意义上的审视、哲学意义上的反思。谢有顺先生曾经说,写好地方秘史、民族秘史、边地想象可以成为世界文学景观。我觉得,生活在贵州的江虹,完全有能力写出谢先生所说的文学景观。

鲁院毕业后,我们各回老巢。相聚时短,别离悠长。很多个夜晚,我会接到江虹的电话。他在电话里的声音完全不似酒桌上的那种兴奋,只是简单的问候,末了一句总是说,有空来贵州玩啊,想你们呢。2013年在北京相遇时我正闹胃病,一下瘦了20斤。他见到我时眼中的惊讶与疼惜之色至今我仍记得。回家后,隔三岔五就会收到他的短信和电话,问候我的病情,叮嘱我少喝酒,别熬夜。这个时候,他让我感受到俗世的温暖和亮色。

说实话,我时常想念起这个在酒桌上喋喋不休的人。有段时日,我们都劝他改行,去电视台讲贵州青口,当个娱乐明星。当然,这只是玩笑话,其实我更期盼他如月下老僧读经,在他洁净朴实、沉潜诗性的汉字中,继续充当一个异己世界里的沉默的、万千幽暗的造物者。

评家观点

肖江虹的悲剧感与悲剧意识
杜国景

敏锐、机智、诙谐、幽默,这是肖江虹留给很多人的印象。落到文字上,那几乎就是肖氏风格。可是你又不能被他误导,躲藏在他小说后面的,其实是某种冰凉的、坚硬的东西,与人的悲剧感或悲剧意识有关。意识到它的存在,你会马上想到他那双极有特点的眼睛,它在打量、逼视,微微眯着,略带一点狡黠、嘲讽,这时候,眼镜倒成了它的掩体,不定什么时候,它就会一跃而出。

到目前为止,肖江虹写的几乎都是乡村,人物也都是很边缘化的农民工或乡村子弟,偶尔涉及城市,也都是身处边缘、地位卑微的灰色人物。肖江虹的成功,得益于他的底层经验。他的《阴谋》《求你和我说说话》《平行线》《天堂口》《喊魂》《当大事》《我们》等,写的即全部是与他"命运相息"的底层生活。这些小说即使不去细致分析,仅仅是人物的身份,如下岗工人、流浪者、保安、殡仪馆整容工、城市边缘人、市井江湖、乡村留守老人与妇女小孩、农民、矿工等,就已经有苦涩的意味。肖江虹凭借自己的艺术感觉,对底层人物的艰辛生活做了杰出的提炼与表现,尤其突出的是对卑微人物心灵世界的刻画。《求你和我说说话》中的流浪汉王甲乙本是一名矿工,因煤洞塌顶伤残,只能靠捡垃圾为生。这就有了捡到一只充气女娃,只为"求你和我说说话"的情节。最终,王甲乙见义勇为身受重伤,警察在他栖身的桥洞里看到了这个充气女娃,却做了"自慰"的理解。刚刚还有一点道德光彩的人物,顷刻间又变得猥琐,没人能理解他心中的凄凉和孤寂。

《求你和我说说话》构思奇巧,语言也很干净。肖江虹的底层叙事几乎都有那种很民间、很乡村、很悲情又很内敛的特点。有时候还捎带着曲笔,即在描写底层人物时来点揶揄或喜剧化处理,表面看有违对人物的道德审美,而实际却是含着眼泪。如《阴谋》中的赵武,"迈左腿时身高一米六五,迈右腿时身高一米六";《我们》中的徐老大,不仅瘸,而且木讷,村长叫他去接电话,跑起来高高低低、吭哧吭哧;最有意思的是《天堂口》中的殡仪工,他地位卑微,却与南宋四大中兴诗人之一的范成大同名,他的工作主要是给死者理发整容。每次动手之前,他都要念上一段《增广贤文》。这些描写,似乎是在用俏色的语言来调侃一下人物的卑微,给他的灰头土脸增添一点趣味,但读的时候却让人笑不起来,因为那字里行间饱含着苦涩的人生况味,或可称得上以乐景写哀情。只有莫逆于心,才能博得五味杂陈的幽幽一笑。

不过,肖江虹那些能够放到"底层文学"框架内去讨论的作品,还谈不上圆熟,算不上是他最好的小说。肖江虹是有个性追求的作家,他并不满足于随波逐流,不放弃底层而又要谋求从底层突围,一直是他的一种写作姿态。《犯罪嫌疑人》《天地玄黄》《百鸟朝凤》《蛊镇》等,明显就有对"底层"的不同开掘。这几部作品,大致可分作两种类型来看,一是《犯罪嫌疑人》和《天地玄黄》,它们写的仍是乡村、农民,但那是"过去的底层",与当今这个被权力资本打造出来的"现在的底层"很不一样;另一类是《百鸟朝凤》和《蛊镇》,它们写的虽是现在的底层,但别有意蕴,并不适合拿到"底层文学"范畴去讨论。

《犯罪嫌疑人》写的是"文革"后期,龙潭村因发生一桩强奸杀人案而引发的追查凶手的风波。龙潭村原本民风淳朴,多年"顺顺当当,没出过恶人"。"文革"虽导致了乡村的某种扭曲变形,但至少在意识形态的意义上,乡村那时还具有整体性意义,并没有凋敝、颓败到土地荒废、缺少人气的地步;乡村与城市、乡下人与城里人在政治上还是"平等"的,并且从来没有这么"平等"过。因为平等,乡下人在干部、在城里人面前,有着足够的自尊、自信。生产队长萧明亮谈起自己在抗美援朝战争中负伤的经历,甚至不无自豪感,这也是他敢于顶撞公安干警的本钱。正因为如此,命案一发生,并且还是乡村道德最不能容忍的强奸,这就让向来平静的龙潭村立刻无法容忍了,每个人都在用最恶毒的语言诅咒这个"败坏了赫克莱堡的人",恨不得立刻将其揪出来,让他受到惩罚,让他还龙潭村一个清白。小说的精妙之处,在于悬念只是由头,过程远比结果重要。在滚滚向前的历史车轮面前,乡村教员、骟匠、麻糖师傅,每个人都是弱者。

与之相似,《天地玄黄》也着眼于历史。但那是改革开放初期的乡村,时间上与《犯罪嫌疑人》紧紧衔接。最妙的是,这一段历史恰好处于"现在的底层"与"过去的底层"之间,可谓是奇异的过渡时期。与过去相比,由于实行新的农村经济政策,乡场上的冯幺爸们开始扬眉吐气,挺起了腰杆做人。最先富起来的就是他们当中的各种承包户、专业户,这曾经让那时刚刚摘帽的知识分子和仍要靠户口本购粮证为生的城市居民羡慕不已。翻天覆地的变化,令那一代中国农民至今还有所感怀。与现在相比,命运确乎是大师,几乎是在一夜之间,农民又回到了原来的起点,权力、资本与市场的共谋,无情地抛弃了乡村。由于两极分化加剧,农民不知从何时开始又成了弱势群体。底层,这个让人触目惊心的世界,陡然突显在现在的世人面前,而主角,正是《求你和我说说话》《喊魂》《天堂口》中的那些背井离乡到城市谋生的乡人、农人,或者是《当大事》中的留守老人和妇女。他们或卑微,或胆怯,或年老体弱,或赤红着双眼,面对浮世繁华却又无所适从,只能踽踽独行,听凭命运摆布。

《天地玄黄》正是关于历史夹缝的一种奇妙的童年记忆。它将过去和现在的两个底层连接在一起,还是有一种类似卢卡奇所说的那种"总体性"意义。底层地位的大起大落是外部总体性冲突,它不断处在被建构和被瓦解的过程中,人的内部总体性亦在不断指向对它的适应、期待和渴望状态。乡村道德秩序崩溃的精神危机作为一种潜隐的叙事,实际是彰显了一种"总体性"的历史主义意蕴。

小说的主人公是三个顽劣少年,有点像成长小说,但又绝少从天真幼稚到成熟世故的历练过程。三个顽劣少年自始至终没有长大,也不可能长大,作家压根儿就不给他们这样的机会,没有这样的时间跨度。他们最敢在班主任面前显老成、放肆的时候,也仅仅是因为来学校上课之前,每人偷偷灌了几大口烧酒而已。小说真正的意义,是以一种少年的视角,展现了改革开放最初几年乡村社会所经历的动荡和分化,在作家看来,那也许是远比物质生活出现的转机深刻得多的精神贫困与文化危机。旧的价值轰然解体,新的秩序尚未建立。大众传媒无孔不入,金庸作品风行一时。再加上抢劫、严打,最终只剩下赤脚医生王明君所代表的乡村道德在勉力支撑。这是关于80年代乡村的另一种记忆。

《百鸟朝凤》和《蛊镇》也是肖江虹的代表作。与《犯罪嫌疑人》《天地玄黄》相比,属于另一种类型。但它的价值内涵也同样不能为底层叙事所包容,尽管它们所涉及的是"现在的底层"。《百鸟朝凤》和《蛊镇》故事背景相似,都是目前正在凋敝、颓败的乡村;人物也相似,都是农家子弟、农民工、留守老人、妇女一类,但旨趣却并不仅仅是权力与资本逻辑的狰狞面目,或荒漠人性对卑微灵魂与肉体的无情吞噬。恰恰相反,在严峻的生存现实面前,人与人之间却并不缺少温情。所有的人物都相类相从,恪守乡村道德,都被浓浓的乡情、亲情、友情、恋情包围。

小说的沉重与其说来自人物的命运,不如说来自正在被消解的乡村历史传统与文化,包括它们所赖以生存的社会环境与自然环境。《百鸟朝凤》中焦家班的唢呐师傅,不仅技艺超群、眼光独具,而且信念执着,然而他最终却无力让自己的手艺传承下去。小说结尾,唢呐独奏曲《百鸟朝凤》悠悠响起,纯正、高远但凄凉、呜咽,跟整座城市一点都不协调。再看看吹奏者那一身像乞丐似的褴褛衣衫,还有什么样的景象,什么样的乐器及乐曲,能给人如此衰颓的感觉呢?

《蛊镇》也是如此。名为"蛊镇"的古老村寨在遭遇抢劫和瘟疫之后,幸运地依靠"放蛊"的风俗传闻得以保存下来。"蛊师"也俨然成了一种具有民族地域特点的奇异职业,且代代相传。然而打工潮兴起,细崽的父亲王四维和其他年轻人一道,义无反顾地去了城市。冰冷的"命运",从此开始了它对蛊镇人的无情捉弄。听说王四维在城里感情出轨,妻子赵锦绣便托王昌林制了一道"情蛊",要抑制丈夫的性欲,想不到用药过猛,王四维从此成了"太监",被人家抛弃后万念俱灰,从脚手架上掉下去摔死了。细崽天天盼着脸上的红斑快点消失,好让父亲把他接到城里去,结果盼来的却是死亡的消息。留守老人把最后的希望放在翻修蛊神祠与操办蛊蹈节的狂欢上。王昌林兴奋莫名,虽然声称"蛊师不给自己下蛊",但他自己还是进入了迷离恍惚状态。

这样的叙事及结尾,流淌着冰凉的诗意。连细崽脸上的红斑都成了一种关于命运的隐喻:红斑的形状与蛊镇的地形暗合,它的存在,给细崽和他的家人带来了无尽的烦恼,然而当它消失的那一天,也意味着蛊镇的另一种生命也要被它带走了,而且是一去不复返。这样的悲剧,谁说不是关于历史与传统文化的谶语呢?

《百鸟朝凤》也有一样的艺术感染力,两部小说可谓异曲同工。而且它们与《犯罪嫌疑人》《天地玄黄》一样,整体上都具有一种沉潜的悲剧感与悲剧意识,那正是这四部中篇小说内在的精神气质。或者说,在小说的结尾,故事其实才真正开始,因为在这里,关于历史、关于人类、关于生、关于死、关于爱的种种悠悠长思正在缓缓升起,使人心神激荡,久久难以平静。如果说这里的悲剧感与悲剧意识,在《犯罪嫌疑人》和《天地玄黄》中主要关乎历史,那么在《百鸟朝凤》和《蛊镇》中则主要关乎传统,关乎我们民族赖以安身立命或视为命根子的那种东西。

这就说到了隐藏在肖江虹小说后面的那种冰凉和坚硬,它们并不仅仅是对苦难的诉说,也不再是弱者道德或人性与命运的对峙,而是与悲剧感或悲剧意识有关的一种更深广、更凝重的心灵撞击,既关乎个体乃至人类的命运,也关乎民族传统与民族的历史与文化;即使是飞扬的人生,或笼罩在温馨、欢乐、幸福感中的人生,都可能在不经意之间被它击中,被它那种挥之不去的悲凉、阴郁所感染,然后老老实实地沉静下来。需要说明的是,这里所谓的悲剧感与悲剧意识,与个人意志、政治意识无关,与个人对命运的无从抗拒无关,与苦难、死亡无关,甚至并不等同于悲剧本身。悲剧可以是大痛苦、大灾难,可以是生命的死亡或珍贵价值的毁灭,而悲剧感与悲剧意识主要是指对悲剧性或悲剧性力量的感知,是对某种意识到的历史深度与人性内容的把握。它可以朦胧,可以意象化或象征化,可以来无踪去无影,但它确凿地存在,并极具覆盖性与洞穿力,直到让人产生某种"顿悟"。

按当前的文学断代,肖江虹属于"70后",但是,被理论批评所指认的某些"70后"特质,在肖江虹这里并不一定能够说得通。他的日常生活叙事并不轻松,充盈的沉重感、压抑感是其底色,边缘生活与底层意识,在肖江虹这里具有非常实际的贯通性与决定性。他的叙事并不能等同于"70后"代际意义的日常生活诗意肯定,或个人的欲望化写作,而是属于不折不扣的"宏大叙事"。或者说,肖江虹的日常生活叙事总蕴含着意义的建构,那才是他实现"对人性与生命的自觉肯定"的首要途径。这其中最值得注意的就是那种悲剧感与悲剧意识。它具有精神的绝对性与超验的崇高性,作为一种含蓄的批判,其本身就"是视野更加开阔的现代性的一部分"。也许"贫富、宗教、文化的严重冲突,也将像历史河流中有过的壮观涟漪一样,最终仍将消失",但历史与伦理、人性与人文的二律背反,"还将有一个漫长复杂的展示路程。于是,人随着历史,仍将在悲剧中踉跄前行,别无选择"。

王夫刚

王夫刚 / 鲁迅文学院第二十届高研班学员,首都师范大学 2010 至 2011 年度驻校诗人。著有诗集《诗,或者歌》《第二本诗集》《粥中的愤怒》《正午偏后》《斯世同怀》和诗文随笔集《落日条款》《愿诗歌与我们的灵魂朝夕相遇》,曾获齐鲁文学奖、华文青年诗人奖、柔刚诗歌奖、阮章竞诗歌奖和《十月》年度诗歌奖等。

作家自述

不要抛弃灵魂中的英雄

王夫刚

两年前,一次偶然的机会,我发现自己有了花眼的迹象,这本算不上什么意外,无非生命中的事实按照自身的规律和秩序不请自来,弦外之音却显得意味深长:季节人生,大抵已是秋天。回首往事的骄子在追光灯下讲授"必然如此"的成功学,不堪回首的失败者则可以在剧院的丙级票区乃至剧院外面安置"原来如此"的惭愧了——布罗茨基说,生活的可见层面永远比生活的内容更为重要——对于我这一代置身其中的人来说,不是命运开始出现分野,而是已经完成了分野。流逝的光阴向来如此,不容商榷,当我从慵倦的寂静午睡中茫然醒来,当我怀着诗人的沧桑之心去求解一些诸如此类被现实主义视为"一分为二"的命题,我知道,我所寻找的诗歌答案并不具备普遍说教的价值,甚至连分享喜悦都只能在一个局促的空间展开。我还知道,我没有打算依据生活的强行教育来调整自己的写作兴趣以取悦附着在诗歌表面的那些即时诱惑,并且愿意用足够的耐心为之交付我所能承受的学习费用——像曼德尔施塔姆谈论但丁时所言:诗歌中重要的东西只是对诗歌发生过程的理解。人不满百常怀千岁之忧,一个合理的诗人,历经境界、意趣和创造力的综合考核,守住道德底线和文学的基准尺度并非额外要求,不过是土壤般的呼吸无处不在。如此,诗人在彰显"个性"时才不至于因为跑偏而迷失在"任性"的路上,才不至于把弗罗斯特的"一片树林里分出两条路——/而我选择了人迹更少的那一条,/从此决定了我一生的道路"当作一笑了之的浅表性抒情。在我看来,互联网时代以来,诗人的总体表现差强人意,隔三岔五跑到台前的"话题演出"几无新意,而且往往授人以柄,被取笑的诗歌和诗歌精神至少在形式上仿佛毫无还手之力,有风骨的公共艺术交流在开放的网络平台上越来越倾向于私有化的沉默,这就出现了一个有趣的现象:

日新月异的科技和喜欢热闹的诗歌写作者相得益彰,自成体系的诗人却选择了谨慎地规避和寂寞开无主地掉队(谁跟自己成为朋友,谁就不会在独处时感到寂寞)。赫塞认为,人生是课以每个人各自不同的一次任务,在这里,重要的不是"任务"而是"各自不同"——因为人类不会轻易把一件世所仅有的任务交给哪个具体的人,所以,"各自不同"决定了一个人(不仅仅是诗人)对于生生不息和薪火相传的贡献率。风在树木面前藏不住级别,雨水也绝无倒流到天空的可能,诗人允许形形色色,诗篇也允许鱼龙混杂,大浪淘沙却只有一种方式且至今未见变化。尼采告诫我们不要抛弃灵魂中的英雄——这句话的前提是,我们的灵魂中首先要有一个存在的英雄构成被我们景仰的坐标。何谓英雄?字典给出的解释为"聪明秀出谓之英,胆力过人谓之雄",英雄的颜值和版本虽不一而论,唯浩然之气和磐石之心不可或缺,阮籍当年指责竖子成名恰恰是对英雄的深情呼唤和间接致敬。而上个月,诗人宋石头揣着"不想让古人小看"的一意之念,置现代交通工具于不见,只身徒步走了六七天,走了200多公里,从太原一路雪迹赶到长治,只为找朋友喝顿酒,也称得上逆势出场的"单体细胞"英雄挑战司空见惯的生活和大数据治下的时代。物质可不可以成为灵魂中的英雄?可以;权势可不可以成为灵魂中的英雄?可以;物质和权势可不可以成为灵魂中改造思想和修订诗歌的英雄?这个似乎不可以。我眼睁睁地活到了花眼的年龄,还在替那些一目了然的话题自问自答,你觉得是欣喜还是忧虑?是杞人忧天的追溯、无可奈何的停滞还是高处生寒的瞻望?记得年轻时参加饭局,主人苦于我没有合适的社会职务,干脆介绍说:"这位是诗人,王夫刚诗人。"起初我有点儿尴尬,毕竟诗人不是通俗易懂的局长,也不是财大气粗的总经理,及至后来,我不但欣然接受了这个称谓而且渐渐有所偏爱,经过这么多年的妥协和反抗妥协,的确没有另外一种更合适的称谓接近于我了——过去没有,现在没有,以后也将注定没有——情况就是这些,命运已经这样,那么,我为自己的诗人身份而感到荣幸,这也将是我在中年和中年以后所遭遇的一种"原来如此"的非选项现象:如果我的灵魂中有一个未曾抛弃的英雄,他的名字必须叫作诗歌,在生死疲劳的旅途上启蒙般把我的休眠火山一次次唤醒。

文友印象

王夫刚：别来无恙

吴玉垒

2015年春天，诗人王夫刚编选的《别来无恙·新世纪山东诗集选粹》由时代文艺出版社出版发行。他为这本诗集起的这个意味深长的名字"别来无恙"，让入选诗人甚至读者都能感觉到他的用心所在，进而或多或少嗅出其中的沧桑——在别来无恙的拷问里，包含了多少尘土飞扬和尘埃落定啊。

20世纪80年代的新诗潮，如火如荼，戛然而止，一个怀揣诗歌梦想的少年来不及想好就做出了反应，不过是命运在那个时代的具体呈现。18岁出门远行，王夫刚从"欲哭无泪"到"有泪不流"，从"幸福的文学爱好者愿意吊死在同一棵树上"到"决定写一首你看不到的诗留在人间"，从"青春式微，别离有话要说"到"正午偏后，命运的佳期已经不多了"，30年恍如云烟，对人生的执着反而使其顺从了某种现实："要么屈服于流淌，和大海的低/要么，中途夭折。"既然不肯折腰，承受跌宕也就在所难免，他因此不无辛酸地说：面对时光我有心无力；但同时他又不无自豪地说：落到纸上的梦才算向这个世界哭过。

作为诗人的王夫刚，怀着向古典和剑客致敬的心走在一个人的路上，孤傲业已成为其生命中的本色：更加冷峻又更加平和，更加尖锐又更加沉稳。正是基于这样的人生自信，王夫刚在一种广阔的视角上，用他的诗歌向我们表明了一种在不断还原的记忆里击穿现实迷幻的勇气和价值。他是如此执拗地前行着，又是如此寂寞地自省着。他以对生存与生命意识的深刻洞悉，真诚而冷静地推进着逆向剥离和诗意重构的过程，作为一个具有独立精神的诗人，王夫刚完成了这种心灵的跋涉；作为一个隐忍的生存者，王夫刚以真实而不妥协的疼痛和警醒成为"众人中的这一个"。

与此同时，王夫刚还为新世纪山东诗歌做了许多局部总结的工作，他劳心费力地编选了《层面·新世纪山东青年诗选》《到诗篇中朗诵·100位中国诗人的100首汉语佳作》《山东30年诗选》《册页·新世纪10年山东诗选》以及前面提到的《别来无恙·新世纪山东诗集选粹》等个性迥然的区域性诗歌选本,并分别为之写下读来受益的编后记。平心而论,在发个征稿启事、筹点印刷费就可以编书的年代,还真不缺少把邮件箱里的稿子直接排版的所谓"编者",按王夫刚的说法,如此编者和选本"不在我们的话题之内",这也从另一个角度透露了他作为一个诗歌选编者的眼光、境界和底蕴。

王夫刚曾经在诗中轻描淡写地道出了当下社会的一个奇怪现象:没有比嗤笑诗人更不担风险的傲慢了。作为同道,我甚至看到了他在写下这句诗的一瞬间掠过嘴角的那丝不屑与超然。是啊,诗歌是什么? 在当下,任何一个精于世道者都可以假借诗歌的名义演出,只要他认为需要;诗人又是什么? 任何一个会用回车键的人据说都可以为自己贴上这个标签,只要他认为需要。对此,身为诗人的王夫刚,不啻完成了从自我警醒到自我完善的升华,更在一定意义上实现了从"写作的诗人"到"命运的诗人"的跨越。作为他的朋友,我知晓这样的升华和跨越背后所经受的砥砺、隐忍甚至尴尬。

"讷于言拙于行",是王夫刚的自我鉴定。但据我所知,他的讷于言更多体现为一种生活的状态。事实上,每每心灵洞开,或情势所致,他的滔滔不绝,他的咄咄逼人,决然会让你惊讶于一个思辨者的飞扬才情,在其随笔集《落日条款》和文论集《愿诗歌与我们的灵魂朝夕相遇》等诸多文字中,亦可窥见一斑。这些年来,他不断往返于济南的舜耕路和黄海之滨的五莲县户部乡,偶尔也会绕下高速,到我居住的小城一聚。不知从什么时候开始,酒成了诗人之间必不可少的媒介,好像无酒即不成诗,这其中有真性情的诗人,有真性情的酒诗人,也不乏借酒表演的登徒子诗人。所幸的是我和王夫刚不需要酒作形式,一杯清茶足以让我们彻谈到月上高楼或者日照轩窗。手机、微信和网络几乎把"后会有期"和"别来无恙"逼得跳楼,这些词汇可以灭失,这样的情怀却不能缺席我们对于诗歌的判断以及献给未来的理解。

五年前,我曾为王夫刚写过如下文字:"作为朋友,他是一个能够有所托付的人;作为个体,他是一个有着自己内在尺度并且敢于坚守自己内在尺度的人。他做事扎实而缜密,不招摇,不矫饰,不虚妄。我想,对于一个有着自己内在尺度的人,敢于坚守至关重要,这是衡量一个人是否真正拥有自我的重要标准。现实中很多人并非没有自己的尺度,只是囿于种种因素而不能坚守这个尺度,以至于常常处于一种尴尬的境地反而使自己显得不伦不类。有时候,王夫刚也不是不想迎合现实,但在紧要处他却绝不降格以求。这样的人,要么被人由衷地敬重,比如君子;要么被人无端地嫉妒,比如小人。"及至今天,我依然不改一字照录于此,实在是,这样的人越来越少了。

评家观点

谁在岩石上敲门,谁就能在树叶上酣睡
——王夫刚诗歌纵论

燎 原

在当代诗坛,王夫刚曾是诗人中的弱势群体。他以良好的写作天赋从乡村起步,却在通往城市的发展空间中饱尝酸楚,但"从欲哭无泪到有泪不流",他以不动声色的倔强自我造化,在与现实的痛楚质对中不断领取教益,进而通过富于耐力的持续建造,以机锋伏藏的优秀短诗、水阔流涌的系列长诗、雄辩精微的诗歌文论,缔结出一位诗人沉实的大盘底座,并在叙事姿态、语言方式、艺术理念上走出一条新的道路,形成了自己鲜明的艺术标识。

从此在的角度看待王夫刚的诗歌之路,仿佛一个落魄的乡村少年成功的人生逆袭。而落魄的标志性事件,便是当年"我从考场溃退下来"。这本是城乡差别形成的先天性竞争劣势,无数乡村少年都曾遭遇的命运,但王夫刚却不肯认命。因为在他的意识中,这并非自己资质的不济,而是这样的资质,为自己面对的应试教育系统所不容。严羽那一著名的"诗有别材",既是指诗人在写作中不同流俗的特殊才能,也是对诸多诗人艺术家天资分配中此弱彼强现象的指认。无论王夫刚是否曾为历史上的众多人杰在科考中一再碰壁、灰头土脸,却在诗歌艺术领域大放异彩的先例所激励,但接下来的事实是,他决然放弃了以复读与高考的无趣纠缠,踏上了自己想象中的道路。

——"他将吃尽苦头……"

这是就自己前途抉择一场"失败的对话"后,父亲对他的最终结论。

诚如其父所言,这个乡村少年最寒冷的人生季节就此降临。他选择了一条渺茫的不知所终的道路,而在这条道路上,他必须为自己的选择独自负责。由此开始,他先后辗转于家乡周边的多个城市,为无处安放的青春寻找出路。在这一过程中,他充分见识了社会转型期资本的狂妄与嚣张,底层个体的渺小和无助,

但富有意味的是,他随后的诗作虽然不无孤寒愤懑,却并未被这一情绪所主宰,而是将其化作写作的沉重底色。的确,向世人倾倒自己的苦水有什么用?把泪水泼洒给世界又有什么用!在关乎一位诗人未来走向的重要节点上,他拒绝了自己之于世界的怨艾或自作多情,进而逐渐确立了一种冷峻的应对姿态,并把目光更深入地投向自己命运共同体的乡村,探究其中的奥秘。

"最后一个动作转瞬即逝——/大河之水从地图上流了出来/健康的秋色布满北方",然而,"水越流越少,水的问题/不声不响地逼近北方",人们活在两岸的村庄,"平平淡淡地过了很多年/还将平平淡淡地过很多年/奇迹的出现,不是现在的事情/也不在他们中间"。在这首《北方的河》中,王夫刚以与其年龄不相称的沧桑感,说穿了中国乡村的基本处境和命运。写出这首诗作时,他年仅19岁。

这首诗作外冷内热的现实关注基调,正是当时主流诗界所倡导的类型,但不久,他的乡村叙事却骤然变声,转换出一种陌生的超然与冷峻。

在随后的《暴动之诗》中,他对家乡史志中的一段传奇,进行了一次颠覆性的解读:那是在历史上某个动荡的年代,一群山乡汉子在走投无路中突然啸聚山头,举义暴动。"他们杀死地主,烧毁寺庙",这是当今所有的地方史志中,有关"暴动"的标准表述,但史志不会去表述的,则是接下来的情景:一时的血勇过后,壮士们突然心绪晦暗,不知所措地望着落日沉默。并且他们至死都不会想到,这一举动会成为地方史中红色的一页,而当这一光荣降临,他们已全然不知……在这首诗作中,他发现了常规历史叙事之下更深的遮蔽:人性的慷慨与脆弱、事物运行过程中游移不定的偶然性,以及毫无逻辑规律可循的吊诡。由此进一步地认识到,这又正是世界内在运行结构的另外一种本质,而一位诗人所应致力的,就是面对由"正确"的常识所定义的世界,揭示出其下被遮蔽的本质。

再之后的《外公》一诗,便是以这样的理念,为同类题材建立了一个新的表述空间。那是在他记忆中的1984年夏天,随着山洪暴发和"高音喇叭里传来一声枪响",他的外公似有感应地动了一下——"这是一个喜欢咳嗽的/老头,对生活做出的最后反应",接下来便是哭哭啼啼的乡村葬礼,再之后墓地周边的枯枝寒鸦,以至连怀念也"夕阳般的倦怠"。这种删除了痛无欲生抒情的冷漠叙事,无疑会让一些读者惊诧,但作者恰恰是以指向本质的残酷,说穿了乡村草民生灭如草芥的基本事实,以及命运的必然。但与这一必然性相关的,则是这个世界上某些事情巧合的偶然,多年后他对外公去世的确切记忆,却来自当年那"一声枪响"的佐证。而这蹊跷的"一声枪响",则是1984年的同一时刻,中国射击选手许海峰在洛杉矶奥运会上,射得中国历史上的第一块奥运金牌。事情由此而更富意味:在一个荣耀的国家纪录诞生而举国欢腾之时,一个乡村草民的辞世便越发微不足道,甚至连亲人的记忆都发生了选择性的偏差!那么,这还是本时代我们的集体无意识?它到底又因何而形成?

这是一首仅14行的短诗,却交织着复杂的内在结构,作者将两个远天远地的事物在偶然性上纠合在一起,由此对顶出一种隐性的空间张力,既使历史叙事中被遮蔽的多种意味相继凸显,更显示了其所致力的深度叙事模型的建立,以及这种叙事的深度。

不错,作者于此一再呈现出情感表述上的冷漠。即便是关于自己亲人的书写,他都在第一人称的叙事中,持守第三人称的超然。在传统的诗学观念看来,这显然近乎"冷血",也是诗人的大忌。

然而,一位诗人的成长及其写作中所体现的一切,都无不源自生活的教诲。王夫刚的这种姿态,正是他在生活中反复受挫的特殊表征和自我成长。在他早中期的诗作中,曾一再表达过自己人生中的张皇失措和失败感:"我举手发言/不是遭到拒绝,就是张口结舌""长途大巴开动时我在靠窗的座位/闭上眼睛。一个失败的游子/身边坐着另一个/失败的游子",甚至每天都以"提心吊胆",加固内心河流的堤坝。但大家大概不会想到,在自己浩瀚诗歌空间中上天入地的天才诗人海子,竟也表达过相似的心情:"我怕过,爱过,恨过,苦过,活过,死过",在这之后,则是如梦方醒的情感反转,"我真后悔,我尊重过那么多"(《太阳·断头篇》)。无独有偶,另一位一生极少摆脱过苦难的诗人昌耀,在其晚年的诗作中,也从他标志性的炽热抒情中一再退出,而在《一个青年朝觐鹰巢》中,对聚集在云海孤岭上高原之鹰拒绝和人类与共的"铁石心肠",表达了由衷的渴慕与向往。

那么,不只是生活教导了诗人,更是生活中的挫折教导了诗人。当一位诗人之于世界一厢情愿的幻想破灭,便只能以挫折赋予他的铁石心肠乃至孤傲,强化个体的自尊。比如王夫刚诗中这样的表达:"我已经习惯了没有老师的/生活——我无师自通,从没考虑/把爱献给哪一个具体的人"。但随着他们精神能量的不断壮大,其与世界的关系逐渐发生了彼消此长式的变化,先前那个庞然大物的世界以及由此象征的宏大概念体系,在光环的破灭中渐渐缩小,缩小至一个与他对等的关系。这是在大千世界万物平等的观念中,他所要求的关系:人在世界面前既无理由狂妄欺世——没有大于世界的个体,也绝无必要卑躬屈膝——没有个体必须跪拜的世界!这其实正是世界以铁砧锻打的方式,对于个体的特殊观照和指教:无可依附的被放养的人生,只有在独立的人格建立中,去获得直面世界的力量。

到了这个时候,一位诗人还要沉湎于爱的倾诉与抒情,似已缺乏依据;而他关于世界的愤怒宣泄同样没有理由,也没有意义。也就是在这个时候,诗人的写作发生了一种特殊的变化:他由抒情转向叙事,并且是以内科大夫那种超然物外的冷静,深入世界的内部,探究产生了那一切的根源,进而以相匹配的语言系统和结构系统,讲述他所发现的真相。而在这种"冷血"的超然叙事背后,则是诗人对于履行其"天职"的巨大热忱。他不光要负责讲述他所探究到的真相,还要负责这一讲述非同寻常的艺术实现形式,从而使之得到最大程度的呈现。这样的"天职"情怀,正是一位具有专业意识的独立诗人,区别于诗歌民众的重要标志。

多少年后,一位并非诗人的人物,使王夫刚为之书写了一首长诗,这就是早他300年客居济南的蒲松龄。蒲前辈应是王晚生早就熟知的人物,但只有到了此时,才引发了他意识深处镜像性的振荡:"读书。教书。著书。除了盲肠般的应试/蒲松龄的一生只剩下这六个字""世上因此少一个刀笔小吏而多一个/卡夫卡的隐形老师"(《怀刑录》)。

哈,"盲肠般的应试",同是考场沦落人哪,也同样在文字生涯中读书写作。想来蒲前辈300年前落魄的沮丧,不会亚于今人的沮丧,但正是生存挤压下的心灵视角"变形",使他对应出了一个五光十色的鬼魅世界,进而置身于以故事讽喻人世真相的"天职"热忱中。把原本就神奇的故事讲得精彩一些,更精彩一些……蒲前辈在自己的人鬼叙事空间,精心打磨讲述的绝技,也为后世昭示出一束幽渺而深远的技艺之光。

但时代又在王夫刚身上,演绎出另外一个版本:这位曾经的高考落榜少年,若干年后却以作家的身份两度进入大学,成为山东大学作家研究生班的学生和首都师范大学的驻校诗人。而这两段时光对他知识系统的扩容作用,想来绝非可有可无。随后发生在他写作中的显著变化,便是在长诗和诗歌文论两个系统中的强力推进,尤其是此间先后展开的 10 多首长诗写作,诸如《怀刑录》《梦露本纪》《后梁祝札记》《山河仍在》等等,显示出他在这一基础上崛起的、对于庞杂材料系统宏富的整合能力和诗歌结构能力。

《山河仍在》是一首由 24 个篇章组合、长 2200 多行的超级长诗。按一首短诗通常 15 行的长度计,约等于 150 首短诗。从写作契机来看,它是作者在若干年的时间长度中,参加一些笔会和诗歌采风活动的产物,因此,其中的一些篇章,最初也许不无游历写作的即时性特征,或采风酬酢的应景因素,但随着后续写作的不断深化,尤其是作者在确立了"山河仍在"这一主题,而对它们进行最后的整合时,所有篇章都随着这一主题起立列队,直与"山河"的恢宏构型相应。而所谓的"山河仍在",应是基于据说山河已淹没于商品主义"雾霾"这一前提。因此,这一"仍在"又俨然一个反向立论。

在这一立论中,作者恍若地质勘查式的,随自己的游历而在山河间下钻了几十个取样的探点。诸如吉林的郭尔罗斯草原和长春斯大林大街名称的变迁,山西潞安煤矿集团和普救寺的"西厢记"传奇等等,大小不一,既有有名的景区也有无名的孤岛。而他从这大量勘察样本中看到的,虽有古老文明在商品时代的斑驳变异,但山河本质性的实体,则是密布于岁月中闪烁的人文历史、千姿百态的山水风物、燹火灾难中保存的人心民智……那么,现代"雾霾"下的山河还在吗?当然!

但这首长诗给人以更深印象的,则是作者面对任何一个书写对象时,几乎都会穷尽所有信息进行取舍打磨,直至一丝不苟地丰满完形。当诗作中涌现出大量这样的诗句:"使庞大的国家机器进入他所设计的怠速运转状态的人/……在历史中把自己的名字/悄然改成大禹——连伟大的孔子/也不得不在伟大的《论语》中给他留出/一席之地:'禹,吾无间然也。'"你很难不对其中冷僻的文史典籍信息和点化精微的表达感到惊讶。同样深刻的印象,还有整首诗作不无暖意的中性言说基调,它意味着作者已摆脱了偏激的情绪左右,在一个新的精神层面上,与所迎来的无限展开的广阔世界,进行心智健全的盘问与应答。与此相应的,则是更精彩的语言艺术风景。这是以反讽、吊诡等反常修辞于事物穴窍中探取的深层意味,甚至是以刻意饶舌的闲笔,在汉语言艺术密码中点击出的微妙意趣:"铁树开花,其实是古老的文明/承担着被时代遗忘的责任。这世上辈分最高的/裸子植物……在美的洁癖面前呈现出有钙质的/矜持"。更以既莫名其妙又理所当然的意象与句式,呈现出机锋迭出的雄辩:"我的腰间挂着秦始皇未曾用过的/带彩铃的摩托罗拉牌手机","现在,我用一串11位的数字/和世界发生关系:/我是13906413357的主人/和它取长补短的隐形奴隶"。

是的,事情正如他面对重庆深山中的"爱情天梯"获得的魔幻性感受:"命运——谁在岩石上敲门/谁就能在树叶上酣睡",那么,诗歌——谁拒绝用一般性讲述世界,谁就能呈现一个非同寻常的世界。

"诗言志"曾是诗歌一个定义性的说法,但它只说出了上半句。历史上一切重要的诗篇,无一不是以对"志"让人惊奇的"言说"而垂延于世,并为这个定义补齐了下半句。古老的中国诗歌史,就是不断推陈出新的艺术变迁史,而近数十年来,一代优秀诗人对既有诗歌表达边界的纵深拓展,已远非有新诗以来的任何一个时代可比拟。在这一接力性的诗人序列中,便跳动着王夫刚的身影。

当然,我还清楚当代诗歌正在遭受空前的嘲笑,但在这个人人争做意见领袖的时代,且让王夫刚的诗歌替我再多说一句——"没有比嗤笑诗人更不担风险的傲慢了。"

马小淘

马小淘 / 鲁迅文学院第七届高研班学员。曾获全国新概念作文大赛一等奖、中国作家鄂尔多斯文学新人奖、在场主义散文新锐奖、西湖·中国新锐文学奖等。17岁出版随笔集《蓝色发带》,后出版长篇小说《飞走的是树,留下的是鸟》《慢慢爱》《琥珀爱》《章某某》,小说集《火星女孩的地球经历》、散文集《成长的烦恼》等多部作品。

评家观点

一小片明亮

马小淘

前一段,整理一本小说集,编辑让我写一篇自序,而后繁体字版需要一个跋。我特别苦恼,一是特别猥琐地不愿意写这种算不上作品的东西,觉得浪费体力,二是真不知道该交代点什么,才显得真诚又得体。出过六本书,从来没写过自序或者跋。这两种文体对我来说比小说难多了,工作已经结束,还要啰唆什么呢?回溯写作的过程,解释未完成的想法,抑或倾诉过程的艰辛,好像都有一点多余。如同电影结束,字幕不是重头,有再大的彩蛋也不过是小噱头。

逃避和拖延一阵,编辑说必须写,装死,装高冷,装可怜,而后我依然没拿出像模像样的序或者跋。并且因为需要总结,无从入手,我又翻了翻那些小说。如同看自己的照片,听自己的录音,都会有不止一个瞬间,觉得那根本不是我。我无法以不微妙的心态,去看自己曾经的作品。我不得不坦白那种无法正视的忐忑。我和我自己的小说之间,依然有很多缝隙,里边装着隔阂、误会与失望。它们并没有严丝合缝符合我的设想。但这一切怨不得它们,都是我自己执行的时候能力有限。

它们扎堆出现,更让我痛心疾首地意识到自己的单调。同一个人的一堆作品放在一起,趣味上、好恶上的同质化常常显露无遗。我曾经无数次热情洋溢翻开一本小说集,读了一半就对后一半没了兴趣。去年,一个年轻作家把新出的中短篇集送我,我想仗义地把一本全看了,却无非在那些组团出现的小说中感受到换汤不换药而已。我们都不是故意的,我们忍不住反复描述自己热爱的角落。

六七个中短篇,我写了七八年,它们读起来有点像,甩不开一奶同胞的痕迹。可怕之处不是岁月改变了我,而是光阴荏苒,我还是原来的我。我的作品和我一样,盲目,没什么意义,一晃就好多年。坦白地说,我自己还是喜欢它们的,它们和我一样，不喜欢特别严肃地讨论问题。不管有什么迫在眉睫的事情，先抽空吃喝玩乐，至少要有轻松的姿态。

  如果非要想想这些年的变化，竟是有些不好意思的。经历了世俗生活的忙碌、势力、不美好，我好像没受什么伤害，还很有些兴致勃勃。学生时代，我酷爱故作高深，觉得现实的世界庸俗而扫兴，对生活的茫然，让我特别喜欢写作。所谓精神世界带来的愉悦，让我有一个内心极其强大的青春期，觉得自己简直是一个智者。然而，我并没有长成一个优雅、思辨的作家。没有文艺多久，我就变得越来越欢脱，从前不屑的凡俗，很快变成了我生活的中心，我不知不觉从一个苍白的少女，长成了一个精力旺盛，超长待机，动辄被晒得黢黑的家伙。时光让很多人变得深沉了，我却好像颠倒了，我想干的事总是很多，冬天想滑雪，夏天要冲浪，我都不知道哪来那么大的热情。就在打开这个文档10分钟之前，我艰苦卓绝地在一个池袋的动漫咖啡馆网站上瞎鼓捣了半个小时。页面只有日文，而我一句也看不懂，为了预约座位，我用了各种翻译软件，目前看来似乎成功了。为了安全起见，我还让学日语的小学同学帮着看看。

  高晓松说，生活不是眼前的苟且，是诗和远方。我喜欢诗，也热爱远方，却从不觉得眼前就是苟且。世界那么大，我想去看看。要是实在走不开，看近点也行。我知道这世间尽是看不破的真相，但我看到哪算哪，不那么容易失望。

  恐怕是玩得太开心了，和早年相比，我越写越少。但是讲真话我一点不焦虑，因为人生还长呢。那些我忍不住要试试的事情还有太多，试着试着，就会有些特别想写的吧。文学的星星之火，总会燎原的。

  这一刻，我忽然意识到我这个人就是太乐观了。乐观的人总是活得挺好的，但是不那么容易做出什么壮举来。但是好像写作也不是一个短促的壮举，它的难度在于需要不断地更新。所以乐观还是需要的。

  这一刻北京又是雾霾天，窗外脏得让人心生畏惧，人好像活在一朵乌云里。这个瞬间特别真诚的想法竟是，人生与文学的路都还那么长，我要慢慢与岁月周旋，好好养生。我要以心头的一小片明亮，来对付外面那一大片混沌。

文友印象

马小淘印象记

白　琳

2011年年初,我第一次读到马小淘的作品。我记得那天早晨我在阳台上搬花盆,把一溜盆里的土搅得天翻地覆,捎带拌进去一点羊粪。我的一个同事闲着无事在旁边晒太阳,一边晒一边说他刚从《散文选刊》上看了一篇马小淘的文章,很特别,推荐我去看看。所以我扔下小铲子去读杂志。

小淘的那篇作品叫《成长的烦恼》,活泼俏皮机灵还带一点刻薄辛辣。读完我追着同事扒这姑娘的皮,他讲得不明不白,所以我只好去百度继续满足自己的窥私癖。

转眼没过一个月,山西作协组织一次活动,邀请作家编辑若干,我是联络人,拿个小本本把大家的电话地址邮箱记下来,负责催稿。马小淘也在小本本上。一群作家到古县采风,据说那里牡丹花年年争着抢着要比洛阳开得早开得好。这一年4月底,原本日光渐渐浓烈,花隐隐欲放,不料活动前几天一股寒流袭来,人都翻箱倒柜拉扯冬天的衣服往身上套,更何况牡丹花,缩头缩脑死活不肯出来。活动没有达到预期效果,稿子却还是得写。没看到牡丹写牡丹,也真够为难的。小淘写来《牡丹不高兴》,看完我又妒又恨,什么嘛,竟然有人老老实实写牡丹不开花,还写得刁钻可爱,叫人读着有趣,还顺带软文宣传。

这次我们仍然没有碰面,我后来在一张巨大的合影里面找这个聪明人的脸,照片像素不够,脸模模糊糊,唯一有印象的就是头发长,脸挺白。

本以为对于马小淘的追踪就只停驻在好奇心,至多以后找更多篇她的作品来看看。谁想却撞了大运,9月得到了去念鲁院英语班的机会。开学头一天开大会,学生代表发言,马小淘被念了名字,上台字正腔圆。我用两根指头往上拽自己的眼角,想要克服近视的阻碍把这个姑娘的毛孔都看清楚,可惜姑娘的脸仍然一团模糊,就是头发卷得有点傲慢,一看就不是烫的。

我们被分在一个班。马小淘气场强大,我天生爱尴尬。就我读过的她的文字,想她应是伶牙俐齿、舌头歹毒、三言两语就能击中最隐晦的部位,再加上终于近看几次,肤白肉嫩无毛孔,摆明了漂亮高冷,我怕被戳痛,也怕被冻伤,索性装模作样对她漠不关心。

结果不久之后,有天放学我们阴错阳差走了一路,就一起吃了饭,接着有天我在食堂打不着大虾垂头丧气,她就帮我抢了一份,还有一天她下课和我聊天,夸我顺带夸自己看起来年纪小,再然后一天我们路上走着,她故作疑惑地问,咱是不是发过邮件?

等我习惯了这个姑娘,于是发现了她的傲娇本质。似乎骄傲任性,实际体贴暖人,似乎张牙舞爪,偶尔胆小怯懦,似乎只爱漂亮,原来也爱学习。我以为她像一些兼着工作的朋友那样隔三岔五来上个课,谁知道她定誓要做一个天天向上的好学生,专心听讲认真写作业,偶尔也可以见着她挺怂的一面。有一天她赶着来上下午的课,结果迟到了十几分钟,在教室门口站着踌躇很久。我们在里面隐约听到十分不自信的敲门声,持续几下,随即消失,终于一堂课快要结束,外教疑心并不是自己幻听,前去拉开门,顿时逮到她惊慌的小眼神。

几个月朝夕相处,除了看遍她整张脸找不到瑕疵而外,再没有什么让我泄气的了。认识马小淘,是这样一种经验,就像是要打开一只很漂亮的盒子,很担心里面装的东西太过超值而不适合。可是盒子开了,很惊喜,原来漂亮的东西也有很朴实很真挚的那一面。

之后几年,小淘是我真诚的友人。无论对于我去做的专业,还是偶尔写作,她都直言。有时是鼓励,有时是安慰,有时是夸赞,也有时是批评。她依旧敏锐,保持直白,叫人安心。

常常想起一个夜晚。结业之前去旅行,晚上收拾停当,我们去海边散步。冬天,即便在南方,夜里海水也是冷的。她陪我沿海走着,说着漫无边际的鬼话八卦,又唠唠叨叨不断叮嘱,怕我掉进黢黑的海水里去。在夜里我有无限的时间可以尽情地想我那些值得忧虑的心事,就像是一些女生那样,干脆端一杯红酒,坐在沙滩上望向海的深处更深处和天地化作一片混沌黑暗。可惜恼人的是,那一刻我觉得非常温暖熨帖。我们在海水的边沿线上随自然的潮流往返调整脚步,它来得凶猛一些,它来得软弱一些,我们有时候走得缓慢有时候跑得癫狂。我记得那天晚上,在我因为黑暗仍然看不清她面目的某一个时刻,马小淘罕见地认真地对我说,不要否定自己,也不要急,人生有无限可能。

评家观点

那些"装腔作势"里的进与退
——马小淘小说论
杨晓帆

马小淘的小说有趣且"安全",像是牙尖嘴利的好闺密陪你看戏,场外插科打诨让你过足戏瘾,又让你在临界大悲大喜的关头全身而退。与我们这个时代烂熟于心的许多情感故事相似,她也写适龄女青年不谈爱情的痛定思痛,写少女心的最后一缕余烬,写婚姻功利主义,却少有那种文艺腔泛滥的喟叹与忧伤。生活的后果是已经被过滤掉的,小说既不毁坏什么,也不打算建立什么,甚至也无关于再现,只是为了说出而已。这是马小淘式的"说",四两拨千斤,从日常生活里腾挪出小传奇,它一面成全了她最具辨识度的个人风格,有着被批评家津津乐道的戏仿反讽与语言狂欢,一面又容易让人看轻,如同她自己最熟悉的播音行当那样,先声夺人,背后的杂音和沉淀,反倒被忽略了。

如果说脱胎于青春文学的创作总有一个"寻找"和"漫游"的主题,马小淘小说的叙事动力常常是"后退"。刚刚进入职场,与男友欧阳雷感情长跑数年的林翩翩,发现电台领导竟然是自己大学时代的偶像叶庚,于是暗恋变成偷情,故事却没有往相爱相杀、妒忌背叛的言情戏码上发展。林翩翩校园时代的少女情怀还来不及死灰复燃,就已经自觉选择在克制中捍卫现实。她不爱欧阳雷,但"门当户对,郎才女貌",她爱叶庚,但"完美是个圈套,相安无事就好"。就像林翩翩的娃娃脸被隐藏在成熟的电台声音下,她还未阅尽沧桑,已经做到心如止水。这种后退的姿势,仿佛一块磁石,把小说中的人物都吸引到环形跑道上,即使那些奋力向前的人,最终也会返回起点。作为《不是我说你》的姐妹篇,《你让我难过》中的林翩翩对闺密戴安娜死心塌地被男友祸害的人生哀其不幸、怒其不争,但她同样大度成全着有妇之夫的正牌婚姻。抛开男女间、闺密间、父女间的冲突磨合,两篇小说标题中的"我"和"你"都可以只指向林翩翩自己。马小淘笔下的情感故事其实是女人们的独角戏,她们端坐在一间玻璃房子里,那些戏剧化的人来我往,完全敌不过她们头脑中的旋涡,她们为自己制造困境,又启动自我说服的引擎,圆一个退守现实的有理可依。

这种独角戏最精致的发挥是《春夕》。马小淘善于抓住那些让现实失衡的黑洞,"春夕是谁",这个问题不仅误导着江小诺疯魔了一般追查男友钟泽的初恋,也误导着读者忘记小说的起点。这不是一篇为爱痴狂的小说,江小诺爱上钟泽仅仅是因为他的声音,她对这份"爱"的投入甚至远不如她和前任徐子清斗嘴来得起劲儿。《春夕》在技术上最精湛的呈现是几乎通篇的对话,跟贫嘴江小诺和徐子清的幸福生活相比,钟泽的声音更像一件安静的装置。是春夕的误导成全了"终身"——"在三十岁的男人里找个没过去的不可能吧。没胆量孤独到残年吧,那么,结婚吧。但行好事,莫问前程"。罗生门式的叙事圈套,一石激起千层浪的心理描写,这些都显示出马小淘少年成名、长期积累的成熟技艺,但《春夕》显得有些矫情却又真实动人的,还是一颗少女心。爱情中的自恋自导自演,因为渴望把握不确定的未来,所以要对过去刨根究底,尽管小说依旧以轻松自若、看破红尘的腔调收尾,《春夕》还是在退守实用主义的生活逻辑里保留了一点"天真"。

然而早在《琥珀爱》的纯爱故事中,人和人的距离感和情感错位,已经暴露出小说家不得不借上帝之手守住理想爱情的迟疑。马小淘笔下的女性形象都很强大,她们孤独但不感伤或焦虑,孤独是她们站稳脚跟的出发点,在杀入生活之前,她们已经与生活保持了一段安全距离,可以把一切意外都纳入一套元叙事中。在《两次别离》里,谢点点比林翩翩们退后得更加彻底,她准备嫁给朱洋,只是因为明白得过且过的道理。谢点点的语言更加戏谑,"爱情也没什么了不起,太较真换来的无非一身疲惫。何况活着总是疲于奔命,纵使没什么野心,无意飞黄腾达,每天还是要起早贪黑讨生活,哪有心思琢磨什么山无棱天地合的大手笔。那都是有闲阶级干的,伤筋动骨上天入地,劳心劳力破坏免疫力。"《两次别离》妙在脱轨,生活刻板的朱洋居然在与谢点点旅行日本的途中闹失踪,这段与生离死别毫无瓜葛的感情,竟然必须面对一场客观存在的别离,它甚至成为一个生产"爱"的装置,让冷静理智的谢点点动了"情"。而《两次别离》更妙在回归,朱洋再次出现,他不告而别的原因是什么并不重要,谢点点只需要一个解释,为她的脱轨之旅画上一个句号,让她回归自己关于爱的信条。在这个信条里,朱洋给所有食物抹上花生酱的古怪,与他迷失东京的离奇,都不足以撼动谢点点的私人生活。如果说《两次别离》也是马小淘小说创作道路上的一次偶然脱轨,让谢点点们从预先设定的理想生活中感到了动摇与不安,那么饶有象征意味的是,马小淘把最初在《今天》杂志上发表时使用的《迷失东京》一题,改成了《两次别离》。"迷失"终究只是朱洋们的事,它不能成为谢点点们的终途。最后,叙述者还是和那些小妇人们一起,用小说的长度将生活中不可捉摸之事一点点赋形,自圆其说,再在她们"自己的房间"里袅袅生烟。

有一间自己的房间,这是马小淘小说让人读来安稳的原因。它不是指女性主义文学的解放意识,也不是评论家指出马小淘小说中的宅女情结,而是指她经验世界的方式。"文二代"、新概念大赛出道的写作新星、祖籍东北、北京长大、中国传媒大学播音系的高才生,被马小淘那些活色生香、金句迭出的语言逗乐,一面看她丰富的简历,会以为她是一开腔就纵横捭阖的狠角色。但事实上读马小淘的散文,你更能读到她的乖巧端正,她的细腻悠扬。马小淘一直为《美文》《名作欣赏》等杂志撰写专栏,《爱到死,爱不死》《小说之后,电影之前》,专栏名既是她通过文学艺术观望世界的方式,也是她喜爱的人生母题。《胭脂扣》《苦月亮》《撒玛利亚女孩》《夜访吸血鬼》《了不起的盖茨比》《东京塔》……面对这些风格各异的作品,马小淘并不追求多么深刻的哲理阐释,反倒把那些可能并非罗曼蒂克甚至有些惊世骇俗的故事,都一股脑放到平凡人的朴素感情中去体会。研究一个作家的阅读史或小说讲稿,常常能看出作家处理生活素材的方法或原型。马小淘阅读女作家的人生故事,她读出萨冈的轻盈、乔治桑的凌厉,张爱玲的孤傲与对美的偏执,她在《人间腊月天》里记萧红,"多少始乱终弃的男人,多少不在计划内的孩子,多少颠沛流离,多少爱恨情仇,多少鱼死网破"。这样的读法大约要被专业研究者质疑是"脱历史"的一味抒情,从这一点看,马小淘也的确是在一个较小的格局里阅读和写作,但或许正因为她经验现实的方式是自给自足的,她才有了一个不易被大众生活或精英意见搅动的支点。

这一支点让马小淘的小说即使在写实与热门话题的护航下,似乎仍显得不够"深刻",例如她近期备受好评的《毛坯夫妻》和《章某某》,也算写到"北漂"和"Loser",但批评家还是更多从"宅女"或"小资"的保守性视角,期待小说家可以驱赶她笔下的人物去正面强攻现实。然而,如果看到前述马小淘创作中一以贯之的"退后"姿态,就会发现《毛坯夫妻》和《章某某》创造了另一种可能。同样是全知视角,这两篇小说的内聚焦叙述第一次偏离了女一号。《毛坯夫妻》开篇第一句是"雷烈看着熟睡的温小暖,觉得她越长越像猫",《章某某》的第一句是"听说章某某被拉走的时候嘴也没停,还在念绕口令"——这不再是能让读者有直接代入感的独角戏,读者只有通过温小暖的丈夫"雷烈"和章某某的老同学"我",才能走进女主角。而这两个叙述者恰恰是不可靠的——雷烈爱小暖,但为生存摩拳擦掌疲于奔命的他,并不真正理解甚至厌倦温小暖的自我隔绝与随遇而安;"我"是见证章某某从大学时代追梦再一路坠落到悲剧婚姻里的舍友、闺密兼伴娘,但其实又只是看客,有幸能在同学聚会上参与最有料的话题。与雷烈或"我"相比,温小暖和章某某无疑是弱者,她们终将被时光扫荡到时代之外,如同"章某某"的名字滑稽得只剩下一个躯壳。但反讽的力量也在于此,正是这两个有叙述能力的强者,在带着我们走近温小暖和章某某。

　　马小淘是用搭积木玩具的耐心在展示温小暖的生活美学,北京城东郊五环外的毛坯房里,精致的西式早餐,高档装修的厨房和厕所,再配上一个黑白颠倒、仪容不整的待业女青年,温小暖的一切"错位"只在等待一个契机去照亮。在雷烈前女友沙雪婷的别墅里,本来也令人体恤的雷烈们的积极进取,像一盘快进播放的录影带,被直接跳到中产梦实现后的华丽定格,对比沙雪婷笑贫不笑娼的市侩庸俗,温小暖和毛坯在勿忘初心的坐标轴上被重新定位,以曾经的梦想和青春为名,自然是既朴素又磅礴。这个戏剧性的翻转并不离奇,可以假想,如果这对毛坯夫妇去拜访的是一个蜗居地下室的"北漂",即雷烈口中那个有些复古却误用了的词——真正的"劳动妇女",小说又会朝哪一个方向去发展。《毛坯夫妻》就站在进与退,树碑立传与反讽之间。温小暖用的仍是做西点、饮食男女一类"小确幸"的小资情怀,却烹出了样板生活之外的怡然自得,似乎建立起与消费文化无关的生活美学。但回归家庭、回归现实的相濡以沫、同甘共苦,雷烈最后的心悦诚服又真的是因为"懂"得了温小暖吗?还是只不过用"仿佛毕业就被冷冻"的温小暖,为自己圆一个青春不逝的梦?就像小说里突然出现的浪漫抒情:"学生时代的一切,如今和他们隔了一层毛玻璃,那青春而刚健的旧时光,在回忆里模糊得只剩美丽和温暖。而温小暖不同……"

"80后"青春文学的尾巴,仍以"怀旧"的姿态潜伏在更成熟的写作里。《章某某》的结尾,"我"对同学会上热烈回忆章某某的话题迟疑了,"我不想在众人面前提起她,我甚至不敢再去医院探望,我怕她见到我依然无动于衷,目光回到《播音创作基础》课本上"。拒绝回忆其实是因为惧怕遗忘,这个疯了的女同学、嫁作商人妇又被丈夫出轨的落魄女人,不应当成为故事的终点,她在回忆里被一点点复原,她是曾经的小童星、活在自己白日梦里的"鸡血章"、屡战屡败屡败屡战,头上一直有根绳子牵引她不断向上。"我"大约就是马小淘以前笔下的林翩翩、谢点点、冷然们,她们以退守的姿势适应了生活,但又隐隐希望章某某可以不转向,可以在必然失败里固守她的理想和尊严。很难说结尾的"怕"里,究竟有多少对章某某的同情或无奈,远离章某某,又是为了与怎样的自己保持距离。

马小淘在散文《北京的北,北京的京》里毫不讳言自己是别人眼中"温室里的花朵",是"不折不扣的城市动物",她立足北京、聚焦广电、站在20岁的尾巴上向着青春和未来左顾右盼。很难想象,站在这种姿势上的马小淘,操着类同的素材,会写出徐则臣《跑步经过中关村》或者石一枫《世间已无陈金芳》那样的故事。但她看似无心、随意的写作,也会因为固定了圆心的进与退,有可能制造出许多别致的切点。马小淘说她喜欢那些轻盈、清浅,但又伶俐飞扬、疯狂的东西,这让我想起日本前卫艺术家村上隆的 Mr. DOB,马小淘的小说或许就像那个米老鼠头像的变体,有着米奇可爱的圆耳朵和大眼睛,又可能猛然在微笑中露出尖锐的牙齿,让你大吃一惊。

陈鹏

陈鹏 / 鲁迅文学院第十七届高研班学员。17岁开始发表小说，近年作品散见于《十月》《当代》《青年文学》《钟山》《大家》《江南》《天涯》《北京文学》《小说林》等期刊。出版中篇小说选《绝杀》，长篇小说《刀》。获十月文学奖、海外文摘中篇小说大奖等多种奖项。

作家自述

发现隐秘的自己

陈 鹏

每个人都有秘密。有的秘密能说,有的秘密只能烂在肚里。写作,无疑在探究那些不便言说甚至连自己也不清不楚的人生秘密。

写小说差不多20年,刚开始,以为天马行空地构思并完成一个令人惊奇的好故事才算小说家之要务。这些年来,我发现自己错了,而且错得离谱——故事永远是《故事会》、电影和连续剧的强项,小说家非要跟强势的大众传媒死磕,无异自取其辱,那么,小说家的要务到底何在?远离19世纪小说深谙的故事传统之后,小说家又能何为?我喜欢爱尔兰作家托宾的一句话:小说家的主要任务,是发现故事背面不为人知的东西,甚至是故事之外的停顿与空白……因为,那些地方往往才包含令人惊讶的人生秘密。马原的说法更直白:"好小说是不可言说的。"

这是我最近两三年一直努力的方向——讲一个故事远远不够,或者,小说真的可以不讲故事,甚至,小说开始的地方正是故事结束或没有故事的地方,犹如伯格曼、安东尼奥尼、塔可夫斯基电影中无处不在的长长的空镜头;当然,你也可以理解为老博尔赫斯那些故弄玄虚的精妙故事身后以及卡佛那些伤心神秘的多舛经历的背面,才是小说的理想居所。这些空白之处如此诱人,当你突然读到"天空一下子晴了""他们都离开了,把他独自留在空荡荡的房间"之类的句子,我总是禁不住为之动容,我想,这或许正因为那个厉害的小说家突然撕开了生活的缝隙,让我们得以窥探(遐想)生活背面的秘密及生活的种种可能性。换言之,是人性和人心的幽暗和隐秘吸引了我们,而不是太阳垂直照射的高光部分。历来大师都是处理幽暗和秘密的高手:契诃夫、鲁迅、门罗、奥康纳、奥布莱恩……我们如今读到的绝大多数国产小说缺失的,正是这些不可言说的部分;如果人生的拼图必须有光点和阴影,那么,我们对阴影的体察和觉悟,也即对人生秘密的疑惑和追问,还是太少太少了。

我和我的同行,必须在这方面狠下苦功。

自2014年开始,我有意识地开写两个短篇系列,一是以我现在效力的一支业余足球队为蓝本的《野球时代》,二是以我十余年记者生涯为基础的《记者手记》;前者,我任意放开想象,专业足球运动员出身的我对此轻车熟路,后者,这么多采访素材值得我用虚构和荒诞(这很考验想象力)对抗愈加荒诞的现实。无论它们多么不同,我总想写出故事背后的秘密——那些无奈、心酸却又不得不为此挣扎拼搏并捍卫尊严,那些不可言说的言说,那些无法说得更多的沉默,那些关于中年男女们也许是永恒的荣耀、耻辱和无奈——这些无奈不是基于性格的,甚至不是基于生活的,而是基于他们(包括我)也难以洞察的神秘阴影,无法摆脱的轮回宿命。因此,我像个无力的家伙,和我笔下的人物颇多共鸣,常常难以找到满意的答案与出口。不,找到答案不是一个小说家该干的,除非他写的是侦探小说。

感谢小说,感谢写作,这么多年来的坚持告诉我一个真理——写作者的唯一义务只能是写作,通过写作才有望发现我们自身,发现隐秘的自己;面对一个娱乐化、碎片化相当严重的时代,写作根本无用,却又如此有力,它带我们返回那些隐秘的生活内部,让我们清楚自己的过去与未来。还有什么工作像写作这样带给我们如此之多呢?我想,每一个写作者心里其实都清楚自己为何写作,对此笃定而坚持,大概就是意义之所在吧。

衷心感谢每一个读我小说的朋友。

文友印象

痴心者陈鹏

马 原

居于西南一隅的陈鹏,在小说式微的今天依然痴心于小说,不能不说是当下中国的一个异数。

说他痴心绝不为过。首先,陈鹏对写小说这件事的热衷,远不如小说本身对他的吸引力更大。写作本身自有一种魔力,我自己就深受其困扰而无可自拔,许多小说家同行都是类似的情形。但是陈鹏不同。相比小说本身,他对写的热情要远远逊色许多;换一种说法:他可以多写可以少写甚至可以不写,但他的生命里绝对不可以没有小说这个东西。小说是他的命。

为什么这么说呢?他写小说已经差不多20年了!无论他当时的职业是什么,是学生还是专业足球运动员,是记者还是新闻官,他都一直在写,从无或辍。持之以恒一桩事情凡数千日之久已经很说明他的痴迷程度了。可为什么又说他可以少写甚至可以不写呢?因为他自己选择了另外一条与写小说相悖的路——做职业小说编辑。对于一个有志于写小说的人来说,没有比小说编辑更危险的职业了,因为它最终会断送你的写作前程。

陈鹏现下是某文学杂志的掌门人,主编。陈鹏主编,是他的自我选择。他还年轻,至今尚未摸到不惑之年的门槛,所以他这个主编尚不具备挂名的资历。陈鹏主编诸事必得亲为亲历,偷不得懒也偷不得闲。最令我唏嘘不已的是他此一次职业转换,薪酬不高而付出的心血是从前数倍之多!

前面说了,他已经写了20年小说。20年专心做一件事,即使资质平平也会成为某一领域的行家里手,甚或是专家大专家。而小说家是百业百行中对个人能力要求最高的,资质平平者绝不能为。所以首先陈鹏一定会是个成熟的小说家了,如果不是他也早就改换门庭了。这个行当中滥竽充数是很难混的,尤其在年富力强之际。而且这个年代选择这么多,谁也不会只盯住一棵树去吊死。

陈鹏早已经在小说这个行当中站稳了脚跟,且用一部又一部佳作展示出实力。他是当下中国实力派小说家中颇具代表性的一位。以此为契机,他才有机缘由媒体官变身为一家文学杂志的主编。也可以这样说:陈鹏是因了其在小说领域的卓越才能被选中为主编的。

《绝杀》这本书便是明证。

这本书中的篇什对一个小说家总体才能是一次很有意味的检阅。对于有经验的读家,一本小说集的标题目录是小说作者给你的第一印象。

应该说这个印象相当深刻。究其原因,其中字数最多的标题《一桩事后张扬的谋杀》起到关键性作用。首先它与小说史上的一个巨人有关,伟大的马尔克斯以及同样伟大的小说《一桩事先张扬的谋杀》。先与后,一字之差!用大师前辈的标题作底,稍作变换以自用,足显作为后生晚辈的底气是何等足!

倘若陈鹏是一个新手,我马上可以断定他不知天高地厚。他不是。但凡聪颖的写家都不会着意沾大家名著的边,沾边摆明了沾光的意图,所说的"黄酱落到裤裆上,不是屎也是屎"。写家人人避之唯恐不及,没有谁会主动沾这个边。除非他有百分百的自信,有自负般的自信。譬如前有奥维德的《变形记》,再有卡夫卡的《变形记》,韩东胆敢又写《知青变形记》肯定是基于十二分的自信心。所以陈鹏这家伙一定有一个大心脏,或者像俗话说的吃了豹子胆。平心而论,韩东做得非常之好。

陈鹏也不错。无论叙事的多样性还是节奏的把控都显示了非凡的才能;一个如此复杂的结构被从容而且流畅的演绎,几乎没有丝毫破绽可循。一个几近完美的复杂叙事的蓝本,一个可以与安东尼奥尼电影相比照的小说佳作。

我自己更喜好陈鹏另外一些写身边生活的作品,《云破处》《不准掉头》《昆明西区》《去越南》这些,其中可以像观影一样体味今天都市生活的气息,甚至于嗅到王重李果们的汗味屁味,葛云峰孙孟老郭们的往来穿梭,尹影毛毛小云们的任性和矫情,故事和人物忽然有了质感,有了之外的弹性和多义。读陈鹏的小说,你会不由自主地喜欢其中的人物,甚至会喜欢上写这些故事中的那个人。因为那些人物的性格和命运会令你觉得似曾相识,同时你会离开故事去联想或者陷入冥想,自觉不自觉地完成一次全过程的神秘阅读体验。

我自己是个百分百的小说人，一生都在读小说写小说聊小说，以小说的方式破解人的奥秘、世界的奥秘、宇宙的奥秘。我最看重的是有慧根的懂小说的朋友，这样的朋友令我开心和感动，令我的一天24小时充实而有意义；陈鹏正是这样的朋友。

前面说到他也许哪一天会不再写小说，但是他离不开小说，说小说是他的命，这话不是白说的。几个月前的某一天，他老婆在昆明家里待产，他却在丽江古城与一众同行朋友为小说发痴发烧。老婆忽然进了医院，他才记起自己马上要当爹的现实，风火兼程赶到昆明的医院里。那一天果然是他当爹的日子，是他儿子的诞辰日。

一个小秘密：那天那个新生儿在派出所正式注册的姓名——陈小说。

以你的标准，陈鹏对小说够痴心吗？

评家观点

失落的天堂
——陈鹏小说的人类学视野

耿占春

阅读陈鹏,令人惊讶的首先不是叙事技艺,而是他的小说通过这些叙事技艺所展开的世界,一个围绕在我们身边却又显得无比遥远的生活世界。小说将那些与我们共在却又处于偏远的社会角落里的人群的生存状态呈现出来,给予他们自己的声音,给予他们自身的形象:心灰意冷的小报记者,失意的足球运动员,小生意人,下岗工人,居无定所的打工者,事故伤残者,杀人犯……陈鹏赋予他们生命的内在性,展现出他们微不足道却难以实现的生活期待、尊严与爱,他们无力承担的痛苦、折磨与恐惧,以及那些左右着他们并在他们身上显示出暴力特征的不可抗拒的结构性力量。但是陈鹏的写作并不归属于旨在塑造人物或人物性格的传统现实主义范畴。在这些人与事情各异的小说中,明显存在着一种人物的谱系,存在着事件的系列性,这是一种不同于"性格"与"典型"的社会属性,它几乎就是当代新闻叙事的特质。然而陈鹏小说则将一种对新闻调查的模拟或对新闻报道的戏仿发展成一种人类学调查式的叙事,并将新闻调查与人类学叙述融进一种侦探式的叙事悬念,揭示出不同人群的社会生态、言行特性、犯罪习俗及其人类意识活动的各种封闭性,陈鹏小说将不动声色的社会学批判隐含于人类学的观察之中,描绘出一幅文学人类学式的社会景观。

一

通常而言,"调查"是陈鹏小说的展开方式也是叙事悬念之所在。事实上,无论司法与新闻的状况如何,司法调查与新闻调查已是最触动这个时代敏感神经的话语。标识为"记者手记"的几篇作品,是新闻调查及其随之展开的故事与叙述话语。仅就其化用新闻调查形式而言,不能不说陈鹏在叙述话语及其悬念设置上的时代敏感性。

除了"记者手记"之外，在《第56个》《车位》等作品中，则是小说中的当事人充当了自身遭遇的调查者及叙述者。曾经身为新华社记者的陈鹏在小说中绝不是对新闻调查的一种简单模仿，而是对新闻调查的戏拟与反讽。现场调查、分析、推论，探询疑窦丛生的事件，在他的小说里总是遭遇到一种经验性的嘲讽。调查是对调查者的讽刺，事实是对事实感的嘲弄，推论是对推论逻辑的颠覆。《车位》中的李果对他的"停车权"及其车子屡遭毁坏事件的个人调查毫无结果，为了让他的遭遇被电视台关注，他自己制造了一次车子擦划事件，这成为物业管理者证明他患有精神病的证据；结婚7年没有生孩子的妻子刘盐，对卖水果小贩的小儿麻痹症孩子"失踪"事实的观察和分析，被人们视为疯子，最终这对夫妇被送进精神病院。当他们没有遵从社会习俗或藏起对世界的冷漠，并企图运用自己的理性能力时在周遭人们眼里就是一种发疯。

陈鹏小说中总是有着超额的经验、悬惑与线索，超量的意识提醒与无意识暗示，过多的情节与细节的枝蔓，如同生活自身一样充斥着超额的迷惑，也如同生活中的人一样，并非每样事态都能够被他搞清楚，并非每种印象、记忆、猜疑都能够被追究，被证实或被证伪。陈鹏并不剪除这些没有发生在故事主干上的枝枝蔓蔓，并不企图简化这些超额的视觉、知觉、想象与怀疑，他让人物保持着这些迷惑不解。

传统小说的人物总是由于知情权的有限性而做出错误的抉择，但整个故事冲突却会散发出耀眼的人性光芒。前现代社会人们的行为与古典小说一样，巨大的冲突常常建立在信息不足或信息不对称上，建立在极其有限的信息资源和无比强大的对决意志上。而陈鹏小说中十分诡异的处境和超量的信息同样导致了认知的盲目，身为记者的李果所进行的新闻调查多半被悬置于认知的缺失状态。更糟糕的是，"记者手记"系列的《乌蒙》《后所》中的记者李果被当事人要求按照与他的调查完全不同甚至相反的状况进行"报道"，而且唯有如此才符合人之常情或社会的实际状况。一方面人们面临着实际认知能力的缺失，一方面又是为着某个功利目的颠倒认知能力。与过多确定性的现实主义小说相反，陈鹏小说中有着过多的非确定性，有着枝繁叶茂的超量细节。陈鹏小说充斥着如同生活世界一样杂芜的细节，作家的创造力犹如冥冥之中支配着生活世界的自然力的一种延伸。就像记录见闻的人类学方法,现实的残片碎屑都被自然而然地吸附进叙述话语,但却因为细节的超额、角度的多变而无从判断其事物的真伪。关于现实的超量经验导致了悬念的丛生和悬念的悬置,也导致了认知的空白。认知的有限性或认识论的困惑就是陈鹏小说留给读者的悬疑。

二

在陈鹏小说里,人物、事件、环境或社会场所的描述依然存在,但三者之间的配置被悄然改变了。环境或社会场所的呈现变得比人物与事件更具重要性。以至于可以将这些小说视为一种对社会场所的社会学描述或人类学描述。与"记者手记"相关的几篇小说,分享着相似的事件与结构,在一个记者介入一个命案的新闻调查过程中,呈现着人物、情境与社会场所,读者或许同小说中的记者一样,当他把聚焦点放在人物与事件中进行质询、观察时,他得到的是一种社会空间的映像,他眼前呈现出最确定无疑的是一个犯罪场所,或具有犯罪意味的社会场所,一方面是根本得不到犯罪动机的任何可靠陈述,一方面却是无处不在的犯罪痕迹。

在陈鹏小说中,所有杀人嫌犯、暴力人物身上都有某种相像;或者说个性差异变得不重要了。而这种彼此投映的相似性源于环境压力或生活情势驱动。当记者李果对每个犯罪动机进行调查时,通过他所看见与听见的,读者感受到的已是无处不在的犯罪动机;至于犯罪嫌疑人作案时的具体、临时动机,调查者则始终无法获悉。小说已为人们提供了一种并非纯属个人心理学的、并非性格学说、甚至亦非精神分析的犯罪动机描述,为人们提供了一种非个人化的社会学或人类学类型的分析。

事实上,"记者手记"系列更接近一种"人类学手记",新闻事件的焦点慢慢模糊了,逐渐清晰起来的是对社会场域的人类学式的观察,它们似乎经历了宗教、"革命"、经济,又被这一切所抛弃,历史的巨大错位和文化上的不能自洽带来了社会生态的紊乱,使之成为一个具有犯罪情势的社会场所。我没有过多引述小说中对肮脏、混乱、贫困村落的描述,还有偶尔揭及的世外桃源般的优美山野,这是一个布满犯罪痕迹的社会场所,其中暗含着的,或许就是一个人所作所为的生活逻辑。因此,陈鹏小说也就从新闻调查进入了对社会场所的人类学观察。

从新闻调查式的叙事转向充满细节的人类学描述,将叙述的焦点由新闻事件与人物转向社会场所。但即使在"手记"系列里,陈鹏也会在观察与纪录风格中穿插进一个时空错位的故事,如《入伙》和《乌蒙》中的水浒故事,《后所》中出入阴阳两界的死者或鬼的故事等等。在某种意义上,鬼是民间故事的主角,继续充当惩罚者或实施复仇的鬼一直是道德能量的一个超越生死的符号;而水浒人物及命运,则是草莽世界对自身的最高合法性想象,一个个囚徒或罪犯变成了世界的审判者。陈鹏在这些作品中穿插着纯属虚构的故事,不仅意味着对变动很小的社会心理结构的讽喻,提示着社会场所的同质性、事件与历史的相似性和人物的无差异性,也意味着小说家企图从晦暗的日常生活背后,从传统形象系统来阐释当下现实的一种文学构想。而这些艺术虚构与民俗世界的想象之间一直存在着割不断的有机关联,民俗性的幻想与艺术虚构没有改变陈鹏小说人类学描述的属性,而是进一步丰富了其内涵。

三

在这些新闻调查或人类学观察,犯罪的主观动机几乎无从发现,但一个充满犯罪痕迹或犯罪情势的社会场域被逐步呈现出来:人与社会联系的解体,人与社会的分离。一切联系被解体,被解开,在一个本来就没有建构起真实的公共空间的脆弱社会里,当个人的、家庭的联系被解体时,每个人都陷入了一种内心的不安与恐慌,每个人的生活都更加碎片化了。这就是《礼物》所描述的生活世界。

这是一个无从了解犯罪动机却又充斥着犯罪情势的世界,这是一个相互回赠伤害、暴力与死亡的世界。这是一个既解体、无序又相互至死纠缠在一起的世界。就像《后所》中,对村民来说似乎他生存于其中的社会场所或组织是存在的,他的房屋因为他人采矿致其倒塌之后,他可以向村长、向县信访办等机构求助,但这些组织与机构及其代理人的功能倒置了过来,人必须听命并服从它的意志。这是一种关闭了公共空间的特殊机制,一种非社会化的机构。就像在前现代社会的民间故事中一样,当人们陷入无助时,鬼魂就作为死不瞑目的"正义"诉求出现了。

冤死的鬼魂对新闻调查的论述充满悖谬,但又透彻世故。在民众眼里,新闻报道或许是他们救命的一根稻草,新闻调查与报道所产生的公共舆论是孤独的个体唯一能够指靠的社会联系。自由传播的新闻是对专断和错误使用权力的监督,但在"记者手记"系列中,以及在《车位》中,人们心目中的新闻是在一个人类社会关系解体之后,唤起一种临时关注的方式。

鬼魂眼中的逻辑是清楚的,为着目的可以颠倒是非,可以牺牲真相,这是对新闻调查的嘲弄。对于权力而言,对于渴望从权力那里得到一些利益或好处的人们而言,献媚比批评更有效。不唯《后所》中的鬼魂如此,《乌蒙》中的小店主对待记者的态度也是实用的,为了索回乡政府拖欠他的钱,他把记者的报道当作随意打发的工具而非求助于建立在真实性基础上的调查结果。这是无权者的世故与狡诈,无权者的聪明才智,无关系的人们之间的关系游戏。

四

在陈鹏的小说中,底层社会的人们或穷人恢复了个体生存的经验具体性,但却并不是对个性的塑造。对个体生存来说,社会联系的解体而非个性问题构成了个人生存的巨大困境。毫无疑问,如果在今天的社会生活中个性没有那么重要,它在小说中也不会重要;如果社会场所及其势能变得更具重要性,这些问题也将在敏感的小说家笔下日益重要起来。

事实上,人与社会之间的合法联系解体之际,保持个性痕迹或心理差异的人物往往更加不幸,《瀰美》中自杀的母亲的道德困境,她笃信基督教却因儿子是杀人犯被赶出教堂,基督教社群是她唯一的归属地,也是她仅有的社会联系,但其他信徒却没有把这个连丈夫一片指甲也没有留下的妇女的处境体察为一种道德困境,她的自杀正是对难以承受的社会遗弃的抗议,也是这个无情世界里残余的人性。《低地》中想从社会暴力关系中退场的武钢,最终他被对手也被足球队同伴和他的女友要求成为一个"男人",即一个能够忍受和接受暴力的人,人们会允许他曾经是暴力的,但不允许他背叛暴力逻辑;所谓的男子气不过是一种适应残酷社会场所并变得与这个环境一样残酷而已。

在陈鹏小说中,在个人与社会联系的解体这一语境中,在每个孤独的人心底,时常闪烁着对小型社群或小型社团的渴望,它所投射的社会理想是人与人、人与小型社会处在一种值得信赖的伙伴关系中。但这是一种非常脆弱的渴望,

《半生》中的面临下岗处境的工人之间的社会性联系或共同体意识瞬间就会解体。

就像陈鹏从不简化任何一种社会传所的复杂性,他也从不省略故事焦点之外的细枝末节,在涉及底层社会人们的生存状态时,他总是能够让我们注意到,仅仅活得卑微还不够,还要有人性的残余部分,甚至是艺术天分的残余部分,人的屈辱才是人性的屈辱。正像《半生》中所描写的,面临下岗的工人们的业余时间是文艺的,但一种职业、一种脆弱的社会关系在行将解体之际,这些品性或个性已经不再能够成为爱人或被爱的能力的体现,不再能够吸引他人。事实上在《半生》中,除了下岗面临着个体谋生的恐慌之外,是人们失去社群感的内心恐慌。

城市与乡村距离不断加大,当城市以空间功能的分割即以居住、入学、消费等将贫富分割开来,人们大大减少了与全然不同的社会阶层的他人的相遇。陈鹏将他们恢复为一种社会化的生活形象,这也是一种人类学意义上的包含着社会场所的群体形象,虽然像小说中一样,他们难免与失业下岗、暴力犯罪、无家可归之类的流动性生活脱不了干系,然而他们不再是令人恐惧、厌恶、躲避的对象,被小说赋予了个人情感,被赋予了生活感受,尽管一些人苦不堪言,穷困、疾病、没有尊严,但他们身上依然残余着爱、行善和关心他人的能力。

我们得感谢陈鹏这样的作家,把观察的焦点给予那些偏远地域或底层的社会场所,将可见性赋予那些没有身份的人们。小说并非无端由地被视为"人类仁慈的典范":对他人的内心生活缺乏体察、对他们实际生活的无知与偏见降低了人们对他人处境的同情。小说仍然是恢复我们对他人经验的感同身受的一种无可替代的形式,是我们进入他人内心生活的一种途径。

在我断续地写出这些之后,依然感觉陈鹏小说世界的主题繁复得令人迷惑:他是在一个充斥暴力的凶险世界里探索剩余的人性?生活的安全感却指靠不上这些剩余物;他是在描述一个谎言支配的世界?没有任何东西人们能够信任,包括我们的认知;他是在讲述一个没有理性的社会里一个人企图运用理性的荒诞?一个布满陷阱、暴力、冷漠的迷宫,而每个陷进去的人似乎都参与了迷宫的布局;他在呈现人与人没有关系的社会状况?一切良好的人际关系、个人与社会的真实联系都被看不见的手解除了,但每个人都难逃干系,一切都玩着在场的不在场,玩着关系的缺席游戏;他在描述一个溃败的现代社会? 人们从未抵达他们的个体化目标,置身于无所不在的控制体系却又缺乏真实的社群感……或许正是因为生活世界的无限复杂性,人们才需要一种文学人类学式的小说,需要重返这一"失落的天堂"。

鱼禾 / 鲁迅文学院第十七届高研班学员，毕业于复旦大学中文系，曾供职于高校、政府机关，现为郑州市文联副主席。2008年开始写作。有长散文《父老》《驾驶的隐喻》《乡愁，或另一种乌托邦》《失踪谱》《地图》《高原反应》等，刊发或转载于《人民文学》《十月》《北京文学》《莽原》《中华文学选刊》《散文选刊》等。有散文集《摧眉》《相对》，长篇小说《中度悲观》，读书随笔《非常在》等先后出版。散文《驾驶的隐喻》获第11届十月文学奖。

作家自述

在迟疑处确认

鱼 禾

对于种种关于散文的判断,我虽然常常心怀抵触,却也不轻易辩驳,做个不知死活的反方。并不是由于正方辩手太多太强大,而是由于,这一类辩题本身往往存在概念式陷阱。一个显而易见的循环逻辑是,散文应当是平常的——因而散文是非专业的,至多是专业写作之外的"溢出"——因而散文是拒绝匠心也拒绝表达野心的。以如此这般的伪公理为论题,作为反方,无论从何处置喙,都是自投罗网。

只不过,执意要走在这条布满概念式陷阱的路上,难道不也等于自投罗网?也因此,申辩便成为行进中的探路,成为不可避免的事。此前,震动一时的复旦学子投毒案判决。这件事给我的震动是双重的,首先是由于这桩谋杀案发生在母校的硕士研究生宿舍里;再是,谋杀者到死都认为自己只是在"开玩笑",杀人意图似乎并不清晰。诸如此类的事让我感到害怕。我们的来路上都有过些什么?有过怎样或明或暗的雕刻,把人弄成了这个样子?又或者简直没有什么可"发生",而只是空气般的时间慢慢氧化着人性,在人的灵魂之内布下了细细碎碎的坑洞,以至于极恶之事对人而言,也只不过是个"玩笑"?企图澄清人格来历的过程含有危险的悖论。我以为无从澄清的一切借助了角色转换是可以澄清的。事情在虚构中无数次顺流而下。其中的虚饰在哪里,按照逻辑,故事中的他们看不见。那么我该不该看见?怀疑太强烈了,我总要忍不住现身,一再刨根问底。这么一种孜孜求解的过程大约很难构成好看的故事,但我关心的,只是求解的逻辑是不是成立。用力虚构的结果,往往是一团混沌。我不能从中获得表达的满意,并且对故事深感怀疑。

终究意难平。

在表达的意义上,散文与小说、诗歌的区别,仅仅在于凭借不同罢了。小说凭借虚构的故事,诗歌凭借思绪与意象,散文呢,按照传统的写法,它凭借实在的事物,但其实,散文的自由,在于突破这种具象和实在——散文可以凭借任何东西。如果我们承认写作意味着对人性的穷形尽相,意味着人对自身的种种晦暗性的警觉与理解,那么,无论这种追究凭借的是什么,都是成立的。如果小说更像一场充满悬念的战争剧,那么散文就是一场正在发生的战争——不是布置、假设与推导,而是不折不扣的真相,充满了危险和未知。这种惊心动魄、生死未卜的现场感,正是我迷恋的。

在以表达客体为基准衡量作品共鸣度的逻辑视野中,散文的写实传统和永远的"我"视角,对作者而言意味着必然出现"力竭";对作品而言,"我"表达的价值也时刻经受着怀疑,"私人性"几乎成了散文的先天缺陷;进而,可以成立的表达理想似乎不可能通过"以散文为业"来实现。

对于自我能量与对于散文可能性的双重怀疑,其实也一直侵蚀着我的决意。但在这种迟疑之中,我又十分确定:

形式上似为"私人传说"的散文,涉及的并不必然是"一己之私"。"我"并不在"众人"之外。我深信写作者的个人经验与他人经验的贯通,是在深度而不是广度上发生的。丹纳曾论及地理环境对人文风俗乃至对文艺作品的影响,他认为,文艺作品的价值等级,决定于它所触及的人类精神生活的深度。我们各自站在自己的地面上,但我们却有共同的"深处"——地心。沿着纵深线向地心掘进,我们必会在某个点相遇。在这个意义上,写"我"还是写"翠花",写一个还是写一群,并无大小公私之分。

写作者的储备是活水而非死矿。尽管散文写作的能耗巨大,但是可汲取的营养无处不在。用一个不太恰当的比喻,因始自先秦不断发生的文体分化而失去理论支撑的文体犹如残障儿。自理系统不整全的孩子要求你给予更多,要求你以生命化入他的成长。但也恰恰因此,这孩子可能天赋异禀;而你,所领受的也不仅仅是消耗与负担——犹如磕长头的信徒在长路上耗去精力与年岁,在这个以我为薪的过程中,你对生命与世相的觉悟,必然也会更澄明、更彻底。

主体在场的题中之意,意味着作为散文作者,怎么活和怎么写,往往是二而一的事。因而,有人说散文不是写出来的,是活出来的。换句话说,散文不是反营造,而是散文作者的活本身,就是大营造。这种丝毫也做不得假的现场提问,与其说是考验,不如说是激发。我不视之为局限,而视之为确认。

文友印象

非常鱼禾与私人传说

邵 丽

与鱼禾在一起，是一场无法遮蔽，甚至可谓之盛大的"非常在"。那不仅仅是一个仪式，内容亦何其丰富。听她臧否人物，指点迷津，深有"盗亦有道"之感——在当今语言暴力以数百年未遇之张力铺天盖地的碾压之下，她的强势是显而易见的。尤其是在文字世界里，一方面是欲拒还迎的逃避，另一方面却是欲说还休的愤慨——她构筑了一个非常的世界，但又自信到执拗。也许，这是当下知识分子所面临的共同处境：生或者死，已经不是问题。

剩下的问题肯定很多，也许并不轻于生死。离开文字，鱼禾的愤怒则变成了豪爽，那是一种汉子般的动静：要么呼朋引类，歌吟笑呼，极饮大醉；要么随手抓辆破车，不管不顾地奔赴远方，仿佛在另一重意义上奔向那个被她反复述说过的存在于"不同生存境况，乃至不同文化背景的人们"之间的"天然的隧洞"。在她的阐释里，这个"隧洞"意味着写作者的个人经验与他人经验之间在某种深度上自然存在的贯通。她在几乎所有可以言说的场合，一再申明这种贯通所必须的条件。她认为这种贯通必然是在纵向而非横向的意义上发生的——不是作家的个人经验宽阔到了可以直接覆盖他人经验的境地，而是作家对自我经验的反思与开掘达到了一定的深度，必然会触及人类的共同处境。

我想，这也正是她把即将出版的散文集命名为《私人传说》的用意所在。

写作现实屡屡验证如是说法之准确。但更大的现实却是，因为较为普遍的反智倾向，很多写作者与这个目标渐行渐远。这个从事散文写作的人因为迷恋数学，常常喜欢以"坐标系"来抽象而精准地解释文学之事。对，她把写作者的精神半径放进了这么一个"坐标系"——它由思维的纵轴和经验的横轴构成。透过这样一个坐标系来判断疑难，她看到那个纵轴被一再忽略，必是感到了懊恼抑或愤怒。这些个"愤怒的葡萄",被她生生地挑在笔端,并被调和成细碎而又庞大的思维盛宴。只是,盛宴未必可口,也未必易于消化。当我们被智慧和执着引领到一个振古如斯、于今尤烈的欲望现场,我们会从当初的目瞪口呆,迅速地奔向两极,要么同流合污,要么拍案而起。如果还有第三条路,那一定是思想者的羊肠小道,一如鱼禾所言,那是一条"钟情于坚硬的内生活,只听从内心的召唤"(鱼禾《在无限的放逐中我爱你》)的幽僻路径。

我始终认为,对于一个有思想的写作者而言,幸福不是出其不意的惊喜,而是把握在手的笃定和坚守——这是思想者的特权,而思想者的特权是永远不应该被打倒的权力。几乎每个人都有凭窗远眺的权力,可是思想者的凭窗,往往会成为一个事件和记号,他们能让运转自如的世界骤然停摆,听他们低声喝问:"你凭什么自称和它们不同,你犹疑的过程,为什么这样长?"(鱼禾《前提》)这是哲学之问,读到这句话的任何一个人,肯定都会有一个不一样的窗外。但意义不止于此。她说:"我不相信经验。在迥然不同的历险中,时光永远不会给我们回头路,走过的,仅仅可能留下伤疤一样的痕迹。经验不曾以有效的方式支持过我。我确定支持力另有来源。"(鱼禾《逃离》)当自我质疑转换成为对于私人经验乃至全部过往的质疑时,我们得到的,是廓而忘言的欣然还是披坚执锐的勘破?

在鱼禾的世界里,总是有宿命般的悲情和好便是了的退让。对于她的性格或风格,这也许是一对矛盾,或也许,这是对生命之轮最智慧的驾驭。即使对未来了然于胸,也未必能够滴水不漏,否则,人生就是一场演出。罢罢罢!即使是一场演出,谁又能算计出有几多心血来潮时的汪洋恣肆? 念兹在兹耿耿于怀的,不过是那个在"戏眼"里丝丝入扣、荡气回肠的认真罢了:"我总是出行伊始,即遇岔口。当一种测验突如其来,没错,我总是一眼看穿,原来我所做的这些决定,它们的理由如此微弱,呵口气都会坍塌。是啊,是啊……尽管不情愿,我还是不得不承认,我早已没有权利随心所欲。人生到了这个段落,真正想做的事已经屈指可数,我知道这心意有多么专注;但是该做的,却是性命攸关的事。"(鱼禾《前提》)

惜爱自由的鱼禾,她的信念和坚韧却又从自由里旁逸斜出。因此,"自由"被说出来有几分令人怀疑:"自由,正是一种在内心消除秩序的能力。"(鱼禾《逃离》)这话我举双手反对——自由实与秩序无关;甚至在她所向往的"绝对的孤独"里,自由也无踪影。因为自由没有绝对,也拒绝绝对。这个喜欢"以跌坐的姿势盘靠在窗台上,陷入冥想"(鱼禾《摧眉》)的家伙,她果真是矛盾的! 在她搭建的词语的深沟高垒里,我常常沉迷和彷徨,我宁愿相信那是一种深深的陷落。因阅读而产生的丰富和荒凉,使我终于相信了一个人也可以地老天荒。只是……我依然记得,当我读到斯人笔下父亲去世后那一段文字——"他的肉身已经化为泥土,什么也不需要了。他也不会再有期待。从今以后,我们即或有所成就,也只是给自己的了。"(鱼禾《乡愁,或另一种乌托邦》)——顷刻之间泪流满面。父亲是她自己的父亲,但这化为泥土的父亲,又何尝不是所有丧父之人的父亲。人与人也许很远,但是终究,人们会痛在一个地方,那厚厚的遮蔽之下,是柔软的亲情,是只能饮泣和叹息的黯然,既无关秩序,也无关自由。

鱼禾的行走姿态,一直为我所迷恋和欣羡。她只做她所认定的道路上的自己——这话不管听起来有多么决绝和孤傲,但她持之以恒,而且那姿态始终是她一个人的,别人无法复制。重要的是,鱼禾没有授人以渔,好像也没有这样的打算,她只授人以鱼。在这个"巨星"当道、"大师"横行的世界里,这很好。南方有嘉木,北方有佳人,当然,亦有鱼与禾。鱼与禾是物质的,也是精神的。她本姓马。她说马是一种与梦想有关的动物。据此人酒后醉谈,在上古时代,有一种眼睑皆白的马,名为"鱼"。她说,啊,那是一种会飞的马。我不知道这是不是另一桩"私人传说",但总是如此,鱼禾的轻描淡写和浓墨重彩,内容远远溢出形式之外——我谓之饱满。也许,真正读懂鱼禾的人,更有成为一个好作家的可能——虽不能至,然心向往之。毕竟,没有谁不渴望像鱼一样自在,像禾一样踏实;没有谁不想以非常之在成就传说,让自己的一生力透纸背。

评家观点

远取诸物，反观自身
——鱼禾散文的内省性特质

刘 军

王冰最近著文谈及当下散文现代性意识的稀缺，视这一问题与文化积累的匮乏为当下散文的两大缺陷。文学领域内的现代性其实是个弹性颇大的取值空间，其下限为人类业已确立的基本价值准则，向上一格，则为对终极价值的叩问及终极关怀的建立。若以体裁类比，在现代性的自觉层面，散文可谓最为迟滞。当下，即便严肃的散文创作，也大多停留于叙事的酣畅、经验观照的准确、历史材料的再解读层面，过于注重确定性的要素，而对于超出经验的不确定性要素，却少有触及；及物的写作范式占据统治性地位，内省式的写作依然鲜见。在这样的背景下谈论鱼禾的散文创作，也许是必要且重要的。

2012年，鱼禾系列读书随笔《非常在》出版。此前她曾相继出版了两本散文集《摧眉》与《相对》。鱼禾专心致志写作很晚，大致是2010年前后吧，两部散文集汇聚了她的专栏文章，形制相对短小，宽度也尚未形成。而到了《非常在》，陡然转入才情勃发、个性十足的写作通道。《非常在》之后，鱼禾转入长散文写作，先后刊发于《人民文学》《十月》《散文选刊》《莽原》等刊物的作品，俱是数万字的篇幅。长散文的写作形态，考验的不仅是作家的叙事能力和结构能力，对于作家的经验储备和知识储备，也是一个近乎严苛的测量。如果说《非常在》凸显了更多思辨和形而上色彩的话，那么，鱼禾近年来的长散文写作，则转向了经验凝聚的领域。亲族叙事，成长经验，行读洞见，等等，繁多的经验再现与陡然抽离出现在不同的篇章之中，构成了篇章之间既各行其是、又差异互补的微妙布局。

鱼禾从不讳言散文"主体在场"所必然导致的"私人"样貌。她把自己即将出版的长散文集命名为《私人传说》。这份自信后面无疑有着颇深的用意，除了对于私人经验的特别尊重之外，必然还有对于私人经验书写之价值的独到理解：

"作为写作者,关注并体察他人尤其是沉默的大多数的生活,这是理所应当的。但这不是问题的关键。关键是,作家的在场,是一种什么姿态的在场;文学表达中的现实,是一种什么性质的现实。我们的文学主张似乎有一种轻视智识的传统,沉甸甸的现实往往难以获得相称的反省……现实是整体的而非碎片的,是日常存在而非突发事件。作家在写作之先,就应当有那么一个刻度准确的、宽阔的坐标系。这个坐标系的横轴,是不相分割、连续存在的生活本身;纵轴,是作家对世界、对人的基本观念和态度……从写作的角度看,现实只是被充分消化的个人经验,谈文学表达之'道',意味着必须首先澄清写作者对待现实与自我的基本态度。"

纵观鱼禾的长散文系列,进入文本的不同经验皆被纳入独特的心理观照系统之中,体验的浓烈后面,不同程度地具备了精神内省性的特质。这些特质,构成了文本的深层纹理所在。即使是叙事色彩鲜明的作品比如《失踪谱》(《莽原》2015年第1期),也总会潜伏着一个基于自我心理过滤的、从属自我沉思的叙事视角。这部曾获得《莽原》年度文学奖的作品,讲述了家族史中六位失踪者的人生片段。人生故事的奇异性、情节的中断与空白、历史与现实经验的融入,这些因素本是小说的敏感点所在。鱼禾对于这些要素的处置,避开了人物性格的深入刻画,避开了因为往事苍茫所需的虚构性补充,而致力于情境关系的有效性建构。这一份沉郁凝练的失踪谱,也是父亲的临终讲述。身患重病的父亲,体力不支加上对亲人交代家族史的强烈念头,决定了去繁叶而留枝干的叙述形态;而故事的另一个讲述者——"我",则是一个拾遗补阙的角色,既努力忠实于父亲的记忆,又以无限的体恤和悲切,揣测着父亲的留白所具有的可能和意义。失踪者的故事横跨大半个世纪,从祖辈到父辈,再到吾辈。战争、灾荒、革命、冤案——这些因素是亲人失踪的缘由,也是全部的现实构成。一个家族的失踪谱系,兼容了中国现代史进程中战乱对底层民众的摧毁、宗法社会下的香火情结、狂热年代中被恐惧感紧紧束缚动弹不得的个体、女性生存难度的极限这些几为标本的时代与人性要素。被照亮的记忆图景一直压在父亲的生命深处,通过这一场临终讲述,它们的重量转移到作为后辈的"我"身上。在现实关怀和历史深度层面,这部作品以一个个鲜明的节点,呈现了在历史烟云席卷中的个体微弱而诡异的命运行进图,堪称一部豫北人文背景下的《百年孤独》。所抵达的境地,如同文本中"二奶奶"在西屋房顶上的哭泣——这是一个女人最无奈、最凄凉的哭泣，也几乎是整个北中国的哭泣。这样的哭泣在当时可能无法穿过村庄，而时至今日，一定会如钢针一般刺入读者的内心。另一方面，家族记忆的延伸，在本质上就是自我来处的延伸。心里住下越来越多的人，自我的颜色方越来越趋于清晰。在讲述失踪者故事的同时，作家也不忘省察自我血脉的颜色，比如蒙古人一般的相貌和秉性，家族中的逃离基因，性格上的要强和自我担负性，这些旁逸斜出的细节丝丝缕缕嵌入文本，成为全文隐约可见的背景性底纹。

《父老》(《人民文学》2013 年第 2 期) 是鱼禾的另一篇重磅文本。作品同样有着双层结构，第一个层面凝聚了情感的深广、自我的担负以及对父亲一生的回望。作为女儿，丧父之痛如同血脉被陡然截断："他留下的缺口深不见底。我还在这里，我在一豆烛火前给自己把脉……这是血的刻度：沉浮迟数，温凉寒暖，一切俱在其中。"为了支撑起情感的经脉，作家在素材处理上入乎其内且出乎其外，表现出娴熟而灵巧的闪转腾挪功夫。父亲病重的前后因果，这一层叙述兼容了投射性的现实关怀——包括家乡化工厂对河流、庄稼、村庄的侵蚀，医院作为机构视病人如机器；在最后光阴里，"我"和父亲倏然进入俗常所不曾有过的相互依赖的境地；父亲性格的立体性，包括父亲的痴迷和坦荡，承担和懒散，荣耀和遗憾——这些自外"入内"的因素，使文本凝聚而饱满。而放疗病区的病人群像，因同样的病症盛年亡故的舅舅，因父亲的病而不断被掀动的"我"的处境等等，则是自内而外，无限投射，使文本宽阔而郑重。王国维先生曾言及，入乎其内，故有深情，出乎其外，故有高格。写父亲的优秀篇章中，我曾读过两位男性作者的散文，北岛的《父亲》和玄武的《父子多年》。或许是缘于性别的区分，他们的书写重心更多地放在理解层面，而鱼禾的《父老》，着力点则在于深情——情感人人可写，不同的是，鱼禾笔下的情感，隐忍如是："是啊，如此这般，仿佛是不爱。只是若干年后，借助了岁月的剥蚀，父亲的心才有了形状……不曾有什么瓦解过我的坚强。只是到最后，因了他眼中的依赖，因了他求救般的手——因了这令人唏嘘的弱，我的铠甲才得解除。"文本的第二个层面隐秘地藏于另外的角落里，也藏了作家的另一篇散文《放疗病区》的末尾。临终的诀别，死亡的羽翼午然落下，虚空如巨石般压覆过来，诵出的佛号，写于灵棚处的挽联，皆是某种心理的安慰。在这里，死亡作为哲学问题涌现至目前，至笔下。打小开始习染的无神论观念难以逼视死亡的虚空。死亡来到眼前,她看到亡父的眼泪,才陡然意识到,生命的消失不单是一种难以承受的重击,竟也是一道令人仓皇失措的思考题:"生命之内奥义重重。心里的畏惧何时来的,我不知道。那个被困在放疗病区的临终之人,他,生命行将衰竭,是否曾有那么一瞬间,比我更接近生死的真相,或者竟如人们所传,他看见死亡显形为一条通向光明的幽暗通道?是否有一瞬间,死亡的灵氛团绕,他大梦初醒,回顾这一世的混乱颠倒、辛苦经营,因而唏嘘涕零?"(《放疗病区》)

思和诗以同一方式面对同一问题(胡塞尔语)。经过沉思的外在遭遇、目之所见,进入作家的心理旅途。这种内在化的处理方式,构筑了内省性散文的基质,使之与思辨型叙述、故事型叙述区别开来,也触及了现代性的核心要素——主体确立与自我意识。《乡愁,或另一种乌托邦》(《散文选刊》2015 年第 2 期)与最近几年风行的"每个人的故乡都在沦陷"主题似有重叠,实则匠心独具——许多论家认为散文不该有匠心,但鱼禾不以为然,她觉得散文不是不需要营造,而是需要作者身心直接参与的"大营造"。在江西作家江子笔下,在安徽作家江少宾的散文里,或者触及人事的凋零,或者触及田园将芜,祖屋坍塌的状况。而鱼禾笔下的乡愁,则同时指向故乡——淇河岸边的古老村庄,曾经就读的复旦校园,正寄寓其中的伊城(该是郑州吧,她用了代号),汶川的震后废墟。而乡愁也是多维度的,包括对亡父的悼念,对弟弟——可视为离开故乡进入伊城讨生活的年轻一族的人格代表——生活及人格状态的忧虑,对故乡孩子前路无望、俱被荒废的痛心,对自我经历重重人生逆流的省察……如此丰富的切面,使鱼禾言说的"乡愁"有了格外沉重、也格外痛切的分量。这一篇章最精彩的地方在于对故乡人心荒芜的准确勾勒上。努力挣钱而富足之后的玉表姐一再数叨:"晚上坐在那里数钱,数得心里那个空啊……钱有了,楼盖了,可两个孩子,都荒了。这么些年挣命,到底还是落了俗套。"而坐在表姐对面的她,却极力把悲哀藏在无感之下:"我早已陷落到某种不可救药的情绪之中了。这情绪犹如四方连续的花纹,平铺,无穷无尽,也大致等于没有。"《吸引》(《十月》2015 年第 2 期)写的是一次盐湖之行。与多为观看和介绍的旅游散文截然不同,鱼禾的西行记述,文本指向内在的自我。伊城向西,是亚洲大陆腹地的云朵、天空、大地,它们的色彩、形状,盐湖的滞重,德令哈夜色的悲凉,呈团块状进入作为在路上的"我"的内心,涤荡着属于尘世的俗念,于是这趟行走,便成为一次身心清空的过程:"我知道我认真对待过一切。我的双手郑重其事地捧起过,先是滚涌不绝的生活,后是疑问和经卷。但试过的道路都指向了悬崖,被败坏的时间也不曾提供教训。我们和自己其实是陌生的,对于身心之内的困难,既难诊断,更难处置……你只能一个人去远方。独自远行是更决绝的关闭,不是打开,更不是呼救。"《驾驶的隐喻》是鱼禾近年来以成长经验与人性困局为主题的系列长散文代表性作品之一,2015年获"十月文学奖",并被《散文·海外版》转载。借用"十月文学奖"的评价,这篇长散文"以汽车作为隐喻主体,探讨了驾驶主体和世界的关系,以及现代人在这个世界的存在方式——驾驶延展了人类的存在空间,也让人类服从于某种神秘的力量,试图挣脱而无又从挣脱",可以说,从题材到处理方式,既有对散文创作诗性传统的优美继承,又有对散文言说界域和固有形式的果断突破,在当下散文创作实践中,可谓罕见。

现代性问题为当代中国文学进化之路上必然遭遇的问题。当然,鱼禾的散文不可能穷尽现代性的全部要素,但确凿无疑的是,她以独树一帜的创作实践,做出了难能可贵的努力。而就散文文体的推进层面,除了长度之外,兼容心理独白、人物与故事、诗性体验、隐喻手段所形成的跨度叙述,在增大散文的容量以及拓展散文的维度方面,亦确立了独特且相对成熟的表达模式。这种努力和成效,在《逃离》《悬空:我的梦中居所》《孤立》《地图》《高原反应》等散文中亦不断得到印证。生活在都市深处的鱼禾,对日常生活保持着一份既敏感怀疑、又疏离远视的态度,许多事情在她,仿佛无可无不可;独于写作一途,却能抱持信任与专注,为确认一种文体呈现人性与世界的可能,不惜踉跄试路。这使我想起艾略特的经典诗句:沿着我们不曾走过的那条通道／通过那扇不曾打开的门。

石一枫/鲁迅文学院第二十届高研班学员。著有长篇小说《红旗下的果儿》《恋恋北京》《我妹》等,中篇小说集《世间已无陈金芳》等。曾获第七届鲁迅文学奖、十月文学奖、百花文学奖等奖项。

作家自述

关于两篇小说的想法
石一枫

看过作品,又觉得还不错的朋友,其实没必要再看创作谈之类的文字。我总觉得东西要是写得还行,那么作品本身就可以说明它自己的价值,读者也尽可以敞开阐释联想,并不需要写字的人再来贴金边儿了。再说得极端点儿,自打完稿,作品与作者也就割袍断义了。而后记实际上的功用,是针对那些看了作品觉得臭的朋友们而言的。不满意是吧?那么作者就得辩解、撇清、找客观原因,类似于被误抓到派出所的纯良子弟——"不赖我,都是他们教唆的"。

可是作品一旦沦落到需要作者自己跳出来教人家"怎么读"的地步,不正说明失败透顶了吗?永远冲在护犊子第一线的妈,养出来的孩子多半是孱弱顽劣的,并且品质多半有问题。恰因如此,我想我更应该老实一点儿。"美图秀秀"文过饰非那一套能免则免。

熟悉城市某一类生活的朋友,可以想见我这种人小时候接受了怎样一种饲养和教养:一切井然有序,万事皆有组织安排,处在一个等级森严的熟人社会之中。大人,能钻营的比老实的混得好点儿,但归根结底是一个阶级;孩子,在学校受宠的放了学老受欺负,也算生态平衡。岁月不一定静好可是现世大体安稳,所以我潜意识里老觉得吃不肥饿不死地凑合着,就是生活的常态。对于写作来说,这种生活利弊参半。比如有的诤友指出,我的生活阅历不够丰富,这我承认,但转念一想,我毕竟还没被生活磨得麻木,因此看什么还都新鲜,往往也就能从别人司空见惯的常态里看出一点儿自以为非常的意味来。再比如说,我们这个城市的人以玩儿嘴著称,天花乱坠的本事有,但说起正经的事儿又总会流于轻佻,丧失思考的深度。可话说回来,不少苦吟了一辈子的人其实也挺贫乏的,而无所用心之间也许自有一种高远,归根结底还在于对生活的态度。我比较庆幸,已经到了被迫养活自己的年纪,尚未打骨子里认同那些充斥我们今天世道的理直气壮的逻辑。

这也就有了《世间已无陈金芳》和《地球之眼》里的那个"我",一个叫赵小提,是个失败的小提琴手,一个叫庄博益,基本可以列入文化骗子的范畴之中。而他们共同的特点,就是认清了自己是卑琐本质的犬儒主义者,缺点在于犬儒主义,优点在于还知道什么叫是非美丑。我是通过这类人的眼睛看待世界的。阿基米德说给他一支点就能撬起地球,这类人也正是我的支点,但至于能撬起多少分量,恐怕也不必高估。

发明了多少理论、经历了多少沧桑的思想巨人们都未见得能对我们今天所处的时代说出个所以然来,又何必苛责那些粗通文墨、跬踬摇摆的混混儿呢?选择这样的支点和视角,从本质上来说也是一种推卸责任吧——兼有自我逃避。

再说说"作家的自我修养"或云"自我教育"。必须得承认,这年头靠看字儿和写字儿吃饭的年轻人,差不多都有过抱着比较功利主义的态度去研究文学的历程。我恰好又在不看一肚子洋书就不好意思跟人打招呼的环境里混过些年,于是概莫能免地啃过几套"内部文库""先锋译丛"之类的红宝书黑宝书。至于文学作品,连《尤利西斯》和《追忆似水年华》也不是没鼓起奥运精神挑战过,可惜看到一半儿,看出了我认识那些字儿而那些字儿不认识我的境界,只好怏怏作罢。等到腰围渐宽,对自个儿的要求放松了,再加上着实编了几年文学期刊又是一"现实主义"杂志,在老同志的耳提面命和潜移默化之下,发现自己能够认同的审美标准也变得越来越简单:够不够"可读",读完之后有没有一点儿哪怕是小感动?感动之余能不能稍微耐人寻味地"可想"?如果想来想去还想不明白,那就算一不留神写出过得去的东西了。而具体落实到个人操作上,则是通过塑造好一两个人物,再挖掘出这些人物与时代的勾连关系,来实现上面的效果。这种观念比较传统,甚至称得上陈腐,但也的确是我这几年的真实感受。而且要想实现那些哪怕中学课本里都讲过的"文学原理",恐怕也不是一件多么容易的事情,它需要作者不停地琢磨人、琢磨事儿,琢磨社会的变化以及变化的原因。总之功夫在诗外,除了考虑"怎么写",还得考虑"写什么",更得考虑"为什么写"。

书中这两篇小说的主人公陈金芳、安小男、李牧光,也正是基于现实生活,或观察或推衍出来的产物。其中未免有些失真的夸大和主观的臆想,对单个具体人物的体察也往往不够透彻,但在我所塑造过的一堆人物中,这几个算得上是相对有点儿意义的。芸芸众生,各有各的活法,并不是每个人物都对今天中国所处的时代有着那么强而有效的说明性,也不是每个人的命运都足以击穿笼罩在世道人心之上的迷雾。从这个角度来说,人的价值平等,但人物的文学价值又不平等。再进一步地考量一下,陈金芳这种人就像《十月》杂志的责编季亚娅所说的,有点儿"女版盖茨比"的意思,而身边出现这样的人,是因为我们所处的中国与盖茨比时代的美国多少可作类比;至于安小男,我承认在这位仁兄身上加入了个人主观化的想法,他有着理想主义的色彩,而理想主义本质上可能是幼稚的——但幼稚也没辙,假如一代人只剩下了陈金芳而没有安小男,那么这代人也够没劲的,哪儿还有什么资格叛逆上一代教育下一代啊。

以上是关于书中两部小说的主要想法,其他诸如情节走向腔调风格,个人觉得倒是末技。这年头大凡不那么认命的人,总会在"别人让我怎么活"和"我想怎么活"之间徘徊辗转,也会冷不丁地冒出点儿体验别人的人生,反观自己的人生的需求。写或者读那种"不问鬼神问苍生"的小说,其动机多半在此。

文友印象

自谑，然后谑一切

吴　玄

石一枫在圈内有个别号，叫"老孟之青春版"。老孟就是孟繁华，他们俩确实是挺像的，都高大威猛，都好动，都有表演才华，都是话痨，而且声音都很响，非常响，他们在北京喝酒吃肉，胡说八道，我在杭州都觉着吵。不过，他们在一起却是相当有趣的，一个回首往事，看着自己的青年时代；一个遥望未来，看着30年后的自己，这青春和未来居然如此之雷同，这人生是否也就相当圆满了。

不过，他们还是有不同的地方的，老孟到底是上一代的人物，无论怎样笑谑，身上总有股抹不去的英雄气，这股英雄气正好与他高大威猛的形体相符。石一枫曾经是以"后王朔"自居的，身上有痞气，京痞气。"后王朔"是什么意思呢？以我的理解，王朔是把社会当笑话来谑，而石一枫是把人生当笑话来谑，所以是"后王朔"。11年前，他来《当代》，那时，他刚北大中文系研究生毕业，才25岁吧。那年，他写了一个中篇小说《不许眨眼》，并不复杂的故事，三个男人和一个女人的一次约会，但他滔滔不绝，毫无正经，就像西门庆在酒吧眉飞色舞地谈他的人生，并且他比西门庆还厉害，他的每一个句子都是会飞的，极端的形而下，又极端的形而上，完全显示了一个"后王朔"京痞在语言上的非凡才能。我几乎是被震惊了，想了半天也不知怎么评论这等小说，我只好说，你是天才。但天才总是要先被埋没，毕竟这小说不太靠谱，不太合时宜。《不许眨眼》后来发在《西湖》上，当时的《西湖》并不怎么引人注意，这个天才的小说就这么无声无息地被淹没了。

《不许眨眼》之后，石一枫在文学上暂时还没得到认可，但在现实生活中，他很快就得到了认可。他是文如其人的，他的言说方式与小说中的"我"完全一致，一个具有形而上情怀的伪痞子。他把自己的身段放到最低，就是张爱玲恋爱的那种身段,低到尘埃里去,他先是自谑,然后谑人,谑事,谑物,谑凡可以谑的一切。如果不说话,他就是一堆肉,也无痞子气,看上去还是蛮严肃的,不过有点萎靡。但一开口,就不同凡响了,嘴巴张开以后,紧接着眉毛飞起来了,眼珠子也飞起来了,手啊脚啊也飞起来了,他的整个身体跟着他的语言在飞。凡是可以不正经的,他决不会正经,凡是可以说脏话的地方,他决不会用干净的语言,即便没有脏话可说的地方,他拐弯抹角也能说出脏话来。但太不正经太脏了,他自己又不好意思,他其实是个羞涩之人。他顺便又给自己的脏话加上了一层文学和哲学的包装,反正他多余的才华一时也没地方用,也用不完。这样,他以脏话为中心、为结构,成功建立了一套他自己的形而上的文学的脏话体系。

石一枫成了"脏话巨人",在圈内,长时间没有对手,他几乎可以独孤求败了。但这世界确实是天外有天,他意外地败在了一位美女手下。这美女是谁我就不说了,地点是在千岛湖的游船上,他刚拿了《西湖》的"新锐文学奖",心情很好,千岛湖的风景也很好,越是在好的地方,他越喜欢胡说,这叫解构,很有快感的。忽然,他就和美女较上劲了,只一会儿工夫,只见石一枫面红耳赤,嘴里只剩下虚弱的哈哈声,话是一句也接不上了,美女是那种纯度很高的百分百的形而下,他苦心经营的形而上脏话,在美女面前,简直就不堪一击。

这回惨败,石一枫肯定记忆深刻,此后,他做人说话,明显收敛了许多,同时,也可能在相当程度上改变了他的小说叙事。去年,他发表在《十月》的中篇《世间已无陈金芳》,终于让他暴得大名,俨然已经是青年作家的代表人物了。《世间已无陈金芳》中的"我",依然是《不许眨眼》中的那个"我",他们是一脉相承的,聪明,无聊,狗眼看世界,似乎摆对了自己在这个世界的位置。但后面那个"我",也正如石一枫本人,他长大了,成熟了,不再满足于语言的狂欢,不再无来由地戏谑人生,他突然内心充满了压抑许久的悲悯感,因此,他创造了一个现实主义的经典人物——陈金芳。

说美女改变了石一枫,或许只是个玩笑,他的改变应该是得益于《当代》杂志吧,他在《当代》当编辑也有11年了,众所周知,《当代》一直固守着现实主义,耳濡目染,他向现实主义回归,是再自然不过的事。像石一枫这样才华过剩的作家,如果再给他一片坚实的现实主义根基,是完全有可能成为大师的,我觉着,他已经有那么一点大师的气象了。

评家观点

全球化时代的"失败青年"
—— 读石一枫的《世间已无陈金芳》

李云雷

石一枫的小说集《世间已无陈金芳》收入两篇小说,《世间已无陈金芳》与《地球之眼》,这两部作品都引起了文学界的广泛关注,让我们看到了青年作家对当代社会的观察与思考,及其对现实主义的新探索。

《世间已无陈金芳》以现实主义的清晰笔法,通过"陈金芳"这个人物及其内心的变化,勘探着我们这个时代的奥秘。小说从"我"的视角,写"我"20多年间与陈金芳的交往,以及陈金芳跌宕起伏的命运。陈金芳最初出现时,是从农村转学来的一个女孩,依靠姐夫在大院食堂做厨师,到"我"所在的初中借读,同学都因她的土气和虚荣而鄙视她,但"我"被迫练琴时有她这一个听众,与她在心灵上有某一点相同。初中之后,"我"继续读书练琴,陈金芳却走入了社会,成了一帮顽主的"傍家",她一改以往畏葸内向的形象,张扬霸气,是远近闻名的女顽主,但"我"也目睹了她与傍家豁子的激烈冲突。多年不见,在一次音乐会上再次见到陈金芳,她已是投资艺术品行业的成功商人,优雅,得体,熠熠生辉,穿梭在艺术家、商人之间,"我"此时早已放弃了音乐,在社会上混饭,也参与了几次陈金芳——此时已改名为陈予倩——烈火烹油般的生活,但因一件事的刺激又开始疏远。最后见到陈金芳,她已破产,躲在城乡接合部的一栋公寓里自杀未遂,脸上还有被债主打的清淤,"我"将她送入医院抢救,她醒来后,很快被乡下来的姐姐姐夫接回老家了。在小说中,我们可以看到陈金芳的人生轨迹,她从农村来,在城市里奋斗打拼,失败后又返回了农村。我们也可以看到陈金芳形象的巨大变化,她从一个土里土气的乡下女孩,一变而为城市胡同里的女顽主,再变而为左右逢源的艺术圈明星,最后成为走投无路的破产商人。

可以说,在陈金芳形象与命运的剧烈变化中,隐藏着我们这个时代最深刻的秘密,那就是在这个迅速发展的时代,尽管看上去似乎每个人都有机会,都有个人奋斗的空间,但为底层人打开的却只是一扇窄门,尽管他们一时可以获得成功与辉煌,但终将灰飞烟灭,被"打回原形"。在这个意义上,此篇小说颇似菲茨杰拉德的《了不起的盖茨比》,它们同样让我们看到,一个底层人尽管可以抵达成功的巅峰,但终究无法真正融入上层,一有风吹草动就将从高处跌落。但《了不起的盖茨比》将跌落的原因归之于情感与一次车祸,注重的是偶然性,而石一枫则将这一悲剧放置在世界经济的整体变动之中,强调的是一种必然,也更具社会分析色彩,从顽主时代的自由竞争到2008年的经济危机,这些现实的经济因素构成了陈金芳命运的一部分。在这个意义上,可以说这篇小说重新回到了老舍和茅盾的传统,老舍对底层小人物命运的关注,茅盾的社会分析与经济学眼光,在小说中都有所体现,这篇小说具有一种清醒的现实主义。

石一枫的《世间已无陈金芳》为我们塑造了一个当代的"失败青年"形象,不只这一篇作品,近年来方方的《涂自强的个人悲伤》、文珍的《录音笔记》、马小淘的《章某某》等作品,也为我们塑造了一批"失败青年"的形象,这些作品描述了当代青年在社会巨大鸿沟面前个人奋斗的无望感,虽然着眼于个体青年的人生命运,但却对当代社会结构及其主流意识有着深刻的反思。在这里,值得我们思考的一个问题是:在当代,为什么会有这么多"失败的青年"? 他们的"失败感"来自哪里? 他们与历史上的青年有何不同? 出路又在哪里?

"失败的青年"的产生,当然首先与当前社会结构的凝固化相关,随着阶层分化与贫富化的加剧,社会流动性减弱,一个人的人生价值更多地由其出身与身份决定,这让出身社会底层的当代青年看不到改变命运的可能与希望,在"官二代""富二代""星二代"的面前,在难以逾越的社会鸿沟面前,来自社会底层的有为青年看不到出头之日。"失败的青年"产生的另一个原因,是我们社会价值标准的单一化,或者说意识形态化。失败是相对于成功而言的,而在我们这个社会,成功的标准又是简单而唯一的,那就是以金钱为核心、以个人为单位的"人上人"生活。在这样一种价值体系中,任何成功都是值得羡慕的,而不管"成功"是如何来的,相反,任何失败都是可耻的,也不管失败有什么理由。可以说这样一种价值体系,已经形成了一种新的意识形态,笼罩在我们社会的各个方面,甚至深入很多人的意识乃至潜意识深处,牢不可破。在《世间已无陈金芳》中,我们可以看到,陈金芳所信奉的恰恰是成功者的逻辑,正是因为这样,她改变命运的愿望越迫切,她的奋斗与挣扎也更具悲剧性。

相对于《世间已无陈金芳》,《地球之眼》是一部结构更宏大、意蕴更加复杂的小说。小说中来自社会底层的安小南也是一个"失败的青年",小说描写了他走入社会之后的挣扎与奋斗,但与《世间已无陈金芳》不同的是,《地球之眼》将之安放在整体的社会结构中来考察,这包括三个方面。一是在安小南的奋斗线索之外,小说还描述了李牧光所代表的"官二代"的经历,以及以"我"为代表的中间阶层的处境,小说在这三条线索的相互对比与映衬中,从整体上勾勒出了当代青年的不同境况及其精神面貌。二是小说不仅涉及三个青年的生活历程,还通过他们所面临的问题,触及当代中国社会中一些重要而敏感的社会与精神问题,比如道德伦理问题、阶层分化问题、国企改制问题等等,这些问题构成了小说的有机要素,拓展了小说的精神空间。三是小说不仅将他们的命运安置在中国社会转型的大背景下,而且以全球化的眼光,将他们与整个世界的现状及其发展联系在一起,小说中安小南受雇看守"地球之眼",不仅涉及斯诺登所引发的窥视的伦理问题,而且让我们看到中国与世界经济联系的紧密,以及全球化时代经济运行的奥秘。在这样一个宏大的背景之下,安小南的命运便不仅与当代中国的社会结构相关,也与当代世界的整体结构密切相关。在这个意义上说,《地球之眼》是石一枫在《世间已无陈金芳》之后更大的一个探索,也展现了他对当代世界独特的观察与思考,如果说《世间已无陈金芳》可以在文学史上找到先例,可以在同代文学中找到相似的故事与人物,那么《地球之眼》则更加突显了石一枫的独特性——他开阔的全球化视野,及其将小说人物置于其中把握与思考的能力。

如果说,《世间已无陈金芳》让我们在当代中国的视野中关注"失败的青年",那么《地球之眼》则让我们在当代世界的视野中思考"失败的青年",而这不仅突显了我们这个时代最为显著的特征——全球化,而且也将中国问题纳入世界范围内来思考。确实,陈金芳、安小南的命运不仅与中国相关,也与整个世界的发展与变化相关。在全球化时代,新自由主义席卷全球,不仅新一代中国青年被纳入其中,欧美与亚非拉等国的青年也被纳入其中,在资本所主导的全球化秩序中承担失败者的命运,这是一个全球化的现象,也是世界青年共同面对的问题。在这个意义上说,"失败的青年"所揭示的看似是青年的未来与出路问题,其实是世界范围内的社会结构问题。在《21世纪资本论》等著作中,我们可以看到,当代资本主义已经发展出了新的形式与新的特征,一方面是全球化,一方面是世袭或裙带资本主义,这不仅是500年资本主义历史上所没有的,也是人类历史上所没有的,如何面对与思考当代资本主义并探索未来的出路,将关系到人类的整体命运。石一枫通过他的小说揭示了当代青年失败的命运,也向我们揭示了全球化时代资本运行的奥秘,他以现实主义的精神与方法深入到时代的核心,也以"失败的青年"形象让我们反思当代世界社会结构的合理性与合法性,他的探索不仅具有重要的文学意义,也具有深远的社会意义。

杨永康 / 鲁迅文学院第二十二届高研班学员。20世纪80年代初开始写作,散文曾获敦煌文艺奖、黄河文学奖、在场主义散文奖、冰心散文奖等。著有散文集《再往前走》《咖啡馆渐次消失》。

作家自述

傻子面具下的傻子
杨永康

如果心甘情愿,它就会带来许多了不起的东西,比如苍凉,比如辽阔,比如絮絮叨叨,比如没完没了。"时刻都有什么东西冒出来,展开,消失,返回,有什么东西在那儿,时时威胁着炸开,读者处于不断的紧张中。"这就是它的魅力,也是展开、消失、返回、炸开与紧张的魅力。

查拉斯图特拉曾这样自言自语:"我的影子算什么呢?让它追赶我!我愿意——逃离。"查拉斯图特拉向前奔跑,影子紧追着他。"那时有三个奔跑者,最先是自愿的乞丐,其次是查拉斯图特拉,第三个就是他的影子。"不久,查拉斯图特拉就感到了自己的愚蠢与傻……

查拉斯图特拉明白,只有借助自己的"影子",才能真正找到那个"时刻都有什么东西冒出来,展开,消失,返回,时时威胁着炸开,读者处于不断紧张"中的查拉斯图特拉,还有紧张与炸开。既如此那就踏踏实实做一个愚蠢、傻乎乎的追赶者与奔跑者好了。

"在过去三十五年中,我创造了一个更加细密、更加复杂的自我版本。"(帕慕克《文学人物、情节、时间》)这是帕慕克35年来写小说的初衷,也是我35年里写散文的初衷。那么,就在自己的文字里像说蓝或冷的感觉那样不假思索地说出属于自己的细密、繁盛与自如。

德里达说:"它必须向某人述说自己,向你独一地述说,但又仿佛是向一个迷失于无名的存在者,是绝对的一个和另一个,被抛到路上的动物,绝对的孤独的,卷成了一个球,紧挨着它自己。"(德里达《什么是诗》)那么就踏踏实实卷成一个球,做一个紧挨着自己的孤独者。

那个紧挨着自己的球最能体察它的孤独,它也最能体察那个紧挨着自己的球的孤独。"唯一的一件事是——但它总会在那里,它从不在别处。"(福柯《乌托邦身体》)是否紧挨着,它与它都孤独着。这就是作家的宿命,也是散文这种文体的宿命。

其实,它与它都非孤独标榜者,也非傻子标榜者,它或者它只是偶尔被标榜为一只"在傻子面具下面昏迷叫喊,在言语组成的舞台上彷徨,在空想的虹桥上面遨游,永远的模糊"的兽。(尼采《查拉斯图特拉如是说》)对,只是偶尔。这些都是作家一辈子要面对的。

我们必须承认傻子面具下的扩展、充满、指引,及傻子面具下的昏迷叫喊、彷徨、遨游、模糊的宿命性,就如同必须承认身体对空间的拥有、身体的多处跨越是最终的事实一样——只能依靠它自己。如果梅洛·庞蒂的话是对的,那么就紧挨傻子与傻子的面具,做一个踏踏实实的傻子。我们是心甘情愿的,对吧!

文友印象

有口袋的人

格　致

他应该是个有口袋的人。对,应该是。这几天,我一直在对他进行归纳、归类。我想把他说清楚,想归纳出个一二三来。然而有些人注定说不清楚,杨永康恰是说不清楚的那类人。他的朋友说他是不能捕捉的,那么我只能找他的口袋做帮手了,我希望他的口袋与文字能给我提供帮助。

一条毛毛虫,从此叶爬到彼叶,有好多年他像毛毛虫一样在他的文字里转圈圈。他这样的态度是确保不偏离某种轨道。他蠕动,原地转圈,不全是害怕走偏了,在不确定方向的时候,他宁可在原地打转转。他有一篇名叫《兴奋了就跑》的散文正好是写这个的。一个人在自己的房间里跑了七圈,还是没有停下来的意思。这样的人,一旦向前迈出一大步的时候,足以令人期待。

杨永康在自己的文字里转圈圈的时候,朋友们很着急,走啊永康,别管对错,先往前走。我就是不管对错先走起来再说。我不善思考对与错的问题。如果我能走对,那得靠神的指引。他信菩萨,也信自己的思考。而思考是需要时间的,多少人快步如飞从他身边一闪就不见了。那些跑得快的人,不一定就跑到他前面去了,说不定都跑哪儿去了。他总是依然故我。不全是前面岔路太多了,陷阱太多了,不全是他天生对陷阱和岔路保有高度的警惕。其实他已经走了许多的路,只不过是在自己的文字里走罢了。

这也许就是问题的症结所在。我疑心他在饮食上的一些怪癖与此有关。他拒绝大葱和大蒜。是否因为这两种东西是具有破坏力的？他也基本不吃肉。一切能使肉体兴奋起来的、强大起来的他都不吃。他对自己的肉体充满了警惕。他要理性,怕一棵大葱坏了他的大事。一盘菜,只要放了大葱大蒜,他就没法吃了。我是没有大葱就没法炒菜的。我用大葱来爆锅。我没有推敲大葱的反作用力。在我感到身体力量不足的时候,会刻意吃点大葱。大葱的确能增加身体的阳气。杨永康不敢让身体太有力量。肉体的力量是可怕的,一旦思想控制不住肉体,那后果不堪设想。

他一直在有意削弱肉体的力量,为的是让肉体在自己的可控范围之内。其实他是两个人:肉体的和精神的。他为了精神之我能一直处于领导地位,对肉体进行严密看管,包括不吃不该吃的东西。不知道他是怎么忍受的。他对于自己衣服上的口袋研究了好些年。他那口袋和常人无异,并没有装着高人给他的可供在十字路口打开指引方向的锦囊。他的口袋里装的东西,和你我的大同小异:硬币、小刀、纸片、花瓣、钥匙、电话本……这些口袋里的杂物被他重视了起来,并且一重视就是好些年。

他老认为自己的口袋里装着世界上最好的东西。他不停地打开他的口袋,呈现出里面的秘密。多少人热衷于展示自己的内心,他只展示自己的口袋,把里面的硬币、小刀、纸片、花瓣、钥匙、电话本、橡皮,一件件拿出来,摆在光线充足的窗台上。阳光把这些寻常物件照亮了,一瞬间,它们都不寻常了起来。经过他的不停把玩,这些物件已经不是原来的那些物件了。它们都获得了指引,有了非凡的意义与香气。"那时候我一贫如洗,实在想送罗比一样东西,就把手伸进了自己同样一贫如洗的口袋。"

"那时候没有电话本,也没有小刀,甚至没有钥匙,更没有硬币。只有一叠纸片与一块橡皮。当然不好送人,太小学生。正在我发窘的时候,我摸到了一朵花,一朵布满晶莹露珠的花。我有点吃惊。一些布满香气的纸片便从天空哗啦啦飘落下来。"这是他的散文《安安静静许多年》里的句子,那时候的他是纯净的,也是受限的。在去大瑶山前,他的双腿和双脚都局限在自己的口袋里。这些年他老蹲在自己的口袋里。杨永康蹲仓蹲了多久?比一只黑熊蹲得久。黑熊到春天是一定要出来的,而他到了夏天还在里面蹲着呢。

到大瑶山路很远,他是怎么抵达的?他断不会走别人走过的现成的路。他不相信那是路。他认为那些路上脚印太多。我想找到他此行的秘密。思考到第三天的时候,我把怀疑的目光投射到他的口袋上。他的口袋太可疑了,口袋就是他的秘密出口。他用了那么多年沉迷于自己的口袋,原来不是在那儿闹着玩的。他说,许多好东西就在我们的口袋里。这句话还可以修改为:许多有用的东西就在我们的口袋里,硬币、小刀、钥匙、电话本……这些都是他的挖掘工具。他的挖掘工具比一根针好用多了。有人用一根针挖了一口井,他用小刀、钥匙、硬币、玫瑰花挖了一条通向广阔世界的通道。

一晃30多年过去了,隧道挖通了,他像一列火车从自己的口袋里缓缓驶出。在一则微信里他说,这一年他至少去过13个少数民族地区,至少拜谒过21个佛家寺院、道家楼观、清真寺,至少资助过两个朋友,其中一个就是那个戴小红帽的土家族小男孩,并遭遇过一次超强台风。这些无疑使杨永康的口袋更加繁盛、饱满。当他从口袋里迈出第一步,他已成功摆脱了自己。连一个脚印都没有的一条崭新的路出现在他的脚下,他可以去任何地方了。

评家观点

任性及其意义——评杨永康的散文
丛治辰

我们已经读惯了那些没有难度的散文。它们那么光滑,那么亲切,那么体贴,用一种看上去和日常语言没有太大差别的语法,向我们袒露心扉,追怀往事,陈述事实,或者讲述那些我们平时不会关注的知识:历史掌故、文化趣味、名人隐私……让我们读完之后感觉又对这世界多了一些了解,于是非常容易地满足了。最多,它们的修辞更花哨或更隽永些,有时甚至是那种显然经过刻意锤炼的平实自然。由于它们那么缺乏难度,以至于我们很难对它们怀有敬意:既然这些文字似乎我们也写得出来,那么为什么值得尊敬?于是散文越来越被视为一种缺乏文学性的文体,适合作为茶余饭后的消遣或杂志版面的填充物,可以被我们随便地拿起来,再随便地丢掉。怀着这样一种轻慢慵懒的态度去阅读杨永康的散文,难免会有些不适应:和那些光滑、亲切、体贴的文章比起来,他的文字实在是太过任性了。或许杨永康会用他惯用的语法附和说:任性,是的,就是要任性,我喜欢任性。

"我喜欢"大概是杨永康散文当中使用频率最高的词汇了。在《毫无头绪》中,杨永康从一开始就迫不及待地频频表白自己的好恶:

一开始就毫无头绪。是的,一开始。抬起头来就能看见树梢与我。有些人就是喜欢拐弯抹角。我喜欢径直往前走。当然风中难免摆动。我喜欢那些在风中摆动的东西。一只蝶停在马路中央的白色的斑马线上。老远就能看到那种白。我喜欢那种白。我喜欢这种偶然的相遇,我鼓足勇气停了下来,我们是那样的亲密那样的近。我认识的人不多,拉丹算一个,帕玛尔算一个,巴尔扎克算一个,克莱尔算一个。我一连几天都梦见了克莱尔。克莱尔的腿比我想象的要粗。一连几天,是很罕见的。我从来没有想过这是真的。有时候是关于一枚螺帽螺钉的。这时代肯定有某个地方松动了。我喜欢拿着锤子与扳手到处敲打敲打,并非希望出现松动,而是它们早已松动。夜深人静,一些神秘的东西掉在地上,声音清脆而响亮。我喜欢那些源自深夜的神秘坠落,轻轻易易地将一个人的心捕获。

在这第一段中,"我喜欢"就出现了6次之多;而整篇文章中,"我喜欢"共出现多达12次。而在杨永康几乎每一篇文字里,我们都会不断发现那些他执意要喜欢的事物:

> 我喜欢坐在山坡上,看太阳慢慢落山,看羊群慢慢回家;我喜欢沼泽,像喜欢昭然若揭一样喜欢沼泽;有一次我正蹲在向日葵地里拉屎,我喜欢在向日葵地里拉屎,碰见了一只小花狗。(《乌鸦》)
>
> 我说过我喜欢完全不同;不过我喜欢混为一谈;我不喜欢吵架,我喜欢跑步。(《秘密飞翔》)
>
> 我喜欢那些偶尔传来的莫名狗吠,偶尔打开的窗子,偶尔开放的马蹄莲;我喜欢她嘴里喷出来的激情;我喜欢清脆;我喜欢婴儿车,春天的婴儿车。(《春天·铁》)
>
> 我喜欢这些漫无目的的人。(《短暂停歇》)

"我喜欢"当然标识着一种任性的姿态,对于写作而言这是一种极为吊诡的姿态:一方面,"我喜欢"因此"我"要说出来,要告诉你;另一方面,"我喜欢"因而你不必理解,无从反驳,"我"根本拒绝与你沟通。在那些"我喜欢"的事物里,洋溢着一种一切都已经说出来却又无可言传的神秘主义趣味。这是一种无限诚恳、无限坚持又无限孤独的趣味与姿态:他不能放弃自己所喜欢的,只能等待另外一个同样喜欢的,或许在无限远方的读者来与他遭逢。

遇到一个任性的人已经够让人为难的了,但如果他是上帝,你能怎么办呢?在他所创造的文字世界里,杨永康的权力当然像上帝一样无远弗届。因而,借助这样的任性姿态,杨永康不但充分诉说了他渴望为人理解又未必要人理解的喜恶悲欢,而且以强大的执念建立起属于自己的宇宙法则,或者说,他摧毁并重建了关于散文的规矩。传统散文的铁律是"形散而神不散",然而在杨永康的散文当中,读者很难找到所谓的中心:你如何控制一个任性而敏感的人思绪纷纭呢?而且,语言与思想真的可以准确地抵达最初的鹄的吗?当人们必须将自己蓬勃的想象力关在特定的牢笼里,得到的是否比失去的更多?因此杨永康任由自己"毫无头绪"地一路奔跑,对于他这样"喜欢跑步"的人而言,中心并不重要,重要的是表意的轨迹。而如果整体性的诉求都遭到放弃,那么起承转合的结构准则当然也就被废除了:一个神游八荒的跑者,有可能在任何一个街角转弯,引领我们去往一张隐藏的地图,打开意料之外的风景。因而我们不必祈求依循正常的逻辑按图索骥,确认杨永康文字的方向。他更喜欢突然中断连贯的讲述,有时是一只停在马路中央白色斑马线上的蝴蝶突然映入眼帘,有时是螺丝钉坠落在地面上发出的清脆声响莫名在脑中响起,文字便任性地滑向另外的轨道。这当然让我们想起福克纳的小玛德兰点心,杨永康散文中大量使用的意识流手法提醒我们,对于散文所应该表达的"真实",他自有自己的看法。和那些意识流大师们一样,杨永康并不相信真实是秩序井然的,是有迹可循的,那只是我们轻易能够把握的表象;真正的真实往往虚无缥缈,像游魂一样漂泊在理智所不能抵达的阴暗角落,需要用想象甚至幻觉才能够捕捉。于是杨永康便这样做了。

  杨永康关于散文与真实的任性执念,让他完全无视所谓的边界与规范,更无视虚与实、真与假的二元对立,从而获得一种罕见的表述自由。当他游走在城市与荒野,即使只是短暂的一瞥,他所看到的都不仅仅是事物本身,而唤起所有与之相关的知识与记忆,那些曾经歌颂过这些事物的诗句,那些曾经站在他所在的位置观看同一事物的人,那些在同一地点曾经发生或可能发生的事,统统重叠在一起,交织出一个较之此在世界远为丰富的世界图景。对于一个任性的人而言,世界从来都不是它本来的样子,而是自己所认知的样子,当他看到世界的时候,世界已经扭曲变形。因而杨永康就是那只蝴蝶,也是螺丝钉,甚至就是那一声清脆的坠落声响,杨永康和他所要书写的世界是一体的。因此我们会看到,在《咖啡馆渐次消失》里,杨永康既是讲述多洛丽丝、万达、阿莱特、波伏瓦与萨特故事的人,又是萨特本人,甚至是他们所有人。我们在这篇散文中读到的不是萨特,不是波伏瓦,更不是名人的陈年八卦,而是杨永康。杨永康以任性的语调讲述了一个显然并不那么真实,却在他个人意义上更为真实的故事,而这恰恰使杨永康的任性获得了意义——既然在这样一个世界里,我们的眼睛、耳朵和大脑都被技术手段极大扩展,我们已经如此容易看见远方的事,如此容易听到远方的消息,凭借一个关键词也可以如此容易地在最短的时间里熟知一切隐私,那么文学的最大价值,不正是写出那个对写作者个人而言不同的版本吗?杨永康的任性成就了他的异质性,而拓展经验,抵达陌生,不正是阅读的根本诉求?

显而易见,杨永康这样一个任性的写作者,无论从语法的层面,还是从认知的层面,都已经拆解成规,将他所谓的散文变成一种边界模糊的文体。如果真实与虚构已不可分辨,叙述者与叙述对象也可以换装表演,那么散文与小说的区别何在?而那些突然滑脱的修辞,那些猝然绽放的意象,也使杨永康的文字像诗歌一样,处处隐藏着未曾标识的分行。而问题在于,散文或任何文体真的存在边界吗?或者说,至少对于写作者而言,边界真的必要吗?在电影发明之后,小说早已不能只是满足于作为故事的载体,而必须不断更新叙事技术,力图抵达只有小说才能抵达的地方。一切的人文科学和自然科学,都已成为小说理所当然的素材,甚至最新的传媒技术亦为更新小说的形式提供契机,时至今日,它已经成为一种海纳百川的超文体。那么为什么散文不可以?难道散文就理应自甘作为一种光滑、亲切、体贴而没有难度的文体,放弃再造与重生吗?杨永康的任性,当然不是有意要和这个世界闹别扭,也不是因为太爱自己,而是因为太爱散文。前文所述他的任性所带来的一切美学效果,也当然都是有意为之的文体实验——一个任性的人,往往也是一个坚定的理想主义者。

当然,实验意味着未定之天,意味着徒劳无功的可能。就像诗歌的不断突围,已经让一般读者很难分辨大师与江湖骗子。杨永康的那些词语追赶着词语的喋喋不休,会不会也像洋葱一样,经过层层解读,发现中心却是虚无呢?好在当我们沿着杨永康的创作脉络详作追踪,便不难发现,他的每一个看似随意的转折其实都其来有自。他那些创作于2004年到2006年的散文,如《自鸣钟》《夏天的身体让我吃惊》《千万别碰上伊万》《叔叔如此落寞》《身体里的弹弓》《露在外面许多年》,会提醒我们,一个任性的人其实只是对于他如今所在的世界感到不满,因此他不能自禁地要从城市与当前的混乱,不断回到故乡与童年,回到他所认定的美好事物中去。包括他最新散文《惊喜记》中那个让很多读者感到困惑的对话者罗比,其实都已在此前的篇目中塑造完成。而若我们读到他写于2002年的《一个头发乱蓬蓬的女人可以给一个少年带来多少恐惧与寂寞》,会发现这个如今任性妄为的作者,曾经是何等老实而可爱。在这篇散文中,杨永康甚至忍不住要在最后跳出来,为他那时还小心翼翼地任性作一个说明:"我想至少有一点可以肯定,我们对一些我们熟悉的事物其实知之甚少,正因为知之甚少,我们时常会对他们产生莫名的恐惧,而莫名的恐惧总要付出莫名的代价,有时候是一架让你心驰神往的'飞机',有时候则是一首'断断续续的歌',而一架'土飞机'与一首'断断续续的歌'足足可以代表一个人童年的全部快乐与寂寞。"这段话更为清晰地说明了杨永康任性的意义,却也因此削弱了他任性的语法带来的致幻般快感。这也让我们明白:一个人的任性是不应该被规训的,独特的美感只有独特的任性才能创造。在最需要想象与个性的文学领域,阻止一个人任性反而才是危险的。

于晓威／鲁迅文学院第四、第二十八届高研班学员，现为辽宁文学院专业作家。曾在《收获》《上海文学》《钟山》《中国作家》《小说界》等发表中短篇小说100多万字。作品多次被《小说选刊》《小说月报》《中篇小说选刊》《中篇小说月报》《中华文学选刊》《作品与争鸣》等转载。著有小说集《L形转弯》《勾引家日记》《午夜落》，长篇小说《我在你身边》。曾获第九届全国少数民族文学创作"骏马奖"，第一、二、三、四、五届辽宁文学奖，辽宁省优秀青年作家奖等。作品被翻译成日、韩等多种文字。

作家自述

书房私语

于晓威

1. 越来越感觉写创作谈是一件冒险的事,并且存在诸多弊大于利。它的弊处我不能言说。所以有时候我只好也写一点。

2. 我有时候画画,不为别的,似乎只为证明我对文学没有功利心。

3. 如果存在某种创作上的迷惘,我相信这不是来自创作本身,而是来自外部,来自你对外部世界产生了一种前所未有和突如其来的新的看法。

4. 郁达夫在给其学习写诗的嫂子致信时说,"与其失之粗俗,宁失之纤巧……弟意李杜诗竟不可读,入手应诵李义山温八叉诸人诗。"文学由感觉入手,经感觉延宕,以感觉完成。私下觉得这是真理。所以,苏珊·桑塔格说:"为取代艺术阐释学,我们需要一门艺术色情学。"打开你的所有感觉器官,这是保持你对雾霾、噪音、寒冷等一切外部世界非常态的抵制力量之前提,也是你热爱一切值得热爱的事物的前提。

5. 影响人类社会发展和进步的许多弊端源于人性的一大本能缺点:推卸责任。现代化社会的劳动分工原则加剧了这一问题的流行,劳动的最终成果被劳动中的每个人和每个链条给分摊掉了,这中间自然也包括他们的道德和责任。但是,在现代社会中,唯有艺术创造事业是为数不多的纯个体性劳动方式之一,他们一以贯之,杜绝分工,所以,我觉得作家艺术家仍是这个时代少有的对人类对事物更有专注能力和责任敏感的人群之一。

6. 为文之途,随时间推移,可怕的是使读者看得厌倦,但更可怕的是将自己写得厌倦。读者是分阶层或层次的,丧失一部分读者,必定还有另一部分读者。所以,唯一重要的是解决后一个问题,不要让自己对写作感到厌倦。应该让自己对写作永远保持新鲜感——不断保持形式的挑战和风格的变化。

7.不论从字面来看还是从实物观察,我很喜欢"盾"这个字。我很喜欢有的国家将钱叫作"盾"的。对艺术家来说,钱像盾一样,不是用它去进攻什么,而是在固守特定尊严的时候,可以用它来抵抗一些东西。

8.作家不可以太市侩太油滑,这会使他的作品难以抵达一种荒芜和陡峭的精神气质;但作家也不可以过于不通世事和人情,一个在生活中待人接物不周延、失之性情、不谙事理的人,不太可能成为一个好的作家,从这个角度来说,曹雪芹在《红楼梦》里有半副对联"人情练达即文章",是有一定道理的。

9.不要以为在冬天里,没有火种就点不了香烟。你去取一块冰就可以。然后,将冰块磨成凸透镜再放到阳光下聚焦烟头。我说这话的意思简直再寻常不过:在文学创作中,没有太不正常的素材,只有太正常的思维。

10.我有时候会想,俄罗斯为什么拥有那么伟大的文学传统,因为俄罗斯冬天漫长。冬天让人在黑屋子里只能学会读书、写作跟朗读。如果冷极了,朗读会变成呐喊,而呐喊会增加温暖和力量。所以,冬天漫长也许是件好事。

11.一些事情是这样的。梦的意义不在于存在美梦,那样,人醒来不免格外幻灭和惆怅;梦的意义在于会有噩梦,如此,人醒来会格外珍惜身边哪怕极其平凡的现实感受,同时易于满足。文学的意义也不在于一味歌颂光明,毕竟现实会有夜晚来临;文学有时候应该体现一些沉重甚至灰暗,这样人们放下书本回到生活中,往往会觉得眼前亮了。我不知道有人听懂我想说的意思没有。

12.我在寻欢作乐的时候或之余,难免总会溜号、失落或想些别的,但只有面对写作的时候,我是一心感到专注和快乐。世俗生活与精神生活的差别大抵如此。

文友印象

任性于晓威
宋长江

前不久,于晓威在微信圈发了一幅别人画他的漫画,附言:"世界之大,真是无奇不有。一位素不相识的朋友,在网上突然给我通知,说是给我画了一幅漫画,让我瞧瞧。委实被伊的漫画吓了一跳……"

的确像。有肌肉的脸,目光有神,颧骨凸出。漫画嘛,自然夸张。据说,颧骨高是满族人重要的特征之一,却也活画出他的倔。

于晓威是辽宁宽甸满族自治县人。

若干年前,我在丹东市工作的时候,先是听说,宽甸"有个小子",年龄不大,小说写得挺牛。于是,就关注了。那时我业余写小说,算是个文学爱好者。他的小说牛不牛,我不具备评判资格,但是,却不能不让年长他十几岁的我另眼相看。遗憾的是,我们一直不曾相识。我的写作,零零星星,默默无闻,几乎是原地踏步。几年后,宽甸那个"小子"果真牛了起来,小说频频发表,频频得奖,令人眼花缭乱,有点要牛遍全国的意思。

真正与这小子相见,是在他"牛"了以后,从县文化馆调进市里,迈进了满族文学杂志社的门。我很幸运,先他几年进了门,混了个副主编,自然,他就成了"我"的部下。哈哈,小子!

同室相处,很快发现这小子的小说牛,人也牛。小说牛,不必多说,读过他小说的人自然心中有数。说人牛,也不是说他傲,他有时倒表现得十分谦卑。我说的牛,是这小子对文学的态度,对事业的公心,几乎到了独步穿林、目不旁鹜的地步。

举几例。

之一,这小子从辽宁文学院毕业后,被安排在县文化馆工作。不久,县邮电局领导亲点,调入该局人事处工作。邮电局在那个年代,福利待遇颇高,社会艳羡,属于"大爷"。可这小子钟情文学,三个月后觉得这里不适合他继续写小说,连马上就要分给他的住宅楼也不要了,非要回到文化馆,做与文学创作沾边的事。如愿后,倾其所有,独闯深圳体验生活。后又入鲁迅文学院、上海社科院作家班学习深造,之后又被组织数次安排挂职副镇长、宣传部副部长,等等,是个舍家不撒业的主,是个把文学把创作当饭吃的愣小子。好在夫人张丽华视夫如弟,理解,支持。其实,张丽华本人是位重点高中的语文老师,工作很忙不说,也是一位小说作者,发表过中篇小说等,令人印象深刻。私下说,张丽华假如有足够的时间和精力从事创作,定是一位非同一般的小说家。这小子欠夫人的。

之二,一次,刚上任的丹东市委书记邀请本地宣传文化领域专家座谈,彼时,已经当上《满族文学》主编和丹东市作家协会主席的于晓威,为文学、为杂志慷慨陈词,舌战群儒,巧妙"灌输"(因为该会议许多非文学部门和单位的领导均想增加事业拨款),使得开明的书记权衡之下,当场答应给予《满族文学》经费支持,事后果不食言,拨款较往年翻了一倍。不久,在市委书记另一次召集的文艺座谈会上,为表达对这位书记之于文学事业重视的谢意,这小子决定在会上代表杂志社全体献给书记一个花篮。之前,对这个未列入会议议程的举动,已经想到了可能会遭受各方参会人员的误解,包括带给他负面影响,他也曾犹豫并和我探讨。不过最后,他坦诚向我披露心迹:"我不怕。我这不是为了我个人。书记也是人,秀才人情纸半张,他重视文学,重视作家的建言,我就是要在这样的场合向他表达感谢。而我个人并不需要市委书记对我怎样的。"他清醒地认为,只有这样,才能够"代表文学,代表本地作者,表达真诚的感谢"。是的,会上献花篮的场景,意外烘托了热烈的情绪和氛围,而于晓威却有些悲壮。这悲壮,大概唯有我这个知情者能感觉得出。

之三,杂志主编必然每天面临给作者退稿的问题,尤其面对师长、朋友的稿件,这是很挠头的问题。一次,杂志的上级主管领导转来一位曾经主管文化工作的市级领导来稿。按当时编辑部流行说法,上级主管领导来稿,第一,不要改,第二,即便写得不好,发了,也是可以被人理解的。可这小子认真读了一上午,叹口气后,竟毫不犹豫地决定:退。为此,还特地给这位来稿的领导写了一封专业性极强的退稿信。事后有人嗤笑,说,这小子,为文学,"不识时务"。当然其中的佩服也是溢于言表的。

之四,再后来,这小子被省里以特殊人才调进省城沈阳,任辽宁文学院教务处主任。几乎所有认识他的人都预测,这小子正直善良,工作有方,能在省城脚印坚实,一步一个台阶往上走。令人错愕的是,两年后,就在这小子即将升任副院长时,突然辞去文学院的行政工作,百般商求领导做了专业作家。几乎所有人都不理解并为他可惜。他私下说:"我就是个写小说的,离开小说走别的道路确实不符我的性格。"

之五,这回"坐家里了",正期待这小子的小说继续牛的时候,他应召再次进京,再次走进鲁院"回炉"。那是去年9月。不久,他在朋友圈里晒出一幅画,附文字:"二十多年没摸画笔了。看到朋友圈总有各路大咖舞字弄画的,还叫阵拍卖,竟手痒。上午画了一幅丙烯画,名曰《冰河物语》。"说不吃惊是假,画得真好。原以为偶尔玩把"票",没承想,这小子一发不可收,画作影响之大,不断被各界购藏。有人预测,这小子要改行了。我却坚信,以这小子对文学的膜拜程度,他之绘画,是为了更好地加深对文学的理解和创作。12月初,我去北京参加全国文学期刊主编工作会议,特去鲁院探望他,目睹了他几乎所有的画作。细细品品,幅幅彰显了独特的审美情致和文学思考的深度。也了解他作为小说家的时代苦恼,深刻感受到他不是写不出小说,而是思想和精神所面临的自我救赎的痛苦。绘画,确是他暂时进行的另一种文学表达的手段。

之六,一个小说家,绘画仅半年,画作被购藏五六十幅,众多杂志和媒体频频刊发他的画作,日本人也购买和研究他的画,连全球著名的奢侈品交易官方网站和公司"寺库中国"也要主动代理他的丙烯画,这在美术界算不算奇特现象?可前几天,这小子在微信圈发表公示,说外面欠了许多稿债,暂停画画。画得那么风生水起又暂时不画了,唯有两个字,任性。

继续任性吧,为了文学。相信,这小子的绘画与文学创作已经融为一体。而后的小说定会更牛,因为,膜拜文学的基因是无法改变的。

评家观点

向内的撕裂与开拓
—— 于晓威小说创作论

苏妮娜

于晓威长期保持着"写作中"状态,出品却不太多,这是一个把文学看得郑重、把写作这种行为多少有点神圣化的写作姿态。每当我想到他,联想起来的都是中世纪为教堂穹顶和僧侣小屋画圣经画的那些大画家,他们以卑微通往神圣,以匠人式的工作累积出大师式的高度。大概是因为,我和他都确信,最笨的姿态有的时候是最有效的。对这样的作家诩之才华和激情之类的,显然是轻慢了。同时,这种写作姿态与他笔下呈现的速度与激情、孤独与自由、命定与突围、历史与个体等等相互掺杂、参差对照的品质并不很配套,我把这理解为一种张力,或者说一种持续的控制力。他近期出版的中短篇小说集《午夜落》距离上一部集子《L形转弯》已经有很长时间了,因此当这两本集子同时摆在面前的时候,它们或隐或显地表现出了作家在两个不同时段做出的不同选择。这里可以谈论的问题很多,其中我比较感兴趣的是作家对叙事经验的使用和处理。

远行归来

当本雅明说:"远行者必有故事"之际,他所说的是两种情况,一种是有人从远处来,携带着陌生的经验,所以讲故事的时候有新鲜的资源向听者奉献;另一种是人始终在本地,但是他拥有的讲故事的技艺,使得人们始终爱听——哪怕只是本埠最熟稔的掌故传闻。前者本雅明譬喻为见多识广的水手,后者则像安居耕种的农夫。近我翻看集子《L形转弯》和《午夜落》的时候,发现后出版的《午夜落》比《L形转弯》有了一些变化,那就是作家表现的外在疆域日渐收拢了。他对写作使用的经验的广度、对写作疆域的外部拓展已经没那么在意了。

把《L形转弯》的所有篇章放在一处,你能感觉到一个在单篇作品里并不特别张扬、野心也并不外显的家伙在这些复数的写作中,于主题上、叙事上、在文体和美学意义上和自己较劲的一个过程:他绝不重复任何一种自己写过的东西。我是说,那个阶段,他更像本雅明所说的远行客。在那个集子里,他表现出了几乎对任何一种素材和主题的熟练把握和均衡火候,那是于晓威从少年到青年阶段的创作力的集中呈现。于晓威写作的第一个 10 年是少年老成的。或者应该这样说,他的青春不是表现为自我放纵和宠溺,而是表现为自我的审视和苛求。但是潜隐在这种平稳和均衡当中的较劲仍然是有迹可察:历史/现在、乡村/城市、爱情/欲望、群体/个体,乃至于信仰/怀疑。某种程度上来说,从主题学的意义上去概括于晓威写作的内核,几乎注定失败。我甚至有一种感觉,他在躲避清晰的言说——或者是,被言说、被阐释——的命运。阅读的过程中,经常感觉既有的经验失效:你以为他在历史演进中寻找某种外在的社会性原因,而他的笔端即刻滑向"命运",仿佛告诉你既然世事皆可原谅,对生活的控诉和信任只能落空;你以为他细节丰盈和生气流动的文字是为了淡化故事向散文靠拢,他又落回了乡村/城市的激烈的矛盾演化之中;你以为他在远离喧嚣离群索居之处,从爱情出发到超越爱情这个单纯而又复杂的过程中渐渐逼近了形而上的思索,这时他又奉献出一部电影般节奏明快而故事性显赫的都市爱情寓言。在他自己,这种从陌生到陌生的方式毋宁说是一种自我调适——如果说他的表达才华是一种乐器,那只能在演奏中去体会这种才华的性能。于晓威在各种层面的"陌生"意义上理解和演示"复杂",也可以理解成一种对于"怎样写"重于"写什么"的自觉选择。

到了《午夜落》,于晓威的选择似乎固定了下来:写城市的夜晚和黎明、街道和房间、电影院和咖啡馆——写大城市和小城镇,而不再四处出击。他把讲故事的热情投射到我们眼前的事物上来了。这看上去好像是单纯了,甚至是单一了、保守了,其实这意味着他日渐放弃向外寻求经验的新鲜感,而把注意力放在经验的内部上面。这里发生的是小说观念的生长和完善。但不要以为他的"调试乐器"的实验就此而终止,他步入了下一轮开场。

作为内在经验的城市

注意力放在城市叙事,并不等于仅仅讲述城市发生的故事,正确的说法应该是，把城市内化为一种价值观去看待城市，也包括看待乡村，看待男人和女人，看待历史和今天，看待时间和空间。视域决定故事，你看待一切的方式变了，你写出来的一切才有可能改变。

昆德拉所说的复杂性是小说给世人的东西，他所指的并不仅仅是生活经验、更不仅仅是世俗经验的层面，这里更多是指一种内在与城市的同构，以至于相互拥抱。应该把城市作为一种价值观，只要做到了"内化的城市"或"内化的乡村"，是否为城市或乡村原住民就没有那么重要了，作家应该始终向自己内心去寻找写作的根据。

城市经验的内化，亦可理解为观念的现代性过程。《L形转弯》中并置了前述两种对城市的讲述，小说集《午夜落》越来越靠近后一种现代性的讲述——你可以认为这是城市/乡村这一空间的差别，但更多是心理时间即主观感受的差别，同时也是总体叙事和个体叙事的差别。当然，《午夜落》中的《厚墙》，它其实是《孩子，快跑》中的那个孩子跑到城市里来了，它的叙事伦理还是《九月玉米地》和《孩子，快跑》中的延续。涉及经验的内在整合，关键不在于从理性认识层面上的抵达，还应在于情感体验的抵达，只有二者同构和同步的时候，小说的筋骨和肌理、情味才能共同奏效。《在淮海路怎样横穿街道》是他第二次写到一个城市的街道。淮海路上的这一对私情男女，是成功地留在了城市中的人，从主观感受上是城市的自己人。《淮海路》是一个轻柔缱绻的恋爱故事。小说展现的不是作为形容词的女人特质"娇柔""聪慧""轻盈"，而是作为动词名词组合的她"小心翼翼地喝汤""嘴唇残留的果汁"——这小动作和小画面本身是充满爱意的，我所说的内化的经验，大概就是这样：他不告诉你那是爱，他只是让你用他的方式观察，观察到的是值得爱值得珍视的东西，于是你一下懂得了这是在写爱。于晓威所写的上海，也并未以一个实体的凝定的空间形式出现，他只是写了女子的房间和淮海路的街道。对于淮海路的展现始于一种设问：如果你着急去街道对面上班，置身在这样一个高峰时水泄不通的城市大街，请问要怎样穿过？这个答案是随机的，这里给出的是属于小说的回答，属于一对热恋的城市白领男女的回答，回答这个问题本身就是一种内化了的城市体验，是每天居住在这里的人才会去念兹在兹的小事。

城市的体验中，爱情是偶然的，爱情过后的孤独是必然的，小说的结尾处，于晓威着意省略,正是这种省略使得小说更加准确地表达了城市生活中特有的情感观念,省略掉的是伤感孤独干涸的生命感受,却没有妨碍读者感受到这些东西。这就是文学传达内在经验之后会产生的感受和情绪的延宕、扩张。其实短篇《隐秘的角度》也做到了这种简约留白的内在性城市叙事。《午夜落》中的《午夜落》《天气很好》和《勾引家日记》这几部,都以不同的题材类型,使用一个主体性视角来做精确观察和精准描述,但独独隐去为何要做这样的观察和描述。乡村是一个熟人社会,相对来说城市是一个陌生人社会,在一个陌生人世界中,还要表达出作为自己人的经验的熟稔,这种要求显然极高,甚至相互矛盾,于晓威在这些小说中所做的叙事的尝试正是针对这个任务的,或者说是有意的冒险和试探。除了叙事的节制,甚至是苛责之外,他还运用人物语焉不详而又极其简短的对话来遮挡和模糊内心沟通的渴望。如《天气很好》中:"我就是很想你,想一些事情。"林光说。"哦?"何锦州问,"你说什么?"林光看了他一眼:"我没说什么。""你好像说了些什么。"何锦州在努力回忆。"你是说什么时候?"林光问。"刚刚。"这里显然深受符号学的影响。而这种方式显然也是对应内在经验的。看似努力沟通与靠拢的对话中,陌生感不断地涌上来。小说结尾,这一对久别重逢的狱中难友,一个是卧底,一个是歹徒,他们在下一个情节链条中完成生死较量。

小说诞生于"孤独的个人","写小说意味着在人生的呈现中把不可言诠和交流之事推向极致。囿于生活之繁复丰盈而又要呈现这丰盈,小说显示了深刻的生命困惑"。有生命投射的地方,就是我们借助内在的自我去理解生活和理解自己的地方,是小说对于生命经验加以重新整饬的地方。

更多其他

隐匿在"陌生""孤独"等体验背后的,还有禁锢与逃亡、总体与个体等现代性命题。《沥青》是非常注重细节又非常寓言化的一个作品。它带有美国大片和现代小说中常用的那种戏剧化"震惊"体验:用最具质感的细节和最真实的情理,去写出一个不可思议的、天马行空的结果;或者反过来说,给最不可能到达的事,做出无数最有可能发生的环节和铺垫。无论是暴力叙事的再现,还是对现有社会公器的质疑,其实都是指向叙事表层,也就是只理解了外化的叙事动机。如果试图去理解其内在动机,就会比较接近文本的深层含义。《沥青》中的男主角越过三次狱,这也许不奇怪,但是越狱成功后,前两次都是轻轻松松回来自首。正如文中那些对手所认识到的,这是挑衅和藐视。与行动的表层"越狱"相联系的并不是简单地向体制——表现为监狱——要求具体的自由,而是在向对方证明自己获得自由的能力和对尊严价值的讨要——一种内在自由和优越的表达,或许应该称为骄傲。无法凌越的骄傲表达的是一种内心体验,它其实也是支撑我们每个城市中人生活下去的内心动力。《让你猜猜我是谁》是一个把暗恋发展为抑郁和躁狂的类精神分析性叙事,它是外在的命运弄人的故事,也是内心角斗的故事。它对现代人被孤独所压倒的精神创伤做了一种外显和具形。虽然我并不认为结尾的那种暴力失控是这类故事唯一有效的处理方式,因为这样就以"病象"作为文本唯一的解释,抹杀了开头所描述的那种暗而温暖的内心复杂性,使得小说容易沦为一个社会性文本的抽样或是所谓训诫。

  同时,在于晓威身上,我们也可以看到对"讲故事"这件事,今天的作家仍然存在内在的裂隙。我们这个时代对于故事的消费热情空前高涨,无论是在影视剧中,在自媒体和移动媒体中,乃至于广告、新闻中,尤其是动辄几百万字长度的网络小说中,到处都有故事。但是故事的海量需求,叙事艺术在多个领域的变身,相对于文学的生长来说,更像是一个嘲讽。因为现代小说是剪断了世俗经验的脐带之后才得以分娩出来,它对日常经验的一般性传递已经失去了兴趣。也就是说,将一般性的意义主题包裹在漂亮的经验传达当中,已经无法满足现代小说作家的叙事野心。另一方面,我们作为普通读者在文学场域中仍然需要读到能调动胃口的好看的故事,不消说,文学需要借助叙事的艺术性去激活普泛意义上的阅读,而不应该只成为形式化和思想性的活体。鲍德里亚认为,消费社会当中,日常生活与艺术虚构之间的界限抹平了。于晓威认真写作的实践成就,除了证明他的才华,某种程度上表明了创作者的焦虑,而这种焦虑是带有普遍性的。于晓威们应该是在不断地向自己发问:什么才是好的小说?我通过怎样的写作才能写出这种好小说?在关心文学、懂文学、多年来操持文学的人们当中,我们也无法整合所有人的需要,所以做出文学选择始终是一件重要的事。我所说的于晓威们,应该是一批"70后"的作家,他们在"60后"的先锋写作的光华中默默坚持了很多年,然后与后出道的"80后"一起为人渐渐熟知。大概是因为这样,我有一个或许是有些武断的、印象式的判断，就是他们的焦虑在于：于前后两代写作者的写作路向当中犹豫，在两种写作选择中撕扯。于晓威身上也有这种内在撕扯的痕迹，但是无论如何，他把这种撕扯和焦虑转化为开掘内化叙事的动力，走出了一条属于自己的路。

谢宗玉 / 鲁迅文学院第七届、第二十八届高研班学员。一级作家,湖南省作协副主席。曾在《天涯》《人民文学》《收获》《当代》《小说选刊》《小说月报》等文学刊物发表作品400余万字,著有《与子书》《涂满阳光的村事》《时光的盛宴——经典电影新发现》等书13部。现致力于泛文化写作。

作家自述

叛　　徒

谢宗玉

就在刚才那一刻,这个词跳入我的脑海。然后印在脑海,不走了。不管我愿不愿意承认,我叛徒的身份都昭然若揭。

我以乡土散文起家,但仅仅只写了4年,就再也没回过头了。以前玩"新散文"的好些朋友一头扎进新乡土散文里,竟十几年不出来,我佩服他们,但内心却是说不出的凄怆和寒凉。明明所有的感觉都写废了,还赖在这个"泥潭"里不出来,有意思吗?

我突然对小说有了兴趣。满脑子是情节和人物在飞。我下笔千言,不管不顾,洋洋洒洒写了5个长篇和几十个中短篇。某天起床打个哈欠,竟发现自己再也编不出哪怕一个细节了。又是4年时间,我厌倦得可真快。回头去看,发现自己这种竹筒倒豆子的个性,其实跟小说曲幽含蓄的特征实在是风马牛不相及。让我写小说,小说无辜,我更无辜。重要的是,我对小说这种文体在信息时代的作用产生了怀疑。等我有闲了,我真想探讨一下这个时代的小说——或者说文学将何去何从。

我变成了两性专栏作家。属两性社会学范畴。写了两年,扬扬得意,甚至在某篇文章中自我吹嘘,自己的思想已超过了某某著名性学专家。我的一个作家朋友质疑我的两性知识积蓄量。他认为我不是厚积薄发,而是全凭一厢情意地胡乱推断。我反驳他说,做学问不仅仅是堆积前人的知识,也得靠那么一丝灵性,我是属顿悟派的。其实我看了什么书,也不必向他汇报吧。与别的作家不同的是,我看的都是一些杂七杂八的书,反倒是文学著作看得少之又少。

我这个两性专栏作家的身份,完全是冲儿子去的。我想儿子应该拥有一个甜美的花季。幼吾幼以及人之幼,我突然觉得,或许我还可以做一名儿童文学作家。我与人交往，大家都说我孩子气十足。喜了怒了哀了乐了，都挂在脸上。说话办事，毫无心机（真是浪费了以心计称著的天蝎座）。好吧，在成人的世界里，我的确混得捉襟见肘，进退维谷。既然童心泛滥，我去写孩子们喜欢的文字总可以了吧。《涂满阳光的村事》居然爆火，有粉丝给我截图，一教室的孩子捧着这书在读。我看着截图，真是醉了。

我觉得我有很多思想找不到宣泄口，如果单独表达出来，太形而上了，不好。我得"借尸还魂"。偶然的机会，我发现电影是很好的载体。然后我看了4年电影，看了1000多部，把脖子都看坏了。再借其中30部，阐述了我对这个世界说肤浅也肤浅、说深刻也深刻的认识。这就是《时光的盛宴》。才出来，就得到了好些朋友的肯定，认为这是迄今为止，我写得最好的一部书。这算是我写作上的某种突破吗？凭借这部书，我能拥有思想者的身份吗？

去年下半年，在高大上的鲁二十八学习。看着同学们一个个埋头苦干，我心里有些发慌，也想重拾当年写小说散文的热情，以期还能混到他们的队伍中去，但开了几个头，都坚持不到一上午就败下阵来了。算了，哥儿们姐儿们，你们玩你们的，我玩我的。《老爸，我想把这个世界整明白》，是我在鲁院为孩子们写的一部世界观启蒙读物。说是为孩子们写的，其实我的野心不止于此，我想顺便给成年人也启蒙一下。

因为写得太快太顺，后来我反倒失去了信心。扔在一旁转眼就是半年。现在捡起来再看，居然津津有味，欲罢不能。呀，我得找家少儿出版社，将它出版了才是。

我在想，这一辈子，我还能背叛自己多少次呢？我并不讨厌自己叛徒的身份。

文友印象

在人群中独来独往

吴昕孺

多年前,读谢宗玉写他老家"瑶村"的散文,惊讶于他书写中国乡村那特有的笔调:在万物葳蕤繁茂的地方,他看到死亡的阴影;在腐朽霉烂、不为人知的角落,他窥探美艳的生长;在田野、滩涂和山林里,他能进入每一样事物的灵魂⋯⋯在我认识的作家中,谢宗玉是最具忧郁气质的一位。我始终没弄明白,他是因为身上的孩子气才显得忧郁,还是因为身上的忧郁才显得孩子气。他是我结交的朋友中,最适合去演《石头记》里面那个主角的,外形像一块被风雨磨蚀却淡定自守的石头,内心温润如玉,有着源源不绝的光华。那光华像一团紧紧裹住自己的小小火焰,不伸出火舌去灼伤别人,更不冲向半空,以炫耀自己的超人之姿。它一味紧紧地裹住,有时不留神灼伤了自己,但伤了也就伤了,自己舔舔伤口,从不迁怒于人。

一般作家写出名来,或者说,写到像谢宗玉这样的影响和名气,就会不知不觉地发生一些变化,他们以前可能只会写文章,但写着写着,写到名篇簇拥、"粉丝"成群的时候,慢慢就学会了经纶世务,学会了见风使舵,学会了官商通吃,就不再是如鱼饮水而是如鱼得水,不再是左支右绌而是左右逢源,不再是忧心忡忡而是野心哄哄。但谢宗玉,即便做了副院长,他依然拙于政务,疏于人谋,不会说中听的话,不会做中看的事。

别的作家都是一身名士气,甚至大师气,谢宗玉不同,他一身都是孩子气,因此并不合时宜。他痴迷于文字,对朋友肝胆相照,毫无保留,但除此之外,他有时像一只小刺猬,拼着自己的几根嫩刺,要去扎那世俗的脓包。他略带羞涩,不很擅言辞,遇到陌生人几不发声,但他时常涨红着脸,要在朋友面前对某些看不惯的人事发表意见。他严肃的时候,像做错了事等待老师批评的小学生;开心的时候,则仿佛看到从天下掉下一粒糖果,惊喜中充满了好奇。我们性格上最大的不同在于,我很少得罪人,以所谓的"亲和"赢得一个较为广泛的朋友圈;他则绝不与俗客为伍,以其坚守的原则保证自己周边人文环境的清洁。所以,当他在《今日女报》开专门与孩子谈性的"与子书"专栏,我是一点也不奇怪的——内心干净的人才可与孩子谈性,他配,而且一定能谈得别开生面。果然,专栏一出,清流渐渐汇成巨澜,其旖旎景致立马引起广泛关注。2014年7月,《与子书》在大量铁杆粉丝的期盼与呼唤声中,由东方出版社结集出版,一时热评四起,成为那一年度出版和读书界的一件大事。

谢宗玉是一位执意将忧郁进行到底的作家。忧郁是他探讨人性的武器,也是他自我保护的盔甲。他的忧郁,不像杜甫老爷子那样怀百世之忧,更不像范仲淹那样忧乐关乎整个天下;他的忧郁有点法国作家普鲁斯特忧时伤世的意思,但更多的是三闾大夫屈原那种"其志洁,故其称物芳"的本能的、天然的悲悯。谢宗玉的忧郁,是一种不自觉却又最自觉不过的审美,由此,他也毫不做作却又一如既往地缔造着自己,在忧郁和洁净的土壤上生长出来的"美"的人格。他有文采,有识见,有情怀,但有时少了点狠劲。他的文章往往过于内敛,情感浓缩有如重拳,刀刀剑剑往自己身上抹,读来让人心疼。

可喜的是,谢宗玉散文里的忧郁气质,那种湿漉漉的感性、深陷其间的困顿,在其电影随笔中一扫殆尽。他最新出版的电影随笔集《时光的盛宴》,让我们看到一个冷静、理性、睿智的旁观者:双眼犹如一道X光,光影声色中的尘世万象纷纷委地,藏在电影深处的、本质的东西尽显无遗。读过这些随笔,我们会恍然大悟,原来电影就是现实的一部分,就像文学一样。谢宗玉电影随笔中那些力量充盈、思辨驰荡的文字,让他拥有了一个真正思想者的身份。我在想,倘若他拿了这些东西再回到散文和小说创作中来,会是一个什么状况?

谢宗玉是沈从文笔下"白面长身"的那种书生。湖南人本就矮,湖南的作家诗人或胖或瘦,要找个儿高的,得打灯笼。于是,超拔的谢宗玉便显得鹤立鸡群,他似乎没花多少工夫,就在写作上同样做到了这一点。有人羡慕他的天分和机遇,而我认为,他的成功是气质使然。我不是说,他天生是一个作家;而是我认为,他一定会成为一个作家,他在生活中几乎别无选择。很难想象,这样一个敏感、忧郁的人,竟然在公安系统混了半辈子。他在那里显然不合群,而且即便到了作协和文学院这样的地方,也不能说他就是合群的。但他的忧郁里,有一种难以察觉又无往不胜的韧性。他不合群,却能与"群"共舞;他不合时宜,也能与"时宜"并行;他独来独往,却不回避同行人。

除了写作,谢宗玉还喜欢运动。我们打过一次羽毛球,我是他的手下败将,而打乒乓球,我则技高一筹。于是,我们便经常打乒乓球。他经常在文友们面前称我"师傅",其实我只是一个还算不错的陪练而已。谢宗玉忧郁气质里面的这种厚道品质,让他的性格在激烈中不失温婉,在直截中保持诚恳,在孤独中充满了力量。

评家观点

成长隐秘经验与人生终极观照

何江花 晏杰雄

文学本身归属于一种个人化的表达,每一道独特的目光,都会带给阅读者不同的阅读体验。在众多表现城乡题材的文学创作中,谢宗玉的文字自有其独特的味道所在,史铁生曾称其创作"把一条朴素的路铺向自己情感的历史和心灵的眺望"。他的笔端似乎有一种魔力,可以让人们看到他眼中的这个世界,回到文学本身的同时,又仿若亲临文字现场。童年、成长、死亡主题,是谢宗玉作品里极力书写的内容,他将个体人生分为三个阶段进行剖析,将其中隐秘的焦虑存在诉诸文字,童年时期盲目地快乐,其中也依然存在不自知的忧虑与烦恼;成长的过程遭遇内心世界与外界人群的围堵而时感彷徨苦闷,即便童年的经历可以医治成长后的心灵,终究不过是个体面对现实世界的假意逃离;死亡的逼近附带着恐慌的无助,兜兜转转最后走入向死而生的归途等等,作者试图用自己的笔墨去揭示生活的真实本质,去挖掘原生态的生存境况,孩童抑或是老人,每个个体都有他们各自的烦恼与忧愁,城市也好,乡村也罢,生存在其中的个体都无法逃避生活给予的焦虑以及精神的无所依附性。然而作者的笔墨并不止于此,在描述生命不能承受之重的同时,谢宗玉的文字也在宣扬着一种生命的豁达。

童年:单纯的快乐与隐秘的忧郁

日本生态摄影家星野道夫曾说:"人们总是在长大以后回想起孩童时代……不过最令人难以忘怀的,应该是当时所不在意的'时间'吧,那种无关乎过去或未来,只在乎眼前片刻,无法重新拾回的时光。"在个体的一生中,童年时光算是最无忧的年岁,拥有着近乎为零的压力与责任负载,时光的单向性让那些无知的年岁在成人世界里显得弥足珍贵。在谢宗玉的笔端,童年时光占据了很大的笔墨,是谢宗玉在成人思维的干预下刻意营造出来的属于孩童时期的欢喜,他将自己的个体经验融入文字中,隔着纸张的厚度,让人们看到在城市的余光外,故乡瑶村一些不起眼的植物村事撑起的整个童年的欢笑,故事里涂满阳光,在城—乡、成人—孩童视域的对照中,童年时光显得纯美、简单而又温馨,那时拥有着盲目的快乐,能够感受到父母亲的关注与爱,巫术的参与让人心存敬畏之余增加了童年的灵性与想象性。童年时光在谢宗玉的笔尖俨然成为成人世界之外的乌托邦,乡村变身一片精神乐土,但在作者极力回想童年时光忆往昔乡村时,依稀伴随着孤独与忧郁的隐秘情绪表达。

孩童时期很多的欢笑大多来自构建与破坏,他们思想支配下的许多行为都有一种盲目性,正是这种不按成人世界惯常思维出牌,让他们在创造中收获了很多意外的惊喜。谢宗玉的散文集,诸如《田垄上的婴儿》《遍地药香》中的很多篇章,是对童年这种纯粹欢愉的回忆,他通过写瑶村的动植物,天气人事,大手笔地描绘诗意的童年生活背景,赋予了孩童们一颗发现美的诗心。单向的关系在孩童与动植物之间搭建起来,叫天子、青蛙、豆娘、蜻蜓、山枣子、车前草、木槿花等,自然界的动植物都是他们的玩伴,他们能于细微处发现令其心灵震颤的事物,在成人世界之外开辟甚至创造出独属于自己的快乐,他们会放下手里的农活,追赶突然出现的狐狸,会在午后秋雀的叫声中感受到通体凉爽,这些体验的快感是他们在最平常的生活或最细微的事物中构建出来的,简单而纯粹,谢宗玉在这一系列看似无意义的举动中,窥探到了孩童无限的好奇与容易知足的内心。童年的顽劣也让他们在破坏中体会到心灵的畅快,在快乐面前他们不会去考虑事物本身的实用价值,只会按照他们的游戏规则重新赋予它们以新的意义。在他们看来,丝瓜是沟通联络的工具,与妹妹一起削皮,过程比结果要重要得多。童年时期拥有着简单的快乐,在无趣的生活里孩童单纯的内心总能找到很多的欢声笑语,他们暂不具备成人世界的功利心,所有的欢喜本身都来自于一颗容易满足的心,在童年的王国里什么事情都能惹得他们开心。

谢宗玉在有关童年的笔墨中增添了许多感激父爱、母爱的表达,他们是构成快乐童年不可或缺的存在。在有关父母的文字讲述中,谢宗玉以一个成人的视角对童年进行回顾,更多的算是成人世界对童年时期感情的一个规整与感怀,它表现出一种双向的关系:孩童对父母的依恋以及父母对孩子的一种显性关怀。

童年时期父母的在场与参与,让童年时光显得更加温馨甜蜜。在谢宗玉的意识分工里,父亲的爱多表现在提供安全感,母亲则是幸福感的源泉,他们尽自己最大的努力,在儿女成长的路途中保驾护航。《山枣子》中"我"在独自摘山枣子时通过父亲的回复来获取踏实感,本身就是幼小的孩童在面对恐惧时对来自父亲的依恋之情。《母亲不在家的雪夜》则对比母亲在家与不在家的两种情境,来传达母亲的在场对孩童乃至对整个家庭的幸福感影响之大。谢宗玉温暖的笔触,细致的描摹,让父母的参与与在场与孩童本身的快乐一起建构起了质朴无虑的童年时光。

巫术的参与增加了孩童的灵性与想象性,也是构成欢趣童年的砝码之一。巫文化一直是楚地的文化特色之一,湖南籍作家诸如韩少功、沈从文等也常将其引入叙事中,谢宗玉在《田垄上的婴儿》这部散文集中也有专门的一辑涉及巫韵文化,充满彰显了湖湘文化中巫文化对一个孩童所构成的影响力与冲击力,如《行踪飘忽的捕蛇人》《蚂蟥的传说》等,在文字勾连间,巫术对孩童好奇心的满足溢满纸间。在细微处建构快乐、温馨家庭氛围以及巫术的参与共同构筑了谢宗玉笔下孩童快乐的世界。但"即便平常的事物,对一个独行的孩子来说,也充满了类似邪恶的惊恐",在谢宗玉极力建构起来的童年世界里,依稀可以感受到一种孤独忧郁的情绪充盈其中。童年时期里妹妹与同伴几乎是缺席的,小时候的"我"总是会感受到一种孤独感,会独自待在院子里看豆娘,午休时间一个人在村子里游荡,晚上躲在池塘边听池边的动物演奏……属于谢宗玉的孤独与忧郁清晰可见。

成长:心灵的伤痛与精神的无根

谢宗玉用散文架构起成人世界之外的乌托邦,而关于成长主题的思考则多融入他的小说文体中。他笔下的成长主要分为两种,一种是随着年岁的增加,自身的一些成长,如自尊心的增强、对异性的关注等,这是一种主动而有意无意地走向成熟的自然过程;还有一种是社会环境施加到个体身上的压力,使之不得不主动或被动的成长,这一种成长是让人们想遁隐而又无处遁隐的焦虑与烦恼。作者直言面对它们,试图剖开人的成长历程及社会在其中所扮演的角色,在言说疼痛的现实话题外,也试图与乡土回忆性散文一起,共同探索精神突围的道路。

内心的渴求是自我成长的归因,脆弱是伤痛的缘由。谢宗玉将关注的目光投注在成长过程中个体情绪的细微变化,细摹了心灵最终"遍布刀斫之痕"的前因后果。在《英语老师》中,因为在英语早自习期间看语文,被老师不由分说甩了一个耳光,同学们的嬉笑刺痛了"我"的自尊心,内心从而对造成这一局面的始作俑者——英语老师怀恨在心。谢宗玉牢牢抓住自尊心这一成长的标志之一,将小说主人公的心理转变处理的自然利落。对异性的关注,是人身心成长的一部分,谢宗玉细摹了情窦初开时个体在情感上的微妙性,以及对自身的敏感。《少年三青之烦恼》中少年三青因一位女同学的关注,发现并开始在意耳朵后面的疤痕,甚至因此产生了自卑心理和自虐倾向。伤疤情结作为一种成长的代表,传达着人们在情愫的作用下,开始在意并无限放大自身的缺陷。《羞耻之心》中的"我"因为偷了厨房的菜,被师母发现,害怕被喜欢的女生知道后会看不起自己,跑到池塘边胡思乱想一番,甚至产生了自杀的念头。在成长的过程中,因为缺乏正确的引导,在摸着石头自己探索的历程中,总要经历一番波折。《异性相吸》中提到的异性间的相互吸引严格意义来讲并非纯粹是因为情愫的流动,复读的压力让他们内心的焦虑无法派遣,以致他们走了些许弯路才最终想透彻。这种成长来自内心的渴求改变,是出于一种心理暗示下的变化,但更多的成长是在一种被动中完成的。

谢宗玉的成长题材作品中,有很多是关于城市扔给人的成长伤痛,城市喧嚣的背后隐藏着太多的欺骗、健忘与刻薄。谢宗玉曾说他"现在都不懂得在人群里如何生存,我活得非常茫然而麻木"。《末日解剖》中,刻薄、缺乏宽容的城市毁了王楚洁的童年以及幸福的家庭。人们对法医职业的歧视、对八卦的追捧,让王楚洁的妈妈与爸爸貌合神离。社会的压力对一个人的心理伤害之大无法估量。王楚洁的爸爸一系列的变化,诸如嫖娼,在客厅看黄片、进解剖现场、偷盗女尸的肢体只为组装一位充满包容的女神,故事的荒诞性昭示着现实的悲剧性,冰冷的女尸打碎了人们对城市的期望。而谢宗玉安排一个成长中的孩子目睹并承受这一切,所带来的伤痛体验无疑更巨大、更强烈。《贼日子》写的是七个流浪在城市街头的贼的故事,城市并没有给予他们妥善的安置,人们从来都是关注结果而从不探求缘由。老麻怪因为偷盗被人砍了五个手指,刘虎与烂鼻脓偷钱包被拦住,围观的人群让他们自扇耳光,在他们寻求刺激的欢愉中,却忽视了这种行为对一个孩子可能造成的心理影响,在看与被看中,仇恨的种子已经埋下,而七个孩子之间的情谊与最后散伙的荒凉则是对城市这一社会存在的莫大讽刺。城市一直按照自己的步伐前进,它的健忘带走了一个又一个故事,《平面人》行走的力比多,《一夜情乱》中的相互提防等等,谢宗玉展现了城市带给人们精神的无所依附,生活在其中的人,仿若置身在四面围墙的空间里,稀薄的空气压得他们喘不过气来。

成长的过程充满辛酸的血泪史,它与谢宗玉笔下快乐的童年生活形成极大的反差。作者在现实的描述与过往的回忆中,试图用两种不同的文体去揭示个体精神的苦闷性和无所依附性,在文字形成的乌托邦里,漂泊孤荡的心灵只能得到暂时的慰藉,成长的伤痛依然还在发生着。《与子书》算是谢宗玉面对成长的伤痛,痛定思痛后针对异性相处的问题给出的经验分享,在两性关系以及家庭问题的处理上,他试图给出自己的参考答案,来缓解这种成长所带来的本可以规避的伤痛。

死亡:彰显向死而生的存在意义

何立伟曾言只有"最严肃的作家才思考死亡",无疑谢宗玉可以算入严肃作家之列。死亡主题在谢宗玉的作品里虽然集中讲述的只有几篇,诸如《家族的隐痛》《剩下的日子我还能做些啥》《麦田中央的坟》《该轮到谁离去了》等,但读完他所有的文学作品后,会发现在他的很多文字里都涉及了死亡的讲述与思考,结合童年与成长主题的内容,谢宗玉试图通过自己的思索进一步去探究个体人生的生命历程,在存在与死亡之间,找寻向死而生的法门。

谢宗玉写到了不同年龄阶段的人对待死亡的不同态度,力图穷尽人们对待死亡可能出现的一切反应。在谢宗玉建构的死亡话题中,经历了茫然无知、恐惧、泰然处之到顿悟生死轮回,向死而生的过程。死亡是每个人必须经历的宿命,随着年岁的增加和不断累积的世事,人们对死亡的态度和看法也发生了很大的变化。在谢宗玉笔下的幼儿世界里,不知道死亡是何物,他们在面对死亡的时候,就像是面对一件很平常的事物。小时候捉迷藏会躲在棺材里,只是觉得它利用藏身,会有一种潜在的胜利感和喜悦在其中。因为缺乏对死亡的认知,6岁的儿子会在老爷爷的要求下心平气和地用抹布去擦棺材。在幼儿的世界里,他们只会对真实存在的事物有足够的兴趣,生死问题他们不懂,在他们追求欢乐的童年时光里,死亡对于他们而言还太过模糊与遥远。对死亡的接触是随着人慢慢长大而发生的,人们会慢慢地对它以及与之有关联的事物现象产生恐惧心理,一如《喊魂》中所讲述的一样,每当有哪家的小孩子丢了魂,家人都会在晚上出来叫魂,其他的小孩子总是会有一种莫名的害怕,每每这时就会乖乖地待在家里。在这种恐惧心理的作祟下,死亡于他们而言又是一种解脱方式,是承受不了生活的打击与重压时首先想到的解决方法。在《异性相吸》中,陈华君因为第一天考试发挥不好,就选择跳楼自杀,成长的心灵脆弱如花,落差的存在让死亡变成一件简单的事情。在《偷窃是一件幸福的事情》中,"我"偷菜被发现,害怕被喜欢的女生瞧不起,就产生自杀的念头。《一个夏天的死亡》里,谢宗玉更是讲述了许多桩非正常的死亡事件。《自杀城堡》的出现,将人们对死亡的态度摆在明面上。文章里面引发了人们关于建立自杀城堡的热议,人们对待死亡的态度与对待生命的态度都过于随意,哀莫大于心死,当人们争先恐后选择赴死时,死亡成为一种形式,所有的追求都是虚幻的,内心深处只剩下无处不在的虚无感与幻灭感。

除了面对死亡的无畏与恐惧,谢宗玉还谈及了父辈对于死亡的坦然。在《该轮到谁离去了》以及其他的一些思考死亡的篇章里,在何立伟看来是谢宗玉"在沉思死亡对于人生的意义,冥想死与生的关系"。谢宗玉曾说:"我现在才明白村庄的老人为什么能够欣然赴死。当熟悉的面孔和事物都跑到地下了,你还在地上活着岂不成白痴了?"与其说是老人似乎已经洞悉了生死的奥秘,不如说在对待死亡时,谢宗玉开始有了一种豁达在其中。死亦是生,只不过是换一种方式存在着。这种达观在谢宗玉讨论死亡的篇章中反复出现。《麦田中央的坟》强调生命存在着轮回,死生是一件自然而然的过程,世间万物都有其存在的链条。在《该轮到谁离去了》,父亲就坦言说出自己是下一个过背(去世)的人。究竟活多久可以接受死亡,谢宗玉透过文字,试图告诉人们当人真正看到生与死的时候,会在活着的时候努力找寻存在的价值与意义,面对死亡时,坦然赴死。人生是一场修行,从童年到成年的生存,到面对死亡的死,在生死的挣扎与探索中,人们都应该在虚无中找寻生命的意义,在绝望与恐惧中探求生存的价值。

从童年到成长,再到死亡主题,谢宗玉直面个体存在的生与死的命题,注入了自己颇多的思考与探索,只为人生寻找一盏灯,找寻人生的光影与存在的价值。人生的很多问题都没有答案,谢宗玉试图用自己的人生经验和心得体会去为大众提供一些参考答案,而这就是他文字的价值与意义所在。

文清丽 / 鲁迅文学院第三、第二十八届高研班学员,现供职于《解放军文艺》。多篇作品被选载,出版有散文集《瞳孔湾湖》《月子》《爱情总是背对着我》,小说集《纸梦》《回望青春》,长篇非虚构《渭北一家人》。

作家自述

写作的终极意义
文清丽

我起初写作就是想引人注意,那时我在西北一个偏僻的军营当作方便面的战士。女兵们大多是城里人,城里人对我这个农村人总怀有几份偏见,再加上我生性敏感,于是就感到特别孤独。我们上的是三班倒,常常是白天睡觉,晚上上班。白天,战友们都睡着了,我一个人坐在宿舍的窗前,望着远处灰蒙蒙的天空,梦想忽然发生点什么,最好是由我引起,这样大家就重视我了,我就不用做方便面了。走在宽宽的营区,我四处张望,渴望上天赐我一个舍己救人的机会,可是偌大的营区,既没人落水,也没有坏人行窃,南边的硝烟已经散去。一切都是和平的,和平的日子让渴望辉煌的我心里充满了惆怅。

有一天,我坐在窗前想,忽然想我碰不到,就不能想象吗?那时我最爱读的是长篇小说《红楼梦》,一遍遍地想象着我就是那个多愁善感、饱读诗书的林黛玉。她葬花、写诗、读《西厢记》,还有寄人篱下形单影只的,不正跟我一样吗?读完了书,我深为漂亮而有才情的林黛玉抱不平,我不希望她遇见的是贾宝玉这么一个见了姐姐就忘了妹妹的贵族公子,更对故事的结局非常不满。林黛玉应当找个对她一片痴情的男子,然后花好月圆,有情人终成眷属。于是我坐在宿舍的马扎上,趴在床边,听着外面喇叭里响起的《再见了,妈妈》的歌曲,写起了自己的第一篇习作,我不知道它是什么,只如实写了一个女孩的梦想:穿上军官服的女孩,在一个春雨刚过的下午,遇上了一位英俊的军官。他们在和平鸽的感召下,携手奔向了硝烟弥漫的战场。

没想到这篇我随意写就的义章《今夜静悄悄》发表在了军区的文学刊物《西北军事文学》上。当得知我发表了文章,一向对我冷漠的战友们马上对我崇拜起来,最让我兴奋的是,我们农场唯一的女军官也跑来看我笔下的并蒂莲枕头是否确有其事。她是我们基地领导儿子的女朋友,省城名牌大学中文系毕业的高才生,平常清高得像芭蕾舞演员,对我们这些小战士,可是连正眼都不瞧哟。

战友们的羡慕使我劲头更足,又写了一组。一年不到,在一本刊物连续发表三篇文章,这在我们基地、我们集团军,也是绝无仅有。不久,我就被爱才的领导调到了厂部当文书。坐在宽敞明亮的大办公室里,喝着茶读着书,望着三班倒去做方便面的战友们疲惫的身影走过,我感到写作是多么美好,它改变了我的命运。因为有了充足的时间,有了更多的书读,我发表的作品更多了,年底我是女兵里唯一荣立三等功的一个,因写作特长调到了基地政治部当新闻报道员。一年后我被全军新闻大专班作为唯一的一名女战士学员录取了。

提干后,虽然不再像过去为生存写作了,可我对写作的痴情不减,我感觉写作好像在跟亲密的朋友谈心,不写,就坐卧不宁。写得多了,我发现写作不只是跟人倾诉,而成了我观察社会体察生活的一面镜子。这镜子是那么的神秘,让我平淡的日子云蒸霞蔚,云烟满天。几天不照,就发现自己面目可憎。

2004年春天,我在鲁迅文学院高级研讨班学习。同学们探讨如何将小说进行到底的时候,有人说小说不是教科书,小说不是心灵鸡汤,小说是手术刀,专门剖析人间百态,探索人性的多种可能性。我一下子醍醐灌顶,终于发现生活并不像我们表面看的那样,重要的都在那陷于冰下我们看不见的地方。生活里没有精度,只有宽度,因为生活是模糊、漂浮的,而写作正是在这模糊,漂浮中去寻找自己存在的意义,正因如此,文学之路,才永无尽头。

文友印象

邻家姐姐文清丽

东　紫

初识文清丽是在鲁二十八高研班上，十几个从着装到神情都与众不同的女作家集中到一起，如水磨腔的昆曲，载歌载舞，各显其华彩，文清丽呢，话不多，不醒目，如邻家姐姐，坐在角落，做可亲的观众。

邻家姐姐，该在家买菜做饭清理地板，看着把饭菜吃得喷香的家人和一尘不染的家具，露出蒙娜丽莎的微笑。这样的人，却有着优秀作家和编辑的身份，总引得我要多探究她两眼。她的笑，是蒙娜丽莎的放开版。蒙娜丽莎，只是个笑的酝酿和开头，文清丽把它给进行了下去——薄薄的嘴唇慢慢抵开，有点慢镜头的感觉，有点忍俊不禁的味道。那被抵开的笑，有着悄不作声的荡漾，往上蔓延，在腮颊那里泛出淡淡的红晕，再往上推起细密的几条纹理，甜美而矜持，优雅而随和。不像我这山东女人，笑的时候喉咙和嘴巴同一个开关，且没有音量调控。清丽会笑，也给我们留下了笑声最多最响的午后记忆。

十月中旬，秋空作美，艳阳高照。清丽，邻家嫂子一样热情地张罗着请女生聚餐。她让爱人专门借了宽敞的商务车，早早地等在鲁院楼下。花枝招展、香气四溢的一群，叽叽喳喳地挤进车里。在密闭的空间里，声音色彩气味都因拥挤而格外张扬，丝毫没有顾忌被我们称为姐夫的人。我们的姐夫默默地开着车，在所有的红绿灯路口，停车和启动都平平稳稳，不知是出于驾车技术的高超，还是多年军旅生活塑造出的严谨认真，抑或是对完全不同于清丽的一群女人的恐惧。一个月后，事实将证明，这群女人的确让他惶恐。酒店房间是清丽特嘱店家预留的，落地的窗子外是堤坝深深水流浅浅的河，河岸上是公园，初秋草木色泽的丰富美丽在灿灿的阳光里晕染铺陈，有恋人相依，有老太弄孙，有三两结伴的悠闲，也有独处的安然，但都没有我们的放松快乐。仿佛，他们的阳光是普通的，散装的。被窗玻璃滤进来的,才是精装优质的——我们唱歌跳舞笑闹,挤在窗前的沙发上,任凭阳光把微微的醉意发酵,如暗房里黄晕温暖的灯,照着,照着,就定影了美好。

一直和清丽结伴晨练,围着两座楼一个鱼塘和花园,昂首阔步。一圈又一圈。对清丽的深入了解,大都是通过这一圈又一圈的循环获得:

A. 持之以恒。每天早晨,不论晴空万里还是刮风下雨甚或雾霾充塞,她的门都会准时发出开合的动静。她总拿着一个巴掌大的收音机,在看见我时,从大步走改为跑。跑向我。让我因失眠而昏沉的心瞬间溢满温暖和感动。我们边走边谈。读书,写作,各自的经历和生活。她竟然从十几岁喜欢文学后,无论工作如何变动,生活如何艰辛,即使带着一两岁的孩子和别人共挤一间宿舍,都没有放弃过。在鲁院的日子里,无论我什么时候敲开她的门,她都坐在书桌前。

B. 驯夫有方。我们的姐夫常常会在我俩昂首阔步的时候来电话,不是嘘寒问暖,而是谈他对她作品的意见。我们的姐夫,不仅仅是姐夫,还是她文学的得力助手。不仅如此,重要的是挨了批也不会甩手罢工,反而会继续努力。

C. 挚爱文学。她优异的创作和责编成绩恐怕都源自这种爱。和她谈文学的时候,我会有一种自惭形秽的感觉——她阅读之广泛,写作之努力,编辑之尽心,都让我觉得自己对文学的热爱成色不足。特别让我感怀的是,她为能约到优秀的稿件跑几千里的真诚,为他人作品尽心服务的态度。一次,她看到一篇关于我作品的评论,很是赞赏,提出让我帮忙。乍听,以为是为她,听完才知是为了她的作者,她甜甜美美地说——好稿子,配上好评论。这话后面的笑,让人觉得犹如她儿子遇上了仙女,一段姻缘佳话即将成就。

D. 乐于助人。清丽姐,你陪我去买颜料吧。清丽姐,你陪我去"动批"吧。清丽姐……不管什么时候,不管什么天气,不管她是否正在读书创作编辑稿件,只要你提出来,她就不会拒绝你。

这么多优良丰富的品质,散装在普通的发式和装束里,怎能不让人着急。就像那天的午后阳光,要精装才能彰显,醒目。何况,女作家永远充满了改变世界的热情。数月如一日地在鲁院口字形的楼里,离世界很远,但离文清丽很近。于是,我们不约而同地要重塑文清丽。我们开始对她当面评头论足,毫不留情地批评她过于委屈自己,毫不吝惜地对她之外的女同学进行表扬和自我表扬。我们把她按在椅子上,用小镊子揪她的眉毛,一根一根的。我们给她描眉画眼,扫上淡淡的眼影腮红,把她拽进美容店和商场,把她拉到镜子前——你看看,你看看。

被如此这般改造了的文清丽,不习惯自己,更不习惯回家让我们的姐夫看。月黑风高之时,狐疑的姐夫前往鲁院探班。面对完全陌生的老婆,我们的姐夫发出了无奈的慨叹——你本来好好个人怎么鼓捣成这副样子!惶恐,叹息,无奈归去的姐夫,在后来的周末里,发动了儿子一起批评新的文清丽,希望她变回去。两个男人的力量,怎抵得过一群女作家。我们一句话就能粉碎他俩好几个周末的努力——姐夫是怕你变漂亮跑了,别听他的。她当然不会听他的。本来她就是他的将军。她即使只是他的老婆,她也没办法听,有我们在,听不成。姐夫败下阵来,但他可不是轻易言败的人,毕竟有着几十年的军旅打造,他等着以后捍卫的机会——以后,别说是深造班,就是领袖班,也不能读了!那群女人呀,那群他小心翼翼地拉去用真金白银盛情款待了的女人,到底把他朴素的老婆给改变了。不,也许并不是我们改变了文清丽,而恰恰她本来就是这样的,只是在等待着契机,等待着绽放,不信,你去读读她那些波光潋滟的文字吧。

评家观点

向青春、爱情和人性更深处漫溯
——文清丽小说论
张丽军　孙亚儒

就如同她的名字一样,当代作家文清丽的小说总会带给人一种清新之气。文清丽擅长描写普通生活之中的平凡男女,并以女性独有的细腻,把目光聚焦在女性情感发展轨迹、都市男女的精神图景、弱势群体的自我反思上,从而引发了对当下人们精神、命运的哲理化的深层思索与追问。

军旅女性情感的成长与青春的回望

作为一名生活在军队之中的女性作家,文清丽对女性的情感的描绘细腻而温婉。她笔下的女性细腻、干净、纯洁,展现的是一种对青春的感伤的回眸,给人一种淡淡的忧伤与青春的哀叹。

小说《回望青春》一开场就是:"女军官田小童一天收到了 10 封信,这让食品厂的教导员张秋明如坐针毡,坐卧不安。"然后小说像剥洋葱般地剥开了一个女性丰沛的精神世界。这个世界有远方——梦想的海军军官,缺憾的世界——大学生,现实世界——顶头上司的儿子。青春少女,在这三个追求者中,何去何从? 文清丽在这两难中,走进女性的心灵世界。

《落尽梨花月又西》讲述了作家柳宛如的情感往事,小说采用两条线索来叙述,一条是柳宛如初恋时的情人张刚时隔 20 年后找到她,与她共叙初恋时的美好往事。作者表达的是初恋"失而复得"的喜悦,呈现的却是一种感伤主义对荒诞命运的无奈叹息之情,特别是写出了初恋的纯真及人到中年的世俗。小说字里行间暗示青春之所以让人怀恋,并不是因为起初是多么美好,而是因为想象遮蔽了我们的双眼,我们看到的都是我们想象中的图景。《桃之夭夭》以 20 世纪 80 年代末一所军校女生宿舍的"四朵金花"为主角,回溯青葱岁月的青涩与激情。小说从"我"参加20年后的同学聚会开始,而后进入往事。"我"来自乡村,是一名热爱文学的战士学员,一开始自然被城里人李欧、刘蕾、杨梅梅等干部学员排斥。但那个年代人们对文学的普遍热情,使得"我"慢慢被接纳、欣赏,宿舍姐妹逐渐克服了个人品性、趣味的诸种差异,形成一个暖意融融的小集体。其高潮无疑是四朵金花在三名成员决定参战后到车站迎接"我们的男朋友"(其实是杨梅梅的男朋友)。除了怀孕的李欧,三个女孩虽然心中仍有恐惧与犹豫,但最终都决定舍身报国参战,这也是20世纪80年代青年男女精神的一个缩影。四个女孩在参战前的心理斗争刻画得颇为生动,面对青春、理想、爱情、国家、亲情、生命、死亡这些同样重大而严肃的课题,她们难免要经历内心的暴风雨。作者如果到此结束,就会单薄。作者却笔锋一转,回到当下,两相比较,那份追求理想与诗意境界的初心显然淡了,"俗气"重了。李欧在背后对"我"的风言风语,当年热爱文学的师兄柳云刚被"双规",被抓走时人还在主持反腐会议。"桃之夭夭,灼灼其华"的美妙境界难道只能成为不可追回的过去?这是小说留给我们的疑问,也是生活摆在我们面前的难题。小说到此还没完,被"我"以为已经被世俗生活同质化了的同学,并不是像"我"想的那样,而是她们仍在尽力地寻找着曾经的纯真,并且想方设法去证明自己并没有被生活磨掉曾经的浪漫。生活本身就是很复杂的,就像伯纳德·马拉默德的笔下,复杂多变甚至充满邪恶的人性,最终却总能变得温暖而善良。

文清丽的哲学观认为万物都是平等的,有一种残缺之美。她似乎在用她的故事阐释这样一个道理:在这个世上没有十全十美的人,一个人再优秀也只是单方面的。对生活一定要怀着一颗乐观积极的心,同时也要淡然对待自己的不足,我们往往把目光聚焦于别人身上的光环,却忽略了他们其实也有不为人知的阴暗面。

徘徊在情感与道德的束缚之间

爱情是一个亘古不变的话题。文清丽小说的爱情大多聚焦在对都市已婚男女的情感危机的关注之上。物欲横流的社会中,夫妻情感的冷淡与隔膜、工作事业上的竞争与压力,让这些都市男女成了一个个孤寂的灵魂,他们渴望被理解、被关爱。但这种短暂的情愫已不再是初恋时的那样的美好,中年的情感夹杂着太多的因素……这种由"中年危机"所萌生的爱情只能像"水中月,镜中花"一样,"只可远观而不可亵玩"。

　　中年男女在相互接触的过程之中所产生的似友谊又好像爱情的朦胧感觉,到底该情归何处?作者刻画出了在生活的底线上徘徊的都市男女内心的挣扎与纠结。《印象西湖》讲述了周颖、田小童与黄一鸣三人参加一个笔会,在游览过程中,三人微妙的关系使友谊失去了以往的光泽。《云端》则通过官员刘一杰与一个女作家相识,让他重新审视自我,于是两人惺惺相惜,在江南相会中产生爱的火花,并打算分别离婚,安度余生。但一次突如其来的电话让刘一杰转身而去,直到半年后两个人才再次相见,原来,刘一杰在妻子的帮助下升了部长,而此时的他对半年前的一段感情却担惊受怕,生怕被揭穿影响自己的仕途。最后,陈宜青望着离去的刘一杰突然产生了一种同情与怜悯,开始质疑之前是否是一场梦。文清丽以锋利的笔,写出了处于官场上的人的心态。但是,她并没有去责怪他,而是站在主人公的角度去理解形形色色人的多面性。好的小说就是在多义和复杂中彰显人性的复杂和斑驳。

　　同样,小说《你为什么要这样做》表面上讲的是主人公评职称的故事,小说不到一半,职称就评完了,我们才发现故事好像在往婚外恋故事进展,可是到最后,我们却发现,我们被作者骗了,她其实在意的并不是评职称的是是非非。女主人公想用钱、用身体报答为她评职称而努力的男同事,很大程度上,她也喜欢上了他。但均遭到冷遇。女主人公的困惑在于对方不接受报答,为什么还要帮她?她需要一个解释、一个理由。这是不是一个陷阱?评职称曲折、重要,至此读者才发觉,一个几乎是游离状态的人,她的追问她的困惑发人深思。谁能给女主人公一个理由?女主人公如此疑问,有自己的价值判断,亦有这个世界的明规则和潜规则作参照系。这样的判断和参照似乎是正确的。正因为其正确,更显出荒谬和可疑。小说由此达到一个高度。

　　文清丽总是能够冷静而细腻地揭露事情的全过程而不会将故事的结果展现出来,她将所发生的故事向人们娓娓道来,置于故事最后的结果,为读者留足了空白。这样的巧妙设计提升了整个故事的水准,也为读者提供了丰富的想象空间与广阔的评判标准。

多样的人生反观与深刻的社会洞察

　　文清丽曾说:"因为性别使然,女作家虽然不一定能写出像男作家那些黄钟大吕式的作品,但以女性的敏感、细腻,以穿透人类的灵魂之笔,以悲悯大地、抚慰苍生的柔软之心去体味,一定能写出优秀的作品……以自己的心灵去感知这个让人写了无数遍的题材,并使它成为有别于他人、人云亦云的自己的长征。"文清丽小说所涉及的题材之广、反思之深,尤其是从自身的生命体验出发,继而转向对成长、命运主题的深刻洞察,最后是对人性的独特深思。

　　通观文清丽的小说,确乎这种多义性、模糊性、暧昧性正是她追求的目标。她的中篇小说《我们为母亲做了什么》,小说一开头就详细叙述了作品中兄妹六人对母亲如何孝顺,当我们被她描述的温情所打动时,作者一层层揭开谜底,当小说进行到"母亲去世时,我们兄妹六人,没有一个人在她的身边"时,我的眼角湿了。同样,她的小说《游园惊梦》,欢快的游园活动中,一根鱼刺进入故事之中,我的心猛地一惊。《面石》中,热腾腾的面条中,忽然冒出的面石,《逛庙会》中一对老人欢天喜地观看庙会,秦腔戏里男人女人脸红脖子粗地唱着,老太太一遍遍地给老头讲述着戏台上才子佳人的幸福生活时,坐在轮椅上的老人却悄悄地死了,这意外出现的枝节,起初看好像有些突兀,可是细细看,发现作家已经在前面早早就埋好了地雷,只是那地雷外面被层层鲜花包围着,你不仔细看,就以为不过是几处闲笔,作者可能想让你放松一下,这样一想,你就上她的当了。

　　《暗夜芳香》是一篇十分精彩的佳作与奇文。小说中的人物柳江如作为一个成绩优异的高中生,当生活向其展开极为美好的未来的时候,却在突然之间因患脑部的疾病而跌入失明失聪的悲苦境地,其所坠入的只能是无声无光的永远的暗夜,对外界的交流完全靠手掌上的书写来进行。小说对主人公内心感受的震撼人心的精湛描绘,来自父母的那份悲伤至极的悉心关切与照顾,恋人的那份小心翼翼却又可能随时不再的呵护,都让读者跟随小说的文字去领略那种无可挽回的心痛,去体察与领会这个本是斑斓现在却永远黑暗的世界,以及搁浅在那个世界的那颗年轻的灵魂。作品的描绘是生动、温暖而悲悯的,体现了作者对主人公柳江如所寄予的那份深切的同情与怜悯,体现了从作者心中流泻而出的人类之爱。那在暗夜中所发生的一切,那在作品中如行云流水般的温婉叙述,仿佛使读者真切地感受到,在光明与幽暗之间,在亲情与悲苦之间,散发出了一种动人的美好与芳香,小说也因此具有了震撼人心的文学力量。

《静静的顿河》《到省城去看〈西厢记〉》《我爱桃花》《游园惊梦》等小说,光看题目就很有某种引人入胜、耐人寻味的生活与文学意趣。在作者的观察中,文学或艺术常常存在和缠绕于生活之中,常常成为一道迷离的光影,影响、塑造和改变着人物的心灵与情绪,甚至酒一般地令人迷惘与沉醉。作者以这样一种角度切入生活、观察人物,可谓别有一番发现与韵味。如小说《静静的顿河》就是借一部广为人知的名著,对在近于文化荒漠的环境中的青年女兵求知心理的精细刻画,来实现对于青春人生的叙述与解读。列兵田小童对作品的向往与接近,带有懵懂、恍惚、迷离的色彩。在崭新未知的世界面前,每个人都会有情不自禁地渴望与判断,而小说将名著的人物故事与文学主题,与田小童的心理现实进行楔入与对接,无论其在认识上是递进还是错位,都反映出其对世界的探寻和对人生的理解。从而使小说成为一篇青年女兵情感心智演变成长的作品,让人看到纯真年代常常遭逢的慌乱与无措,尴尬与纠结,坦诚与真实。

如同是系列小说的《到省城去看〈西厢记〉》,同样是身处偏僻之地的女兵"我",对省城、对文化有一种超乎寻常的憧憬,犹如有一种强大的力量在拖拽着她。《西厢记》作为爱情的经典版本,曾让多少少男少女为之痴迷,因而"我"也期待幻想青春而突兀的奇遇出现。她贸然到省城去寻找身为杂志社编辑的郑扬,显示出年轻女性对于彩虹般真爱与梦想的追逐与冲动。但在所经历的一波三折中,清醒地认识到,原来现实常常是既虚幻又真实的,那种坚硬的情感着陆终究是需要无奈而冷静面对的。小说从而写出人物从迷乱走向现实的情感与态度,如此的人生也算是一种值得玩味与深思的风景。同样是写情感的作品,《我爱桃花》则别具意味。情感的出轨与激情的发生,在当代生活中已属司空见惯,但转捩点的出现则是令人意想不到的。男女主人公本来是想通过共同观摩一部叫《我爱桃花》的戏,来制造更为浪漫的情境,并以此催化本已有之的情愫。但剧作本身对现代男女情感走向的演绎与解析,如同毒药般击中了两人本是非正常的情感,对男女主角的介入与影响竟到了一种猝不及防的解构与摧毁的作用,因此两人的情感如同陡然卷起的一个旋涡,仿佛被一种精神的外力楔了进来,事与愿违地倏忽间又突然消逝了。小说写得丝丝入扣而又回肠荡气,似乎波澜不兴却同样是令人惊心的,充分地显示出作者透视人心和编织故事的那份慧心与匠心。

文清丽笔下男性大多是配角,浓墨重彩的还是女性。她笔下的女性,无论身处军中,还是人在都市、乡村,她们对生活总有一种强烈的追求与探寻,总是不满足于当前的现状,总是竭尽全力地向前行走。尽管命运的荒诞与生活的琐屑总会给她们带来无尽的羁绊,她们仍旧像折翼的天使一样对自由的天空展现一种极度的渴望。这是一种对生活、对生命的热爱,是一种令人振奋的活力与希望。就如评论家张志忠所言:"她的笔下多了几份说不清的诗意,多了一份缠绵的情丝,淋漓尽致地刻画了女性的情感经历,尤其是她们对当下生活的敏感、参与、表达,有力地呈现出了女性的精神图景和精神线条。细心的读者会发觉,文清丽的女性小说普遍有一种'亲历者'的效果,仿佛决意要把读者带到她的生活现场。她多用第一人称叙述,不再像过去的小说那样坚持虚拟故事,远离事物本身,而是带着强烈的表达生活的渴望进入生活核心的冲动。"

文清丽的作品,起初看如湖水清澈透亮,两岸芳草鲜美,可是当她把你带进去后,才发现鲜美的芳草下是沼泽,里面泥沙俱下、众虫奔涌,让你欲进不能、欲退无路。好作家就是个高明的撒谎者,他把你带入迷宫,然后远远抛下你,他躲在暗处,看你闪腾挪躲,瞧你如何突围。

杨遥 / 鲁迅文学院第十五届、第二十八届高研班学员。1975年生于山西代县，中国作协会员。出版短篇小说集《二弟的碉堡》《硬起来的刀子》《我们迅速老去》。曾获"赵树理文学奖"，《十月》《上海文学》《黄河》《山西文学》等杂志举办的短篇小说奖。

作家自述

蜣螂·西西弗

杨 遥

在埃及的白沙漠里,几乎无动物生存。一只蜣螂好不容易找到一粒骆驼的粪球,要把它拖到潮湿的地方保存起来。恰好粪球落在两座沙丘之间,蜣螂用劲地推啊推啊,每次推上一截,便滑下来。它又从头开始推……

看到这里,脑海里倏然出现西西弗神话中不停地把巨石推向山顶,滑落,又往上推的西西弗。

在这个世界上,许多人每天在重复着一件事情,一辈子像一天一样只做同样的事情,而他们的所求所得,并不比蜣螂的粪球更有意义,或者溢出了蜣螂的需求,为实现更多欲望的挣扎。但无疑,大多数人意识不到这种终日重复劳作的悲剧,他们快乐地辛勤劳动着,并以此为荣,努力去收获自己所谓的幸福;少部分人看到了身上的重负,感觉到处境的悲惨,但无法摆脱命运的安排,只能在煎熬中度过这一生;极少数的人明白加之身上的重负是因为自己藐视神明,坚守自我,对生活充满激情,才受到这种非人折磨,这是为了理想必须付出的代价。他在清醒的痛苦中,知道自己的目标是攀上奥林匹斯山顶,搬掉石头。从这种意义上来说,他又是幸福的。

作家的一种责任就是指出活在懵懂中的人生存的悲剧,同时又能在悲剧中发现挣扎的意义,指引人们从自我封闭的狭小空间走出来,看到浩瀚无限的真实世界,去为追求浩瀚无限的美而努力,让人感觉到这种努力的幸福。它使得蜣螂和西西弗好像做着同一件事情,但意义发生了根本的变化。

我在小说中写了大量公务员、教师、农民、工人、大学生、手工业者、流浪汉、社会混混等形形色色人的痛苦、迷惘、挣扎。不是乐于描写苦痛,我深深知道,假如一个生活卑微的人认识不到自己的悲剧,那他的卑微无疑更加加深了一层,叫醒他虽然残忍,但有可能使他领略到另一种别样的幸福。而那些即使身居高位或者富可敌国的人,假如认识不到自己的悲剧,那他也是一只拥抱大粪球的蜣螂。所以每当在生活中看到这样的不觉醒者,心里就会有种隐痛,可是偏偏每时每地都能看到这样的人。上了街入眼的是在公交线上跑了一辈子的司机,打开电视是每天坐在领导席上念稿子的官员,参观工厂看到的是工业生产流水线上在不同的花瓶上画同一片树叶的工人,其中也包括我的一些父辈……他们大多过得比我快乐。我有时怀疑自己的价值,但想到庖丁解牛不是唯手熟耳,他知道自己干什么,而这些人却不知道自己干什么。于是又忍不住把自己平庸的思想加诸到这些平庸的人身上。把隐藏的痛苦、挣扎描绘出来,让它们发酵、长成,成为大树一样的景观,不是为了让人们欣赏苦难,是为了引导人们去思考人为什么会变成这样,生活为什么会变成这样。思考的人多了,解决问题的办法也就多了。这个社会也许就不至于流于世俗的平庸,或者向黑暗倒退。

在描写这些人物的时候,得意只是偶尔的时刻,大多时候有种沮丧,觉得笔下的人物理应有更为奇妙、更为精彩或更为糟糕的结局,但发现自己力不从心。这时便有种堂吉诃德挥舞着长枪刺向风车的感觉,明明知道结果悲惨,却还在努力奋战。这种状况在生活中也如影随形,本来希望活得简单一些、真实一些,但树欲静而风不止,许多小说中的事情也在生活中发生,真的同样纠结,毫无办法。也许这是许多作家的通病,因为他们知道有些事可为而有些事不可为,在生活中不懂经营,不去苟且,他们的存在,他们的失败,是因为他们的坚守,这本身就是一种西西弗式的悲剧。在这种时候,感觉作家都是稻草人,只能站在自己的麦田里,眼睁睁地望着鸟雀、昆虫啄食庄稼,却没有办法。

让蜣螂变成西西弗,不是生物工程,是精神工程。世界上有些最伟大的作家,他们生前卑微、狭小,犹如蜣螂。但是他们通过在书中所下的功夫,洞察了人生的悲剧,弘扬了理想主义精神,他们看到了远远超过同时代的人能看到的东西,把历史、现实和未来融合到一起,他们的行为使他们自身成了西西弗,也使更多的人成了西西弗。

粪球仍在滚动,巨石也在滚动,一代代的西西弗不停地努力。

文友印象

在两座岛屿之间
手　指

太阳照在海面上,一丝风也没有,周围的一切好像静止了一般。他扭回头,向着来时的路看,看上去并没有走出多远。但他觉得自己好像已经走了很久很久似的。前面的岛屿看上去并不太远,但就好像身后的路一样,他摸不准了,不知道多久才能抵达目的地。

他是带着老婆孩子来的,暑假里的一次旅游,他们住在一个渔民家里。当地人说,当退潮的时候,平时看上去很遥远的那个岛屿,可以步行走过去。他想让老婆孩子陪他一起来。她们不愿意出来,太热了,她们的皮肤被晒得都发痒了,只想待在阴凉的屋子里。

于是,现在他一个人站在了两座岛屿之间。

有那么一瞬间,他突然想到,也许前面那座岛屿上什么也没有,也许并不像渔民说的那样,可以很快地来回,现在离涨潮还有多长时间?万一自己走过去,走不回来了怎么办?涨潮落潮的时间从来没有出现过意外变化吗?

接下来,就好像平时在我们熟悉的街道上一样,他两只手交叉抱在胸前,上半身往后倒,慢腾腾地沿着来时的路走了回去。

无论在哪里,无论是几个人走路,他肯定慢慢地就掉到了很后面。后来有个朋友解释,之所以他走路不快,是因为他的姿势的问题,身体太靠后了,走起来又累又慢。

我记得是有一天下午,杨遥坐在办公室的沙发上,给我们讲了刚才那个他去海边旅游的故事。他的语速很慢,说着说着,好像突然忘掉了故事的线头一样,把眼镜拿下来,一只手从上到下从额头摸到眼睛,揉了揉眼睛,然后把眼镜戴上,眼镜戴上之后他看上去很疲倦的眼睛再次睁开,继续讲起了刚才的故事。

我和他是2006年夏天认识的,从认识那天开始,我像刚才这样听过无数次他讲故事。这些故事大都会被他写出来。他喜欢在写出来之前一遍一遍地讲述。有一段时间,每次出去开会,我们都会住在一个房间,他慢腾腾的话在关了灯的黑暗中一点一点地往前走。有几次,他来太原,住在我租的房子里,也是这样讲故事。你觉得怎么样?他讲完之后问我。我说,我感觉太好了。过段时间他的小说就会写出来。他让我再看的时候,我总觉得没有他讲得好。

后来人多的时候,当大家没话说的时候,我就会对杨遥说,讲讲你的小说吧。他通常都不会拒绝,即使在座的有不认识的人,他也会讲起来,即使被人打断,他也会坚持讲完。

他讲完这个海边的亲身经历。我问他,你会把它写出来吗?杨遥说,会写啊,但是我还没想好怎么写。

我目睹过好多次他的小说的产生过程。有一天走在街上,看到一个弯着腰浑身灰突突的流浪汉。杨遥突然说,把这个写进小说怎么样?有一天他看见一个捡破烂的老太婆和一个时尚性感的女孩恰好出现在同一场合,他说,我要把这个写进小说里。还有一天,他带孩子去博物馆参观一个画展,排队的人很多很多。回来后,他就把这一幕放进了自己的一个小说里。他把自己看到的汾河里裸泳的男人、骑自行车时候后面怒气冲冲的汽车鸣笛声、一个身体柔软可以把两条腿放到脖子上的朋友,全部都写进了小说里。他的小说就是这么产生的。

就在昨天晚上,我们喝了酒,走在南华门后面的小街道上,他说,我想写三个有隐疾的人,一个是普通话怎么也说不好,别人怎样努力也听不懂他说的话;一个是与朋友们在一起总是不说话,仔细观察,却能为了博取自己喜欢的女孩的目光,而做出滑稽举动;还有一个……

他讲起故事来语调几乎没有变化,表情也很单一,语速也不快,为什么我说话就吸引不了人呢?他曾经这么说过。但是,他绝对是我认识的,最能给人灵感,最能给人触动和启发的讲故事的人。当他慢腾腾地讲故事的时候,你总有一种脊柱颤动,好像看到了点什么好像抓住了点什么的感觉。

关于那个两座岛屿之间的场景,过了段时间,他说他想好怎么写了。他要写一个失去了孩子的夫妻,两个人在海边的经历,他们最终让自己的内心从压抑和痛苦之中走了出来。

两座岛屿是在青岛的某个地方。是2014年夏天？具体时间我记不清楚了。当时我也在青岛,我们看见两个穿着泳裤跑步的中年男人,他们的身体黝黑、健壮。不过,他说的两座岛屿的故事发生的时候,我还在别处,后来我才过来和他会合的。

眨眼间,已经两年过去了。又一个暑假快要结束了。前段时间的有一天,我和杨遥在我住的附近给他租房子,因为他的孩子上了我家附近的一个中学(他的新房子刚刚装修完毕)。我们找了一个中介。他带我们看了两套房子,第一套,杨遥看了半天,说,没有地方放两张桌子啊。是啊,那房子其实还挺不错的,但是只能放下一张可以用来写字的桌子(孩子要用一张)。后来又去看了一套。杨遥立马就觉得好。我也觉得好,比刚才那个要宽敞得多,装修也可以。

但是,问题是房东把这间房子全权委托给另外一个中介公司了。也就是说,带我们来的中介,已经没有权力出租这间房子了。后来带我们看房子的中介说,我们当时完全可以撇开他,跟另外那个被委托中介谈。我们当然也知道这点。

那天天虽然阴着,但十分闷热。我和杨遥一起站在楼下。他的衣服后背前胸的部分贴在身上,我的也是。

带我们的中介和那个被委托中介公司的人在楼上商量了挺长时间的。最终的结果是:交给被委托中介的房租比原来的报价每月贵了100,杨遥还给带我们来的中介一个月房租的中介费。谁都明白这其中的猫腻。

"毕竟人家带着咱们看了一上午的房子。"杨遥是这么说的。

几乎杨遥所有的小说我都喜欢。但我最喜欢的一篇是《表哥和一次青岛游》。那篇小说也是关于青岛的,关于大海的。主人公有一天觉得自己必须去青岛旅游一趟,他不顾家里经济的困窘,买了火车票,去了青岛。

有一天,杨遥对我说,为什么就再也不敢拍案而起了？

是啊,大家都在两座岛屿之间,每一刻大家都在犹豫,是再往前走一走,还是该往后退一退。

评家观点

边缘的秘密与人性的幽冥
——杨遥小说论

金春平

农耕文明向工业文明的时代转型,催生了中国文学现代性叙事的思想魅惑和历史合法,关于政治、国家、社会的现代"乌托邦"叙述,将"文学的想象能量"投射于它所能触及的所有领域。"民间"常常作为中国文学乌托邦叙事的日常化的微观佐证,或者呈现出与之吻合的政治想象和革命狂欢,或者呈现出与之相参照的启蒙解构和寓言叙事的"恶托邦"面目。新世纪以来底层叙事中的民间个体,其精神多维在被借用表达集体怨恨或悲苦情绪的同时,民间寓言与个体言说之间总是存在着难以厘清的话语间性,作为民间个体的真实面目依然模糊。"70后"作家杨遥以节制和内敛的叙事节奏,荡涤了历史风云和时代诡谲之于人的撞击与回响,却专注于聆听蜷缩于民间阴暗角落的幽微之音;他消解了民间底层的恣意呐喊和肤浅苦痛,而重新注解着"底层暗角之众"的生命困境和精神沉疴;他开掘着文明转型期被社会历史和民间主流所遗弃的边缘个体,执着于探秘他们无法挣脱但又普遍承受的"幽冥心理"和"飘零情绪";他以现代主义的哲学视阈,在对民间"异托邦"世界的微观中,实现了将底层叙事与现代主义文学精神相贯融的艺术范式构建。

底层的压抑与幽微

民间是一个有着清晰的生活纹理和可触摸的生活涌动空间,一个有着自身内部的权力规约与等级秩序的文化空间。杨遥在此寻找着底层背光角落中呻吟的孤独者和飘零者,他在逼仄存在中的文学谜语和隐喻冷观中,试图揭开"异托邦"世界当中一群异类群体的心灵、思想、精神和命运轨迹。在异类与常态、飘零与主流、幽暗与光明的对比当中,杨遥消解了底层叙事所享有的文学介入社会层面的批判性指向,以"一花一世界"的文学棱镜,抽空和剥离了人物身上的"小"所附着的外在质素,让纯粹的个体之人,与负载着社会、资本、政治、道德、理性的民间世界,进行厮杀、角逐、决斗,在灭亡、胜利、妥协的结局中,呈现人性肌理、理性混乱、精神流浪、宿命荒诞等人的现代性困境的遭遇与体验,这是杨遥对西方现代主义精神的思想追溯与本土转化。

杨遥的小说首先对民间乌托邦进行祛魅,在边缘者与民间集体之间的对峙、逃避、改造、反击乃至回归企望中的"反乌托邦"的心灵图景谱绘中,呈现出人身处其中所面对的"压抑"的无处可逃和残酷阴冷。《闪亮的铁轨》在漂泊少年与弧村的对峙中,弧村褪去了温情,滋长着怯懦、焦虑、不安、羸弱和复仇,而少年则由偏执与乖戾,走向了软弱、恐惧、妥协和归顺,这是一个村庄群体唤醒飘零者人性感知的"民间胜利"的故事。而《二弟的碉堡》当中乌镇人爆发的集体敌意、阴暗、狂躁,享受着复仇狂欢之时,二弟却以民间个体的生命野性对抗乡村集体伦理,赢得了个体存在尊严的胜利。

人到中年生活的庸常和压抑,是时间洗礼生命的过程,也是记忆、理想和朝气逝去的过程,灰色人生和压抑焦虑的日常生活化,是解构年代实现了逃离政治、历史和传统牵制下的个体自由之后,人类所普遍面临的精神困境。雁门关这个承载着英雄豪情、历史想象、青春火热的精神之乡,成为难以企及的生活彼岸(《雁门关》);庸常生活压抑下的一次精神释放,却败给了现实的人际误解(《表哥和一次青岛旅行》)。杨遥洞悉了幸福的可疑,痛惜底层群体的人生诉求与现实处境的不可调和,而这正是底层每天上演的人生悲剧。

杨遥从当前底层文学的叙事窠臼中,寻找着新的叙事段位,他注重对悲苦现状的"结果或状态段位"的精神描摹,因而更具人类对自我存在体反思的镜像效果。《偷鱼者》展览着人性阴暗之恶在体制放纵下的恣意妄为和无可遏制;《唐强的仇人》充斥着弱肉强食的自然法则和兽性泛滥,虚妄的复仇只是弱者群体的精神抚慰。

其次,杨遥以冷峻但不失激情的内在情感,审视着生活中形形色色的弱者,如何在精神自由的境界中,在人的本质性内在力量的激发之下,通过种种虚幻或短暂的自我救赎的方式,完成压抑解放的行动实践和心灵蜕变。白兼对人间"现世"和俗世"恶魔"蔓延无边的深度失望,让他在"历史"的妄想逃避中享受着古代帝王般的自由,但压抑通过记忆和现实同时侵袭于他,人作为思考和道德的本质未泯,注定了压抑的如影随形(《在圆明园做渔夫》);拾荒者在寻找性别自尊和性别完整的成人礼中,努力对男性生命缺憾进行荒诞的弥补,殉道式的自救却无法掩盖精神和人性的巨大代价(《结伴寻找幸福》)。

自我的救赎既然无效,在解构年代重新相信"上帝复活",似乎是陷入上帝死了的后现代社会当中的一条复归式途径,在上帝祛魅的过程中,自由成为最高目标,但是自由疆域的飘忽,又将人推到了流浪弃儿的境地。杨遥以宗教情怀的人性叙事。《柔软的佛光》中肉和尚以自己的大慈与大爱,改变着自己与村人的疏离境遇,歧视、冷漠、疏远最终在肉和尚澄澈的人性温暖中得以消散;《流年》当中的聂小倩从对自我存在意义的反省中,选择了用佛教来解脱孤独和残败,"我"由堕落上浮到热火朝天的世俗生活的同时,也感染着妻子从佛教世界的执迷降格到俗世生活。杨遥思考着如何延续大爱的生命力,并构建出人的隔阂可以在宗教悲悯的心性相通中得以消释的叙事类型。

再次,杨遥的小说深刻地洞察到在压抑与解放的冲决中,生活弱者的精神主体在无望、无奈和悲剧性的境遇中,所滋生的扭曲、癫狂和分裂,这种对压抑的反抗和解放的无果,是人类的生存荒谬和生命灰暗的寓言化象征。《硬起来的刀子》以饱满的情绪细节,正视人性复仇的非理性和宿命解脱的难度,在直面底层群体生存倾轧的惨烈时,揭示出民间长期以来所隐藏的权力失语、资本卑微、人格屈辱等多重压抑,所导致的人性扭曲和恶性膨胀;《谯楼下》中的成七在生存、性、尊严的屈辱和压抑中,展开了心灵自由和精神寄托的浪漫幻想,而幻想破灭后的无望深渊,也将自我推向毁灭的尽头。

成长的迷狂与忧伤

代际文化优势和深微的城镇生活体验,让杨遥的婚恋小说系列,可以从较为纯粹的性别相遇和心理对峙中,反思青春期的成长迷狂,体味人到中年的生命困境,这是杨遥对饮食男女、俗世繁华、忧伤灵魂所构成的世界暗面的发现,他触摸着当下人的精神残缺,悲悯着幽灵般游荡于时空维度的心灵浪者,同时,他也发掘着那些在绝望和无所依傍中,并未丧失人的本质力量和主体自觉的单面人,他们的种种以超越性的信仰、爱、自由实现自我救赎的努力,以及这种努力所附带的不可预知性的深邃与秘密。

爱的激情与冲动,在释放人性能量的同时,也隐藏人性释放所可能引发的对性别秩序的颠覆和破坏,于是,爱的压抑和爱的宣泄,就成为文学难解的人生课题。《张晓薇,我爱你》是对昏暗世界中仅存的浪漫纯真爱情的执着和缅怀,也是对人生成长充满无限可能性的苍凉审视。《太阳悬浮》《铅色云城》当中,世界的荒诞不经与人为了爱而努力的效果之间的背离,同样是人的存在的残酷本相。《我们迅速老去》当中浪漫爱情溃败时代的"我"对爱的坚守执着,都市人随波逐流、精神浪迹的苦难,既来自于自身,也受难于自身。《丢失了的,永远丢失》中谨小慎微的大明在压抑境遇下对女上司的性的冲动,是生活弱者对生命黯淡的逃避,同时也隐藏着深深的精神挫败。《刺青蝴蝶》对青春美好爱情由憧憬到破灭的清醒,让"我们"初尝世事变迁的残酷,刘满意的笨拙和执拗中,却是对爱情神话破灭的高尚反驳。

杨遥的青春成长叙事,是后青春时代对精神家园的集体怀恋,是对不被社会规约的人性本真的反观,也是对生命沧桑、人性诡异、宿命妥协的反叛,因此,他的小说当中的青春混乱、狂想和荒诞,是人的心灵蜕变的真实体验,也是对社会化经验的个体超越。《黑蚂蚁》在"时间倒装"的假设性叙事中,审视着社会历练对普遍人性质地的磨砺;《裁缝铺的小子们》展露着生活的凌厉和心灵的焦躁,诠释着民间底层生存的自然性法则;《从滹沱河畔出发》和《跳舞的人是你》是精神低谷时的美好浪漫回忆;《同学王胜利》发现着民间底层人所共同的生活期望和生之坚韧;《在六里铺》演绎着压抑的"跨时间性",弱者的隐忍无法改变人性之恶的嚣张;《子弹,子弹壳》中青春期的破坏性冲动和成人世界的恣意凌辱,滋生着彼此复仇的快感,但非理性的快意恩仇却让弱者陷入新的宿命绝境。

历史的没落与余晖

"70后"作家的成长,几乎经历了中国社会和文化转型的几个重要历史节点,作为特定时代的群体,他们与时代之间,既可能是直接的、参与性的,也可能是远景的、冷观式的。生态乡村在消费主义的引导下,成为当下城市人对田园浪漫时代的一种集体怀恋和追忆,但是,乡村—城镇—城市的社会转型轨迹,毫无疑问是作为现代性的社会实践显现,与之相伴随的人的现代性,似乎已经陷入否定之否定的历史螺旋式轮回。但文学不仅是时代强者的证明者,它更是文明遗落物的捡拾者,对弱者尊严的人道主义捍卫者。杨遥的"没落人物系列",是对一些逝去的职业、一些隐去的群体的记录,也是对个体信仰与时代变迁在对抗中挣扎、无奈、妥协、坚守的精神书写。这个远去的群体在时代的风雨飘摇中所经历的惊喜、曲折或沉沦,不啻是一幅鲜活生命和生活信仰者的陨落图,深隐其中的,仍然是杨遥一以贯之地对人类生存境遇、心灵丰富、精神质地的触摸、悲悯与反思,并在这些已经成为"志史"的历史余晖中,发掘着历史更迭和时代转型的人性伟大与永恒。

《铁砧子》在日常生活史中,透视着修自行车这个传统行业的没落,观照着传统民间伦理、民间价值体系在市场经济的激荡下,正在经历的消逝与变异。作者礼赞着底层角落当中,卑微的职业却有着一群高贵的职业守护者;另一方面,作者也为民间价值体系悄然改变的现实传达着隐痛。小说在为没落的一群人和一段史定格,深蕴着对这群渺小人群心理世界和精神世界嬗变的探秘热情。《养鹰的塌鼻子》反映了驯鹰这个早已没落行业继承者的当代处境。曾经的身份荣耀,却在时代变迁中失去了自我价值的体现领域,塌鼻子成为行业没落却又无法自食其力的"时代弃儿"。他是令人怜悯的职业恪守者,也是让人景仰的传统行业坚守者,小说在呈现塌鼻子人性之善和生存窘境的同时,书写出这群行业继承者艰难的时代觉醒和自我更新。《逃跑的父亲》表达了裱匠这个古老行业习焉不察的衰败,以及个人遭遇的变故所引起的集体意识和集体心理的变迁。个人的生存夙愿和集体的伦理关怀,在"无事"当中让人物承受着生活的悲剧和荒凉,小说更多寄寓着对底层群体挣扎于生存基本线的人文悲悯。

结　语

杨遥的小说演绎着"压抑与解放"这一永恒的文学命题,他探幽到了当压抑的力量在虚假的颠覆中被迫消散时,人所面临的来自于人自身新的更大压抑的无物之阵,他的小说表达着一系列的生命体验,诸如疼痛、懦弱、逃避、反抗、沉沦、绝望、空虚、不安、迷茫、孤独、震惊、恐惧、仇恨……而那些寻求自我解放的人,同样是陷入了迷狂、轮回、宿命、荒诞,彼此的胶着、矛盾、对立和撕裂,是杨遥对边缘人群的一种介入态度,也深刻地揭示出有着主体性、自觉性的个体背后生命的灰色基调。杨遥笔下的人物肖像,是特定时代、特定社会、特定文明发展阶段人性"变"与"不变"的典型,他们的顽强存在或被迫妥协,深刻影响着人类整体的存在之思,由此,杨遥也完成了将边缘与人类、底层文学与现代主义文学跨界的先锋创造。

尼玛潘多 /藏族,鲁迅文学院第八届、第二十八届高研(深造)班学员,供职于西藏日报社,现为西藏作协副主席。作品曾刊于《文艺报》《民族文学》《长篇小说选刊》《作品》《国家地理杂志》《西藏文学》等,部分作品被译成英文。有作品曾入选《追寻她们的人生》《中国城市巡礼》《西藏行吟》《西藏的女儿》及民族文学杂志社成立30周年优秀文集等。出版有长篇小说《紫青稞》,并被翻译成英文出版;散文集《云中锦书》。曾获第六届西藏珠穆朗玛文学艺术奖、《民族文学》年度小说奖。

作家自述

行走 倾听 书写

尼玛潘多

很长一段时间,我对自己有诸多的不满意,其中最不满意的就是性格。一个羞涩内向的人和这个喧哗的社会,和周遭热闹的人群完全不搭调。有些人先接触了我这个人,再了解到了我的职业,便会一脸讶异,以至于我自己都深信沉默寡言的人,不配从事记者这样的职业。然而,职业的抉择并不如逛街挑衣般简单,在别人的不解中,我倔强地做着沉默的记者。然而,我庆幸我的沉默并不仅是沉默,我倾听我也思考,透过一些听到的故事,我用小说的方式,试着探询生活的本真,竟也获得了一些小小的成绩。

然而,我想乘着小胜有所作为时,接受采访任务,进行采访写作,完成采访任务,工作就这样周而复始地占据我所有的时间,甚至我的节假日,原定的创作计划搁浅下来。我忍不住抱怨这份工作,抱怨它除了忙碌,没有带给我任何的好处。但是有一天,我把自己关在书房读着自己的小说时,突然发现,我写的每个人物,几乎都来自那些忙碌地倾听与行走的日子,那些神态语气无不印着某个采访对象的身影。我突然感谢自己有过一段当记者的经历,为自己坚持没有错过这个职业而庆幸。

记者这个职业让我走遍了西藏大地,看见了许多风光,认识了形形色色的人,感受到了不一样的人生与心境,他们和他们生活的地方成了我创作的养料。还深深地记得一年夏天,我在一个叫作地纳的小村庄,参与一个口述史的课题。我住在村民家里,用整整一个星期的时间,听着那些泛着泪光、露着微笑的人生。他们的生活和我离得很远,但每次的讲述却让我感觉彼此亲近了许多,他们毫无保留的信任与鼓励,让我产生了创作冲动,一个叫"协噶尔"的村庄在我的小说里诞生。在藏语里,"协噶尔"有白色水晶之意。我希望让一个个小人物,在这样一个玲珑剔透的村庄里出场,形成一个系列小说,让读者从他们的故事中看到自己。

去年,我的长篇小说《紫青稞》制作成广播节目连续播出后,一位听众托朋友捎来一句话:"向您表示最诚挚的谢意,这是我迄今听到的离我们的生活最近的小说。"后来,我又得知这是一位年近80、近乎丧失视觉功能的听众,我感动于他这番评价之余,又为自己为一个孤独的老人创造了一段美好的时光而自豪,那些行走倾听的日子,显得更加珍贵。

在两种语言间行走,的确是个费力的活儿,为了在汉语语境中,为一句藏族俗语找到一个贴切的词语,我也得磨上很久很久,所以,我的小说总是写得很慢,但我始终相信自己,不停地行走,不断地倾听,会让更多的人走进我的小说,经我慢慢地雕琢、刻画,他们会自己鲜活生动起来,走到读者跟前去,让读者认识千姿百态的藏人,他们不光只是咧嘴大笑与磕着长头的样子。

文友印象

她静出了一种声音

贺小晴

看见尼玛潘多的第一眼,你肯定不会与她搭讪。不是因为她沉默,而是因为她的沉默传给你一种信息,她是不需要跟你说话的,你若开口,要么打扰了她,要么很可能自讨没趣。

后来开会相互介绍,她说:我叫尼玛潘多,来自西藏。大家可以叫我潘多。除却必要的信息,没有多出一个标点。我便仍以为她安静着,几近无话。只是,她的声音轻微明亮,与她的沉默形成强烈反差。于是,潘多的名字便记住了。

许是她安静得彻底,倒给我一种踏实的感觉。仿佛人虚弱时,要靠住墙。在这个新加入的环境里,人无论自觉不自觉,都在下意识辨识气场,靠近同类。我们的对话是从电梯里开始的。狭窄的空间里,灯亮着,彼此都近得不容忽视。我便问她饭菜可合胃口,她说挺好,已经长了四斤了。我哇哇叫,为她的"收获"表示担心。她的反应倒很平淡,又多少有些模糊的担忧。我们便约好一起走路。

那天起,每到黄昏,我的电话准时响起。我们在电梯口碰面,一起下楼,一起穿过大厅,钻进黑口袋般的夜色里。

在夜色里极快地走,我们彼此无话。但我知道,我的无话是因为步子急,顾不得说话,潘多的无话则是安静,是她的本意。奇怪的是我一点不觉得沉闷、压抑,反倒觉出了一种异样而由衷的舒服。

走得久了,话自然有,却不是无话找话。那时候我从未读过潘多的文字,对她的写作一无所知。但我知道她的《紫青稞》,出版之后受到强烈关注。我便提到许多写西藏的书,那些"拉飘""藏飘"什么的,印象中,只要在西藏驻足过,就能写出几本漂亮的书,有些还挺卖座。便问她的小说都写什么,她轻淡地说,她写的是她认识的西藏,一个真实的生活着的西藏。

我仿佛知道她在说什么,又不甚明白,却不多问,因为深知她是一个很难得用嘴把事说深说透的人。

然而用行动,她却能将事做到让你傻掉的份上。那天接到潘多的电话,确认我在,说要过来,并不说原因。打开门,她提着一只大纸袋,进门来,纸袋里又是两只大盒子。她将盒子一边往外拿,一边说,她去超市了,买了一些五谷杂粮,磨成粉。都是现磨的,而不是现成品。我惊得不轻:你去现磨的?她不接话,只道,担心味道不合胃口,又买了一盒伴侣。她指着那只粉红色的盒子说,这盒是伴侣,吃杂粮粉时,拆一包和上,味道好些。我定定地看着她。她又道,依然的轻声细语:知道你不吃晚饭,给你买了这个。我不再看她。却不知看向哪里。难得地感到一股潮水,无中生有冒出来,往眼里涌。

学校要外出社会实践,事先统计谁和谁住,我便和潘多互看一眼,心领神会。真同了寝室,我们依然极少说话。除却偶尔一两句家常,别的我们更没聊过。名也好,利也罢,写作者常有的那些情绪,那些烦恼困顿焦虑期待……在她从不涉及,好像压根就不存在。俗世中的话题在她不必多言,俗世之外的话题又似乎无从说,无须说。于是只剩下沉默和意会,以及一些简短必要的日常用语。然而,分明地,我又听见了她那墙一般厚重结实的沉默背后,有着细小的、隐约的、潺潺的声音。

感觉很快应验。有一次,聚会上,酒惹翻了情绪,大家手舞足蹈。潘多毫无悬念地静坐着。终于大家要她也来一首,唱个藏族民歌什么的。潘多的眼里开始闪动,光由星星点点,汇成线,汇成浪。她起身,唱起来。

至今我也不知道她唱的是什么歌,我记住了那旋律、那音调、那婉转忧伤无法言说的情绪。那是她家乡的歌,那是她的心在歌唱。后来我便调侃她:潘多不善于说话,只会唱歌。

例外终于出现。临结业前,有一段,原本约好的走路时间总不见潘多。问及,她才说,她的一个女友从西藏来,因为生病,在北京寻医。女友的病诊断出来,却找不到好的治疗办法。上课之余,她便陪女友继续寻医。有一天,我们终于又一起走路,那天的潘多异样极了,一圈又一圈,一直是她在说,说她的女友……

那个雪天,她一早从外面回来,天还没亮。她说,女友走了,回西藏去了,她去送女友。

病呢？没法治，回去慢慢养。

说罢，她又恢复了惯常的沉默，不多出一个标点。

我却看见她眼睛里，星星点点的光，轻轻柔柔地闪。

鲁院结业回来，读潘多的小说，再度印证了我对她的感受：她的沉默不是回避，不是坚硬也不是拒绝，也不是天生沉默寡言，而是有一个世界，存在于她的内心。那个世界太完整太丰富太清晰，沉浸其中，她便无暇他顾，也无须他顾。相反，为了在那个世界里更深更透地沉浸下去，她需要屏蔽外部的喧嚣，只用自己的方式与外部联结。

潘多的小说，正如她自己所言，她书写着一个真实的、生活着的西藏，一个有血有肉、充满着烟火气息的西藏。在她的小说世界里，有以普村为代表的西藏乡村，有以普村为视角的对城市的向往和抗拒，有热烈淳朴挣扎纠结的父老乡亲，有天灾人祸成功失败坚守逃离苦难奋斗……尽管应有尽有，但我还是从潘多的作品中读出了她的着力点，那就是她的那些姐妹，那些同族女性。那是她小说世界的核，是她打量世界的孔。

从潘多的小说里，我还读出了那个从高原深处山村里缓缓走来的女孩，她站在某处，远远地望着前方的城市，她的胸腔里有一条汩汩奔涌的河。她决意前行，却充满着惧怕。城市的繁华精彩与她背囊里沉沉的故乡随时随地撕扯着、争夺着她。她无法融入，又不甘后退，便只能选择挺住。支撑她挺住的，就是她借用小说里阿妈对她说的话：清贫时，没有贪念的人很多，看着邻里都富了，还能克制贪念，就是圣人啊。

心放平了，路就直了。

也是她对阿妈说的话：即使我的身体到了城里，我的心也会在普村留着。

因为有普村，潘多的世界便始终有着流淌的声音，只是别人听不见，便以为她沉默、寂静。

她的强大是罕见的。

评家观点

高原上的紫青稞
——评尼玛潘多的小说创作

徐 琴

在当代藏族女性作家中,尼玛潘多可以说是十分独特的一位。她以遒劲绵密的现实主义文笔,深入地描绘西藏农村的生活,揭开了惯常阅读中神秘魔幻的西藏的面纱,让我们了解到了西藏的世俗生活,触摸那尚未被触摸的灵魂。

尼玛潘多童年时期跟随父母生活在日喀则郊区的农场,从小对农村的生活有着深入的了解,因此,藏东农村生活在她的文本中娓娓道来,毫无违和之感。因为是报社记者,她又天然地对一些重大的题材保持着敏感。工作的繁重使她的创作并不是很多,然而从这些作品中,也可以窥到尼玛潘多独特的写作质地。

首先要谈的是尼玛潘多的《紫青稞》。女性作家天然地关注女性的命运,尼玛潘多也毫不例外,她的一系列作品大抵可以被称为"女性之书",然而她又将女性纳入时代的进程,将鲜被关注的西藏农村变革纳入文学史,这可以说是具有开创意义的。

20 世纪 80 年代以来,伴随着改革开放,整个中国社会的政治、经济、文化都发生了历史性的变化。西藏虽然处在祖国的边疆,传统文化和宗教思想在人们的观念中起着根深蒂固的作用,但改革开放的潮流也在不断洗涤着旧的一切。现代文明与古老传统的强烈碰撞,新的时代政治经济因素的影响,多种文化碰撞的冲突和女性自身主体意识的日益加强,使得现代化进程中藏族女性的生存环境、生存结构及个人境遇和追求等各方面都发生了很大改变,由此整个藏族女性文学的潜在发展轨迹、创作主旨以及创作技巧等方面都有了巨大的变化。一方面,面对现代文明与古老传统的冲突,面对时代巨变和民族传统中因袭的负累,藏族女性作家往往能够直面民族前行过程中的悲欢,侧重于对本民族文化的探求与追寻,力图以自己的创作重构新的民族文化精神;另一方面,女性作家从女性特异的性别视角出发,以敏感细腻的心灵对现实世界进行独特的体验,并将女性的性别体验上升到对民族生存经验的体认,在其作品中反映藏族女性在社会嬗变过程中女性意识由懵懂到自觉的过程。

尼玛潘多的长篇小说《紫青稞》就是这样一部描写广阔社会生活面,对本民族女性生存状态进行探寻和思考,充满历史厚重感和鲜明女性意识的优秀之作。它以当代西藏农村儿女的命运变迁、曲折情路为中心,展开了对现实世俗生活的真切描写,为我们呈现了20世纪八九十年代转型期西藏社会真实的一面。面对藏民族在发展过程中必然也要经历的城市文明与乡村文明的对立冲突,尼玛潘多既没有一味去美化乡村,对城市文明持批判态度,也没有片面地高扬现代化的旗帜,去批判农村的不合时宜,而是将现代化过程中乡村的变革放在普通人的生活中去呈现,通过藏家儿女的悲欢离合展现时代的风潮。

《紫青稞》以宏大的时代转变为背景,在现代文明的进程中去看待藏民族前行过程中艰苦的蜕变,以一种理性精神对民族传统文化心理进行新的审视。"紫青稞"在作品中充满了象征色彩,代表的是一种苦难、一种坚忍、一种生命的顽强。"普村是嘎东县各自然村中,离县城最远的村庄,这里恶劣的自然条件,使紫青稞这种极具生命力的植物,成为这里的主要农作物。"这里的自然条件是那样的恶劣,然而这里却洋溢着最热烈的生命力:"只要男人的扎年琴弹起来,女人的歌声就会和起来,连足尖也会舞蹈起来。无论日子多么窘迫,他们的歌声从来没有断过,他们的舞步也从没停过。"正是在这样一种刚健的民族精神的哺育下,普村的男男女女从来都是达观地对待生活,即使是洪水冲毁了家园,他们也会很快从困苦的阴影中走出,放声歌唱。藏传佛教和民族传统精神中的粗犷豪放使藏族人能够达观地对待生命中的苦与乐。然而,这里仍然有许多阴霾,在贫瘠的普村,传统的等级制度还根深蒂固地存在着。在旧西藏,铁匠被认为是罪孽深重之人,是黑骨头,因为他们炼制各种器械,而这些器械常被用于杀生和战争,而佛教认为杀生和屠戮是罪恶的,所以铁匠在旧时地位十分低下。旧时西藏通行了几百年的《十三法典》《十六法典》,明文规定铁匠属于下等人,其命价为一根草绳。铁匠的子女也被认为血液不干净,因此世代被人瞧不起。罗布旦增爱上了铁匠的女儿措姆,思想传统的阿妈曲宗坚决不答应,她认为自己一家虽然日子过得紧,但"在村里算得上是有'身份'的人,是能和其他村民共用一个酒碗喝酒的人；而铁匠扎西这几年靠手艺挣了一些钱，家境不错，可毕竟出身低贱，村里没人跟他们共用一个酒碗喝酒，这是明眼人有目共睹的事情。"根深蒂固的血统等级观念，使得阿妈曲宗不能接受铁匠的女儿，罗布旦增为了爱情，出走来到措姆家入赘。也正是因为作为家庭顶梁柱的罗布旦增的出走，阿妈曲宗家由此渐趋破败，也让每个家庭成员内心埋上了阴影。达吉爱着铁匠的儿子旺久，只好把这种情愫潜埋于心底。桑吉爱着出身高贵的多吉，也因为哥哥的婚事而受到影响，"如果不是大哥突然住进铁匠家，执意要做铁匠的女婿，强苏家没有理由拒绝他们的婚事；但现在可以了，一个高贵家族怎能接受和铁匠家沾亲带故的媳妇"。阿妈曲宗家儿女的悲剧情感由此拉开序幕。

然而，随着时代的发展，这样一种传统的等级制度和血统观念，也逐渐在现代文明与商品经济的冲击下开始动摇，旺久凭着自己的精明能干在生意场上如鱼得水，得到了人们的尊敬，出身与血统不再成为一道屏障，作品写普拉"亲眼看见旺久身边的人是如何巴结旺久的，假如旺久喝酒，那些人一定会争着和他共用一个酒杯……"旺久的精明能干，豁朗大度，也使达吉有了坚固的依靠。虽然与普拉结婚，但旺久却一直驻留在达吉的心中，而普拉好高骛远、狭隘猜疑，最终失去了达吉。固守传统观念的阿叔也因为旺久的能干热情而对旺久十分感恩，连小妹妹边吉也对旺久充满敬意。而与旺久相对的是多吉，他虽然血统高贵，然而却好逸恶劳，品性龌龊，风流成性，辜负了深爱他的桑吉，到最后人人厌恶唾弃他，还被抓进了公安局。可以看出，在社会转型期，传统的门第观念已经受到了很大的冲击，年轻一辈虽然依然受血统观念的影响，但逐渐走出历史的禁锢，在情感的世界里开始向自由的天空翱翔。

此外，作品还通过城乡对比，通过森格村与普村的对比，来揭示在社会转型过程中的城乡差别。普村的人羡慕住在城边的森格村人，森格村人天然地对贫苦的普村人有种优越感，但森格村人却对县城怀着一种敬畏的心理。"达吉也一样，喜欢看县城里的花花绿绿，喜欢县城繁华的样子，和别人不同的是，她还喜欢县城的名分，生活在县城附近，她觉得自己也变得高贵起来。"对城市的向往与追求，实质上是对现代文明的追求。然而，强大的城乡差别，使得我们的乡村儿女倍感压抑。桑吉到了城里，感受到的不是城市的温暖而是城市的冷漠，"城市再大，也没有一处墙根会让你歇息；城市再富，也没有一碗清茶供你解渴；城市再美,也没有一样美丽为你存在。桑吉真真切切地感受到了农村与城市的不同"。城市在农村人面前,是一种冷漠的存在。强烈的城乡差异,反映了社会转型期藏区的真实面貌,在社会发展中,这样一种城乡差异及其给农村人带来的精神压抑如同内地一样,让我们倍感痛苦和无能为力。

尼玛潘多看到了现代文明对西藏乡村社会的冲击,感受到了传统习俗对世俗人生的禁锢,并由此反思民族传统文化的魅力及弊端,写出了社会嬗变过程中必然带来的精神情感的变化,并通过对普村、森格村、嘎东县城及拉萨生活的描写,为我们呈现了从农村到城市的广阔的世俗生活画卷。对民族前行过程中社会面貌和民众心理的真切描写,使得尼玛潘多的创作带有极强的现实性,我们能够通过她的抒写去体会一个民族在时代转型期所面临的生机和精神上的困惑。

作为女性,尼玛潘多又和其他女性作家一样先天地对女性的生活感同身受,其文本对本民族女性生存状态进行了探寻和思考,充满了历史厚重感和鲜明女性意识。尼玛潘多以女性独具的细腻、敏感,通过女性真实的生命体验,展示了西藏农村女性的生活面貌,以及她们在时代转变过程中面临的多重考验和精神抉择,传递着藏民族女性独特的生存体验和价值观念。阿妈曲宗家的三个女儿分别代表了不同的农村女孩的类型。达吉代表着求新求变、一往无前的农村新女性,是作品中最有生命活力的女性。她性格坚韧、冷静,勇敢无畏而执着地追求新的生活,为了逃离贫穷无望的普村生活,她义无反顾地跟随叔叔来到挨着县城的森格村,靠着自己的灵敏、机智和朴实耐劳,达吉赢得了阿叔的信任,在森格村如鱼得水,并被县妇联主席赏识,带领贫困妇女组成互助组,制作奶渣和酥油。虽然创业最终失败了,但达吉却在生活中磨炼了自己。在爱情的取舍上,达吉也完全听从自己的内心,不像自己的姐姐桑吉那样逆来顺受。她对自身的境遇有清醒的认识,敢去追求自己想要的生活,是一个能够主宰自己命运的人,也是一个在社会转型期能够紧跟时代发展脚步的坚韧的女性。通过对达吉的描写可以看到在时代转型期藏族女性对自我命运的把握与女性意识不断深化的过程,她身上的故事也颇能折射出现代女性在追求自我实现的过程中的艰难蜕变。相对达吉而言,姐姐桑吉是一个传统的女性,在她身上,更多地体现了女性隐忍的一面。她性格柔弱、温婉,与妹妹达吉不同,她保守着乡村的传统习惯,对命运与爱情的选择,也不像达吉一样具有自己的主张。她爱上了出身高贵的强苏家的小儿子多吉,仅仅因为朦胧的好感和青春期对爱情的向往便将全部身心都给了这个不能承担责任的男人。桑吉有了身孕,此时强苏却流落在城市,过着荒唐堕落的生活,完全忘记了桑吉。桑吉不得不抛下母亲来到城里去寻找多吉,经历了千般痛苦,甚至为了生存,还去乞讨,在一次次的隐忍和无望中,销蚀了昔日对多吉的刻骨之爱。她被命运推动着一步步无可奈何地朝前行进,苦难与痛苦一直伴随着她前行的道路。虽然善良的老阿妈收留了她,使得她在城市有了落脚之地,在她最需要帮助的时候给予她关怀,最终还促成了她与强巴的结合,但我们也很难知道桑吉是否有个美好的未来。在三姐妹中,小妹妹边吉尚为年幼,作者用力较少,但从边吉这一人物身上,可以看到在时代变异的进程中,藏民族的儿女在物质与精神的双重考验中,她们灵魂的焦灼与困惑。现代化给农村带来了一些变化,但与此同时也给人们的精神以很大的冲击。贫瘠的现实与都市生活的繁荣,给女性以很大冲击。尼玛潘多以细致的笔触描写了在时代变化中的三个女性命运的悲欢,融注了她对女性生存、民族困境的思考,她的写作没有局限在女性狭小的个人情感的天地,而是将女性的命运与民族发展的特定背景联系在一起,从而具有较为深广的历史内涵。

尼玛潘多拒绝对西藏神秘化的表现,她说:"我只是想讲一个故事,一个普通藏族人家的故事,一个和其他地方一样面临生活、生存问题的故事。在很多媒介中,西藏已经符号化了,或是神秘的,或是艰险的。我想做的就是剥去西藏的神秘与玄奥的外衣,以普通藏族人的真实生活展现跨越民族界限的、人类共通的真实情感。"她的一系列作品秉承现实主义道路,揭示西藏当下生活中普通人生存的困境和他们的精神追求。《城市的门》是小说《紫青稞》中的片段,着重刻画桑吉到达城市,经历了各种痛苦,写出了城乡差别和女性所要忍受的生存之痛。《琼珠的心事》写农村姑娘琼珠去拉萨参加了一场体育大赛的开幕式,暗恋上舞蹈指导,回到农村后她陷入暗恋的无望痛苦中,受到家人和村中人的冷嘲热讽。终于有机会再次进城进行藏戏表演,然而琼珠才知道,她暗恋的舞蹈指导已经结婚。作品写出了城市与农村的隔阂,写出了女性内心隐幽的世界。《协噶尔村的央宗》写央宗的丈夫从牧区带回来一个女人,这对倔强的央宗来说是一个很大的打击,在央宗的丈夫要带这个女人回牧区老家的时候,央宗诅咒了丈夫,丈夫因翻车死去。后来央宗明白了这个女人并不是丈夫移情别恋,而是为了信守承诺照顾他恩人的妻子。等明白这一切的时候,央宗十分痛苦,她想不明白丈夫为什么不告诉她这一切,也为自己诅咒丈夫而后悔不已,决定出家为尼。《针尖上的日子》写的是一个从小县城调到拉萨来工作的女子的心路历程,来到城市,面对人生地不熟、面对工作和情感的困惑,她承受着很大的压力,犹如在针尖上过生活。这些短篇小说都涉及女性的生存之痛,她们在现实中的苦苦挣扎,作品对女性内心隐幽世界的描写细腻而又真切,有着感人肺腑的力量。

西藏是一块文学的沃土,从 20 世纪七八十年代以来,西藏以其魔幻现实主义的创作走向中国文坛的前沿阵地,虽然在 20 世纪 90 年代以后文学创作一度趋于平静,但藏族作家一直没有停止对艺术手法的多样化探求。尼玛潘多吸收着现代主义的营养,然而她又秉持着现实主义文学精神,不仅在深入细致地观察和表现生活上显示出了冷静而理性的成熟态度,而且在人物塑造、细节描写和主题开掘等方面,表现出难能可贵的探索精神。她的创作在伦理精神和宗教传统的处理方面,包含着可资借鉴的宝贵资源。她关注现代化进程中普通农民的生存困境和他们的苦苦挣扎以及在苦难之境中为了生存和尊严所付出的努力,她深刻地表现着特定时代特定人群的生存困境以及人们在这种困境下对生命的激情和对美好生活的渴望,洋溢着一种鲜活的生命力,这使得尼玛潘多的作品犹如雪域高原上的紫青稞一样,独特地存在,充满勃勃的生命活力。

陈集益 / 鲁迅文学院第七届、第二十八届高研班学员。生于1973年,浙江金华人,中国作家协会会员。迄今在《人民文学》《十月》《钟山》《花城》等刊发表小说100万字。曾获浙江省青年文学之星等奖项。出版有小说集《野猪场》《长翅膀的人》。现居北京。

作家自述

我只负责记录我的那一部分
陈集益

　　我开始写作时不是因为热爱写作,而是在青春期之后的人生遭遇种种挫折,心里有点压抑和苦闷,刚开始是通过听崔健、何勇等人的摇滚磁带,在他们的音乐里得到一点精神上的安慰,后来模仿磁带包装纸上的歌词写一点叫不出名堂的文字。尽管我讲的方言与普通话完全不同,但是有幸在走向社会之前学习过使用汉字,所以在模仿写歌词的基础上,我又写起了自己的所见所闻、所思所想。那是 20 世纪 90 年代初,我有几年时间在浙江温州的私营企业打工。我记得当时写过一个几十个工友都被烧死在鞋厂的故事。因为在温州鞋厂,工人都住在车间内部木板搭建的顶棚上,晚上老板离开时怕工人偷东西出去,就把所有人都锁在里面。那种烧死几十个人的火灾,我亲眼看到过好多次。看过之后我会流泪。我那时痛恨那些品质卑劣的老板。但是蓬头垢面的工友们,也一样不懂得友善和尊重。工资一般是按件计酬的,有人为了抢活做,一是讨好带班的工头,二是抢占资源,往往发生争吵、斗殴。这是厂里没什么活做时的情况;一旦到了年底老板手中的订单多起来,那些平日里抢活做的人又会反过来,强迫弱者来完成不睡觉也完不成的任务。那时候我迷惘极了,离开温州之后又去了其他地方谋生,有时间就胡乱写下一点什么。我不知道这就是写作。

　　我立志成为一个作家,已经是 27 岁前后了。此时我除了心中充斥着一腔悲怆的情绪,对文学艺术几乎没有涉猎过。我决定一边到图书馆借阅文学名著读,一边进行小说创作方面的训练。突然发现,要把底层社会的血与泪艺术化地表现出来,使其成为纯正的文学作品,道路漫长,我不具备文本建构的能力,也不习惯文字被规范,特别是不懂得该如何化解心中的愤怒和仇恨。文学作品毕竟不是宣泄情绪的产物,我希望自己对笔下的人物有一个更理智的、平和的态度,恨是可以有的,但是最好也包含着悲悯与爱。可我怎么也爱不起来。所以许多年来,我总拿我的童年生活和"北漂"故事作为写作的训练和文学事业上的准备。尤其是童年记忆中的往事,掺杂着很复杂的感情,有爱有恨,有绝望有希望,也有温情,因为情感的丰富性,所以我写了一篇又一篇。而那些发生在身边的北漂故事,我基本没有采用现实主义的创作方法,在这些小说里我尝试了小说创作的多种技法,它们多多少少带有某种实验性和荒诞感。——至于当初驱使我拿起笔来写作的"打工"题材,因为情感取向单一、故事过于悲惨,却只零零星星写过几篇。

记得陀思妥耶夫斯基说过这样的话:"我只担心一件事,我怕我配不上自己所受的苦难。"相比经历过生死考验、大悲大苦的人,我那点在社会底层打工的经历算不上什么苦难,但是这不能说我亲历的这段历史就应该被遗忘。我从没有忘记我的写作动机:它是与我们身处的这个时代,还有那个被损害与被侮辱的群体联系在一起的。我一直想用文学的形式记录下这个时代和裹挟其中的人,但由于我才疏学浅,既理不清这历史,也无力提出什么问题,我能做到的仅仅是忠实于我的记忆、在场的感受、个人的体验,我只负责记录我的那一部分,用文学的形式记录下来。我想只要我始终抱有这样一种使命感,我就能做好这一角色。

文友印象

在现实的边界处展翅飞翔

李 浩

　　和陈集益的联系从很久很久以前就开始了,当时我还是编辑。作为阅读者我读到了陈集益的小说,时至今日我还记得那种触动的存在,大约是黄昏的时候,我把小说读完天就黑了,我走到一棵树下真想冲着街上的人流大喊几声。那种感觉我记得相当清楚,它存在于我的记忆里,我甚至都没有和陈集益谈起过。后来我向许多朋友推荐,再后来我充当了他的责任编辑,最后,我们成为朋友,又一起在鲁院高研班学习。在我和集益之间,心理上的共通在着,亲切在着,某种的相惜在着,但必须承认,我们真正的交集很少,能想起的趣事逸事实在寥寥。

　　我想这份寥寥也应算是印象:在日常中的陈集益不张扬,不好事,不愿意扎在群体之中,平时话少,甚至会有些羞涩。同学期间他也曾约我喝酒,但因为我之前答应了人家而未能前往,否则我的这个印象记里似可多出一笔。我相信陈集益就是在酒桌上也应是话少的人,即使酒局是他张罗的——无论从哪个角度来讲,他都属于讷于言的人,不善于与人打交道,我实在难以想象他会在某个场合滔滔不绝。

　　可在小说中的陈集益却是一个话多的、滔滔不绝的人,这与日常中的陈集益看上去很不相称,在小说中,他是那么善于言说,善于建造让我们感动和唏嘘的故事,那个隐藏着的陈集益终于绕到了前面,他的口里仿佛含有一条悬着的河……日常中的陈集益是一个循规蹈矩的好男人,负责任的好编辑,然而在小说中,他则是另一副样子,滔滔不绝只是其中的不同之一。在小说中,我看到了陈集益的释放,他的这一释放既有力量感又有某种的炫目。因而我深信,不阅读陈集益的作品,对陈集益的了解永远是不完整的。他在自己的小说中延展了更深更广的根须。如果没有小说呈现出的"根须",我们能见的不过是一株树的样子,它孤立在角落里。

这条根须延接着记忆。在他的《洪水,跳蚤》《野猪场》《吴村野人》《往事与投影》中,及至《驯牛记》,我和我们都可以看出某种记忆的、自然的属性,他仿佛是一个"对本地掌故了如指掌"的百事通,向我们讲述发生在他身上、他父亲和爷爷身上、村里人身上的那些故事,在这样的讲述之中,他甚至带出了来自土地和旧生活里的泥巴、木桩,被水泡着的根须,被牛或猪踩过的粪便的气味或者干草垛的气味……作为一个同样出生于农村、成长于农村的写作者,我熟悉它们了解它们,很容易让自己沉浸进去,仿佛他讲述的也是"我的生活"。我说他讲述的也是"我的生活"还有另一层意思:他能够非常轻易地把我拉入到他的叙述中,让我身临其境,让我跟着其中的人物或悲或喜,或怒或哀。当然不止于此,陈集益对小说自然性的强化让我想起阿贝尔·加缪在一篇谈论卡夫卡的文字时所谈到的:"在许多作品中,读者发现既有情节完全是自然而然的。在另一些作品中(它们当然很稀缺),主人公发现他所遭遇的一切完全是自然而然的。一个值得注意但也显而易见的佯谬是:主人公的遭遇越是不寻常,故事便越显得自然而然。"——我觉得这一判断也可用在陈集益的小说上,陈集益一方面强化了故事发生的真实感、亲历感,让它自然而然,一方面又让故事里的主人公走向艰险与奇崛,让他拥有非同寻常的遭遇。在这里,至少在某些故事的前半段,陈集益故意按压住奇思妙想的念头,而让它努力"仿生",如同"我"真实经历过一样。像《野猪场》,在阅读中它竟然能让我坚信故事的叙述者是真的养过野猪的,他也曾像故事中的"我"那样经历过一次次可笑可怜的挫败……但我想我们不能忘记,故事的"自然而然"的用意在于,要使主人公的遭遇变得不那么寻常。

这种不寻常,还不全然是"魔幻"或者"超现实",而是某种……用作家池上的话来说吧,她说:"在集益的笔下,乡村不是舒缓的、温情脉脉的,而是生猛的、血淋淋的,恰似在你身上直捅一刀。"生猛,血淋淋,是陈集益小说的某种底色,故事中主人公经历的不寻常多数是在这里,他们会自觉不自觉地走到刀刃上去。《城门洞开》里的父亲如此,没考上大学的二哥也是如此;《青蛙》中,变成了青蛙的"表哥"也是如此。《野猪场》,"我"、祝小乌、陈德芳和他的女人何尝不是如此……在他的小说中有一条汹涌的涡流。这条涡流磨砺着我渐渐厚重起来的麻木神经,它的力量是那么强烈以至我有几次不得不停下我的阅读。必须声明,在这里我言及我的感受是真切的,没有半点儿的谎言和伪饰的存在。这不是广告语。真的不是。有人说过类似的感觉,他说阅读陈集益的小说"就好像一条活体动物被剥皮后沾着泥沙跳进你的视野"。

是的,陈集益的小说时有"超现实"的存在,他往往在故事的后半段让故事从"现实感"中脱离出来,推向具有飞翔感的幻境。譬如《洪水、跳蚤》中,父亲竟然与扣在容器中的跳蚤比赛起忍饥挨饿的能力,这一比赛最终使他送掉了自己的性命;《青蛙》中,作为农民的表哥被逼吞下青蛙之后慢慢地变成了青蛙,这一变化当然改变了生活;《城门洞开》中,父亲的举动越来越有荒谬的成分,最终他迎见了城门却再也无法进入,他成了疯子;而到《长翅膀的人》,"我"作为长翅膀家族的"后裔",则必须背负生有翅膀这一"事实"和它的"必然后果"……从某种意味上说,陈集益的"魔幻性"是卡夫卡式的而非马尔克斯式的,他的魔幻性功用不在于陌生化而是着力于强化隐喻,从而让它完成对生活和生活真面的内在揭示。当然我也注意到,像《洪水、跳蚤》《城门洞开》等小说,小说完全落实、不掺杂一丝的魔幻性也丝毫不影响小说的成立和力度,那魔幻性我猜度一是出于陈集益的习性,他喜欢如此,愿意如此;另一或许是他有意不"真实",让自己也部分地从那种生猛和血淋淋中"暂时摆脱"。他有意给自己和小说"留一口气",而不是让它像石头一样在水流中直直地下沉。第三点,是设计上的有意,他试图对夹在纸页中的翅膀唤醒,让它升向高处。

我还注意到,陈集益的小说叙述中充满着"喜剧性",你看他的每个故事,无论是《特命公使》《吴村野人》,还是《野猪场》《杀死它吧》《离开牛栏的日子》等小说中人物的行为总有些许的夸张感,故事的起伏走向也是如此,它埋伏着荒诞和可笑——它大约是允许笑几声的,可我也相信多数时候根本笑不出来,在它的荒诞、可笑和夸张里混杂了粗粝和尖锐,尽管我们可以不认可他笔下的"父亲""哥哥""爷爷"和"我"的行为,他们有时暴虐可憎,有时孤立怪僻,有时蛮不讲理,有时非要走向那条有刀刃的路,他们走得跌跌撞撞、笨拙滑稽,但是我们依然笑不出来。他能让我在他所塑造的主人公中发现我们的生活和我们生活的样态,甚至发现我们的影子。于是,那些可笑、可怜、可憎的人物竟然引发着悲悯。引发悲悯,也是陈集益小说的另一力量之源。

在一则访谈中陈集益谈及想象力,他说:"我个人的经验是将一个你书写的故事借助想象力推向极致,随着想象力的持续推进,故事情节不断向现实的边界扩延,在即将跨越写实的那个临界点上,现实好像要展翅飞翔起来,这时就自然而然产生隐喻、象征等等效果。不论是你提及的隐喻、象征或思考,都会伴随着想象的推进而产生。"阅读这段话让我想起去年他为《青年文学》的《想象力》栏目约稿时的情景。在电话里,陈集益谈到这个栏目,一改往常的羞涩、吞吐,而显得坚毅果断,他几乎可以像在小说里做的那样,确然而滔滔不绝……

评家观点

僭越的战场
——评陈集益的中短篇小说

王威廉

还记得第一次读到陈集益的小说时,给我至今难忘的惊艳之感。这样说,似乎陈集益的小说用词多么华丽、情节多么跌宕,其实非也,他的小说很朴实,日常生活的烟火气扑面而来,但读着读着就觉得有许多事情的发生脱离了生活的逻辑,向着某个不可思议的方向执拗地冲了过去。这个过程回头再去研究的时候,会发现是浑然天成,并不是从哪个位置起忽然有了断裂。他的叙述更像是一个运动员的跳高过程,漫长的助跑,然后起跳,跨越了那道并不存在的障碍。同时,故事本身所蕴藏的苦难在这样的起跳之后,不止是一种控诉,而是具备了多重的象征与隐喻意义。

作家谢宗玉有一段评价是比较中肯的:"陈集益的小说走的虽然是荒诞的路子,但他几乎每篇小说都是从写实开始。由现实主义,到魔幻现实主义,最后到荒诞主义。过渡得悄无声息,天衣无缝。甚至大多数读者会干脆认为他就是现实主义,他就是在描写人间这些似人非人的遭遇。事实上,由于在写作之前,陈集益到处漂泊,四方谋生,尝尽人世百味,他的确能把现实主义的细枝末节巧妙地聚拢在荒诞主义的主题之下。"

我不确定荒诞能否构成一种主义,但荒诞是现代主义艺术中最核心的观念,不荒诞,荒诞得不到位,荒诞得莫名其妙,都会损害作品的价值。荒诞是特别有难度的艺术形式,其边界实际上并不好拿捏。如果非要把陈集益的小说叫"先锋小说",其与20世纪80年代的先锋小说已不是一回事。他的"先锋"不再是玄秘的语言实验,也不是吸人眼球的形式创新,而是来自对惨痛和沉重的生活经验的变形能力。他没有封闭在自我的苦难叙事当中,而是把苦难荒诞化、极致化,一个切口便能硬着脖颈走到底。我佩服这样刀刃朝着自己内心扎去的作家,在这样的作家笔下,必定不再满足于给定的公众化的"现实世界",他必然要创造并展现出独属于他的"现实世界"。

在我看来,可以从三条路径进入陈集益的小说世界。

首先是各种动物的形象。他的小说里边写到了大量的动物,因为小说的背景一般都设置在乡村,这些动物的出现自然是不奇怪的,但诡异的是,这些动物在和人类的关系方面,总是会出现一种奇怪的紧张感。人类在动物面前显露出野蛮、可笑、贪婪的一面,而动物则显得神秘、凶悍,甚至具备高度的灵性。

在中篇小说《吴村野人》中,陈集益的想象力得到了很好的呈现。一方面是传说中的野人与伯母野合生下的堂哥——蛮娃。这个形象令人匪夷所思,甚至让人想起寻根文学的代表作之一,韩少功的《爸爸爸》里的丙崽。蛮娃的形象当然是寓言,但是这个寓言也有着多重的解读性,在文学史的脉络中,与丙崽承载着民族大历史的反思不同,蛮娃更像是市场经济大潮中某种可笑的、无能的、却又突兀的事物的讽喻。另一方面是叙述人陈集益的成长经历,出外打工再返乡,单纯地参与哥哥的事业,到自身的反思,构成了一道坚实的时代线索。

陈集益的小说大多用第一人称书写,这个"我"往往不是故事的承受者,只是叙述者。但这个"我"的角色却是非常重要的,是小说世界中至关重要的黏合剂。来看这段:"我在家务农一年,然后,又跟人到外地去务工。我在广东受尽了屈辱。有一个老板,潮州那边的,他怕老婆怕得跟狗一样,可是对待工人就像一匹狼,他每天想着办法殴打工人。我被他打过两次,第三个月我逃走了,给一个湖北籍的老板加工地沟油卖。通俗地讲,地沟油可分为两类:一是狭义的地沟油,即将下水道中的油腻漂浮物或者将宾馆酒楼的泔水,经过简单加工提炼出的油;二是劣质猪肉、猪内脏、猪皮加工提炼后产出的油。这两类油我们都加工。直到有一天深夜,我掀开马路边的一个井盖,像一只老鼠那样探身下去,我的头一阵晕眩,我一头栽了进去……"后来,"我"硬着头皮回到了家乡,和当官的哥哥一起开发"野人"的观赏事业,最后一败涂地。

没有这个"我"带来的外边世界的状况展现,那么吴村内部的癫狂故事也就变得难以理解了。甚至不如说,外边的世界更像是一种物质层面的存在,吴村内部更像是一场精神世界深处的搏斗与抗争。

另一个中篇《野猪场》其实和《吴村野人》有异曲同工之妙。家猪与野猪的结合,恰如人与野人的结合。人猪大战,不仅在于一种异化的力量,更在于一种疯狂而浮躁的时代情绪的宣泄。小说结尾,肇事者牛化生也变成了野猪一样的存在,"在山下,我们没有落脚的地方,就把牛化生暂时关在了那间破落的凉亭里。在那里,还有两头没有来得及杀掉卖的猪。牛化生就暂时跟这两头五花大绑的猪待在了一起"。疯了的牛化生最终被野猪的后代咬死。

在中篇小说《驯牛记》里,作者全心全意塑造着一头有个性的牛的形象,让我一度想到王小波的杂文《一头特立独行的猪》。小牛"包公"富有自由精神,桀骜不驯。秉德老汉说:"要不是将来想着让它出大力,这么大就可以阉掉了。"兴国说:"回去,我就给它穿上牛鼻绳,他娘的。"当牛鼻绳管不住包公的时候,"爷爷一点也不像秉德老汉当初说的那样,懂得尊重牛、善待牛;相反,他比兴国对牛还要狠。这以后,每次耕田前爷爷都要给包公套好牛轭后再给它喂草。仿佛故意羞辱它:你如果想吃草,那就得乖乖地套上牛轭,老老实实地耕地。这个驯化方法经过多次强化,包公一到耕地的环境,便不自觉地把吃草与耕地两件事情联系在一起了。数天之后,包公就基本不反抗了。当我们割草给它吃,它的眼里甚至流露出感激"。就在我们以为包公要被驯服的时候,包公又反抗了起来,这次,兴国竟然用锄头斩断了它的腿,让它永远废掉了。

这部小说令人唏嘘,不仅是对包公的同情与怜悯,更是由于对包公的驯化过程,会让我们想起福柯在《规训与惩罚》中描述的权力对个体的规训过程。每个社会化的个体,都会有这样的隐痛。

初读这样的小说,你会觉得陈集益描写动物,是一种艺术手法,专门采用象征的写法。可是等到读他的小说多了,便会发现,事情没这么简单。陈集益是真正爱动物的人,这些不同的生命形式,一定给予他的生命以特别温暖的滋养,这是他写作中变形、成长和悲悯的根源。

在中篇小说《往事与投影》中,他写一头老牛:"老胚壳确实是一头不错的牛,在它的身上所蕴含的温情与灵性是惊人的。我至今忘不了它诚实的眼睛,优雅的吃相,高高翘起的髋骨,还有颜色并不怎么鲜亮的毛皮。每回放牧,它都喜欢在我看得见它的地方吃草,或者说,它总要在它看得见我的地方吃草。"这样的描写,完全是作者内心的情绪流露,像是来自记忆中的一道温柔的闪光。关于动物形象的小说,在我看来,也是陈集益创作中最富个人艺术成就的部分。

父亲这个形象是走进陈集益小说世界的第二条路径。"70后"作家似乎特别喜欢写父亲,从生于20世纪60年代末的朱文开始,父亲便成了荒谬的、可笑的、委顿的,乃至猥琐的形象,可以随意变形,充满了强烈的象征气息。作家李浩的一部小说干脆就叫《父亲的七十二变》。在陈集益的笔下,也不例外,父亲的形象亦充斥着贫困、愤怒、扭曲、疯狂等负面的元素。

在中篇小说《城门洞开》中,父亲以一种绝对的权威主宰着整篇小说的叙事节奏。父亲看我的样子:"现在,父亲这双充满仇视的眼睛,开始越来越多地落在我的身上了,就像一根蠢蠢欲动的火柴,在我身上寻找擦拭的地方。他一定很想将我点燃,引爆。"母亲也数落父亲是个疯子,父亲当年带母亲到公社登记结婚的时候,当他们看见马路和汽车,父亲竟然兴奋得去追赶疾驰而过的汽车,为的是闻一闻汽车喷出来的尾气……这是个不顾一切迷恋城市化的"进步主义者",他把自身的迷恋,规定成为子女们的道路。

批评家李云雷说得好:"'父亲'是陈集益小说集中关注的话题,《洪水、跳蚤》《离开牛栏的日子》《城门洞开》三篇小说中的'父亲'都不相同,但是从中可以看到作者的'审父意识'。如果说小说中的'我'在面对父亲的所作所为时只能忍耐或伺机反抗,那么作为叙述者的'我'则以讲述故事的方式对'父亲'展开了激烈的批判,这既是一种回顾,也是一种告别。"从这个角度来进入父亲形象,就会发现,小说并非要彻底否定父亲及其隐喻,而是在对父亲的叙述中,作者反复掂量和慢慢确立着"我"及其隐喻的价值所在。

人生的感受随着岁月而改变,父亲的形象在小说中也发生了许多改变。中篇小说《哭泣事件》里,父亲原本就是一个不会微笑的人,所以村里人都喊他"苦瓜"。他的性格依然乖戾、暴烈而又怯懦,在权力面前不堪一击,离家出走。"当我行走在北京的大街上,看见那些瘦弱的、苍老的背影,遇到那些蓬头垢面、迷失方向的老人,我也会想起我的父亲……"这个让我们爱莫能助的父亲,读之令人心痛。"我"对于父亲的寻找,也意味着这个"我"的强大,强弱关系发生了本质的改变,而"我"心间对父亲滋生出的情感没有愤恨,只有悲悯的爱。

摇滚乐,是走进陈集益小说的第三条途径。他的小说经常有一种火爆的摇滚力量蕴含其中。这股力量推动着他小说的叙事、情感的迸发以及诸多对于现实的反叛与反讽。有次在北京陈集益家中小坐的时候,他无意中聊起自己最开始的写作,是始于写摇滚歌词。他说那个时候,工作了一天回到家,非常劳累了,便听摇滚乐,看着磁带盒上面的歌词,被深深打动。他也把心中的块垒写成那种愤怒的歌词,后来他才知道,那就是诗。他在一篇访谈中说:"文学在我人生中的位置,是分阶段的。纵观我的写作,是从宣泄内心的压抑开始的。最初它类似嚎叫,不计后果。后来,写作慢慢变成一种爱好、一种需要,当然也是一种追求。它引领我从狭隘的愤世嫉俗走向更广阔的悲天悯人。"

大江健三郎在《冲绳札记》中有一句话:"无论怎样控诉恐怖……侮辱是一股酸性侵蚀力量,它在自己的内心深深挖掘着伤痕,无止无休。"陈集益的小说便有这样的力量,他敏感而自省,在伤痛的地带反复挖掘,这种挖掘不是凌空虚蹈,而是带着强烈的日常气息,这种气息并没有让他的想象力褪色,反而成了支撑他的想象力往奇崛处走的细密骨架。他的想象力在小说中不断僭越,嚎叫的摇滚让文本变成了战场。

最后有感而发的是,好的小说,需要综合现实经验、想象世界与哲学思辨这三者,做到互相深嵌,彼此激发。陈集益许多小说做到了,也有些篇章把控不好,使得叙事之箭有些发飘,偏移了叙事的靶心。如果能在射箭之前,揣摩好靶心之所在,一定会让叙事具备更强大的穿透力。靶心与隐喻多义空间的建立并不冲突和矛盾,恰恰是靶心的建立,为构造一个更大的涟漪式空间提供了动力与源泉。这也是细读陈集益小说之后给我的重要启发。

王族 / 鲁迅文学院第七届高研班、第二十八届深造班学员。甘肃天水人，现居新疆乌鲁木齐市。写作多关注地域和动物，目光均在新疆。出版有散文集《第一页》《兽部落》《上帝之鞭》《猎痛》《两千年前的微笑》《逆美人》《清凉的高地》《转场的消息》《冰山的花朵》《大雪的挽留》《神的后花园》，长篇散文《悬崖乐园》《图瓦之书》《狼界》，非虚构三部曲《狼》《鹰》《骆驼》，小说集《十三狼》，长篇小说《狼苍穹》等四十余部作品。有部分作品在美国、伊朗、巴基斯坦、韩国等地出版。

作家自述

苍穹下的人心自足

王 族

  2012年年底,突然想写一部关于狼的长篇小说。此前十余年写过不少狼,但此次愿望之强烈,大有一次把狼写尽,之后再也不碰狼的决心。翻看电脑中写狼的文章,才发现有不少故事在先前被写进了散文,此次要写小说,顿生惋惜之感。但我相信于小说而言,写过的狼故事仍不失为一种积累。

  之后便构思题材,冥思苦想多日,仍为无法确定小说的时代背景而头疼。我设想的小说主角是一只白鬃狼,因其脖子上有罕见的白鬃而引人注目,之后它的命运也因白鬃而骤变。但它在怎样的环境和人群周围奔突才更富戏剧性呢？起初我将时代背景放到解放初期的新疆,溃逃的残匪乌斯满计划逃向苏联,听说阿尔泰出现了一只神奇的白鬃狼,便想将其打死剥狼皮取狼髀石,作为逃至苏联的见面礼。但又觉得战争与动物可供想象空间小了一些,遂决定放弃。之后我想把全国收缴猎枪、禁猎的那一年作为时代背景,写新疆一代猎人最后一次打猎,其职业在终结过程中的纠结、挣扎和反思。但那件事太过于短暂,且只是小范围人群的命运变化,构不成小说所需的时代冲击,便再次放弃。后经过反复衡量,认为在新疆所有大事件中,"文革"的冲击力最强,于是决定将"文革"作为小说背景。

  小说动笔前,将白鬃狼仰望苍穹嗥叫确定为贯穿小说的主线,并写下关于狼与苍穹关系的前言:"万物之上,是苍穹。西域的一些游牧民族认为,狼是苍穹之子,受苍穹之命在春天驱赶草原上的动物,并将病死腐烂的动物吃掉,避免草原遭受践踏和传播瘟疫。他们与狼长久相处,深知狼在饥饿或疲惫时,会对着月亮或苍穹长嗥让身心获得力量。狼与游牧民族的死亡亦有密切关系,当老人去世后,他们会将死者放置在山冈,或让其从运送的牛车上自行滑落,等待天黑后让狼将死者吃掉。他们坚信,只有让狼吃掉死者,死者的灵魂在狼回归时,才会被狼带入苍穹。而活着的狼,仍在对着苍穹长嗥,仍然与人类生死难离。"

我想把苍穹作为这部小说空远深邃且有神秘敬畏的意象,让白鬃狼因为苍穹表现出刚烈、高远、顽强和隐忍的精神反应,并让苍穹显示出意味指向。白鬃狼数次仰望苍穹并发出嗥叫,瞬间获得力量逃出困境。在小说最后,苍穹不再给白鬃狼力量,狼的命运被推到极致,苍穹的精神作用破灭,突出人与古老文明的冲突。

我期待这是一本有关救赎的书,人打狼是出于欲望,但欲望在一定程度上会压倒或蒙蔽人的敬畏之心。其实,人和狼都是天地的孩子,冥冥之中被苍穹的眼睛注视,最后都会在大自然的永恒法则中回归,并学会低下头敬畏大地。

书稿写完后,想起哈萨克族有一种向猎人索要猎物的习俗(哈萨克语称"斯热阿勒合",意为认识后就是最好的)。第一次听到这个习俗时,说的是人们在路上碰到打猎归来的猎人,虽然彼此陌生,但人们会向猎人索要猎物。在他们看来,猎物属于草原上的每一个人,猎人是代表大家前去领取的,可尽管索要。猎人不会拒绝陌生人的索要,会很大方地将猎物赠予对方。多少年来,猎人们自觉遵守这一习俗,并坚信给陌生人赠予猎物,会得到神的保佑,因为陌生代表意想不到的福祉。第二次听到这个习俗时,了解到更具体的细节——猎人在打猎返回时,会在马鞍上画上线,并将猎物挂在画线处,表明此猎物是可以赠予的,陌生人可尽管索要。猎人对陌生人慷慨赠予,仍然是对福祉的期待。

两次听说的习俗大相径庭,均为陌生人索要和猎人赠予。但这个习俗的宝贵之处,却在人们做这件事的背后,猎人和陌生人的赠予和索要,并非只是简单的付出或得到,而是人对神的期待。这就让我们相信,只要一方天地丰富,人心便必然自足;只要人心自足,便必然能够向神。

于是便觉得这部小说与索要猎物的习俗极其相似,甚至因为同在新疆,二者更应有对应关系。这是否也是一种索要?小说中的故事大多是听来的,所以我的写作是向新疆索要"猎物"。我在新疆生活二十余载,听过很多狼的故事,每次倾听犹如得到天赐,更犹如面对一个满载而归的猎人,让我忍不住想索要自己喜欢的东西。相对新疆,我是一个幸福的索要者,发生在高山、牧场、雪山和森林地带的狼的故事,以及狼身上附带的生灵脉息,到了动笔写作时,犹如烧开的水一样沸腾,让我觉得作为索要者是多么幸福。

  书中的狼,被我虚构进村庄和牧场。我坚信民间力量最为强大,牧民们先于我的写作将这些故事口头传播,使之成为新疆最好听的狼的故事,而我只是将这些狼的故事用小说的方式写了下来。写完后,便觉得自己既是幸福的索要者,也是慷慨的赠予者。现在,我将这部小说视为猎人回归时的"猎物",亦可向他者赠予,唯希望有更多的人成为幸运获得者。

文友印象

王族和狼

薛林荣

这么多年,王族只做了一件事,和狼较劲。那些在历史、现实以及意念中残忍、孤独而高贵的狼,被王族缔造成壮观的群体。当新疆图尔根的杏花才准备绽放的时候,王族耗时三年打磨,皇皇53万字的巨著《狼苍穹》,已然让这个春天变成收获季节。

真是让人刮目相看。

很多人对狼的概念,来自祖父、祖母或者姥姥、姥爷绘声绘色的描述——每一只狼出场时,眼里都闪着蓝光,喜欢在人身后拍打人的肩头,专等人扭头向后看时发起攻击。民间由此产生了许多五官不全、四肢残缺,名叫"狼剩"的幸存者。狼的形象经过这类口传身授,越来越显得模糊而传奇,甚至具有了神话的色彩。上小学后,经典的狼故事是《狼和小羊》,中心思想是狼为了吃小羊而强词夺理,说小羊弄脏了上游的水。这个故事罔顾一个事实,据王族描述:"狼是不喝流动的河水或山涧溪水的,以防自身气息传向远处暴露行踪。它们只喝湿地中的积水或泉水,如果没有这样的水,它们便忍受饥渴去寻找,直到找到为止。"这些故事有着明显的价值指向,由此可见王族笔下的狼,是基于深厚的生命体验。

王族说他在新疆初见狼,是在阿勒泰某边防连旁的一个村庄,村民拴养着一只狼,初看以为是小狼,傻乎乎接近才觉是大狼。小狼瞬间变大狼的初次见面礼,让他毛骨悚然。等到他与狼的目光对视之后,狼的目光才变得灵活起来,眸子里有了一丝光亮,"这丝光慢慢泛开,如一道热流在摧着坚冰,不时有碎块被融化,化作水滴落下"。

另一次,王族随摄影者去准噶尔盆地拍日出,凌晨4点起床,折腾至9点走错方向，车又坏了，其他人去联系拖车，走时忘记留下车门钥匙，他背靠车轮休息，因折腾四五个小时疲惫不堪，恍惚睡去，忽觉有一爪拍肩，醒来见一影一闪消失。王族迅速蹿至车顶拿相机做防卫状，却不见任何物。但以王族对狼的了解，他坚信刚才拍他的就是狼。惊吓归惊吓，但王族对狼仍痴心不改，足迹踏遍新疆狼园，听牧民讲故事。王族说，新疆狼的故事颇多，与牧民待三天，听到的东西可写三年。

王族将写作托付给了若隐若现的狼。他在远处见过狼在山冈上奔跑，看过狼游泳过河。在西藏阿里经历过狼在车外奔跑，似是与车赛跑。在重庆狼山公园见过一只狼流泪，至今不知是何原因。在帕米尔的夜晚听到狼的嗥叫像从嘴里扔出的石头，便坚信唱《青藏高原》的李娜一定听过狼叫，且是母狼的嗥叫。

我读王族关于狼的文字时，经常能读出隐藏在狼躯壳后面的王族的长吟与歌哭。比如："同一件事，人看两眼，狼看一眼。""狼一旦被人或者其他动物发现，它们不会用遮掩物隐藏自己，而是会与其对视，随时准备搏斗。狼不盲目去追逐猎物，它们总是要弄清楚捕捉对象的身体和精神状况，然后才决定是否出击。狼的意志坚不可摧，在内蒙古锡林郭勒草原上，流传着一首长调：'一只狼在仰天长啸，一条腿被猎夹紧咬，它最后咬断了自己的骨头，带着三条腿继续寻找故乡。'一只老狼在临死前会大声嗥叫，尽量多地召唤一些狼到自己身边来。它在死之前要将自己以前经常光顾的巢穴、河水、牧场等信息告诉同类。这是每一只狼都会严格遵守的传承规则。狼死后，同类会把它吃掉，这是死去的狼所享受的最好的葬礼。"

王族的创作根据地是狼及其生活的草原，他在这一领地有如神助，有过与狼对视的经历，且在后来完成长篇散文《狼界》，另有非虚构《狼》，小说集《十三狼》等。江苏文艺出版社如此推介王族的《十三狼》："记录了从新疆阿勒泰到西藏阿里、准噶尔盆地、那仁牧场、白巴哈村等边缘之地狼的真实处境。十三只狼的故事各自独立，描摹了狼的恐怖阴森、高贵灵性，在一系列动与静的更替中，展现狼无处捉摸的面孔。讲述了狼缓慢持续的爱情、向死而生的奔跑、从不示人的恐惧绝望，以及人对狼半明半昧的态度。每一个故事都自成世界，惊险紧张，不可思议。狼的黑影犹如一团团神秘云雾，出没、隐藏都与人相去甚远，又始终百般联系。作者无意消除人对狼的偏见，不急于美化或者正名，将世界交还给狼，书写它们的传奇,以求更接近山林间远去消失的孤影。"

近些年王族在江湖上神龙见首不见尾,有人打问他的消息,得到的答复是:"王族养狼去了,且成了养狼专业户!"答者言之凿凿,问者信以为真。他果然是去养狼了,是在心里养着一只"苍穹之子"——白鬃狼。近日,王族关于狼题材的压轴之作,长篇小说《狼苍穹》由长江文艺出版社出版,该书由出版人金丽红、黎波、安波舜策划,是国内又一部狼题材长篇小说。小说以阿勒泰草原上的一只白鬃狼为主角,由开春之际牧场上突然露面的狼群展开叙述。

王族的心里,果真养着一群孤独高傲的狼。他其实准备再储备几年才动笔,只是由于新疆近年来狼多,每年初冬连乌鲁木齐郊区也频繁出现狼。北塔山、伊犁、阿勒泰、巴音布鲁克草原等地也多有狼。全球气温变暖让雪山积雪融化加速,同时退牧还草使得草原生态得到改善,让草原青草长势良好,吃草的兔子和黄羊骤然增多;兔子和黄羊多了,专吃它们的狼便也多起来,甚至蒙古国和哈萨克斯坦、俄罗斯等外国狼也不请自来。这就是新疆草原生态链在当下的构成,也是不容忽视的事实。但牧民坚信狼不会长久在人附近活动,它们迟早会走,而且一走很多年不来。王族意识到,等到下一次狼群频繁出现,不知何时。狼多的现实逼迫王族将心中的那群狼放出来,让它们在《狼苍穹》中嗥叫奔突。

王族毕十年之功,缔造了属于他自己也属于文学界的狼族世界。《狼苍穹》描述新疆阿勒泰草原上的狼向苍穹嗥叫获得力量,在艰难困苦中生存和挣扎,以及近乎神话般的狼故事,在特殊年代和人性扭曲境况下的延续与破灭。

毫无疑问,《狼苍穹》是一部探索狼性秘密,并且从狼性秘密中洞悉人性秘密的重要作品。

评家观点

狼的惊喜与神性叙事

彭浩洋

　　王族的写作有两个固定领域,新疆和动物。如果严格区分,他笔下的动物又属于新疆,所以从大背景而言,王族其实一直在写新疆。新疆地域辽阔,民族众多,但长时间以来世人并不了解其具体场景,所以很多人心中都有一个想象的新疆,甚至因多年固有概念生出不少偏执臆想,如人们以为新疆人骑马上班,至今用骆驼驮东西,大多数人居住于草原,到处是戈壁沙漠等等,经常闹出笑话,亦让新疆人哭笑不得。对于辽远的新疆来说,其区域结构之丰富,如果不用十天半月亲自在新疆体验,实难说出一二。王族作品皆为新疆题材,且一再深入,终使笔下渐显新疆的赤野气息,诸多长篇散文、非虚构和小说与新疆形成暗合和对应。

　　王族在一本书的序言中曾引用过井上靖与汤因比的一次对话:井上靖问汤因比:"如果让你重新选择出生地,你希望自己出生在什么地方?"汤因比回答说:"我希望能出生在公元纪年刚开始的一个地方,在那个地方古印度文明、古希腊文明、古伊朗文明和古老的中国文明融合在一起。"汤因比假设的出生地就是古代新疆。之后,汤因比又说:"打开人类文明历史的钥匙就遗落在新疆。"由此可见,王族一直对新疆投以挖掘式写作,历史、地域、区域、族群、风物等,在王族作品中构成莲花般的绚烂呈现。

　　到了2013年年底,王族将精力集中于一种动物——狼,用三年时间完成53万字的长篇小说《狼苍穹》。王族此前曾写过很多动物,尤其是骆驼、鹰和狼,以非虚构形式完成过三部曲。但此次王族调动多年积累,倾全力写一只白鬃狼。他在写作过程中惊喜地发现,此前的储存逐一被唤醒,让他写出了一些意料之外的情节。他为此发现,20余年的新疆生活,实际上是一大笔储存,到了写《狼苍穹》时便犹如烧开的水,不但水面沸腾,且有要溢满的幸福体验。

《狼苍穹》以阿勒泰草原上的一只白鬃狼为主角，它被牧民引诱掉进陷阱，为了存活，它先后咬死两只狼吃掉。一个多月后，它挣扎爬出陷阱，却无力迈出一步，它抬头仰望苍穹嗥叫，瞬间获得力量如飞箭穿梭而去。这一年"文革"开始，人们把白鬃狼列为打击对象。老猎人达尔汗反对打狼，因为一年一度的黄羊啃食青草并践踏草场，还有动物病死后尸体腐烂，在草场上传播瘟疫的时期就要到来，只有狼可以驱赶黄羊，并将病死腐烂的动物吃掉，所以这时候的狼是草原的宝。打狼队长老马带领打狼队去追白鬃狼，数次较量均空手返回。这时，达尔汗的小儿子别克从县城回到托科村，他和村里做狼生意的阿坎合作，偷偷掏了一次小狼，从此再也无心放牧。托科的牧民进入齐里克牧场，白鬃狼被炸矿山的炮声和打狼队训练射击的枪声驱赶，也到了齐里克牧场，带领狼群咬死二十余只羊，在山坡上摆成"月亮"形状后离去。老马被县革委会撤掉打狼队长之职，热汗无奈带领打狼队打狼。不久，别克被狼咬伤，热汗误杀一只母狼，阿坎被白鬃狼咬掉生殖器，整个牧场弥漫着狼灾年的阴影。别克离开齐里克牧场去做狼生意，掉落悬崖的岩石上被冻僵，一只困于岩石上的狼用体温挽救了他，他在内心彻底改变对狼的看法。此时已进入冬天，牧民们从齐里克转场返回托科。一场雪崩把白鬃狼驱赶到托科附近，它带着最后一只小狼在托科村周围徘徊。打狼队员因打死的狼太少，无法回县城交差，热汗怜悯打狼队员，便带领打狼队又去打狼，不料被大雪困在山顶冻死。打狼队偷偷上山围住白鬃狼，别克在紧要关头出现，阻止打狼队员向白鬃狼开枪。双方争执不下，一名队员和别克同时开枪，白鬃狼被打狼队员打死，别克打死了那名队员。

　　《狼苍穹》的背景由特殊年代和复杂人性构成，白鬃狼在命运突变和自然法则被改变后的境遇中突围和挣扎，其艰难程度犹如在夹缝中跻身挪行，但却传递出古老的草原神话在时间变化中的延续。尤其是白鬃狼渴望获得苍穹力量的行为，让我们看到动物身上美好的灵性，以及它们为了维护这种灵性所遭受的不幸。小说中的狼与人争斗、较量，突出了人与古老文明的冲突。最后，苍穹并没有给白鬃狼传递神秘力量，但白鬃狼的精神并未破灭，它仰天长啸的凛冽行为，成为感染人心的有力例证。

　　《狼苍穹》50余万字，装的皆为哈萨克族人的生活，但闯入的一只白鬃狼，对人和古老传统均起到翻天覆地的改变。白鬃狼一路奔跑，引出民族、牧业、高原，以及人的挣扎,将其紧紧扭结在一起,掀起一场惊世骇俗的打狼事件。在这个过程中,白鬃狼越来越逼真,不仅它自身的反应凸现出狼性,而且引出众多传说。在整个作品中,打狼实际上变成了平常事,人和狼,乃至那个时代都因为狼而变得突兀,让人深思古老的游牧文化在特殊年代遭受的撞击。

支撑整部小说的重要因素是语言,王族运用了大量少数民族谚语,做到了通俗文学与严肃文学的完美结合,既让语言具有强烈冲击力,又给人深入灵魂的思考。这些谚语有的是为了延续语言节奏,有的是用于人物对话,都颇有地域气息和民族特色。如:"吃肉的牙长在嘴里,吃人的牙长在心里。""狐狸哪怕有四十四个影子,但永远只有一条尾巴。""骑马之前先找好鞍子,上山之前先看清山冈。""蚂蚁搬不动岩石,水桶装不下湖泊。""一张嘴里伸不出两个舌头,一件事情不会有两个结果。""画中的人不说话,梦中的馕不能吃。""老鼠的儿子会挖洞,猎人的儿子会造子弹。""只有大雪才能覆盖大地,只有神才能创造奇迹。""在纳吾鲁孜节不回家的人,送不走旧的迎不来新的。"……应该说,王族找到了属于他的语言,新疆由此在他笔下呈现出其丰富性,也让读者享受到新鲜的阅读体验。

王族对少数民族生活的描写,同样具有质朴天然的形态。如打狼队长老马与热汗对话时说:"你是阿尔泰最有名的猎人达尔汗的儿子,怎么说出马迈不开蹄子、鸟儿动不了翅膀的话?"以及牧民无意间在话语中流露出的幽默,都极富哈萨克族特点。热汗在被打狼队邀请喝酒时,一位牧民就说:"吃饭的时候不要让筷子睡觉……"以及在小说描写中出现的"阳光从云层中透出,像大手一样把大雾扔得无影无踪"。"这件事像风一样,在一个早晨就传遍了托科村的所有角落。"熟悉哈萨克族生活的人都知道,他们说话的习惯极富文学特点,王族将其随手拈来,这在中国当代小说中是独特的风格,突显出新疆辽阔赤野的地域地气,让人读来享受到不可多得的阅读幸福。

从小说题材而言,《狼苍穹》是游牧文化的百科全书,里面的民俗、地理、人文和民族特色如同春天牧场的青草一般新鲜,从中可看到哈萨克族人的生活,以及他们对古老的游牧方式的情感波动。另外,王族以富有传说的方式向我们呈现狼的行为,狼在春天驱赶践踏草场的黄羊,吃掉病死后传播瘟疫的动物,甚至生病后闻到狼的呼吸主动走向狼的羊,狼与狼的决斗,狼在攻击猎物和对付人时的智慧,尤其是狼咬死二十多只羊后并未吃掉,而是摆成了"月亮"形状,这些细节都十分吸引人。以50余万字的规模来说,《狼苍穹》可谓是一部大长篇,但读进去后发现,王族在小说中努力追求叙述和语言的轻松,描写和故事推进的独特气韵,是这部小说一大艺术特点。

写狼,必然要以狼的故事取胜。《狼苍穹》最独特之处是狼的故事,白鬃狼吃力攀爬出陷阱对着苍穹嗥叫,获得力量迅速离去的细节,是该小说的最吸引人之处。王族运用了"道路式"的结构方法,一个故事引出下一个故事,让读者犹如跟随白鬃狼在奔跑,各种意外、离奇、诡异、刚烈和匪夷所思的人和狼的故事,激烈如雪崩一般倾泻而来。一位猎人用枪口逼住白鬃狼,它突然扭身将尾巴甩过来,一股酸辣的东西进入他眼睛,他准备扣扳机的手不由得松开。白鬃狼用爪子把他的猎枪打飞,转瞬间便不见了。他从地上爬起,闻出白鬃狼用尾巴甩进他眼睛里的东西是狼尿。他这才明白狼在无路可逃时,用两条后腿紧夹尾巴把尿尿出,迅速甩进人的眼睛,然后趁人慌乱迅速逃跑。如此生动的细节,让狼的智慧如同光芒一般彰显而出。

在另外的章节中,狼的故事亦层出不穷。一只狼被猎人击伤,它眼看无望逃脱,便一头撞死在石头上。狼视死如归的行为,把狼之精神体现得淋漓尽致。在小说中,打狼队长老马和阿坎用夹子夹住白鬃狼,它仰望苍穹发出长嗥,引来狼群逼走老马和阿坎。狼聪明,其智慧在动物中首屈一指。在王族的叙述中,狼的智慧、勇敢、刚烈、坚韧、冷峻和从容,一次次在人狼大战中如火星迸射,亦为大地之上最为传奇的游牧故事。

《狼苍穹》中的人物亦颇为生动,人与狼在宏大场面中殊死较量,人物命运变得跌宕曲折,乃至于深藏于人心深处的人之兽性暴露出来时,带着不可阻止的迅猛之势。《狼苍穹》在特殊年代的背景下展开叙述,人对人的戕害遥相呼应,惨烈浩荡。老马本是无辜的人,却因早年间得罪过老李,被飞黄腾达的老李强行指定为打狼队长,老李知道老马无法完成打狼任务,他要等待机会报复老马。老马带领打狼队上山打狼,一直处于矛盾和痛苦挣扎中,直至被撤掉打狼队长也无法回县城。他已无力再打狼,却独自与狼周旋,直至最后因狼的幻影意外死去。与其说他不甘于在狼面前失败,不如说他是抵制内心恐惧,他的非正常死亡也说明时代给人造成的压力。时代之痛无处不在,并左右着人的行为,让人的心灵在异端反应中扭曲。

《狼苍穹》中最重要的人物是老猎人达尔汗的大儿子热汗,他从最初放走白鬃狼,到带领打狼队打狼,内心经历了非同一般的痛苦,但是包括草原智者的达尔汗在内,都不得不让他去打狼。最后,热汗因怜悯打狼队员无法回去交差,又带领打狼队去打狼,不幸被大雪困在山顶冻死。达尔汗的小儿子别克是新一代青年,他接受的是新观念,对外面世界无比向往,为此他做狼皮生意,偷父亲的狼髀石倒卖,在牧场上被狼咬伤,后又被狼所救。他掉下悬崖后,狼用体温救了别克一命,别克改变对狼的看法,走上重生之路。

书中写了一只饶有意味的疯狼,热汗在它被荆棘困死后怀着悲悯之心将它埋葬,这个情节在杀戮的惨烈中渗透出可贵的微茫之光。在小说最后一章,白鬃狼贯以对苍穹长嗥获得力量的神话,因一场雪崩而破灭。别克在无力阻止打狼队员向白鬃狼开枪的紧要关头,向打狼队员开了枪,但打狼队员也开枪打死了白鬃狼。别克的举动凸现出人的力量亦可来自苍穹,人心在劫难中的动荡与自足也由此得以彰显。全书中的人物其实都在挣扎,好在有苍穹在他们头顶,他们亦受苍穹影响,行为有了自觉变化。在小说结尾,读者或可体会到,苍穹神话已经破灭,而人在神的感召下依然会走出困境。

黄金明 / 鲁迅文学院第十三届、第二十八届高研班(深造班)学员。现为广东省作家协会专业作家。兼擅小说、散文和诗歌,出版长篇小说《拯救河流》,诗集《时间与河流》,散文集《少年史》《田野的黄昏》《与父亲的战争》等多种,逾250万字。作品入选《新中国60年文学大系》《全球华语小说大系》等200多种选本。获得第九届广东省鲁迅文艺奖、首届广东省小说奖、首届广东省诗歌奖、第二届广东省散文奖、第三届《文学港》"储吉旺"文学奖、第三届《广州文艺》都市小说双年奖。

作家自述

创造另一个现实
黄金明

  我羞于谈论我的小说(写创作谈的乐趣相对较少;谈创作让我胆怯、厌倦乃至恐惧;我不在我喜欢的小说家之列,也不是谈论的合适人选;我热衷于文本实验,但万变不离其宗,没有朝三暮四的理论或观念;我的小说难以谈论)。我不自信。但没有谁比卡夫卡更不自信。这就可能不是问题。我为提及卡夫卡脸红,不是要高攀,我为对不自信偶感怀疑而羞愧。博尔赫斯在《另一个我》中讲述,他在剑桥遇到了一个年轻得多的"我"。现在,我遇到了作为作者或叙述者的我,还将遇到作为读者和评论者的我。这些"我"的聒噪让我不安。

  《花城》(2006年第1期)杂志的《花城出发》栏目做我专辑,我撰文说:"我要的是另一种小说。我要的小说很难完成,我准备好了失败与耻辱。"11年过去了,这印证了我的"失败与耻辱",也看清了成功学的虚妄。这些年来,我究竟写了什么?我将这些小说的作者视作他人,才能大言不惭地对其品头论足:《我们的弱点》讲在实行爱情配给制的荒诞社会,恋人必须戴着镣铐相爱,叛逆者为了自由而自囚于树洞。《挖洞记》中有人穷极一生在挖掘一个庞大的洞,仿佛在创造一个伟大的零。在"地下人"系列小说中,这个洞被扩大成了地下天空。"地下人"系列虚构了未来世界的地下城。地上城和地下卫星城犹如树冠和树根,互为倒影。由于生态恶化,灰霾肆虐,城市的天空、泥土和植物都消失了,人类不见天日,而古老的奴役与反抗仍然存在,并花样翻新。该系列杂糅了科幻、侦探、悬疑、言情、革命等元素,也融入了生态主义的探讨及对科技主义的反思,对人类未来生活进行了反讽性书写。这是一些充满狂想而不可理喻的人。我在创造的人物身上看到了可能的、潜在的、想象的、对立的、分裂的、反面的、异端的、还未成形的或不存在的自己。我在创造另一个我吗?犹如雕刻家通过石头中剥离的雕像而完成自己。

我希望每篇小说都有其面目乃至有文本上的多重属性,这些孩子不像兄弟也不像父亲。我对写下它们及当时书写的自己略感惊异,就像父母面对难以理解的孩子(对一字不识的母亲来说,我的小说是她无法进入的世界)。我对这种谈论感到困难。我作为小说家略感尴尬。这是自找的,也就没有挫败感。正如弗罗斯特《未走之路》一诗云:"我选了一条人迹稀少的行走,/结果后来的一切都截然不同。"

我看重现实感。现实瞬息万变,难以捉摸,呈现出钻石或棱镜的立体感及复杂性。小说不是镜子,不能满足于反映;也不是奴仆,不能被现实呼来喝去。当下,各种事件及信息铺天盖地,小说家必须有所发现并挖掘其精神性。我对影像记录般的小说敬而远之,也不信任一竿子捅到底的线性叙事。好的小说反映现实,更好的小说揭示现实乃至创造新世界。也许,现实主义是"无边"的。谁能否认卡夫卡的现实性?他的写作跟他生活的世界及他创造的世界是统一的。巴尔扎克也是,但他的时代远去了,卡夫卡式的世界仍在持续。

相对于写尘埃落定的现实(只有僵化的文学,哪有定型的现实),我更愿去写流动的、潜在的、可能的、想象的现实。现成的道路有千万条,但不是我的。形式是小说的外套、面具乃至面孔,你借用了别人的形式,跟借用衣物没有两样。那没劲。你得为自己发明一种写法。我重视形式创新。创造另一个现实,是我的意欲。

文友印象

不在远方在身边
李学辉

诗意在远方,人在身边。什么时候认识一个人或读一个人的作品是命定的,在鲁二十八认识黄金明是一种缘分,这种缘分源于文学,但交往或多或少有点相同的癖好。

一南一北,个头不高,不开微信,在颜值当道和自媒体时代,有着那样一丁点落伍,或者不可思议,但金明坦然,我也坦然,于是,我们的大多交流便在散步时进行。或家庭,或文学,或其他。一个生活化的黄金明和痴迷在文学中的黄金明便有了交集。

广东无雪,金明偏爱雪。在北京的雪意中,他释放出的是对娇儿的爱意,一遇雪天,他总想拍点照片传给孩子看。"雪的个头好大",这样的句子出自他口中,理所应当。他爱静,有时静得让人产生出许多联想,这与所谓的宅有着本质的区别。不睡软床,爱打太极,讨厌雾霾,拒绝喧哗,这一切集中到一个人身上,诗意便拂拂而出。他读书很博,眼光犀利,不入法眼者不屑一顾,往往又闪现出哲人的气质。这样的人是心藏锦绣的人。

有两个话题我们讨论了很久。一是文学中的井底之蛙。我们是多么佩服那个井底的青蛙,天就那么大,能把那么大的一块天看穿看透,需要多大的耐力和专注,又是多么富有智慧,从中还能体现出那只青蛙的精神质感和栖息地。二是哪有那么多经典?别苛求。缘由是走向自己太难了。一个作家在创作中忠于自己内心的表达该是多么难能可贵。后来看北京卫视的一档《中国意象》节目,此语陈道明先生亦庄重提出。看来,每个创作者都有自己心中的经典,但经典却并非人人都能拥有。有时聊到各自的作品,金明毫不掩饰自己的看法,以诤友直面问题。他的"小说能否站得住脚"的诘问,往往让人在下笔时思忖再三。

他的作品是水性的。而我的创作则属于土性。王十月曾云:"金明小说好。难得还有时下少见的低调。"低调是一种姿态,更是一种智慧。金明寄送了《田野的黄昏》《与父亲的战争》《拯救河流》等书给我,我便往往沉浸于他经营的文学氛围之中。那个叫凤凰的村庄,曾承载着他的忧患童年;那个叫广州的城市曾沉淀了他多少伤感的梦想。我常常想,黄金明生于斯,奋斗于斯,想不成为一个作家都难。

在鲁院,我曾就金明的作品写过两段阅读札记:

寻觅中国好小说,不可不读黄金明的小说。黄金明的笔下有一个无限的世界,他在这个世界的空间和时间中驰骋出一个迷宫,让探索意识天马行空。扑朔迷离中,一个博大想象具有未知可能的隐喻如万河之流相互搏击缠绕。"他和他的舌头就像两匹马在青草繁茂的原野上相互追逐,像鹰隼和它的影子一起穿越了密匝匝的云层……"像这样较具复调意味和乐感的句子在现今诸多作家的作品中已很稀有,这才是具有奇质的文学语言。黄金明认为自己有散文传统,其实这与传统无关。散文易写难工。他的笔下,无论家乡抑或广州,山水河泽,无不洋溢着现代观感的阵痛与自虐,使人惊心动魄。能把物象穿透,而用宽域或反复的文字表达,父爱与自悟叠加,这乡村世界便变得虚无空荒。他的笔下有江河奔流之势,挟裹思绪一泻千里,或锦鱼跃水,或黑鲨噬吞,让人在心惊胆战中目穿一种幽邃。动辄浮漂的怪异意象,绕水而突。黄金明颇得里尔克、博尔赫斯、纳博科夫、帕维奇等人的真谛,以无限的可能性让小说和散文互动。

黄金明的小说有一种可贵的探索精神,他的"地下人"系列小说中的前瞻和隐喻,把一种病相和时代对接,有中国式卡夫卡意味。他脑中装着一个支离破碎的世界的拼图,用文字语言作为线条和色彩,以有形对无形,以无形对虚妄,人游走其中,犹如鬼魅,但又贴在现实的盘上,人性在干枯中如叶般无风自落,有种彻骨的冰凉。从中国被贯之的先锋小说发轫至今,如此逃离和自建者不多。他的切割,把现实截开断面,让爱一片一片叠加,不堪重负的爱轰然倒塌,附载的精神在虚无中游荡,形成了黄金明式的魔法。根城溃崩,居户爱画,这世界在捉摸不定中把古今能相缀的东西全熔在一起,产生了琥珀效应。那个藏在洞城的人,早已有了翅膀。只是,外面的人听不到他绝望的呐喊而已。

可惜,这样能碰撞出火花的日子实在太短。因而,我们更加感谢鲁院。我知道,一个讨厌雾霾的人内心肯定向往一片晴朗。后来,因市文联换届,我把后面的任务托予金明,提前一周离校,但那不是最后,而是新的开始。鲁二十八结业后,他回了他的广州,我仍固守在武威,为文学,为生活。想他了,便发条信息,他回复也快,内容依旧简洁,但多了温暖的问候和祝福。他仍在写他的小说,我也努力地写我的小说,只不过关注的视点不一样罢了。

评家观点

再续文学的先锋精神
——读黄金明"地下人"系列小说

陈培浩

20世纪90年代以后,当年热衷于叙事迷宫、形式试验的先锋小说家集体开始了"现实化"转向,无论是格非、余华还是苏童,从题材到风格,都有着明显的"去历史化"之后的"再历史化"倾向。格非在其演讲"重返时间的河流"中引用了本雅明的话"你要提供意义,你要提供道德训诫,你要提供劝诫——要对人对己有所指教",表明曾经的先锋小说家从"非历史化"的形式实验激情走向"再历史化"的现实思考的转变轨迹。这种转变因回应着复杂的现实、时代和中国小说史的复杂动因而发人深思。不过,它并不意味着,形式实验已经不再需要甚至是山穷水尽。某种意义上,"写什么"和"怎么写"永远是两个交替前进的车轮。我愿意在这个背景下谈谈黄金明这几年来在《花城》《芙蓉》《小说界》《广州文艺》等期刊发表的"地下人"系列小说及其意义。

"小说园"或叙事实验室

黄金明以诗歌出道,近年在散文、小说方面成绩斐然。他的诗歌具有极强的语言和思想辨析度;他的散文通过对故乡的深度人类学和存在学挖掘而别开生面;可是,"地下人"系列小说使他的文学面目有了更丰富的层次和内涵。甚至可以说,"地下人"的小说实践使黄金明的写作面目得到了全新的生成。"地下人"系列包括《剧本》《寻我记》《实验室》《蝉人》《看不见风景的房间》《倒影》《小说盗》《讲故事的人》等8篇,约30万字。小说采用了橘瓣式结构,每篇各自独立又相互渗透,想象了人类在21世纪中叶的生存境遇、精神生活及其出路。"地下人"系列小说既通过对未来世界的空间及变形想象(胶囊公寓、人造天空、人造宇宙、逆进化的人等等)而包含了对现实的寓言化指涉;同时,这批小说由于内在的多声部复调特性和对小说本体的探讨而具有相当强的实验小说、元小说特征。某种意义上说,"地下人"系列的最大价值恰在于它的现实关怀和实验激情的融合。在我看来,"地下人"系列的叙事实验,至少体现在如下几个方面:

首先是鲜明的套层叙述特征。故事套故事,或者多个叙事层面的交错是现代小说乃至于后现代小说的常用手法。事实上,套层故事在古典作品中也层出不穷。传统叙事虽然常倒叙、插叙不同时间层的故事,但某个支配性的时间层是清晰易辨的。可是我们看卡尔维诺《看不见的城市》《寒冬夜行人》《宇宙奇趣》等作品,会发现叙事时间层的等级性和秩序性被一种后现代的文本嬉戏热情所消解。不难看出黄金明对卡尔维诺的服膺。多个叙事时间层的交错和"倒影"关系的设置正是"地下人"系列孜孜以求的目标。卡尔维诺的小说基本是一种二级套层:马可·波罗向忽必烈讲述东来旅途所见的 55 个城市奇观(《看不见的城市》);两个图书馆读者的阅读串起的 10 部未完成的小说(《寒冬夜行人》)。黄金明则将这种套层叙述变得极其复杂错综。《剧本》中,第一叙事层是 2066年文青陆深在海葵胶囊公寓邂逅剧作家莲花;第二叙事层是莲花创作的剧本《白房子》,剧本讲述了女油画家维拉创作古典主义绘画《白房子》,画作被某神秘富豪以天价买走,之后维拉奇怪地丧失了作画能力,并极力寻找旧作的过程。在两个时间层中又各自展开了不同的故事层面:陆深既结交莲花,又在陈家祠广场邂逅一美好女子;第二叙事层中莲花的《白房子》又是一个不稳定叙述,既有莲花的原创版本,也有蒋导演的改编版本。这些不断展开的叙事枝丫使得作品变得游移而错综,成为召唤读者进入的"可写的文本"。相对而言,《剧本》《寻我记》的叙事层次还比较清晰,《小说盗》则将叙事实验贯彻得更彻底。《小说盗》第一层:洞城的陆深先生被各种小说灵感所袭击,写下并发表了一部又一部小说。后来却被揭露这些小说均系偷盗了别人正构思而尚未写出的作品。为此,陆深致力于写出一部属于自己的小说,一部创造现实而不仅是反映现实的作品。在此过程中他被海黛导引进小说《绿色秘史》中,成为一个小说人物。作为小说人物的陆深在上司鹰眼的指挥下协助炸掉洞城广场。《绿色秘史》构成了小说叙事的第二层。不过值得注意的是,此处的双时间层并非俄罗斯套盒的结构,而是庄生梦蝶的互为倒影结构。对于一般套层叙事来说,外层、次层、内层的关系是清晰可辨的。可是，在《小说盗》中这一切被颠覆了：我们既可以说陆深是由现实而被导引入小说；也可以反过来说"小说盗"陆深不过是《绿色秘史》中的一种情节，协助炸毁洞城广场的任务才是陆深的真正真实。这种互为"倒影"式的叙事套层关系，同构于后现代幻影重重的镜城意象，呈现了鲜明的去中心化、去秩序化的文化症候。

其次是博采众收的复调性和形式探索性。"地下人"系列兼容了科幻、侦探、反乌托邦等元素，它有现实关怀，但并非荒诞现实主义小说。这些小说最大的特点是兼融性，它并置了大量小说类型而成为抵抗分类的文本。以《看不见风景的房间》为例，一开始张子房（陆深之化名）在身体上建房子而成为网络红人，一方面受到追捧和关注，另一方面则受到城管的驱逐。我们以为这是一个荒诞现实主义小说；张子房和女城管榛子戏剧化同居，榛子作为萤火人是当局用于抓捕自由主义者而生产出来的。这里有着"反乌托邦小说"的味道；张子房和记者舒舒遍览各种建筑形式并讨论宗教、建筑哲学时，它又像是文化哲理小说；当我们发现张子房原来是果城派往洞城的卧底时，又变成了科幻加谍战小说；最后，当张子房化身屠夫和快递小哥对生活大彻大悟时，作品又俨然是一部成长小说……作品一次次颠覆前定的设计，这种博采众收的形式探索使小说呈现了鲜明的开放性和实验性，成为能指滑动的"快乐的文本"。

再次是探讨小说本体的元小说特征。《小说盗》《讲故事的人》虽然和其他小说共享着"地下人"系列的未来主义的叙事框架和荒诞科幻的风格特征，可是它们在相当程度上都是谈论小说的小说。《小说盗》将写作想象为小说园中精心培育的小说果。指出一种"巴尔扎克之果"一直占据主流市场，可以称为永恒之果，这显然是对"批判现实主义"的戏谑。作者想象了一种特殊的小说果，"有着古典主义的古朴外壳，是用坚硬的楠木做成的，油漆都剥落了，却又隐藏着浪漫主义的机栝，安着解构主义的齿轮，各个部件之间，拧紧着隐喻和象征的螺丝钉，被荒诞主义的轴承及表现主义的链轨所带动，镶嵌着现实主义讲究实用的锋刃，闪烁着存在主义的光芒"。这个"小说果因自身的美学张力四分五裂，像一个在空中爆炸的气球"，这里显然包含着对先锋小说实验的某种洞察和警惕。

现代性批判与环境乡愁

先锋小说家的意义,不在于提供新奇的故事,甚至也不仅在于通过故事的寓言化去提供一种感时忧世的现实批判,而在于通过一种形式想象力与现实忧思的遇合去提供一种文学革新的动能。黄金明的"地下人"系列奇观般的文本实验镶嵌着荒诞离奇的文学想象,可是这一切并非空穴来风,而是植根于作者的批判现代性意识和浓厚的环境乡愁。

2066 年,文青陆深大学毕业,好不容易在果城海葵胶囊公寓谋了一职。胶囊公寓通过文学想象展示了科技、工业和社会交汇点上的异化现代性景观。这是《剧本》所提供的典型环境。值得一提的是,《剧本》作为黄金明"地下人"小说系列之一,其实共享着这个系列关于未来世界人类的空间、科技和存在的诸多特殊想象。地上世界被胶囊公寓所占据,自然植物已经不复存在,几乎一切都被人造物所替代。地上世界之外有一个被称为洞城的地下世界,这里不但有摩地大楼,有人造天空,而且还有人造宇宙公司,有通过试管婴儿生出的萤火人。小说植根于现实的环境焦虑和科技想象,为未来世界想象了一个既有现实支撑又具有寓言意味的典型环境。不难发现,这些小说其实寄托着黄金明非常强烈的现代性批判和环境乡愁。

作为一个乡土之子,黄金明曾用诗歌《木头记》《会议记录》等书写了从乡村走向城市过程中对现代异化的批判,也曾用散文集《少年史》《与父亲的战争》《田野的黄昏》等为正在消逝的故乡和乡土景观立传。作为小说家,黄金明也曾用小说集《拯救河流》来书写乡土世界的风俗、情爱、伦常、权谋和现实哗变。"地下人"系列虽以未来叙事为主要框架,以荒诞科幻为想象特征,但它显然透射着关于环境破碎、乡土不再的种种现代乡愁。

《看不见风景的房间》《小说盗》两篇中,黄金明的环境乡愁通过谍战元素的引入而落实在一个叫绿盟的组织上。《看不见风景的房间》中,绿盟是一个企图建立脱离果城而独立地下王国的秘密组织。陆深作为果城特工,卧底绿盟多年,参与"毁绿行动"而功败垂成,唯一能证明他身份的上司被谋杀而他不得不亡命天涯。《小说盗》中,陆深为了写出一部完全属于自己的作品,被绿盟头目海黛以催眠术引入一部小说中,成为一个小说人物参与史诗性小说《绿色秘史》的写作。虽然这些情节推进背后有着极其缠绕的小说逻辑，但"绿盟"的存在显然正来自对遮天蔽日的未来地上世界的忧虑和反思。

《剧本》中陆深在胶囊公寓邂逅了剧作家莲花，后者创作的剧本中画家维拉的作品《白房子》也是内隐着一个现代乡愁主题。画中所谓林木幽深的山麓、清幽如镜的湖泊、芳草萋萋的湖边小白屋在今天不过是任何风景区都随处可见的景致，却成了2066年代引发广泛乡愁的艺术触媒。因为那时的世界没有像样的小树林了，全覆盖着钢筋混凝土的高大建筑物，而大半又是城堡或圆塔状的胶囊公寓。小说最后，陆深和莲花都深刻地意识到"我们不需要一座大厦，更不需要一座城市，我们的需求很低，只要几株树，一个小池塘，几畦田地，一座小房子足矣"。但是，去哪儿找这样的一个地方建造新家园？他们凝望对方，异口同声说："去洞城！"迁入洞城在这里可谓曲笔深心、意味深长。

《寻我记》中，陆深做了一个特别的梦，梦中他独自在一个洪荒年代的世界游走。不论是通过做梦把时间上推到人类尚未诞生的洪荒年代，还是通过想象21世纪中叶的未来；不论是想象一个鸿蒙未开的原初世界，还是想象一个被人类糟蹋得体无完肤的分层世界（地上果城/地下洞城/洞城下根城），其实透射的都是一种环保主义推动下的批判现代性意识。

未来叙事的现实感和想象力

显然，《剧本》《寻我记》的现代性批判思想是通过想象一个独特的未来环境来落实的；而《实验室》《蝉人》的现代性批判则融汇了来自卡夫卡的"变形记"想象。《实验室》中，迁居洞城的陆深受人工宇宙公司邀请，到地下城桑之国参加关于信仰和天空的文化论坛。他受科学家黄晶的邀约，进入一个只有核桃大的人造宇宙，接受为期一年的实验监测。这种科学想象的内部，镶嵌着"变形记"的想象：陆深在这个叫"地球——二〇六六"的实验室中由于误服桑之国的桑叶而化身新一代蚕王，长出了蚕蛾般的翅膀。这个非常超现实的情节据说在未来的地下人世界具有现实性和典型性。由于地下人深居简出，"逐渐向啮齿类哺乳动物逆进化，譬如鼠类、蝠类及猫科动物"，"变异者中的极少数，有某种鸟类或昆虫的特征"，或胁生双翅，或如蝉蛾之蛹，破茧化蝶、背生羽翼。《蝉人》中洞城男子刘军就变成一个蝉蛹。这种荒诞变形想象背后的批判性跟《实验室》如出一辙。

事实上，想象未来并不独特。未来叙事既不是小说成功的充分条件，也不是必要条件，它仅仅是小说叙事的一种方式。值得追问的是，未来叙事本身是对现实逻辑的一种"逾越"，那么什么样的逾越会区别于胡编乱造而在艺术上获得有效性呢？我想，恐怕离不开现实感和想象力这两个主要标准。

小说家不仅是在现实层面预测未来，也在于通过想象反观现实。某种意义上，关于地下世界扩张的想象正来自对现代生存环境恶化的忧思。如今，在各大都市的地下铁及大商场，一个个灯火辉煌的人造空间已然成为现实。谁能保证洞城和根城不会成为未来的现实呢？一个离奇的虚构凭什么引发读者的共鸣？恐怕是因为虚构背后的现实感。现实的重量并不会被虚构所减损；反倒会因为插上了虚构的翅膀而获得飞翔的能力。换言之，现实将因有效的虚构获得助推力；可是，缺乏现实感的虚构却不免流于凌空蹈虚。假如我们没有在当下生存中发现"胶囊公寓""走鬼房""洞城"等文学想象所根植的现实胚芽，我们恐怕不会对其有着深刻的会心。假如我们没有深受折磨于植被流失、雾霾肆虐所带来的环境焦虑的话，我们便不会觉得《实验室》和《蝉人》中人类向啮齿类哺乳动物逆进化的想象是具有洞察力的。卓越的文学作品既源于它跟时代、民族、历史之间血肉相连的关系，也源于它创造了具有相当自足性的文本肉身。对于小说而言，这种文本肉身很大程度上便体现为想象力。对于作家而言，在想象力上借鉴、传承和因袭易，独辟蹊径另有创制则特别难。某种意义上说，想象力永远是考验作家的最专业标准。必须说，"地下人"系列汇集了大量的想象力形式而独具一格，这已相当不易。但似乎各种想象形式都有源可本，假如黄金明能像卡尔维诺一样不断魔术般提供独创的文学想象，其小说价值将更为可观。

结　语

作为文学史现象的"先锋文学"过去之后，如何再续文学的先锋精神？答案也许众说纷纭，可以肯定的是：今天的先锋将不再是单一的形式实验或现实关怀。今天的先锋必须发现一种全新而综合的想象力：这种想象力将滚烫的现实感镶嵌于个人的形式创制中，既提供对于文学何为的回答，也提供对存在者何往的质询。显然，黄金明是一个综合的写作者，既有着深广的现代/后现代思想资源,又有着深刻的现实关怀和乡土情结。"地下人"系列以未来主义和荒诞科幻的方式,包含着作者对先锋小说形式实验的激情,寄托着作者对于"何谓小说"的本体思索,更投射着作者的现实关怀和精神洞察力。我们虽不能说他已经是今日先锋,但他显然怀抱着走向今日先锋的文学潜力和抱负。

刘建东／鲁迅文学院第十四届高研班学员。生于1967年，1989年毕业于兰州大学中文系。"河北四侠"之一，中国作协全委会委员，河北省作协副主席。1995年起在《人民文学》《收获》《花城》等发表小说。著有长篇小说《全家福》《女人嗅》《一座塔》，小说集《情感的刀锋》《午夜狂奔》《我们的爱》《射击》《羞耻之乡》等。曾获人民文学奖、十月文学奖、河北省文艺振兴奖等。小说《羞耻之乡》《阅读与欣赏》等曾入选中国小说学会小说排行榜。

作家自述

被缚的奥德修斯
刘建东

我最早的写作深受先锋派文学的影响。我至今记得我的第一篇小说《制造》的那种 20 世纪 80 年代的叙述腔调及写作方式。80 年代的意味很浓,是在马尔克斯、卡尔维诺巨大的影子之下,是乘着余华、格非、孙甘露们的文字"迷舟"的写作。先得找到与其类似的语言的节奏,这样讲述故事才觉得正确,有先锋意味,如果你不先锋,你不是白白地浪费了 80 年代了吗;然后是找到如何能够持续下去的叙述的角度,角度是很重要的,它是超越通行写作规则的个人化的语境与表述,是一种表现出来的姿态。叙述的陌生化,语言的内向转化,讲述故事时进入与淡出的时机,开头与结尾的安排,情节的淡化处理,人物形象的模糊,总之那是一个技术为先的美好时光,在这种写作的理念之下,我写了很多试验性的小说,有中短篇,也有长篇,尤其是在《收获》上发表了长篇小说《全家福》之后,我告诉自己,文学的先锋的定义和内涵会更广泛,远不止这些,它不是固定不变的,不是用来为自己的写作进行圈地的。于是,我告诫自己,给先锋重新定义吧。

在著名的荷马史诗《奥德赛》中,希腊的英雄奥德修斯在参加完漫长的与特洛伊人的战争之后踏上了返回自己王国的路途,在经过塞壬岛时,受到了塞壬女妖动人魔歌的诱惑。英雄让水手们用蜡封住耳朵,以免受到诱惑,船只触礁而亡,而他自己,却控制不住内心的欲望,想听听塞壬的歌声,他让水手把自己绑在桅杆上。虽然奥德修斯有控制不住的欲望,想要摆脱捆绑,奔到塞壬的身边。好在水手们什么也听不到,他们把奥德修斯捆得更紧。这才脱离了险境。

就像奥德修斯抵御不住塞壬歌声的诱惑一样,我们对于先锋的膜拜,也有一种欲罢不能的感觉。可是,在时光的雕刻中,我们所说的先锋并不是一成不变的,它不是文字的抚慰剂,不是追求更多可能性的一个借口,不是抚今追昔的自我麻醉，它是穿越险境的冒险，是与魔鬼般的歌声作战的勇气。保持对自己创作能力的警惕与自省，而不是一味地维护；保持始终先锋的尝试与努力，而不是故作姿态；保持着对所有自己无法达到的完美的敬重与向往，但不是表面的缝合；保持对社会肌理的认知与温度，对善与恶的区分与判断，对人性深处的开掘与发现，对自己文学与思想能力不断地怀疑与质问。先锋不是随心所欲的漂流，它是穿越诱惑之河的奥德修斯，有内心的冲动，更有外在的束缚；它是深入我们体内这个实实在在的社会敏感而细微的血管，形式细密，而内容犀利。

当先锋不再是一面旗帜时，它才有可能变成一只甲虫，与卡夫卡一起去解剖人性的复杂与深刻；才有可能把自己分成两半，与卡尔维诺一起去寻找历史的真相；也才可能成为写作内部的一种自觉与本能，让自己的写作成为真正意义上的先锋。

文友印象

小说家刘建东

刘庆邦

旅游有驴友,上网有网友,喝酒有酒友,打牌有牌友。我的牌友比较多,恐怕几十个都不止。刘建东是我的牌友之一。

我承认,我喜欢打牌。不是斗地主、扎金花和面三家那些打法,我主要喜欢的是结对子边打边升级的那一种。有朋友为我总结,说我喜欢三样东西:喝酒、打牌、写小说。把写小说排在最后,小说虽说有些委屈,她也不会说什么。只是把喝酒排在第一,打牌排在第二,我有些不同看法。比起喝酒来,我对打牌好像更热衷一些。朋友相聚,先喝酒,后打牌,喝酒是在为打牌做铺垫,酝酿情绪。或者说,喝酒是戏帽子,真正的大戏是打牌。干脆这么说吧,你让我喝一夜酒,我绝对不干,而打牌一打一个通宵,记不清有多少回了。

说起打牌来,有人问我来钱吗?我说不来。不来钱,不联系实际,那有什么劲呢?没劲!我说不,挺有劲的,挺有意思的。当你抓到一手难得的好牌,会激动得脸上发热,心跳加快,手梢儿也会微微发抖。有时你的牌很糟糕,眼看就要被对方拉下台,但由于对方用力过猛或过于保守,造成失误,你不但没有下台,反而升了一级,这时也会难掩喜悦之情。人的天性中都有爱玩的成分,玩时确有快感,快感来自心跳。快感是有记忆的,要找回记忆中的快感,没有它法,只有重复。所谓成瘾,就是重复的结果。

第一次和建东打牌,大约是建东在鲁迅文学院中青年高级研讨班学习的时候。如果我没记错的话,建东好像还是鲁十四高研班的班长。那天我去鲁院讲课,讲完了,建东他们留我喝酒,喝了酒打牌。打牌四人一桌,除了我和建东,还有周晓枫和魏微,他们三个是同班同学。我和晓枫一头,建东和魏微一头。一般情况下,打牌开始前,要拿出两红两黑四张牌,通过抓牌派一下对,抓到同样颜色的便结成搭档。但只要有我和晓枫同时在场,这种派对的程序就免了,晓枫会主动提出和我一头。晓枫之所以愿意和我打对家,并不是我的牌技多么高明,是我的态度好,整个打牌过程一直对她持鼓励和称赞态度,从来不责备她。有时她会因偶尔出错牌而自我懊恼,自我责备。这时我更得说没事儿没事儿,咱们不在乎这一城一地的得失,最后的胜利是属于我们的。当然了,我也愿意和晓枫一头,因为晓枫的嘴巴子厉害。打牌的同时也难免打打嘴仗,我拙嘴笨腮,不善打嘴仗,而晓枫是伶牙俐齿,敏捷、反应快,词儿又多,常常令对手招架不住,有些发蒙。对手一分神,我们的胜算就增加了几分。您别说,我和晓枫从北京打到四川,从广东打到云南,说打遍天下无敌手有点儿吹牛,赢多输少倒是真的。和建东一交手,我就觉出来了,建东也喜欢打牌,而且打得认真、诚实、沉稳、自信,牌技也相当不错。不打不成友,打过一次之后,我和建东就成了牌友。

和建东见面,我不记得我们谈过小说。写小说的似乎都这样,背后吭吭哧哧地写小说,甘苦自知,聚在一起就不说小说了。小说是写的,不是说的,是心里的事,不是嘴上的事,把小说放在嘴上当事儿说,会让人觉得不好意思,甚至心生排斥。每次相聚,建东都会说打牌吧,我说好啊。给人的感觉,我们的职业好像是打牌运动员,而不是写小说的作者。有一次,魏微从广州到北京来,一个电话,把建东从石家庄召唤过来聚聚。带着聚会的兴奋劲儿,我们一起打牌。

那场牌刀光剑影,战斗异常激烈。因势均力敌,每升一级都很艰难。有一个回合,可视为经典战役,我至今记忆犹新,几乎可以复盘。轮到我主打,我自打自亮,亮的主牌是方块八。我亮主牌历来比较慎重,手里至少有三四张同一花色的,我才会亮主牌。我亮的效果还可以,接着又抓到几张方块,加上底牌收起来的方块,共有14张主。在扣底牌时,我想到了也许有人会反,每样各扣两三张。这把牌我最不愿意让人反,一反局面将难以收拾。怕什么有什么,魏微还是用两个黑桃八把我的方块主反掉了。造反有理,人家有条件造反,我只能接受现实,我说完了,底牌扣了不少主。魏微笑了,边揭底牌边轻轻说:还可以。我怎么办?我毫不松懈,决不放弃,无论在什么条件下,我都得保持必胜的信念。主牌少了没关系,那我就在副牌上做文章,争取把副牌组成一个团队,用团队的力量和魏微手中强大的主牌抗争。当手中剩下九张牌时,我手中只有一个大猫和八张方块。成败在此一举,这时我出了一对方块,意在把别人手中的方块全部打下来,然后由大猫开路,实现方块一把甩。出一对方块时,我最担心的是魏微用一对主牌把方块毙掉,那样的话,我的计划只能泡汤。这时我说了一句话:把魏微的一对主八打下来!我知道,前面出方块时,魏微已没了方块。我知道,魏微亮的一对主八仍按兵未动。我还知道,魏微在反牌"炒地皮"时,一定在底牌里埋了不少分,她的计划是最后双扣,埋分翻番,跳着升级。我说把魏微的一对主打下来,其实是反话正说,打的是心理战。到了决战的关键时刻,气氛稍稍有些紧张。我看魏微眉头皱了一下,像是有所犹豫。作为魏微的搭档,建东表现不错,很守规矩。我看建东有些着急,但建东一句话没说。魏微的决定是不毙,贴了两张副牌。结果可想而知。最后摊牌时,魏微哎呀哎呀,懊悔不迭,她手中还有两对主牌都没能派上用场。建东对魏微没有半点埋怨,却为魏微开脱说:庆邦老师真是老谋深算哪!

我不敢得意,说对不起,不好意思。我还想说,打牌七分在牌,三分在技,最重要的还是实力。风水轮流转,运气总会有眷顾你的时候。但我没说。

写建东,怎么也该写写建东的小说吧,这样老拿打牌说事儿算什么!建东的小说创作实绩有目共睹,还用说吗?不用说了。从建东的长篇小说《全家福》登上《收获》那天起,我就记住了建东的名字。《收获》的门槛是比较高的,小说能上去不容易。我的长篇小说《遍地月光》曾给过《收获》,他们先说要压缩一些,放了一段时间,后来还是退给了我。从这个事情上说,建东比我厉害。建东不光长篇小说写得好,中篇和短篇小说都有不少精彩之作。这里就不一一列举了。

评家观点

小说多种可能性的不懈勘探
——刘建东小说印象
郭宝亮

读完刘建东的大部分小说,觉得这个"河北四侠"中的"二哥",果真有股子"侠气"。他在文学"江湖"上闯荡游走,二十年如一日,坚忍不拔,不懈勘探,如今已是硕果累累。据不完全统计,迄今已有300余万字的作品斩获。特别是近年来,他发表于《人民文学》等杂志的《阅读与欣赏》等"工厂系列"小说和《丹麦奶糖》等"知识分子系列"小说,都反响热烈,频频露脸于各种奖项和排行榜。刘建东正以扎实的脚步,跋涉在文学的征途上。

一

1995年处女作《制造》发表于《上海文学》,标志着刘建东正式亮相文坛。这篇带有鲜明先锋文学流风遗韵的小说,使得刘建东在河北这块历来追求本土朴实的现实主义风格的土壤中显得"洋味儿"十足,卓尔不群。之后,他相继在《人民文学》等杂志发表了《情感的刀锋》《我的头发》《大于或小于快乐》等作品,很快引起了河北文学界的注意,刘建东也被调入河北省作协,从此他的文学创作进入快车道。先后创作了《心比蜜甜》《减速》《三次相遇与三次擦肩而过》《秘蜜》《午夜狂奔》《后商时期的爱情》《三十三朵牵牛花》等小说。

综观这一时期的小说,其题材基本是对现代都市青年情感生活的描述,而在小说文体形式上则追求一种纯粹的文学品质,迷恋于技巧的探索,反对"木头式"的写实,相信小说是"写"出来的。刘建东不断尝试着小说的多种写法,"灵性写实"的、荒诞的、寓言化的……

比如《情感的刀锋》,就是一篇"灵性写实"的作品。小说描写了都市青年的情感生活。主人公罗立与女青年任青青、严雨的恋爱婚姻纠葛,显得复杂而迷离。小说把着重点放在对他们情感心理的细腻刻画上,写出现代都市青年的喜怒哀乐,写出他们生活中的无奈和人性挣扎。

比如《我的头发》和《减速》,则属于荒诞小说。在这些小说中,刘建东对人生,对社会,甚至是对存在的哲思都淋漓尽致地表现出来。在《我的头发》中,几乎所有的人物都是"病人",作品情节荒诞,人物行为夸张,有人在图书馆里抢劫,有人在动物园里杀虎食肉,这些情节都象征着我们这个时代人欲物欲高度膨胀,人与自然公然为敌的混乱处境。《减速》是一篇更加荒诞的小说。在这篇小说中,刘建东对时代文化的思考进一步加深了。刘建东敏感到我们时代的高速发展的现实,"速度"成为我们时代的最基本特征。减速实际上是刘建东面对时代所发出的一厢情愿的无奈的呻吟,刘建东无力改变,小说结尾那铺天盖地的红色——那是鲜血的颜色,也是欲望的色彩甚或说是生命的色彩——正强烈地压迫着我们,使我们喘不过气来,我们将永远生活在这种无尽的压力中不能自拔。

显然,这一时期的作品明显看出刘建东向西方现代主义学习的倾向:马尔克斯、卡尔维诺、罗伯·格里耶、福克纳、卡夫卡……刘建东追慕大师的足迹,以自己的创作实绩向大师们致敬。

二

从2002年到2012年,除了发表大量的中短篇小说外,刘建东共发表出版了四部长篇:《全家福》《十八拍》《女人嗅》《一座塔》。在这些长篇小说中,刘建东各有探索,绝不雷同。比如《十八拍》重点写人性的"痛和悔",《女人嗅》重点写"气味",而《一座塔》则重点写"声音"。

2002年发表于《收获》杂志的长篇小说《全家福》,是刘建东艺术探索日臻成熟的标志。小说在形式上把写实与写意、常态与荒诞、具象与抽象都有机地统一起来,达到了"状难写之物如在目前,含不尽之意见于言外"的效果。小说通过一个小女孩徐静的视角来进行叙述,把主要描写重心放在家庭琐事、人性质地以及生存状态等方面的刻画上。《全家福》不乏写实的功力,但《全家福》却不是一个纯粹写实的作品,象征、荒诞、反讽等等艺术手法的成功运用提升了这部小说的艺术品位。小说中的父亲形象,既是生活中的父亲,又是一个颇具象征的重要形象。他的存在使小说增添了神秘荒诞的氛围,也使作品由具象的写实上升到了抽象的形而上层面,从而使小说丰满了气韵,深厚了蕴涵。父亲的失语和瘫痪,是一个具有关键作用的意象,不过这一意象却具有相对性,在不同人物那里具有不同的意义。相对于母亲而言,父亲具有窥探、监视的意义;而相对于徐铁、徐琳而言,父亲则更多一些道德训诫意义;对于徐辉、徐静来说,父亲则又与秩序、权威、尊严和信仰有关。小说的结尾,徐静与自己的灵魂合二为一,她推着坐在轮椅上的父亲"向着某一个地方飞奔……",是作家精英立场的表白,是渴望飞升、渴望超越世俗和孤独的对灵魂救赎的呼唤。可见,刘建东在《全家福》中所要表达的不是生活现实的如实摹写,也不是单一价值的重构,而是对存在可能性的展示。

2012年刘建东发表了他的第四部长篇小说《一座塔》。这是一部很难解读、意蕴深广的小说。从表面上看,小说是关于抗日战争的,而实质上是在借战争反思传统文化。小说对大姥爷张洪庭和二姥爷张洪儒以及舅舅张武厉和张武备等形象的塑造,正是通过人物的性格与行为方式,展示传统文化在非常态状态下的蜕变机制。中国传统文化始终纠结在"义利"之间,儒家文化讲舍生取义、杀身成仁,"天下有道则现,天下无道则隐",而道家文化则讲"顺变之道""变通之理",俗话说"识时务者为俊杰"的实用理性抑或就是由这种文化变来的。这样在中国固有的传统文化之中便始终有理想主义和实用主义两极并存。张洪儒和张洪庭就分别代表了传统文化的两极。乡下的张洪儒曾经是东清湾的灵魂,在乡亲们的视野中是最伟岸的人。他恪守着"己所不欲勿施于人"的儒家古训,面对着日本侵略者,他曾天真地认为要回土地的谈判是一种对等的谈判,结果是自取其辱,他的失败是注定的,这是一种文明对野蛮的失败,在这种失败中他的自信和尊严都无可救药地轰然崩塌,他选择了逃避——把自己封闭在石屋中。从此,东清湾失去了权威,失去了引导,东清湾陷入集体失语之中。

与张洪儒一样,恪守着现实主义的大姥爷张洪庭,在巨大的事变面前,同样感到了恐惧和不安,于是,他要建塔,建一座全城最高的塔,一座希望之塔——安妥祖辈亡灵与今人灵魂之塔,也是欲望之塔——它更多的是血腥、伪善、耻辱、恐惧与毁灭。由此,塔在此获得了象征意义,它成为整部作品的关键词,它聚集了全部的宗教意义和世俗意义,甚至成为近代以来,中国人面对西方列强的践踏,在经典的儒家文化土崩瓦解之后,试图再造属于自己的新的传统文化的一种隐喻。

关于声音的哲思也是这部小说的一个重要声部。声音是什么？声音就是说话，就是话语。在某种意义上说，历史就是由各种不同的声音复合而成的。当然，历史中的声音是驳杂的，更为重要的是，我们对历史的叙述的声音其实也充满复杂性。谁来讲述，怎样讲述，这是能否展现历史真相的关键。小说采用美国记者碧昂斯与"我"——一个隔代人的双重视角，来叙述抗战年代的故事，为的就是拉开时间距离，客观地审视那段历史中的人和事。即便如此，历史的真相也是晦暗不明的，任何简单化的对历史的言说都是对历史的歪曲。于是，我们看到，刘建东在他的文本中，构筑了多重声音的牵连，小说把战争、革命、爱情、欲望、文化等等主题都纳入文本，就是试图还原多种声音交织的历史本相的一种努力。

三

2012 年，刘建东发表中篇小说《羞耻之乡》，2015 年又发表了他的"工厂系列"小说之一的《阅读与欣赏》，2016 年发表了"知识分子系列"之一的《丹麦奶糖》，顿时反响热烈、评说各异。而在我看来，这些作品是刘建东对小说本质的一次新的发现，是其对小说多种可能性勘察实验的一次新的飞跃。

比如《阅读与欣赏》，没有孤立地讲述一个故事，而是建基在一个巨大的"互文"场中来进行讲述。叙述人"我"与作者刘建东高度重合，作者抹去虚构的痕迹，仿佛就是刘建东生活中的一段"本事"。小说至少建立了两种"互文"关系：一是冯苤衣与各种文学作品之间的"互文"关系；二是作者刘建东的写作生活与人物冯苤衣的关系。第一个"互文"关系，构成冯苤衣赖以存在的"文学互文场"。小说中反复出现的诸如《牛虻》《青春之歌》《钢铁是怎样炼成的》《绿化树》等，这是刘建东与冯苤衣对话的基础，也是二人共同的阅读史。在这个"互文"场里，冯苤衣对《绿化树》女主人公马缨花的"不真实"的批评，以及她对"我"写女性"靠想象"的不屑，实际上建立了冯苤衣女性形象不同寻常的一个比对。冯苤衣的确不同于文学史上的其他女性形象，她的美丽、洒脱、放荡、率真的个性，不能用任何已有的女性形象来框范。

第二个"互文"关系，是刘建东的写作生活与冯苤衣的关系。刘建东以第一人称"我"的限知视角,观察、品读冯茎衣,冯茎衣成为"我"的写作道路上需要认真阅读和欣赏的一本大书。冯茎衣的生活故事成为"我"构思小说《全家福》的生活"原型"。因此,冯茎衣的故事可以和《全家福》参照阅读。《全家福》的写作过程,也正是"我"对冯茎衣的品读过程,冯茎衣与《全家福》中的徐琳,冯茎衣的母亲、父亲的故事与《全家福》中徐琳母亲、父亲的故事多么相似。冯茎衣对徐琳的欣赏,冯茎衣对母亲的一言难尽,冯茎衣为"我"誊写小说,冯茎衣为了父母和好而拉着全家去照"全家福"的细节,都成为"我"的小说的重要素材。

由此可见,"互文"是刘建东结构这篇小说必不可少的技术方式,这种方式使得刘建东那种貌似回归到平实的传统的小说叙事仍然颇具先锋精神,可以说,刘建东超越了狭隘的先锋叙事和现实主义叙事,而朝向了一种更加阔大的叙事境界,刘建东对小说的本质有了新的"发现"。从这一意义上说,刘建东小说的"互文"其实也不完全是一种技术,而是"世界"本身。

2016年第一期的《人民文学》以头条的位置发表了刘建东的"知识分子系列"小说的第一篇《丹麦奶糖》。刘建东在一次访谈里说,他写《丹麦奶糖》是"想要给一代人,一个群体画像",而这个群体就是"60年代"一代知识分子。我想,刘建东瞄准的这一群体,就生活在你我他的身边,保不齐就是你我他。刘建东以犀利的刀锋直指"我们",仿佛把一面高清晰度的大镜子拉到"我们"面前,大喝:"照照吧,我们!"

于是,我们看到了镜子里的董仙生:1989年毕业的他,来到省社会科学院文学所,20年的打拼可谓是功成名就,成为全国知名的文学评论家、所长、博导、国务院特殊津贴享受者,还是社科院副院长的强有力的竞争者。整天被学术的鲜亮外衣包裹着,天南海北飞来飞去,做讲座,参加学术会议,留恋自己的成绩,沾沾自喜,喜欢被别人捧上天,有天生的优越感。正像董仙生的妻子肖燕所说的,你们"觉得这个时代就是你们的。你们变得自私、高傲,你们更像是守财奴,固守着自己的那份累积起来的财富,守着自己已经获取的地盘,小心翼翼地护着它,容不得别人觊觎,容不得别人批评,容不得被超越,容不得被遗忘。"瞧瞧,说得多准确,多犀利!看看镜子里的董仙生,再看看我们身边的你我他,董仙生不就是"我们"的代表吗?是的,刘建东就是要写"我们",但他不是把自己择出来,以一个有着强烈道德优越感的视角从外部来观照董仙生,而是把自己也拉了进去,董仙生也是"我"。这个"我"从20世纪80年代走来,怀揣着激情和梦想,步入90年代。90年代是一个全面入俗的年代,董仙生与时俱进,入乡随俗,老于世故,他早已忘记了"远方",为了"升官",他不惜让曲辰去偷"政敌"的笔记本,然而最终,还是败于"政客"出身的对手……一方面,董仙生沉浸在自己的成功者的光环里,另一方面他也在厌恶怀疑甚至鄙视着那个成功的自己。正像重新入狱的曲辰所言"你们……在另一种牢狱之中"。我觉得,董仙生是刘建东贡献给目下文坛的不多见的知识分子的典型形象。小说基本写实,信息量超大。"丹麦奶糖"这一意象贯穿始终,成为多极意指的象征符号。

这篇小说进一步体现了刘建东对待小说本质的洞悟:好的小说不是"写"出来的,而是一种发现和去蔽。它是一束"深埋在土壤里的光",它是生命本身,它一旦获得去蔽和发现,必将破土而出,长势喜人。

总而言之,刘建东的小说是纯粹的,富有魅力的。它以奇诡的想象力和出人意表的情节设计,演绎着小说自身的逻辑。它以舒缓的节奏、细密的叙述和淡蓝色的忧伤,营造着小说的诗意氛围。刘建东的小说往往在不可能中言说着可能,在极端与偏执中讲述着生活永恒的常态。在娱乐化、欲望化的今天,刘建东一直默默地坚守着纯文学的阵地,坚定不移地把持着文学的品质,并且对小说多种可能性进行着不懈的勘探,实在难能可贵。当然,刘建东的创作还在路上,他的探索不会停止,在充满荆棘的注定孤寂的文学旅途上,我们完全有理由相信他的执着和耐力。

胡性能 / 云南昭通人,中国作协第八届、九届全国委员会委员。曾做过大学教师,现为云南省作协副主席、副秘书长。文学创作一级。20世纪80年代末发表作品以来,在《人民文学》《十月》《当代》《中国作家》《花城》《钟山》等发表中短篇小说一百多万字。中短篇小说集《在温暖中入眠》入选中国作协21世纪文学之星丛书;中篇小说集《有人回故乡》收入中国作家前沿文丛;中篇小说集《下野石手记》收入云南文学精品丛书。获第十届十月文学奖、云南文学奖等。

作家自述

小说的归宿地
胡性能

2016年夏天的一个傍晚,大地陷入周而复始的混沌中,我与亦师亦友的小说家张庆国乘车从滇西返回昆明。之前的一个小时,我们一直谈论着小说,后来的沉默并非无话可说,而是我们彼此都得消化思维碰撞带来的欣喜与不适。等到交谈重新开始,我说了一个观点:"但凡新闻能抵达的,都不是小说的归宿之地。"片刻之后,庆国兄说了一个字:"对!"

这是一个鼓励。

我当时之所以有这样的观点,是因为想起了俄罗斯作家索罗金的小说《一个狙击手的早晨》,在这部作品中,冷酷的杀手接受任务,前往伏击地点准备射杀25个人。俄罗斯的冬天寒气逼人,当杀手伪装成水管修理工找到房屋管理员,准备借修水管之机到天楼的伏击地点时,心地善良的房屋管理员担心外面天气太冷,把杀手让进了屋内,并在杀手上天楼时,善意地提醒顶层的阁楼上,有许多碎玻璃,别扎了脚。杀手到了预定的伏击地点,冷酷地开始了一场血腥的屠杀。他先是弹无虚发,射杀了出现在隔壁院子里的23个人,冷静、从容、心冷似铁。23个中弹的人,着实考验了作家的想象能力,因为每一个中弹者死亡的情形都不能一样,这样的描写颇具难度。但这部小说提供给我的,并非是作家令人诧异的想象力,而是当他看到进入瞄准镜中的是房屋管理员时,此前冷静的枪手有了犹疑,食指迟迟没有扣响扳机,毕竟这个房屋管理员在这个寒冷的冬天,刚给过他小小的温暖。此时,一个老头从墙头出来,询问房屋管理员发生了何事,杀手果断地将狙击步枪对准老头,扣动扳机,然而却生平第一次失手,没有打中老头,只把老头的帽子给打了下来。懊恼的杀手第二枪追踪而至,但再次失手,只打中老头的肩骨。

小说的结尾，院子里出来两个天真的孩子，但杀手已经恢复残忍的本性，一枪一个，连孩子也没有放过。

我想，面对这血腥的杀戮，新闻、散文和诗歌会怎样表达，我以为，这部作品的价值，恰恰是杀手不忍而放弃射杀房屋管理员，以及他内心松动之后的两枪失误。它让我们看到一个凶残杀手的内心，虽然短暂但仍存在着的一丝不忍，但杀手内心的变化，新闻是无法抵达的。它只可能告诉我们，一个寒冷冬天25个人惨遭杀害的结果，而对这个过程中最为微妙的人性变化无能为力。事实上，类似于索罗金所讲述的这个故事，云南大学也曾发生过马加爵锤杀同宿舍同学的惨烈事件，在连篇累牍的新闻报道中，我们得知，当马加爵在锤杀舍友时，曾经放过一个舍友，因为那个舍友曾经给他买过两个包子。

永远不知道马加爵在放弃锤杀这位同窗时经历了怎样的心路历程，我相信，在放弃的那一瞬间，马加爵的内心是柔软的，他因为别人的善意，也激发起自己内心的不忍和宽恕，而这，恰恰是小说要抵达的。

我一直觉得，小说不只是对生活的呈现，而是要在对生活的观照中，通过猝取、提炼，寻找到作家对生活最为独特的发现，并借此赋予生活中的故事不俗的魂灵，这样的小说，才是呼吸着的小说，鲜活、生动、让人意犹未尽。

文友印象

小说阿胡

雷平阳

朋友圈里,都管胡性能叫阿胡,几乎没有人直呼其大名。喊阿胡,喊来喊去,喊了近30年,如果不是读其作品,我们差不多忘了他有个名字叫胡性能,似乎胡性能这个名头只属于他的小说,阿胡则属于他这个人。

认识阿胡的时候,我们都才20岁左右,我从昭通师专毕业分配到盐津县委办工作,他从云南师范大学毕业分配到昭通师专当教师。那些年,很多人把自己关在文学的白日梦里不想出来,我俩毫无例外地混迹在这一人群中,热衷于将存在主义改装成空想主义,满身飞溅着文学的热血和臭汗。昭通是个小地方,空想主义的大军人数虽然不少,但真正能够一亮嗓子便唤得满堂喝彩的人也不多,文学现场终究不是角斗场,蛮力和狠劲未必管用。所以,风潮之上,除了早先的邹长铭、曾令云、蒋仲文和夏天敏等几位中年作家人气很旺之外,立于潮头的便是昭通师专的几位青年教师,阿胡就是其中之一。但也就是因为他的昭通师专教师身份,而我是昭通师专的学生,彼此各有群体,我们在开初的几年互相知道却没有接触。他参与了宋家宏等一批教师创办的荒原文学社,我则与陈衍强、冉旗、何晓坤等人创办了《山里人》和《大家》诗报,大场面中各有各的小剧场。有一次,我回母校,与写诗的师弟师妹们在足球场边晒太阳、闲聊,场上刚好有人在踢球,一个师妹突然兴奋地大叫:"你们看,胡性能老师进球了!"顺着她手指的方向,我第一次看到青年时代的阿胡,眉目如画,玉树临风,斗志昂扬,每一次奔袭或解围,都有一群我的师妹发出阵阵尖叫。

记不清楚我与阿胡是怎样结识的了,但肯定是20世纪80年代末期的某一张酒桌上。在那一张被我遗忘的酒桌四周,人们也一定兴奋地谈论着他的小说处女作《米酒店老板的女儿》,然后纷纷喝醉,唱着歌走散在昭通城的街巷中。

那个时候,每一句话都喷着酒气,都会燃烧,一个写作者对另外一个写作者,往往都心存傲慢与偏见,可大家一致认为,阿胡是昭通作家群里,最有自觉意识、文本意识和美学准备的作家之一,而后来他也用自己的创作成果充分证明了这一点。那一场狂欢式的"认为"和阿胡后来进行的一个字一个字地"证明",仿佛是预先设定好的路径,既符合写作规律,又能彰显文学理想,不得不承认这乃是一个作家最为向往的天路历程。可作为一个长期的旁观者,我看见了阿胡炼丹术士般的守望、历险与虚无,从《米酒店老板的女儿》到《消失的祖父》,中间裹挟着对现实生活诗意的萃取与疏离,也贯穿了对内心奇观的反复重建与秋后算账,当然,最为重要的是,他始终致力于镜子中的另外一个小世界的构筑,寄望别开生面的伦理、道德和秩序,能给叙事带来更多的美学支持。也就是说,他所干的活计,无一不是对自己的压榨与透支,尽管他一如既往地保持着表象上的优雅和内心的清洁。

20世纪90年代,我和阿胡先后离开了昭通,且都供职于云南建工集团,成了同事,具体工作是编辑出版一份企业小报。我们在云南各地大大小小的建筑工地不停地奔波,写材料和新闻,认识了无数建筑工人和民工,体认到了底层生活中的艰辛与狂喜。在此期间,阿胡以自己的人格魅力和日常友善,令我更深入地认识了他,而他也借此得到了真正一身臭汗的职工的信赖和激赏。5年后,我们分别出走,去了不同的单位,到了6年前,我们又先后调到了同一个单位工作。对我们两人而言,生活的确有着荒诞不经的一面,但其无常性又果断地将我们归束在一起。在远海上告别,各自漂流,最终又集合在了同一根活命的浮木上。我们共同的朋友、小说家杨昭说:"与阿胡在一起,你会觉得自己没有白活,但问题是你得承担风险,因为阿胡在做人和做事两个方面,都是一面没有尘垢的照妖镜,一个人天天被这样一面镜子照着,即使不是妖怪,言行也难免会变形。"我同意老杨的说法,但让老杨稍感诧异的是,虽然这面照妖镜宁静而又肃穆地立在我的身边,我感受到的却是信任、温暖和仁慈,至少阿胡一再给了我端正衣冠和校正嘴脸的机会。

明末清初,云南籍的诗僧苍雪有诗:"访旧只疑未曾到,逢君亦是暂还乡。"这句诗说出了朋友即故乡这个动人心肠的概念,同时,我也视其为我与阿胡相处这么多年的精神写照,因为他的存在,因为他是我的故乡,是我可以还归之处,我才没有流离失所。

评家观点

感觉世界的修辞,或失去象征的精神隐疾
——重读胡性能小说

陈 林

一

在2011年第4期《十月》发表的《最后的故土》中,胡性能写道:"不停地迁徙,让我一直处于无根的状态。以至于多年以后,朋友们问及故乡,我总是犹豫和迟疑,不知如何回答。"这是我们理解胡性能其人其作时不能轻易略过的一句话,它是胡性能生命状态的一种描述和判断,也是洞悉胡性能小说世界的一个重要切入点。

从早年的《米酒店老板的女儿》到晚近的《消失的祖父》,胡性能所有的叙述,几乎都处于一种"无根的""犹豫和迟疑"状态,始终"不知道如何回答"。因此过了知天命之年,他仍不无困惑地写下《除了怀疑我们还能信赖什么》——这是在完成《消失的祖父》之后的一篇创作谈。"无根",所以小虎、马力要逃离故乡,于是有了《小虎快跑》《朱寨》;逃离之后的"不知如何",于是有了《一梦天涯》《下野石手记》《变脸》《无法收拾》《孤证》《消失的祖父》等;为"无根"且"不知如何"提供一种补偿性的想象,于是有了《在温暖中入眠》《重生》等作品。从《米酒店老板的女儿》到《消失的祖父》,胡性能的写作力图揭示"无根"状态下的个人世界,他将世界纳入自己的精神视域,从而转化为最内在的生命体验和潜意识。在这条精神暗道上,胡性能充分发挥他天马行空的想象力,以精湛深厚的叙事力道,打开一片风雨如晦、复杂难测的隐秘世界。从中我们可听到源自生命内部最初的不安与恐惧。

这种"无根"状态超越个体经历和意识的层面而诉诸语言符号系统时,则可

表述为一个失去象征的世界。波德里亚在他的《象征交换与死亡》一书中指出："现代社会构成的层面上不再有象征交换,不再有作为组织形式的象征交换。当然,象征作为社会构成自身的死亡仍在困扰着这些构成。"象征的死亡及其带来的困扰,是胡性能真切的生命体验,又是他写作的社会文化语境。当个体生命不再能从象征实践和象征图式中获取意义,意义世界的匮乏和枯竭凸显为问题的一个方面,另一方面则是事物和语言得以从支配性的象征秩序中解放出来,使一种最大限度的"可感觉性"得到延长和增强。这两方面在胡性能的作品中都得到充分表现。他的小说写出了象征秩序崩塌后,灵魂的漂泊不定、无家可归,及随之而来各式各样的精神隐疾——没完没了的梦魇、病入骨髓的孤独、如影随形的焦虑症、强迫症、失眠症、偏执狂、窥淫癖。这些精神隐痛的另一端是感觉世界,失去象征依傍的每个个体只能通过视觉、听觉、嗅觉、触觉等捕捉到的碎片化信息重构意义世界。而连接感知结构和精神视域的表意系统,亦无法再直接征用现成的语词、概念和象征图式。因此,他要诉诸新的"小说修辞学"。这种修辞学在胡性能那儿有时表现为一种诗性的隐喻,一种感觉世界的修辞学,但它更突出地表现为一种叙事——"作为修辞的叙事"。试图将记忆、梦幻、感觉系统中支离破碎、秩序混乱的生活片段重新拼图,没有叙事上的经营和把控能力显然难以完成。

胡性能的写作整体上说是一种减法式的写作,他总是着迷于个体内在经验的修辞。在散见的创作谈中,胡性能侧重的仍然是作为个体的人。在《最后的故土》一文中,胡性能将自己的"无根"状态归因于成长期的居无定所,并指出童年经历对他创作的影响,那是一段在独处、寂寞、恐惧、冥想中度过的岁月。胡性能写道:

说不清楚为何会产生写作的念头。我只能归结为童年经历的影响,多年以后,我用小说的方式再现了当年在那座地主庄园里的生活。文字的确可以成为一条道路,叩开一道道记忆之门,让我再次触摸到了那些早已消失的时光,那种感受是灰色调的,就像一个人安静地盘点满腹的心事,有些忧伤,也有些惆怅。

胡性能的解释不无道理。童年经历,尤其是童年的创伤性经验对创作的影响之大,在许多其他作家那儿同样得到印证。按《最后的故土》里的叙述,童年的特殊经验,成长期的漂泊不定,形成胡性能"无根"的生命状态、不善言谈的性格和自闭寂寥的内心世界。这可以解释他的创作何以如此醉心于那些内在的个人。长期以来,在讨论胡性能的作品时,论者亦多侧重文本的叙事层面和人物的精神分析层面。但我认为,要更透彻地理解胡性能小说的意义,必须将其充分语境化,换言之,需在文本、作者与世界的关系中理解胡性能。

二

以这样的视角来看,胡性能对"无根"状态的感受,就不仅仅是个人成长经历的问题。将这种感受充分语境化之后,如上文所说,我更愿意用失去象征来表达这种"无根"状态。事实上,从《朱寨》《下野石手记》《母亲的爱情》到《孤证》《消失的祖父》,胡性能已经以独特的文本形式,将这种"无根"的语境逐渐呈现出来。就理解胡性能而言,《朱寨》或许是最重要的一部作品,它将文本、作者与世界很好地融合在一起。《朱寨》写的是"记忆的村庄",它揭示了村庄何以成为记忆,村庄成为记忆的精神后果,以及记忆如何改写村庄。朱寨的地主庄园陇家大院被一场大火毁于一旦,庄园大门外神灵般沉默的石狮、村庄里的鸟窝、煤洞等事物,以及关于流血的树木、姑娘坟、躲回避、踩桥、喊魂、蛇交、丢萝卜等习俗、传说,都随之失去了象征意义。象征世界是一个符号的世界,它是一种支配个体生命活动的秩序。胡性能的童年就生活在一个类似于陇家大院的庄园,他的童年经验直接与革命事件和一个失去传统象征的世界相关,这个传统象征发生在习俗、传说、礼仪、神话等领域。历经启蒙与革命的冲击,中国传统的"超稳定"秩序难以为继。但对生于20世纪60年代中期的胡性能而言,与稍长他的红卫兵——知青一代不同,启蒙与革命所建构的现代象征秩序并没有成为他获取意义的重要资源。在他的青少年时代,嵌入他童年经验的"革命"开始被"拨乱反正",而当他步入成年开始写作练习时,启蒙话语也日渐瓦解。1985年前后当代文学的"向内转"和形式实验,已经超越启蒙主义文学的传统,彼时胡性能正理头在大学校园里进行写作训练。显然,启蒙主义所建构的宏大叙事也没有成为胡性能所依赖的象征图式。而从自身的经历、性格和生命体验来看,他与当时文学界的"向内转"和形式实验趣味相投、天然契合。除了那些习作,胡性能真正的写作始于20世纪90年代。市场经济下的商品交换系统并不能建构内在丰富的象征秩序,它刺激和鼓励欲望生产、消费,而对意义世界无所建树。以上是胡性能生活世界和小说世界的语境，无疑，它对理解胡性能的写作极其重要。我是在此意义上讨论胡性能的"无根"状态。

《朱寨》《下野石手记》《母亲的爱情》《消失的祖父》等作品都涉及当代中国的一些重大问题，但这些作品无法从革命象征图式中汲取意义资源，相反，它们的意义恰恰在于呈现了一个秩序崩溃后的世界。象征世界是一个循环往复的主体重建发生于其间的能指领域，它存在于主体之前，主体还未出生就已落到符号支配之下。在此意义上，象征与父亲直接联系在一起。主体从父亲那儿获得自己的姓氏，并在由大写的父亲这一文化因素中获得成长和接受教育的条件。

胡性能的《朱寨》《母亲的爱情》《小虎快跑》等作品，都写出了无父的焦虑。《朱寨》中那个叫马力的男孩，一直怀疑自己父亲的真实身份，不知自己所从何来。小说写道："觉得我的父母像是在远方，于是谁也没有想到，1978年的夏天，我开始一个人的寻父之旅。""寻父之旅"源于生命的"无根"状态。小说第一句话是"我的养父胡如林是一位中学历史老师"，这里清晰出场的是"养父"，而对生父马明礼则"一直没有太深的印象"，甚至对自己的童年——那个从生父那儿获得姓名的男孩马力——也一直觉得"像是另外一个人"。无论是具体的父亲还是抽象的父亲，在《朱寨》中都是一个缺席者。就具体的层面而言，马明礼在知青返城中抛妻弃子，成为消失的父亲；在抽象的意义上，马明礼返城意味着关于上山下乡运动的革命象征系统的解体。在《母亲的爱情》中，陈阳出生之前，生父已死于非命。《消失的祖父》将无父的语境和根源更全面地呈现出来。祖父的姓名、身份几经改变，在他真假难辨的身份与破碎不堪的历史面前，我们除了语言的碎片几乎一无所获。虽然具体的父亲是存在的，但象征意义上的父亲早已消失。如果说《朱寨》中少年马力的出走是因为无父的焦虑，那么确切地说，小虎的出走则源于弑父的冲动。父亲的冷酷、暴力、变态使小虎含恨而去，虽然没有手刃生父，但他复仇的利剑直指社会这个大写的父亲。

象征界在法律领域规定了人的亲戚关系，也规定了人的欲望。在短篇小说《在温暖中入眠》和《电线上的风筝》中，这种规定性颇具反讽色彩。《在温暖中入眠》里的法律，并未将人与人的关系从嫖客与妓女的交易关系中解放出来，警察拘留妓女不是出于规定欲望的原因，而只是为了获取赎金。在《电线上的风筝》中，首先是法律规定的夫妻关系受到颠覆。其次，派出所所长栗强对强奸案的态度,也使法律对欲望的规定性令人生疑。这两部作品提示了在新的语境下,欲望、商品、交易与现代秩序之间的关系。

三

象征秩序既是存在之家,又是存在之囚牢。随着它的消解,文学的意旨转向把被俘的语词与事物领出监狱,恢复我们的感觉和记忆以及由此敞开的那个隐秘复杂的世界。由感觉和记忆所揭秘的世界,是一个前概念的、非理性的世界。对这个世界的经验和理解,有别于经验和理解的社会框架和工具理性主义。感觉和记忆是一种综合,通过外部世界的空间形式和内部世界的时间形式,将在被扭曲变形的自然和人性中所发现的那些支离破碎的东西重新组建。瓦尔特·比梅尔在《当代艺术的哲学分析》一书中说道:"做梦人回忆的力量和想象的力量是不可割裂的。梦是一种创造性的回忆。""做梦人的回忆"是一种"非意愿记忆",梦的内容是"非意愿记忆"的材料。在感觉和记忆建构世界的过程中,想象力发挥着至关重要的作用。想象是人性主体的一个维度,它关乎自我的形成、自我对他人和外部世界的经验。想象世界基于主体的个体历史,因此,它可能成为固有秩序中的变数,具有偶然性和不可重复性。写作者由此可以在想象领域获得文学的创造力。

胡性能的写作通常由感觉的瞬间带入一种追忆的震惊,在某种色彩、形象、声音、气息的感受中,过去的时光渐次浮现在人的眼前,以此获得一种经验与诗的真实。胡性能小说的创造性在于,偶然性瞬间的感觉经验所打开的追忆式的想象世界,经由他娴熟巧妙的小说修辞学处理,总能于沉默之域撬开一个个令人震惊的精神事件。他游弋于现实与想象的暧昧地带,体味着象征大厦崩溃后的精神隐痛,并致力于这种隐痛中的自我重建。如果试图为胡性能的小说冠一个总的名称,那么借用马塞尔·普鲁斯特的"失而复得的时间"是合适的。胡性能的小说以一种"向后看"的视角,通过人物不断的重返,在旧梦重温、故地重游中捕捉那些植根于精神视域的杂多表象。

在短篇《来苏》中,飘忽不定的来苏水气味对李琪而言性命攸关。来苏水气味背后是一个童年丧母的创伤性精神事件。唯有来苏水的气味,能把死亡的母亲带到李琪的精神当下,使她可以在无可奈何的现实世界外,得到一种想象性的补偿,并从对消逝性经验的补偿中,获得自我的同一性。一旦阻断了连接精神视域的来苏水气味,李琪便无法抵抗死亡本能的诱惑。正如来苏水的气味支配着李琪对母亲的整个记忆,在《朱寨》中,无论是王训贵药店奇异的"腥甜味",还是陇家大院熟悉的气息,都将"我"带回到消逝的童年时光,而支配这段时光的是无父的精神焦虑。无父之下,"我"只能在与马力既亲近又疏远,既熟悉又陌生的关系中重建自我。在《母亲的爱情》中,苏医生牢牢记住的是40年前白杨树与郊区泥土混合的气味,这种气味牵连起一段荒谬绝伦的历史和丧夫的精神伤痛。《重生》中的章瑶,时隔近20年,每当闻到保留在她记忆中的陈棋的气味时,难以释怀的哀伤、遗憾、悔恨,仍给她带来锥心之痛。《一梦天涯》中,杜丘的记忆由一抹裙黄所牵动,这种色彩经由眼睛进入梦境,成为困扰他的精神事件。在《孤证》中,对"我"而言,30年前的真相与幻觉混淆不清,强奸犯朱志强的生死真假难辨,唯一印象深刻的是一道被比喻为红色蜈蚣的伤疤。这条修辞意义上的蜈蚣潜入"我"的梦境,精神世界因此惶惶不可终日。

迷恋于想象的诱惑,在想象中构造自我,这容易导致一种异化。因为这种想象削弱了确定性存在而使自我像他人一样建构自身的存在,按拉康的说法,"这异化总是注定了其存在要被另一个人夺走"。在小说《变脸》中,许伟是一个极度自卑的人物,他活在虚伪的人格面具之下,不断改名易姓,每一次"变脸"都是一次"被另一个人夺走"的异化过程。《电线上的风筝》中,周树这个卑微的小人物、可怜的受虐者,不过是目睹了一次强奸过程,却投案谎称自己是强奸犯,以此发出"刺耳的音符"。活得毫无尊严感和存在感的周树在凝视与描述中完全异化为另一个人。他以鸟瞰式的观察视角,对整个案发过程进行了细致入微的观察。周树的观看是一种征服,也是一种异化,一方面将案犯对象化为被观察者,另一方面将自我他人化。对案发经过和场景的描述变成一次志得意满的表演,一次充满想象力的再创造。《一梦天涯》中的桑小楚、《重生》中的章瑶,都因想象世界的迷惑而患上精神疾病,坠入静态、呆板的过去世界不可自拔。

章瑶多次自杀未遂之后,胡性能出人意料地让她获得"重生"。铁面无私的命运女神将席叔推到死神的地盘,但弥留之际,妓女作为爱神的化身使他如愿以偿,在爱神的怀抱中温暖入眠。席叔仗义保释妓女,妓女知恩图报,在他们之间建立起了超越商品交易的一种关系。席叔的"温暖"在人们迎接新年的鞭炮声中到来,初读时我将其理解为一种以喜景写悲情的惯用手法,仔细体味发现也许有更合适的阐释。胡性能将性和死亡置于节日的欢庆之中意味深长。节日正是象征发生的领域,它的各种庆典、仪式、狂欢活动面向的是共同体,它拒绝人与人的隔绝,并使人获得一种非目的论的时间经验。在胡性能小说世界里飘荡的那些"无根"的灵魂,是否还能从传统的象征实践中获得"温暖"?胡性能用他的写作"追忆似水年华",追忆不是回到某种原始状态或是某个黄金时代。可曾有过黄金时代?"无根"的胡性能使我想到鲁迅笔下的"影":

有我所不乐意的在天堂里,我不愿去;有我所不乐意的在地狱里,我不愿去;有我所不乐意的在你们将来的黄金世界里,我不愿去。

然而你就是我所不乐意的。

萧萍 / 鲁迅文学院第六届高研班学员，上海师范大学人文与传播学院教授，儿童艺术创意与研究中心主任，"非吼叫妈妈"公益俱乐部联合发起人。发表出版创作与翻译作品200余万字。作品曾获第八届全国优秀儿童文学奖、第四届中国出版政府奖提名奖、大众喜爱的50种图书、国家新闻出版广电总局向全国青少年推荐百种优秀出版物，以及第十六届、第二十三届与第二十五届陈伯吹儿童文学奖，冰心儿童图书奖等。

作家自述

"彩虹般色彩各异的马匹和诗人"
——关于写作生活的七个片段

萧 萍

一

大约是2005年年初,我冲刺完成博士论文。在那个漫长的冬天,我沉浸在哈罗德·品特暧昧诡谲、无与伦比的天才文字里无法自拔。"为了透口气",我在论文写作的间隙重读儿童文学经典。而我也再一次坚定:一个人遇见儿童文学是他一生中最幸运的事件,没有之一。

不,我没有救赎的意思,我也不认为儿童文学是什么的解放或者打碎。它只是轻盈、天真,无边的温暖和松弛,是卡尔维诺说的那种千年之"轻",亦是巨大的蓝鲸在海底享受自由翻腾与游弋。

或许更准确地说,那是一种具有安全感的自我归属。

二

我承认我是个玩性大的人,这一点也表现在创作上。这种乐此不疲的"玩",与其说是对形式的自觉和敏感,不如说是对这个世界的笃信与好奇,难道不是吗——那个历经沧桑的巴勃罗·聂鲁达也坦言:"世上有足够的地方容纳彩虹般色彩各异的马匹和诗人。"

感谢儿童文学这块"足够的"顽皮之地,可以容纳我的各种好奇与尝试——以元叙述为特色的处女长篇,拟希腊悲剧开场与退场诗的少女小说,富有悬疑和推理的成长小说,幽默见长的短篇小说集,以及面向低幼儿童的生活故事与唯美诗歌。

2003到2004年间,从字词的选择到句子和故事的长短,经过精心推敲和考量,我写下了国内最初的分级阅读小说系列——《开心卜卜系列》。记得当年的编辑们忧心忡忡,彼时国内尚未普及分级概念,是不是会影响市场啊……可那又怎样? 当我历时一年跟踪孩子们沸腾的学校生活,当我坐在吵吵闹闹的操场边不假思索地写下"为神明保佑的写作",我想那一刻,我已经说出了自己对于儿童文学的理解——真性、率性、灵性、玩性。

三

2007年5月鲁迅文学院首届儿童文学高研班在北京开学,在这个被人们称为"文学的黄埔军校"的地方,我遇见并收获了心心相印的朋友,很多重要作品的灵感孕育于此——比如获得全国优秀儿童文学奖的诗集《狂欢节,女王一岁了》,比如进入德国"白乌鸦"国际书目的长篇童话《流年一寸》,比如深受小朋友喜爱的诗歌剧《蚂蚁恰恰》。

我的散文集《请允许我忧伤的想念》,几乎三分之一文字出自鲁院时期。"八里庄",对每个在这里生活过的鲁院学员是如此重要和难忘,就仿佛多年前黑塞说的那样:"我待在那里迷迷瞪瞪,不敢迈动步子,以免这美好的时辰,随芳香一道消失。"

四

"我不羡慕站在水面跳舞的雨滴。现在,我只想潜入湖底,让水找到水,找到属于自己的方向和妥帖。犹如树化石,温的空间润的时间都留在每个毛孔和肌理。此刻我还是那雨滴,那有限和无形,让水充满水,与自己和解。"

这段日记写于2015年10月的德州小镇泰勒,这个美国的南方小镇因为父母和妹妹的驻留,让我好像重新回到小时候,仿佛《吉檀迦利》般的寓言神迹降临:"我要沉静地等待,像黑夜在星光中无眠"。

静默,从来不慌张。心里就只有疼惜。因为疼惜,我开始整理已经写作了6年、并依然在创作中的《儿童时代》专栏《沐阳上学记》。

五

我为一个男孩每天的成长和遇见感到惊讶和震撼。如果说《沐阳上学记》

还能收获一些认同和赞誉，那或许是因为站在离当下现实最近最结实的地方，不逃避也不退却。

至于选择"现场"和"讲述"方式，我想那是一个母亲的视线与一位儿童文学作家的创意合体——见证中国式家庭无法逃避的焦虑与宿命，见证苦苦探索、光亮若隐若现的学校和家庭教育；而最重要的是，见证那超越时空的童年的天真顽劣与温暖，见证日常诗意与文学想象的无边无界。

六

当瓦尔特·本雅明很多年前以敏锐的远见写下："在对艺术作品的机械复制时代，凋谢的东西就是艺术品的韵味"，显然"独一无二"已然构成了艺术品的历史，而成为机械复制时代最稀缺的评价。

本雅明或许也不会想到，在 21 世纪的网络和大数据时代，机器人阿尔法狗和小冰们正在不知疲倦地操练智能、直逼人类智慧与情感底线——当输掉比赛的人类的年轻棋王柯洁掩面而泣，当写下"嫁给许多颜色"的"微软小冰"将诗歌赫然发表——那么，最富有创造性和灵感的艺术家和作家们，该用什么来应答这样的挑战？

七

2017 年 4 月，上海儿童艺术剧场。

来自英国 Bamboozle 剧团的艺术家，正为六对自闭症患儿家庭演绎《可爱的农庄》，艺术家们用特别的歌声和肢体语言轻轻呼唤每一个孩子。当孩子将手迟疑而缓慢地放在艺术家们的手上，我忍不住热泪涟涟——万物有时，在这个孤独的世间，当琴声再次响起，艺术唤醒的到底是来自星星的孩子，还是地球上沉睡着内心的我们自己？

儿童文学是为神明保佑的写作。我因此而感念，那神秘的力量将我带入这条"光荣的荆棘路"，因为无论岁月或狂欢或沉寂——我始终相信那个历经沧桑的老头："世上有足够的地方容纳彩虹般色彩各异的马匹和诗人。"

文友印象

好一个萧萍

金 波

我常常这样想,认识一个作家的成长,除了个性、学养、品位之外,还要认识他所处的时代。萧萍赶上了一个儿童文学大发展的时期,加之她在求学的路途上,养成了严谨的治学精神。还有,就是她天性中所具有的活跃的思维和好奇心,这些都盈溢于她的精神生活中。

萧萍是一个富有的人。这富有并不是表现在她的物质生活里,而是表现在她发现乐趣和创造乐趣的个性、气质以及审美的趣味上。

在萧萍的创作经历中,我发现她的节奏可称得上是酣畅迅疾的。她凭借着热情、敏感、思想和智慧,那诗情的勃发和故事的营构,似乎是一呼即至,运笔即得。因而,她的作品常常带给读者意外的惊喜。

我想起在中国作协第八届全国优秀儿童文学奖颁奖晚会上,有位艺术家朗诵了她的获奖诗集中的《孩子,我想抱抱你》,我忽然发现萧萍的诗是有"声音的诗"。她的诗里藏着情感的冲击力,无论是振臂高呼,还是柔声细语,只要你用心去倾听,你就会发现作者的声音、作者的呼吸。你还会发现,如果你用心灵去朗读那首诗,你也会赋予它新的生命。那天,萧萍的这首"声音的诗"让观众流下了眼泪,我想,那可能是因为诗里也融入了诗人的眼泪。

近年来,我深感儿童诗从体裁到形式都不够丰富。我计划编一套各种样式的诗,有抒情诗、叙事诗、童话诗、哲理诗等等。就在我对诗的期盼变革中,萧萍给读者奉上了她的儿童诗歌剧《蚂蚁恰恰》。在这套诗丛中,这是最独特的一本。在这部诗剧中,我读出了戏剧,读出了音乐。这是立体的诗,动感的诗。读着这样的诗,我能想象得出那些活灵活现的诸多形象,跃动在舞台上,表现出来的是汪洋恣肆的感情,特别是把诗与表演融合在一起,把诗立体地呈现出来,这对于培养读诗的趣味、继承诗教的传统，是一个新的尝试。她说这本诗剧是"好玩的实验"，这里有"很好玩的故事"，这里有"玩的重复键"，"可以再读一遍，再玩一遍"。她说"读这书要以玩的心态去读、唱、哼，甚至跺着脚、拍着掌"去读、去玩，而且有"N种玩法"，这无疑是对诗的求新求变，是对于诗歌从形式到内容以及阅读诗歌方法上的一次大胆革新。

我尤其赞赏萧萍从容的写作姿态。她常常为自己的情思所激励，倾其全力写作。她的文思泉涌，她的欣然命笔，都是服从心灵的调遣。她不做作，不硬写。所以，她的个人情调愈见浓厚鲜明。面对一些浮躁的创作和出版现象，她没有虚妄不实的追求，而是踏踏实实地写作，走着自己的路。

去年，萧萍又奉献出了她的新作《沐阳上学记》。这又是一套她大胆求新求变的书，表现了她一贯不杂成见的独立探索。这肯定是一部不一般的书，它显示了作者探索的魄力。这也是备受读者关注的书，无论是赞扬还是批评，都是作者创作的好兆头和价值所在。这部小说所表达的内容关联着儿童教育的诸多问题，有着鲜明的个性化的写作，堪称一部当代母子心灵的成长史。也正是这一点引发了我的关注——它把儿童的成长和家长的期望，把教育实践中的艰辛与无奈，都那样真实地呈现了出来，作者用深刻的笔触呈现出了中国式的童年。这部小说在文体上也做了大胆的探讨，其有机结构的三个板块，多视角地表现着一部小说深入的思考和繁复的美。

读这部富有创意的作品，不仅启发着我们的思考，还促使着我们用新奇和宽容的目光看待创作。对作者内心洋溢着真实的自我表达的内驱力，磨炼着艺术表达的技巧，我愿意致意再三，热情期盼，因为文学的进步和发展，靠的就是这种求新求变的实践和勇气。

评家观点

萧萍的书写：文本与文体的意义
——从《沐阳上学记》谈起

聂震宁

引人关切的故事文本

萧萍最新创作的《沐阳上学记》是一部引人注目的作品，那么它算不算得上是一部长篇小说？抑或是一部纪实文学作品？这是让一些文学评论家颇费思量的问题。《沐阳上学记》怎么看都不是"标准的"长篇小说，因为每一章前有"童诗现场"，后有"老妈日记"，虽然中间的"沐阳讲述"篇篇精彩，可是沐阳其人是真实的，似乎违背了小说虚构的特点。那么，儿童纪实文学作品呢？也有问题，因为据说其中好多故事又都是虚拟的，不合纪实的原则。

然而，似乎许多儿童文学作家并不在乎这部作品的体裁归类的问题。他们关心的首先是整本书的故事文本。关心那一篇篇"童诗现场""沐阳讲述""老妈日记"写得如何。对于作品的品评，我素来看重作家之间的互读互评，因为这当中总是有感同身受的因素，然后也十分看重来自读者的评价。《沐阳上学记》带给儿童文学作家的一番欣喜，几番赞许，似乎，作家萧萍应当是很满意了，至于算不算得上是小说的顾虑，是不是也就姑且随他去了？

在文学作品的品评上，文体问题肯定不是一件小事。然而，对于一部文字作品，我们看重的首先不在于它是小说还是纪实文学作品，而在于它的观察和表达，在于作家究竟观察和表达了哪些令我们感兴趣的人情事理。首先在于文本。

《沐阳上学记》带给我们的是现实生活里一个家庭教育的故事文本。美国著名教育家白玛琳指出："真正的教育，发生在家庭，发生在孩子与父母之间，在他们生命的每一个瞬间。"在萧萍的家庭里，就正在发生着这样一种教育，在这个三口之家每一个人生命的瞬间,一个个故事不期然而至。

在作者反映儿童成长现实生活的功力中,我们不曾看到儿童文学作家通常表现出来的无所不能、居高临下的态度,也不曾看到某种事不关己的讲故事人的身份感。作者老妈就是当事人,是作品的主人公之一,而作品更主要的主人公就是她的宝贝儿子。作者选择了一条两难的道路,在母子间发生的一系列不无冲突的交集中,她所能做到的只能是理性、理性,最后还是理性。感性是不必怀疑的,不过,大多数感性在这样的书写中也只能接受理性的扞格。或者正因为如此,作品成了一部反思现实儿童教育的文本。

"童诗现场""沐阳讲述"和"老妈日记",三者合一,最终指向的是儿童成长故事和包括父母在内的儿童教育者应有的真诚反思。《我为什么不去美国(上)》那一节,"童诗现场"写得相当生动诙谐。童诗书写的现实语境准确而亲切,让我们接触到可爱而真实的儿童审美心理。可是作者并不在这首童诗里展开后续的问题和矛盾。她需要为读者营造阅读的趣味和悬念。

如此这般,使得儿童生活的书写不呆板,尤其是家庭教育中的反思并不刻板。这些都来自教育者顺理成章的反思。我们注意到作者萧萍在作品出版后说过这么一番话:"我们都是凡人妈妈。我们都不够智慧,不够淡定,不够完美。可是我们为什么头脑不够冷静,情绪不够舒缓,面容不够温柔?然而我们为什么每每和成长中的熊孩子针锋相对,两败俱伤,又和好如初……所有这些,我希望都能在'老妈日记'里流露和敞开。我想让我的孩子看到,这个世界总是和缺憾相连,而缺憾永远和爱在一起。"这一番夫子自道,让我们看到父母们的反思尽在其中。因而这部作品既是一部孩子的成长书,又是一部父母的反思书。为了让中国更多的父母和即将做父母的年轻人减少一些后悔,真应当建议大家都来读一读这部真诚反思家庭教育的优秀文学读本。

发人深省的现实文本

自从粗略了解《沐阳上学记》的主题、题材和基本架构之后,我顿时发现作者的选择是多么奇特,她选择了儿童文学创作的一条险途,险途上她安排了一桩桩事件,许多地方只能攀爬才能勉强度过。写作这样一部既是儿童成长之书又是父母反思之书,选择这样一个学校教育和家庭教育纠缠不已的难题,对于作家萧萍的功力可以称得上是一次很大的挑战。萧萍选择了儿童文学创作中现实主义的沧海横流,《沐阳上学记》让她显出了写实主义的英雄本色。

我读过作家的处女作长篇小说《春天的雕像》,那是一部早年生活经历的诗意作品。书中的江边小城、青石板街巷、香樟树影、女孩心事、男孩性格,写得诗意而且敏感,从容而且委婉,风格是田园牧歌、小城风情画和人生咏叹调。作品自然是好作品,然而,从一个文学写作者的经验来看,这样的作品写来并不困难,难的只是作家的一些独特经历和细腻情致。虽然要写好并不容易,需要作家的锦心绣口,需要语言表达的功夫,不是人人都能做到,可是,作为这种回顾式的人生作品,作家的写作不会有太大的压力,只要作家有必要的生活积累,有如许情感的体验和记忆,作品就会自然而然地唤起读者的心理同构和情感共鸣。一部古往今来的文学史表明,绝大多数的成功作品正是如此这般讲述既往的故事和人世沧桑而崭获大名的。此外,像她的散文《维也纳森林的故事》、中篇小说《青艾的歌剧》、长篇抒情童话《流年一寸》、诗歌集《狂欢节,女王一岁了》一类充满想象力的浪漫主义佳作,甚至同样也是追随儿童成长的系列小说《开心卜卜》,书写起来也都可以左右逢源、随心所欲。唯有《沐阳上学记》,追随现实的步履进行的共时性写作,无可回避地进行家庭教育中是与非的讨论,显然要艰难很多。这也是文学史上的常识,不必赘言。作家萧萍,以一位知识女性的身份陪伴孩子成长,倾注七年心血,用口语化童诗、纪实性故事和母亲日记"混搭"的儿童文学写作,直面当下、记录时事,点点滴滴都是正在发生着的故事和细节,处处都要面对的是现实难题,着实难能可贵。

《沐阳上学记》既是述说现实生活中的中国孩子、中国父母、中国校园和中国家庭的现实教育文本,也是一个母亲讲述儿子成长历程的私人文本。这里有儿子的可爱和可笑,母亲的慈爱与焦虑,也有教育的困惑和种种价值纠结。是散漫的故事,却都是当下儿童的生活,如同街谈巷议,如同校园家庭的日常,如同名师在解答疑难问题,看不出人为的斧凿痕迹,看不出故意设置的悬念,甚至猜不出后面的情节,凡此种种都是自然而然呈现在读者面前,而且引人入胜。作家萧萍正是用整个心灵在孩子们的耳边乃至在为人父母的成年人耳边轻轻讲述沐阳上学的故事,以及穿透生活的雾障,她的惊喜发现。她让我们看到了作家过硬的功力——书写现实的功力、反思现实的功力、抒情现实的功力,以及把三者熔炼成一种讲述,让儿童读者们从书中看到快乐,让父母读者们从书中看到希望。

为此,我们赞叹作家对当下丰富多彩儿童生活的热爱,赞叹她毫无畏惧地直面错综复杂的教育现实的书写姿态。这与鲁迅先生所谓"直面惨淡人生"的写作态度同出一理。与鲁迅的《我们现在怎样做父亲》一样,萧萍也同样直面儿童教育的社会、民族、文化的深层次问题,在越来越多的人自觉不自觉地把世俗的成功放在首位,而把育人退到第二位,实用主义盛行,成功学大行其道,本末开始倒置的现实语境下,她通过"童诗现场"的盎然生趣,"沐阳讲述"的四射活力,特别是"老妈日记"的诚恳与理性,为我们提供了相当丰富的社会现实和儿童教育的审美和见识,为此,我们不妨称其为当代中国家庭教育的现实读本。

文本的意义

我们还是要回到文学评论家们颇费思量的问题上来,那就是:《沐阳上学记》算不算得上是一部长篇小说?

其实,我非常在意这个问题。岂止是在意,其实我是非常喜欢这个问题。岂止是喜欢,其实我很希望在这个问题上有一番作为。

讨论《沐阳上学记》的文学体裁问题,说到底,是讨论一个作家作品的文体问题。而在我们当代文学创作的讨论中,文体不谈久已。

我曾经在一短文中标榜自己不是一个文体主义者。其实我玩的是欲强故弱、欲扬先抑的把戏。在那篇短文中我话锋一转,接着就强调文学创作,文体总是要讲究的,指出一个作家自己的言说方式和言说对象,这总是要努力寻找的。继而我把话说得比较大,强调文体就是作家以及他作品的一种生命形式,也许这生命形式并不伟大也不深刻,但应当是独特的,是有温度的,冷峻或者温暖,甚至热烈。再说得深刻一些,我们不妨把文体看成是作家生存的历史文化语境的折射,是作家坚守的艺术精神的艺术表达。

为了把问题讲得再清晰一些,请允许我们举出一些中外作家的例证。

俄国作家列斯科夫是与托尔斯泰、陀思妥耶夫斯基、屠格涅夫同属一流的俄国作家,他称得上是一位文体大师。列斯科夫在19世纪60年代后期尝试采用"纪事"的文体和叙事方法创作了他的著名长篇小说《大堂神父》《普洛多马索沃村的旧日时光》,以现实流方式讲述故事,结构朴实而逼真,震惊俄国文坛。列斯科夫还用各种文体创作了许多中短篇小说,除纪事体外,还有回忆体、组合体、故事体、戏剧体,如此等等,可谓才华毕现,享誉一时。回到我们熟悉的中国现当代作家。鲁迅、沈从文、老舍、孙犁等现代作家的小说作品之所以享誉于当时,传承久远,除却作品的内容具有经久不衰的认识价值和人文精神,其文体艺术上的造诣也是不可忽视的重要原因。

如此等等,不一而足。把远在天边的作家拿来论道,为的就是来品评近在眼前的萧萍。早在《沐阳上学记》全书出版之前,我就已经注意到儿童文学作家萧萍在创作上的多样化探索。她的长篇抒情童话《流年一寸》在文体的尝试上就显得大胆,其寓言性场景和叙事颇有构造戏剧的特点,故事借用《山海经·海外北经》所记的"欧丝"女子为典故,从"欧丝之野在大踵东,一女子跪据树欧丝"起头,串联起一个名叫寸儿的蚕宝宝的独特成长经历,在蜘蛛、螳螂、老屋的木匠以及真正的远方、童话书等等,都成为成长中的那个遇见和必经之路之后,我们会意识到这部童话作品,其实隐喻了一种女性的心灵成长经历,一种羽化成蝶的精神飞升。这部作品所取得的成功,虽然首先来自作家的奇思妙想,然而寓言文体的熟练而精细的操作,让读者获得了丰富多彩的审美效果。

有论者指出,萧萍是一个不安分的作家,她的每一次创作都是一次自我挑战的过程。也许这与她接受过教育学的本科教育,从事过童话写作与发生的硕士研究,做过外国戏剧的博士论文有相当的关联。作家的不安分往往在于其功底丰厚而思虑过多,文学创作的武器库里所藏武器多多以至鼓动其在文体上的多样化探索。她的中篇小说《青艾的歌剧》,使用了类似希腊悲剧中的进场诗和退场诗的文体,写了两个高中女生的微妙友情。文中前后呼应的古典书写形式,那种古希腊戏剧典雅的文体,给作品平添许多古典高贵气息。而这种高贵气息,显然是颇为适宜用来塑造两位追求高蹈精神气质的高中女生。萧萍对诗歌文体的探索更是十分丰富和自觉。她的诗歌集《狂欢节,女王一岁了》和儿童诗歌剧《蚂蚁恰恰》,都让我为她的文体创新感到惊奇。特别是后者,整个故事有民间故事色彩,用诗歌剧形式,进行原创的童话诗剧尝试,这在国内儿童文学创作中很是罕见。

那么,回到《沐阳上学记》,其文体的意义已经再明显不过。在全书中,"沐阳讲述"是小说的主体部分,是小说第一主人公李沐阳经历的故事,它确立了这部作品的小说地位(虽然有写实,却也有虚构,因而,在古今中外小说的写作分类问题上,大多数人是不会在虚构与非虚构中自寻烦恼的);"老妈日记"则是小说中第二主人公的独白与对话,如此,方凸显了家庭这一教育文本的现实意义;至于"童诗现场",则是儿童语境的渲染和升华,它有点儿类似中国古代话本的开场诗,可又不尽然,因为它有相当的密度,成为整部作品不可或缺的陈述部分,倘若没有这些独具生趣的开篇诗歌,整部作品将会失去多少意趣和快乐!这部作品在文体上的创新,全然为的是儿童成长审美和家庭教育反思的写作主旨。一切出于自然,一切是那么浑然一体。小说的大厦有无数窗口可以进入。作家萧萍选择了一个适宜的窗口进入,让我们眼睛为之一亮,而正因为她的创新,也许从此断了其他作家同行重复使用这一窗口的念想。《沐阳上学记》将成为我国当代儿童文学创作园地里独具其美的"这一个"。

王妍丁 / 鲁迅文学院第十一届高研班学员。生于20世纪60年代。诗人,画家,朗诵家。美国世界文化艺术学院名誉文学博士学位。从事过编辑、记者、教师等工作。著有《王妍丁世纪诗选》《在唐诗的故乡》等。诗集《手挽手的温暖》入选中国作协"21世纪文学之星"丛书。曾参加诗刊社第二十四届"青春诗会"。作品多次获奖,入选国内外多种文学选本。

作家自述

从此地出发

王妍丁

生活常常被琐事塞满。要么把自己也塞进生活的底子压实,要么像一朵莲蓬那样从藕塘深处偏偏地探出头来。从没有两全其美的事情,束缚和解脱总是互为角色,彼此打量。我们不得不从中学会些什么,比如妥协,或者让对抗来得更为强烈。在一种规则里打破僵化,或在一种所谓的道德里发出沉重的低吟。

爱上此生的行走,尽管走得很是缓慢。一年一年的时光流水般逝去,总是恍惚脚步才刚刚挪移。我喜欢出发,且兴致勃勃。不在乎远方的远,有时可能总也不能抵达,却依然愿意成为它忠实的旅者,成为它沿途的一抹沉香。在纷繁的人流之中,不必担心自己被裹挟或者被淹没。那是别人的事情。何况一个人即使躺着不动,也会中枪。

一个幸运者,因为常常被莫名其妙地击打,心脏和骨骼的韧度总会超出想象。它与写作无关,它与写作有关。错过无缘的,珍惜本该要珍惜的。感恩每一次出发,感恩每一个理想中的彼岸,感恩旅途给予我的温暖。让人忘记寒冷、倦意,甚至忘记同一条路上满溢的污泥浊水。一个有洁癖的人,行动起来常常不计后果。幸好,人生可以那样繁复,也可以这样简单,感谢大地的每一次馈赠,让我一次比一次更坚定地朝向心灵的早春,朝向灵魂的彼岸。我从不怀疑自己,将与这世界有着最美的遇见。

记得一天夜里,当我在旅途中写下:一切痛苦刚好来过/一切幸福,刚好拥抱生活/今天,只有一滴雨水/一朵花开/花香足足飘过十里/十里之外,我已经缝好了所有的伤口/哭着或者笑着,都不再重要/我决定迈开步子,在你灼灼的燃烧里/那些暗礁已浮出水面/让我来折断荆棘/让每一滴海水都不再流血/像大地给予春天/我们的爱,也需要这样的博大/捧住花枝,要在心里默默谢过,泥土,水滴/谢过一寸一寸上升的朝阳/我们彼此都不那么完美,你我都需要学着,把什么/淡忘……不知为什么,泪水忽然止不住奔涌。有时,与其说是诗人给诗歌插上了翅膀,我倒觉得,是诗歌给了我们温暖和力量。诗与人是一种相互的认同与需要。在彼此找寻等待的过程当中,有很多难以言说的痛苦,也有很多难以言说的快乐,特别不可思议。

不因私欲而困住灵魂的轻盈。

不因野蛮而失去理性与纯真。

也许,当你无视黑夜,黑夜便不再是黑。这就是生活掰开揉碎之后,呈现给诗歌的箴言。

天光乍泄的时候,窗外总是透过薄薄的光亮。尽管微弱,但微弱的光亮也是光亮。我庆幸自己发现并握住了那些光亮。我显得无比富足。我用真诚小心翼翼汲取了那些微光,做成一盏盏灯笼。也许,夜色阑珊之时,总有一两个人,恰好需要提着它。我喜欢这样的想象,我会为它感动。这个世界已经被物质化了,每个人的内心都有一个孤独的角落。只是我常常觉得自己太弱小,只能发出萤火虫一样的微光。但我仍然确定,这也是一种幸福。

文友印象

一个诗人的样子

戴 墨

她不耀眼,但绝不幽暗。似一团光亮,明明白白。你弱小,她是这个样子。你强大,她也是这个样子。从不会拐个弯,照拂一下谁人的情绪或保护一下自己。

人生可能遭逢的种种变故,她没落多少。一般人腰早弯下了,她还那么直直地站着,尽管白发比从前稠密,但还是一个诗人的样子——当"生活以痛吻我,而我报之以歌"。在失意的生活面前,她始终扬着脸,用力剔除沿路的荆棘,留下可能的温情。

春天了。薰衣草会如期到来,来的还有苍耳。都是上天的馈赠。她是个认真的人。因为认真,总是伤人或被伤。伤人不过是触及了一些所谓面子等问题,被伤则不只是没了工作,没了"饭碗"。伤得深了,也会问,他们怎么可以这样?样子极其天真。好在,她不是一个记仇的人,转眼便风轻云淡了。这便是我认识的诗人王妍丁。

在鲁院读书期间,妍丁多次邀我去探望她敬重的一些诗家,牛汉、屠岸、艾青夫人高瑛、台湾的向明先生,他们大都是妍丁的忘年交。给我留下极深印象的是"七月派"诗人牛汉。那个身高一米九〇的矍铄老人,妍丁称他"牛伯伯"。"牛伯伯"则称妍丁为"可爱的小友"。牛伯伯91岁那年秋天去世,妍丁听到消息第一时间赶到家里。牛伯伯的孩子们说,老爷子一生都不肯向命运折腰,告别仪式那天他一定不喜欢用哀乐送他,问妍丁可不可以朗诵一首父亲生前的诗作,为老人家送行。妍丁欣然从命。想到20世纪七八十年代就广为流传的《华南虎》与《悼念一棵枫树》,妍丁选定了"一棵枫树"。在妍丁心里,她敬重的"牛伯伯"就是那棵"表皮灰暗而粗犷,发着苦涩气息,但它的生命内部却储蓄了那么多芬芳"的枫树……在多灾多难的中华大地上,刚直不阿的牛伯伯一身傲骨,直挺挺站立了近一个世纪,为着生命的尊严呕心沥血。现在,"那棵枫树"虽然躺在了那里,可它还是"那么庞大,那么青翠",甚至"看上去比它站立的时候还要雄伟和美丽"。她觉得那正是她要对牛伯伯"说"的心里话。为了音域的厚重磅礴,妍丁还请出好友、演员石维坚与她一起送别这棵高大的枫树。在录音棚录音那天,当读到"枫树被解成宽阔的木板,一圈圈年轮涌出了一圈圈凝固的泪珠"时,妍丁泪流满面,声音几近撕裂。录音不得不一次次停下来,等待妍丁平复思绪。

一个人是不是诗人,一个诗人在他有生之年是不是写出了名篇,虽也是重要的,但人们更看重的还是这个人在大地上行走的灵魂。这些令诗人也生出敬意的诗人,无疑是一个时代的理想之城,也是诗人妍丁的精神之城。

20世纪80年代久负盛名的剧作家、诗人白桦,也是妍丁相识二十来年的忘年诗友。诗人写就的长诗《从秋瑾到林昭》,前后用去10年时间,可诗人仍担心自己写得不够好。他把这首长诗特意发给妍丁,很想听听妍丁的意见。妍丁作为这首诗的第一个读者,几乎是流着泪读完的,她告诉诗人她被深深感动了,建议诗人尽快发表诗作,好让后人更多地了解中华民族最美丽的女性,她们用热血和青春留给这个时代的财富。她认为所有美和信仰给予这个世界的力量,一刻都不能停止奔跑的脚步。没多久,《诗歌月刊》刊发了这首长诗,同时刊发了妍丁对白桦的访谈。

时隔多年,还清晰记得妍丁和我谈到这首诗作时的情境。她叹息,一个诗人的使命就该是这样的,为着一个民族的伟大与崇高发声。只是当今这样的真诗人越来越少了……

一个有着干净的、不被世俗同化的灵魂,才可能照亮生活和被生活照亮。正是那些一脉相承的精神反哺,我看到了妍丁诗作中越来越深刻的自我审视与逆向生长。她由小我不断观照大我,并由浓烈到淡泊,充盈着诗人内心可贵的自省式的诘问与悲情。生活给予她的磨砺,一点都不曾销蚀,她的诗与人正由内而外不断呈现出一种理想主义的光芒。一个能够自我拯救、懂得向内心仰望的人。一个能够不断强大自我、坦坦荡荡追求美好的人,无疑是具有感召力的。妍丁有一个庞大的诗友群,诗友们因喜爱她的诗相聚在一起,他们切磋诗歌中的真善美,探讨诗作创作的背景,并多次自发地举办"妍丁诗歌诵读会",由诗而艺再到美好人生。我从妍丁那里认识了"让诗歌回到生活"的真正意义。

"尽管生活很不轻松,我们也要让自己活得更像一个人。不管经历什么,还是要真诚地拥抱生活。"这不只是妍丁对生活的坚守。其实,认识也好,坚守也好,生活分分秒秒都在那里,远非我一笔带过的那个样子。每次打不通电话的时候,我知道妍丁一定又在寻找她的精神世界。她会把自己关在家里听音乐,会大声朗读诗文或者剧本片段,会用鲜亮的油画颜料在画布上呈现丰富的内心世界,会花很多时间给学校里的孩子们回复邮件,会给她的微友寻找好听的音乐,会用独到视角拍摄刹那而逝的风景。她也会种些花花草草,会自己动手粉刷墙壁,甚至不惜精力体力,让公共走廊也焕发出盎然的诗情,让这栋楼里每个回家的人,都像是走向春天的田野……她还节衣缩食买了一台价格不菲的钢琴,使那小小陋室有了倾听的灵魂。她还会给自己酿酒,让那一樽红蓝淡紫亲吻依旧温热的心底。

能够独自举杯消解痛感,同时又能为生活营造精神质地,并非人人做得到,但妍丁让我看到了这样的一个她——就像人们说的,生活给了她一副铠甲,也给了她一种别样的优雅。

评家观点

情，是她不变的永恒
——王妍丁诗歌赏析
李 磊

今年，是中国新诗走过的第100个年头，用"伟大而又令人感慨"表达的话，似乎过于庸俗。诗歌，是语言的最高艺术形式；诗人，就是人类存在的一种方式；文本，就是主观的、当下的、虚实融合的描述。这样罗列出三个小论调时，我开始变得忐忑不安、甚至有些忧惧。是的，我为当下诗歌写作的现实感到通体的无力，也为今天还在从事诗歌创作的年轻一代感到莫名的压迫感。人类文明在飞速发展，中国现代诗歌从站立到行走、又开始在全世界文学跑道上狂奔，它无疑是孤独的、艰辛的。纵然是这样，在诗歌写作的专业上来说的话，无论是技法还是语言，或者是感性、理性的写作特点，又或者是作者想表达的自我、宏观的指向，现代诗歌从一开始就被戴上了"艺术顶峰"的帽子，而中国诗人也是蹁着高儿地都想去触及这顶桂冠。

今天，作为青年一代写作者，让我来评价王妍丁的诗歌，说实话，我很不安，总是怕自己解读得词不达意，或者没有指向性，又或者缺少理论体系。刚接到她的文本时，我只草草地浏览了一眼，就像是被"吸盘"紧紧吸住了。那个阶段我恰好在读谷川俊太郎的《二十亿光年的孤独》，这个日本优秀作家的文本散发的文字味道和王妍丁的诗歌情境，在某个结点竟是出奇地相像。文学和艺术的存在，本就不在意是否跨越了山水和国度、是否相隔了久远的时空。于坚在《谷川俊太郎诗选》序中说过："他的诗是为人生的，不是诗歌沙龙里只适合诗人小圈子互相切磋的晦涩玩意儿。他的诗是为家族、母亲、孩子、情人、朋友和一朵六月阳光下盛开的百合花写下的。"我想这个表达，也准确、恰当地贴合了王妍丁的诗歌特点，因为她说自己是大地上行走的灵魂、她说：我愿意，退后一步/再退后一步/直到，无路可退。(《重生》)

生命、爱情、生活永远都是诗人抒写的主题,无论青年澎湃、还是暮年沧桑,面对"感情"时,其实他们都在出发的路上,却不曾抵达。虽然我和王妍丁不曾见面,但她的声音传达了她对于生活、对于爱情、对于生命的概论,通透、清灵的话语,让我瞬间在脑海里产生了用"修行者"来定义她。在她的文字里,让我看到她走过的路有痛感但不曾让我觉得苦难、让我看到她心灵的激荡但没有庸俗的自嘲、让我看到她生命的辽阔但也不失柔情的呓语——

什么样的陶罐 才能掬住你

这幽而又长的 回声

这发烫的千年古道

干涸失血的脚掌

不用扬鞭策峰

多好的驭手 也跑不过漠上风

(《风吹动荒漠上的驼铃》)

这是王妍丁对于命运蹉跎的感伤,她将自己置身于宽广的尘世间,她一路修行、朝圣,一路膜拜、祈祷;她的修行里,既有古人拓疆开土时的威凛正气,亦不失女子柔情的娇媚,这种媚不是"谄媚",也不是心底的邪恶,甚至不带任何的颜色和标识度,只是诗人的生活过往一层层叠压、生命体验反复向上印刻,那是独一无二的经验表达。她特殊的命运经历,让她的文字有了某种暗藏的玄机,我想是她母亲的缠绵婆娑,更是她父亲留下的铁骨柔肠。但我看到更多的、更坚定的是她心灵苦难后面的温暖,那是:走了这么久,这些年/一把把吞下的盐粒,竟也像砂糖/那么多/头发白了/目光却从不曾浑浊……(《到对岸去》)纵然酸涩,也有诸多无奈,但是诗人没有回避和躲藏深渊,而是选择逆流而上的力量,她沉静、彻底地一次次击败自己的苦痛,成功地获取生活的幸福和人生的骄傲。在这个意义上,王妍丁一直是平和的、思想着、行走的"修行者",这同样也是真正属于诗歌写作和文学艺术本身的。

夜已经深了,读着王妍丁的诗歌,我的意识在不断下沉,情绪变得不安起来,脑海里浮现出一个海市蜃楼的影像。画面中的人,每日都重复一样的、枯燥的、机械的"日子",而不是进行精致的、优雅的"生活"。他们没有将苦难复制又将酸涩收藏,在意识中强行绑架了道德约束,让自己深陷泥潭。多数人对于"生命"的理解,都是茫然、浅薄、片面、个人化的,生活的经验如果不够饱满、幸运,偶尔还是会带有很个性的偏见。窗外偶尔传来几声犬吠,把我的思维拽回到现实来,在王妍丁的诗歌中、在另一个层面,诗人映射了她对于生命的决绝和锋利的批判,比如《救救灵魂》:"一切生灵万物,又何尝不是如此/在死亡面前,任何生命/都显得那么渺小/但灵魂的重量却从未/减少过一分",还有《不得不说的话》里有这样的描述:"苍天在上/大地无路可走/膨胀的谎言和贪心/连江河与湖泊,都耻于活着/有一片荒凉,渐行渐近/它将轻蔑地成为人类/最后的坟场"。以及《如果你爱这个世界》中说道:"地球上,已经长出许多/不明真相的阴影/那些可怕的暴力/人性的贪婪/一张嘴,福祸之门/一边是花园,田野/一边是陷阱和死亡的沼泽"……阅读到这些抒情诗时,一种巨大的、充满神秘的力量,将我的意识用力拽扯着。这些祛除了日常的经验的诗歌表达,包含着一个很重要的概念——"纯诗"。我想引用1981年马拉美的一封信里提到的一句话来解释王妍丁的诗歌意象:"以一种中心纯粹性的名义对实物进行充分利用直至将其耗尽。"曾经波德莱尔和其他诗人也都偶尔用到过这个概念,而王妍丁的诗歌中也同样摒弃了日常的经验材料,把一些实践性的真理和她作为普通人的情感、心灵的顿悟,通过具有很强的私人化的语言,把我们带入到一个荒诞的空间。作为一个青年诗人,我很赞叹王妍丁的这些诗歌写作技法和技艺,能将诗歌语言施上魔法,不管是犀利的个人经验转化或者是为生命感怀的辩护,都充满了力量。

"爱情诗"在王妍丁的作品里大量呈现,一开始读她的诗歌时,我明显地带有自己的"偏见",试图寻找特别强烈的女性诗歌写作的一些特点,寻找贴着关于身体、激情、情欲的标签,抑或者神秘、欲望、毁灭的议题。也许这样,我才能找寻到一条幽谷,静静地去探寻属于她的诗歌意境。在男权社会主宰的当下,很多因素束缚了女性认识自己,她们往往是通过他者来认知。女性、女性写作者、女诗人,这些特殊的标记,到了新世纪无论是在现实生活还是文学作品中,都在引导女性知性的清醒、自主自足的独立以及彻底打开自己的决心。女性深层的思想源头,反复地告诫自己要摒弃女性作为第二性别的道德捆绑,释放女人母性、纯粹的天性,率真地接受心理和身体的改变。我懊悔我的迂腐与浅薄,也不得不敬佩王妍丁有关爱情诗文里充斥的苍劲的生命力和无限放大的两性相处的境界。在她的诗歌书写中，创造了属于她自己的情感领地、语言体系以及文本架构，她在宏观的角度上阐述了女性内心的隐忍及个人挣扎。她把渴望爱情的焦灼安放在我们要抬头仰望的空间里，以坚挺的面貌、倔强的个性和持久的信心拉开寻爱的序幕，她没有在等待中消磨意志、也不会在失去中沉沦。"爱是一件/多么甜美的事情/它竟让我忘记自己/会衰老/会死亡/甚至会遭遇种种意想不到的/伤害或者分离//那又有什么关系呢/假使活在世上百年/也只是一具孤独的身躯/我宁愿/活在短短的这一个时辰里//只要能够/和你在一起"（《只要活着……》）这不正是王妍丁爱情经验的摹写吗？

"玫瑰""春""你"这些因素反复出现，"寻找""等待""期望"这些暗示轮番穿梭，在王妍丁的爱情里，她把这些因素揉碎了、又重新黏合，几乎穿越了她最虚弱的身体后，自然地分成了两条道路。一条路上是她把"玫瑰、春天、你"分别装扮成她灵魂里想要的那个人。惦念着过往的感动、期待着再次相遇，那种隐藏在身体最深处的想念恰好迎合了一个概念——诗是沉默的，是想象、抒情、语言、知识的艺术。不张扬、不激进的爱情观，也是王妍丁所有爱情诗文表达的一种现象。"爱情是一棵美丽的树种/我曾努力尝试/把它种进我的肢体/和你一起天荒地老"（《穿过夜晚的无眠》）；而另一条路上，她却在微弱的光里寻找那个能在她的生命中停留的人。在我的观点中，高调的抒情始终也不是浅酌低唱。情，尤其是爱情，其实就在我们身边、在我们的生命体验中。"一直都没有停止寻找/一双手的温暖/不管日子艰涩或者缓慢/我从不失去寻找的希望//……这一生我没有过多的愿望/只想用没有拎菜篮的/那只手/找到菜场上的另一只手"（《手挽手的温暖》）我把自己放进她的情感空间里，酸涩与无奈让我难过，曾经任性地认为悲悯的爱情还不如选择结束，或者卑微地爱着就干脆甩弃。而王妍丁对爱情的解释里，有温情、有温度、有让人感动的长情。这些与她的身份、经历、经验有关，她没有把自己包裹在懦弱、悲情的阴影里，更没有将自己钉在落败、惨烈的十字架上。她选择的是迎头而去，那种决绝、毅然还有对爱情的执着，被放大镜放大在生活中，华美地表现出来了，不做作、不扭捏。

我不想用"现代派""抒情诗"等概念，来定义王妍丁的诗歌写作，因为那样似乎有些狭窄和局促。在她的作品中，所有的技巧、方法、知识、架构并不是诗歌本身渗透出来的"主义",我只想说,她是为人生、为生命、为爱情而写作的诗人,读她的作品,能让人感激生命的存在、感动每一次经历中的甜蜜和失败。情,是她掺杂了血泪的过往;爱,是她经久不变的永恒。就像《一棵草的力量》里她说:"回忆/其实是一种幸福的燃烧//我不知道我今生还能不能拥有一次那样的物质/我只想在里面/生一个/草一样茂盛的孩子/让他延续/我生命中剩余的钙质……"作为一个青年作者,同样也是一位诗人的我,看到的只是作品中反射的关乎生命、爱情、人生的一些或痛或悲,或喜或忧的情绪感染。王妍丁的诗歌掺揉了血和泪,在我看来,这些是能通过她的文字延伸出来的"重生",是坚挺和韧性、亦是生长和力量!

陶纯 / 鲁迅文学院首届高研班学员，现为解放军战略支援部队系统专业作家。有大量长中短篇小说见于各文学期刊，部分作品被各类选刊转载。长篇小说《一座营盘》入选2015年度中国小说学会年度排行榜、《当代》长篇小说"年度五佳"。曾两次获得"中国人民解放军文艺大奖"，两次获得全国"五个一工程"奖，三次获得"全军文艺新作品奖"一等奖，两次获得"中国图书奖"，以及《人民文学》《解放军文艺》《中国作家》等刊物优秀作品奖。

评家观点

跑步、做饭及其他

陶 纯

搞创作的人免不了写创作谈,有些创作谈貌似深奥,实则七拐八绕,似是而非,不知所云,令人如坠云雾。这次不谈所谓深的,往浅了说。

2010年之前,除了读书写作,我几乎没有任何爱好,不下棋不打牌不运动不吸烟,偶尔被迫喝顿酒,就跟个书呆子差不多。2010年,我从北京北五环外的清河小营搬到德胜门外的五路通街,隔壁有一座公园,叫人定湖公园,不大,很幽静,还有一片湖,一天早晨,我心血来潮沿着湖边跑了几圈,感觉很好。从此以后,就喜欢上了跑步——总算有了一个爱好。

7年来,只要不遇上极端天气,每天早晨6点多起床,必到公园里慢跑四五公里,一天不跑,就感觉少了点什么,浑身不自在。由此我想到写作——写作其实就像跑步,对于大多数作家来说,凭借的不是爆发力,而是耐力,毕竟一鸣惊人的作家是少数。当年巴金26岁写出《家》,肖洛霍夫23岁出版《静静的顿河》第一、二部,这种现象现在很难出现,因为现代人生活安定,尤其年轻人缺乏大起大落的人生阅历,当作家不像诗人和音乐家,后两者主要抒写自己的感情,不一定需要丰富的经历与深刻的观察,所以容易出"神童",作家不同,如今作家通常都需要具有丰富的阅历与长时间思考之后,才有可能拿出惊人之作。所以,写作是一场长跑,唯有坚持、坚持、再坚持,或许才能成长、成长、再成长。就像我上面说的跑步,跑到人生终点,写到人生终点,沿途一定会有一些风景,让你刮目相看,或者让读者对你刮目相看。王蒙先生80多岁了,还能写出质量上乘的中短篇小说,便是很好的榜样。

再说做饭。除了跑步之外,如果再说一个爱好,那就是我清闲时喜欢下厨,虽说厨艺谈不上精,但也马马虎虎说得过去。做饭,好吃是硬道理。由此我想到,写出的作品,好读耐读是硬道理。不好读的小说,很难说是好小说,正像饭菜,不好吃的,能叫好饭吗?好吃是第一步,是基本,不但好吃而且还有丰富的营养,还是健康食品,那就更棒了。作品应如是——那些提炼出真善美的、引人无限遐思的作品,一定是好作品;那些难以卒读的小说,就像是难以下咽的饭菜,有人嘴上说喜欢,那是糊弄你,我不相信他真的喜欢。

作品要想好读,作家得学会讲故事,得想办法讲出新鲜的故事,一部长篇,头两页就得把读者的胃口吊起来,否则现代人那么忙,就没有耐心往下看。我年轻的时候,一度迷恋所谓的先锋文学,对西方的现代派、南美洲的魔幻现实主义五迷三道,后来才发现,走了弯路。中国人吃惯了馒头稀饭包子油条,吃西餐总是感到不对胃口,消化起来也有问题。

因此,我更倾向于认为,当作家,首先得学会讲自己的故事,迷恋别人的收割机,不如打磨好自家的镰刀。每个民族都有自己的文学传统,中国土地上最好的文学风景,可能不是什么魔幻,而是中国式的现实主义;现实主义,才是中国文学的根。拥抱生活,反映现实,是拉近和读者距离、挽救文学的最好办法。真正的力作,应该是反映社会深刻矛盾的。那些碎片化、私人化的写作,小情小调,鸡毛蒜皮,玩点文字游戏,很容易千人一面,同质化严重,不是正途;而那些抒写家国情怀、感时忧国、接续传统的作品,才更能体现文学的力量。

文友印象

不忘初心说陶纯

潘　灵

1992年初冬,我有生头一回进京。当时我是云南人民出版社的一名年轻编辑,正领命做一本大型纯文学双月刊的前期工作,这本刊物,就是后来在文坛享有盛名的《大家》。初到北京,人生地不熟,但我胆子不小,一个人摸索着去了《青年文学》,偶遇知名编辑李师东。李老师听说我此行的任务是找在京的青年作家,为未来刊物的稿源做准备工作,便帮我介绍了几个人,其中就有正在原解放军艺术学院文学系学习的陶纯,二十几岁的陶纯已经在《人民文学》《青年文学》《上海文学》《解放军文艺》等大刊发表过小说,作品还被《新华文摘》选载过,这在当时颇为不易。

我拿着李师东写给我的纸条,先去了军艺,没费力气就见到了陶纯。人与人的关系真是奇怪,有的人与你一辈子共事,彼此都难成朋友;而有的仅一面之交,便成为永远的朋友,仿佛前世就认识——我与陶纯,便属于后者。

从第一面我就看出,陶纯有颗细腻坦诚的心,这个出身山东贫穷农家的子弟,善良敦厚,沉稳实在,很低调,不张扬,总是面带微笑,性格不温不火。我们相识26年,每年都要多次见面,我从未见过陶纯怒火中烧的模样,他总是微笑着。心情不好的时候我一旦想到陶纯,就会阴转晴。

《大家》创刊不久,我就责编了陶纯的短篇小说《村殇》,写的是农村被渐渐破坏的政治生态和基层干部的腐败问题。文章跟他人一样,不温不火,不紧不慢,感性而调皮的文字会逗你会心一笑,但它是有深度,有力量的。送审时,主编问我为何选发这篇小说,我揶揄说,大概是因为微笑的批判现实主义。主编愕然,审完稿子后说,你是对的,只是这微笑里,夹杂了讥讽,这是篇有分量有特点的农村题材作品。

陶纯从军艺毕业后回到驻济南的部队当专业作家。我在《大家》做编辑期间,常去山东组稿,每次笑眯眯接送我的都是陶纯。如果说,那个时候我们之间的关系是编辑与作者的关系,那么后来我离开《大家》,我们就变成纯粹的朋友间的交往了。离开《大家》,使我品尝到了文坛上的世态炎凉,一些原本交往颇深的文人朋辈,因此与我渐行渐远。陶纯则不然,每次去济南,他仍然一成不变地、热情地迎来送往。有一次,我们闲聊到鲁菜,没想到第二天,陶纯就把我们带到一家有名的鲁菜馆,特意请熟悉的厨师做了经典的鲁菜,然后笑眯眯地看着我大快朵颐,有一道菜叫九转大肠,那道菜的滋味,20年后仍然弥漫在我的记忆里。

2002年秋天,我和陶纯又多了一层关系:同学。我们共同进入鲁迅文学院首届全国中青年作家高级研讨班。那届高研班,后来被文坛中人戏称为"黄埔一期",49名同学都颇具实力。由于性格的原因,陶纯在这个班上是最受欢迎的同学之一。因为是老相识,彼此知根知底,所以我们二人之间的交流是最多的。我们都憧憬着,借这个难得的学习机会,力争回去后多写出几篇有分量有影响的作品。但是毕业之后,陶纯却出人意料地转行进行影视剧本创作,10年多时间里没发表一篇小说。这让我殊为遗憾。2006年,他调到北京后,我们见面的机会更多了。我发现,在影视创作上风生水起的他,少了一丝快乐,多了一丝忧虑。某一天酒过三巡后,他跟我谈写小说的打算,再三向我强调,写剧本和小说比,让他快乐的还是后者。我就说,尊重你的内心吧。

其实,他是否还能回到小说创作上来,我当时是存疑的。但陶纯就是陶纯,他的转身是华丽的。他归来呈现的是一份厚礼,一部沉甸甸的大书《一座营盘》。这部长篇最先在《中国作家》发表,后在人民文学出版社出版,好评如潮。因为小说触及了军队反腐,一时成了畅销书。除长篇外,他又相继在《人民文学》《当代》等重要期刊上发表了《天佑》《秋莲》《平平的世界》等中篇小说,几乎所有的文学选刊都选载了它们。从影视创作重返小说创作的陶纯,不仅没有因为写剧本"糙"了自己的手,而且进一步拓展了创作视野,更会讲故事了。他笑称自己回归,是不忘初心的表现,因为文学是他最早的人生追求,是一辈子都割舍不了的。

大约20年前,陶纯曾经微笑着对我说:我们写小说,不靠爆发力,而是靠耐力,坚持走到最后才算胜利者。这话我一直记着,现在说出来,与陶纯共勉。

评家观点

在军事文学领域不断开掘
——陶纯小说论
张丽军　李君君

如果从1986年在《青年作家》上发表短篇小说《愿望》算起,陶纯进入文坛已逾30年。纵观陶纯30余年的创作,抛除其中10年左右时间他进行影视剧本创作外,20年里,他发表了300多万字的小说,大部分是军事题材的作品。众所周知,军事题材包含两大块——战争与和平时期的军营生活。说句实在话,这两个领域是两块硬骨头,都不好啃。

革命历史题材向来是军旅文学书写的重点。16岁就来到军队的陶纯决心以手中这支笔,写出几部好的作品来追忆过往的峥嵘岁月。回顾历史,刻画战争中的人与人性,是陶纯早期创作的重要内容。温暖的文字、细腻的情感、鲜活的人物形象、别具匠心的切入角度以及叙事中的崇高美是陶纯革命历史题材小说给人的整体感觉。《小推车》《好天气》《天佑》《彩蝶飞舞》《生灵之美》等都是这类题材中的重要作品。

短篇小说《小推车》是一部优秀之作。小说以淮海战役为背景,叙述了农村青年柱子受到战争热烈氛围的感染,跟随队伍走向战场后,他的父亲王怀炳老汉和邻居——新寡的少妇小娥也毅然加入支前队伍,用小推车运送军用物资来与他们共同爱着的人一起奋战的故事。小说中的三个主要人物柱子、怀炳老汉、小娥原本都不需要上战场,但革命年代里为了战争的胜利,老百姓真诚奉献的心是火热的。陶纯用饱蘸生命情感的文字,渲染出了革命老区的热烈气氛:"号声在村落、田野和山岗间久久回荡。不见首尾的队伍在村外的官道上蜿蜒西去。老人、妇女和孩子们驻足于道路两旁,锣鼓声震天作响,妇救会的大闺女小媳妇把秧歌扭得像刚出锅的麻花,香喷喷让人眼花缭乱;煎饼、鸡蛋、苹果、花生、核桃、大枣在人群里飞来飞去,仿佛是天上落下来的。"一段极具画面感的文字,就将读者带回到那个激情燃烧的岁月。柱子的同班战友小算子临终前善意的谎言成了怀炳老汉和小娥战乱年代里的盼头,他们这一老一少成了战场上最英勇的支前队员,即便是后来得知柱子早在参军后的第一场战斗中就牺牲了,他们悲恸过后,依然坚强地推着小推车继续前进。这份朴素却又沉甸甸的情谊正是人民战争得以胜利的基础。小说的动人之处还源于陶纯充满生命温度与情感积淀的文字,早年乡村劳作的经历使陶纯形成了独特的语言系统。独生子柱子在59岁的怀炳老汉心中是什么位置呢?"柱子虽然长成了壮小伙子,但在怀炳老汉的眼里,他的儿子永远是庄稼棵上的嫩须须,开春时的树芽芽,碰不得拽不得,不容有闪失的。"庄稼棵上的嫩须须,开春时的树芽芽,那可是惜地如命的庄稼人的心尖尖呀。没有乡村经验是很难写出这样细腻、准确又接地气的文字的。陶纯的小说语言别有一种来自土地的气息之美。

中篇小说《天佑》(《人民文学》2016年第7期)是纪念红军长征胜利80周年之际推出的作品。为了给部队搞给养,战士王大妮和唐本奇乔装打扮成货郎夫妇,诱绑了彭家寨大地主彭贵山年仅6岁的小儿子天佑,阴差阳错间王大妮等人无法将"人质"天佑送回家,不得不带着天佑跟随队伍一块儿前行。一路上本有多次机会将天佑留下来送人,但众人在与活泼可爱的天佑的相处中已经产生了感情,在几番纠结和斗争中,战士们决定带着他继续前行。在最艰难的长征路上,战士们依然关心、呵护着天佑。在玉龙雪山,唐本奇拼死将天佑托出了雪窟窿,自己却再也没能出来;在藏族聚集区巴安,部队因给养严重匮乏欲将天佑托付给寺庙住持时,极度愧疚与不舍的毛小虎为给天佑留下一只大灰兔做伴,而永远地留在了巴安城东的沼泽地里;在遭遇藏民武装袭击时,王大妮为保护天佑被打得全身流血而亡;在弹尽粮绝的松潘草地上,连长徐发祥紧护着腰间留给天佑的最后几把米而自己却再也没能醒过来……这些本身还是大孩子的战士在长征路上为救天佑相继牺牲,而毛小虎用生命换来的那只大灰兔在长征的最后时刻救了20个人的性命。《天佑》将人间正道融于对一个孩童的生命呵护,以最纯真、纯粹的人性之美诠释英雄情怀。

中篇小说《秋莲》(《解放军文艺》2016年第10期)塑造了一个另类的"女特务"形象。秋莲的父亲、国民党高级将领许宗衡在淮海战役中阵亡,母亲也随后病逝,在上海,举目无亲的秋莲在初恋对象高伦的诱惑之下加入了国民党的特务组织。一次偶然的机会,秋莲救了解放军某部英雄团长马九龙的性命,在上线老K的指示下她嫁给了马九龙。秋莲在做"母亲"和"妻子"的过程中渐渐忘了自己的特务身份,并爱上了自己的丈夫。然而,"特务"身份始终像一团阴云将她笼罩,在高伦威逼之下,秋莲战战兢兢地送过两次假情报,她的内心承受着极度的煎熬。丈夫和同事们对她越信任,她就越感到自卑和愧疚,历史错误终究有被清算的那一天……小说结尾处,秋莲身份被发现后自杀未遂,马九龙辞去了所有职务,尽管在秋莲的政治身份上马九龙打错了"包票",但他并不后悔这辈子娶了秋莲做老婆。人性的幽微与历史的吊诡在秋莲复杂的人生遭遇中体现出来。

严酷的斗争现实,考验着战争中的每一个人。"开小差"现象在以往的军旅题材中极少表现,短篇小说《好天气》却独辟蹊径地从这一角度入手,展现了战争中真实的人和人性以及红军战士的英雄形象。红军处于最困难的时候,战士们都已经疲惫不堪了,此时丁小栓却意外地发现队伍竟然走到了离自己家不远的地方,他不由得回想起一年前在那个宛若梦境的好天气里自己在山顶放牛的情景……大牯牛的意外坠崖使他成了红军中的一员。可自从当了红军之后,打仗打得脑子都乱了套,自己的亲人都很少想,哪里还有心思关心天气和风景呢?远离战争,渴望和平是战争年代里每一个人的心声。小说就在紧锣密鼓的战斗中让丁小栓一次次联想到:如果是个好天气,作为普通乡村老百姓的他又该在做什么呢?与想象中那个明净、欢乐的世界相比,丁小栓此时所处的战场仿佛像是另一个与之对应的黑暗时空。战友斜眼、麻秆、班长、老黑、书生的相继牺牲让小栓的心再也不动摇了,他放弃开小差,最后一次用眼神抚慰了自己的家乡,在将战友们的遗体摆放好之后,打完了最后一颗子弹,弥留之际的他仿佛又见到了梦境般的好天气。《好天气》从人性的柔软处入手,歌颂了红军战士的英雄形象,谴责了战争对美好人性的戕害,短短的篇幅竟给人以荡气回肠之感。短篇《彩蝶飞舞》和《生灵之美》也都从不同角度表现了战争对美好的人和事物的毁灭。陶纯的革命历史题材创作往往能选取特殊的切入角度,以鲜明的人物形象、跌宕起伏的故事情节、朴实又不失灵动的文字串联起一个个带有时代感和崇高美的富有历史温度的故事。

真实的人性不仅包括人的创造性、能动性,还应包括人的局限性。陶纯写得更好的是反映和平时期军人生活的作品。陶纯从中国当下军营生活和军人的现实境遇出发,打破了笼罩在军人身上的层层光环,正视时代和文化转型时期军旅生活的新变化。在反映当下的军事题材创作中,陶纯从军队、机关、家庭等多个角度切入,将以往军事文学中被遮蔽或者说被淡化的军人的情感、欲望、苦闷、挫败还原,展现出当代现实生活中基层官兵的精神生活与现实遭际,映射出军人的理想、意志和品格在当下社会现实面前受到冲击的现实。

短篇《一个人的高原》呈现了长年驻守西部高原的老兵的精神苦闷。长期面对高原造成了老兵与正常社会的某种脱节和"失语",家乡的人早已不认识他,而在回乡时与姑娘的短暂接触中,他语无伦次的高原语言让姑娘望而却步。故乡也将他抛弃了,退役之后他将何去何从?没人能给他一个答案。《一个人的高原》表现出常年驻守边疆的士兵精神的"无根"与现实的苦闷,令人震惊和悲怆。

与冲锋陷阵相比,日复一日的机关生活可能更是对军人意志和品格的考验。中篇小说《雨中玫瑰》中的李明扬作为国防科技大学的优秀毕业生,在学生时代一直是同龄人中的佼佼者,参加工作后,即便是写机关公文这样"干巴巴的材料",李明扬也能像写文学作品那样,笔端注满情感。当以往的同学、朋友成为商界的成功人士后,妻子赵梅也对他的工作产生了不满,认为他的工作没有多少实际价值。作为曾经的"战友",如今的商业人士、妻子赵梅早已取得了成功,而李明扬却拿着和小区保安一样的工资。夫妻二人的交流越来越少,价值观也出现了极大的分歧,在发现曾经崇拜他的妻子赵梅可能已经红杏出墙后,他再也坚持不住了,他的灵感渐渐消失了,写的材料越来越差,职务晋升也遭遇意外的失败。时代之变带来了价值观的冲击,任何时代都是属于强者的。陶纯表达了对和平年代里军人个体价值认同危机的关切。

一直以来,军队腐败问题是军事文学的"禁区",即便是在反腐文学、反腐影视剧大热的时候也鲜少有人涉足。长期忽视军队所面临的最迫切的现实问题,导致当下军旅文学创作与其他非军旅题材相比,反映现实的能力大大削弱了。关注当下中国军队现实,就不应忽视和回避军中腐败问题,这也是重新拉近军事文学与读者距离的最好的办法之一。

陶纯认为,写30多年来军队的变革,如果有意忽略这个重大问题,那就是一个军队作家的失职。因此他不想粉饰现实,不想回避矛盾,他想改变过去军事文学高大上的传统,把军人拉回到地平线。党的十八大以来党中央大力反腐,为陶纯的这一创作愿望提供了重要契机,长篇小说《一座营盘》是他涉足影视剧本创作10年后的回归之作。评论家朱向前认为,《一座营盘》是军队反腐题材的力作,其中涉及的人物,级别之高,问题之大,都是前所未有的。《一座营盘》以A基地为缩影,以一正一反两个人物布小朋和孟广俊的人生经历为线索,深刻揭示了我军所存在的各种问题,希望以此引起人们对军队现实的关注,进而思考我们民族的命运。它勾勒了一幅当代军营的众生相,其中既有康又汉、布小朋、夏忧这些与"大环境"不那么融洽的、坚持原则和底线、始终心怀国家和民族命运的正义之士,也有孔家瑞、孟广俊、冉淮等善于投机钻营的腐败之徒。小说通过布小朋和孟广俊这一正一反两个人物形象展现了当代军营中正反两种力量的拮抗。布小朋和孟广俊是同年入伍的战友,但二人在性格品行和命运轨迹上却有着天壤之别。布小朋老实耿直,廉洁自律,讲究原则,是一个"死认真""严重缺乏灵活性"又"不会拐弯"的人,在漫长的军旅生涯中,他始终"不搂不贪不糟蹋军费",在诱惑面前坚持"不伸手"。担任基地财务处长时,他不卑不亢,时常卡人,不该批的经费不批,以至于得罪了很多人;在担任606仓库主任时,他严肃纪律,重整军风,不搞迎来送往那一套,硬是凭借一己之力将这个连年落后的单位带出了泥沼;在任三师九团团长时,为提高军队的效率和战斗力,他坚持搞夜间训练,结果出了事故,面临严重的处罚,可就在此时他也坚决拒绝了孟广俊、冉淮等人提出的"好事变坏事"的建议;姐姐去世后,他唯一的外甥牛牛可以说是他最大的牵挂,他朝思暮想,希望帮姐姐照顾好牛牛,但即便如此,布小朋也不愿为此违背原则。"不忘本""不伸手"就是布小朋保持灵魂"干净""纯粹"的法宝。以往军事文学对军队腐败状况基本不涉足,无形中给人造成一种"很见不得光"的印象,这反而让人危机感大增。陶纯通过布小朋这个人物形象给了我们信心,让我们看到了中国军队的希望。

与布小朋相比,孟广俊恰恰相反,他是一个机智灵活、胆大心细、善于投机钻营的人,正像有论者指出的,"很大程度上,孟广俊这个人物就是在人情社会中脱颖而出的典范"。他费尽心机在基地周围转了好几圈,只为能给下来视察的总部江副部长做出一碗满意的臊子面;他独创了"四菜一汤"换着的接待办法,表面上遵守了规定,却又维护了领导的面子;为讨好北京的孔家瑞首长,他把孔家瑞八竿子打不着的亲戚安排进了师职干部病房;在担任营房处处长期间,他大搞营院建设,铺张浪费严重,但短短三年之间也让基地营区大变样,旧貌换新颜;允许军队经商办企业那个时期是孟广俊的"黄金时代",他把军车牌照租出去赚钱,通过关系搞到军用飞机走私韩国现代汽车,又组织调动各方力量倒建材、倒油、倒煤、倒化肥、倒食用油,他所做的每一笔生意都赚钱。基地靠他挣的钱给干部们盖了七栋宿舍楼,一举解决了多年的欠债。这一复杂的人物形象给人留下了深刻印象。

在当代文学中,我们看到了太多关于"失败"和"妥协"的故事,那些充满了浩然正气、给人以信心和力量的"英雄"形象似乎越来越少了。毫无疑问,《一座营盘》是当前军事文学创作的重要收获,是一部能够在军事文学创作史上留下地位的作品,它一扫"温柔敦厚"的文风,直指军内腐败问题,塑造了一个信念坚定、始终心系国家前途和民族命运的"平凡英雄"布小朋的形象。另外,孟广俊、夏忧等人物也是过去文学画廊里鲜见的艺术形象。作品抓住了事关我们时代和民族命运的大主题,以别样的勇气和魄力对整个中国军队的状况进行了深刻的披露和反思,写出了和平年代里人民军队面临的是一场更加严酷、可怕的战争——反腐之战。这是一场没有硝烟的、输不起的战争。作者多次表示,写腐败不是为了展示腐败,而是为了呼唤正义与清明,《一座营盘》让我们看到了陶纯的忧思、勇气、血性与担当。

今天,作家们更应该承担起民族和时代的责任,继承本民族的文学传统,关注当下中国现实问题,勇立时代潮头,创作出更多生长于中国土地上的彰显信仰之美、崇高之美的好作品。陶纯对于和平时期军人形象的塑造、军旅文学表现领域的开拓,都让我们看到了氤氲生成的大气象。书写现实,又不回避矛盾,以真诚、坦率的态度揭露当下现实存在的种种问题与矛盾,陶纯挖掘的深度与批判的力度在当代军旅文学中前所未见,但正因其蕴含的强大正能量,反而不让人感到灰暗与绝望。希望的花朵不惧黑暗的火焰。

范晓波 / 鲁迅文学院第七届、第二十八届高研班学员。江西鄱阳人，现居南昌。中国作家协会会员。曾在《人民文学》《十月》《诗刊》等发表散文、小说、诗歌100多万字。作品入选《21世纪散文典藏》《21世纪散文排行榜》等100余个选本。著有长篇小说《出走》，散文集《正版的春天》(21世纪文学之星丛书2006年卷)、《带你去故乡》、《田野的深度》等。曾获第二届"冰心散文奖"、首届"林语堂散文奖"和江西省第五届"谷雨文学奖"等奖项。

作家自述

未来的三本书
范晓波

1

尽管我写过的文字大部分可以归类为散文,但我并不愿被人定义为散文家。不是轻视散文,是因我深知一个道理,世间偶有好散文问世流传,却罕有能够不断写出好散文的散文艺术家。

好散文是一种娇贵的恩赐,你可以等待、酝酿、诱导,却很难策划和炮制。那等待的过程,有时如稻谷的有机生长,需要耗费几个节气,有时如煤和石油的形成,要耗费的是几十上百年。

我也写过一些小说,两三年三四年一篇,或者一年一篇两篇。短篇、中篇、长篇都有,总数有十余篇,数量比散文少很多,它们引起的关注也比散文少很多。

其实我在文学期刊上发表小说的时间与散文差不多,只是散文一发表就得到了更多的赞赏和关注,从而受到了某种心理和情绪暗示,就把更多的表达欲交给了散文。

我甚至还会偶尔写点诗,没有规律可循,有时一年写七八首,有时一两年也不写一首。我写诗歌的目的,一是通过分行训练给语言保鲜,同时用诗歌记录散文与小说不便承载的东西。

我深知自己还配不上散文家的称号,我也深知默认这称号会伤害我同小说、诗歌的感情。不管外人怎么区分它们对于我的意义,我对三种文体一视同仁。

我更愿听到人家这样指称我:他是一个写作者,或者说作家;而不是散文家、小说家或者诗人。

极有可能发生的事情是,接下来,我会把表达的欲望更多地转交给小说,也可能在某个阶段神经病发作一样狂写诗歌。

2

我所有的散文都在为一个虚无的愿望服务。我希望它们汇聚成河,成湖,成海,最后蒸发结晶为灵魂,在某个不可预知的时间点之后,代替腐烂的身体继续在世上活下去。

这样表达的是流传的意思吗?不需要撒谎,确实潜藏了此种野心。但也并不就是惦记文学史的人所怀有的那种野心。

被许多人传颂是流传,被有限的几个亲朋惦念也是流传。

一个人拼命想生孩子,表达的其实就是流传的决心:通过基因的遗传,让生命以五折的方式流传到儿子身上;然后,再打五折,流传到孙子身上。

死亡是一个开篇就写好了的结局。显然,流传的幻想可以减轻人对死亡的担忧。

没有生一群儿女的想法和可能,不过我总可以生养一群文字。

所以,即便所有人都认为虚构更能表达真相,我也不愿在散文里这么做。更不会把写作者常有的那些虚荣放在首位。我一开始和最后关心的都只有一点:这些文字,能否充当构建灵魂的元素。这个想法可能比生命还要虚无。

但我愿意,继续为这个虚无的理想付出真实的时间与泪滴。

3

我偏爱离小说的篇幅特别远的诗歌。我偏爱离散文的节奏特别远的诗歌。

诗歌之所以成为诗歌,肯定是承担了小说和散文不宜承担的使命。在小说的情节不便施展,散文的铺陈缺少空间的地方,诗歌的价值会加倍地凸显。

长诗也有杰作,散文诗也曾流行,不过,在我的偏爱中,篇幅精短,有朗诵的语感,既能看见又能听见的小东西仍然是诗歌中的尤物。

诗歌,毕竟是诗与歌通婚之后的产物。我偏爱离诗歌的标配比较远的诗歌。太像诗歌的诗歌,也容易令人生疑。那些在经典诗歌的肉身取下几个细胞进行克隆繁殖的写作,像一种还没出生就已经发生的死亡。

那些过度迷信个人的开创性,把诗学概念看得比诗意表达更重要的诗歌写作,也非我兴趣所在。与此同时,太注重诗句的音乐性,结果被韵律套上枷锁的诗歌;或者太不注重诗句的音乐性,最终迷失于意象丛林的诗歌,在本质上离我的诗歌理想也是远的。

我试图在他人的诗歌中读到穿透人心和时间的情感。我也试图在分行时捕获像闪电一样直觉而耀眼的句子。

4

2000至2002年之间,我在《飞天》和《上海文学》等刊发表过几篇小说,之后就写散文去了。如果从那时起,我一直把主要精力用于小说,现在会是什么样子? 曾有朋友这样问我。

我的答案却并不完全乐观,假如持续地坚持,我的小说可能比现在要好不少,但也有另一种可能,我被某个瓶颈卡住,从此失去写作的热情。我对自己的小说并不满意,因为它与散文的区别度还不是特别大,我说的不是文体形式,而是作者同文本的关系。在早期的小说中,我展示的更多是作者的精神半径,而不是这个半径之外的广阔世界。我唯一愿意保留的是《阿尔卑斯》,我迄今仍记得这个标题带给我的既模糊又清晰的冲动。

《过故人庄》可能是我小说写作的一道分水岭,这是一篇与我的生活场域完全无关的小说,它所呈现的世俗化的生存图景是我的散文写作所从未抵达的。我通过这篇小说突破了限制我多年的一些瓶颈,也激发了我的好奇,打算通过小说找到各种切入社会和人心的隐秘小道。

《出走》是我目前唯一一部长篇小说。它满足了我对作品的体量和长度的尝试与迷恋,长篇小说和中短篇小说几乎像两个物种,它带给作者的感受与篇幅相当的散文集的写作也相去甚远。

如果幸运,我希望以后能写出三本这样的书:

一部可以冒充灵魂的散文集;一本收藏了许多语言和情感闪电的诗集;一部配得上我所经历过的时代的长篇小说。

如果只能选一样,我将把所有的精力献给某部长篇小说。

文友印象

晓波与范先生

谢宝光

他居然47岁了。

不知道是他的履历还是我的眼神出了差错。他哪有一点奔向半百之人的样子？肯定不止我有此疑问吧。

牛仔裤与遮阳帽是他延续了很多年的固定搭配，印象中，这些年和他有限的几次见面好像都是这样。他把脑袋藏在帽子里，把脸藏在帽檐的阴影里，他在阴影里和世界相互打探与窥视。这样有点防御的姿态，使得他很难和日常世界发生大规模的正面冲突，更多时候是在隐秘的较量中一步三退，比如他从沿海退到内地，从城市退到春天和故乡，从皮表退回到心脏，似乎越往后，他才越能触摸到存在的核心、理想的洼地，读读他的散文就知道了，他的几乎所有的写作都像归心似箭的山泉朝着这片洼地一路奔腾。

就在上个月，我们去浮梁采风，夜宿梅岭山庄。餐毕，大家都累得瘫倒在床，或者刷着手机。他却被这春夜辽阔的蛙鸣蛊惑得心里直痒痒，撑把伞顺着发白的村道往四野无人的田畴间走去。路上我们偶遇，我发现他的耳朵居然可以在麦浪一样此起彼伏的蛙鸣中分辨出蛙的种类与性别。走到一块稻田边，蛙们警惕性很高，察觉有人靠近，立马噤声，观摩了一会，觉得这两人似乎不会构成威胁，又山洪暴发似的欢唱起来。这时，我听见他轻声骂了一句：妈的，居然猖狂起来了！我当时确实被他这声嘀咕戳中了笑点，纳闷一向沉敛的他，怎的突然蹦出这么一句俏皮话，后来想想，有这句话就对了。

我说这些，是想从侧面分析他和"中年"一词之间的关系。

令人诧异的是，那些多半与中年人挂钩的字眼儿：发福、啤酒肚、世故、迂腐、城府、倦怠、沧桑……一看见他就远远地躲开了，好像他天生就是这些词汇的绝缘体。他的文字同样如此。顺着任何一个句子,你都可以直抵他的心脏。他有篇散文,就叫《用心脏生活》。

  这些年,只要一想起他,脑海里首先浮现的是他照片里的样子,从来不笑,嘴角连一丝向着微笑倾斜的弧度都没有。他的眼神似乎总是充盈着不知何来的忧郁。深邃而空洞。在我看来,这是青春期才有的东西,而他居然像携带违禁品一样把它带到了中年人的眼睛里。

  我无法想象他西装革履的样子。就像我无法想象他在散文里使用一个公共句子一样。时间很无力,没有在他身上完成太多进化,除了脸上隐现的几条褶皱,发丝里蛰伏的几缕银发,远远看去,你甚至感觉不出他与 10 年前有什么变化。

  我当然没有见过 10 年前的他。10 年前,我还是一个啃书本的高中生,我和他的第一次相遇隔着学校宣传栏的一块薄薄的玻璃。他的名字就印在那块被雨水浸湿的玻璃后面,报纸上是张守仁的一篇文章,叫《散文界升起了一颗新星》。那时我对散文界没有概念,但我记住了"范晓波"这个名字和一本叫《正版的春天》的书。

  他肯定不会知道,他和他的文字是如何影响和塑造了一个少年对世界和语言的最初审美。他肯定也不会知道,一个陌生的青年多少次在他的博客里逗留窥视,并将女友也发展成了他的忠实粉丝。

  这些似乎都是我一个人的戏剧。直到我在大四那年通过某种手段取得了他的电话号码和他签名本的《正版的春天》,这出戏才终于有了新的发展的可能。这本散文集是他送给他的母校老师的,后来辗转到了我的手里,被我一次次折腾到书页打卷,此后便在我的书架上定居了。后来,这本书被女友讨了去。有一次我们因为琐事闹僵,她一气之下,一个人跑到学校西南面一公里外的鄱阳湖边,怀里就揣着这本书。湖对岸正是这本书作者的老家鄱阳县。她也不知道被哪句话打动了,忽然对着湖大喊:"范先生,我要给你写封信!"这个情节是女友后来告诉我的。而这封她对着鄱阳湖许诺的信后来不仅写了,还亲手交到了"范先生"本人手里。

  这封信她是在 2011 年 4 月的一个中午交到"范先生"手里的,她后来把此事写进了一篇叫《过场》的散文里。此后不久,我接到一个陌生来电。

我可能是好一会才反应过来对方是谁。听筒里是一个陌生的声音,语气有点颤,有点急,字和字是抖着跳着走进我的耳朵里的,字行走的速度很快,拥成一团,但每个字的姿态却又显得十分独立。我很快听出了对方是谁,不,不是听出,而是猜到了。他为什么把话说得那么急促而密集呢?这可一点不像他的文风,他的书面语雅而缓慢,还有点潮润,有点像被雨泡过的树叶,可以挤出水来。可为什么口语是另一种风格?我怀疑那不是他。但那确实是他。我相信是他。

那一刻,我肯定是压低了语气,说:哦,晓波,是你。没有过预演,我说出的是"晓波",而不是"范老师"或其他称呼。他是否感到了被冒犯?我不知道。也没问过他。这些年,我一直这样称呼他。这些年,我时常会接到来自他的像2011年第一次打来时那样语气有点颤句子有点急的电话。他的每一次电话,似乎都会为我近乎贫瘠的日常生活注入新的营养。比如参加了两次江西青年作家改稿班,比如经历了一年多的萎靡期后,在他的敦促下写作发表了一篇近两万字的散文……

而这样的称呼并非来自我们之间的熟稔,更多的是早年间,我对他的文字长时间的凝视。来自我通过那些温热的汉字,对他的私人空间长时间的窥探。而这种窥探甚至成了我青春的重要一部分。以至于后来他在我眼里完全丧失了陌生感,相顾甚至无言。"晓波",在我看来,这是最合乎语境的称呼了。我对他说,我从来不觉得我们之间隔着一个足足20年的时代。而女友对他的心态则与我有着大的出入,关于他的阅读课,女友是后来才加入的。一切都很新鲜,她将自己视为一个纯粹的读者角色,而读者与作家间是有着天然的距离的,这个距离只有通过"范先生"这样庄重的称谓来抵达,来消弭。

这真是件好玩的事。一个那么具体的有着匀称呼吸与心跳的散文作家,居然在我和女友的称谓里分蘖出两个迥异的形象,一个亲切而温煦,一个遥远而深沉;一个像鱼,自在畅游,另一个像是每天痴守在岸边的垂钓老者。究竟哪一个才是更为真实的他呢?很多年后,当我们移居外省城市,当女友成为我的妻子,我们这些年乐此不疲地谈论着的究竟是书写者本人,抑或是他在那一篇篇散文里所创造出的角色?

我想,范先生与晓波的区别,大概类似于一个人的白天与黑夜吧。

评家观点

一个悲观主义者的积极思考

聂 梦

范晓波表示,接下来要写出人生的三本书,一部可以冒充灵魂的散文集,一本收藏了许多语言和情感闪电的诗集,一部配得上其所经历过的时代的长篇小说。如此郑重的愿景一落地,便即刻宣判了这篇文字作为作家论的不合理性。它坦诚地、甚至眉头微皱地告诫你,此时此刻,你所做出的任何判断都是短视的,都是有可能被推翻的,都是有损于整体性所释放出的光晕的。

面对一位在写作上高度自律、并且能够将这种自律无所遗漏地付诸实践的写作者,你的发言从一开始就显得困难重重。绝大多数可能的路径和范围已被圈定,优长和有限性也已经被清晰地指认并不时地自我更新、自我反省,而感性的经验呢,从对象丰富的人生履历和从未停止的行走的脚步来看,可供发挥的空间也所剩无几——同一个金牛座争夺领地的话语权,这意味着主动将自己抛入被动的局面里。

是否还有另起炉灶的可能?不,摆在你面前的,并非涉关历史风俗文化的花招,即便是那些描述音乐的文字,也服膺于写作者彼时呼吸的起伏和思想的锐叫。它们冷静地居于一隅,拒绝公共化的修辞,拒绝套路和演绎。于是只能老老实实地随物赋形罢了,所说所想仅限于旁批,或者札记。

一手经验

什么是好的散文?一旦被提问的对象为了维护文体的崇高而不愿称自己为"散文家"时,这样的问题多少会显得有些唐突和鲁莽。或许,也可以先从散文写作的动力和快乐谈起。

谈论快乐总是容易的。范晓波说,这种有别于其他体裁的写作,能让我不断地将生活和写作混为一谈。他说,作者永远无法撇开自己的现实生活,自足地在文本里存活。生活和文本,必须且只能相互补充,相互阐释,相互负责。

是的,生活。这样一个背后携带着庞大话语体系的惯性词汇,被一个自称对语言无比敏感甚至充满洁癖的写作者一再提及,足见它的珍贵。

但这毕竟不是新鲜的话题。恐怕每一位文学的信徒,都在用自己的言行,践行着两者之间的必然联系。范晓波的方式是,遵从生活的引领,然后等待。遵从引领,意味着摒弃策划和炮制,只在一手生活经验里淬火炼金。而等待的结果则是,在20年漫长的时间段里,历经少年、青年直至中年,如此往复地掏空自己,淬炼出屈指可数的几部文集:《正版的春天》《带你去故乡》《田野的深度》等,再继续耗费几个节气,甚至几个世纪,等待接下来那些不可预知的"娇贵的恩赐"。

范晓波将这样的散文写作,称为高能耗低产出的散文写作,并将能耗集中在了三个在旁人看来也许很普通的地方:

江岭,作者心目中江南最纯正春色的所在地。乳白色的炊烟,雪白硕大密集的梨花,喜庆的桃树,与如同"蓄着千万吨金黄色颜料的水库在夜间决堤"的油菜花梯田,共同组成了一支只为一人演奏的交响乐。这是范晓波的春天。他曾不遗余力地反复描绘着同一个主题:"我有意把春天过得像吉祥而虔诚的庆典。就像许多人对本命年有着特殊的敬畏和期许,我把春天当作本命季来尊崇。"(《本命季》)

从江岭出发,120分钟车程可以到达祥环,作者的出生地,一个盛放其童年时光的村落。尽管下次再来,这里可能已被风雨夷为平地,但作者还是愿意从现实中,从文字里,一次次奔波辗转至此,给外公的照片去尘,凝视外婆墓碑上端矜持的笑意。在《一个时代的背影》里,作者倾注了全部关于外公外婆的记忆。我想,它对于范晓波来说,也许是一篇不忍重读的作品。他不得不将失去至亲、失去一个时代的近乎绝望的悲伤,一点一点分散到《黑暗中抓住你的手》《带你去故乡》等其他篇章里。

在柘港生活的时候,范晓波还是个十来岁的小学生,却极其早慧地拥有了20世纪80年代初青年的敏感和激情。窗户光可鉴人的供销社,被"四个现代化"蓝图刺激得眼睛发绿的学生,当然,还有一边学习、一边唱歌、一边劳动、一边恋爱的青年人群。"这样的浪漫,至今还牢牢地抓着我的心,导致我快40岁了还乐于谈论理想"。

上述三个地点,被小心翼翼地收纳在了《还乡》当中。春天、外婆家和20世纪80年代,这三个极具分量的描述,分别从不同的层面上施力,为写作者搭建起可供灵魂安置的故乡。在我的理解里,这就是范晓波散文写作的核心质素所在。故乡,既是其散文世界的入口,也是那个为灯塔所照亮,最终将要抵达的彼岸。

形而上的傲慢

此时,关于被提问者心目中的好散文,已大致显现出了轮廓:好的散文,需要大量消耗生活积累,消耗荷尔蒙和思想资源;需要从素朴的生活中汲取最具肌理的质感,以充当灵魂的构件。但这还不是全部。

《正版的春天》出版时,编委表示,如果把本集中的关键词连缀在一起,就会发现作者忠实地抒写了他的青春史、心灵史。对于类似的评价,范晓波既满足,又不满足。当然,碍于谦逊的本性,直到第三本散文集《带你去故乡》的前言中,他才含蓄但正面地表达了不满的缘由:取材于自身的生命经验,难免会给人以记录青春史的印象,但这不应当成为遮蔽"更内在的动机"的理由。所谓更内在的动机,是要让"写作和现实相互修正,构建自己的生命哲学和美学"。因为唯有在哲学和美学的层面上,个人才会衍生为众人,一生才可能折射一个时代。

上述说法也可以换一种方式去理解,那就是,春天、村庄、童年、性爱、死亡、风景……这些看起来囿于青春心灵写作范畴的人、事、物,终将携带着它们的一切圣洁和庸常,在哲学和美学的高度上,成为作者散文书写的永恒母题。一天是什么,田野是什么,故乡又是什么,许多由此衍生出的再平常不过的发问,其本质是将事物的直接性隐去、创造出新的寓言,并让它与心灵的最高规律相适应的开始。这不禁让人联想起艾默生的忠告,智慧的永恒标志就是从平常中看到神奇。

形而上的建构雄心,必将催生形而上的傲慢。这是任凭谁都无法改变的事实。于是,分别心、明晰的界限等纷纷加入进来,它们借作者之口对外宣告起"散文变革的难度":我偏爱对常识的持守,厌弃边界的无限扩大;我偏爱抒情和审美,厌弃仿真性细节的罗列;我偏爱精神性的救赎,厌弃审丑以示颠覆……(《散文变革的难度》)

好在这傲慢是及物的——它从田野深处生长起来(《田野的深度》),从生存的角度理解存在。它在面对理想的同时,也面对现实世界的难题。因此我们才有机会在相应的文字中体会还乡之难,而不是在某种意志的引领下,参观一个比花岗岩还要坚固的精神乌托邦。这是傲慢的资本所在。

是不叨扰的——它区别于横扫一切的暴力,而更靠近朴素的、本真的、安静的、清洁的夜间低吟。它对于声音和味道异常敏感,时而如思想者一般冥想崇高(《木村的月光》《运送灵魂的那支乐曲》),时而回味孤独和幽暗(《初伏》《像石头一样飞》《天上的门》),时而投入梦境(《白昼的睡眠》《虚构一张床》《魔幻人生》),时而又陷落到深深的自省当中(《冷冷的照耀》《诗心与世俗心》)。这是傲慢的形式特征。

是内指的——它有时更像是一种精神的光照,无意于高高在上笼罩万物,而是从外部发出,最终指向自我。它与对个体自由的维护相联系,与确信迷失和变动不居相联系,与《瓦尔登湖》般的诗意和《忏悔录》里自我剖析的锐利相联系。这是傲慢的出发点和归宿。

范晓波称,他所有的散文都在为虚无的愿望服务。这样的傲慢,为他标记了一种叙事的风度,一种近乎守旧的美学理想。也正是基于这样的傲慢,范晓波才会在选择散文的时候,也同时选择了诗。毕竟,那些贴近场景瞬间的诗性的喷发,同样有可能是排他的,傲慢的,深具野性和雄心的。

虚构的边界与可能

还有一本人生的大书横亘在面前——一部配得上其所经历过的时代的长篇小说,由此虚构便成了一个绕不过去的话题。

范晓波选择当一名作家,而不是散文家,这从某种程度上意味着,经验、诗心和虚构同时对他构成了强烈的吸引。就目前的情形来看,虚构所释放出的引力显然更为特别。值得注意的是,抵制虚构并不等同于抵制想象。事实上,在《终结者》这类文章里,我们已经可以窥探到写作者想象力的蓬勃。这种乐趣,最终在他的小说创作中得以实现。

范晓波小说创作的历史并不比散文短,但小说发表速度远比散文要缓慢。面对《阿尔卑斯》《过故人庄》《甜蜜的事业》《像幸子有什么了不起》等作品,作者本人的评价是,数量比散文少很多,引起的关注也比散文少很多。就我的阅读体会来说,这样的评价是中肯的。在上述文本中,叙述者提供了危险的青春冲动以及朦胧的爱情,提供了中年危机甚至官场世相,但他所动用的语调和想象,似乎并没有逃离写散文的范晓波所辐射的范围。当然,这只是一面之词,更何况挑剌的人已经在《我的永远没你远》等处获得了足够的乐趣。

一个悲观主义者的积极思考,这句话盗用自叔本华。我认为这是对范晓波写作人格最恰切的评价。在悲观还是乐观的问题上,范晓波给出了十分肯定的回答,我基本认同他的判断,但同时也保留自己的想法。从这样一位写作者身上,我们可以看到典型的悲观主义者的诸多特征。但这样的悲观,终究还是选择了申诉和表达,而非放任自流,直至消融在默然里。这种选择本身所指向的,是对终极真理的坚定信仰,借由申诉和表达,以及不间断的行走,来无限度地接近那个真理——生命必须有尊严才有美感;相信爱的人生才值得忍受;笃信灵魂的永恒性才不惶恐。这很难说就不是一种乐观的表现。因此,范晓波也愿意承认:我是个悲观主义者,但一直试图用理想主义照亮自己。从这个意义上讲,摆在未来的这三本书,大概也可以看作是理想主义在今天的一种呈现。

陶丽群 / 鲁迅文学院第十五届高研班学员，广西百色人，壮族。2007年开始文学创作。作品散见《广西文学》《民族文学》《山花》《青年文学》《人民文学》等刊物，小说多次转载于《小说选刊》《小说月报》《新华文摘》《长江文艺好小说》《北京文学·中篇小说月报》等。著有小说集《一个夜晚》《风的方向》《母亲的岛》。小说《起舞的蝴蝶》改编成同名电影。曾获广西文学小说、散文年度奖，《民族文学》年度奖，广西少数民族文学创作"花山奖"，红豆优秀作品奖，北京文学优秀作品奖，全国少数民族文学创作"骏马奖"等。

作家自述

日常与写作
陶丽群

近三年来,一过春节,到 2 月中旬左右,天气稍微透出点暖意,再来几场雨水,我便开始过敏了。往往是晚上临睡前,脸颊看起来还相当红润正常,一早起来,从脖子到额头,犹如喝醉了酒上脸的人,一片火辣辣的通红。于是匆忙漱了口,脸都没敢怎么洗,稍稍地用纸巾沾水轻轻按压,便捂了围巾火烧眉毛又心生愤恨地赶往医院皮肤科。照例是过敏源检测,每次 600 大洋。我仔细收集了三年来的六张(不同医院)过敏检测报告单,提供给医生,希望能给他当参考。但年年仍需要检测,并且结果大同小异,没有准确的过敏源。我对医生说,近几年来只要春天一遇雨水,便会发痒,发红。医生思索片刻,给我一个意义朦胧的答复:可能你对春天空气中的某种物质过敏,这种物质(天杀的某种物质)到下雨时在空气中浓度更高,你就倒霉了。我问:那该怎么办?医生:过敏除外部皮肤接触引起,还有通过呼吸引起。你既然不是由化妆品引起,也和饮食无关,那就跟吸入的空气有关,戴口罩吧。在家也要戴吗?我问。他严肃地点点头。还有别的办法吗?我又问,因为不喜欢捂住嘴脸。医生这回很幽默,答曰:有,你可以停止呼吸!

这办法有些惨烈,实在不敢尝试。

于是,整个春天,譬如今年,从农历二月十三开始(去年是农历二月初二一直到农历七月十四),我一直和这种看不见的"某物质"作充满仇恨的斗争。皮肤隐约发痒,随之而来的肯定是一场或小或大的雨水,比天气预报还准确。在贵如油的春雨中,我便又往医院跑了。如果照着镜子看,我都能看见自己的脸是怎么一寸一寸红起来的。挂号,排队,一边祈祷碰到同一个医生,他就不用再多做检查了,立刻给开了点滴药:三天,每次都三天,三天后,红色褪去,又没事了,简直跟诈骗犯一样。有一次,我觉得也许硬撑到雨停后会自动修复。不料雨停了,红没褪,脸像发面一样肿起来,只好又跑了医院,这次好了,打五天……

南方的春天有多少场雨水?有时候稍微下得像样点,干涸了一冬的地皮正好湿润了,有时候只是像牛毛一样,睁大眼睛才能看得见,而我不用看,只要脸开始发痒,肯定是有雨水,不管大小,赶紧上医院吧。后来学了点乖巧,把大医院医生开的注射药单拍下来,一到开始隐约发痒,就往熟人介绍的靠谱的私人诊所去,不用挂号排队,甚至连钱都不用先付,手机亮出拍下来的药单子,医生就按照方子配药给点滴上了,节省了很多时间。

今年5月21号到25号,美丽温婉的河南省作协主席邵丽女士邀请我去河南采访。出发前愁肠百结,万一到了河南下雨怎么办?于是在临出发前,自己想了个荒唐办法,临出发前一个星期,天天按那方子去打点滴,血液里的药物浓度够了,应该对付得了外出遇到的一两场雨吧?还好,安全归来。回到百色后的第三天,不仅是脸开始发痒,甚至连脖子也跟着作祟了,本来阳光明媚的天空,两个半小时后紧随而来一场入春以来首次伴有厉雷和闪电的大暴雨,我在狂风暴雨中,在小诊所闭着眼吊点滴,一滴,两滴,一瓶,两瓶,一天,两天,一场雨,两场雨,庆幸自己是在家里过敏,可以不必那么惊慌,庆幸百色的交通没有北上广那么拥堵,出家门三蹦两跳就到诊所,庆幸没有什么活动或者约会需要参加,可以安然过敏……过敏。

一直到现在,眼看着要入秋了,每逢雨来,脸还是会照例的痒,发红,只是没春天时那么严重了,扑尔敏加维生素C,雨过两天,症状退去,简直像被人下蛊。

没有人知道在反反复复的过敏中,心境会糟糕到什么程度,情绪会恶劣到什么程度,脾气会暴躁到什么程度,耐心会被折磨到什么程度。从过完年到现在,眼看着就要进入年尾了,刮过好多场大风,下过好多场大雨,在被过敏折磨的大半年里,我错过二月杏花三月桃花四月蔷薇五月石榴六月荷花七月凤仙,眼见着八月桂花也过了,凡是有花盛开的地方都不敢靠近。特别是南方多风多雨的夏秋季,隔三岔五来一场,门都不敢出了,专心调养过敏的脸。

陆陆续续的,在这烦躁得近乎狂躁的漫长疾患中,完成了三个中篇和三个短篇。常常是带着一张猴屁股般发红的脸坐到电脑前,我就暂时可以忘掉奇丑无比的脸和糟糕的心情,极像一只被逼入险境而藏头不藏尾的鸵鸟。这么多年来,多半时候,写作总是这样夹杂在凡此种种烦恼、一地鸡毛中进行着。我的生活没什么大起大落,整日为茶饭劳碌,没有什么固定的写作时间。吃完饭,把该干的活儿干完,饭桌用酒精消毒一遍,笔记本打开(我一直很讨厌正儿八经地在书房里写作,多半作品都是在饭桌上完成的),便可以构建心里那个世界,有时是在早饭后,有时是在下午。

隔壁那对夫妻生了二胎,孩子才3岁多,乡下奶奶来帮忙带孩子,依然保持着乡下人的生活习惯,喜欢敞开家门。孩子几乎是每隔十多分钟就尖叫哭闹,奶奶跟着大声呵斥起来。我喜欢这种热气腾腾的生活,在其间奋笔疾书,会让我写下的每个字都带上柴米油盐的气息,这没什么不好,文学再怎么高,也不能不食人间烟火。

文友印象

她

桃 子

她坐在那里,紧抿着嘴,圆脸上是一副有些拒人千里的严肃表情,仿佛时刻沉浸在什么让她头疼的问题中。其实绝大部分时候她什么都不想,她是个不愿意让自己的生活里有太多复杂东西的人。人际关系也如此,简简单单几个称为朋友的人,是一起穿开裆裤长大的,如今这些朋友都成家拖儿带女的,见面极少,被鸡毛蒜皮的家事纠缠得烦恼至极才会彼此联系倾诉不满,然后总是那句结束语:还是羡慕你!

她便有些茫然了,随后笑笑。前几年她尚且有热情辩驳两句,如今,她不再吱声。她相信每种生活都有难言的苦衷和隐秘的快乐。正如朋友们羡慕她说走就走的生活状态,却不知有时候她也会陷入几近难以自拔的孤寂里。

长期以来,她对生活,不单是自己的,而是整个周遭的大生活,都抱着悲观情绪。这种情绪使她避免了很多失望。譬如她入住的小区,物业信誓旦旦向业主们表示,就算这个地球上的夜晚全部黑暗了,我们设备齐全的美丽小区,依然会在夜幕降临时如黎明的启明星般明亮温暖。物业购置了一套业主们从未见识过的进口发电机,可供6000多人的小区无忧用电。她不以为然,买了两只大如手腕的无泪蜡烛,搁在角柜一角。通常时候只有在搞清洁卫生时,抹布伸进那个角落里,才会记起这两只倒霉的蜡烛。

如今,蜡烛依旧搁在那里,没派上用场。但它在那里,她感到一种莫名的安心,如同卫生间时刻有半桶水,防备不期而遇的断水。朋友们说她谨小慎微得过头,这样生活会很累。她点点头,又摇摇头。谁都不知道她想表示什么,然后又群起而攻之取笑她一番。

她会喝一点酒。家里的红酒像桶装纯净水一样时刻备有。白酒也会有几瓶,相当不错的白酒,醇香得可以令人头晕。不,她不酗酒,甚至在聚众吃饭时,她几乎滴酒不沾。一天当中,似乎正经吃饭的只有晚餐这一顿,一个汤水和一个素菜,一杯二两,也许是四两的红酒,坐下来,慢慢饮上一口,她便觉得这是对自己莫大的慰藉。其实她酒量并不算好,二两的杯子加到两次时,她平时安静得几近麻痹的神经便兴奋了,像被轻轻拨动的琴弦,她会在饭桌边给很要好的朋友打个电话,说说某件隐秘的事情,可能关于一座城市,也可能关于某一个人,或者一件令她感到特别屈辱的伤心事。

不,请别嗤之以鼻说她在炫耀红酒烛光晚餐。从早到晚的一天时光中,她也会经历各种委屈,做一些不喜欢做的事情,见一些不喜欢见的人,克制一些让她七窍生烟的怒火,生活对谁都不会轻易展示它美好的一面,请允许她有一点可以聊以自慰的爱好。

她不喜欢猫狗等小动物,因为对它们的绒毛过敏,阳台上养些不容易死的绿叶植物,水浇得勤,常常烂根。家里的饰品很少,空得说话差不多要有回声了。邻居是六口之家,一对老夫妇,一对年轻夫妇,两个8岁以下的儿女,家里满满当当的,鞋子一只在茶几下,一只可能在厨房里,但他们其乐融融地生活着。那位好心的老妇人每次见她敞开家门,趴在地上擦地板,总是忧心忡忡地说:久旷之宅进鬼狐!她是位退休语文老师,喜欢咬文嚼字。

旷有什么不好呢?很快便要到不惑之年了,她渐渐养成一种习惯,家里超过一年不用的东西,她瞅了个机会,或有朋友来,或有亲戚(几乎没有)来,便极力向她们褒扬这物件的好,末了,高高兴兴帮她们拎下楼,回来看着空出来的地方,长嘘了一口气,仿佛解决掉了某件棘手的事情。

当然,还有待在手机通讯录里,两年都没打进或者打出过一次的电话号码。请原谅她吧,有时候她很狭窄,不太相信不联系不代表忘记之类的鬼话,她因此会定期删掉一些僵尸般的联系人。

总之,她是大街上的普通人,喜欢安静地、不惹人注意地活着。固执地喜欢做一些事情,比如写作和敷面膜,固执地挚爱一些人,比如父母以及和她相依为命的人,固执地坚持一种性情,比如和绝大多数人保持淡淡的距离,不去奉承也不去诋毁。如此而已。

评家观点

在苦痛中渴望爱
——论陶丽群的中短篇小说创作

李 壮

一

陶丽群的小说有梦的质地。

称之为"梦",并不意味着我从这位年轻的小说家笔下读出了多少超现实的元素。梦未必要是反常和剧烈的,大多数的梦恰恰是平缓和真切的,它固然有奇异的一面,却惯于以最安静最平淡的方式暗示出一个人内心深处至为隐秘的关切,让你放松警惕、陷入其中而不自知。梦应当具有水的特质,我们能够从中看到自己的倒影——那倒影同游鱼水草交叠在一处,随着催眠般缓慢荡漾着的水纹,一层层弯折起来又一寸寸地重新摊平。

在我看来,陶丽群的小说便是这样。她的笔对准了中国版图西南角的遥远边地,对准了层层叠叠的大山、四面环绕的河流、寒暑不均的气候甚至奇形怪状的人,这一切带给我们微妙的眩晕感和浓厚的探索兴趣,作者却并没有动用猎奇或炫耀的兴奋语调来进行讲述。相反,陶丽群的笔触相当真实,真实得细腻、真实得从容,甚至真实得有些傲慢:事情就是这样,何必大惊小怪。

当然,在波澜不惊、淡然节制的叙事背后,我们依然能够辨识出那种"梦的眩晕"的某些源头。在这些源头中,人物间奇特的命运交叠显然是重要的一处。陶丽群的小说中,人物与人物之间常常牵绊着复杂的纠葛;这类纠葛源于现实生活中的亲密关系、建基于某种隐秘甚至莫名的情感共享,纵然很少成为日常生活中的显在"爆点",却往往在岁月潜藏的水面之下缠裹成顽固的绳结。这种命运的交叠,早在陶丽群发表于2007年的小说处女作《一个夜晚》中便已经有鲜明的体现。小说中,主人公的当下身份与其过往生活以极其怪诞的方式交缠在一起:"我"本来是拥有完整家庭的幸福女人,但丈夫却因赚钱多而蔑视她、背着她出门偷腥嫖娼,"我"因而决绝离婚;具有讽刺意义的是,离婚后,"我"自己变成了一名妓女。更加奇诡的交叠出现在"我"与其他几位人物之间:有暴力倾向的嫖客、"黄雀在后"的社会青年阿彪,以及阿彪那始终担负着"失足"罪孽的姐姐,几条看似独立却内在相关的故事线索共同收拢于"我"。在那个充满意外的夜晚,这些人物的情感和命运如同"麦比乌斯环",自我连接、诡异翻转、彼此厮杀、互为因果,并在更阔大的象征世界里无限循环。

作为早期作品,《一个夜晚》对人物命运及其内在关联的刻画,在某些时刻不免显出刻意用力及过度戏剧化的问题;但那种痛苦纠缠中的情感撞击力,的确在陶丽群日后的更多作品中继承了下来,并且处理得越发成熟和深刻。一份简单的水果早餐在心中惊起的波澜,将两个不幸的家庭放在了同一枚放大镜下(《水果早餐》)。在亲姐妹与同一个男人的三角困局之间,柳姨自以为做出了牺牲,事实却成为彼此交换甚至相互折磨的沉重负担(《柳姨的孤独》)。"一夫双妻"的设置本该是宫斗套路的开端,但在《清韵的蜜》中,两个本该水火不容的女人,"这么多年来却一直保持一种令人费解的亲人般的关系";以"传递香火"一事为支点,两女一男相互折磨、相互辜负又相互安抚,而当共同的男人离去之后,岁月余烬中留下的竟是"他是可怜虫"这样的叹息和怜悯。令我印象尤为最深刻的是《寻暖》。这篇小说里,本无血缘关系的陆嫂子和"我"结下了深刻情谊,这情谊固然分分合合屡经起伏,却终究构筑起两位孤苦无依、内心叛逆的女子心中底线般的依靠。两个女人的命运间,其实存在着时间逻辑层面上的互为映射关系:陆嫂子是被拐卖来的外地媳妇,而"我"是早前另一位被拐卖来的外地女人的女儿;在此地惯常的经验中,陆嫂子本该慢慢适应这里的生活、生下另一位像"我"这般混带着异乡血统的后代,然后慢慢变成一个从内到外的本地人,或许有朝一日,还会替自己的儿孙继续买来那些哭哭啼啼、试图逃跑的外地媳妇。然而,陆嫂子却始终坚决地拒斥这种命运的安排,她宁愿去小县城里摆油条摊子、做一个半明半暗的妓女,也不愿留在那强塞给她的丈夫身边——尽管所有人都看得到,那丈夫是真心爱她。与陆嫂子类似,"我"也一直渴望着离开那漂浮在河水中央的逼仄故乡,就精神世界而言,"我"似乎与此地格格不入。也许是同样的倔强叛逆,使"我"和陆嫂子这两位年龄不同、背景不同的女子,在精神上结为同盟、在命运上纠葛一生。尤其是当"我"也长到了当年陆嫂子的年纪,如愿远走他乡并亲身经历了人情冷暖、生死变故,"我"终于意识到,"我"是没有家的,人人都是一座孤岛。"我"于是一再地想起陆嫂子,怜惜她"在举目无亲的异地,如何在这个强悍的世界里活着"。而在时间推演的终点,当陆嫂子的骨灰交递到"我"的手里,两代女人之间终于完成了某种无关血缘却胜过血缘的命运传承:她们要"难以置信地在这个混账地方活着,活那么多年",并如陆嫂子原初姓名所暗示的那样,在举目无亲的世上日复一日地"寻暖",带着无望之望、悲哀而又执着。

二

陶丽群擅长结构人物复杂的命运处境(尤其是处于弱势的女性人物),并在这一过程中不动声色地渲染出世间百态和人情冷暖。从一种现代都市文明的"中心式"眼光看去,这些人物的命运时常呈现出特殊、极端甚至怪诞的属性,但此种怪诞并未使相关人物在小说中突兀刺眼。相反,那反常似乎诉说着另一种寻常,那荒唐似乎又滋养着安之若素,经由陶丽群的手与笔,这些小说似乎被捶打出了一种无限度包纳强力的特异功能。故事是奇特的、命运是乖张的,但它们被包裹在柔软厚重的经验世界里,最终竟被叙述出波澜不惊的从容气质。陶丽群的讲述始终带着一种"习以为常"的淡然和"理应如此"的坦然,仿佛一切都是伸手所能够触摸,并且还将长久地停留在此、继续接受触摸。这固然收敛了陌生反常的震惊体验,却多出几分切近的悲悯和忧伤——在她这里,我们看到了"异"与"常"的相反相成。

此种效果,得益于陶丽群出色的经验世界塑形能力:她的笔下恣肆蔓延着鲜活的人物、真切的细节、纷繁的景色、层层叠叠的俗世声音,它们如缓冲海绵般保护着核心的故事,把那些情感的棱角在叙事的水流中打磨成卵石、使生活的体温和质感渗透到字句间不为人知的缝隙里。例如,将她的诸篇小说连缀起来看,似乎便有一座西南边陲版的马孔多或约克纳帕塔法浮现起来。莫纳镇,起伏在水中的江心岛,是其小说展开的常见场所,陶丽群在不同的故事里一遍遍勾画、补充着它们的细节;我们甚至会看到若干相似的人物在不同的文本间来回穿梭,时而担当重任、时而客串群演。

无疑，陶丽群是一位充满耐心、对经验细节有关注有追求的作者，这使她的小说根基扎实、具体而微、纹理精细。这细处可资把玩，亦可小中见大。例如，生活细节的描写往往也担负着隐秘的叙事功能。《寻暖》一篇里，关于稻草和谷垛的书写一方面是对环境真实度的有效填充，另一方面也充当了情感联结的道具线索："我"在稻草垛里撞见了马贩子与陆嫂子野合，在乡间习俗里，"我"是意外地送上了"龙凤胎"的预兆；而陆嫂子用稻灰水洗头的习惯，也第一次在幼小的"我"心中种下了别样的吸引与震颤。《毕斯先生的怜爱》中，一根小小的发夹，泄露出命不久长的毕斯先生心中无限的爱和悲哀："她头上那根淡蓝色的小发夹夹歪了，他真想走过去帮她弄好。但他什么，都没做，只是静静望着她，麦芳轻轻叹了口气。"《漫山遍野的秋天》更是如此。小说开篇便落笔在山里天气由暑转凉时分的身体触感："山里的天气不比没遮没拦的平原，风吹草动落一场雨水，三伏天穿长袖鸡皮疙瘩还一个劲地蹿上身来，一层一层的，密密麻麻。因此，早上从山坳那边吹过来的风里已经含有丝丝缕缕的凉意了，抚过人的脸上，仿佛有蚂蚁爬过，小心地咬了一口，凉，痒，毛刺刺的。"这样的描绘，连同小说中无时无刻不在自由铺展的文字，顺畅地将我们引向那无比真实的偏僻乡村，构筑起特定生活和特定逻辑展开的完美场域。而这些有关土地与粮食的文字，也正暗暗地指向故事最核心的意象：生育。向土地里张望的三彩、在土地里流汗的黄天发，他们的生命挥洒在这片土地里，他们的喜悦与悲哀、热望与失望也同土地的命运具有同构性：最根本的关切正在于"生育"。那是贫瘠岁月里珍罕的亮光、是关乎陪伴与传承的古老执念，具体到这个故事，更连接着不曾吐露的秘密、难为人言的辛酸，以及艰难人世上充满悲哀的相互取暖。

陶丽群笔下的经验细节，精致、耐心、张弛有度。很多时候，正是这些细节的自由延展，推动甚至构成了故事的主体部分。《母亲的岛》便是这样。母亲在50岁那年忽然决定住到离家不远的一座小岛上去，那浮岛与原本居住了几十年的家近到可以遥遥相望，却因为水的隔断，可遥相望却不易相及。谁也不知道母亲为何离家，谁也不希望她住到岛上；况且这事多少带有些令人羞耻的成分（好像是母亲被家里人赶跑了一样），尽管这毫无预兆的出走无关家庭矛盾，却终究免不了会惹人猜想。但母亲似乎从不曾想到这些，陶丽群自己也并不在此多做纠结。她只是不急不缓地叙述着母亲每一次来来往往,写她怎样今日带走旧时家具,来日拿些柴米油盐,最后连那只喜欢蜷缩在她被角的大黑猫也抱去了孤零零的毛竹岛。子女们一次次地劝说、一次次地无功而返,终于在心底接受了他们暂时还理解不了的现实。在这个过程中,大家也终于看到了貌似粗鲁严厉的父亲内心深处对母亲的关心不舍,看到了漫长共同生活所种下的不善表达的温情。但最终,母亲还是又一次地离开了:她离开毛竹岛,去到了更遥远、谁都无法日日望到的所在。两次"离开"之间,充满了真实、丰满的细节,它们如人物一般不知所终,却留给我们鲜明的印象与悠长的回味。

三

交缠的人物命运和丰满的经验细节,在陶丽群的小说里一经一纬地相互编制,最终浮起的是贯穿着一篇篇小说、也在芸芸众生心中挥之不去的那个字:苦。

人世的悲苦与艰难,这是文学艺术要面对的永恒主题。陶丽群笔下的人物当然是苦的。那么多女子从偏远地区被惨遭拐卖或自愿被拐卖而来,脚下的土地固然善于生育粮食和子嗣,却终究是生命的异乡;不论在江心浮岛还是莫纳镇上,时间都是缓慢的、世界都是狭小的,生命在此陷于逼仄,并且这逼仄看起来无从解脱(在不同作品中都出现过的以"国际"打头的音像店或饮用水店,与其说是自我安慰,不如说是自我解嘲);小说中的人时常是暴力的,粗鲁的语言、隔膜的情感是一方面,与此同时还有拳脚这类最直接意义上的暴力。人们被不同的烦恼纠缠着,小到生计维持(《回家的路亮堂堂》),大到生死取舍(《毕斯先生的怜爱》《水果早餐》),甚至是否能将这悲苦的生活代代延续,也构成了压迫人物内心的沉重石块(《漫山遍野的秋天》《清韵的蜜》)。那么多人努力甚至起劲地活着,我们却看不见他们心中不堪承担的重负:"他坐在教堂门口,厚实的后背靠在教堂门上,黑暗中他的脸剧烈抽搐起来,一顿痛打并没把他憋在心里的可恨情绪打掉,这时候变本加厉折磨他,这个胖大男人终于悲切地呜咽起来。上帝啊!他默默想,真的有上帝吗?夜色和着他悲切的呜咽,变得浓稠起来。"(《水果早餐》)。

但陶丽群的小说,在毫无掩饰地写出了悲苦的同时,更展示出悲苦里的温暖、困顿里的尊严——对作家,尤其是青年作家来说,这无疑是极其重要的能力和品质。"在她38岁的生命里缺乏这样的生活体验,缺乏一种叫暖和软的体验。她只会经常心急火燎地从地里跑回来,到村里某个稻草垛边或水沟里架回癫痫病发作的母亲,以及烂醉如泥的父亲。"《杜普特的悲伤》里,陶丽群这样写道。暖和软,这曾长久缺席但终于来到的馈赠,忽然照亮了杜普特已惯于灰暗的人生。蜂窝煤炉、西红柿面条、剩了一小半的盐瓶……作者在我们面前重新擦拭出这些寻常之物不寻常的光芒,在主人公的心中再度燃起希望(尽管故事的背景起因是"埋葬",与之相关的是惨烈的死亡,父亲杀死了母亲因而被实施死刑)。与之类似,毕斯先生的自尽乃是出于怜爱而近乎牺牲(《毕斯先生的怜爱》)、孤独老人对"儿子"的过度溺爱也因其背后的秘密充满温暖(《冬至之鹅》),即便清高如柳姨,在楼下租户夫妇充满爱意的生活之声面前,也终于瓦解或者说融化了:"夜晚,柳姨抱着黄毛猫,不再坐在楼梯上,而是站在成都夫妇的房门前。那扇坚固之门里的世界使柳姨欲罢不能,柳姨着魔般地渴望倾听来自那个世界里的声音。"是的,这才是生活,它是街头巷尾的呼唤、是亲密顽皮的挠痒、是半恼半羞的嗔怨,而不仅仅是寡淡清心的饮食和书案上的颜真卿(《柳姨的孤独》)。

对柳姨来说,这融化未必就是幸福;毕竟时过境迁,当初错过的一切早已无从挽回。但无论如何,它意味着持久压迫之下人类的趋光本能,重新提醒着一桩天经地义却时常被忽略的事实:我们渴望善、渴望暖,渴望被爱也渴望爱人。这是人之为人渺小却不可取消的尊严所在,如同《漫山遍野的秋天》里侏儒三彩、残疾天发和傻瓜芭蕉间的相互抚慰。亦如《母亲的岛》一篇最后,当母亲最终不辞而别,去寻找一种更久远、更缥缈、无法以逻辑表达的爱,一向不善言辞的父亲毅然接替了母亲的角色,在离群索居的孤独里,静静安放下那超越了现世语言的深情:"父亲从此再也没离开过毛竹岛,他也像母亲那样在毛竹岛上养鸭子挖地种菜……每年梅雨季节过后,他总是把母亲的衣物翻出来晾晒,仿佛母亲只是出了一趟远门,过不了多久就回来了。"

郑朋 / 1986年生人。曾用笔名郑小驴。鲁迅文学院第十五届高研班学员。著有小说集《1921年的童谣》《痒》《少儿不宜》《蚁王》，长篇小说《西洲曲》，随笔集《你知道的太多了》等。作品见于《十月》《收获》《人民文学》《花城》《山花》《作家》等刊物，被《中篇小说选刊》《小说选刊》《小说月报》《新华文摘》等选载，多次入选年度权威选本。获紫金·人民文学之星奖、湖南青年文学奖、《中篇小说选刊》全国优秀中篇小说奖、南海文艺奖、华语文学传媒大奖年度最具潜力新人奖提名等多种奖项。

作家自述

短篇里的刺客
郑　朋

　　我很喜欢惜墨如金的作家。有种节制之美,好比量体裁衣,多一寸则长,少一寸则短。问过冯唐,问他的字句怎么这么短小精悍,他的建议是多读古文。的确,古文里很少有长句,甚至篇幅也以短的居多。小时,最爱司马迁笔下的刺客们。欣赏他们的决绝、果敢和直接。或许短篇小说也该如此,没有过多的花招,没有多余的废话,图穷匕见之时,必有凶光,杀气腾起,刀光剑影,招招致命。我理解的短篇,讲究的是快、狠、准。一个好的刺客绝不会与人缠斗,三招之内,必取人首级。否则,定遭擒拿。一个好的短篇的开头,好比刺客亮刀前的对话,不能先激怒对方,言简意赅,字字紧逼。待目标确认,径直击杀之。一个失败的小说必有一个失败的开头。第一句话开始,语感不对,接下来的叙述就没法施展。优秀的刺客总是面不改色,从容淡定,将秘密深埋于心,忍辱负重,只等任务完成,用长袖揩拭完刀口上的血迹,扬长而去时方发出几声长啸。那时,短篇通常已经大功告成。

　　一个成功的短篇,写作时通常充满肃穆的仪式感。好比刺客出发前与友人的别离,风萧萧兮易水寒,壮士一去兮不复还。苏童据说写短篇前一定先洗手。一个好的小说开头,必先确定通篇的基调。或悲凉,或清丽,或高阔,或淡雅。好比一个刺客的命运,通常在其出行前的那一刻早已注定。所不同之处,优秀的短篇,从第一句到最后一句,依然充满了变故,多义层生,曲径通幽,玄机重重,直到最后一句,一锤定音,刺客要么远走高飞,要么已经同归于尽。

　　我喜欢的短篇小说有罗萨的《河的第三条岸》,马·马·瓦列霍的《干旱的季节》,马尔克斯的《我只是来打电话的》,舍伍德·安德森的《小城畸人》等等。短篇高手不胜枚举,而这些都是短篇圣手,刺客中的刺客。"一点水也没有！在漫长的夏季里,尘土飞扬,人们口干如火,日久天长连说话都气喘吁吁。"瓦列霍的开头就营造出了一片干旱的迹象,让人一头钻进了南美大陆深处的干涸旱地里。我也喜欢博尔赫斯小说里营造出来的幽深与精致。这无疑是一个衣着考究的刺客,锦衣夜行,于灯火阑珊处,一刀致命。

无论何种时代,可供刺客的容身之地不会很大,时间不会很长,机会不是很多。一个优秀的刺客,善于在一闪即逝的瞬间,于电光火石间发现其要害并致其命。可谓一鼓作气再而衰三而竭。我很讨厌将短篇写得超过一万字。我满意的短篇基本上万字封顶。多了,可谓水满则溢。我为自己的写作常多溢出那部分而沮丧,谓为才华不够使然。短篇写作,更应该注重文体的自觉性,恰到好处为止。正如刺客取了目标首级,再杀他童仆,不免就多了暴戾之气,有损美名。

文友印象

那个砍柴的少年——请叫他郑朋
盛可以

8年前路过昆明。小说家郑朋时任《大家》编辑,月薪800元(非美金),笔名里牵着一头牲口,饭间抢先结账,令人肝颤至今。他的瘦弱体格与豪迈性格相形见绌,连语气与面貌也好像故意唱反调。他要是像张飞用丈八蛇矛将别人横挡,"我是张翼德,与我抢单,先来共决死";或如面阔耳大、鼻直口方的鲁智深大喊一声,"兀那厮,我的地盘,岂容你做主",倒也能震慑宾客。偏他样子像是经常被后母逼去砍柴的少年,因虐待而发育不良,让人心生恻隐。说话时浓重的后鼻音效果带出异类的神秘,像森林中走出的原始土著,猛然来到文明社会,不得不"咳金唾玉",努力字正腔圆。他眼里是少年的迷茫,却又分明浸染社会的复杂,对笑容的使用也是生疏的——现在想来,那是文学对生命的强力干扰。文学这东西一旦附体,不单自觉与众不同,别人看来也是异于常人的。文学艺术搞得牛的多"不正常",搞得不好的,遂以"不正常"为荣,即便不出作品,也会抓着这根"不正常"的稻草引以为傲。郑朋是一个非常的正常作家——这句话不能解释,各自理解。他的正常是一个普通中国男人的正常,传统思想深植于心,世俗条框一框不少,千丝万缕终成茧,深自缚,然后毕生为脱茧化蝶而努力——欲拽着自己的头发离开地球。倘若他能自溶蚕茧,解放心眼手,人生道路将会爽利许多——听起来有点好为人师,我只是想到哪说到哪——当然,或许正是此茧促生了他的文学也未可知——给自己树立障碍物,再扳倒它,会有额外的愉悦。倘若省下这些所耗费的时间精力,也是解放之一种。我这般简单观察,许是谬误,就权当塑造人物了。

昆明一饭,联络甚稀,因胃记事,偶有关注。发现其见名人则合影,合影必晒朋友圈,甚是爱慕虚荣。遂有鄙意。到真正接触了解,便知距离并不产生美,而是产生误会,正如他人对我所犯的错误,我对他也犯了。可见人和人之间,多数是鸡同鸭。真正的鸡鸭倒是时常叽叽嘎嘎聊得欢畅。郑朋真诚,不掩藏砍柴少年的幼稚,说话拙,下笔却很灵泛,有些漂亮句子像他的豪迈那样,与本人有些错位。湖南人能将舌头捋顺的不多,我也是花了好长时间,曾一度对方言恨之入骨,没法像伟人那样理直气壮地湘普、川普。当然,我一直认为虚荣心是生命中最健康的东西,它具有蓬勃的、积极的力量。虚荣心也是征服欲。它和性欲一样,都是力比多分泌物,都能带给人享受,又都是极危险的——一旦管理失控,便可能犯罪。

郑朋书架上颇有些好书,不少还是台版。某日窥见钱理群先生的繁体著作,未拆封,斗胆借了,看时且忍不住画线,故意截图,意欲占为己有。郑朋"哀号泪奔"。"不要乱画啊,我的新书啊!""卖给我吧。""不卖。""外加一顿烧烤。""不卖,怎么着都不卖。"仿佛意志坚定的良家妇女,奈何不得,最终擦掉涂痕,完璧归赵。

郑朋故乡离沈从文家不近,和"师夷长技以制夷"的魏源算得上邻居,离革命家陈天华也不远,《警世钟》《猛回头》,若要在水土与人的关系上寻找蛛丝马迹,恐怕不是一个印象记可以承载得了的。

砍柴少年怀揣砍柴刀浪迹江湖,辗转湖南、江西、云南,终成樵夫,唐宋名臣多贬海南,樵夫放逐至此,寄居《天涯》,叹孤单,键盘噼里啪啦,文学温暖了他。一面苦于职业看稿,一面不厌其烦,全中国的天空都回荡着他后鼻音浓重的独特音调,"给《天涯》一篇小说吧,散文也行"。他喝酒和当年埋单一样,完全不顾自己的实力。"给我一篇作品吧",他醉眈儿中忽然睁眼说话,简直像苦肉计。

现在,郑朋决定赶走名字中的那条跟了他10年的牲口,恢复本名。大家要是看到署名"郑朋"的小说,肯定不是小驴写的——原来那些小驴写的小说,好歹全归他名下。

评家观点

创伤体验与郑小驴的小说
刘长华

对人的生存与命运的关切是文学永恒的话题,新文学更是将"立人"视为自己与生俱来的历史担当和价值支点。承续着文学系谱,又独出蹊径,"80后"作家郑小驴甫一开始将写作目光聚焦在人的身心轨迹与后来人生路向的关系勘探之中。这具体表现为小说主人公往往是带着创伤感上场,相应的创伤感又成为整个悲剧故事发生的直接或不曾缺席的原因。文学与创伤体验之间的关系本是千头万绪。能如此清晰而又颇得要领地梳理出一条属于自己的表达路径来,应是与作家本人对自我境遇、人生经历深入的体验和非同寻常的省思密不可分的。当然,其中也融入了同代人、农村人和其他类属人的身影踪迹。而有关这些主人公的创伤感其由来,这又指向了对历史、文化、现实等层面的追问,构成了循环性的、深度性的"追问'为什么'"。如上叙事逻辑和结构系列最终和盘托出郑小驴小说的一个核心与独异的景观——对人的身心健康的关注,尽管相关人物表面上都心智正常。总体看来,郑小驴小说中主人公的创伤体验大致有三种类型构成。

身世阴影挥之不去。弗洛伊德体系大厦很大部分是由"童年阴影"为地基。身世在某种程度上就等同于童年、青年的生活经历。郑小驴在《等待掘井人》中讲述了一位叫"阙国清"的成年人,自生父从境外回来后,住上了洋楼小房,并在40岁之后有了婚娶。然而,好景不长,他患上了绝症。与其说"阙国清"是"身"病而死,不如说是"心"病而死的。因为他来到世间就活在身世阴影中。父亲作为国民党士兵,败逃在外。"阙国清"因为这个出身成分,受尽了各种歧视与欺凌,生活困厄,内心十分压抑。这些甚至都转换成对父亲的万般仇恨,以至于父亲归来后,他曾怒目而对。一夜暴富,生活状态的陡转,"阙国清"又成了村人侧目和艳羡的对象,从过度自卑飞跃到极度自信,心理上的"蹦极"令他直逼死神。小说中有两个调皮小孩在腾挪忽闪,从中插科打诨,显然这是一种暗示与对比。身世阴影的形成还与一些与生俱来的身体残患有关。阿德勒的《自卑与超越》一书有励志的倾向,史铁生一生似都在要以文学创作完成对身体的超越。但无论如何,给残障人在心灵上予以发自真心的尊重和关爱无疑纯属人情天理,这是愈合人创伤体验和助人正常成长的最为滋补的"鸡汤"。

郑小驴的小说《赞美诗》中的"他"天生有点眼疾,长得也不好看。同租女孩种种表面上的客气,让"他"对她好感倍增,并燃起生活的勇气和做人的信心,"他"一度相信人性纯洁无瑕,一如"赞美诗"所唱。"他"也极力呵护这种美好,不敢而不忍玷污。但事实上,"他"在她内心是"歪瓜裂枣","坏眼睛真让我恶心"。这触及"他"的心理底线,他愤怒了,惨剧上演。作者是在批判礼数的虚伪和阳奉阴违、表里不一的人性。父母的情感付出与未成年人的成长是成正比的。"弃儿"从一开始就意味着身价低贱,遭人嫌弃,失去了天赋的公平。"秋红"(《入秋》)因为某种原因,被父母抛弃到了一个远隔千里的山村。种种迹象都表明养父母将她视为己出,但他们是讲交换的,希冀以后从成年的"秋红"身上连本带息地赚回来。"秋红"得知自己的身世后,对"抛弃"一词也是最为敏感。低人一等的念头与来自两个家庭的斡旋纷争,导致她迅速自暴自弃。渴望温情,就早恋;出于对世间的不信任,又卷入滥交之中,高考也一败涂地,青春韶华就被完全草菅了。与"秋红"可谓精神姊妹的"青梨"(《我略知她一二》),其身上则凝聚了作者对"留守孤儿"的悲悯。"青梨"虽然父母双全,但他们长期外出谋生,基本上从小就让其自生自灭。"青梨"没有其他兄弟姐妹以资情感沟通。封闭的情感堤坝只剩下日记作为泄洪闸,"记仇""小心眼",当然也没有能力处理好少男少女的初开情窦。性情的郁结与裂变最终导致她撒了个弥天大谎——杀了哥哥,通过"自首"的方式来唤起警察和世人对她的关注,进而抵达父母回到她身边的初衷。种种不利因素都形成了"情结",深深地植入了这些人的身上;这些"情结"就是"暗瘤",就是"定时炸弹",如果不正视,不疗救,真就绽开成"恶之花"。郑小驴笔端所触及的身世阴影有一定深度,也有相当的广度。它们就是一个个反光镜,是对某些客观东西的真实折射。良好的精神抚慰、心理疏导、社会氛围才能助推小孩健康成长。在其他作品诸如《青灯行》中"鲁登"对流氓人渣的"仇恨",《枪毙》中"小孩"对罪犯的"围观"和心理上的报复性"处决",《蚁王》中的"小孩"认为"不满14岁杀人不犯法"等等都是同一脉络的延伸。

无法言说的心理秘密在隐痛。郑小驴的《让所有猪都活着》中"姑父"靠杀猪谋生,但这貌似凶悍的屠夫,面对别人欺侮小亲戚,尽管面红耳赤,却只好忍气吞声,"视而不见",而且回到家里,手在抖个不停。"姑父"显然有些"病态"了。细究起来,"病灶"来自他曾经是一个警察,但一次执行公务时,面对一群有恃无恐的罪犯的无端挑衅,"姑父"暴怒了,迈入了"执法过度"的雷区。"姑父"为此丢掉警服,削职为民。这段不堪的经历也就成了他的隐痛,他不敢提起自己的过往身份。内心的苦楚与由此而来又无法应对的现实构成双重矛盾时,更让人压抑不已。如果说,身世阴影主要是针对青少年时期人生道路的话,那么,隔膜、沟通障碍则表现在成年人或准成年人的生涯中。随着时间的推移和生命的成长,人们化解"精神污淤"的能力会大大增强。但是,外界的某些压力与刺激足够侵袭的话,他们又要保持所谓正常人的面貌,这些压力与刺激就层积成一些无法言说的心理秘密,上升成创伤性体验,在隐痛、在固化、在扩张,最终可能"恶化"。从一个视角来看,作品《大罪》中的"大罪"就包含着除了源自外界的规则,还有种种有形无形的生存环境。它们一起构成了有类于鲁迅所言的"无物之阵",也是促使事态急剧下滑的"元凶"。"小马"(《大罪》)本也是一个年轻有为、富有正义感的乡镇警察,但工资低下,女友弃他而去,不良地产开发商勾搭其他势力不断地哄抬房价,本以为是道德化身的中学校长专干些偷鸡摸狗、贪污腐化的破事……面对这些"罪恶","小马"作为警察,无能为力,迫于"无物之阵",又无法揭穿。这些"秘密"最终造成更大的"秘密",他以"暗杀坏人"的方式完成对所谓正义的救赎,令人不胜唏嘘。整个情节好像是在"谜团"中剥茧抽丝,但留有余意,让读者去猜度和反思。

郑小驴还有一批作品诸如《和九月说再见》《秋天的杀戮》《枪声》等,都采取了在先锋派小说家那里曾经炙手可热的"叙事圈套"或"猜谜性叙事"的写作技巧。这是恰到好处的,因为小说就是要表现出主人公内心里都藏着一个不可告人的秘密,他们是谜一般的存在,整个叙事链条也因这种"谜"而变得疑窦丛生、悬念四起、节外生枝,形式与内容是合一的。确乎,作者就是在披露人们已经变得讳莫如深、心机多多了。传统的"攻心术"与现代生存的竞争迫使着人们在不断地关闭自己情感的铁门。围堵的心理秘密太久、太深终究会"化脓流疮"的,伤已亦会伤人。当然,这些作品也依稀残留着一个青年作家步入社会后,对世界如此"复杂深邃"的困惑不解。他渴望单纯如初的人生,是青春写作的印痕,也是一种艺术向善。可贵的是,作者还能站在对文化、对文明本身反思的角度予这些心理秘密以考察。文化、文明的一个使命就是让人懂得节制、有理性。但这种理性与节制也是对本能、生命的钳制,以至于这种理性会走向极端,成为谋杀他人的工具,这也是现代与后现代哲学家所揭橥和控诉的。《1921年童谣》中的祖母陈云青,读过师范,有才华,能吟诗作赋,渴望文学中"才子佳人"所演绎的琴瑟和鸣。但是生性软弱和诗书浸润,婚姻受人摆布,两次都可谓遇人不淑。一生都是郁郁寡欢、愁云密布、情志不展。《秋天的杀戮》中的"博"是整支游击队中唯一的读书人,但谁也不知道他那厚厚的镜片后藏着怎样的一颗心,告密与猎杀情敌等水落石出,都是他所为,那些不足为外人道的"心灵秘史"竟成为罪恶的"宣言"。

"怕啥来啥"的心理在作祟。心理学有个概念叫"墨菲定律",通俗地说就是"怕什么,来什么"。这是一个"科学"性的存在,本身却充满"玄学"气。国人很多时候将其诉诸"时运不济"。不过,有时候这种"灵异"现象,却是出自人为。自不待言,这种人为也包括当事者的心态失衡。但不管如何,一旦陷入这种怪圈与恶性循环,就注定会与创伤性体验扯上联系。郑小驴在小说中对"怕啥来啥"现象的书写是比较细腻和深入的。《少儿不宜》中有"伯伯"给"游离"和"堂哥"讲故事的"桥段"。中间讲到一个乞丐饿得要死,也讨不到几个铜板。只好向菩萨求救,菩萨指示善心可用,一经点化,乞丐便时来运转,用善心帮助别人,一步步地、良性循环地换取到了更大的财富。但"游离"对此存疑,天下竟有这等好事?大概正是出于这种心理暗示,原本还被父母寄予希望的"游离"连高考资格都断然主动摒弃了,心仪一个貌似清纯的红灯区女子,但结果令他大失所望,而且那女子最后香消玉殒了。基于种种结局,"游离"有过耐人寻味的内心独白:"我要的,全没了,我不想要的,全来了。"这独白可谓"墨菲定律"的又一直观表述。"游离"一腔怒火地烧掉象征当地风水的神庙,只身南下打工而又深感前途未卜、身不由己。这种意绪在《七月流血事件》中以"正话反说"的方式呈现。已经身处"水深火热"生活之中的"小曾"因没能第一时间"领悟"陌生人的提示手势,结果"撞枪口"了,借以谋生的电动车被交警没收了。虽然大学毕业不久,但摸爬滚打已经令他对别人没有太大的信心,陌生人的"友好"成为他战胜自我的"强心剂":"冥冥中,他总相信了美好的一面","他可没想到情况会那么糟糕"。他试着去信任另一位陌生人"小马",期待"小马"能帮忙疏通关系、赎回车辆。结果,他先前一直所担心的骗局发生了,从朋友那儿好不容易借来点钱都打了水漂,"情况就那么糟糕",最终他俩都走上了一条爆发性报复与自我毁灭之路。显然,小说就此所谈及的是社会信任的问题,不管"小曾"先前的怀疑,还是后来决定"豁出去",都表明了他这些行为本身已经不合常态,而且正是这种"怕啥来啥"的隐秘线索直接牵引着故事高潮的到来。

  在郑小驴新近之作《可悲的第一人称》《天鹅绒监狱》中,"怕啥来啥"似乎更成了相应小说的核心意蕴。《可悲的第一称》中的"我"虽拼死拼活在大都市中还是买不起房,与女友结不了婚,生怕生下小孩,到时候还得为户口问题无可奈何。女友为之两三次流产,两人分手,城市已经是非人之地,"我"故作轻松地"流亡"到了一个边陲之地——"拉丁"。在那里建筑了精神上的桃花源,为自己的阴影疗伤,"怕生小孩"成了他的梦魇。但世间没有化外之地,在"拉丁","我"经营惨淡,陷入了新的精神危机。而没想到本来对之心存芥蒂的又一个女人"小鸟"莫名其妙地来到了这里,给了他安慰与新生。但问题又在轮回,已回城市的"小鸟"亦怀孕了。这意味着"我"还得跳回那"火坑",无处可逃,别无选择。《天鹅绒监狱》中的"我"作为一个画家,本着艺术本位和创造自主的精神,极不愿意做遵命文章,但人生就此犯上了"大忌",最终无论怎样躲避,它们都如影随形、直逼命门,怎样也无法完成自我的泅渡与救赎。

  确乎,正如郑小驴在《等待掘井人》中写道:"有病就得治,一定治得好的。"通过上面三个方面的论析,你我好像都有点"病"了。是应多考察考察病因由何而起的时候了,身心健康刻不容缓。文学与医治好像也是文论史由来已久的话题。

朱山坡

朱山坡／广西北流市人。鲁迅文学院第十七届高研班学员,现供职于广西作协。江苏省作协合同制作家。早年主要写诗。2005年开始发表小说,出版有长篇小说《马强壮精神自传》《懦夫传》《风暴预警期》,小说集《灵魂课》《喂饱两匹马》《把世界分成两半》《十三个父亲》等,曾获首届郁达夫小说奖、《上海文学》奖、《朔方》文学奖、《雨花》文学奖等多个奖项。

作家自述

凭什么信任小说家

朱山坡

这段时间,我在北师大读研,住八里庄鲁迅文学院。半个多学期里先后来了两拨网络文学的作家学员,住进来了十几个来自美国、俄罗斯、埃及、匈牙利、智利等国的作家、诗人。我们住在同一个院子,同一幢小楼,同一食堂吃饭,未免有一些交流。与外国作家的交流似乎有了更多相同的话题,因为我们都是传统作家,而且不约而同地说到了一个"国际性"话题,那就是在人工智能时代呼啸而至的今天,文学存在的价值。虽然没有达成共识,但都充满悲观。然而,诗人要比小说家乐观一些,因为他们确信冰冷和孤独的人类仍然需要诗歌的抚摸、唤醒、激励,而小说家像是18世纪的手工艺人,无论手艺多么精湛再也不会顾客盈门。其实,不仅仅是诗人,还有越来越多的好心人在替小说家担心:你们会不会在去往小说的路上饿死、冻死,或死于孤独?

作为一个写小说的人,有时候我也困惑、彷徨、悲观,但原因并非是小说的穷途末路,而是因为我没能把小说写得更好。没错,小说早已经无法影响人类的生活和历史的进程。但在这个信息泛滥、真伪莫辨的时代,小说家仍然值得信任。很多时候,史书道貌岸然,但不可信;小说纯属虚构,但值得信赖。人们听腻了政治家、科学家、经济学家、哲学家和医生的论调,还想"听听小说家的意见"。这是诡异的现象,也是小说赖以存活的理由。每天涌现的资讯稀奇古怪,扑朔迷离,有时候铁板一块的事情被离奇地反转,有人觉得不可思议,眼镜大跌,脑洞大开,不知道应该相信谁,以为这些曲折荒诞的情节超出了小说家的想象,人性恶之程度即便在小说中也找不到观照。因而他们说:现实比小说荒诞,连你们小说家也想象不出来。他们就是在讽刺小说家的无能,而且越来越多的人附和这一判断。但小说家可以肯定地告诉他们,现实的荒诞和人性之恶绝大多数没有超出小说家的想象和表达。面对复杂多变、怪事层出不穷的世界,很多人慌里慌张,只有小说家有底气说:"局势都在掌握中。"那些认为现实比小说荒诞和小说家无能的人,是因为他们"见识太多"而阅读小说太少。其实,今天已经发生乃至明天即将发生的事情,无论多么离奇荒唐,人心多么黑暗险恶,谎言多么强大可怕,在小说家的作品中都早有演示和预见,有些早已经提前告知,都可以一一找到对应。假象在人世间举目可见,真相在小说中比比皆是。小说家有能力洞察一切,描述一切,预言一切,并且一代又一代的小说家在跟进、发现、补充,在不断地揭示和呼喊,只是你们视而不见,置若罔闻,被自己遮蔽了自己,麻木了自己,却反过来讥讽小说家的无能和文学的无力。小说家表示不服。

　　小说家喜欢安静,喜欢离群索居,喜欢冷眼旁观,喜欢暗自思考。因而小说家没有诗人可爱。小说家之所以不可爱,还因为他们的任务不是给身边的人带来廉价的笑声,而是另有使命。小说家早已经不能靠手艺行走江湖,而是靠洞察力、想象力和诚实的品格吃饭。不要被小说家外表的懦弱、迂腐、木讷所迷惑,他们内心有着惊涛骇浪般的激情和岩石般倔强的意志。真正的小说家通常是正直的人,有良知和底线的人,所有的人都信以为真地以为他们仍然对事情持质疑态度,是真相的侦察机、挖掘机、运输机、隐形战斗机,是最后接受事实的怀疑者、追问者和鉴别者。因此,连史家和记者都对小说家怀有古老的敬意。小说家的情感值得信任,他们蔑视权贵,爱憎分明,永远站在弱者和正义一边,现实中好人得不到好报、坏人颐养天年的情况在小说中能得到大快人心的纠正。小说家的眼睛值得信任,他们的感知系统异常发达,敢于窥探黑暗、危险和肮脏的角落,常人用千倍显微镜也看不到的东西,在小说中会纤毫毕现,连最狡诈的灵魂也原形毕露。小说家的想象力值得信任,科学家无法告诉你宇宙的边界在哪里,但小说家不仅能说清楚并且还能让你相信死后能到达那里。小说家的眼泪也值得信任,他们最具有同情心和悲悯情怀,对笔下的人物充满感情和体恤,即使是十恶不赦的人在他们的劝导下也能获得救赎;当你读得热泪盈眶时,其实小说家早已经把泪流干,正是他们用泪水呼唤泪水,用爱唤醒爱。当你悲愤欲绝时、走投无路时、生无可恋时、被全世界抛弃时,人生只剩下一片废墟时,只有小说家即便在苟延残喘之际仍愿意挑灯夜战一针一线地为你构建精神家园,为你摆渡,为你重塑梦想……小说家死了,笔下的人物仍然替他活着,替他抚慰你追随你。爱小说家之所爱,恨小说家之所恨,像小说家那样思考,人生不会有太大的偏差。小说家不害怕被饿死、冻死、孤独而死,因为他们从不曾追求"顾客盈门",只要还有一个读者,哪怕没有读者,他们仍会保持书写的热情。因为他们不是对某一个人或某一群人说话,而是对全人类说话。他们的作品未必是给现在的人读的,而是留给后人的苦口婆心的"遗嘱"。就凭这些,你应该信任他们。

同时,我也在警醒自己:小说家像巫师一样必须依靠"信任"生存,如果不被"信任",我们在劫难逃——为"信任"写作,忠诚到底。

文友印象

关于朱山坡

林 白

极少见到青年作家像朱山坡那样,低调与才华兼具,热情与冷峻并置,质朴与智慧浑然一体,世事洞明又有赤子之心……

我去过朱山坡在北流乡下、北流县城和南宁的三个家。他出生的地方是真正的乡村,离县城很远,比我插队的民安还要远得多……那个村子的名字也叫朱山坡。是在山坡上,上了半山坡还要再上十几二十级的石头台阶……房子当然也是泥砖房,也是潮湿暗阴有一种南方乡下的霉味……同样是乡下,离文化中心的遥远程度大概就有湘西凤凰可比,而湘西自古至今出过多少大作家大文人,唯广西是真正的天远地荒……我来想一想,假如出生在20世纪60年代,一个在六靖乡下的人,需要走多长时间才能到达北京。首先他要从那个叫作朱山坡的村子里走下来,走下山坡走到乡道上,然后他要坐在自行车的后架上,到公社所在地坐长途班车,坐上四五个小时的汽车才到县城,然后从县城再坐班车到玉林,在玉林等候大半天然后坐上开往衡山的火车。有时要先到柳州,到柳州之后转车到衡山,衡山再转车到武昌,之后到郑州再转一趟车……从北流到北京,如果顺利,要走上三天三夜,如果不顺,那就要走上一个星期……有一个北流的前辈,他20世纪60年代考上中国人民大学,他在路上就走了整整7天……几千里路一路走来,他在路上写了一首长达1400多行的抒情长诗,是马雅可夫斯基的阶梯式,题为《从南疆来到天安门广场》……当然朱山坡不是生于20世纪60年代,他出生在1973年,这一年"文革"尚未结束,通往北京的铁路依然如旧。

朱山坡在县城的房子离我家也就隔了几条街,我去坐过,待了半小时。房子足够大(县里的房子都大),不过没有看出足够的生活气象……然后,2015年我忽生奇想,打算在南宁买一套二手房,将来每年回到南宁住上两个月。在南宁5

月的烈日下,朱山坡一趟趟替我看房子,他或者骑摩托车,或者我们约在某一个小区门口碰头……房子总是不合适,要么太贵,要么地点太偏,要么窗口外面有一个烟囱……他在南宁也买了一套二手房,我去看了,有100多平方米,房子够大,从上一任房主那里继承了全套家具,不过觉得很空,他一个人生活,更显其空。他书架上都是我喜欢的书,它们精神抖擞地排在一起,目光炯炯……它们在这里代替了他的亲人……我问他,你怎么吃饭呢?他说有时候自己做一点,有时候出去吃……这也是我20世纪80年代在广西图书馆和广西电影制片厂的日常生活……我很想在朱山坡所住的小区,或者他小区旁边的小区买上一套二手房,我可以把钥匙交给他,不在南宁的日子,他可以帮我开窗透气。万一我病了,他会把我送到医院去……岁月苍茫,而朱山坡是一个可以依靠的朋友。

我第一次见到朱山坡是2005年,那年张燕玲组织了一个活动,文友们在玉林开会,到北流容县参观。那时候他的名字还在龙琨与朱山坡之间,他写诗,几乎没写过小说。就是那年年底,《花城》的栏目《花城出发》发表了他的小说,从那个时间开始,我吃惊地看到,有一扇闸门在他身上打开了……或者说,他扛起了一道闸门,短篇中篇长篇小说,从那道隐秘的门汹涌而出……他的书,从开始的每年一本两本到现在的每年三四本。在一个文学已经不再给人光荣的年代,在北流那样一个不容易生长文学的地方,朱山坡枝繁叶茂。

朱山坡这个政府办公室里的前"刀笔吏",曾经发奋要成为"县衙第一笔"、整日窝在办公室苦思冥想写领导讲话的人,难以想象,如何忽然之间长中短篇小说浩浩荡荡……我的人文地理与他几乎重叠,同在鬼门关(真实存在、《辞海》认可的关隘,古代流放犯人由此经过)以南,但他跟我完全不同,是另外一种类别的文学物种,生长着不同的触觉,有着不同的感官……去年看到他的长篇小说《风暴预警期》,那个蛋镇,跟他出生并成长的那排村是如此不同,跟我成长的陵城镇又是如此接近……自行车和猫精、看电影的人、疯子、不合时宜的诗人和手风琴……兽医、气功大师、总是写信寄给"中央军委"的偏执者、来自广东高州的商贩,吃青蛙的人……尤其是那些因为不育而备受折磨、痛苦而愧疚的女人,以及怀抱梦想不顾一切的女孩……我觉得我太应该写出他们了……他们实在应该就是我写下的……我曾经那样真切地与他们同在一个时空中……但是我没有,是朱山坡写出了他们……他在北流的小镇之外创造了另外一个现实,那就是蛋镇。

　　这还远不是他的巅峰。今年夏天我又收到了他的新长篇《马强壮精神自传》，一个有关乡村知识分子马强壮的故事，一个能把《新华字典》背到138页的人，学杀猪、当盲流、办假证、精神错乱……读之有趣却又包含了复杂的当代中国经验……朱山坡的作品连成了一条绵延的路，通向遥远的远方……我怀着羡慕嫉妒吃惊的复杂心情望着走在这路上的人，他日行千里，势不可当，他的前方辽阔而旷远。

评家观点

风暴的预警者:朱山坡

张艳梅

系统阅读朱山坡,是在决定专心做"70后"作家小说研究之后。此前,零零散散读了他一些短篇,偶尔也写过短评,多有言不及义之处。作为同时代人,我们共同经历了20世纪80年代激情的青春岁月,新世纪以来,各种内外因素交困,渐渐有了中年心态。这种心境的变化在"70后"作家创作中,大体上也可以见到。朱山坡作为小说创作风格鲜明的"70后"作家,对于文学和世界,显然有着自己的理解。我常常想,除了南方、先锋、"70后",他的文学创作还有哪些标签,诸如寻找、逃离、父亲、负罪、灵魂、底层,这些标签对于多数"70后"作家来说,可能都有着或多或少的亲缘关系,那么,他的写作路径有着怎样的与众不同之处呢?

他是一个诗人

朱山坡是一个诗人。在他的小说里,有着漫漶的诗意。不是风花雪月,不是诗情画意,是大自然的救赎,是精神的漫游,是灵魂的拷问,是哲学意义上的生命诗化。关于小说的诗意,他在与唐诗人的对话中谈到过:"小说需要意蕴,要有气质,要诗意。我仰慕有诗意的小说,而好小说往往具备诗歌的气质。"这一自述其实并不能涵盖他小说中的诗蕴所在。我喜欢他的短篇小说,好的短篇小说难度更高,需要更高超的技巧和控制力,才能让表达始终不脱离自己的意念和风格。生活和世界都那么杂芜,一个写作者要在短短数千字中,构建一个相对完整的世界,一词一句的节奏都要慎重把握。从这一意义上说,他的小说创作有着相当的文体自觉和审美自足。

逃离与寻找。朱山坡小说中的诗意,首先体现在对生命的思索和对命运的理解上。朱山坡小说中的一些故事我们很熟悉，不过，相似的故事，他给了我们不同的讲法。虚构的，想象的，超现实的，黑色幽默的，这些表述都可以用来阐释山坡小说，还有就是诗意。漫漶的、悲伤的、充满张力的诗意。

《骑手的最后一战》中，父亲骑着马追赶火车，进入隧道，不知所终。小说有着隐含的故事线。父亲的入狱出狱，浓缩了父亲的一生，母亲的怨恨和艰辛，折射着母亲的一生。而最终，这一切都消解在那个一骑绝尘的背影里。《爸爸，我们去哪里》结尾处，船走了，人生的彼岸不知道在哪里，父亲的一句"儿子，我们去哪里？"更加重了悲凉意味。"奔腾而至的夜色很快就要把我和父亲一并淹没，谁也看不到我们，我和父亲也将看不到对方。"《灵魂课》主线是母亲对儿子的寻找，生命对灵魂的寻找。关于灵魂的追问，对于街头漂泊的打工者没有现实意义；灵魂客栈，对于客死异乡的人也没有终极意义。孤独的灵魂和喧嚣的广场，高楼大厦和小小气球，那么强大，那么脆弱，构成了鲜明的反差，是对这个貌似固若金汤其实无比虚弱的时代的最好隐喻。《天堂散》里有着不断的出走。唐姓女人的离家出走，父亲处心积虑的不告而别，是两个核心情节。虽然小说结局看起来有一点喜剧色彩，毕竟父亲写出了一生代表作，热爱故事的女人也成了作家，我也借助父亲的《天堂散》成了一线导演。父亲对作家理想的放弃又坚持，母亲对自我的疑虑与反观，我和母亲对父亲的寻找，共同构成了离散与聚合交织的人生常态。而作者之意在于，无论人间还是天堂，真正的理解是找回失散亲人的灵魂密码。

故乡与隐喻。朱山坡写了很多以故乡为原点的小说。广西是地理风貌和人文环境都很特别的地方，是少数民族聚居地，有独特气息。每一个作家都有他的精神故乡，地理意义上的，心理意义上的，文化意义上的。故园，包含着生命过往，情感烙印和精神寄托。这就是作家的"文学根据地"。朱山坡有故乡情结，很多小说是一种精神还乡。在他的原乡叙事中，包含着太多对于历史、现实及人性的思考。米庄就是他的故乡原形。米庄很普通，没有极端，承载的东西其他村庄也会有。他只是对它更熟悉，有感觉，它给他留下了太多的记忆。让他懂得正常的乡村伦理和道德规范。他对家乡感情深厚，不愿意刻意批判、矮化，在看到问题的同时，也愿意呈现故乡的美好和善意。

长篇小说《风暴预警期》是朱山坡近年来最重要的作品，他对生活有了新的发现,对30年的中国当代民间生活史有了新的发现,他情不自禁要写出来,虽然他说,自己不清楚要告诉我们的是什么,他唯一确定的是,风暴本身就是一个隐喻。也可以说米庄就是当代中国民间生态的一个缩影。他的很多小说都以"米庄"为背景,写那里的人和事,从米庄到蛋镇,他的写作轨迹很清晰,叙事的视野不断拓展,世界也逐渐变得更复杂,既有汹涌的河流,也有宁静的湖泊,既有壮阔的大海,也有广袤的草原,既有白雪覆盖,也有城市喧嚣。《天堂散》中的天堂究竟意味着什么,母亲的石榴树只是一种寄托,算不上最终的救赎。小说在终极意义上,仍旧是隐喻的,是超现实的。《骑手的最后一战》中的火车和马,同样的奔跑,隐喻着迥然不同的两个世界。当然,除了那些阴郁、暴烈的诗意,他的小说中也不乏温暖和友善。《逃亡路上的坏天气》和《小五的车站》,都是迷失与回归的故事,有着温暖的底色。一场大雪,救赎了一个迷失的灵魂。也或许,这是属于朱山坡的理想主义。

他是一个探险家

朱山坡站在现实的众声喧哗里,面对层出不穷的社会现象,加之背后跟着的那个并不遥远的故乡,他虽然在自己的人生路上并没有经历怎样的艰辛,却满怀同情和忧虑。面对病态的人心,他把小说变成心理解剖学,每一篇小说如同一场手术,拒绝生活的麻醉,疼痛、死亡和治愈交替出现,每一个读者,或是在他的小说里读到敏感脆弱,或是读到倔强坚强,可能读到内向忧郁,也可能读到温暖希望。对于人类情感和心理世界的试探与打量,也是作家的美学使命。在朱山坡的文学世界里,我们还看到了一种反叛精神。对于既定的文学观念、表达方式,以及对于底层和苦难的理解,他并不剑拔弩张,却自有其深刻幽微的洞见。

死亡与救赎。作家看取芸芸众生,既看到向善那一面,也不可能逃避趋恶那一面。这种复杂性往往是作家要处理的首要问题。朱山坡小说的亲情、友情中缠杂着背叛、抛弃、冷漠,同时也隐约着特别强烈的爱恨和依恋。他的文字镇定、朴素、真诚,而且对生活有着本能的包容与理解。就像狂风暴雨洗礼之中,依旧能够保持感性与理性的平衡,并且在隐忍节制的叙事中,试图探讨一些本源的哲学问题。

台风和死亡关系密切。《风暴预警期》中的"我"对待海葵,春、夏、秋、冬四个兄弟对荣耀、愤恨、压抑、折磨,然而又隐藏着特别巨大的情感力量。这些没有来处的孩子,没有合法身份,没有自我认同,不断杀死青蛙剥皮的重复动作里面,有着对存在意义的消解,也有着对存在无意义的抵抗。《把世界分成两半》写的是人间惨剧,为了埋葬祖父,父亲把像家人一样的老水牛杀死卖掉,拼命追回被狗叼走的那一根骨头,最终用牵牛绳绞死了自己。真的是无路可走,真的是只能独自背负无法背负的沉重感。《捕鳝记》中蔓延的饥饿,满眼的死亡,脚下是累累白骨,活着是痛苦不堪,小说不仅写出了亲情的惨痛、魔幻的抚慰,更是对历史真实的正视。《最细微的声音是呼救》和《灵魂课》相似,都是人的灵魂诉说,纸上的呼救,人心的呼救,那么微弱,又那么强烈,细若游丝又呼啸轰鸣,就像一场接一场的风暴来临,每一种生命都是一片狼藉,整个世界遍体鳞伤。

审视与反思。对于人性,对于亲情,对于历史,朱山坡都是勘探者。他携带着各种挖掘工具,不断地开掘探索。那些掩埋在时间深处的历史灰烬,他以思想的火光重新点亮。朱山坡曾说过:我不知道别人怎么想的,反正我认为思想决定小说的高度,没有思想的故事是苍白的、肤浅的,是没有深度的。我一直在努力让自己的小说有更深刻的思想,有更强烈的震撼力,能在读者心里掀风鼓浪,读后心情不能轻易平静。《陪夜的女人》《灵魂课》《爸爸,我们去哪里》《捕鳝记》《鸟失踪》《一个冒雪锯木的早晨》等都做到了这一点。朱山坡小说的思想基点是人的生存困境、情感困境和伦理困境。在深渊中的自我审视、自我挣扎和自我救赎。作家不仅关注社会问题,而且关注由此引发的心理问题和精神问题。生活难免荒诞,这个看起来平铺直叙的时代,可能每个人都坐在过山车上,一代又一代人,面目模糊地登上历史舞台,又面目模糊地退到舞台后面。

这个世界并不安定,稳定性只是个体生活的一种渴求,而世界始终在动态的变化之中。我们不愿意别人把条条框框强加给我们成为人生的律条,作家就是要不断把人性坍塌的角落修复好,把僵化的历史和崩溃的现实链接成为一个整体。正如朱山坡所说:我只是试图在风光秀丽、阳光明媚、温情脉脉的南方小镇,在那个新旧之交、剧烈更变的时代环境里,在爱恨交织、悲喜齐鸣的心理层面,勾勒出一群普通人的独特面容,揭示一个又一个卑微、孤独、绝望、不安的魂魅和异化的心灵。

他是一个风暴预警者

朱山坡说:我不屑于写不痛不痒的故事,或把故事写得不痛不痒。我在逃避庸常、熟悉和似曾相识,避免跟风。当许多人都急于往前冲的时候,我越来越热衷于"往回走",写不曾经历也不熟悉的故事,以此考验我的虚构才华……我认为自己走在一条宏大叙事的路上。他写底层的悲剧,对那些卑微的处境、惨痛的苦难,都愿意在文字里给予温暖。面对贫穷的乡村,身处繁华的都市,他希望自己不仅能写出人世的苍凉和人性的复杂,还能写出悲悯、宽恕和温暖的力量。

底层与苦难。朱山坡早期作品多半是让人心酸的底层故事,他关注底层,关注苦难,对弱者有着属于自己的同情和理解。最初读到《灵魂课》,我曾经写过:小说是朱山坡一贯的人文情怀,关注底层,却不局限于苦难的展示。城市中那些高楼大厦,埋葬了多少乡村年轻人的梦想、血泪、生命和灵魂?那些乡村中遥望孩子的母亲,她们满头白发,目光焦灼,心灵受尽煎熬……《灵魂课》中的那个老人说:"我是来带我儿子的灵魂回家的,一找到它我马上就回米庄了,再也不占用你们的座位。"她始终相信人是有灵魂的。正是这种坚定的信,反衬出人世无常、生命无助和现实无奈。

《观风》写一个女孩子的一生。那么聪明美丽、心高气傲的一个女孩子,为了家人的生活,牺牲了自己。一个人的牺牲并不可怕,可怕的是下一代还会重蹈覆辙。而如今,仍旧有太多女孩,做出了和当年观风一样的选择,如果说当年是生活所迫,如今却是贪慕虚荣,这种社会价值导向是如何传递下来的,这才是这篇小说的深层隐忧吧。《惊叫》写了两对姐弟的故事。"我"和姐姐相依为命,姐姐为"我"的成长付出了巨大代价。孟兰孟东姐弟同样如此。孟东因为找工作不顺利,迁怒于在职业中介工作的"我"姐姐,大街上拔刀行凶。姐姐惨死。"我"前去处理姐姐的后事,遇到凶手孟东的姐姐孟兰。孟兰以在姐姐面前自杀的方式,为弟弟赎罪。小说中的几个年轻人都天性善良,对生活没有太多的奢求,可惜即使很卑微的愿望也无法实现。小说从一个侧面揭开了现实帷幕,年轻人的心灵问题,人与人之间、生与死之间的沟通。故事令人心痛,现实更令人警醒。

历史与记忆。近年来,"70后"作家逐渐对历史有了更深的思考和兴趣。他们关注生活的角度、进入世界的维度、反思历史的程度、触及问题的深度、审美判断的尺度等，都存在很大差别。近年来，"70后"作家有影响力的长篇不断推出，对于这一代人来说，那个潜在的巨大历史终于浮出自我意识地表，与成长观照、现实关怀并置，成为文学创作的三个有效的思想支点。朱山坡塑造过很多父亲形象，写到父亲的逃离、缺失和不在场，其历史文化反思意味不言自明。《回头客》写得貌似比较温暖，一个"右派"为爱情出逃，隐匿在一个曾受过点滴恩惠的小村庄，试图实现逃亡过程中的报恩，最终仍旧因为被出卖而沉船。父亲当年也是因为摆渡给村人带来困扰而毁船自沉湖心。小说把复杂的历史背景、尖锐的国民性批判深藏在一段感人至深的爱情和小恩大德的回报之中。《风暴预警期》中写到了荣耀和赵中国的故事。这一段历史，就像朱山坡写到的其他历史事件，他没有直接介入历史，而是把人物命运和性格展开，与历史衔接在一起。一个人的记忆也是一代人的记忆，由此形成历史与现实遥相呼应，人与社会互为镜像。

朱山坡是一位有着审美自觉的小说家，这样的作家并不多。这是个内心柔软、对人世充满悲悯的人。多数人常常觉得面对生活，有限的心智不足以理解过于荒诞的现实，而当一个写作者以自己的体温去感受这些非常现实的生活时，就难免遇到为什么写、写什么和怎么写这几个最基本的自我追问。我们不知道最后一道门在哪里，也无从知道下一道门后面有什么，可是，停留在原地就可以心安理得吗？显然，一个负有责任感的作家给出的答案必然是否定的，作家应该成为走在前面推开门的那个人。

编者的话

2012年3月,我们同鲁迅文学院合作,在《文艺报》开辟了一个新的园地——"文学院专刊"。转眼6年已经过去,在大家的共同努力下,"文学院"已经成为这份报纸的一个重要品牌,在文学界和读者中逐渐具有了不可忽视的影响力。在这个专刊中,我们每期拿出一个整版推介、呈现一个作家的创作历程,通过创作谈、印象记、评论文章三个部分全面、深入地进行梳理和讨论。6年下来,《文艺报》"文学院"专刊一共推出了百余位作家,我想,如果把所有这些内容都集中陈列开来,那么从某种程度上来说,这几乎可以称得上是一个中国当代作家的实力展。他们都曾就读于鲁迅文学院——这所中国文学的神圣殿堂,以各自的创作实绩在过往的岁月引起关注,并在未来的创作生涯中充满无限的未知的可能。让读者认识他们,这便是我们以极大的热情和心血做这件事情的初衷之所在。

《绽放的荣光——74位中国作家创作历程全记录》收录了《文艺报》"文学院"专刊2013年7月至2018年12月推出的74位作家,他们中有小说家、散文家、诗人、报告文学作家、儿童文学作家;有汉族作家,也有少数民族作家。为了能更丰富、立体地展示他们的创作历程,我们决定以作家自述、文友印象、评价观点三篇文章为一组,整体推介一位作家。相信这些真诚的自白、热切的回忆和理性的阐述,会让更多读者了解他们的文学观、创作观,获悉文学之于人生、时代、之于当代中国的更为深邃、广阔的意义与价值。

在这个系列丛书的书脊上,"新力量"三个字格外醒目,那是鲁迅先生的字体。几年前,我们计划推出"新力量"文丛时决意用这位中国现代伟大作家的手迹来命名,这是一种有历史质感的鞭策,更是一种充满力量的鼓励。1925年,鲁迅先生在《坟·论睁了眼看》里写道:"文艺是国民精神所发的火光,同时也是引导国民精神的前途的灯火。"近一个世纪过去,这样的句子读来依然具有一种特殊的力量。无论在哪个时代,文学都应该有足够的温暖去照亮生活和人心,而我们的作家则应该成为那些辛勤而执著的持灯者,在照亮他人的同时,自己也会收获绽放的荣光。

在本书的组稿和编辑过程中,许多人为之付出了辛勤的劳动。感谢鲁迅文学院的同仁们,邱华栋、郭艳、李蔚超老师为之付出了诸多心血。

感谢诸位作家、评论家在繁忙的公务和创作中,如期以及高水准地完成了写作。

感谢安徽文艺出版社的朱寒冬社长和责任编辑刘姗姗,他们对中国当代文学的关注及对文艺报社始终如一的支持亦令人感念在心。

文艺报社武翩翩、李晓晨、王雪刚、王曦月等做了大量具体的工作。在此一并致谢。

期待未来,新的文学力量继续生长。

编　者
2018 年 9 月